2013
国民核算研究报告

北京师范大学国民核算研究院　编著

中国财政经济出版社

图书在版编目（CIP）数据

2013国民核算研究报告／北京师范大学国民核算研究院编．—北京：中国财政经济出版社，2013.12

ISBN 978－7－5095－5009－0

Ⅰ.①2…　Ⅱ.①北…　Ⅲ.①国民经济－经济核算－研究报告－中国－2013　Ⅳ.①F222.33

中国版本图书馆CIP数据核字（2013）第307874号

责任编辑：王芝文　　责任校对：胡永立
封面设计：陈　瑶　　版式设计：汤广才

中国财政经济出版社 出版

URL：http：//ckfz.cfeph.cn

E－mail：ckfz@cfeph.cn

社址：北京市海淀区阜成路甲28号　邮政编码：100142

营销中心电话：88190406　北京财经书店电话：64033436　84041336

涿州市新华印刷有限公司印刷

889×1194毫米　16开　31.5印张　868 000字

2014年2月第1版　2014年2月涿州第1次印刷

定价：88.00元

ISBN 978－7－5095－5009－0/F·4065

（图书出现印装问题，本社负责调换）

本社质量投诉电话：010－88190744

打击盗版举报热线：010－88190492、QQ：634579818

《2013国民核算研究报告》

专家委员会

（以姓氏拼音为序）

《2013 国民核算研究报告》

编　委　会

前 言

统计是国民核算的基础。国民核算是统计成果的有机结合和再加工。

国民核算研究统计数据之间的相互关系，核算验证专业统计数据的准确性、合理性、连续性、可检验性和内在的逻辑性。

国民经济核算可以协调经济统计数据，更全面地反映国民经济运行状况，为制定宏观经济政策提供依据。

国民经济核算主要包括：国内生产总值核算、投入产出核算、资金流量（实物交易部分）核算、资产负债核算以及劳动力市场、资本市场、土地市场和国际贸易等经济领域的核算。国民核算通过投入产出表以及延伸出来的社会核算矩阵（SAM）将各种宏观统计数据协调在一起，达到在资金流、物流、劳动力、进出口等多项指标的综合平衡。

在现实生活中，数据失误往往导致宏观经济政策的扭曲。许多人反映看不懂宏观统计数据，有些人质疑宏观统计数据却又找不到比较充分的理由。在很多情况下，国民核算可以帮助人们解决一些疑难。当前，在宏观经济领域中存在着许多似是而非的问题，亟待通过严谨的核算把“家底”弄清楚，然后才能在坚实的数据基础上讨论宏观政策。

正是基于此，成立于2011年1月的北京师范大学国民核算研究院经过一段时间的酝酿和准备之后，针对近年来国民经济中的热点问题定期（初定每年）编写并发布《国民核算研究报告》。《国民核算研究报告》的主要发布对象是政府机关、大学和研究机构、海内外新闻媒体等。

我们编写和发布《国民核算研究报告》的主要目的并不是全面核算国民经济各项指标，而是抓住热点话题，为争论双方提供讨论问题的数据平台。为了便于阅读和理解，我们每一部分都写了核算点评，解释为什么要做这些核算以及我们对核算结果的理解。其实，这些点评是本报告中最不重要的部分。我们的理解未必准确、全面，读者完全可以从核算数据中得出自己的解释。

第一期报告《2013国民核算研究报告》包括房价收入比、人均住房面积与房地产供求关系、居民收支资金流核算、内需的构成及变化、农村剩余劳动力核算、加工深度系数法评估 GDP、服务业占 GDP 的比重核算、对外依存度核算、粮食储备和粮食安全、大豆故事的背后等十个专题。各个专题的主要内容是：

1. “专题一　房价收入比”

在经济高速增长时期，居民对住宅的需求随收入的增加而增加。然而，“房价收入比”的变动存在一定的不确定性：如果房价上升比收入更快，则“房价收入比”上升；如果房价上升没有收入快，则“房价收入比”下降。在讨论“房价收入比”时需要注意以下几点：首先，应使用家庭全部收入而不是职工平均工资计算“房价收入比”。其次，“房价收入比”在度量居民购房能力方面有其片面性。对于居民购房能力起决定性作用的是购房成本。最后，判断房地产市场是否已经出现泡沫迹象，最重要的不是房价上升了多少，而是要考察房价波动是否超出了历史常规。泡沫经济必然表现为在短时期内房价和其他指数突然背离长期趋势。与其横向比较房地产市场，不如纵向观察房价的时序变迁。

2. “专题二　人均住房面积与房地产供求关系”

不同年份的《中国统计年鉴》中“城镇人均住房面积”存在两组数据。一组来自住房和城乡建设部提供的人均住房面积统计，属于宏观数据。另一组来自国家统计局的抽样调查，属于微观数据。以 2002 年为例，住房和城乡建设部版本的 2002 年城镇人均住房面积为 22.8 平方米，而国家统计局版本的城镇人均住房面积就变为 24.5 平方米，两者相差 1.7 平方米/人，全国城镇住房总量相差 8.54 亿平方米。由此可见，使用不同版本的数据统计我国人均住房面积并以此分析及预测我国住房市场的供求状况，会存在较大偏差。通过核算，我们发现：由于城镇化速度超过了基本建设速度，近年来，城镇人均住房面积非但没有增加反而在逐年下降。在相当长的时间内，我国房地产市场还将处于供不应求的态势，推动房价上升的压力将长期存在。

3. “专题三　居民收支资金流核算”

资金流的可持续性是保证我国金融稳定的前提条件。居民收入的资金流大致可分为三方面：消费、投资和储蓄。近年来居民储蓄所占的比重越来越大。居民储蓄存款由 1990 年的仅有 7120 亿元增加到 2012 年底的 41.5 万亿元，到 2013 年 6 月底已经达到 45.29 万亿元，平均每月居民储蓄存款增加超过 6983 亿元，近 10 年内翻了 2 番多，增速远超经济（GDP）的增长速度。大量资金以居民储蓄的方式沉积在银行里，形成一个威胁到金融稳定的堰塞湖。可以预期，只要负利率超过一定程度，银行的居民存款就可能外溢。政府必须未雨绸缪，采取有效措施，尽快将堰塞湖的水疏导到安全的领域，防范金融危机。

4. “专题四　内需的构成及变化”

本专题的目的是考察居民消费结构及其变化情况。首先分城乡两部分对居民年均消费数据进行价格调整，经过城乡年中人口数加权，可得到城镇、农村与城乡居民消费总量数据；在此基础上，能得到消费总量的结构变化及年增长速度等信息；通过消费数据与国内生产总值（GDP）数据的对比，可以进一步地考察居民消费对经济增长的贡献程度及结构，也可以在对未来数年经济增长不同的预期情况下预测消费拉动经济增长的前景；此外，通过大类口径的消费数据还可以深入地考察我国居民消费结构的变动轨迹、预测未来居民消费结构的演变趋势，为经济决策与政策制定提供依据。

5. “专题五　农村剩余劳动力核算”

中国到底还有没有剩余劳动力？这一点争论很大。本专题通过两种方法的核算：一是根据农产品产量和单位产出用工量核算劳动力需求量；二是根据播种面积及用工量核算劳动力需求量。通过核算比较发现，全国农村剩余劳动力的总量从2002年的1.4亿人逐年减少到2011年的8876万人。剩余劳动力有三种转移方式，分别是：农民工进城；本地转移到二、三产业；转向种植经济作物。分项分析发现，当前新疆还短缺劳动力223万人，江苏、上海也存在劳动力短缺的现象，主要的剩余劳动力仍然集中在农业大省——河南967万人，湖南965万人，云南885万人。

6. “专题六　加工深度系数法评估GDP”

GDP主要来自于生产过程中的增值。在工业化的不同阶段，原料产值和国内生产总值之间存在着显著的相关关系。工业化程度越高，原料产值所占的比例就越小。加工深度系数在一定程度上反映了一国的工业化程度。2011年中国的加工深度系数为6.6%，高于巴西（6.0%）、埃及（5.7%）等国，也高于东欧的罗马尼亚（4.8%）、匈牙利（3.1%）、捷克（2.3%）和俄罗斯（2.5%）。这说明中国还需要产业升级，提高能源利用效率。如果中国能够不断降低加工深度系数，就可以在相当长的时期内保持GDP高速增长。

7. “专题七　服务业占GDP的比重核算”

2011年，中国服务业占GDP的比重为43.3%。从世界各国的统计规律来看，随着人均GDP的增长，服务业占GDP的比重随之增加。无论按照汇率法还是购买力评价法计算，中国的人均GDP已经进入了中等收入国家行列，可是，服务业占GDP的比重却明显地低于世界均值，甚至低于低收入国家（49.7%），中低收入国家（51.6%），中等收入国家（54.7%）。中国的服务业统计数据很可能被低估了，其主要原因是税制改革滞后带来的统计数据丢失。西方各国的个人所得税占整体财税收入的30%—50%。可是，中国在2012年个人所得税只占全部财税收入的6.8%。由于没有任何激励机制鼓励人们如实申报在服务业中的支出和收入，服务业数据严重缺失。

8. “专题八　对外依存度核算”

外贸依存度是指进出口总额对GDP的比重。中国的对外依存度到底高不高？无论是和周边经济体相比，和转型经济国家相比，还是和世界业化国家相比；无论是采用汇率法还是采用购买力评价法，中国的对外依存度显著地低于韩国、俄罗斯、乌兹别克斯坦、德国、加拿大、英国、意大利和日本等国。核算结果表明，中国的外贸依存度并不高。有人说，中国经济过度依赖外贸，这种说法欠缺数据支持。

9. “专题九　粮食储备和粮食安全”

中国是一个人口大国，粮食储备和粮食安全是一个非常重要的问题。本专题通过核算中国粮食的储备量、粮食消费量、粮食的生产量以及中国粮食主要品种的进出口量四个方面的内容，分别从广义角度和狭义角度测算了中国粮食自给率、中国粮食安全系数以及中国粮食的对外依存度三个指标，并根据这三个结果，分别测算了广义上和狭义上的中国粮食安全综合评价指数。结果表明，狭义上讲（不将大豆视为粮食），中国的粮食储备充分、粮食安全系数逐渐增加，但广义上讲（将大豆视为粮食），则中国的粮食储备状况一般，粮食安全系数逐渐下降，需要引起注意。

10.“专题十　大豆故事的背后”

本专题通过核算中国及世界主要大豆生产国的大豆的产量和进出口量，分析世界大豆生产的结构变化。中国已由大豆出口国变为世界最大的大豆进口国，也是美国、巴西和阿根廷大豆的最大的客户。通过核算中国主要粮食作物的单位土地产量、利润、用工量以及国际市场上粮食和大豆的相对价格，可以得出如下判断：中国大豆生产和需求的变化的根本原因是减少大豆的种植转而种植粮食作物可以让农民手里有更多的粮食、获得更高的利润和得到更多的就业机会。核算美国大豆成本与收益说明中国大量进口大豆，可以使美国农民从中获利。通过核算中国畜产品、饲料、水产品以及大虾的地域分布，我们可以看到中国进口大豆、出口大虾及水产品导致大豆生产者、大虾养殖者及大虾消费者的三赢局面。

北京师范大学国民核算研究院后续还将对居民消费占比和增速、“18 亿亩土地红线”、农民工进城户籍成本、劳动报酬占 GDP 的比重、最低工资线和就业、居民储蓄的变化趋势、城镇化进程、民工荒和产业升级、个人所得税和工资制度等专题分别进行核算，逐步建立相应的数据库，定期公布后续年份的《国民核算研究报告》。

在《2013 国民核算研究报告》的核算和编辑过程中，我们得到了北京师范大学、北京大学国家发展研究院、财政部、国家统计局、国务院发展研究中心、中国社会科学院的鼎力支持。吴敬琏、刘国光、茅于轼、张曙光等前辈给予我们许多非常宝贵的指导和帮助。我们非常荣幸地邀请到谢平、汤敏、林毅夫、张维迎、卢锋、姚洋、李玲、霍德明、樊纲、曹远征、王小鲁、李稻葵、王忠明、郑玉歆、李善同、巴曙松、左小蕾、刘伟、许定波、李晓西、赖德胜、李实等著名学者参加专家委员会。上海社科院的左学金、浙江大学的史晋川教授专程赶来北京参加研讨会。他们在研讨会上提出了许多真知灼见，使我们获益匪浅。根据他们的建议，我们对报告进行了补充和修改。众人拾柴火焰高。没有各方面的大力支持，绝对不可能在比较短的时间内拿出这本核算研究报告。在此谨向所有帮助我们的老师和朋友们致以衷心的感谢！

我们的核算工作还缺乏经验，许多地方不能尽如人意，很可能出现失误，敬请大家多多批评指教。

编委会

2013 年 9 月 30 日

目 录

核算评点综述

专题一 房价收入比

学术规范，贵在统一。为了排除歧义性带来的偏差，必须统一居民平均收入、平均住宅面积和房价的定义，在相同的定义之下来进行时间序列比较。如果说在国与国之间的横向比较上存在着困难，那么，按照相同的统计规则在时间序列上进行单一国家的纵向比较是完全可能的。

计算房价收入比的步骤：

计算每平方米房价。依据国家统计局公布的商品房销售额和商品房销售面积计算当年的每平方米房价。

根据城镇人均住房面积和城镇家庭每户人口数计算每户平均面积。

根据每平方米房价和每户平均住房面积计算每户房价。

根据城镇人均可支配收入和每户人口数计算每户平均收入。

根据每户房价和每户平均可支配收入计算房价收入比。

上述“房价收入比”的计算遵循的学术规范是：第一，采用官方已经公布的统计数据；第二，注重时间序列数据的变化；第三，具有可检验性。

购买住宅是家庭行为。在讨论“房价收入比”的时候应当使用家庭全部收入而不是职工平均工资。1990年平均每个家庭的就业人员为1.98人。近10年来，中国家庭规模逐年变小，平均每户就业人员相应减少，在2001年下降为1.65人，在2002年继续下降为1.58人。如果拿个人的平均工资来计算，显然低估了家庭收入。

在计算“房价收入比”的时候应当采用家庭可支配收入。在国家统计局公布的统计资料中有家庭总收入和家庭可支配收入。家庭总收入扣除交纳的所得税、个人交纳的社会保障费以及记账补贴后才是家庭可支配收入。如果拿家庭总收入计算，可能出现高估。

在计算“房价收入比”的时候，居民收入应当采用全部收入，而工资收入仅仅是其中的一部分。按照国家统计局的定义，工资总额指的是在一定时期内直接支付给本单位全部职工的劳动报酬总额。许多家庭的收入中除了工资之外，还有奖金、回扣、第二职业收入等，以实物形式支付的福利几乎完全没有计入工资。职工工资收入仅仅是居民收入的一部分。在最近20年内，工资占全部收入的比例逐年下降。在1990年工资总额占居民全部收入的75.86%，此后，工资外的收入逐渐增加，工资占总收入的比例逐年下降。到了2008年这个比例只有66.2%。在1990年可支配收入几乎和居民全部收入相等，而在2008年可支配收入只占全部收入的92.5%。也就是说，如果仅仅拿工资数据来计算房价收入比，其内在的误差非但没有降低，反而呈扩大的趋势。

拿“房价收入比”来度量居民购房能力有片面性。如果单单考虑“房价收入比”，好像只要收入增加了，居民购买住宅的能力就随之而增加。其实，对居民购房能力起到决定性作用的是业主成本。如果降低按揭贷款利率，购房成本将随之降低，即使在这段时间内收入没有增加，居民购房能力也会显著上升。从发达国家的数据来看，房价和居民平均收入之间并没有显著的相关关系。

在经济高速增长时期，居民收入相应增加，对住宅的需求也随之增加，有可能推动房价上升。不过，“房价收入比”的变动趋势并不确定。如果房价上升得比收入更快，则“房价收入比”可能下跌。如果房价上升没有收入快，则“房价收入比”下降。

房价上升受到投机需求的影响，而投机者看好的房地产往往在某些大城市中，因此，在投机因素集中作用的城市内房价可能迅速上升，而在一般城市中房价上升的速度并不快。完全有可能出现这样的不对称的局面：在某些大城市中“房价收入比”上升，而其他城市，特别是在中小城市中“房价收入比”下降。

在计算房价收入比的时候，经常使用全社会的平均收入。倘若高收入和低收入相差很大，低收入群体买不起房，不等于高收入群体也买不起房。即使“房价收入比”不高，仍然有相当大的群体买不起房。因此，很难拿“房价收入比”来判断房地产市场是否具有居民购买力。

计算“房价收入比”并不能回答张三、李四是否能够买得起房子，而是从“房价收入比”的历史变迁来判断房地产市场是否有严重的泡沫，房地产市场是否具有可持续性，从“房价收入比”的变化来判断宏观金融形势，预防金融风险。

判断房地产市场是否已经出现泡沫迹象，最重要的不是房价上升了多少，而是要考察房价波动是否超出了历史常规。一个城市的长期房价必定具有内在的合理性。无论房价高低，有理由认为长期的平均房价（10年或者20年）具有逻辑上的合理性。泡沫经济必然表现为在短时期内房价和其他指数突然背离长期趋势。因此，可以拿房价和其他指标的长期平均值作为比较基准。围绕着正常状态的房价波动属于商业周期，只有房价和其他指标严重背离长期平均值才可能称为泡沫经济。与其横向比较房地产市场，还不如纵向观察房价的时间序列变迁。

2009年“房价收入比”达到峰值8.13，随后在2010年下降为7.81，2011年为7.47（表1－2)。全国房价收入比波动尚属基本平稳，房价说到底是一个货币现象。从货币角度而言，还不能得出房地产市场泡沫化的结论。

一线城市，例如，北京、上海、广州、深圳等城市的房价不断上升（图1－2，图1－3，图1－4，图1－5)，“房价收入比”居高不下。其主要原因是高收入群体聚集在一线城市，还有外地的高收入群体纷纷到一线城市购房推高了房价。由于购房者和当地普通居民不属于同一收入组，在这种情况下“房价收入比”没有明确的含义。本地和外地的高收入群体也是老百姓，因此，既不能简单地说“老百姓买不起房”，也不能说这些城市的高房价是投机活动的结果。

一线城市中“房价收入比”不断攀高的一个重要的原因是当前贫富差距太大，而且越来越大。按照国家统计局公布的数字，2012年全国的基尼系数高达0.474。这意味着8%的城市居民拥有超过80%的银行存款。高收入群体，大约1亿人左右。2013年7月底银行居民存款余额为45万亿元。高收入群体手中拥有的银行存款超过36万亿元。相比之下，2012年全国商品房销售额只有6.44万亿元。高收入群体集中在长三角、珠三角和环渤海地区，特别集中在北京、上海、广州、深圳等一线城市中。一线城市每年商品房销售总额还不到2万亿元。高收入群体在一线城市中具有超强的购房能力。

假定高收入群体每户在未来若干年内购买一套100平方米的住宅，总需求量高达50亿平方米。在2011年全年新增住房面积只有5.9亿平方米。换言之，按照现有的生产能力，8年内新建商品房还不一定能满足高收入群体的需求。高收入群体主要居住在一线城市。因此，超强的购买力推动一线城市的房价不断上升。在一线城市中普通工薪阶层买不起房子，可是，高收入群体的人不仅买得起房子，而且还可以购买许多套住房。一线城市的房价不断攀高的原因是：第一，供不应求，第二，货币流动性泛滥。深层原因是贫富差距过大。需要增加供给，疏导资金流，通过税制改革缩小贫富差距，通过房产税提高空置成本，只有综合治理才能抑制“房价收入比”不断上升的趋势。

专题二　人均住房面积与房地产供求关系

众所周知，房价调控，十年九调，越调越高。为什么宏观调控政策事与愿违？

供求规律是经济学的基本规律。供不应求，价格上升，供过于求，价格下降。只有在供过于求的情况下，通过财税政策限制过度投机，才可以把房价降下来。如果供不应求，要把政策的重点放在增加供给上。只有逐步实现供求基本平衡，才有可能让房价回归到一个合理的水平。

究竟在2013年前后，中国房地产市场上是供不应求还是供过于求？有两组流行的统计数据：第一，国家统计局公布城镇人均住房面积在2011年为32.7平方米，城镇人口6.9亿，两者相乘，得到城镇居民住房总面积225亿平方米（表2－2）。第二组数据来自于2010年第六次人口普查，城镇居民住房总面积为179亿平方米。如果采用第一种数据，房地产市场处于供过于求态势。如果采用第二种数据，房地产市场供求基本均衡。

经过核算，我们认为第一组数据似乎有误。统计局公布的城镇人均住房面积属于抽样调查数据，标的是居民住房。这组数据的准确含义是在城镇中拥有住房的居民人均住房面积。可是，众所周知，在城镇中还有三分之一左右的居民没有自己的住房。如果拿城镇人均住房面积乘上城镇总人口必然夸大现有住房面积。

人口普查的宗旨是了解居民家庭生活状况，并没有把居民住房面积当作重点。第六次人口普查中城镇居民住房面积数字只能用来参考，原因有三。第一，人口普查采用问卷形式由住户自报居住面积，难免和房产证上的数字有偏差。由于人口普查取得数据的途径和住房与城乡建设部及国土资源部取得数据的途径不同，因此，两组数据缺乏可比性。第二，人口普查中住房面积的定义和房地产交易中的住房面积不一致。人口普查中把生产和居住面积混合在一起，数字偏高。第三，人口普查好几年搞一次，在统计学上属于孤证，缺乏连续性和可检验性。

毋庸置疑，由于税务部门要征税，国土资源部门要核发土地证件，每年商品房销售额比较靠谱。可以选定一个起点，在基准年住房总面积的基础上，逐年核算，加上商品房销售量，再减去折旧就可以得到居民住房存量。如果将2001年选为起点，逐年加上商品房销售量，扣除折旧，核算的结果是，在2012年全国城镇居民住房总量为126亿平方米到136亿平方米（表2－4，表2－5，表2－6）。

这种核算有如下局限：第一，商品房包含住房以及商业营业用房、办公楼等。由于有的时候商、住之间的界限并不十分清晰，选用商品房数据不会低估住房总面积。如果选用商品房数据依然得出供不应求的结论，那么，住房供不应求的状况可能更为严重。

第二，城镇居民住房的增量当中有一部分来源于某些年份的行政区划调整。例如，在行政区划调整时北京的石景山区和深圳“关内”的住房全部转变城镇居民住房，导致某年城镇居民住房总面积有所增加。其实，在行政区划调整前，这些地区大部分住房已经被统计为城镇住房。按照现行统计上划分城乡的规定，城镇划分以城市或镇的公共设施、居住设施等连接的地域为基本标准，最小划分单位为居民委员会和村民委员会。已经在相当大的程度上避免了行政区划变动对城镇居民住房总面积的影响。即使在北京、深圳，由于行政区划调整而增加的城镇居民住房也远远不到总面积的10%。由于在行政区划调整时增加城镇住房面积的同时也增加了城镇人口，对于人均住房面积的影响并不大。

第三，在上述核算中没有包括小产权房在内。迄今为止，小产权房还处于不合法状态，没有国土部门颁发的产权证明，不能在房地产市场上交易也没有履行各项纳税手续。因此，没有比较准确的小产权房的官方统计数字。根据REICO的研究，1995—2010年小产权房竣工面积总量为7.6亿平方米。

第四，还有一些军队、政府机关自建的住房很可能以各种方式逃避税收。不过，绕开了国土资源部门就拿不到产权证，这并不符合购房者的长期利益。这部分漏报的居民住房数量不会太大。

综上所述，在2012年城镇住房总面积在126亿平方米到136亿平方米之间。加上小产权房7.6亿平方米，再加上行政区划调整增加的住房面积5亿平方米，城镇住房总面积大约148.6亿平方米。虽然这些数字不够准确，可以比较有把握地说，在2012年城镇住房总面积不超过150亿平方米。

经过核算，全国城镇居民住房面积从2001年的100亿平方米上升为2011年的150亿平方米。建设速度不可谓不快。大量新建住房如同雨后春笋，拔地而起。可是，城镇人口从2001年的4.8亿上升为2011年的6.9亿。城镇人口增长速度不亚于新建住房的速度，城镇人均住房面积在最近10年内几乎原地踏步。

由于在可预见的未来城镇化依然高速发展，按照比较保守的观点，如果到2030年城镇居民人均住房面积达到29平方米，全国住房总量需要达到287亿平方米（表2-8）。也就是说，需要在现有住房的基础上翻一番。每年需要新增住房12亿—16亿平方米，可是在2012年，每年新增住房的能力只有5.9亿平方米。由此可以得出结论，房地产市场处于严重的供不应求态势，房地产业的产能严重落后于市场需求。如果不调整宏观经济结构，大幅度增加居民住房供给能力，在未来若干年内供不应求的状况将越演愈烈，推动一线城市的房价不断上涨。

专题三　居民收支资金流核算

为了保证宏观金融环境稳定，防范金融危机，必须实现居民收支资金流的稳定和连续。如果居民收支资金流出现堵塞，有可能出现“堰塞湖”，触发金融危机。

在宏观经济学教科书中居民收入分为消费和储蓄。储蓄再转化为投资。由于西方各国有很多不同的投资渠道，居民在银行中的存款数量很少。在居民收支资金流中银行存款起到一个调节平衡的作用。由于中国资本市场发育不健全，居民投资渠道较少，因此，居民收入中有相当大的一部分以居民储蓄的形态存进了银行。根据中国的国情，也许可以把居民收入分为消费和广义的储蓄。在广义的储蓄中再分为投资和银行储蓄。居民收入的资金流大致上可以分为三个去处：消费、投资和储蓄。近年来居民储蓄所占的比重越来越大。银行居民储蓄量在1990年仅有7120亿元，在2004年为11.9万亿元。居民储蓄存款由2011年底的34.36万亿元增加到2012年底的41.5万亿元，净增7.19万亿元。平均每月增加5613亿元。在2013年居民储蓄增速加快。到2013年6月底已经达到45.29万亿元，平均每月居民储蓄存款增加6983亿元。居民储蓄存款每年以两位数增加，在最近10年内几乎翻了四番（表3－2）。居民储蓄的增速远远超过了GDP增长速度。大量资金以居民储蓄的方式沉积在银行里，形成一个威胁到金融稳定的“堰塞湖”。

只要负利率超过一定程度，银行的居民存款就可能外溢。存款外溢对金融体系的冲击取决于居民存款相对于GDP的大小。如果居民存款数量不大，无论外溢与否都没有多大关系，如果存款数量和GDP相比份量较重，就有可能对金融体系的稳定性产生较大的冲击。

在1988年由于银行居民存款外流，通货膨胀率曾高达18.8%。1994年的通货膨胀率曾经高达24.2%。出现这两次高通胀率的时候银行居民存款余额占GDP的比重分别为25%和45%（表3－2）。近年来居民储蓄上升速度很快，对GDP的比例从1990年的38.1%上升为2012年的80%（表3－1）。由此而产生的通胀压力比1988年和1994年更高。

世界各国的国内储蓄占GDP的比重的平均水平为19.61%。高收入国家的国内储蓄占GDP的比重只有17.69%（表3－3）。中国居民储蓄占GDP的比重在2012年已经高达80%，并且还在继续上升。

每个月的居民消费量可以近似看成市场上全部可供出售的商品和服务总量。2012年，每个月居民消费大约1.7万亿元。也就是说，在市场上全部可供销售的汽车、电脑、猪肉、苹果、理发、洗脚等加在一起大约1.7万亿元。

在2012年，居民每月投资证券488亿元，用于购房5371亿元（表3－5）。

在2012年，每个月的居民收入大约2.8万亿元。由于工资具有僵硬性，居民月度收入的资金流量有增无减，持续上升。

从1998年的房改到2011年，居民收入中消费所占比重由1998年的78.9%逐年下降，在2011年仅占60.9%。下降了18个百分点。居民用于投资的部分主要是购房，居民用来购买商品房的资金占比从1998年的5%上升到2011年的21.6%。证券市场对居民的吸引力逐年减弱（表3－6）。

每月居民银行存款量过高并不是件好事。如果居民新增存款的资金不进银行，必然流入消费市场和投资市场。不能排除在国际市场上能源和原材料价格突然暴涨的情况下发生输入性通胀的可能。由于银行利率受到国企的牵制，调整利率的空间有限。如果利率调整幅度赶不上通胀率，很可能出现负利率。当负利率超过2个百分点后，居民收支资金流发生变化。倘若当月进入银行的5000亿—6000亿元资金改变流向，进入消费市场则物价涨，进入资本市场则房价涨。

物价和房价暴涨都不好，但是，两害相较取其轻，毫无疑问，物价上涨将伤害低收入群体，其危害大于房价上涨。2013年6月，高达45万亿元的银行居民存款好像悬在头上的堰塞湖。一旦银行中居民存款外流，其冲击强度可能比1988年和1994年更为严重。必须未雨绸缪，采取有效措施，尽快将堰塞湖的水疏导到安全的领域，防范金融危机。

专题四　内需的构成及变化

人们常说，要改变经济增长模式，从过度依赖投资和出口转移到扩大内需的轨道上来。说到底，内需就是老百姓的衣、食、住、行、玩、看病和教育。扩大内需的空间在哪里？

有人说，中国内需不足。其实，在扣除价格因素之后，无论是城镇还是农村，居民消费增长率都不低。2010年城镇居民消费增长率为8.65%，农村为7.13%。2011年城镇居民消费增长率为8.31%，农村为3.04%。和世界各国横向比较，中国居民的消费增长率名列前茅（表4－1，表4－2）。不过，城镇居民消费的增长幅度赶不上GDP。2010年，城镇居民消费总支出的增长率为8.65%，明显低于GDP增长率10.4%。2011年，城镇居民消费总支出的增长率为8.31%，低于

GDP 增长率 9.3%。和城镇居民相比，农村居民人均消费水平相当低。在 2011 年城镇居民人均消费开支 15161 元，农村居民只有 5221 元（表 4－1 和表 4－2）。农村居民消费只有城镇居民的三分之一左右。

食品在居民消费中所占比重逐年下降。从 1993 年的 50.1% 下降为 2011 年的 20.3%，下降了几乎 30 个百分点。随着经济发展，城镇和农村居民的恩格尔系数持续下降。近年来人均食品消费量增长非常缓慢。2010 年食品消费增长率只有 3.75%，2011 年食品消费的增长率为 6.25%（表 4－11）。食品消费增长率显著地低于经济增长率。农村居民的饮食消费开支占总消费的比重从 1993 年的 66% 逐年下降，在 2011 年为 40.4%（表 4－13）。尽管如此，农村居民的食品开支占总消费的比重依然高于城镇居民（36.3%）。农村居民在食品消费上的增速很低，农村居民的食品消费开支曾在 2006 年达到峰值，14070 亿元，随后农村居民在食品消费上的开支总额一直维持在 13800 亿元上下（表 4－12）。由于大量农民进城，农村居民的食品消费总额不可能继续上升。

近年来，城镇居民的粮食消费量逐年下降，从 2009 年的人均每年 81.3 公斤下降为 2011 年的 78.8 公斤。鲜菜的人均消费量从 2008 年的 123.2 公斤下降为 2011 年的 112.3 公斤。酒的人均消费量也从 2006 年的 9.1 公斤下降为 2011 年的 6.9 公斤。禽类和水产的人均消费量在上升。食用植物油、猪肉、牛羊肉和鲜蛋的人均消费量基本维持原状（表 4－15）。

农民的人均粮食消费量比城镇居民高很多，但是呈现持续下降态势。农村人均粮食消费量从 2007 年的 199.5 公斤下降到 2012 年的 164.3 公斤。在短短的 6 年内农村居民人均粮食消费量下降了 35.2 公斤。蔬菜的人均消费量也呈下降趋势。蔬菜的人均消费量从 2007 年的 99 公斤下降为 2011 年的 84.7 公斤。同期，食油、肉类、家禽、蛋等人均消费量上升。食糖、水产品和酒的人均消费量基本稳定（表 4－16）。显而易见，随着农村人均收入的提高，农村人均粮食消费量下降，但是饮食营养结构得到逐步改善。从总量上来讲，在内需各项当中食品需求的增长空间不大。人们由于饮食需求已经基本上得到满足，并不会因为收入增长而吃得更多。

衣着在城镇居民消费中的比重逐年下降。从 1993 年的 11.9% 下降为 2011 年的 11%（表 4－10）。无论是城镇还是农村，居民已经不缺衣穿。衣着更新的需求量有限。由于衣着在总消费中所占比重不大，穿衣消费对于拉动国民经济增长的作用有限。

2011 年，家庭设备及用品开支在总消费中占 6.7%（表 4－10）。近年来居民用于家庭设备及用品的开支的增速从 2007 年的 20.1% 逐年下降，到 2011 年只有 10.76%（表 4－11）。如果取消商品房限购，居民购买家庭设备，如冰箱、洗衣机、彩电、音响等的开支可能要大幅度增加。受到政府政策的影响，例如，“家电下乡”等惠民政策，农村居民在家庭设备及用品等项的人均消费增长率迅速上升。在 2011 年农村居民家庭设备及用品增长 21.78%、交通通讯增长 9.42%，增速都高于城镇居民（表 4－14）。农民在文教娱乐上的消费开支始终保持在相当低的水平，每年每人在教育和文化娱乐上的开支只有 396 元，在 2010 年的增长率只有 1.42%，在 2011 年几乎没有增长（表 4－14）。尽管农村医疗保健的人均消费增长率较高（23.62%），但由于基数偏低，实际上农民的医疗保健开支依然处于很低的水平，每人每年开支 437 元。

城镇居民用于医疗保健的开支从 1993 年的人均 57 元的低水平迅速上升，到 2011 年增加为 969 元。城镇居民用于医疗保健的总额从 1993 年的 384 亿元上升为 2011 年的 6592 亿元（表 4－9）。医疗保健在全部居民消费的比重从 1993 年的 2.3% 上升为 2011 年的 6.4%（表 4－10）。受到国家医疗保健政策的影响，城镇居民医疗保健消费的增幅从 20 世纪末期的两位数下降为 2011 年的 9.25%（表 4－11）。可以预见，未来城镇居民用于医疗保健的开支还会继续增加，增幅可能和经济增长速度持平。

城镇居民在交通和通讯上的消费支出增长得最快。从 1993 年的 564 亿元上升为 2011 年的 14626 亿元（不变价），增长了将近 26 倍（表 4－9）。在城镇居民总消费中的比重从 1993 年的

3.2%上升为2011年的14.2%（表4－10）。可是，受到交通拥堵的制约，2010年城镇居民在交通和通讯上的人均消费增长率为18.34%，在2011年下降为6.54%（表4－11）。显然，城镇居民在交通和通讯上的消费开支还会继续增加，但是高速增长的可能性不大。

城镇居民在文教娱乐上的开支一直在增加，从1993年的1308亿元上升为2011年的12599亿元（表4－9），在城镇居民消费中占比从1993年的7.7%上升为2011年的14.2%（表4－10）。2011年城镇居民用于文教娱乐的消费支出增长率为11.84%（表4－11）。从总体上来说，居民在文教娱乐上的消费支出是拉动内需的一个重要部分。

农村居民居住消费开支在总消费中的比重从1993年的11.3%上升为2011年的18.4%（表4－13）。相比之下，城镇居民在居住消费上的占比从1993年的5.5%上升为2011年的9.3%，增长速度为3.7%（表4－11）。必须指出，农村居民在居住上的开支包括修缮自家住房，而城镇居民的居住消费仅仅包括租金、水电气和装修等开支，而不包括购房支出。如果把城镇居民购房支出考虑进来，城镇居民在居住上的开支占总消费的比重要远远超过农村居民。

2011年，在城镇居民消费当中增长最快的是衣着（14.04%）、文教娱乐（11.84%）、家庭设备及用品（10.76%）（见表4－11）。农村居民消费的热点是医疗保健（23.62%）、家庭设备及用品（21.78%）和衣着（19.12%）（表4－14）。农村居民在文教娱乐上的开支非但没有增加，反而有所减少（－0.49%）（表4－14）。

在1993年到2011年统计数据基础上，通过回归分析来预测未来的居民消费需求变化情况。表4－21中的数据显示，未来10年内居民消费增速有可能从前十年的均值8.06%下降为7.04%。也就是说，居民消费的增长速度不足以保证GDP维持8%以上的增速。

在各项居民消费中，虽然交通通讯依然保持最高的增速（10.98%），但是已经从1992—2011年的18.55%下降了几乎8个百分点。

和其他传统商品消费相比，信息消费增长速度很高，有望成为下阶段的消费热点。2013年1—5月，信息消费规模已达1.38万亿元，同比增速19.8%。随着新技术、新产品的不断问世，信息消费和物流、资金流的交易相结合，有可能取得越来越大的市场。

医疗保健和文教娱乐上的居民消费开支增速也显著下降。医疗保健从14.18%下降为7.5%。文教娱乐从10.92%下降为7.99%。尽管各项居民消费的绝对值依然在不断增长，但是增速放缓，依靠消费很难维持8%以上的经济增长速度。

究竟居民消费在国民经济增长中起到多大作用？以2011年为例，GDP增量为71369亿元（表4－23），同年城乡合计的消费增量为19411亿元（表4－28）。居民消费增量仅占GDP增量的27.2%（表4－31）。

在1994年，在GDP的增长中消费占37.54%。其中来自于城镇居民消费的贡献占20.98%，来自于农村居民消费的贡献为16.56%。从历年数据来看，居民消费对GDP增长的贡献率在波动中呈现下降趋势，从1994年的37.54%下降为2011年的27.2%。城镇居民消费对GDP增长的贡献率保持在20%上下，而农村居民消费对GDP增长的贡献率从1994年的16.36%下降为2011年的6.79%。在2011年，在GDP增长中有27.2%来自于居民消费。其中，有10.65%来自于食品消费的增量；来自于衣着的只有3.32%，来自于居住的只有2.1%（表4－34）。

由居民衣、食、行、玩、教育、医保构成的消费拉动国民经济增长的动力正在逐年衰退。如果国民经济保持8%的增速，在2020年GDP预期增量8.9万亿元，可是城乡居民消费能够提供的最大空间只有17729亿元。占GDP增量的19.91%。如果国民经济增速为7%的话，在2020年GDP增量为82644万亿元，消费可能提供的增长空间占21.45%（表4－34）。

居民开支的最大组成部分是购房。居民购房开支通常计入投资。购买商品房在居民收入资金流中所占比重越来越大。从1991年的207亿元急剧上升，2001年达到4863亿元，2012年高达

6.44 万亿元。在 2001 年到 2012 年期间增加了 13.24 倍。在 2001 年到 2012 年期间，商品房销售面积从 2.24 亿平方米增加到 11.13 亿平方米，增加了 4.97 倍。在 2011 年城乡居民消费增量为 19411 亿元（表 4-28）。其中食品消费增量为 7602 亿元，衣着消费增量为 7602 亿元，家庭设备及用品的增量 1449 亿元，医疗保健的增量为 1542 亿元，交通通讯的增量为 2078 亿元。在 2011 年商品房销售额为 58589 亿元。由此可见，房地产业给国民经济增长提供的空间要远远大于各项消费。如果要维持 7%—8% 的经济增长，依靠增加消费来拉动内需的空间很有限，必须大力发展房地产业，为城镇居民兴建更多的商品房和廉租房，在提高人民生活水平的同时有效地拉动国民经济，提供更多的就业机会。如果把居民购房和租房、水电、装修合并在一起，视为广义的住房，那么，居民住房（包括租房和购房）是扩大内需最主要的战场。

专题五　农村剩余劳动力核算

究竟农村还有没有剩余劳动力？这个问题不仅关系到城镇化的进展速度，还直接影响到工资和社会保障政策。

经济学对剩余劳动力的定义是：边际劳动力产出等于零。也就是说，如果减少一个劳动力而不影响产出，那么这个劳动力就是剩余劳动力。根据这个定义，我们可以从两个方向来核算农村剩余劳动力。第一，全国各省市都有比较详尽的农产品产量的统计数据，同时也有每亩用工量、亩产量，不难计算出生产全部农产品所需要的劳动力数量。第二，各省市都有主要农作物的播种面积，乘上生产这些农产品每亩所需的劳动力，得到生产全部农产品所需的劳动力数量。

虽然农产品的种类数目远远低于工业制成品，可是也有上百种之多。在核算过程中没有必要也不可能样样俱到把所有品种的农产品都包括进来。在核算中我们选择稻谷、小麦、玉米、豆类、棉花、油料、甘蔗、甜菜、烤烟、水果、蔬菜等 11 个主要农作物。考虑到还有种植五谷杂粮、养鸡、养鸭、养猪等劳动，我们假定农民在一年的 365 天中用于主要农作物的时间为 200 天，还有 50 天用于其他农业劳动，剩下的 115 天属于农闲和休息。

在统计年鉴中提供了第一产业就业人数。这个数字包括了农、林、牧、副、渔等，大于纯农业生产所需的劳动力。为了避免高估剩余劳动力的数量，我们将农村第一产业的就业人数近似视为农业生产的劳动力。按照主要农产品的产量以及生产这些农产品所需工时计算出来农业生产所需的劳动力数量。这个数字和农村第一产业就业人数之差就是农村剩余劳动力。

在 2002 年全国农村剩余劳动力 14389.8 万人，以后农村剩余劳动力逐年减少。到 2011 年全国农村剩余劳动力为 8876.21 万人（表 5-54）。在 10 年内农村剩余劳动力减少了 5513.6 万人。平均每年减少 550 万人。这充分说明了在改革开放以来中国经济建设取得的伟大成果。

减少的农村剩余劳动力主要有三个去处：第一，进城的农民工；第二，转移到农村的第二和第三产业；第三，从谷物和豆类种植转移到需要更多劳动力投入的经济作物。在 2011 年，在苏、锡、常一带不仅没有农村剩余劳动力，还需要从外地引进大量劳工。新疆一直处于劳工短缺状态，在 2011 年尚缺农村劳动力 223.95 万人。农村剩余劳动力集中在河南（967 万）、湖南（965 万）、四川（910 万）、云南（885 万）。在安徽、广西、广东、贵州还有大量农村剩余劳动力（表 5-54）。在最近 3 年内，农村剩余劳动力最多的省市是：河南、湖南、四川、云南、安徽、贵州（表 5-83）。河南的农村剩余劳动力位居全国各省市首位。排序状态基本没有改变。河南在最近 10 年内剩余劳动力下降的幅度最大，从 2002 年的 1899 万人下降为 2011 年的 967 万人（表 5-79）。云南的剩余劳动力在 2002 年为 707.7 万人，在 2007 年上升为 946 万人。随后云南的剩余劳动力数量虽然有所减少，但是在2011年仍然有885万人。云南农村剩余劳动力下降的幅度在全国各省市当中最低（表5－85）。

从农作物播种面积出发核算实际所需的劳动力，得出的结果和从农产品产量出发的结果非常接近。在2011年全国农村剩余劳动力为8876.5万人。

由于农业机械化和品种改良，在最近10年内谷物种植所需的实际劳动力数量大幅度下降。种植稻谷所需的劳动力从2002年的2948.7万人下降为2011年2047.5万人，下降901万人。种植小麦所需劳动力在2002年为1661.8万人，到了2011年只需要1009.8万人，减少653万人。种植玉米的劳动力从2002年的2004.6万人到2011年下降为1795.3万人，下降209万人（表5－87）。种植粮食（谷物）所需劳动力在近10年内减少了1554万人。种植粮食所需要的劳动力不断减少，这是一个巨大的社会进步。

由于养殖业大发展，国内市场对大豆的需求量急剧上升。由于中国农民在大豆生产上没有比较优势，因此，近年来大豆进口量大幅度上升。国内大豆种植面积下降，所需要的劳动力数量从2002年的578万人下降为2011年的311万人（表5－87）。棉花、油料等经济作物需要的劳动力数量也呈下降态势。

在这段时期内，蔬菜生产需用的劳动力数量从2002年的7297万人，上升为2011年的7902万人，增加了605万人。种植水果的劳动力在2002年为2367万人，到2011年增加为3626万人，增加了1259万人（表5－87）。

由于我国粮食价格相当稳定，农民种植粮食作物的利润比较低。在保障粮食供给的情况下，农民改变种植品种，从粮食作物转向收益较高的蔬菜和水果，这是农民按照市场规律做出的理性选择。

从种植各类农作物需用的劳动力占比来看，在2002年有14.85%的农村劳动力种植稻谷，可是在2011年只要10.78%的劳动力就足够了。种植小麦所需劳动力的比重从2002年的8.37%下降为2011年5.31%。2002年种植玉米需用总劳动力的10.1%，到了2011年只要9.45%就足够了。而生产蔬菜的劳动力比重从2002年的36.75%上升为2011年的41.59%。生产水果需用的劳动力比重从2002年的11.93%上升为2011年的19.08%（表5－87）。显而易见，今后这个趋势仍将继续。

在过去10年内，全国农业就业劳动力从2002年的34204万人下降为2011年的27878万人，减少了6326万人，减少了22.7%。农业实际需用的劳动力总数从2002年19854万人下降为2011年的19002万人，减少了852万人，减少4.5%（表5－54）。

农村剩余劳动力从2002年的14351万人减少为2011年的8876万人，减少5475万人，减少了61.7%。农村剩余劳动力在总农村劳动力中的比重从2002年的41.96%降低为2011年的31.84%（表5－54和表5－79）。

农村剩余劳动力占比逐年下降，这是一个可喜的趋势。但是必须认识到，实现农业现代化和城镇化是一个长期的历史任务。在2012年还有8000多万农村剩余劳动力有待转移。可是，每年全国新增就业机会有限。在2012年创造了新增就业的历史记录，1266万人。国务院提出2013年新增就业的目标是900万—1000万人。扣除掉每年大学毕业生700万人之后，能够分给农村劳动力就业的总数只有300万—400万。相对于8000万以上的剩余劳动力，杯水车薪。城镇化的速度必须和新增就业的规模匹配，切切不可掉以轻心。如果盲目地一拥而上，鼓动大批农村年轻人涌进城镇，倘若没有足够的就业机会，势必在城镇形成贫民窟，给社会造成极大的隐患。中国的城镇化任重道远。

有些人认为，中国农村已经达到了刘易斯拐点，没有剩余劳动力了。于是，他们主张增加工资，提高最低工资线。核算结果表明：在农村尚且存在着大量剩余劳动力。在这个情况下贸然提高最低工资线有可能损害了最低收入群体——农村剩余劳动力的利益。更何况由政府主导的增加工资只能给公务员、军人、教师、国企员工和离退休人员加工资，没有途径给农民和民营企业的员工增加工资。如此增加工资只能让贫富差距更加恶化。

专题六　加工深度系数法评估 GDP

在研究 GDP 的时候，除了关注居民生活水平之外必须关注国家综合实力。在国与国之间的对抗中不仅要考虑政治、军事等因素，还要考虑能够转化为军事力量的资源和能源等物资因素。国家综合实力在国际政治关系中非常重要。一旦发生战争，要看这个国家能够动员多少人力和物资，能够坚持多久。有些小国，比较富裕，尽管人均收入很高，但是在国际事务中的发言权远远不及相对贫穷的大国。

在世界上众多的产品当中，工业原料和农产品的同质性最高。因此，选取一组原料和农产品作为统计对象就可以避免因产品质量和选取统计样本不同而产生的误差。大多数国家作为一个完整的经济体都生产这些农产品和原料，如果挑选一组农产品和原料来作为统计对象，对各国来说都是公平的。一个国家拥有的原材料和农产品的数量在一定程度上和国家综合实力有关。拥有的原材料和农产品数量越多，意味着可以调动和建立军事力量的资源越多，支持对抗的实力越雄厚，打起仗来拖得越久。

中国在 2002 年的虚拟原材料价值为 1370 亿美元，美国为 1387 亿美元。美国略强于中国（表 6 - 28）。到了 2011 年，中国的虚拟原材料价值为 3935 亿美元，美国为 2818 亿美元。中国在钢铁、煤炭、水泥、稻米、小麦等许多农产品上都位列世界首位。虽然中国的科学技术水平和深加工能力还远远落后于美国，无论如何中国的综合实力不可低估。相比之下，日本的虚拟原材料只有 131 亿美元。虽然日本在制造业加工增值能力很强，但是，在体现国家综合实力的虚拟原材料价值上严重落后。

加工深度系数反映了一个国家工业化的程度。GDP 主要来自于生产过程中的增值。在工业化的不同阶段，原料产值和国内生产总值之间存在着显著的相关关系。对于落后的农业国来说，农产品、原料占 GDP 的比例比较大。工业发达国家的原料、能源和农产品占 GDP 的比重比较小。工业化程度越高，原料产值所占的比例就越小。如果我们说两个国家的工业化水平差不多，那么这两个国家的原料占 GDP 的比例也应该相差不多。虽说加工深度系数法并不能准确地提供中国 GDP 的数字，但是，加工深度系数法回避了许多在统计中出现的不确定性，从另外一个角度提供了评估综合国力的参照体系。

人们通常使用汇率法或购买力平价法来评估 GDP，可是，由于受到价格指数（包括汇率）、产品质量以及统计取样的影响，难免产生歧义性。加工深度系数采用指定的原料、能源、农产品作为统计的基础，采用同样的价格指数，因此可以有效地避免歧义性，能够在更一致的基础上评估各国的 GDP。

世界各国历年的加工深度系数大致上可以分为四大类：第一类，加工深度系数高于 10%，基本上属于工业化程度较低的发展中国家，例如越南、菲律宾、津巴布韦、印度等。第二类，加工深度系数在 5%—10% 之间，例如泰国、中国、南非、埃及等。第三类的加工深度系数在 2.5%—5% 之间，其中有澳大利亚、东欧各国、俄罗斯等。第四类的加工深度系数低于 2.5%，几乎都是工业化发达国家（表 6 - 29）。

中国的加工深度系数在 2002 年为 9.4%，随着工业化的进展，逐年下降，在 2011 年为 6.6%，降幅为42.4%。而同期印度的加工深度系数从2002年的11.1%下降为2011年的10.1%。降幅仅仅9.9%。这说明从总体上来说，中国的工业化进展速度遥遥领先于印度。

尽管中国的加工深度系数在近年来取得了很大的进步，在2011年为6.6%，可是依然高于巴西（6.0%）、埃及（5.7%）等国，也高于东欧诸国，如罗马尼亚（4.8%）、匈牙利（3.1%）、捷克（2.3%），高于俄罗斯（2.5%）。这说明中国还需要产业升级，提高能源利用效率。如果中国能够不断降低加工深度系数，就可以在相当长的时期内保持GDP高速增长。

采用加工深度法来比较各国GDP也有局限性。例如，石油输出国的原料占GDP的比例可能比较高，因此，应当将石油输出国另外分组。另外，有些国家，例如加拿大自然资源丰富，大量出口木材、纸浆、小麦等原材料，因此它的加工深度系数也比较高。美国大量出口小麦，使得它的加工深度系数高于日本、英国、德国等，但是并不一定说明美国的工业化程度低于这些国家。因此，在用各国加工深度系数比较GDP时应当剔除大宗出口的商品，例如石油和小麦。

从工业制造能力来看，中国的加工深度系数理应和波兰、罗马尼亚相近，可是，2010年中国的加工深度系数为6.6%，而波兰的加工深度系数为3.9%，罗马尼亚的加工深度系数为4.3%。连埃及的加工深度系数（5.7%）都低于中国，这说明中国的GDP很可能被低估了。

专题七　服务业占GDP的比重核算

2011年，中国服务业占GDP的比重为43.3%，远远低于全球各国服务业占GDP比重平均值为70.9%。从世界各国的统计规律来看，随着人均GDP的增长，服务业占GDP的比重随之增加。无论按照汇率法还是购买力评价法计算，中国的人均GDP已经进入了中等收入国家行列，可是，服务业占GDP的比重却明显地低于世界均值，甚至低于低收入国家（49.7%）、中低收入国家（51.6%）、中等收入国家（54.7%）。津巴布韦的经济发展程度远不如中国，可是服务业占GDP的比重为47%。菲律宾为55.8%（表7-1）。从世界各国来华旅游者的直觉来看，中国的服务业要明显地强于低收入国家，甚至比东欧国家更好。可是，中国服务业占GDP的比重大大低于这些国家。中国的服务业统计数据很可能被低估了。

为什么中国服务业占GDP的比重会这么低？很可能是由于税制改革的滞后而丢失了统计数据。中国的税制依然带着严重的计划经济特色。在计划经济中统计数据强调物质产品而忽视服务业。西方各国的个人所得税占整体财税收入的30%—50%。可是，中国在2012年个人所得税只占全部财税收入的6.8%。服务业和制造业、农业不同，在大多数情况下服务业没有具体的物质产出，更多体现在人和人之间的相互服务。在工业化国家中服务业的数据来自于个人所得税申报。例如，在西方许多国家，对家政服务的支出可以退返个人所得税，因此具有足够的激励机制鼓励人们如实报告个人收支。中国至少有1000万保姆，从来就没有哪个保姆报过税，她们的GDP产出并没有纳入国民统计。众多小商小贩的GDP也被丢失了。没有任何激励机制鼓励人们如实申报在服务业中的支出和收入，导致服务业数据严重缺失。

纵观世界各国数据，随着人均GDP增长，服务业占GDP的比重也逐渐升高。按照回归分析，中国服务业占比的99%的置信区间在52%到58%之间（表7-2）。

有人见到中国服务业占GDP的比重严重低于其他国家，于是建议大力发展服务业，以此拉动内需。事实上，中国普通服务业（如餐饮、物流、娱乐、家政等）的进入门槛很低，市场化程度明显高于制造业。满街都是饭馆，业者很容易申办到餐馆和理发店的营业执照。进入家政服务的门槛也很低。一般而言，并不是普通服务业欠发达，而是丢失统计数据导致服务业的统计比重偏低。

在服务业中还包括金融、通讯、医疗、教育等。从总量上来讲，中国的银行、学校和医院的数目并不少，但是大部分银行、医院都是国有单位，迄今为止，尚且存在着种种制度上的准入障碍。如果放松对这些领域的准入限制，削弱国有企业的垄断，允许民营企业自由进入这些行业，势必可以进一步刺激服务业的发展，提高服务业在 GDP 中的比重。

专题八　对外依存度核算

外贸依存度指的是进出口总额对 GDP 的占比。中国外贸依存度到底高不高？有必要在统一的标准下进行核算。如果世界各国 GDP 采用购买力平价法，就全部采用购买力评价法。如果采用汇率法就全部采用汇率法。只有在同一个标准下计算出来的数据才具有可比性。

如果采用汇率法计算，2011 年，中国的外贸依存度为 58.7%，低于中等收入国家的平均值 60.5%，也低于世界平均值 63.1%（表 8－3）。如果采用购买力平价法，中国的外贸依存度为 38%，和中等收入国家的平均值 37.5% 持平，低于世界平均值 54.6%（表 8－4）。

和周边经济体相比，如果采用汇率法计算，中国大陆地区在 2011 年的对外依存度为 58.7%，高于日本（31.4%），但是显著地低于韩国（110.3%）和台湾地区（164.8%）。如果采用购买力平价法，2011 年中国大陆地区外贸依存度为 38%，明显低于日本（42.8%）、韩国（82.9%），也低于中国台湾地区（87.2%）（表 8－5）。

核算结果表明，中国的外贸依存度并不高。有人说，中国经济过度依赖外贸，这种说法欠缺依据。

专题九　粮食储备和粮食安全

从 2000 年到 2010 年，中国一直是稻谷的净出口国。直到 2011 年才进口稻谷 15 万吨。在 2011 年稻谷总产量 20100 万吨，进口稻谷的数量尚不及总产量的 0.75%。在很大程度上进口稻谷属于大米品种调剂（表 9－1）。

小麦的进口量在 2011 年为 265 万吨，相当总产量 11740 万吨的 2.26%（表 9－4）。

近年来，由于国内市场对饲料的需求持续上升，因此进口的玉米数量在逐步增加。在 2011 年净进口玉米 495.5 万吨，相当国内玉米总产量 19278 万吨的 2.57%（表 9－4）。

大豆的情况和谷物（稻谷、小麦、玉米）不同。在 2011 年进口大豆 5264 万吨，国内生产总量才 1449 万吨。大豆的自给度只有 21.7%。并不是中国没有生产大豆的能力，而是没有生产大豆的比较优势，进口大豆符合中国的国情和农民的利益（请参阅专题十）。

从总体来讲，中国一直保持着相当高的粮食自给率。特别是在口粮（稻谷、小麦和玉米）上的自给程度相当高。库存储备相当充足。有些人质疑中国人能不能养活自己，这种看法缺乏事实根据。

专题十　大豆的故事背后

长期以来中国一直出口大豆。可是，从1990年以后大豆进出口形势突然逆转，进口数量越来越多。1998年进口大豆432万吨，1999年翻了一番，达到1042万吨。3年以后再翻了一番，2003年达到2074万吨。在2007年再上一个千万吨台阶，达到3082万吨。在2011年大豆进口量高达5245.3万吨（表10－1）。大豆消费量的增速远远超过各类谷物。

在相当长的时间内中国的大豆产量占全球总产量的10%左右。从1997年以后，中国生产的大豆在世界总量中所占比例逐年下降，到2011年只有5.6%，下降趋势仍在继续。世界大豆生产的结构转移说明：第一，全球大豆的需求在不断上升；第二，大豆需求的增量主要来自于中国；第三，大豆产出的增量主要来自于拉美的巴西和阿根廷。美国的大豆产量在继续增加，但是在世界市场上的占比却在下降；第四，中国自身生产的大豆逐年减少。

中国是世界上最大的大豆进口国，也是美国、巴西和阿根廷大豆的最大的客户，占美国出口量的60%，占巴西出口量的66.99%，占阿根廷出口量的80.7%（表10－5）。如果美国、巴西、阿根廷的大豆不卖给中国，在地球上找不到任何其他市场可以替代中国。

中国农民在近10年内逐步减少大豆的种植面积，大量进口大豆，这是农民的理性选择还是在“帝国主义”侵略或压力的结果？当年“八国联军”的洋枪大炮都没有能够强迫中国农民不种大豆，是什么样的压力能让中国农民改变种植结构？在分析这些问题的时候绝对不能忽视经济内在规律，更不能简单地用政治阴谋论来解释农业种植结构的变化。

为了解释中国大豆生产和需求的变化必须研究主要粮食作物（稻谷、小麦、玉米和大豆）的单位土地产量、利润、用工量。基本准则是：第一，让农民手里有更多的粮食；第二，让农民获得更高的利润；第三，给农民提供更多的就业机会。

减少大豆播种面积转而种植小麦或玉米，在相同条件下增加了农民收获的粮食总量。从单位面积土地产出的粮食数量来看，稻谷每亩产量平均464公斤，玉米472公斤，小麦389公斤，大豆只有146公斤（表10－13）。对于口粮而言，只要有足够的水资源，农民都倾向于改旱地为水田，减少大豆、小麦或玉米的播种面积，扩大水稻种植面积。

从产值来看，2011年稻谷每亩产值1268.3元，小麦830.2元，玉米1027.3元，大豆只有610.7元（表10－14）。减少大豆播种面积转而种植小麦或玉米，在相同条件下增加了农民收入。如果考虑单位面积的产值，农民将首选稻谷，而将大豆置于最后。

对于农民来说，最重要的是每亩土地给他们带来的利润。2011年稻谷每亩的净利润为371.3元，小麦117.9元，玉米263.1元（表10－15）。尽管大豆的售价比较高，单位面积的成本比较低，可是由于产量低，每亩地的利润只有122元。从单位面积土地来讲，小麦的利润最低，大豆次之。种植稻谷的单位面积利润比大豆高3倍，种植玉米比大豆高2.16倍。

在国际市场上，种植大豆的单产低于稻谷、小麦和玉米。产值也显著低于稻谷、小麦和玉米（表10－17）。可是，对于那些耕地大量闲置的经济体来说，只要能够拿到订单，种大豆总比闲置土地更好。

在国际市场上水稻比大豆贵1.33倍（表10－17），但在国内市场，水稻价格仅为大豆的86%（表10－16）。2006年，水稻的单产为6232千克/公顷，大豆单产为1721千克/公顷，如果将一公顷大豆改种水稻，再进行国际贸易，出口水稻，进口大豆，那么种植一公顷水稻能换回8259.8千克大豆，比每公顷生产的大豆1721千克多了6538.8千克，折合约2.2万元人民币。也就是说，如果没有其他条件制约，农民应当改大豆为水稻，并通过国际贸易获得更高的收入。

如果将种大豆的土地改种玉米和小麦，每公顷能分别增收 7060.6 元及 3561.7 元。在国际市场上，虽然玉米、小麦的价格要低于大豆（国内两者之间的价差更大），可是用玉米与小麦替代大豆仍然有利可图（表 10－17）。

2008 年，国际市场小麦价格 2616 元/吨，国内 1656 元/吨，国际价格高过国内 57.9%。国际市场上大米每吨 4622 元，国内 2950 元/吨，国际价格高出 80%。显然，如果从海外进口大米和小麦都要亏损，而适当出口可以帮助农民提高收入。国际市场大豆价格 3409 元/吨，国内价格为 4808 元/吨。每吨相差 1399 元。为什么不进口？国际市场上玉米价格为每吨 1654 元，国内市场为 1608 元，国际价格仅比国内高 3%。基本相同。是否进口，要看情况而定。

减少大豆播种面积转而种植小麦、玉米或其他经济作物，在相同条件下增加了农民就业机会。在 2013 年，中国农村还存在着 8000 万以上的剩余劳动力。对于大部分农民来说，在选择种植品种的时候，他们更关注单位面积的农作物带来的利润。只要能获利，农民并不吝惜投入劳动力。从每亩用工量来看，2011 年稻谷每亩用工 7.6 日，小麦 5.6 日，玉米 7.2 日，大豆 3.1 日（表 10－18）。大豆用工最少。在粮食作物当中，稻谷属于劳动力密集型作物，而大豆属于土地密集型作物。在人多地少的情况下，虽然水稻用工量比大豆多，但是水稻单位面积的产量和利润都比大豆高，只要能够解决灌溉问题，农民普遍愿意多种水稻。蔬菜、水果和经济作物用工数量都比较多。一般来说，用工越多的农产品价格越高，种植利润也比较高。从农民收入来看，种什么也比种大豆划算。

针对中国农村有大量剩余劳动力的特点，理应根据各地不同的自然条件发展特色农业。例如，在山区因地制宜地种植各种果林，发展各种林产品，如核桃、松子、栗子和茶叶等。针对中国有广阔的内陆水域和海洋水域、滩涂的特点，发展水产养殖业，大量出口各种鱼、虾、贝、藻等。根据市场需求发展水果、花卉、药材和其他经济作物等。除了供应国内市场，不断改善人民生活水平之外，还可以大量出口，在换回谷物同时，大幅度地增加农民收入。药材种植用工最多（表 10－19），因此，只要药材有市场，价格合理，农民都愿意多种药材。

土地稀缺是不可改变的现状，只要有可能，就应当减少土地密集型作物的播种面积，而将宝贵的土地资源转向劳动力密集型作物。扩大粮食进口还有利于环境保护和农业的可持续发展。如果把部分牧地和林地开垦为耕地，或者过度利用土地，过度施肥，有可能破坏生态系统，造成严重的水土流失和地力下降等。

在 2006 年以前，美国农民种植大豆的生产成本高于收益，如果没有美国政府补贴，种植大豆必定亏本。由于中国大量进口大豆，美国农民从中获利匪浅。自从中国大量进口大豆之后，大豆的价格大幅度上升，从而美国农场主种植大豆扭亏为盈（表 10－19）。中国进口大豆帮助美国农场主摆脱了困境，促进了美国大豆生产，不仅给他们带来利润，还提供了许多就业机会，提高了土地资源利用效率。

在大豆生产上，美国、巴西和阿根廷具有明显的比较优势。美国的人均耕地面积 0.578 公顷，中国只有 0.109 公顷，美国的人均耕地面积是中国的 5.3 倍。在土地资源上美国具有明显的优势，特别适合种植大豆这样土地密集型作物。

农业机械在大豆种植中能够充分发挥用武之地。2007 年美国 100 公顷耕地拥有的拖拉机的数量为 273 台，而中国仅为 65 台。在美国大豆生产成本中，机械成本占 21.7%，而劳动力成本比重仅为 0.64%。机械化生产使美国大豆单位面积产量从 1992 年每英亩 39.2 蒲式耳上升至 2006 年的 44.6 蒲式耳，提高了 14%。美国大豆 2006 年的总产量较 1992 年增长了 46%。高度机械化使美国每公顷大豆的产量比中国多了 0.63 吨，两者相差 1.4 倍。显而易见，美国在大豆生产上具有明显的比较优势（表 10－19）。

改革开放以来，中国人的生活水平大大提高，对肉禽奶蛋和水产品的要求与日俱增。肉类总产量从1999年的5821万吨上升为2007年的6866万吨，增加18%。禽蛋产量从2134万吨上升为2529万吨，上升19%。水产品从3570万吨上升为4747万吨，上升幅度高达33%。奶类产量从807万吨上升为3633万吨，总产量增加了3.5倍。与此对应，饲料用量也逐年增加。1978年为4575万吨，2007年达17150万吨，年均增长率为4.7%。1978年饲料占粮食总产量的比重仅为15%，1990年为24.4%，1995年为31.2%，2007年为34.2%。自改革开放以来，肉类的年均增长率为7.7%。蛋类增长率为8.8%，奶类增长率为13.8%。中国粮食总产量以每年1.7%的速度增长，而饲料粮消费量的增长速度4.7%。显然，饲料消费量的增长速度超过粮食的增速。

大豆的主要用途是饲料，占总量的60.4%，榨油用去14.6%，用作口粮的部分只有15.9%，工业用途7.5%，种子1.7%。中国大豆进口突然暴涨的原因只有一个：大豆榨油之后的豆粕是家禽、家畜和水产鱼虾的优良饲料，大豆进口量上升反映了对饲料需求的增长。

为了适应市场对饲料的需求，玉米的播种面积和产量都大幅度上升，尽管如此，还是难以满足市场对饲料的需求。中国面临着一个选择，是扩大国内饲料耕种面积，增加饲料生产，还是转向国际市场，从海外进口饲料。通过对玉米和大豆的生产成本、利润、进口成本、对土地和水资源的利用率等多种要素比较，可以清楚地得出结论：种大豆不如种玉米，种玉米不如进口玉米，进口玉米不如进口大豆。于是，中国人做出了理性的选择：在国内减少大豆播种面积，增加玉米播种面积，从海外市场大量进口大豆。

水产品的产量从改革开放初期1980年的449.7万吨上升为2011年的5603.2万吨，增加了12.46倍。其中，海水养殖从44.4万吨上升为1551.3万吨，增加35倍。淡水养殖从90.2万吨上升为2471.9万吨，增加27.4倍。毫无疑问，水产养殖业需要越来越多的饲料。在水产养殖的饲料中，豆粕是主要成分。水产养殖极大地推动了大豆的需求。

在中国大量进口大豆同时，水产品出口急剧增加。我们可以清楚地观察到这样一条生产－消费链：从美国、阿根廷和巴西运来大豆，榨油之后，中国渔民用豆粕饲养各种水产，随后向美国、日本等国出口。和制造业中的来料加工有几分相似，中国进口的大豆当中有相当一部分被转化为水产，送了出去。大豆是土地密集型作物，美国、阿根廷、巴西有大量闲置的土地，正好扩大大豆种植。水产养殖业需要大量劳动力，中国在劳动力密集型产业上具有比较优势。进口大豆，出口大虾，恰恰构成了一个充分利用资源的国际循环。

近年来，中国水产养殖快速增长，不仅中国人餐桌上的鱼虾大大增加，同时还大量出口到世界各国。从出口的农产品来看，肉类出口量变化不大，唯独水产品出口数量剧增。出口水产品总额从1995年的20.87亿美元上升为2007年的47.48亿美元，翻了两番还多。1992年中国大虾的出口量仅为790吨，到了2006年上升到2亿多吨，增长253倍。特别是2005—2006年，一年之内大虾的出口量增加了1.96倍。

中国大虾出口集中于美、日、韩三国。在2007年美、日、韩三国进口大虾的数量占中国总出口量的47%。2005年出口到美国的大虾为2.08万吨，在2006年上升为4.97万吨，增长了2.39倍，占中国当年大虾出口总量的四分之一左右。日本、韩国从中国进口的大虾也增加了1.78和1.72倍。

2008年，在国际市场上大豆每吨平均售价300美元左右，进口大豆花费大约92亿美元。仅出口水产品就收回47.48亿美元。大豆价格上涨之后，中国进口大豆的数量并没有下降，这说明中国农民进口大豆之后再出口大虾仍然赚钱。美国、巴西和阿根廷的农民看好大豆市场，纷纷增加大豆生产，供给量增加之后使得大豆价格趋于稳定。

一方面，中国大量进口大豆确实推动了国际大豆价格上涨。另一方面，中国用进口的大豆饲养水产品，然后向美国和其他国家出口，大大压低了水产品价格，让一般收入的家庭也能享用价廉物美的大虾，提高了民众的生活质量。大豆的价格上升了，可是大虾（和其他水产品）的价格却下降了。通过国际贸易，生产大豆的美国、巴西和阿根廷的农民得到订单，获益匪浅。中国农民也很高兴，毕竟大虾的价格远远高于大豆，饲养大虾赚了不少。产销三方皆大欢喜，这是一个三赢局面。

根据比较优势理论，理应让美国和其他土地资源比较富裕的国家生产更多的大豆，而土地资源紧张的国家，如中国，多生产一些劳动密集型作物，通过贸易调剂余缺。美国出口大豆、进口大虾，中国进口大豆、出口大虾，完全符合市场规律，符合经济学中资源配置最优化原则，是合理的经济行为。这样的贸易有利于改善全球福利，既然已经开始，就一定会继续下去。

中国大量进口大豆并不表示没有生产足够粮食的能力。即使在外国发动对华粮食制裁的情况下，起码有 270 天的预警期，完全可以从容不迫地调整粮食生产结构，在自力更生的基础上保障国内的口粮供应。贸易战主要针对口粮，而不是饲料。禁运饲料对社会稳定度的冲击要远远低于口粮。

中国进口大豆主要来自于美国、巴西和阿根廷三个国家。美国位于北半球，巴西和阿根廷位于南半球，美国和巴西、阿根廷的收获季节恰好相反。中国每年 6 月到 11 月主要从南美进口，从 11 月到第二年 5 月主要从美国进口。大豆主要出口国（美国、阿根廷、巴西等）之间几乎不可能达成联合禁运的协议。他们之间的商业利益竞争和冲突要远远大于和中国之间的矛盾。如果美国单方面撕毁订购合同，那么订单的一部分将转移到南美，还有一部分订单将转移到其他北半球国家。更何况，按照美国法律，粮食制裁只能在 270 天后生效。当年生产的大豆照卖不误。如果第二年不签合同，毫无关系，排队等着和中国签合同的国家还多着呢！发动大豆禁运的人遇到的麻烦要远远大过中国。从切身利益考虑，即使美国发起对中国的粮食制裁，他们也不会禁止大豆出口。非常清楚，大豆市场是买方市场，作为最大的顾客，中国掌握着很大的主动权，完全用不着杯弓蛇影，过度忧虑。

专题一　房价收入比[1]

目　　录

① 本专题核算徐滇庆，审核李昕。

指标解释

一、主要指标解释

1. 商品房（住宅）销售面积：指报告期内出售商品房，主要是商品房中的住宅项目的合同总面积（即双方签署的正式买卖合同中所确定的建筑面积）。由住宅的现房销售面积和住宅的期房销售面积两部分组成。

2. 商品房（住宅）销售额：指报告期内出售商品房，主要是商品房中的住宅项目的合同总价款（即双方签订的正式买卖合同中所确定的合同总价）。该指标与商品房（住宅）销售面积同口径，由住宅现房销售额和住宅期房销售额两部分组成。

3. 城镇居民家庭可支配收入：指家庭成员得到可用于最终消费支出和其他非义务性支出以及储蓄的总和，即居民家庭可以用来自由支配的收入。它是家庭总收入扣除加纳的个人所得税、个人交纳的社会保障性支出以及记账补贴后的收入。计算公式为：

城镇居民家庭可支配收入 = 家庭总收入 - 交纳个人所得税 - 个人交纳的社会保障支出 - 记账补贴

4. 城镇人均住房建筑面积：城镇人均住房建筑面积数据来源于国家统计局住户调查办公室的城镇住户调查。调查对象在 2001 年以前为全国非农业住户，2002 年以后改为全国城市市区和县城关镇区住户。

5. 平均每户城镇家庭人口数：城镇家庭户人口总数与城镇家庭户总数之比，表示平均每户城镇家庭人口数。计算公式为：

平均每户城镇家庭人口数 = 家庭户人口数 / 家庭户总数

6. 城市人均住房使用面积：人均住房使用面积数据转引自 CEIC 数据库，数据代码从 149255501 至 149284001。其中包括分布在 31 个省、自治区、直辖市的 71 个地级市样本，列示如下：

北京：北京市。

天津：天津市。

河北：石家庄市、唐山市、秦皇岛市、邯郸市、邢台市、保定市、张家口市、承德市、沧州市、廊坊市、衡水市。

山西：太原市、大同市、阳泉市、长治市、晋城市、运城市、忻州市、吕梁市。

内蒙古：呼和浩特市、包头市、乌海市、赤峰市、通辽市、鄂尔多斯市、呼伦贝尔市、巴彦淖尔市、乌兰察布市。

辽宁：沈阳市、大连市、鞍山市、抚顺市、本溪市、丹东市、锦州市、营口市、阜新市、辽阳市、盘锦市、铁岭市、朝阳市、葫芦岛市。

吉林：长春市、吉林市、四平市、辽源市、通化市、白山市、松原市、白城市。

黑龙江：哈尔滨市、齐齐哈尔市、鸡西市、鹤岗市、双鸭山市、大庆市、伊春市、佳木斯市、七台河市、牡丹江市、黑河市、绥化市。

上海：上海市。

江苏：南京市、无锡市、徐州市、常州市、苏州市、南通市、连云港市、淮安市、盐城市、镇江市、泰州市、宿迁市。

浙江：杭州市、宁波市、温州市、嘉兴市、湖州市、绍兴市、金华市、衢州市、舟山市、台州市、丽水市。

安徽：合肥市、芜湖市、蚌埠市、淮南市、马鞍山市、淮北市、铜陵市、安庆市、黄山市、滁州市、阜阳市、宿州市、巢湖市、六安市、亳州市、池州市、宣城市。

福建：福州市、厦门市、莆田市、三明市、泉州市、漳州市、南平市、龙岩市、宁德市。

江西：南昌市、景德镇市、萍乡市、九江市、新余市、鹰潭市、赣州市、吉安市、宜春市、抚州市、上饶市。

山东：济南市、青岛市、淄博市、枣庄市、东营市、烟台市、潍坊市、济宁市、泰安市、威海市、日照市、莱芜市、临沂市、德州市、聊城市、滨州市、菏泽市。

河南：郑州市、开封市、洛阳市、平顶山市、安阳市、鹤壁市、新乡市、焦作市、濮阳市、许昌市、漯河市、三门峡市、南阳市、商丘市、信阳市、周口市、驻马店市。

湖北：武汉市、黄石市、十堰市、宜昌市、襄阳市、鄂州市、荆门市、孝感市、荆州市、黄冈市、咸宁市、随州市。

湖南：长沙市、株洲市、湘潭市、衡阳市、邵阳市、岳阳市、常德市、张家界市、益阳市、郴州市、永州市、怀化市、娄底市。

广东：广州市、韶关市、深圳市、珠海市、汕头市、佛山市、江门市、肇庆市、湛江市、茂名市、惠州市、梅州市、汕尾市、河源市、阳江市、清远市、东莞市、中山市、潮州市、揭阳市、云浮市。

广西：南宁市、柳州市、桂林市、梧州市、北海市、防城港市、钦州市、贵港市、玉林市、百色市、贺州市、河池市、来宾市、崇左市。

海南：海口市、三亚市。

重庆：重庆市。

四川：成都市、自贡市、攀枝花市、泸州市、德阳市、绵阳市、广元市、遂宁市、内江市、乐山市、南充市、眉山市、宜宾市、广安市、达州市、雅安市、巴中市、资阳市。

贵州：贵阳市、六盘水市、遵义市、安顺市。

云南：昆明市、曲靖市、玉溪市、保山市、昭通市丽、江市、临沧市、普洱市。

西藏：拉萨市。

陕西：西安市、铜川市、宝鸡市、咸阳市、渭南市、延安市、汉中市、榆林市、安康市、商洛市。

甘肃：兰州市、嘉峪关市、金昌市、白银市、天水市、武威市、张掖市、平凉市、酒泉市、庆阳市、定西市、陇南市。

青海：西宁市。

宁夏：银川市、石嘴山市、吴忠市、固原市、中卫市。

新疆：乌鲁木齐市、克拉玛依市。

二、核算指标解释

1. 各省城镇家庭平均住房建筑面积：取各31个省、自治区、直辖市包含的所有地级市样本均值，作为该省人均住房使用面积数据，在取得各省市历年人均住房使用面积与建筑面积的折算率之后，可以取代本核算中采用的折算率0.75。则各省城镇人均住房建筑面积的计算公式为：

（$\frac{1}{n}\sum_{i}$ 各市人均住房使用面积$_i$/0.75）= 各省城镇家庭平均住房建筑面积，n为各省所包含的地级市样本数量，i为地级市。

2. 城镇家庭住宅每平方米建筑面积价格：计算公式：

城镇家庭住宅每平方米建筑面积价格 =【商品房（住宅）销售额】/【商品房（住宅）销售面积】

3. 城镇家庭住宅平均价格：计算公式：

城镇家庭住宅平均价格 = 城镇家庭住宅每平方米建筑面积价格 × 城镇人均住房建筑面积 × 平均每户城镇家庭人口数

4. 城镇家庭平均可支配收入：计算公式：

城镇家庭平均可支配收入 = 平均每户城镇家庭人口数 × 城镇居民家庭可支配收入

5. 城镇家庭住宅房价收入比：计算公式：

7. 房价收入比：计算公式为：

城镇家庭住宅房价收入比 =（城镇家庭住宅平均价格）/（城镇家庭住平均可支配收入）

核算过程

一、全国房价收入比核算

表 1-1　　1991—2011 年全国统计数①

年份	商品房（住宅）销售面积（万平方米）	商品房（住宅）销售额（万元）	城镇居民家庭平均可支配收入（元/人）	城镇人均住房建筑面积（平方米）	平均每户城镇家庭人口数（人/户）
1991	2745.17	2075979	1700.60	14.20	3.43
1992	3812.21	3798500	2026.60	14.80	3.37
1993	6035.19	7291900	2577.40	15.20	3.31
1994	6118.03	7305200	3496.20	15.70	3.28
1995	6787.03	10240700	4283.00	16.30	3.23
1996	6898.46	11069000	4838.90	17.00	3.20
1997	7864.30	14075600	5160.30	17.80	3.19
1998	10827.10	20068700	5425.10	18.70	3.16
1999	12997.87	24137300	5854.02	19.40	3.14
2000	16570.28	32286000	6280.00	20.30	3.13
2001	19938.75	40211500	6859.60	20.80	3.10
2002	23702.31	49578500	7702.80	22.80	3.04
2003	29778.85	65434500	8472.20	23.70	3.01
2004	33819.89	86193700	9421.60	24.90	2.98
2005	49587.83	145637600	10493.00	26.10	2.96
2006	55422.95	172878100	11759.50	27.00	2.95
2007	70135.88	255658100	13785.80	28.00	2.91
2008	59280.35	211960000	15780.76	30.00	2.91
2009	86184.89	384329000	17174.65	31.30	2.89
2010	93376.60	441206500	19109.44	31.60	2.88
2011	96528.41	481983200	21809.78	32.65	2.87

数据来源："商品房（住宅）销售额"数据来自《中国统计年鉴》5-37"按用途分商品房销售额"。"商品房（住宅）销售面积"数据来自《中国统计年鉴》5-36"按用途分商品房销售面积"。"城乡居民家庭人均可支配收入"数据来自《中国统计年鉴》10-2"城乡居民家庭人均收入及恩格尔系数"。"城镇人均建筑面积"数据来自《中国统计年鉴》各年 10-1"人民生活基本情况"。"平均每户城镇家庭人口数"来自中经网统计数据库，"平均每户城镇家庭人口数"。

① 如无特殊说明，本报告中的全国或中国在统计口径上指不含港澳台地区的大陆部分统计结果。

表 1－2　　1991—2010 年全国核算数（主指标）

年份	城镇家庭平均住房建筑面积（平方米）	城镇家庭住宅每平方米建筑面积价格（元/平方米）	城镇家庭住宅平均价格（元）	城镇家庭平均可支配收入（元/户）	城镇家庭住宅房价收入比
1991	48.71	756.23	36832.92	5833.06	6.31
1992	49.88	996.40	49696.63	6829.64	7.28
1993	50.31	1208.23	60788.49	8531.19	7.13
1994	51.50	1194.04	61488.51	11467.54	5.36
1995	52.65	1508.86	79440.14	13834.09	5.74
1996	54.40	1604.56	87288.12	15484.48	5.64
1997	56.78	1789.81	101628.97	16461.36	6.17
1998	59.09	1853.56	109530.68	17143.32	6.39
1999	60.92	1857.02	113122.19	18381.62	6.15
2000	63.54	1948.43	123801.14	19656.40	6.30
2001	64.48	2016.75	130040.15	21264.76	6.12
2002	69.31	2091.72	144980.99	23416.51	6.19
2003	71.34	2197.35	156752.24	25501.32	6.15
2004	74.20	2548.61	189111.96	28076.37	6.74
2005	77.26	2936.96	226897.97	31059.28	7.31
2006	79.65	3119.25	248448.36	34690.53	7.16
2007	81.48	3645.18	297009.51	40116.68	7.40
2008	87.30	3575.55	312145.73	45922.01	6.80
2009	90.46	4459.35	403379.85	49634.74	8.13
2010	91.01	4725.02	430014.81	55035.19	7.81
2011	93.71	4993.17	467887.90	62594.07	7.47

二、各省房价收入比核算

表 1-3

2005 年各省统计数

	商品房（住宅）销售面积（万平方米）	商品房（住宅）销售额（万元）	城镇居民家庭平均可支配收入（元/人）	城市人均住房使用面积（平方米）	平均每户城镇家庭人口数（人）
北京市	2823.7	17399710	17653.0	17.4	2.7
天津市	1264.4	5041379	12638.6	25.8	2.9
河北省	1322.3	2350398	9107.1	20.1	3.3
山西省	619.9	1163065	8913.9	20.3	3.4
内蒙古自治区	918.4	1287226	9136.8	20.5	2.9
辽宁省	2340.4	6205959	9107.6	16.3	2.9
吉林省	745.9	1309503	8690.6	17.8	3.1
黑龙江省	1048.3	1963185	8272.5	19.1	3.0
上海市	2845.7	19060478	18645.0	21.3	2.7
江苏省	4523.1	14227924	12318.6	21.9	2.9
浙江省	2824.6	11222435	16293.8	23.5	2.7
安徽省	1686.0	3481041	8470.7	21.1	3.0
福建省	1720.6	4819032	12321.3	24.7	3.0
江西省	1454.5	1942900	8619.7	23.0	3.3
山东省	3417.8	7842466	10744.8	21.7	2.9
河南省	1539.6	2553706	8668.0	23.4	3.4
湖北省	1549.2	3351897	8785.9	24.3	3.1
湖南省	1611.6	2263639	9524.0	24.8	3.1
广东省	4546.3	18863862	14770.0	22.2	3.4
广西壮族自治区	1314.4	2398083	9286.7	24.6	3.4
海南省	233.1	665496	8123.9	24.6	3.8
重庆市	1792.4	3406768	10243.5	18.0	2.8
四川省	3028.5	5111802	8386.0	21.0	3.0
贵州省	774.7	1012982	8151.1	20.8	3.5
云南省	1295.0	2590989	9265.9	25.2	3.6
西藏自治区	24.2	36421	9431.2	0.0	5.0
陕西省	849.4	1639682	8272.0	18.5	3.3
甘肃省	439.8	764891	8086.8	20.4	3.7
青海省	108.5	182320	8057.9	19.2	3.7
宁夏回族自治区	319.2	563186	8093.6	20.4	3.6
新疆维吾尔自治区	606.5	915191	7990.2	18.3	3.5

数据来源：“平均家庭规模”数据来自《中国统计年鉴》4-8“各地区户数、人口数、性别比和户规模”，数值为 2005 年全国 1% 人口抽样调查样本数据，抽样比为 1.325%。“城镇家庭平均每人可支配收入”数据来自《中国统计年鉴》10-15“各地区城镇居民平均每人全年家庭收入来源”；“商品房（住宅）销售额”和“商品房（住宅）销售面积”数据来自《中国统计年鉴》6-36“商品房屋销售情况”。“人均住房使用面积”数据来自 CEIC 数据库。

表 1－4　　2005 年各省核算数

	人均住房建筑面积（平方米）	家庭平均住房面积（平方米）	每平方米平均房价（元）	家庭平均房价（元）	城镇家庭平均可支配收入（元）	城镇家庭房价收入比
北京市	23.2	62.5	6162.1	385330.2	47663.1	8.1
天津市	34.4	100.4	3987.2	400508.1	36904.7	10.9
河北省	26.8	89.1	1777.5	158396.8	30235.6	5.2
山西省	27.0	91.3	1876.3	171335.3	30129.0	5.7
内蒙古	27.3	79.5	1401.6	111473.7	26588.1	4.2
辽宁省	21.8	63.6	2651.7	168701.8	26594.2	6.3
吉林省	23.8	74.6	1755.6	130957.0	27288.5	4.8
黑龙江	25.5	75.6	1872.8	141663.7	24569.3	5.8
上海市	28.4	75.3	6698.0	504091.5	49409.3	10.2
江苏省	29.2	84.9	3145.6	267192.6	35847.1	7.5
浙江省	31.3	85.4	3973.0	339314.6	44482.1	7.6
安徽省	28.1	84.8	2064.6	175109.0	25581.5	6.8
福建省	32.9	98.3	2800.9	275405.4	36840.7	7.5
江西省	30.6	100.8	1335.8	134690.8	28358.8	4.7
山东省	29.0	84.1	2294.6	192910.3	31159.9	6.2
河南省	31.2	106.7	1658.7	176911.8	29644.6	6.0
湖北省	32.4	99.9	2163.6	216048.2	27060.6	8.0
湖南省	33.1	103.9	1404.6	145951.2	29905.4	4.9
广东省	29.6	100.8	4149.3	418244.8	50218.0	8.3
广西壮族自治区	32.8	111.0	1824.5	202519.3	31389.0	6.5
海南省	32.8	125.8	2855.3	359334.6	31195.8	11.5
重庆市	24.0	67.9	1900.7	129092.8	28989.1	4.5
四川省	28.0	82.5	1687.9	139300.3	24738.7	5.6
贵州省	27.7	95.7	1307.6	125107.3	28121.3	4.4
云南省	33.5	120.4	2000.8	240917.8	33264.6	7.2
西藏自治区	——	——	1506.1	——	47438.9	——
陕西省	24.7	80.5	1930.3	155350.2	26966.7	5.8
甘肃省	27.2	99.8	1739.1	173565.1	29678.6	5.8
青海省	25.6	94.0	1681.0	157936.4	29572.5	5.3
宁夏回族自治区	27.2	97.3	1764.6	171745.1	28975.1	5.9
新疆维吾尔自治区	24.4	84.6	1509.0	127730.1	27726.0	4.6

表 1-5　　　　　　　　　　**2006 年各省统计数**

	商品房（住宅）销售面积（万平方米）	商品房（住宅）销售额（万元）	城镇居民家庭平均可支配收入（元/人）	城市人均住房使用面积（平方米）	平均每户城镇家庭人口数（人）
北京市	2205.03	16262995.00	19977.52	17.80	2.64
天津市	1332.49	6195083.00	14283.09	26.05	2.96
河北省	1692.42	3432923.00	10304.56	20.50	3.30
山西省	740.73	1337406.00	10027.70	20.93	3.40
内蒙古自治区	1250.10	2033649.00	10357.99	21.18	3.01
辽宁省	2730.74	7874468.00	10369.61	16.85	2.94
吉林省	879.24	1634000.00	9775.07	18.67	3.06
黑龙江省	1298.51	2642682.00	9182.31	18.95	2.99
上海市	2615.49	18410445.00	20667.91	22.00	2.65
江苏省	5317.20	17946443.00	14084.26	22.05	3.00
浙江省	3039.54	13708688.00	18265.10	25.53	2.84
安徽省	2037.54	4386392.00	9771.05	22.00	3.09
福建省	1743.39	6373387.00	13753.28	25.70	3.13
江西省	1635.26	2601042.00	9551.12	24.18	3.37
山东省	3824.42	9178352.00	12192.24	22.91	2.94
河南省	2190.99	4037176.00	9810.26	24.32	3.38
湖北省	1915.30	4639119.00	9802.65	25.18	3.09
湖南省	1815.01	3004122.00	10504.67	23.18	3.11
广东省	4693.39	21536158.00	16015.58	23.54	3.41
广西壮族自治区	1372.40	2707541.00	9898.75	27.14	3.52
海南省	193.73	723505.00	9395.13	23.81	3.93
重庆市	2011.70	4186980.00	11569.74	19.26	2.98
四川省	3738.89	7936020.00	9350.11	23.88	2.97
贵州省	809.56	1281956.00	9116.61	20.99	3.57
云南省	1500.19	3286386.00	10069.89	25.67	3.64
西藏自治区	42.28	71317.00	8941.08	0.00	4.85
陕西省	1060.08	2435067.00	9267.70	19.85	3.24
甘肃省	482.90	822420.00	8920.59	22.25	3.72
青海省	110.96	204230.00	9000.35	19.70	3.67
宁夏回族自治区	337.02	629982.00	9177.26	20.56	3.66
新疆维吾尔自治区	806.46	1358136.00	8871.27	18.68	3.61

数据来源："平均家庭规模"数据来自《中国统计年鉴》4-8"各地区户数、人口数、性别比和户规模，数值为2006年全国人口变动情况抽样调查样本数据，抽样比为0.907%"。"城镇家庭平均每人可支配收入"数据来自《中国统计年鉴》10-15"各地区城镇居民平均每人全年家庭收入来源。"人均住房使用面积"数据来自CEIC数据库。"商品房（住宅）销售额"和"商品房（住宅）销售面积"数据来自《中国统计年鉴》6-36"按用途分商品房销售额"。

表 1-6　　　　　　　　　　　　　　　　**2006 年各省核算数**

	人均住房建筑面积（平方米）	家庭平均住房面积（平方米）	每平方米平均房价（元）	家庭平均房价（元）	城镇家庭平均可支配收入（元）	城镇家庭房价收入比
北京市	23.73	62.66	7375.41	462113.62	52740.65	8.76
天津市	34.73	102.81	4649.25	477992.22	42277.95	11.31
河北省	27.33	90.20	2028.41	182953.39	34005.05	5.38
山西省	27.90	94.87	1805.53	171291.12	34094.18	5.02
内蒙古	28.24	85.01	1626.79	138288.27	31177.55	4.44
辽宁省	22.46	66.04	2883.64	190446.00	30486.65	6.25
吉林省	24.89	76.15	1858.43	141525.13	29911.71	4.73
黑龙江	25.26	75.53	2035.17	153717.86	27455.11	5.60
上海市	29.33	77.73	7039.00	547164.94	54769.96	9.99
江苏省	29.39	88.18	3375.17	297627.43	42252.78	7.04
浙江省	34.04	96.68	4510.12	436024.81	51872.88	8.41
安徽省	29.34	90.65	2152.78	195149.14	30192.54	6.46
福建省	34.27	107.25	3655.74	392078.53	43047.77	9.11
江西省	32.24	108.65	1590.60	172823.02	32187.27	5.37
山东省	30.55	89.80	2399.94	215526.01	35845.19	6.01
河南省	32.43	109.61	1842.63	201970.43	33158.68	6.09
湖北省	33.58	103.76	2422.14	251318.39	30290.19	8.30
湖南省	30.91	96.13	1655.15	159108.69	32669.52	4.87
广东省	31.38	107.02	4588.62	491063.19	54613.13	8.99
广西壮族自治区	36.18	127.36	1972.86	251263.72	34843.60	7.21
海南省	31.75	124.76	3734.67	465953.91	36922.86	12.62
重庆市	25.68	76.53	2081.31	159275.25	34477.83	4.62
四川省	31.84	94.56	2122.56	200714.64	27769.83	7.23
贵州省	27.98	99.90	1583.52	158194.90	32546.30	4.86
云南省	34.23	124.59	2190.65	272922.44	36654.40	7.45
西藏自治区	——	——	1686.85	——	43364.24	——
陕西省	26.47	85.76	2297.07	197007.92	30027.35	6.56
甘肃省	29.66	110.34	1703.09	187910.44	33184.59	5.66
青海省	26.27	96.40	1840.50	177421.45	33031.28	5.37
宁夏回族自治区	27.41	100.32	1869.27	187531.09	33588.77	5.58
新疆维吾尔自治区	24.91	89.91	1684.06	151419.29	32025.28	4.73

表 1-7　　2007 年各省统计数

	商品房（住宅）销售面积（万平方米）	商品房（住宅）销售额（万元）	城镇居民家庭平均可支配收入（元/人）	城市人均住房使用面积（平方米）	平均每户城镇家庭人口数（人）
北京市	1731.5	18459730.0	21988.7	20.3	2.7
天津市	1401.8	7816306.0	16357.4	27.1	3.0
河北省	1969.1	4932672.0	11690.5	20.8	3.3
山西省	846.5	1737372.0	11565.0	25.0	3.4
内蒙古自治区	1809.7	3645747.0	12377.8	23.1	3.0
辽宁省	3545.6	11893975.0	12300.4	17.4	2.9
吉林省	1184.4	2595927.0	11285.5	22.0	3.0
黑龙江省	1518.6	3575076.0	10245.3	20.2	2.9
上海市	3279.2	27063027.0	23622.7	24.2	2.7
江苏省	6772.7	25967931.0	16378.0	30.3	3.0
浙江省	3924.9	22070890.0	20573.8	29.2	2.8
安徽省	2775.7	6952430.0	11473.6	22.6	3.0
福建省	2096.4	9383249.0	15506.1	27.3	3.1
江西省	2037.9	4072204.0	11451.7	26.5	3.4
山东省	4710.7	13186350.0	14264.7	23.0	2.9
河南省	3569.2	7428259.0	11477.1	24.1	3.4
湖北省	2381.9	6996737.0	11485.8	29.2	3.1
湖南省	2498.8	5167484.0	12293.5	26.4	3.2
广东省	5603.9	31842004.0	17699.3	28.6	3.4
广西壮族自治区	1855.5	4426332.0	12200.4	29.9	3.6
海南省	299.6	1226707.0	10996.9	26.4	3.9
重庆市	3310.1	8567327.0	12590.8	21.0	2.9
四川省	4562.5	12559621.0	11098.3	25.9	3.0
贵州省	989.4	1879201.0	10678.4	23.2	3.5
云南省	1792.8	4115889.0	11496.1	28.7	3.7
西藏自治区	59.6	158663.0	11130.9	0.0	4.7
陕西省	1377.9	3427372.0	10763.3	22.9	3.2
甘肃省	556.2	1193722.0	10012.3	25.7	3.7
青海省	147.3	324986.0	10276.1	22.5	3.7
宁夏回族自治区	448.2	877496.0	10859.3	26.3	3.6
新疆维吾尔自治区	1078.3	2113425.0	10313.4	18.6	3.5

数据来源：“平均家庭规模”数据来自《中国统计年鉴》3-8“各地区户数、人口数、性别比和户规模，数值为 2007 年全国人口变动情况抽样调查样本数据。抽样比为 0.900%”。“城镇家庭平均每人可支配收入”数据来自《中国统计年鉴》9-15“各地区城镇居民平均每人全年家庭收入来源”。“商品房（住宅）销售额”和“商品房（住宅）销售面积”数据来自《中国统计年鉴》5-36“按用途分商品房销售额”。“人均住房使用面积”数据来自 CEIC 数据库。

表 1-8　　　　2007 年各省核算数

	人均住房建筑面积（平方米）	家庭平均住房面积（平方米）	每平方米平均房价（元）	家庭平均房价（元）	城镇家庭平均可支配收入（元）	城镇家庭房价收入比
北京市	27.1	71.7	10661.2	764695.6	58270.1	13.1
天津市	36.1	108.4	5575.7	604184.5	49072.1	12.3
河北省	27.8	91.7	2505.0	229710.3	38578.6	6.0
山西省	33.4	112.2	2052.4	230304.7	38858.2	5.9
内蒙古	30.8	91.1	2014.5	183545.3	36638.4	5.0
辽宁省	23.2	67.4	3354.6	226263.3	35794.1	6.3
吉林省	29.3	89.1	2191.8	195214.3	34308.0	5.7
黑龙江	26.9	78.5	2354.2	184875.3	29916.2	6.2
上海市	32.2	85.4	8253.0	704520.1	62600.2	11.3
江苏省	40.4	120.8	3834.2	463014.8	48970.2	9.5
浙江省	38.9	110.4	5623.3	620762.5	58429.6	10.6
安徽省	30.2	91.7	2504.8	229642.6	34879.7	6.6
福建省	36.5	113.0	4476.0	505827.1	48068.8	10.5
江西省	35.4	121.1	1998.3	241900.7	39164.8	6.2
山东省	30.7	90.3	2799.3	252852.0	41938.2	6.0
河南省	32.1	109.1	2081.2	227119.5	39022.0	5.8
湖北省	38.9	120.2	2937.5	353134.9	35491.1	9.9
湖南省	35.2	111.6	2068.0	230724.5	38970.5	5.9
广东省	38.2	129.5	5682.1	735642.1	60000.6	12.3
广西壮族自治区	39.8	142.5	2385.5	339962.8	43677.6	7.8
海南省	35.2	135.4	4094.6	554371.4	42337.9	13.1
重庆市	28.0	81.5	2588.2	210988.2	36639.2	5.8
四川省	34.5	104.5	2752.8	287624.8	33627.8	8.6
贵州省	31.0	109.7	1899.4	208391.1	37801.5	5.5
云南省	38.3	139.7	2295.7	320821.6	41960.8	7.6
西藏自治区	——	——	2662.3	——	52315.4	——
陕西省	30.5	98.3	2487.4	244477.5	34658.0	7.1
甘肃省	34.2	126.2	2146.0	270877.4	36945.5	7.3
青海省	30.0	109.5	2205.8	241530.0	37507.6	6.4
宁夏回族自治区	35.0	127.5	1957.7	249583.6	39528.0	6.3
新疆维吾尔自治区	24.9	88.0	1960.0	172441.8	36509.6	4.7

表 1-9 **2008 年各省统计数**

	商品房（住宅）销售面积（万平方米）	商品房（住宅）销售额（万元）	城镇居民家庭平均可支配收入（元/人）	城市人均住房使用面积（平方米）	平均每户城镇家庭人口数（人）
北京市	1031.4	12013685.0	24724.9	21.6	2.6
天津市	1135.4	6355728.0	19422.5	28.5	3.0
河北省	2128.9	5838850.0	13441.1	21.0	3.3
山西省	893.1	2011783.0	13119.1	24.7	3.3
内蒙古自治区	2093.3	4741826.0	14432.6	26.5	3.0
辽宁省	3731.2	13338922.0	14392.7	19.0	2.8
吉林省	1435.7	3444370.0	12829.5	20.1	3.0
黑龙江省	1286.6	3399086.0	11581.3	23.5	2.8
上海市	2007.5	16290753.0	26674.9	25.1	2.6
江苏省	5282.9	20087788.0	18679.5	24.0	3.0
浙江省	2480.7	15241113.0	22726.7	31.1	2.8
安徽省	2542.6	7140273.0	12990.4	23.4	3.0
福建省	1250.0	5622613.0	17961.5	28.4	3.1
江西省	1604.9	3244430.0	12866.4	26.8	3.5
山东省	5039.4	14369329.0	16305.4	23.3	3.0
河南省	2943.4	6294019.0	13231.1	24.4	3.4
湖北省	1821.3	5278409.0	13152.9	31.8	3.1
湖南省	2413.7	5101149.0	13821.2	28.9	3.2
广东省	4360.5	24956432.0	19732.9	28.1	3.4
广西壮族自治区	1638.0	4315247.0	14146.0	32.3	3.6
海南省	358.7	1951875.0	12607.8	27.0	3.8
重庆市	2669.9	7048198.0	14367.6	27.3	2.9
四川省	3247.3	9960224.0	12633.4	28.9	3.0
贵州省	848.1	1799384.0	11758.8	23.7	3.6
云南省	1478.3	3607721.0	13250.2	32.3	3.6
西藏自治区	62.1	192646.0	12481.5	31.4	4.6
陕西省	1426.1	4022400.0	12857.9	25.4	3.2
甘肃省	588.6	1089747.0	10969.4	26.2	3.6
青海省	141.2	336669.0	11640.4	24.2	3.7
宁夏回族自治区	453.3	1004196.0	12931.5	24.6	3.6
新疆维吾尔自治区	886.4	1861169.0	11432.1	24.3	3.5

数据来源："平均家庭规模"数据来自《中国统计年鉴》3-8"各地区户数、人口数、性别比和户规模，数值为2008年全国人口变动情况抽样调查样本数据。抽样比为0.887%"。"城镇家庭平均每人可支配收入"数据来自《中国统计年鉴》9-15"各地区城镇居民平均每人全年家庭收入来源"。"商品房（住宅）销售额"和"商品房（住宅）销售面积"数据来自《中国统计年鉴》5-36"按用途分商品房销售额"。"人均住房使用面积"数据来自CEIC数据库。

表 1 - 10　　2008 年各省核算数

	人均住房建筑面积（平方米）	家庭平均住房面积（平方米）	每平方米平均房价（元）	家庭平均房价（元）	城镇家庭平均可支配收入（元）	城镇家庭房价收入比
北京市	28.7	74.2	11647.6	863860.6	63790.2	13.5
天津市	38.0	114.9	5598.0	643106.6	58656.0	11.0
河北省	28.0	93.0	2742.7	254986.8	44624.4	5.7
山西省	32.9	109.3	2252.6	246158.6	43555.2	5.7
内蒙古	35.3	104.8	2265.2	237311.0	42864.7	5.5
辽宁省	25.3	71.8	3575.0	256617.9	40875.2	6.3
吉林省	26.9	81.4	2399.0	195247.6	38873.2	5.0
黑龙江	31.4	89.2	2641.9	235558.3	32890.8	7.2
上海市	33.4	87.2	8115.0	707701.7	69621.5	10.2
江苏省	31.9	96.5	3802.4	366783.2	56412.2	6.5
浙江省	41.5	116.7	6143.8	716948.3	63861.9	11.2
安徽省	31.2	94.8	2808.3	266136.6	39490.7	6.7
福建省	37.9	115.6	4498.1	519946.6	54782.4	9.5
江西省	35.8	126.3	2021.6	255256.3	45418.5	5.6
山东省	31.1	92.0	2851.4	262431.9	48264.0	5.4
河南省	32.6	110.4	2138.4	236070.6	44853.5	5.3
湖北省	42.4	130.5	2898.1	378126.6	40510.8	9.3
湖南省	38.5	124.5	2113.4	263083.2	44642.3	5.9
广东省	37.5	127.9	5723.4	732252.8	67289.1	10.9
广西壮族自治区	43.1	153.0	2634.5	403025.8	50218.4	8.0
海南省	36.0	135.1	5441.2	734973.0	47279.4	15.5
重庆市	36.5	105.0	2639.8	277145.6	41378.5	6.7
四川省	38.6	116.9	3067.2	358673.2	38279.1	9.4
贵州省	31.6	113.9	2121.6	241561.4	42331.5	5.7
云南省	43.1	156.3	2440.5	381533.7	48098.3	7.9
西藏自治区	——	——	3103.2	——	57414.9	——
陕西省	33.9	108.0	2820.6	304582.8	41016.7	7.4
甘肃省	34.9	125.6	1851.3	232497.1	39489.9	5.9
青海省	32.3	118.4	2383.8	282173.9	42720.4	6.6
宁夏回族自治区	32.9	117.3	2215.5	259889.8	46165.6	5.6
新疆维吾尔自治区	32.4	114.4	2099.8	240209.2	40355.3	6.0

表 1-11　　　　　　　　　　　　　　　　　　**2009 年各省统计数**

	商品房（住宅）销售面积（万平方米）	商品房（住宅）销售额（万元）	城镇居民家庭平均可支配收入（元/人）	城市人均住房使用面积（平方米）	平均每户城镇家庭人口数（人）
北京市	1880.5	24867669.0	26738.5	28.8	2.5
天津市	1461.5	9653564.0	21402.0	29.9	3.0
河北省	2819.8	9051453.0	14718.3	28.1	3.3
山西省	964.1	2459822.0	13996.6	26.0	3.3
内蒙古自治区	2254.0	5970070.0	15849.2	28.5	2.9
辽宁省	4864.3	18834702.0	15761.4	25.8	2.9
吉林省	1758.4	4902250.0	14006.3	26.5	3.1
黑龙江省	1751.2	5370482.0	12566.0	23.5	2.9
上海市	2928.0	36202282.0	28837.8	34.0	2.6
江苏省	9034.7	43410260.0	20551.7	32.1	3.0
浙江省	4760.1	37555286.0	24610.8	32.6	2.8
安徽省	3646.4	11796852.0	14085.7	29.8	3.0
福建省	2420.8	12990871.0	19576.8	33.9	3.0
江西省	2108.1	5305604.0	14021.5	32.7	3.6
山东省	6478.3	21958458.0	17811.0	31.8	3.0
河南省	4017.5	10048884.0	14371.6	33.5	3.3
湖北省	2576.3	8792284.0	14367.5	32.9	3.1
湖南省	3262.3	8260738.0	15084.3	32.2	3.3
广东省	6567.4	41766505.0	21574.7	33.0	3.3
广西壮族自治区	2249.7	7047622.0	15451.5	38.3	3.6
海南省	545.9	3434396.0	13750.9	31.3	3.8
重庆市	3771.2	12317053.0	15748.7	27.4	2.8
四川省	5553.1	19068845.0	13839.4	32.3	3.0
贵州省	1541.9	4073089.0	12862.5	26.8	3.6
云南省	2040.3	5555833.0	14423.9	34.5	3.6
西藏自治区	61.4	146887.0	13544.4	0.0	4.7
陕西省	1995.7	6212775.0	14128.8	27.1	3.2
甘肃省	659.4	1579952.0	11929.8	28.4	3.6
青海省	208.0	508048.0	12691.9	25.5	3.6
宁夏回族自治区	678.0	1914733.0	14024.7	28.7	3.5
新疆维吾尔自治区	1326.7	3271682.0	12257.5	27.0	3.5

数据来源："平均家庭规模"数据来自《中国统计年鉴》3-8"各地区户数、人口数、性别比和户规模，数值为 2009 年全国人口变动情况抽样调查样本数据。抽样比为 0.873%"。"城镇家庭平均每人可支配收入"数据来自《中国统计年鉴》10-15"各地区城镇居民平均每人全年家庭收入来源"。"商品房（住宅）销售额"和"商品房（住宅）销售面积"数据来自《中国统计年鉴》5-36"按用途分商品房销售额"。"人均住房使用面积"数据来自 CEIC 数据库。

表 1－12　　　　　　　　　　　　　　**2009 年各省核算数**

	人均住房建筑面积（平方米）	家庭平均住房面积（平方米）	每平方米平均房价（元）	家庭平均房价（元）	城镇家庭平均可支配收入（元）	城镇家庭房价收入比
北京市	38.4	97.2	13224.3	1285215.1	67648.4	19.0
天津市	39.9	118.0	6605.4	779209.3	63349.9	12.3
河北省	37.5	123.4	3210.0	396089.7	48423.0	8.2
山西省	34.7	113.0	2551.6	288379.4	45628.8	6.3
内蒙古	38.0	110.7	2648.7	293210.7	46121.1	6.4
辽宁省	34.4	98.5	3872.1	381413.5	45077.5	8.5
吉林省	35.3	108.8	2788.0	303460.7	43139.3	7.0
黑龙江	31.3	90.2	3066.7	276680.9	36190.0	7.6
上海市	45.3	117.4	12364.0	1451698.3	74689.9	19.4
江苏省	42.9	127.7	4804.8	613607.1	61244.1	10.0
浙江省	43.4	121.5	7889.6	958847.3	68910.3	13.9
安徽省	39.7	120.6	3235.2	390264.9	42820.6	9.1
福建省	45.1	133.6	5366.3	716931.0	57947.4	12.4
江西省	43.6	158.7	2516.8	399493.9	51038.4	7.8
山东省	42.4	126.4	3389.6	428379.5	53076.9	8.1
河南省	44.6	149.1	2501.3	372919.5	48001.0	7.8
湖北省	43.8	135.0	3412.7	460612.8	44251.8	10.4
湖南省	42.9	141.3	2532.2	357787.7	49627.4	7.2
广东省	44.0	145.3	6359.6	924166.2	71196.6	13.0
广西壮族自治区	51.1	182.3	3132.7	571243.0	55161.8	10.4
海南省	41.8	156.7	6291.1	985821.6	51565.7	19.1
重庆市	36.5	100.5	3266.1	328250.5	43308.8	7.6
四川省	43.1	129.8	3433.9	445819.0	41656.6	10.7
贵州省	35.7	129.0	2641.6	340853.0	46433.7	7.3
云南省	46.0	164.5	2723.0	448067.4	51637.7	8.7
西藏自治区	——	——	2391.5	——	63794.2	——
陕西省	36.1	114.1	3113.1	355093.8	44646.9	8.0
甘肃省	37.9	135.7	2396.1	325071.9	42708.6	7.6
青海省	34.0	121.7	2442.3	297277.2	45436.8	6.5
宁夏回族自治区	38.2	132.6	2824.2	374564.5	48665.7	7.7
新疆维吾尔自治区	36.0	125.5	2466.1	309552.1	42778.7	7.2

表 1－13　　分省房价收入比

	2005	2006	2007	2008	2009
北京	8.1	8.76	13.1	13.5	19
天津	10.9	11.31	12.3	11	12.3
河北	5.2	5.38	6	5.7	8.2
山西	5.7	5.02	5.9	5.7	6.3
内蒙古自治区	4.2	4.44	5	5.5	6.4
辽宁	6.3	6.25	6.3	6.3	8.5
吉林	4.8	4.73	5.7	5	7
黑龙江	5.8	5.6	6.2	7.2	7.6
上海	10.2	9.99	11.3	10.2	19.4
江苏	7.5	7.04	9.5	6.5	10
浙江	7.6	8.41	10.6	11.2	13.9
安徽	6.8	6.46	6.6	6.7	9.1
福建	7.5	9.11	10.5	9.5	12.4
江西	4.7	5.37	6.2	5.6	7.8
山东	6.2	6.01	6	5.4	8.1
河南	6.0	6.09	5.8	5.3	7.8
湖北	8.0	8.3	9.9	9.3	10.4
湖南	4.9	4.87	5.9	5.9	7.2
广东	8.3	8.99	12.3	10.9	13
广西壮族自治区	6.5	7.21	7.8	8	10.4
海南	11.5	12.62	13.1	15.5	19.1
重庆	4.5	4.62	5.8	6.7	7.6
四川	5.6	7.23	8.6	9.4	10.7
贵州	4.4	4.86	5.5	5.7	7.3
云南	7.2	7.45	7.6	7.9	8.7
西藏自治区	——	——	——	——	——
陕西	5.8	6.56	7.1	7.4	8
甘肃	5.8	5.66	7.3	5.9	7.6
青海	5.3	5.37	6.4	6.6	6.5
宁夏回族自治区	5.9	5.58	6.3	5.6	7.7
新疆维吾尔自治区	4.6	4.73	4.7	6	7.2

三、全国及北、上、广、深一线城市每平方米房价

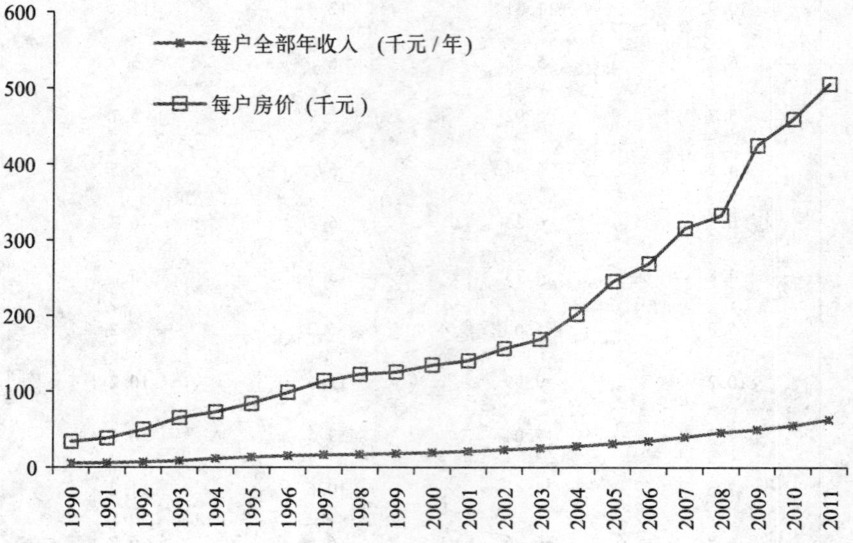

图 1－1　全国平均房价和居民收入

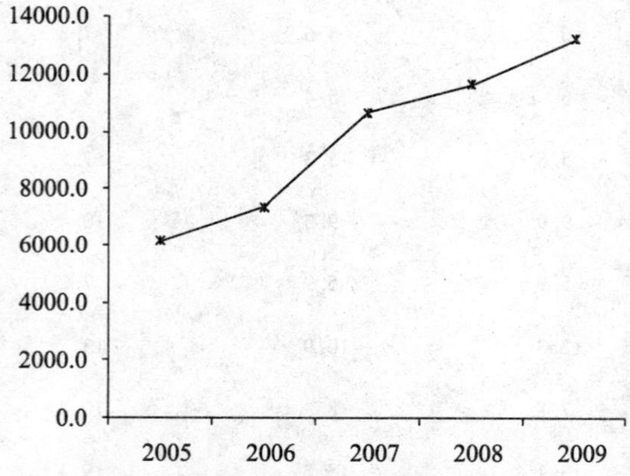

图 1－2　北京市平均房价（元/平方米）

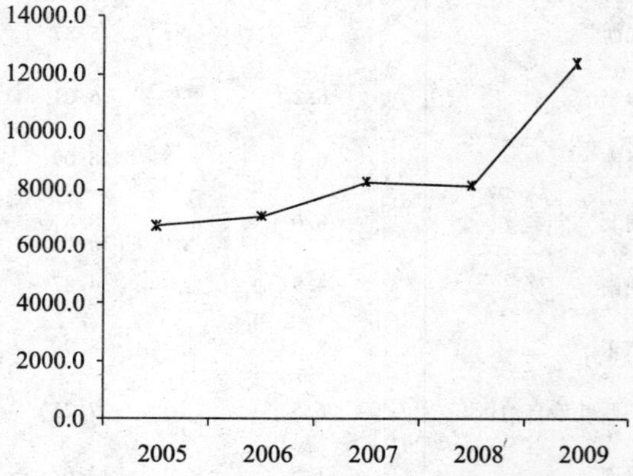

图 1－3　上海市平均房价（元/平方米）

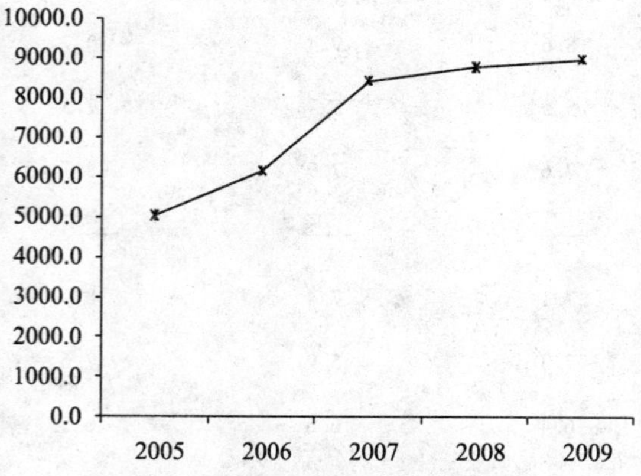

图 1－4　广州市平均房价（元/平方米）

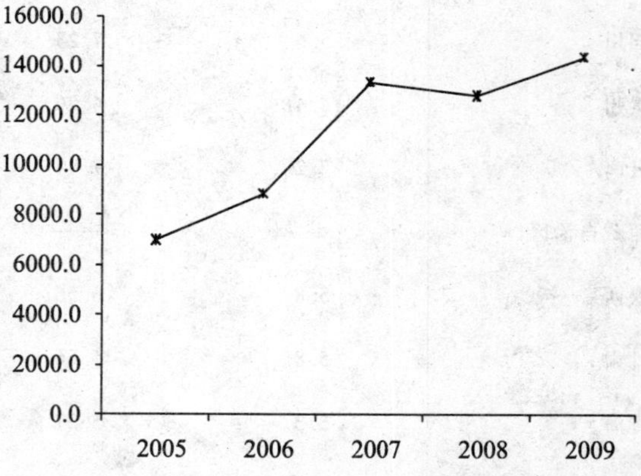

图 1－5　深圳市平均房价（元/平方米）

四、全国及北、上、广、深一线城市房价收入比

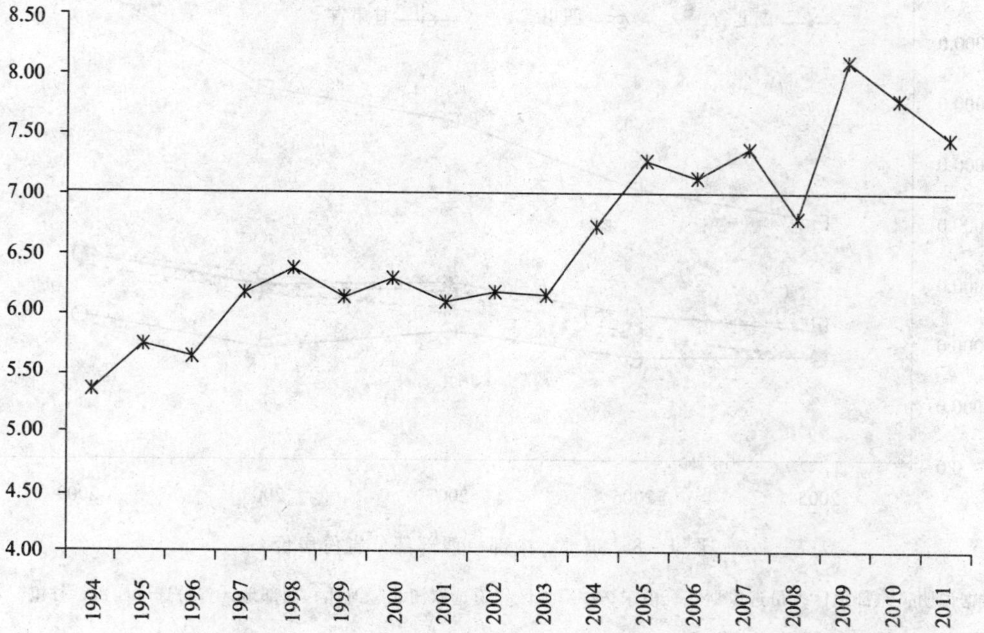

图 1－6　全国房价收入比

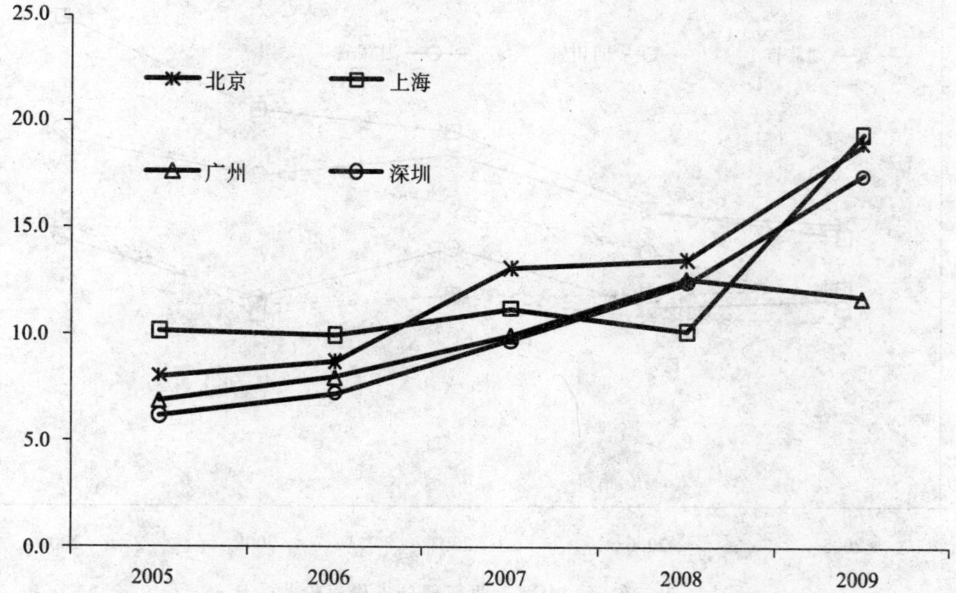

图 1－7　北京、上海、广州、深圳房价收入比

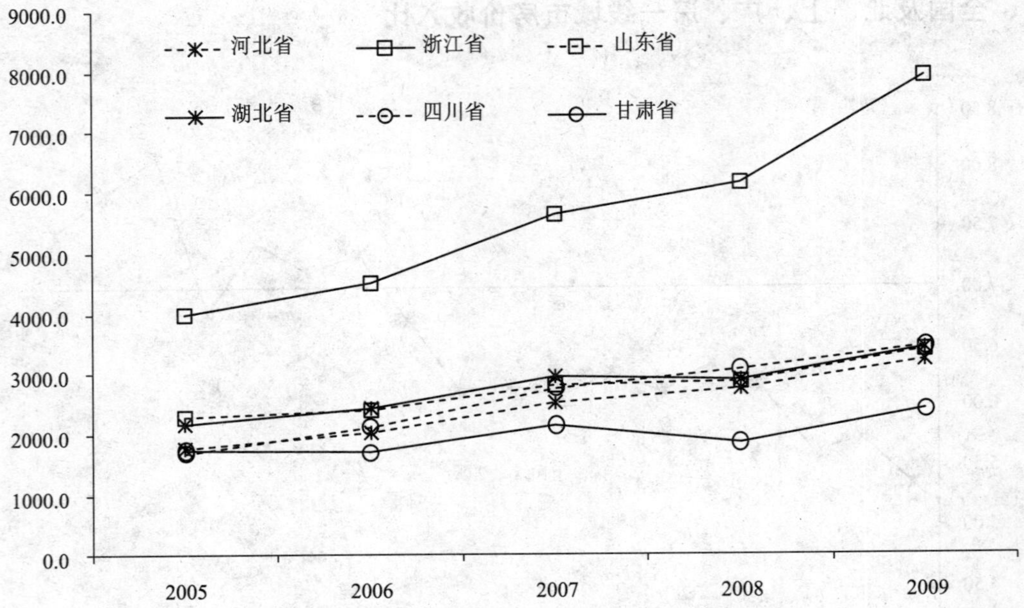

图 1－8　东部、中部、西部部分省份房价

数据说明：东部地区省份选取浙江、山东；中部地区省份选取湖北、河北；西部地区省份选取四川、甘肃。

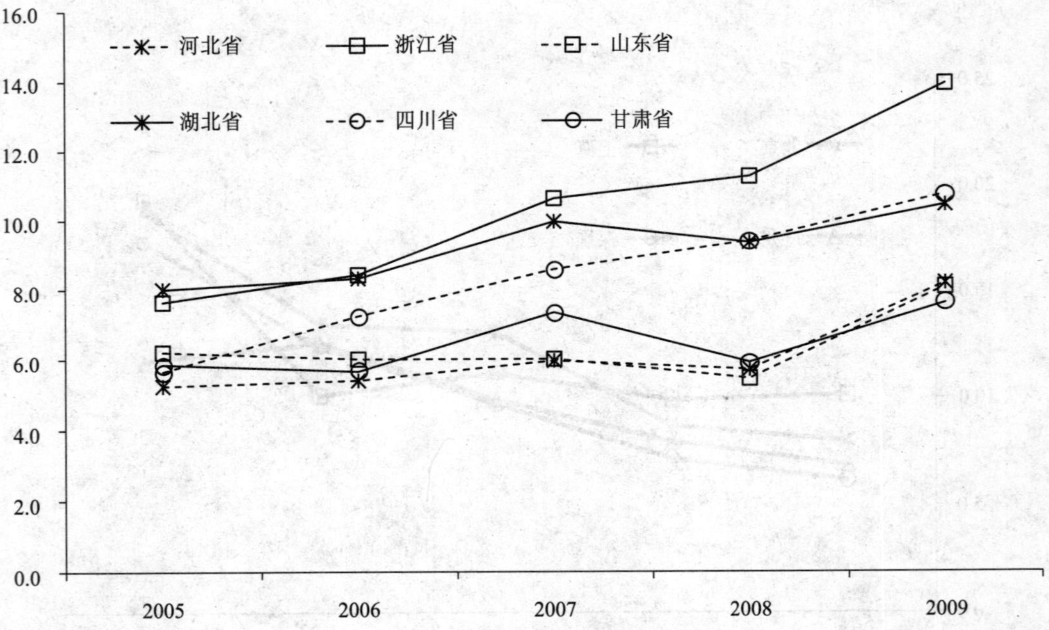

图 1－9　东部、中部、西部部分省份房价收入比

数据说明：东部、中部、西部省份选取同表 1－8。

核 算 点 评

1. 为了排除歧义性带来的偏差，必须统一居民平均收入、平均住宅面积和房价的定义，在相同的定义之下来进行时间序列比较。如果说在国与国之间的横向比较上存在着困难，那么，按照相同的统计规则在时间序列上进行单一国家的纵向比较是完全可能的。

2. 计算房价收入比的步骤：

第一，计算每平方米房价。依据国家统计局公布的商品房销售额和商品房销售面积计算当年的每平方米房价。

第二，根据城镇人均住房面积和城镇家庭每户人口数计算每户平均面积。

第三，根据每平方米房价和每户平均住房面积计算每户房价。

第四，根据城镇人均可支配收入和每户人口数计算每户平均收入。

第五，根据每户房价和每户平均可支配收入计算房价收入比。

计算“房价收入比”遵循的学术规范是：第一，采用官方已经公布的统计数据；第二，注重时间序列数据的变化；第三，具有可检验性。

3. 购买住宅是家庭行为。在讨论“房价收入比”的时候应当使用家庭全部收入而不是职工平均工资。1990 年平均每个家庭的就业人员为 1.98 人。近 10 年来，中国家庭规模逐年变小，平均每户就业人员相应减少，在 2001 年下降为 1.65 人，在 2002 年继续下降为 1.58 人。如果拿个人的平均工资来计算，显然低估了家庭收入。

4. 在计算“房价收入比”的时候应当采用家庭可支配收入。在国家统计局公布的统计资料中有家庭总收入和家庭可支配收入。家庭总收入扣除交纳的所得税、个人交纳的社会保障费以及记账补贴后才是家庭可支配收入。如果拿家庭总收入计算，有可能会高估。

5. 在计算“房价收入比”的时候，居民收入应当采用全部收入，而工资收入仅仅是其中的一部分。按照国家统计局的定义，工资总额指的是在一定时期内直接支付给本单位全部职工的劳动报酬总额。许多家庭的收入中除了工资之外，还有奖金、回扣、第二职业收入等，以实物形式支付的福利几乎完全没有计入工资。职工工资收入仅仅是居民收入的一部分。在最近 20 年内，工资占全部收入的比例逐年下降。在 1990 年工资总额占居民全部收入的 75.86%，此后，工资外的收入逐渐增加，工资占总收入的比例逐年下降。到了 2008 年这个比例只有 66.2%。在 1990 年可支配收入几乎和居民全部收入相等，而在 2008 年可支配收入只占全部收入的 92.5%。也就是说，如果仅仅拿工资数据来计算“房价收入比”，其内在的误差非但没有降低，反而呈扩大的趋势。

6. 拿“房价收入比”来度量居民购房能力有片面性。如果单单考虑“房价收入比”，好像只要收入增加了，居民购买住宅的能力就随之而增加。其实，对居民购房能力起到决定性作用的是业主成本。如果降低按揭贷款利率，购房成本将随之降低，即使在这段时间内收入没有增加，居民购房能力也会显著上升。从发达国家的数据来看，房价和居民平均收入之间并没有显著的相关关系。

7. 在经济高速增长时期，居民收入相应增加，对住宅的需求也随之增加，有可能推动房价上升。不过，“房价收入比”的变动趋势并不确定。如果房价上升得比收入更快，则“房价收入比”可能下跌。如果房价上升没有收入快，则“房价收入比”下降。

8. 房价上升受到许多因素的影响，特别是受到投机需求的影响。投机者看好的房地产往往在某些大城市中，因此，在投机因素集中作用的城市内房价可能迅速上升，而在一般城市中房价上升的速度并不快。完全有可能出现这样的不对称的局面：在某些大城市中“房价收入比”上升，而其他城市，特别是在中小城市中“房价收入比”下降。

9. 在计算“房价收入比”的时候，经常使用全社会的平均收入。倘若收入不平等，高收入和低收入相差很大，低收入群体买不起房，不等于高收入群体也买不起房。即使“房价收入比”不高，仍然有相当大的群体买不起房。因此，很难拿“房价收入比”来判断房地产市场是否具有足够的购买力。

10. 计算“房价收入比”并不能回答张三、李四是否能够买得起房子，而是从“房价收入比”的历史变迁来判断房地产市场是否有严重的泡沫，房地产市场是否具有可持续性，预防金融危机。

11. 判断房地产市场是否已经出现泡沫迹象，最重要的不是房价上升了多少，而是要考察房价波动是否超出了历史常规。一个城市的长期房价必定具有内在的合理性。无论房价高低，有理由认为长期的平均房价（10 年或者 20 年）具有逻辑上的合理性。泡沫经济必然表现为在短时期内房价和其他指数突然背离长期趋势。因此，可以拿房价和其他指标的长期平均值作为比较基准。围绕着正常状态的房价波动属于商业周期，只有房价和其他指标严重背离长期平均值才可能称为泡沫经济。与其横向比较房地产市场，还不如纵向观察房价的时间序列变迁。

12. 在 2009 年“房价收入比”达到峰值 8.13，随后在 2010 年下降为 7.81，2011 年为 7.47（表 1 - 2）。全国“房价收入比”波动尚属基本平稳，房价说到底是一个货币现象。从货币角度而言，还不能得出房地产市场泡沫化的结论。

13. 一线城市，例如，北京、上海、广州、深圳等城市的“房价收入比”居高不下。其主要原因是高收入群体聚集在一线城市，还有外地的高收入群体纷纷到一线城市购房，推高了房价。由于购房者和当地普通居民不属于同一收入组，本地和外地的高收入群体也是老百姓，因此，既不能简单地说“老百姓买不起房”，也不能说这些城市的高房价是投机活动的结果。

14. 一线城市中“房价收入比”不断攀高的一个重要的原因是当前贫富差距太大，而且越来越大。按照国家统计局公布的数字，2012 年全国的基尼系数高达 0.474。这意味着 8% 的城市居民拥有超过 80% 的银行存款。高收入群体，大约 1 亿人左右。2012 年底银行居民存款余额为 43 万亿元。高收入群体手中拥有的银行存款超过 34 万亿元。相比之下，2012 年全国商品房销售额只有 6.44 万亿元。高收入群体集中在长三角、珠三角和环渤海地区，特别集中在北京、上海、广州、深圳等一线城市中。一线城市每年商品房销售总额还不到 2 万亿元。高收入群体在一线城市中具有超强的购房能力。

假定高收入群体每户在未来若干年内购买一套 100 平方米的住宅，总需求量高达 50 亿平方米。在 2011 年全年新增住房面积只有 5.9 亿平方米。换言之，按照现有的生产能力，8 年内新建商品房还不一定能满足高收入群体的需求。高收入群体主要居住在一线城市。因此，超强的购买力推动一线城市的房价不断上升。在一线城市中普通工薪阶层买不起房子，可是，高收入群体的人不仅买得起房子，而且还可以购买许多套住房。一线城市的房价不断攀高的原因是：第一，供不应求，第二，货币流动性泛滥。深层原因是贫富差距过大。需要增加供给，疏导资金流，通过税制改革缩小贫富差距，通过房产税提高空置成本，综合治理，抑制“房价收入比”不断上升的趋势。

专题二　人均住房面积与城镇住房供求关系[①]

目　录

① 本专题由徐滇庆核算，唐军审核。

指标解释

一、主要统计指标解释

1. 城镇居民人均住房建筑面积：城镇居民人均住房建筑面积为城镇住户抽样调查数据（不含集体户）。数据来自于《中国统计摘要》，2010 年版第 108 页和 2012 年版第 104 页。

2. 城镇人口：城镇人口是指居住在城镇范围内的全部常住人口。在一年内在城镇居住时间超过 6 个月的就算城镇人口。

3. 商品房销售面积：指报告期内出售商品房屋的合同总面积（即双方签署的正式买卖合同中所确定的建筑面积）。由现房销售建筑面积和期房销售建筑面积两部分组成。

4. 商品房销售额：指报告期内出售商品房屋的合同价款（即双方签署的正式买卖合同中所确定的合同总价）。该指标与商品房销售面积同口径，由现房销售额和期房销售额两部分组成。

二、主要核算指标解释

1. 城镇住房总面积：计算公式为：城镇人均住房面积 × 城镇人口

2. 折旧住房面积：计算公式为：

折旧住房面积 = 城镇居民住房总面积 × 折旧率

3. 折旧率：折旧率分别选择为 2%、2.5% 和 3%。

4. 实际住房增量：计算公式为：

实际住房增量 = 商品房销售面积 - 折旧住房面积

核算过程

主指标 **城镇人均住房面积**

折旧率为 0.02

年份	城镇人口（万人）	城镇住房总面积（亿平方米）	折旧（亿平方米）	商品房销售量（亿平方米）	人均面积（平方米）
2001	48064	99.97	2.00	2.24	20.80
2002	50212	100.21	2.00	2.68	19.96
2003	52376	100.89	2.00	3.37	19.26
2004	54283	102.24	2.02	3.82	18.83
2005	56212	104.02	2.04	5.58	18.50
2006	58288	107.52	2.08	6.19	18.45
2007	60633	111.55	2.15	7.74	18.40
2008	62403	117.06	2.23	6.60	18.76
2009	64512	121.31	2.34	9.48	18.80
2010	66978	128.36	2.43	10.48	19.16
2011	69079	136.27	2.57	10.99	19.73

注：此表在后边的编号是表 2－4。

表 2-1　　**城镇人均住房面积（平方米）**

年份	2010 年版年鉴数字		2012 年版年鉴数字	
	城市人均住房面积	住房面积增量	城市人均住房面积	住房面积增量
1979	6.9	0.2	NA	NA
1980	7.2	0.3	NA	NA
1981	7.7	0.5	NA	NA
1982	8.2	0.5	NA	NA
1983	8.7	0.5	NA	NA
1984	9.1	0.4	NA	NA
1985	10.0	0.9	NA	NA
1986	12.4	2.4	NA	NA
1987	12.7	0.3	NA	NA
1988	13.0	0.3	NA	NA
1989	13.5	0.5	NA	NA
1990	13.7	0.2	NA	NA
1991	14.2	0.5	NA	NA
1992	14.8	0.6	NA	NA
1993	15.2	0.4	NA	NA
1994	15.7	0.5	NA	NA
1995	16.3	0.6	NA	NA
1996	17.0	0.7	NA	NA
1997	17.8	0.8	NA	NA
1998	18.7	0.9	NA	NA
1999	19.4	0.7	NA	NA
2000	20.3	0.9	NA	NA
2001	20.8	0.5	NA	NA
2002	22.8	2.0	24.5	NA
2003	23.7	0.9	25.3	0.8
2004	25.0	1.3	26.4	1.1
2005	26.1	1.1	27.8	1.4
2006	27.1	1.0	28.5	0.7
2007	NA	NA	30.1	1.6
2008	NA	NA	30.6	0.5
2009	NA	NA	31.3	0.7
2010	NA	NA	31.6	0.3
2011	NA	NA	32.7	1.1

数据来源：《中国统计摘要》，2010 年版第 108 页和 2012 年版第 104 页。NA 表示数据缺失。

核 算 点 评

1. 宏观统计数据必须在时间序列上具有连续性。从 1979 年到 2001 年期间，城镇人均住房面积逐年递增，每年增加 0.2—0.9 平方米。在 1986 年第一次住房普查之后，将人均住房面积从使用面积改为建筑面积，从而使得该年度的城镇居民住房面积发生较大的变化。除此之外，在 2001 年之前，城镇居民人均住房面积的数据基本上具有连续性，可信程度较高（表 2－1）。

2. 2001 年城镇居民人均住房面积为 20.8 平方米，可是，在 2002 年这个数据徒然增加到 22.8 平方米。在一年之内全国城镇居民人均住房面积增加 2 平方米，在统计学上来看，这几乎是不可能事件。在 2012 年版统计年鉴上出现一组新的数据。在 2002 年的全国城镇人均住房面积为 24.5 平方米。当前官方经常采用的统计数据是在这个基础上逐年增加（表 2－1）。在 2011 年为 32.7 平方米，在 2012 年达到 32.9 平方米。

在 2001 年到 2002 年期间全国城镇人均住房面积从 20.8 平方米突然跳跃到 24.5 平方米，增幅为 3.7 平方米。显然，按照统计规律，这是完全不可能的。

3. 发生城镇居民人均住房面积数据不连续的主要原因是 2010 年版本的统计年鉴数字和 2012 年统计年鉴的数据来源不同，采用的是不同的统计方法，因此相差很大。2010 年版统计年鉴上用的是住建部数据，2012 年版统计年鉴用的是国家统计局抽样调查数据。住房抽样调查的“标的”是住房。按照抽样调查得到的城镇人均住房面积指的是在城镇中已经拥有住房的居民的人均居住面积。实际上，在城镇中还有三分之一左右的居民没有属于自己的住房。如果拿这个人均住房面积乘上城镇人口总数势必夸大住房总量。

表 2－2　　按统计年鉴推出的城镇居民住房总面积增量

年份	城镇人口（万人）	城镇人均住房面积（平方米）	城镇住房总面积（亿平方米）	城镇住房增量（亿平方米）
2002	50212	24.5	123.02	NA
2003	52376	25.3	132.51	9.49
2004	54283	26.4	143.31	10.80
2005	56212	27.8	156.27	12.96
2006	58288	28.5	166.12	9.85
2007	60633	30.1	182.51	16.38
2008	62403	30.6	190.95	8.45
2009	64512	31.3	201.92	10.97
2010	66978	31.6	211.65	9.73
2011	69079	32.7	225.89	14.24

数据来源：《中国统计摘要》，第 40 页和第 104 页，2012 年。

表 2-3　　实际城镇居民住房增量（亿平方米）

年份	商品房销售面积	折旧住房面积	实际住房增量
2002	2.68	3.08	-0.39
2003	3.37	3.31	0.06
2004	3.82	3.58	0.24
2005	5.58	3.91	1.67
2006	6.19	4.15	2.03
2007	7.74	4.56	3.17
2008	6.60	4.77	1.82
2009	9.48	5.05	4.43
2010	10.48	5.29	5.19
2011	10.99	5.65	5.35

数据来源：商品房销售面积来自于《中国统计摘要》，第 58 页，2012 年。

核 算 点 评

究竟全国住房总面积有多少？除非展开一次全国住房普查，很难得到确切的数字。其实，开展全国住房普查不仅旷日持久，还要耗费大量人力、物力，实际意义并不大。由于每年新建住房不仅要向税务部门缴纳各项税收，还要取得国土资源部门颁发的土地使用证明，因此，历年新建住房的数据比较可靠。我们可以用历年城镇居民住房增量来核算住房存量的变化情况。

表 2-2 列出各年全国城镇居民住房的变化情况。表 2-3 给出了各年城镇居民住房的实际增量。如果拿统计年鉴给出的城镇人均住房面积乘以城镇人口得出城镇居民住房总面积，2011 年居民住房增量需要达到 14.24 亿平方米。实际城镇居民住房增量在 2011 年仅为 5.35 亿平方米。从 2002 年以来历年城镇居民住房的增量都大大低于表 2-2 中计算的住房增量。由此可见，拿统计年鉴给出的城镇人均住房面积乘以城镇人口得出的城镇居民住房总面积严重地夸大了住房存量。

表 2-4　　重新计算城镇人均住房面积

折旧率为 0.02

年份	城镇人口（万人）	城镇住房总面积（亿平方米）	折旧（亿平方米）	商品房销售量（亿平方米）	人均面积（平方米）
2001	48064	99.97	2.00	2.24	20.80
2002	50212	100.21	2.00	2.68	19.96
2003	52376	100.89	2.00	3.37	19.26
2004	54283	102.24	2.02	3.82	18.83
2005	56212	104.02	2.04	5.58	18.50
2006	58288	107.52	2.08	6.19	18.45
2007	60633	111.55	2.15	7.74	18.40
2008	62403	117.06	2.23	6.60	18.76
2009	64512	121.31	2.34	9.48	18.80
2010	66978	128.36	2.43	10.48	19.16
2011	69079	136.27	2.57	10.99	19.73

折旧率为 0.025

续表

年份	城镇人口（万人）	城镇住房总面积（亿平方米）	折旧（亿平方米）	商品房销售量（亿平方米）	人均面积（平方米）
2001	48064	99.97	2.50	2.24	20.80
2002	50212	99.71	2.49	2.68	19.86
2003	52376	99.90	2.50	3.37	19.07
2004	54283	100.78	2.52	3.82	18.56
2005	56212	102.08	2.55	5.58	18.16
2006	58288	105.10	2.63	6.19	18.03
2007	60633	108.66	2.72	7.74	17.92
2008	62403	113.68	2.84	6.60	18.22
2009	64512	117.44	2.94	9.48	18.20
2010	66978	123.98	3.10	10.48	18.51
2011	69079	131.35	3.28	10.99	19.01

折旧率为 0.03

续表

年份	城镇人口（万人）	城镇住房总面积（亿平方米）	折旧（亿平方米）	商品房销售量（亿平方米）	人均面积（平方米）
2001	48064	99.97	3.00	2.24	20.80
2002	50212	99.21	2.98	2.68	19.76
2003	52376	98.92	2.97	3.37	18.89
2004	54283	99.32	2.98	3.82	18.30
2005	56212	100.16	3.00	5.58	17.82
2006	58288	102.74	3.08	6.19	17.63
2007	60633	105.84	3.18	7.74	17.46
2008	62403	110.40	3.31	6.60	17.69
2009	64512	113.68	3.41	9.48	17.62
2010	66978	119.75	3.59	10.48	17.88
2011	69079	126.63	3.80	10.99	18.33

核 算 点 评

（1）由于城镇人均住房面积在 2001 年以前的数据具有较好的连续性，假定 2001 年的数字是正确的。该年城镇人口为 48064 万人，人均住房面积为 20.8 平方米，按照城镇人口和人均住房面积计算出城镇住房总面积为 99.97 亿平方米。

（2）在前一年城镇住房总面积的基础上加上商品房销售面积，减去折旧拆除面积，得出城镇住房总面积（折旧率分别按照 2%、2.5% 和 3% 计算），再除以城镇人口，得到城镇人均住房面积。

（3）在许多城市中居民住房的折旧量一般为总住房面积的 3%—5%。在 2004 年全国拆除量为 2.68 亿平方米。2005 年为 1.6 亿平方米。2006 年以后，棚户区改造又加大了拆旧量，估计在每年拆除折旧 4 亿—6 亿平方米左右。各年份、各地的拆除量各不相同。为计算简便，假定平均折旧率分别为 2%、2.5% 和 3%。如果每年住房折旧率为 2% 的话，在 2011 年全国城镇居民住房总面积为 136.27 亿平方米。如果折旧率为 2.5% 的话，住房总面积为 131.35 亿平方米。如果折旧率为3%的话，城镇住房总面积为126.63亿平方米。也就是说，在2011年全国城镇居民住房总面积大约在126亿—136亿平方米之间。

（4）2011年城镇中有房的居民人均居住面积32.7平方米，拿住房总面积（126亿平方米和136亿平方米）除以这个数字，有房的城镇人口4.55亿—4.75亿。城镇总人口6.91亿，差不多有2.16亿—2.36亿人没有自己的住房。

（5）城镇人均住房面积在2002年以后非但没有增加还略有降低，从20.8平方米下降为19平方米左右。事实上，全国城镇到处都在大兴土木，盖了许多新楼房。可是，考虑到城镇化加速，大量农民进城，城镇人口在2002年以来增加了2.1亿。各地改造旧城区和棚户区的速度也在加快，拆除了不少旧房子。其结果，在过去10年内城镇居民人均住房面积基本上原地踏步。由此可见，城镇居民对住房的改善性需求非常旺盛。

（6）近年来，通过行政区划调整将一部分城镇周边的农村住房划为城镇居民住房。例如，北京市的石景山区取消的农村户籍，原来计入农村的住房都转变为城镇居民住房。按照现行统计上划分城乡的规定，城镇划分以城市或镇的公共设施、居住设施等连接的地域为基本标准，最小划分单位为居民委员会和村民委员会，已经在相当大的程度上避免了行政区划变动对城镇居民住房总面积的影响。因为增加城镇住房面积的同时也增加了城镇居民的数量，因此，行政区域变更并不能显著地改变人均住房面积。

（7）在上述核算中没有包括小产权房在内。迄今为止，小产权房还处于不合法状态，没有国土部门颁发的产权证明，不能在房地产市场上交易也没有履行各项纳税手续。因此，没有比较准确的小产权房的官方统计数字。

根据REICO（中国房地产市场报告）的研究，小产权房竣工面积=全社会住宅竣工面积-城镇住宅竣工面积-农村农户住宅竣工面积。小产权房存量=历年小产权竣工面积累计额。根据上述公式计算，1995—2010年小产权房竣工面积总量为7.6亿平方米。如果按照2010年底城镇常住人口66978万人计算，1995—2010年小产权房相当于增加人均住宅建筑面积1.1平方米[①]。按照发改委价格监测中心王双正的研究，小产权房的总面积为66亿平方米[②]。两个数字相差几近9倍，原因是他们对小产权房的定义不同。显然，如果把所有建造在农村集体土地上的住房都称为“小产权房”，其数量一定远远大于在城镇周边修建并且可能投入交易的住房。相比之下，我们倾向于接受REICO的估算数字。

综上所述，在2012年城镇住房总面积在126亿平方米到136亿平方米之间。加上小产权房7.6亿平方米，再加上行政区划调整增加的住房面积5亿平方米，城镇住房总面积大约148.6亿平方米。虽然这些数字都不够准确，可以比较有把握地说，在2012年城镇住房总面积不超过150亿平方米。

（8）核算城镇居民住房增量并没有包括军队和各级地方政府以及某些国有企业自建的住房。近年来，能够逃税、免税的这类住房越来越少。由于没有国土资源部门核发的产权证，在交易和继承上存在许多麻烦，并不符合购房者的长期利益，因此，这些行走在边缘上的住房数量逐年减少。

（9）官方统计2011年城镇人均住房面积32.7平方米，在修正数据之后，人均住房面积可能只有19—20平方米。两者相差超过50%。这意味着，从总体来讲城镇居民改善住房的需求还非常旺盛。要满足城镇居民住房需求还有很长的路要走。

（10）由数据可见，已经拥有住房的城镇居民在最近几年内住房面积持续增加，从2002年的24.5平方米上升为2011年的32.7平方米。随着房价上涨，他们的资产性收入越来越高。可是，在城镇居民中还有大量农民工以及毕业不久的年轻人没有住房，在房价持续上涨以后他们几乎没

① 数据来源：REICO工作室：“REICO的我国小产权房问题研究：现状与出路”，2012年2月。

② 参阅王双正：“工业化、城镇化进程中的小产权房问题探究”，经济研究参考，2012年第33期。

有购房能力。随着房价上涨，贫富差距不断加大。

（11）按照统计规则，大量进城打工超过6个月的农民工都被计入城镇人口。他们聚集在简陋的工棚和棚户区里，不仅没有购房能力，甚至不符合某些大城市公开宣布的购房条件。在医疗、教育和其他社会福利上存在着严重的对农民工的歧视。众所周知，户籍制度是带歧视性的不合理的规章制度。党中央和政府多次表明绝对不能歧视农民工。“农民工”的称呼迟早会被彻底取消，让所有的人都站在同一条起跑线上公平竞争。如果取消户口制度和其他歧视农民工的政策，他们融入城市的进程将显著加快，越来越多的农民工将拥有购房能力，住房缺口有可能进一步加大。

（12）2013年以来，大城市中房价暴涨，越来越高。工薪阶层几乎没有购房能力。但是，这并不意味着民众没有住房需求。理应加大投资力度，多盖一些廉租房，满足低收入群体日益增长的住房需求。在香港地区有48%的居民住在特区政府提供的公屋（廉租房）和居屋（经济适用房）中。迄今为止，在一线城市中提供给低收入群体的廉租房数量微乎其微。有必要把住房建设的重点转移到以廉租房为主的轨道上来。

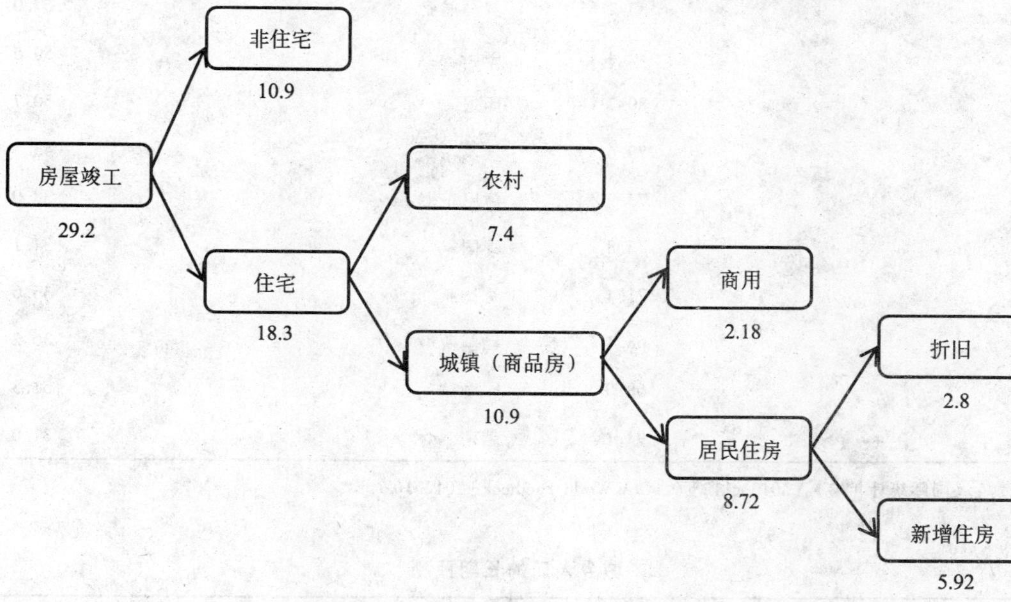

图2－1　新增住房面积（亿平方米，2011年）

表2－5　　人口密度和人均住房面积

国家	国土面积（万平方公里）	总人口（万人）	人口密度（每平方公里）	人均住房面积（平方米）
美国	982.6	31300	31.9	67.0
法国	64.4	6563	101.9	35.2
中国	960.0	134700	140.3	?
意大利	30.1	6126	203.5	43.0
德国	35.7	8130	227.7	39.4
英国	24.4	6305	258.4	35.4
日本	36.4	12730	349.3	36.9
荷兰	4.2	1673	403.1	40.8

数据来源：国土面积和人口数字来自于www.cia.gov，西方国家人均住房面积来自于《世界财经报道》。日本住房面积来自于日本统计局《全国普查数据》。

核 算 点 评

（1）为了估计城镇居民住房的长期需求，需要预测中国城镇居民长期的住房水平和城镇化进展的速度。

（2）从统计年鉴上看，中国人口密度为每平方公里140.3人。可是，中国人口分布不匀。在西部居住的人口远远低于东部。如果从云南的腾冲到黑龙江漠河划条直线，居住在东部的人口超过总人口的80%。据此推算，中国东部地区的人口密度和英国差不多，但低于荷兰、日本。从长期来看，有理由假定中国的长期目标为人均住房面积35平方米。如果折算成建筑面积大约为45平方米。

表2-6　世界各国城镇化程度（%，2011年）

法国	85.7	波兰	60.9
韩国	83.2	罗马尼亚	57.0
美国	82.4	中国	50.5
加拿大	80.7	印尼	50.7
英国	79.6	埃及	43.5
德国	73.9	津巴布韦	38.0
俄国	73.8	泰国	34.1
土耳其	71.4	赞比亚	36.0
意大利	68.4	巴基斯坦	36.2
匈牙利	68.0	印度	31.3
日本	91.1	越南	31.0

数据来源：《国际统计年鉴》，2013，112页，CIA World Factbook，2012.10.

表2-7　城乡人口的长期预测

年份	乡村人口	城镇人口	总计	城镇化程度
2000	79602	46420	126022	36.8
2010	66624	67348	133972	50.3
2020	54976	84624	139600	60.6
2030	39601	98998	134805	73.4
2040	27710	107095	134805	79.4
2050	16004	110933	126937	87.4

数据来源：曾毅，陈华帅，王正联，“21世纪上半叶老年家庭照料需求成本变动趋势分析，”《经济研究》2012（10）。原始数据来自曾毅教授。

核 算 点 评

（1）在2011年全球城镇化的平均值为50%。中国刚好在世界平均值左右。

（2）关于中国城镇化速度有三种估计：匀速递增、加速递增和减速递增。匀速递增假定中国城镇化将按照过去的规律，每7年上一个台阶，增加10个百分点。加速递增假设中国将遵照日本、韩国、台湾等的经验，在城镇化达到50%以后加速，很快就达到80%左右的水平。匀速递增和加速递增的说法不能说没有道理，但是却忽视了就业对城镇化进程的制约。城镇化是经济增长的结果。城镇化的速度要量力而行。经济增长创造新增就业，有多少新增就业机会就转移多少农村剩余劳动力。农村剩余劳动力从农村进入城镇，由农业转向制造和服务业，从而提高劳动生产效率，更充分地利用社会生产资源。这是理性的城镇化进程。如果领导人头脑发热，媒体不负责任地忽悠，大批农民涌进城镇，倘若他们找不到工作，势必形成贫民窟，导致严重的社会问题。在 20 世纪 80 年代，墨西哥和印度等国都出现过这类非理性的“城镇化”。

相对于中国而言，日本、韩国等经济体的人口规模较小。日本在 1989 年创造新增就业的最高纪录，100 万人。韩国新增就业的最高纪录才 68 万人。他们只要在国际市场上搞到几个订单，就可以为农村剩余劳动力提供足够的就业机会。可是，中国有 13 亿人口，农村还有上亿的剩余劳动力。在 2012 年新增就业 1266 万人，创造了历史记录。国务院设定的 2013 年新增就业目标只有 900 万—1000 万。在扣除 700 万应届大学毕业生之后，能够提供给农村剩余劳动力的就业机会恐怕只有 300 万左右。今后，扩大国内和海外新增就业规模的难度越来越大。因此，中国的城镇化道路任重道远，必须稳步前进。任何操之过急，无视就业，盲目扩张城镇的做法都是不可取的。

（3）东欧国家的城镇化程度平均为 60%。如果中国要赶上东欧的城镇化水平还有将近 1.5 亿人要进城。

（4）受到就业规模的约束，中国的城镇化很可能呈现减速递增的趋势。由于城镇人口不断增加，对住房的需求将持续增长。

表 2－8　　新增住房需求预测

年份	城镇人口（万人）	人均住房面积（平方米）	住房总量（亿平方米）	新增住房需求（亿平方米）	折旧（亿平方米）	总需求（亿平方米）
2011	69079	19.74	136.36	6.94	3.41	10.35
2012	70806	20.16	142.77	6.41	3.57	9.98
2013	72533	20.59	149.37	6.60	3.73	10.34
2014	74260	21.03	156.17	6.80	3.90	10.71
2015	75987	21.48	163.18	7.01	4.08	11.09
2016	77714	21.93	170.40	7.22	4.26	11.48
2017	79441	22.38	177.83	7.43	4.45	11.87
2018	81168	22.85	185.47	7.65	4.64	12.28
2019	82895	23.32	193.34	7.87	4.83	12.70
2020	84624	23.80	201.44	8.10	5.04	13.13
2021	86061	24.29	209.06	7.62	5.23	12.84
2022	87498	24.79	216.88	7.82	5.42	13.25
2023	88935	25.29	224.91	8.03	5.62	13.66
2024	90372	25.80	233.16	8.25	5.83	14.08
2025	91809	26.32	241.62	8.46	6.04	14.50
2026	93246	26.84	250.31	8.69	6.26	14.94
2027	94683	27.38	259.22	8.91	6.48	15.39
2028	96120	27.92	268.36	9.14	6.71	15.85
2029	97557	28.47	277.73	9.37	6.94	16.32
2030	98998	29.03	287.35	9.62	7.18	16.80

数据来源：根据 Gompertz 模型，在居民住房人均远期稳定值为 40 平方米的假设下计算。

核 算 点 评

（1）按照城镇化减速递增估算出来的城镇人口数字，如果比较保守地预期在2030年城镇人均住房建筑面积达到30平方米左右，城镇住房总面积需要达到287亿平方米。和当前城镇住房总面积136亿平方米相比尚需增加151亿平方米。需要新建的住房面积比当前全部住宅面积还多。每年城镇居民住房增量必须达到11亿到16亿平方米。2011年全国新增城镇居民住房5.92亿平方米。由此可见，建筑业的生产能力远远不能满足需求。在未来20年内房地产市场必然存在着严重的供不应求态势。供求缺口有可能进一步扩大。如果不能有效地增加城镇住房供给，很难消除房价上涨的压力。

（2）必须有计划地逐步增加房地产的产能，配套增加相应的钢材、水泥、建材和家电的生产能力。只有扩大内需才能持续推动经济增长，扩大内需的主战场在房地产业。

（3）在一线城市中有大量住房空置。其主要原因在于贫富差距悬殊和税制改革严重滞后。高收入群体，大约1亿人，不仅买得起房子，还能买很多套。低收入群体，大约12亿人，凭工薪收入根本就买不起住房。由于房产税迟迟不能到位，持有住房的成本极低。难免许多人购置多套住房，空置在哪里，等待房价上升以后牟利。在某些城市，例如鄂尔多斯等地，过度投资导致高档住宅过剩。尽管存在这些因素但是从整体来讲，房地产市场依然严重供不应求。

（4）在过去几年内推行的房价调控政策，采取的措施力度不可谓不大，可是，事与愿违，房价越调越高。其主要原因有两点：第一，房地场市场供不应求；第二，货币增发导致流动性过剩。在供求规律和货币规律的作用下，房价保持着很高的上升压力。要让房价趋于稳定就需要增加供给，管好货币。

专题三 居民收支资金流核算[①]

目 录

① 本专题由徐滇庆核算，宋旭光审核。

指标解释

一、主要统计指标解释：

居民消费支出：居民消费支出指常住住户在一定时期内对于货物和服务的全部最终消费支出。居民消费支出除了以货币形式购买的货物和服务的消费支出以外，还包括以其他方式获得的货物和服务的消费支出。即所谓的虚拟消费支出。居民虚拟消费支出包括如下几种类型：单位以实物报酬即实物转移的形式提供给劳动者的货物和服务；住户生产并由本住户消费了的货物和服务，其中的服务仅指住户自有住房服务和付酬的家庭雇员提供的家庭和个人服务；金融机构提供的金融媒介服务。

二、主要核算指标解释：

1. 居民月度收支资金流量：计算公式为：

居民月度收支资金流量 = 居民月度消费 + 居民月度投资 + 居民月度储蓄。

2. 居民月度投资：居民投资应当包括居民在证券、房地产、债券、期货和外汇市场的全部投资。由于债券、期货和外汇市场的规模不大，居民月度投资近似表示为股市每月筹资量加上商品房每月销售额。计算公式为：

居民月度投资 = 股市每月筹资 + 商品房每月销售额

3. 居民月度消费：计算公式为：

居民月度消费 = 居民消费支出 / 12

核算过程

主指标　　　　**居民月度收支资金流核算（亿元）**

年份	居民月度消费	股市月度筹资额	商品房月度销售额	居民储蓄月度增量	居民月度资金流量
1998	3269	70	209	594	4143
1999	3493	79	249	518	4339
2000	3821	175	328	393	4717
2001	4120	104	405	786	5415
2002	4421	80	503	1096	6100
2003	4804	113	663	1392	6973
2004	5435	126	865	1328	7754
2005	6080	157	1465	1791	9493
2006	6881	466	1735	1712	10795
2007	8028	723	2491	912	12154
2008	9306	321	2089	3779	15495
2009	10299	510	3696	3574	18079
2010	11730	998	4393	3544	20665
2011	13745	485	4882	3471	22584
2012	17263	488	5371	4784	27906

数据来源：《中国统计年鉴》，2013 年，《中国经济景气月报》，2013 年第 5 期。主指标在后面的编号是表 3－6。

表 3－1　　　　**货币供给和居民储蓄**

年　份	货币和准货币（M_2）（亿元）	货币增量（亿元）	货币增速	储蓄存款（亿元）	储蓄增量（亿元）	储蓄增速
1994	46924	12044	34.5%	21519	6315	41.5%
1995	60751	13827	29.5%	29662	8143	37.8%
1996	76095	15344	25.3%	38521	8859	29.9%
1997	90995	14900	19.6%	46280	7759	20.1%
1998	104499	13503	14.8%	53408	7128	15.4%
1999	119898	15399	14.7%	59622	6214	11.6%
2000	134610	14712	12.3%	64332	4711	7.9%
2001	158302	23692	17.6%	73762	9430	14.7%
2002	185007	26705	16.9%	86911	13148	17.8%
2003	221223	36216	19.6%	103618	16707	19.2%
2004	254107	32884	14.9%	119555	15938	15.4%
2005	298756	44649	17.6%	141051	21496	18.0%
2006	345604	46848	15.7%	161587	20536	14.6%
2007	403442	57839	16.7%	172534	10947	6.8%
2008	475167	71724	17.8%	217885	45351	26.3%
2009	606225	131058	27.6%	260772	42886	19.7%
2010	725852	119627	19.7%	303303	42531	16.3%
2011	851591	125739	17.3%	352799	49497	16.3%
2012	974148	122557	14.4%	410201	57402	16.3%

数据来源：《中国统计年鉴》，2013，第 726 页。

核 算 点 评

（1）从2003年到2012年的十年里，货币供应量从22.1万亿元急剧上升为97.4万亿元，增长了3.4倍。同期，GDP从2003年的13.58万亿元上升到2012年的51.93万亿元，增长2.82倍。货币供给量的增速大大超过GDP增速。

（2）居民银行存款从2003年的10.36万亿元上升为2012年的41万亿元。在2013年6月底已经突破了45.2万亿元。居民银行存款的增速也大大超过了GDP的增速。

（3）2012年居民银行存款增加57402亿元，平均每个月居民存款增加4783.5亿元。2013年上半年，居民存款由418617亿元上升为452966亿元，平均每月增加5724.8亿元。也就是说，大量增发货币既没有投入消费，也没有投入证券、房地产等投资项目，而是存进银行，累积了起来。

表3-2　　居民存款余额对GDP的比例（亿元）

年份	GDP	居民储蓄余额	居民储蓄余额/GDP
1990	18668	7120	0.381
1991	21781	9245	0.424
1992	26923	11757	0.437
1993	35334	15204	0.430
1994	48198	21519	0.446
1995	60794	29662	0.488
1996	71177	38521	0.541
1997	78973	46280	0.586
1998	84402	53407	0.633
1999	89677	59622	0.665
2000	99215	64332	0.648
2001	109655	73762	0.673
2002	120333	86911	0.722
2003	135823	103618	0.763
2004	159878	119555	0.748
2005	184937	141051	0.763
2006	216314	161587	0.747
2007	265810	172534	0.649
2008	314045	217885	0.694
2009	340903	260772	0.765
2010	401513	303303	0.755
2011	472882	343636	0.727
2012	519322	415539	0.800

数据来源：《中国统计年鉴》，2012年，和中经数据库。

核 算 点 评

（1）银行居民储蓄量在1990年仅有7120亿元，在2004年为11.9万亿元，到2011年上升为34.36万亿元。截至2013年6月，银行居民储蓄存款余额已经高达45.3万亿元。

（2）居民储蓄对GDP的比例从1990年的38.1%上升为2012年的80%。由于居民储蓄在负利率下有可能溢出银行，居民储蓄对GDP的比例过高不利于金融体系的稳定。

表3-3　　居民存款对GDP的比例历史比较（亿元）

年份	GDP	居民存款余额	居民存款对GDP的比例
1988	15042	3801	25%
1994	48198	21518	45%
2012	519322	415539	80%

资料来源：中经数据库。

核 算 点 评

居民为了保证今后养老、看病、子女教育等开支而存钱。可是，在负利率的作用下，银行居民存款随时有外流的可能。起码下一期准备进入银行的居民存款可能改变流向。倘若每个月新增居民存款的数量不大，这些资金流到哪里去问题都不大。如果每个月新增居民存款的数量比较多，消费和房地产是当前资金最可能流入的两个地方，流入资本市场则房价涨，流入消费市场则物价涨。

在1988年由于银行居民存款外流，通货膨胀率曾高达18.8%。1994年的通货膨胀率曾经高达24.2%。出现这两次高通胀率的时候银行居民存款余额对GDP的比例分别为25%和45%。在2013年银行居民存款对GDP的比例已经超过80%。通胀压力比1988年和1994年更高。

表3-4　　主要国家与地区2010年国内储蓄对GDP的比例（%）

	国内储蓄占GDP比重
日本	21.37
韩国	31.94
巴西	18.26
乌拉圭	18.68
墨西哥	23.54
玻利维亚	23.87
阿根廷	25.31
秘鲁	27.29
智利	28.32
最不发达国家	14.42
低收入国家	10.81
中低收入国家	24.85
中等收入国家	29.88
欧盟	19.26
OECD国家	17.23
高收入国家	17.69
世界平均水平	19.61

资料来源：World Development Indicators，WDI，World Bank，2012ed.

核 算 点 评

（1）世界各国的国内储蓄对 GDP 比例的平均水平为 19.61%。高收入国家的国内储蓄对 GDP 的比例只有 17.69%（表 3－4）。中国居民储蓄对 GDP 的比例在 2012 年已经高达 80%，并且还在继续上升。世界各国的国内储蓄对 GDP 的比例都远远低于我国。

（2）中国城乡居民存款余额每年还在以两位数增加。2012 居民储蓄增加了 557402 亿元，同比增速 16.55%。大量资金以居民储蓄的方式沉积在银行里，形成一个威胁到金融稳定的"堰塞湖"。

表 3－5　居民支出统计（亿元）

年份	居民消费支出	股市筹资额	商品房销售额	居民储蓄增量
1998	39229	842	2513	7128
1999	41920	945	2988	6214
2000	45855	2103	3935	4711
2001	49436	1252	4863	9430
2002	53057	962	6032	13148
2003	57650	1358	7956	16707
2004	65218	1511	10376	15938
2005	72959	1883	17576	21496
2006	82575	5594	20826	20544
2007	96332	8680	29889	10947
2008	111670	3852	25068	45351
2009	123585	6125	44355	42886
2010	140759	11972	52721	42531
2011	164945	5814	58589	41657
2012	207116	5850	64456	71903

数据来源：《中国统计年鉴》，2012 年，《中国经济景气月报》，2013 年第 5 期和中经数据库。

核 算 点 评

（1）居民收入的资金流大致上可以分为三个去处：消费、投资和储蓄。在正常情况下，居民收入主要转化为消费和投资。储蓄所占的比重不应当过大。在居民收支资金流中储蓄起到一个调节平衡的作用。

（2）可是，近年来居民储蓄所占的比重越来越大。居民收支资金流出现失衡。居民储蓄存款由 2011 年底的 34.36 万亿元增加到 2012 年底的 41.5 万亿元，净增 7.19 万亿元。平均每月增加 5613 亿元。在 2013 年居民储蓄增速加快，迅速上升为 2013 年 6 月底的 45.29 万亿元，平均每月居民储蓄存款增加 6983 亿元。

表 3-6　　居民月度收支资金流核算（亿元）

年份	居民月度消费	股市月度筹资额	商品房月度销售额	居民储蓄月度增量	居民月度资金流量
1998	3269	70	209	594	4143
1999	3493	79	249	518	4339
2000	3821	175	328	393	4717
2001	4120	104	405	786	5415
2002	4421	80	503	1096	6100
2003	4804	113	663	1392	6973
2004	5435	126	865	1328	7754
2005	6080	157	1465	1791	9493
2006	6881	466	1735	1712	10795
2007	8028	723	2491	912	12154
2008	9306	321	2089	3779	15495
2009	10299	510	3696	3574	18079
2010	11730	998	4393	3544	20665
2011	13745	485	4882	3471	22584
2012	17263	488	5371	4784	27906

数据来源：《中国统计年鉴》，2012 年；《中国经济景气月报》，2013 年第 5 期。

核　算　点　评

（1）居民一个月的平均消费量可以近似看成为市场上全部可供出售的商品和服务总量。也就是说，在 2012 年底市场上全部可供销售的汽车、电脑、猪肉、苹果、理发、洗脚等加在一起大约 17263 亿元。

（2）由于居民投资渠道不畅，在 2012 年，居民每月投资证券 488 亿元，用于购房 5371 亿元。用于投资的资金大约为 6000 亿元。

（3）居民储蓄由 1998 年的每月 594 亿元储蓄上升到 2012 年的 4784 亿元。值得指出的是，由于居民贫富差距越来越大，大量储蓄集中在高收入群体手中。

（4）由于工资具有僵硬性，居民月度收入的资金流量有增无减，持续上升。在 2012 年底每个月的居民收入大约 27906 亿元。

表 3-7　　居民收支资金流的结构变化（%）

	居民月度消费	股市月度筹资额	商品房月度销售额	居民储蓄月度增量
1998	78.9	1.7	5.1	14.3
1999	80.5	1.8	5.7	11.9
2000	81.0	3.7	7.0	8.3
2001	76.1	1.9	7.5	14.5
2002	72.5	1.3	8.2	18.0
2003	68.9	1.6	9.5	20.0
2004	70.1	1.6	11.2	17.1
2005	64.0	1.7	15.4	18.9
2006	63.7	4.3	16.1	15.9
2007	66.0	6.0	20.5	7.5
2008	60.1	2.1	13.5	24.4
2009	57.0	2.8	20.4	19.8
2010	56.8	4.8	21.3	17.2
2011	60.9	2.1	21.6	15.4

核 算 点 评

从1998年的房改到2011年，在居民收支资金流中居民消费占比从80%逐年下降，在2011年只有60.9%。居民用来购买商品房的资金占比从5%上升到2011年的21.6%。居民储蓄在资金流中的占比在15%到20%之间波动。

表3-8　　居民收入中的消费和储蓄比重（%）

	消费占居民收入比重	投资占居民收入比重	储蓄占居民收入比重
1998	78.90	6.80	14.30
1999	80.50	7.50	12.00
2000	81.00	10.70	8.30
2001	76.10	9.40	14.50
2002	72.50	9.50	18.00
2003	68.90	11.10	20.00
2004	70.10	12.80	17.10
2005	64.00	17.10	18.90
2006	63.70	20.40	15.90
2007	66.00	26.50	7.50
2008	60.10	15.60	24.30
2009	57.00	23.20	19.80
2010	56.80	26.10	17.10
2011	60.90	23.70	15.40

核 算 点 评

居民收入可以分为消费和广义的储蓄。在广义的储蓄中再分为投资和银行储蓄。居民收入中消费所占比重由1998年的78.9%逐年下降，在2011年仅占60.9%。下降了18个百分点。居民用于投资的部分主要是购房，证券市场对居民的吸引力逐年减弱。居民投资在其收入中的占比在2007年达到26.5%。在2011年居民投资占比受到房价调控的影响下降为23.7%。

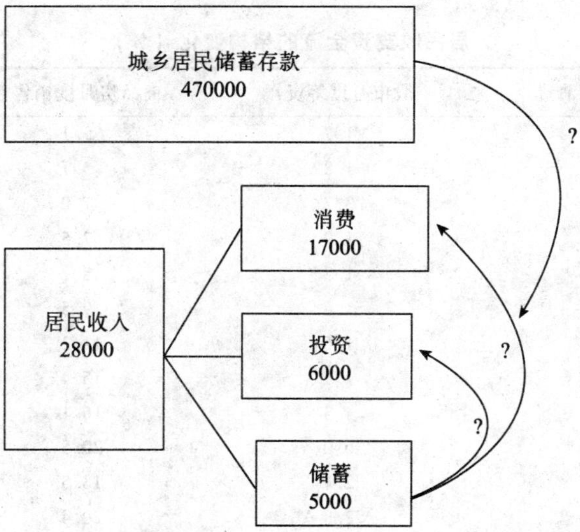

图3-1　居民月度资金流示意图（万亿元）

核 算 点 评

（1）居民月度收支资金流分为居民月度消费加上居民月度投资，剩下来的部分存进银行。在一般情况下，居民收入的70%用于消费，30%用于投资和储蓄。在2012年居民收入中仅有60.9%用于消费，广义储蓄占39.1%。在广义储蓄中用于证券市场投资占2.1%，用于购买商品房占21.6%，剩下的15.4%存进了银行（表3-8）。

（2）在2013年第一季度每月银行居民储蓄增加6981亿元。如果居民新增存款的资金不进银行，必然流入消费市场和投资市场。不能排除在国际市场上能源和原材料价格突然暴涨的情况下发生输入性通胀的可能。由于银行利率受到国企的牵制可调解的幅度有限，如果利率调整幅度赶不上通胀，很可能出现负利率。当负利率超过2个百分点后，居民收支资金流发生变化。倘若当月进入银行的5000亿—6000亿元资金改变流向，进入消费市场则物价涨，进入资本市场则房价涨。

（3）物价和房价暴涨都不好，但是，两害相较取其轻，毫无疑问，物价上涨将伤害低收入群体，其危害大于房价上涨。2013年6月，银行中居民存款高达45.3万亿元，好像悬在头上的“堰塞湖”。一旦银行中居民存款外流，其冲击强度可能比1988年和1994年更为严重。必须未雨绸缪，采取有效措施，尽快将“堰塞湖的水”疏导到安全的领域，防范金融危机。

表3-9　金融机构人民币居民存款（月度）

		居民存款每月末数	居民存款每月增量
2011年	1	322703	-
	2	325223	2520
	3	335747	10524
	4	331089	-4658
	5	332013	924
	6	342312	10299
	7	336084	-6227
	8	336509	424
	9	346698	10190
	10	339779	-6919
	11	342232	2454
	12	357902	15669
2012年	1	374646	16744
	2	375974	1328
	3	389384	13410
	4	382931	-6453
	5	385566	2635
	6	400629	15063
	7	395038	-5591
	8	396144	1107
	9	407856	11712
	10	400942	-6914
	11	402851	1908
	12	415539	12689
2013年	1	418617	3078
	2	436349	17732
	3	448429	12080
	4	438927	-9502
	5	441700	2773
	6	452966	11266

数据来源：《中国经济景气月报》，2013年第7期，第65页。

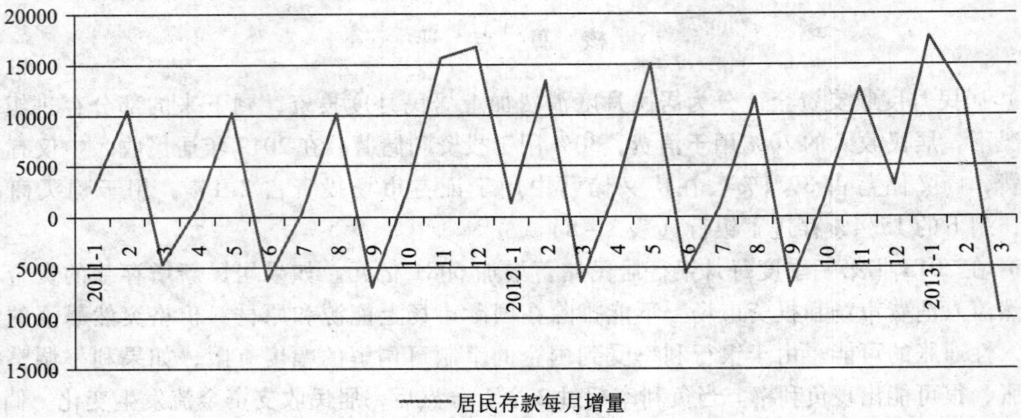

图 3－2　居民存款每月增量

核 算 点 评

居民存款本身并没有周期性，可是从 2010 年以后，银行居民存款就像打摆子一样，剧烈地上下起伏。出现这种波动的原因很可能是影子银行过度膨胀，银行表外业务的炒作，居民存款搬家。在存款增加的时候银行流动性充足，利润率较高，在银行存款急剧下降时，难免某些银行的资金链出现问题。某些银行大造“钱荒”舆论，试图要求央行出手救援，这就是银行业的道德风险。当央行坚持稳健的货币政策时，这些银行被逼无奈，只好在银行间高利拆借。在表面看来似乎是“钱荒”。实际上并没有钱荒，为了遏制影子银行过度扩张，必须坚持稳健的货币政策。

专题四　内需的构成及变化[①]

目　录

① 本专题由贾帅帅核算，徐滇庆、宋旭光审核。

核算程序

1. 表4－1和表4－2是城镇和农村人均消费的原始数据。为了研究居民衣、食、住、行、玩、看病、教育等方面的消费增长率，需要扣除价格因素。食品价格调整采用食品价格指数，其余各项采用CPI指数。表4－3，表4－4，表4－5分别给出价格调整指数。

2. 表4－6和表4－7分别给出以2011年为基年的不变价城镇和农村人均消费。在此基础上计算出城镇和农村人均消费的增长率。

3. 表4－8给出了历年城镇和农村人口数量。表4－9和表4－12分别给出城镇和农村历年消费总额。表4－10和表4－13分别给出城镇和农村的消费结构。表4－11和表4－14给出城镇和农村消费增长率。

4. 表4－15和表4－16分别给出城镇居民和农村居民人均主要食品消费量。

5. 在1993年到2011年数据的基础上分别预测城镇居民消费总额（表4－17）、农村居民消费总额（表4－18）和城乡合计的居民消费总额（表4－19）。

6. 表4－20给出了城乡合计的居民消费增长率。

7. 表4－21在核算期的基础上预测居民消费增长速度。表4－22给出预测的城乡居民消费结构。

8. 为了研究各项消费在未来可能给经济增长提供的发展空间，表4－23给出现价国内生产总值和增量。表4－24和表4－25分别给出现价城镇、农村居民消费的总量。表4－26，表4－27和表4－28分别给出城镇、农村和合计的消费增量。在此基础上表4－29和表4－30给出了城镇和农村居民消费对GDP的贡献率。表4－31给出城乡居民消费对GDP增长的贡献率，表4－32总结城镇、农村以及合计的居民消费对GDP增长的贡献率。

9. 表4－33预测GDP的增量。表4－34给出城乡居民消费的预期增量。在表4－35中假定国民经济增长率为8%，核算居民消费对国民经济增长的贡献率。在表4－36和表4－37中分别讨论假设GDP增长率为7.5%和7%的情况下，居民消费对经济增长的贡献率。

10. 为了研究各类消费（衣、食、住、行、玩、教育、医保）可能给经济增长提供的空间，有必要扩展“住”的定义，将购买商品房的开支和支付租金、水电、装修包括在一起。为了对比，表4－38给出了同期商品房销售额和销售面积。

核算过程

主指标　　城镇、农村、合计消费总额对 GDP 增长的贡献率（%）

年份	城镇	农村	合计
1994	20.98	16.56	37.54
1995	20.13	20.27	40.40
1996	19.91	21.20	41.11
1997	23.94	2.99	26.93
1998	27.35	-6.57	20.77
1999	40.70	-5.42	35.29
2000	28.31	6.03	34.33
2001	24.37	3.55	27.92
2002	43.89	4.68	48.57
2003	24.29	3.90	28.19
2004	20.43	6.62	27.05
2005	22.28	10.09	32.36
2006	18.79	5.44	24.23
2007	19.51	4.87	24.39
2008	20.14	5.54	25.68
2009	32.29	6.89	39.19
2010	17.72	3.26	20.98
2011	20.41	6.79	27.20

注：主指标在后面的编号为表 4－32。

表 4－1　　城镇居民家庭平均每人全年消费性支出（现价，元）

年份	合计	食品	衣着	居住	家庭设备及用品	医疗保健	交通通讯	文教娱乐	其他
1993	2112	1058	301	140	185	57	81	194	96
1994	2851	1422	390	193	251	83	133	251	128
1995	3500	1766	479	250	297	110	171	312	115
1996	3919	1905	528	301	298	143	199	375	170
1997	4187	1943	521	359	317	180	233	448	186
1998	4331	1927	481	408	357	205	257	499	197
1999	4616	1932	482	454	395	246	311	567	229
2000	4997	1958	500	500	439	318	395	628	259
2001	5309	2014	534	548	439	343	457	690	284
2002	6030	2272	591	624	389	430	626	902	196
2003	6510	2417	638	699	410	476	721	934	215
2004	7183	2710	687	734	407	528	844	1033	240
2005	7944	2914	801	809	447	601	997	1097	278
2006	8696	3112	902	904	498	621	1147	1203	309
2007	9997	3628	1042	982	602	699	1357	1329	358
2008	11242	4260	1166	1145	692	786	1417	1358	418
2009	12265	4479	1284	1229	787	856	1683	1473	474
2010	13472	4805	1444	1332	908	872	1984	1628	499
2011	15161	5506	1675	1405	1023	969	2150	1852	581

数据来源：《中国统计年鉴》，2013 年。

表 4－2　　农村居民家庭平均每人全年消费性支出（现价，元）

年份	合计	食品	衣着	居住	家庭设备及用品	医疗保健	交通通讯	文教娱乐	其他
1993	769	447	55	107	45	27	17	58	13
1994	1015	598	70	142	55	32	24	75	19
1995	1309	768	90	182	68	42	34	102	23
1996	1571	885	114	219	84	58	47	132	32
1997	1615	890	109	233	85	62	54	148	34
1998	1591	850	98	240	82	68	61	159	33
1999	1577	829	92	233	82	70	69	168	34
2000	1670	821	96	258	75	88	93	187	52
2001	1742	831	99	279	77	97	110	193	56
2002	1834	848	105	300	80	104	129	210	58
2003	1944	886	110	308	82	116	163	236	43
2004	2185	1032	120	324	89	131	193	248	48
2005	2555	1162	149	370	111	168	245	295	55
2006	2830	1217	168	469	127	192	289	305	63
2007	3223	1389	193	574	149	210	328	306	74
2008	3662	1599	212	679	174	246	360	315	77
2009	3995	1636	233	805	205	288	403	341	84
2010	4382	1801	264	835	234	326	461	367	94
2011	5220	2107	341	961	309	437	547	396	122

数据来源：《中国统计年鉴》，2013 年。

表 4－3　　居民消费价格指数

年份	城镇居民消费价格指数（上年＝100）	农村居民消费价格指数（上年＝100）
1994	125.0	123.4
1995	116.8	117.5
1996	108.8	107.9
1997	103.1	102.5
1998	99.4	99.0
1999	98.7	98.5
2000	100.8	99.9
2001	100.7	100.8
2002	99.0	99.6
2003	100.9	101.6
2004	103.3	104.8
2005	101.6	102.2
2006	101.5	101.5
2007	104.5	105.4
2008	105.6	106.5
2009	99.1	99.7
2010	103.2	103.6
2011	105.3	105.8

数据来源：2012 年中国统计年鉴“9－1 各种价格指数”。

表 4－4　　居民消费调整指数（2011 年不变价）

年份	城镇消费调整指数	农村消费调整指数
1993	2. 063	2. 124
1994	1. 650	1. 721
1995	1. 413	1. 465
1996	1. 299	1. 357
1997	1. 260	1. 324
1998	1. 267	1. 338
1999	1. 284	1. 358
2000	1. 274	1. 359
2001	1. 265	1. 349
2002	1. 278	1. 354
2003	1. 266	1. 333
2004	1. 225	1. 272
2005	1. 206	1. 244
2006	1. 188	1. 226
2007	1. 137	1. 164
2008	1. 077	1. 093
2009	1. 086	1. 096
2010	1. 053	1. 058
2011	1. 000	1. 000

数据来源：依据历年食品消费价格指数计算所得。

表 4－5　**食品消费调整指数（2011 年不变价）**

年份	城市食品消费调整指数	农村食品消费调整指数
1993	2. 870	2. 969
1994	2. 177	2. 251
1995	1. 782	1. 812
1996	1. 654	1. 686
1997	1. 654	1. 691
1998	1. 707	1. 750
1999	1. 786	1. 823
2000	1. 834	1. 870
2001	1. 832	1. 874
2002	1. 842	1. 887
2003	1. 780	1. 825
2004	1. 632	1. 637
2005	1. 583	1. 598
2006	1. 545	1. 565
2007	1. 382	1. 378
2008	1. 208	1. 209
2009	1. 196	1. 208
2010	1. 116	1. 124
2011	1. 000	1. 000

数据来源：依据历年食品消费价格指数计算所得。

表 4－6　　城镇居民家庭平均每人全年消费性支出（2011 年不变价，元）

年份	合计	食品	衣着	居住	家庭设备及用品	医疗保健	交通通讯	文教娱乐	其他
1993	5211	3036	621	289	382	118	167	400	198
1994	5455	3096	644	319	414	137	220	414	211
1995	5597	3147	677	353	420	155	242	441	163
1996	5767	3152	686	391	387	186	258	487	221
1997	6041	3215	656	452	399	227	294	564	234
1998	6337	3290	610	517	452	260	326	632	250
1999	6897	3450	619	583	507	316	399	728	294
2000	7461	3590	637	637	559	405	503	800	330
2001	7857	3689	675	693	555	434	578	873	359
2002	8986	4184	755	797	497	549	800	1153	250
2003	9484	4303	808	885	519	602	913	1182	272
2004	9902	4424	841	899	498	647	1034	1265	294
2005	10676	4612	966	975	539	725	1202	1323	335
2006	11441	4807	1072	1074	592	738	1363	1429	367
2007	12257	5015	1185	1117	685	795	1543	1511	407
2008	12664	5145	1256	1233	745	846	1526	1462	450
2009	13812	5355	1395	1335	855	930	1828	1600	515
2010	14484	5362	1520	1402	956	918	2088	1713	525
2011	15161	5506	1675	1405	1023	969	2150	1852	581

表 4－7　　农村居民家庭平均每人全年消费性支出（2011 年不变价，元）

年份	合计	食品	衣着	居住	家庭设备及用品	医疗保健	交通通讯	文教娱乐	其他
1993	2011	1327	117	227	96	57	36	123	28
1994	2064	1346	120	244	95	55	41	129	33
1995	2184	1392	132	267	100	62	50	149	34
1996	2423	1492	155	297	114	79	64	179	43
1997	2465	1505	144	309	113	82	72	196	45
1998	2479	1488	131	321	110	91	82	213	44
1999	2527	1512	125	316	111	95	94	228	46
2000	2689	1535	131	351	102	120	126	254	71
2001	2786	1557	134	376	104	131	148	260	76
2002	2935	1600	142	406	108	141	175	284	79
2003	3027	1617	147	411	109	155	217	315	57
2004	3156	1690	153	412	113	167	245	315	61
2005	3590	1857	185	460	138	209	305	367	68
2006	3883	1905	206	575	156	235	354	374	77
2007	4048	1914	225	668	173	244	382	356	86
2008	4188	1933	232	742	190	269	393	344	84
2009	4563	1976	255	883	225	316	442	374	92
2010	4755	2024	279	884	248	345	488	388	99
2011	5220	2107	341	961	309	437	547	396	122

表 4-8　　　　　　　　　城乡人口数

年份	城镇人口数（年中）	农村人口数（年中）
1993	32674	85170
1994	33671	85513
1995	34672	85814
1996	36239	85516
1997	38377	84631
1998	40529	83665
1999	42678	82596
2000	44827	81438
2001	46985	80200
2002	49138	78902
2003	51294	77546
2004	53330	76278
2005	55248	75125
2006	57250	73852
2007	59461	72328
2008	61518	70948
2009	63458	69669
2010	65745	68026
2011	69079	65656
2012	71182	64222

数据来源：2013 年《中国统计年鉴》。

表 4－9 城镇居民消费总量（2011 年不变价，亿元）

年份	合计	食品	衣着	居住	家庭设备及用品	医疗保健	交通通讯	文教娱乐	其他
1993	17025	9921	2029	944	1247	384	546	1308	647
1994	18367	10425	2167	1073	1395	461	739	1395	711
1995	19406	10910	2347	1225	1455	539	838	1529	563
1996	20901	11422	2485	1417	1403	673	937	1765	800
1997	23185	12337	2519	1736	1533	870	1126	2166	899
1998	25682	13335	2471	2096	1834	1053	1320	2563	1012
1999	29434	14726	2641	2488	2165	1348	1704	3107	1255
2000	33447	16094	2855	2855	2507	1816	2256	3586	1479
2001	36917	17333	3174	3257	2609	2039	2716	4101	1688
2002	44156	20561	3711	3918	2442	2700	3930	5663	1231
2003	48646	22073	4142	4538	2662	3090	4681	6064	1396
2004	52808	23591	4487	4794	2658	3449	5513	6747	1568
2005	58985	25482	5335	5388	2977	4003	6641	7307	1852
2006	65501	27521	6135	6149	3387	4224	7801	8182	2102
2007	72884	29823	7045	6639	4070	4726	9175	8985	2420
2008	77908	31652	7725	7586	4585	5207	9388	8997	2769
2009	87648	33981	8850	8471	5425	5900	11601	10153	3267
2010	95228	35255	9992	9217	6283	6034	13729	11265	3453
2011	103139	37457	11395	9558	6959	6592	14626	12599	3952

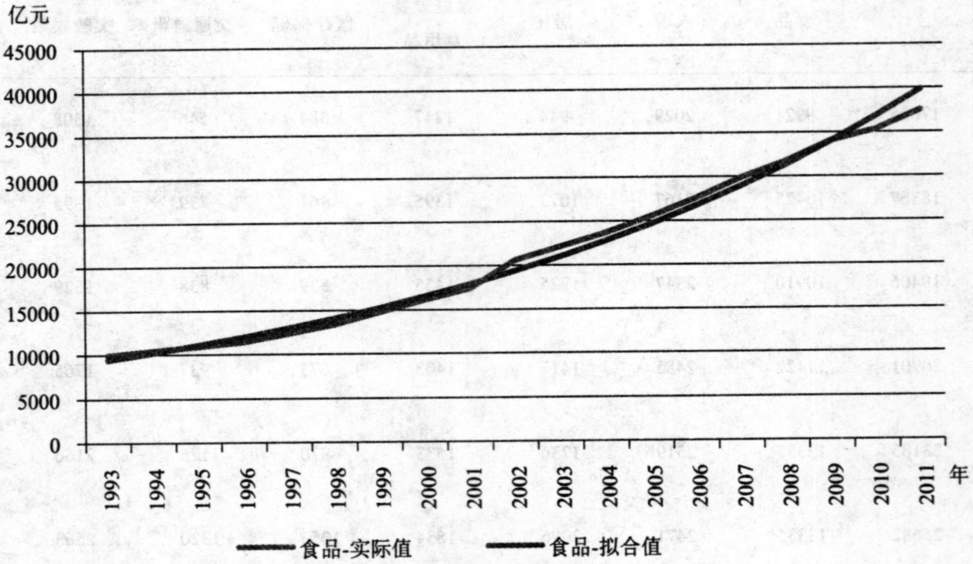

图 4－1　城镇居民的食品消费开支

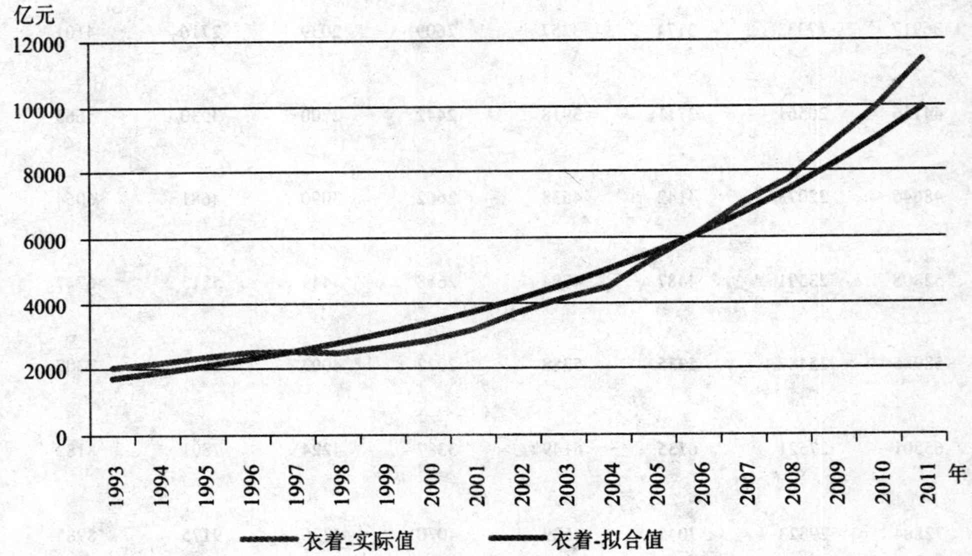

图 4－2　城镇居民的衣着消费开支

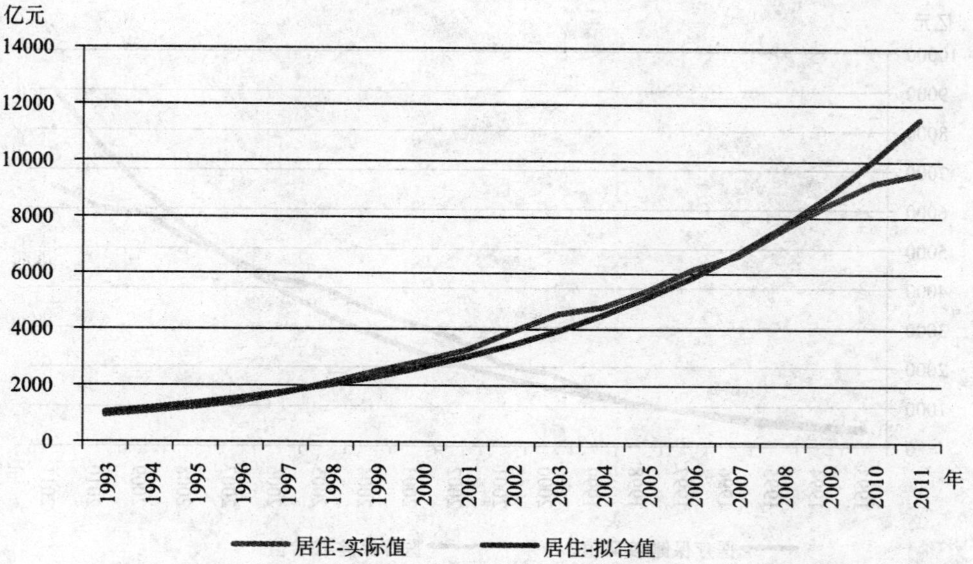

图 4－3　城镇居民的居住消费开支

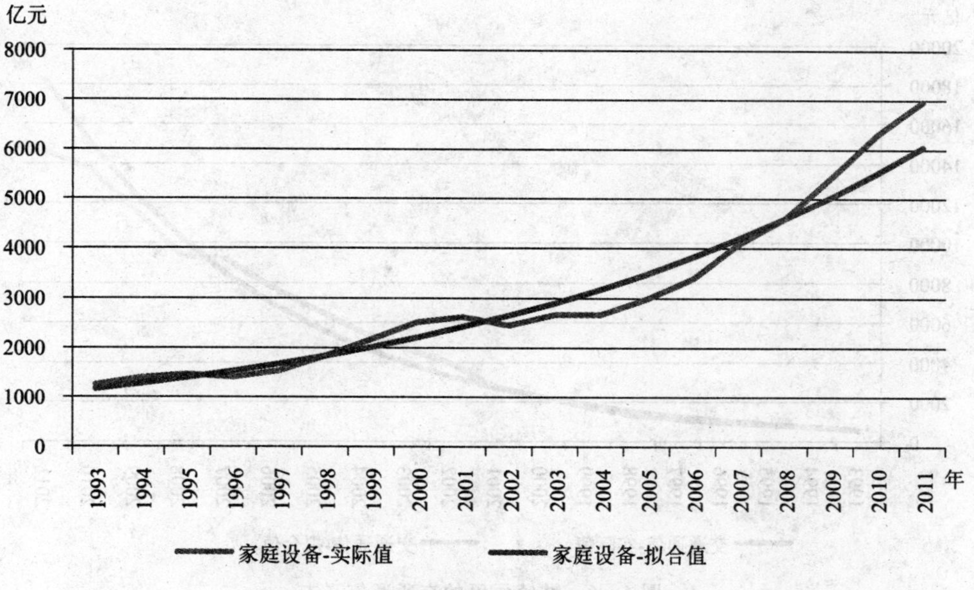

图 4－4　城镇居民家庭设备及用品消费开支

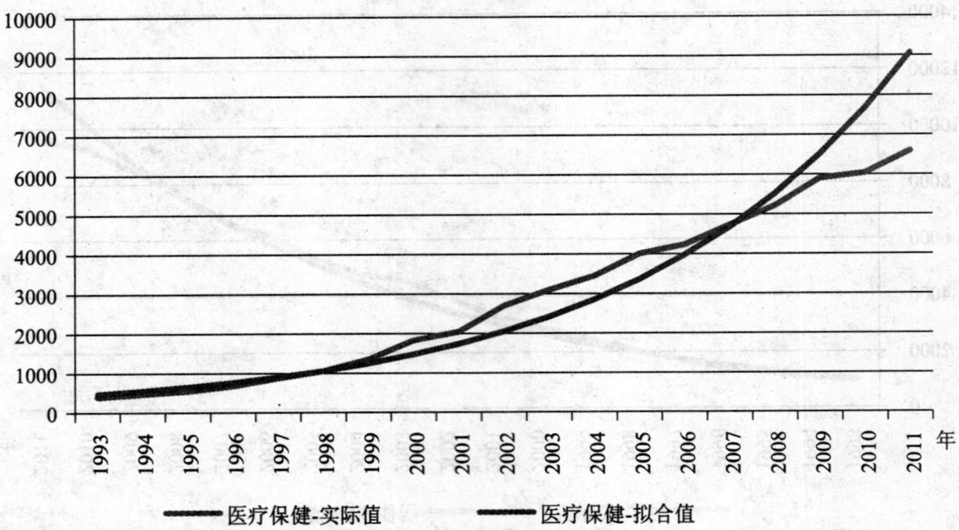

图 4－5　城镇居民医疗保健消费开支

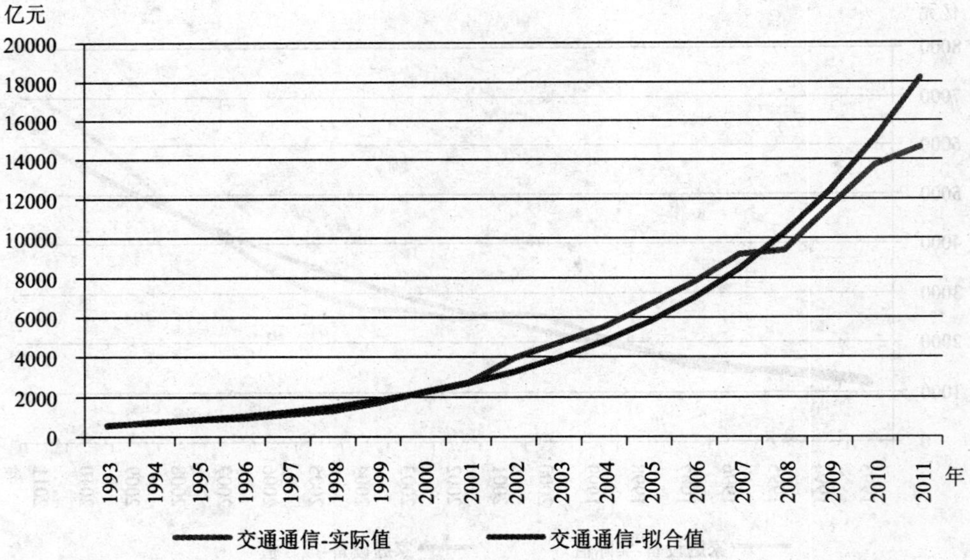

图 4－6　城镇居民的交通通信开支

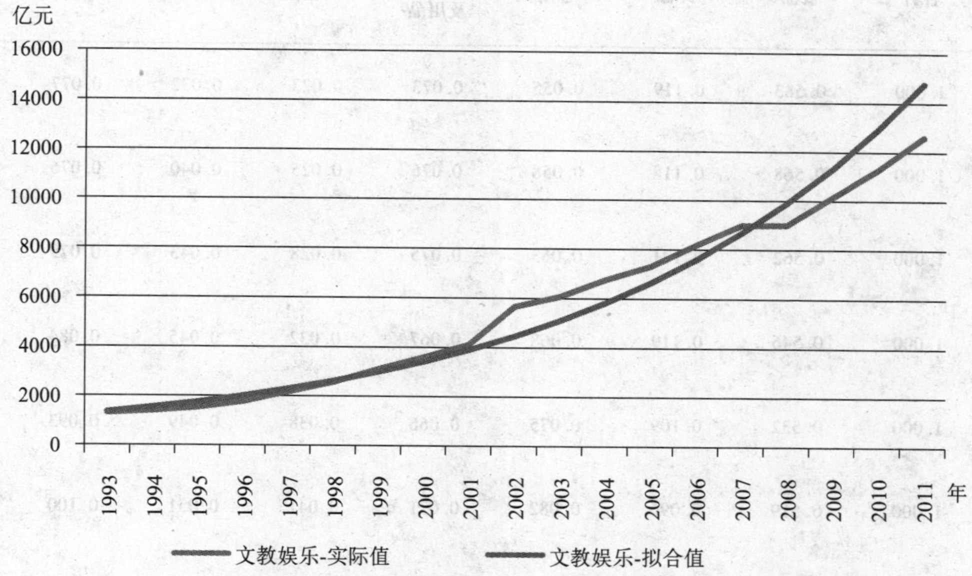

图 4－7　城镇居民的文教娱乐消费开支

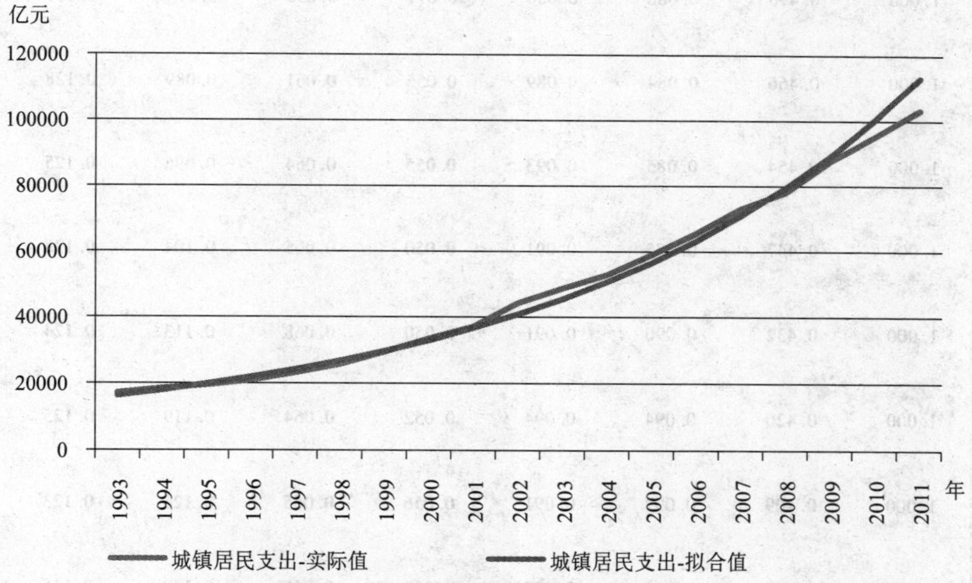

图 4－8　城镇居民总消费开支

表 4-10　　城镇居民消费总量结构

年份	合计	食品	衣着	居住	家庭设备及用品	医疗保健	交通通讯	文教娱乐	其他
1993	1.000	0.583	0.119	0.055	0.073	0.023	0.032	0.077	0.038
1994	1.000	0.568	0.118	0.058	0.076	0.025	0.040	0.076	0.039
1995	1.000	0.562	0.121	0.063	0.075	0.028	0.043	0.079	0.029
1996	1.000	0.546	0.119	0.068	0.067	0.032	0.045	0.084	0.038
1997	1.000	0.532	0.109	0.075	0.066	0.038	0.049	0.093	0.039
1998	1.000	0.519	0.096	0.082	0.071	0.041	0.051	0.100	0.039
1999	1.000	0.500	0.090	0.085	0.074	0.046	0.058	0.106	0.043
2000	1.000	0.481	0.085	0.085	0.075	0.054	0.067	0.107	0.044
2001	1.000	0.470	0.086	0.088	0.071	0.055	0.074	0.111	0.046
2002	1.000	0.466	0.084	0.089	0.055	0.061	0.089	0.128	0.028
2003	1.000	0.454	0.085	0.093	0.055	0.064	0.096	0.125	0.029
2004	1.000	0.447	0.085	0.091	0.050	0.065	0.104	0.128	0.030
2005	1.000	0.432	0.090	0.091	0.050	0.068	0.113	0.124	0.031
2006	1.000	0.420	0.094	0.094	0.052	0.064	0.119	0.125	0.032
2007	1.000	0.409	0.097	0.091	0.056	0.065	0.126	0.123	0.033
2008	1.000	0.406	0.099	0.097	0.059	0.067	0.120	0.115	0.036
2009	1.000	0.388	0.101	0.097	0.062	0.067	0.132	0.116	0.037
2010	1.000	0.370	0.105	0.097	0.066	0.063	0.144	0.118	0.036
2011	1.000	0.363	0.110	0.093	0.067	0.064	0.142	0.122	0.038

表 4－11　城镇居民消费总量增速（%）

年份	合计	食品	衣着	居住	家庭设备及用品	医疗保健	交通通讯	文教娱乐	其他
1994	7.88	5.09	6.82	13.65	11.85	20.05	35.37	6.66	9.92
1995	5.66	4.65	8.28	14.20	4.32	16.84	13.35	9.59	－20.79
1996	7.70	4.69	5.89	15.66	－3.61	24.89	11.80	15.46	42.01
1997	10.93	8.01	1.35	22.51	9.26	29.29	20.26	22.71	12.38
1998	10.77	8.09	－1.91	20.75	19.65	21.00	17.19	18.34	12.53
1999	14.61	10.43	6.91	18.72	18.05	28.03	29.11	21.23	24.02
2000	13.64	9.29	8.09	14.76	15.81	34.70	32.35	15.41	17.85
2001	10.37	7.70	11.16	14.08	4.09	12.27	20.42	14.36	14.13
2002	19.61	18.62	16.91	20.29	－6.39	32.43	44.70	38.10	－27.09
2003	10.17	7.35	11.63	15.83	8.99	14.47	19.10	7.07	13.43
2004	8.55	6.88	8.33	5.64	－0.13	11.60	17.77	11.27	12.30
2005	11.70	8.02	18.89	12.39	11.99	16.07	20.46	8.29	18.12
2006	11.05	8.00	14.99	14.11	13.77	5.52	17.48	11.98	13.50
2007	11.27	8.36	14.83	7.98	20.16	11.89	17.60	9.82	15.17
2008	6.89	6.13	9.65	14.25	12.64	10.18	2.32	0.13	14.41
2009	12.50	7.36	14.57	11.67	18.32	13.31	23.57	12.85	17.98
2010	8.65	3.75	12.90	8.80	15.82	2.27	18.34	10.95	5.68
2011	8.31	6.25	14.04	3.70	10.76	9.25	6.54	11.84	14.47

核 算 点 评

（1）毫无疑问，扩大内需是正确的。内需可以细分为民众的衣、食、住、行、玩、看病、教育等。这些内需都各有自身的变化规律。究竟在这些项目上还有多大的增长空间？核算不仅要看总量，还要细化到每一个子项。

（2）从总量来看，根据历年城镇和农村居民人均消费数据（用价格指数折算为不变价数据）计算各项消费的增长率。无论是绝对值还是增长率，中国城镇居民的消费增长幅度都很大。在全世界名列前茅。不过，城镇居民消费的增长幅度还赶不上 GDP。2010 年，城镇居民消费总支出的增长率为 8.65%。明显低于 GDP 增长率 10.4%。2011 年，城镇居民消费总支出的增长率为 8.31%。低于 GDP 增长率 9.3%。

（3）必须分解数据，才能具体了解各类消费（食品、衣着等）的增长状况。2010 年食品消费增长率只有 3.75%。在 2011 年食品消费的增长率为 6.25%（表 4－11）。食品消费增长率显著地低于经济增长率。由于城镇居民的饮食需求已经基本上得到满足，显然，人们并不会因为收入增长而吃得更多。由于恩格尔系数不断下降，几乎不可能依靠食品消费来拉动内需。

（4）城镇居民在衣着上的开支占总消费的比重一直在 11% 上下波动。2011 年城镇居民衣着消费的增长率比较高，为 14.04%（表 4－11）。可是，由于衣着在总消费中所占比重不大，穿衣消费对于拉动国民经济增长的作用有限。

（5）在城镇居民消费中“居住”主要指的是租金、水、电、气和装修等开支。2011 年，城镇居民用在居住上的开支（不包括购房）占总消费的 9.3%，增长速度为 3.7%（表 4－11），并不快。如果扩展居住的定义，把居民购房的开支包括进来，居住对 GDP 增长的影响将变得非常显著。

（6）2011 年，家庭设备及用品开支在总消费中占 6.7%（表 4－10）。近年来居民用于家庭设备及用品的开支的增速从 2007 年的 20.1% 逐年下降，到 2011 年只有 10.76%（表 4－11）。显然，家庭设备及用品的消费量直接受到房价调控限购的影响。如果取消商品房限购，居民购买家庭设备，如冰箱、洗衣机、彩电、音响等的开支可能要大幅度增加。

（7）城镇居民用于医疗保健的开支从 1993 年的人均 57 元的低水平迅速上升，到 2011 年增加为 969 元。城镇居民用于医疗保健的总额从 1993 年的 384 亿元上升为 2011 年的 6592 亿元（见表 4－9）。医疗保健在全部居民消费的比重从 1993 年的 2.3% 上升为 2011 年的 6.4%（见表 4－10）。受到国家医疗保健政策的影响，城镇居民医疗保健消费的增幅从 20 世纪末期的两位数下降为 2011 年的 9.25%（表 4－11）。可以预见，未来城镇居民用于医疗保健的开支还会继续增加，增幅可能和经济增长速度持平。

（8）城镇居民在交通和通讯上的消费支出增长得最快。从 1993 年的 564 亿元上升为 2011 年的 14626 亿元（不变价），增长了将近 26 倍（表 4－9）。在城镇居民总消费中的比重从 1993 年的 3.2% 上升为 2011 年的 14.2%（表 4－10）。可是，物极必反，受到道路堵车的制约，2010 年城镇居民在交通和通讯上的人均消费增长率为 18.34%，在 2011 年下降为 6.54%（表 4－11）。显然，城镇居民在交通和通讯上的消费开支还会继续增加，但是高速增长的可能性不大。

（9）和其他传统商品消费相比，信息消费增长速度很高，有望成为下阶段的消费热点。2013 年 1—5 月，信息消费规模已达 1.38 万亿元，同比增速 19.8%。随着新技术、新产品的不断问世，信息消费和物流、资金流的交易相结合，取得越来越大的市场。

（10）城镇居民在文教娱乐上的开支一直在增加，从 1993 年的 1308 亿元上升为 2011 年的 12599 亿元（表 4－9），在城镇居民消费中占比从 1993 年的 7.7% 上升为 2011 年的 14.2%（表 4－10）。2011 年城镇居民用于文教娱乐的消费支出增长率为 11.84%（表 4－11）。从总体上来说，居民在文教娱乐上的消费支出是拉动内需的一个重要部分。

表 4－12 农村居民消费总量（2011 年不变价，亿元）

年份	合计	食品	衣着	居住	家庭设备及用品	医疗保健	交通通讯	文教娱乐	其他
1993	17126	11302	995	1935	814	488	307	1049	235
1994	17646	11509	1030	2090	809	471	353	1104	280
1995	18743	11943	1131	2287	855	528	427	1282	289
1996	20721	12758	1323	2542	975	673	546	1532	371
1997	20861	12735	1222	2611	953	695	605	1659	381
1998	20740	12447	1097	2686	918	761	683	1779	369
1999	20875	12485	1032	2614	920	785	774	1884	381
2000	21902	12503	1063	2856	830	974	1030	2070	576
2001	22341	12488	1071	3018	833	1049	1190	2087	606
2002	23159	12625	1122	3205	855	1111	1378	2244	620
2003	23477	12539	1137	3184	848	1199	1685	2440	445
2004	24073	12889	1164	3143	863	1271	1872	2406	466
2005	26973	13951	1393	3459	1038	1570	2290	2758	514
2006	28680	14070	1522	4248	1150	1739	2618	2763	571
2007	29281	13840	1625	4832	1254	1768	2761	2576	623
2008	29710	13712	1644	5265	1349	1908	2792	2443	597
2009	31788	13768	1780	6149	1566	2200	3078	2605	642
2010	32348	13768	1900	6011	1684	2347	3319	2642	677
2011	34653	13987	2264	6380	2051	2901	3631	2629	810

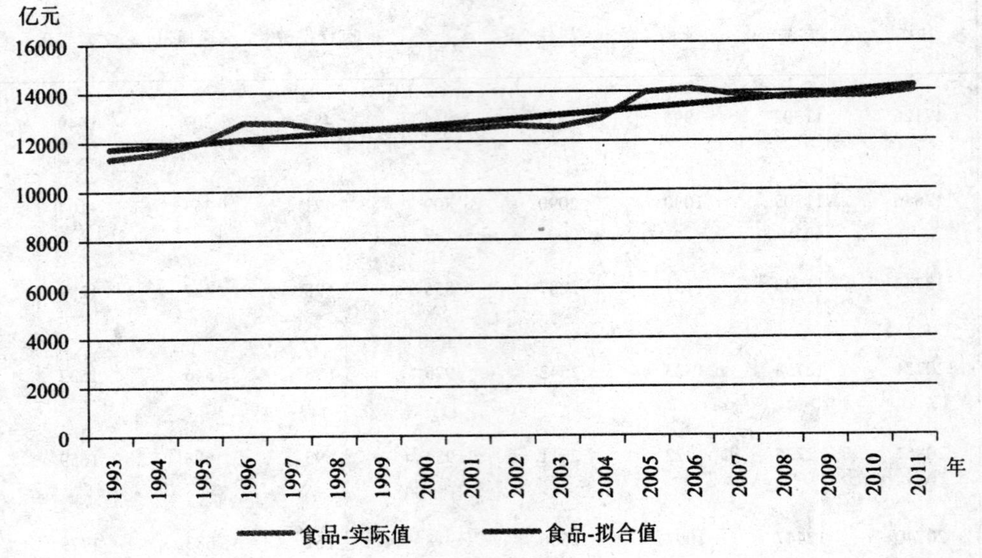

图 4－9　农村居民的食品消费开支

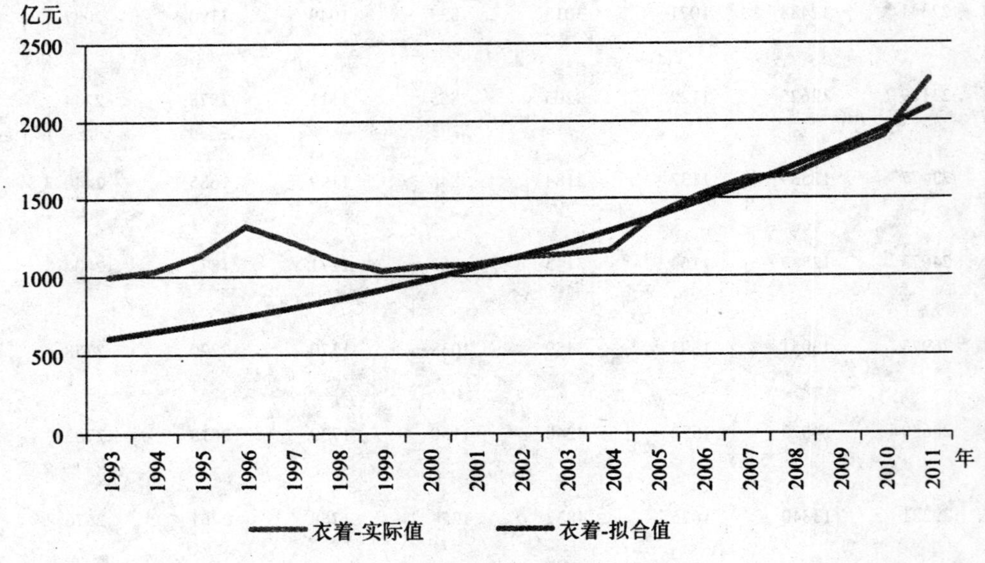

图 4－10　农村居民的衣着消费开支

注：为了达到更好的预测效果，该指数曲线从 2000 年数据开始拟合。

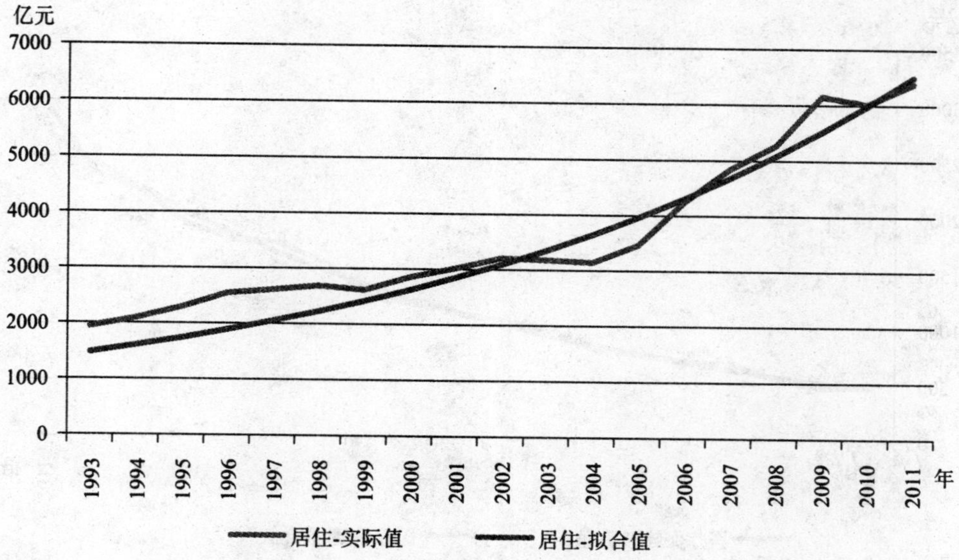

图 4－11　农村居民的居住消费开支

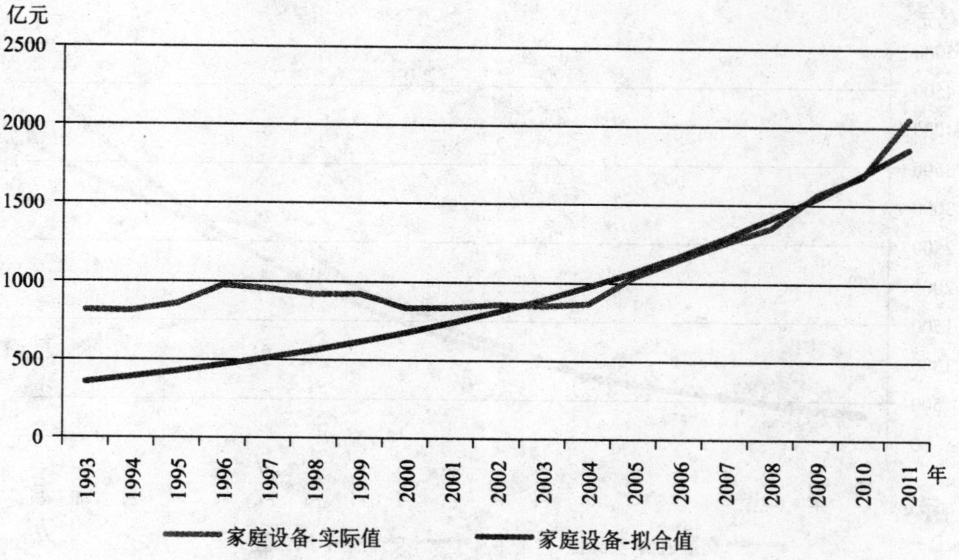

图 4－12　农村居民的家庭设备和用品消费开支

注：为了达到更好的预测效果，该指数曲线从 2001 年数据开始拟合。

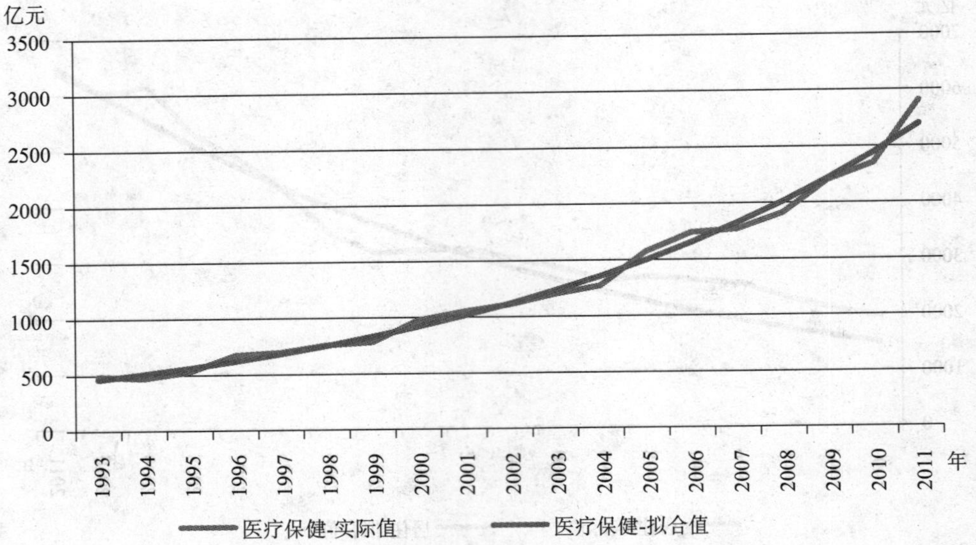

图 4－13　农村居民的医疗保健消费开支

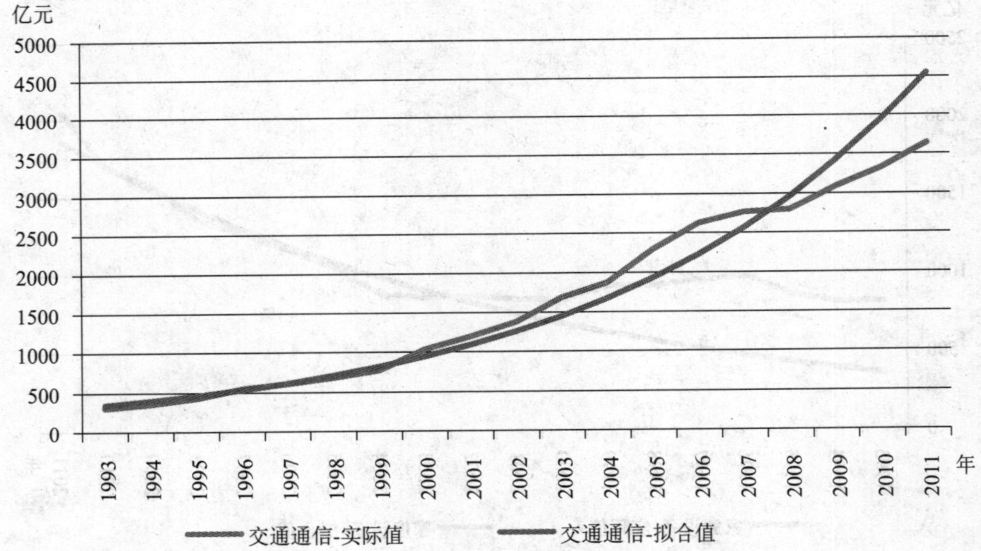

图 4－14　农村居民的交通通信消费开支

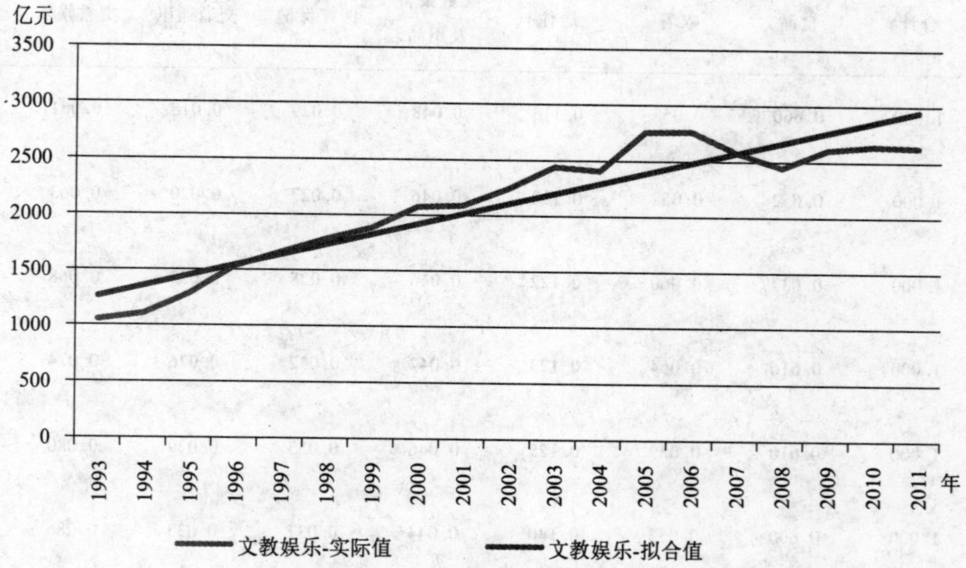

图 4－15　农村居民的文教娱乐消费开支

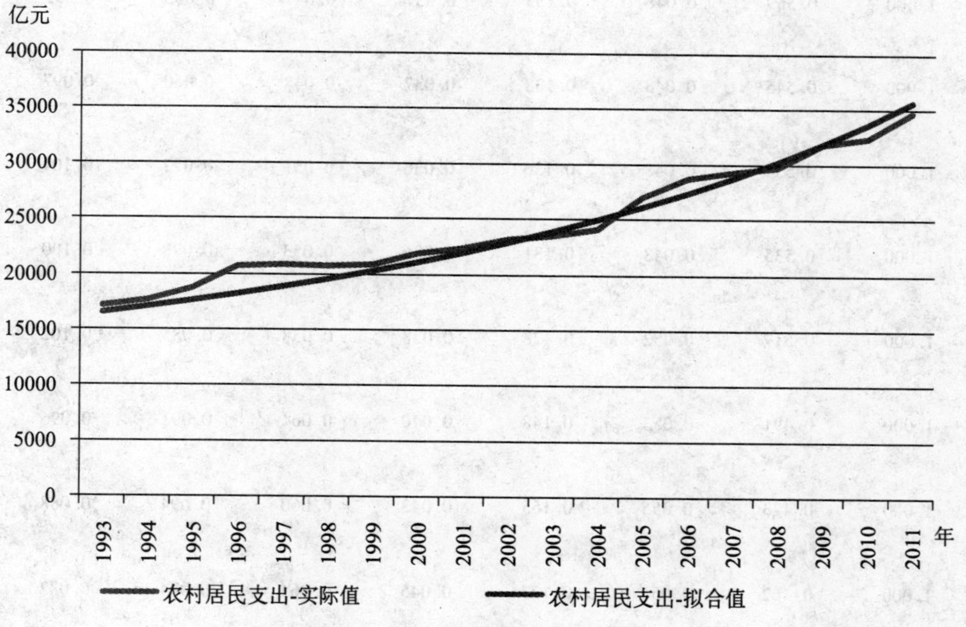

图 4－16　农村居民的总消费开支

表 4-13　　农村居民消费总量结构

年份	合计	食品	衣着	居住	家庭设备及用品	医疗保健	交通通讯	文教娱乐	其他
1993	1.000	0.660	0.058	0.113	0.048	0.029	0.018	0.061	0.014
1994	1.000	0.652	0.058	0.118	0.046	0.027	0.020	0.063	0.016
1995	1.000	0.637	0.060	0.122	0.046	0.028	0.023	0.068	0.015
1996	1.000	0.616	0.064	0.123	0.047	0.032	0.026	0.074	0.018
1997	1.000	0.610	0.059	0.125	0.046	0.033	0.029	0.080	0.018
1998	1.000	0.600	0.053	0.130	0.044	0.037	0.033	0.086	0.018
1999	1.000	0.598	0.049	0.125	0.044	0.038	0.037	0.090	0.018
2000	1.000	0.571	0.049	0.130	0.038	0.044	0.047	0.095	0.026
2001	1.000	0.559	0.048	0.135	0.037	0.047	0.053	0.093	0.027
2002	1.000	0.545	0.048	0.138	0.037	0.048	0.060	0.097	0.027
2003	1.000	0.534	0.048	0.136	0.036	0.051	0.072	0.104	0.019
2004	1.000	0.535	0.048	0.131	0.036	0.053	0.078	0.100	0.019
2005	1.000	0.517	0.052	0.128	0.038	0.058	0.085	0.102	0.019
2006	1.000	0.491	0.053	0.148	0.040	0.061	0.091	0.096	0.020
2007	1.000	0.473	0.055	0.165	0.043	0.060	0.094	0.088	0.021
2008	1.000	0.462	0.055	0.177	0.045	0.064	0.094	0.082	0.020
2009	1.000	0.433	0.056	0.193	0.049	0.069	0.097	0.082	0.020
2010	1.000	0.426	0.059	0.186	0.052	0.073	0.103	0.082	0.021
2011	1.000	0.404	0.065	0.184	0.059	0.084	0.105	0.076	0.023

表 4－14　　农村居民消费总量增速（%）

年份	合计	食品	衣着	居住	家庭设备及用品	医疗保健	交通通讯	文教娱乐	其他
1993	3.04	1.83	3.55	7.98	－0.56	－3.57	14.87	5.21	18.92
1994	6.21	3.77	9.81	9.46	5.59	12.10	20.99	16.15	3.39
1995	10.55	6.82	16.98	11.13	14.09	27.54	27.67	19.52	28.50
1996	0.68	－0.18	－7.68	2.72	－2.30	3.21	10.93	8.25	2.59
1997	－0.58	－2.26	－10.22	2.86	－3.67	9.52	12.80	7.28	－3.08
1998	0.65	0.30	－5.91	－2.70	0.23	3.17	13.37	5.90	3.26
1999	4.92	0.15	2.99	9.29	－9.73	24.08	33.03	9.86	50.95
2000	2.00	－0.13	0.75	5.65	0.30	7.69	15.56	0.83	5.21
2001	3.66	1.10	4.76	6.21	2.63	5.90	15.84	7.48	2.30
2002	1.37	－0.69	1.38	－0.65	－0.81	7.93	22.27	8.75	－28.26
2003	2.54	2.79	2.35	－1.30	1.83	5.96	11.09	－1.41	4.73
2004	12.05	8.24	19.66	10.06	20.20	23.59	22.34	14.64	10.43
2005	6.33	0.85	9.25	22.82	10.86	10.74	14.30	0.18	10.99
2006	2.10	－1.63	6.78	13.76	9.05	1.66	5.49	－6.75	9.18
2007	1.47	－0.93	1.18	8.96	7.56	7.90	1.10	－5.18	－4.16
2008	6.99	0.41	8.26	16.78	16.06	15.32	10.27	6.64	7.46
2009	1.76	0.00	6.78	－2.25	7.57	6.67	7.80	1.42	5.46
2010	7.13	1.59	19.12	6.13	21.78	23.62	9.42	－0.49	19.69
2011	3.04	1.83	3.55	7.98	－0.56	－3.57	14.87	5.21	18.92

表 4-15　　城镇居民家庭平均每人全年主要食品消费量（千克）

商品名	2006 年	2007 年	2008 年	2009 年	2010 年	2011 年	2012 年
粮食	75.90	77.60	NA	81.30	81.50	80.70	78.80
鲜菜	117.60	117.80	123.20	120.50	116.10	114.60	112.30
食用植物油	9.40	9.60	10.30	9.70	8.80	9.30	9.10
猪肉	20.00	18.20	19.30	20.50	20.70	20.60	21.20
牛羊肉	3.80	3.90	3.40	3.70	3.80	4.00	3.70
禽类	8.30	9.70	NA	10.50	10.20	10.60	10.80
鲜蛋	10.40	10.30	10.70	10.60	10.00	10.10	10.50
水产品	13.00	14.20	NA	NA	15.20	14.60	15.20
酒	9.10	9.10	NA	NA	7.00	6.80	6.90

数据来源：《中国统计摘要》，2013 年，第 104 页。NA 表示数据缺失。

表 4-16　　农村居民家庭平均每人全年主要食品消费量（千克）

商品名	2007 年	2008 年	2009 年	2010 年	2011 年	2012 年
粮食	199.50	199.10	189.30	181.40	170.70	164.30
细粮	173.80	173.70	165.20	159.40	151.80	144.90
蔬菜	99.00	99.70	98.40	93.30	89.40	84.70
食油	6.00	6.20	6.30	6.30	7.50	7.80
猪牛羊肉	14.90	13.90	15.30	15.80	16.30	16.40
家禽	3.90	4.40	4.30	4.20	4.50	4.50
蛋及制品	4.70	5.40	5.30	5.10	5.40	5.90
水产品	5.40	5.20	5.30	5.20	5.40	5.40
食糖	1.10	1.10	1.10	1.00	1.00	1.20
酒	10.20	9.70	10.10	9.70	10.20	10.00

数据来源：《中国统计摘要》，2013 年，第 109 页。

核 算 点 评

（1）在扣除价格因素之后，无论是城镇还是农村，居民消费增长率都不低。在 2010 年城镇居民消费增长率为 8.65%，农村为 7.13%。在 2011 年城镇居民消费增长率为 8.31%，农村为 3.04%。和世界各国横向比较，中国居民的消费增长率名列前茅。

（2）农村居民消费增长率在多数年份低于城镇居民消费增长率（表 4-11 和表 4-14）。

（3）城镇居民的衣着消费在总消费中的占比一直维持在11%左右。可是，农村居民的衣着消费占比从1993年的5.8%上升为2011年的6.5%。农村居民的衣着消费增长率上下波动幅度很大。在2007年仅有1.18%，可是在2010年增幅为19.12%，到了2011年又下降为3.55%（表4-13）。

（4）农村居民的饮食消费开支占总消费的比重从1993年的66%逐年下降，在2011年为40.4%（表4-13）。尽管如此，农村居民的食品开支占总消费的比重依然高于城镇居民（36.3%）。农村居民在食品消费上的增速很低，农村居民的食品消费开支曾在2006年达到峰值，14070亿元，随后农村居民在食品消费上的开支总额一直维持在13800亿元上下（表4-12）。由于大量农民进城，农村居民的食品消费总额不可能继续上升。

（5）近年来，城镇居民的粮食消费量逐年下降，从2009年的人均每年81.3公斤下降为2011年的78.8公斤。鲜菜的人均消费量从2008年的123.2公斤下降为2011年的112.3公斤。酒的人均消费量也从2006年的9.1公斤下降为2011年的6.9公斤。禽类和水产的人均消费量在上升。食用植物油、猪肉、牛羊肉和鲜蛋的人均消费量基本维持原状（表4-15）。

（6）农民的人均粮食消费量比城镇居民高很多，但是呈现持续下降态势。农村人均粮食消费量从2007年的199.5公斤下降到2012年的164.3公斤。在短短的6年内农村居民人均粮食消费量下降了35.2公斤。蔬菜的人均消费量也呈下降趋势。蔬菜的人均消费量从2007年的99公斤下降为2011年的84.7公斤。同期，食油、肉类、家禽、蛋等人均消费量上升。食糖、水产品和酒的人均消费量基本稳定（表4-16）。显而易见，随着农村人均收入的提高，农村人均粮食消费量下降，但是农民的饮食营养结构得到逐步改善。农民吃得更精，更好了。在未来，农村居民饮食结构有望进一步改善。但是从总量上来讲，通过增加农村饮食消费拉动国民经济增长的空间依然有限。这些数据佐证了这样的结论：在内需各项当中，食品需求的增长空间不大，基本上不可能依靠食品来拉动经济发展。

（7）农村居民居住消费开支在总消费中的比重从1993年的11.3%上升为2011年的18.4%（表4-13）。相比之下，城镇居民在居住消费上的占比从1993年的5.5%上升为2011年的9.3%。必须指出，农村居民在居住上的开支包括修缮自家住房，而城镇居民的居住消费仅仅包括租金、水电气和装修等开支，而不包括购房支出。如果把城镇居民在购房上的支出考虑进来，城镇居民在居住上的开支占总消费的比重要远远超过农村居民。

（8）受到政府政策的影响，例如，家电下乡等惠民政策，农村居民在家庭设备及用品等项的人均消费增长率迅速上升。在2011年农村居民家庭设备及用品增长21.78%、交通通讯增长9.42%。增速都高于城镇居民（表4-14）。农民在文教娱乐上的消费开支始终保持在相当低的水平，每年每人在教育和文化娱乐上的开支只有396元。在2010年的增长率只有1.42%，在2011年几乎没有增长（表4-14）。尽管农村医疗保健的人均消费增长率较高（23.62%），由于基数偏低，实际上农民的医疗保健开支依然处于很低的水平，每人每年开支437元。

（9）和城镇居民相比，农村居民人均消费水平相当低。在2011年城镇居民人均消费开支15161元，农村居民只有5221元（表4-1和表4-2）。农村居民消费只有城镇居民的三分之一左右。如果不能有效地提高农村居民的收入，企望农村居民增加消费开支只不过是一句空话。

（10）2011年，在城镇居民消费当中增长最快的是衣着（14.04%），文教娱乐（11.84%），家庭设备及用品（10.76%）（表4-11）。农村居民消费的热点是医疗保健（23.62%）、家庭设备及用品（21.78%）和衣着（19.12%）（表4-14）。农村居民在文教娱乐上的开支非但没有增加反而有所减少（-0.49%）（表4-14）。

表 4－17　　城镇居民消费总量预测（2011 年不变价，亿元）

年份	合计	食品	衣着	居住	家庭设备及用品	医疗保健	交通通讯	文教娱乐	其他
1993	17025	9921	2029	944	1247	384	546	1308	647
1994	18367	10425	2167	1073	1395	461	739	1395	711
1995	19406	10910	2347	1225	1455	539	838	1529	563
1996	20901	11422	2485	1417	1403	673	937	1765	800
1997	23185	12337	2519	1736	1533	870	1126	2166	899
1998	25682	13335	2471	2096	1834	1053	1320	2563	1012
1999	29434	14726	2641	2488	2165	1348	1704	3107	1255
2000	33447	16094	2855	2855	2507	1816	2256	3586	1479
2001	36917	17333	3174	3257	2609	2039	2716	4101	1688
2002	44156	20561	3711	3918	2442	2700	3930	5663	1231
2003	48646	22073	4142	4538	2662	3090	4681	6064	1396
2004	52808	23591	4487	4794	2658	3449	5513	6747	1568
2005	58985	25482	5335	5388	2977	4003	6641	7307	1852
2006	65501	27521	6135	6149	3387	4224	7801	8182	2102
2007	72884	29823	7045	6639	4070	4726	9175	8985	2420
2008	77908	31652	7725	7586	4585	5207	9388	8997	2769
2009	87648	33981	8850	8471	5425	5900	11601	10153	3267
2010	95228	35255	9992	9217	6283	6034	13729	11265	3453
2011	103139	37457	11395	9558	6959	6592	14626	12599	3952
2012	105176	36937	10977	10140	6625	6940	14564	14909	4086
2013	114362	39215	12108	10772	7261	7518	16669	16298	4521
2014	124201	41594	13356	11404	7959	8105	19025	17757	5002
2015	134737	44075	14733	12036	8723	8700	21655	19282	5534
2016	146016	46659	16251	12668	9560	9298	24583	20873	6123
2017	158088	49349	17926	13300	10478	9899	27833	22528	6775
2018	171006	52146	19774	13932	11484	10499	31432	24242	7496
2019	184828	55052	21812	14564	12587	11097	35408	26014	8294
2020	199617	58069	24060	15196	13795	11690	39788	27840	9177

数据来源：1993 年到 2011 年数据为核算数、2012 年到 2020 年数据为预测数。

表 4－18　　农村居民消费总量预测（2011 年不变价，亿元）

年份	合计	食品	衣着	居住	家庭设备及用品	医疗保健	交通通讯	文教娱乐	其他
1993	17126	11302	995	1935	814	488	307	1049	235
1994	17646	11509	1030	2090	809	471	353	1104	280
1995	18743	11943	1131	2287	855	528	427	1282	289
1996	20721	12758	1323	2542	975	673	546	1532	371
1997	20861	12735	1222	2611	953	695	605	1659	381
1998	20740	12447	1097	2686	918	761	683	1779	369
1999	20875	12485	1032	2614	920	785	774	1884	381
2000	21902	12503	1063	2856	830	974	1030	2070	576
2001	22341	12488	1071	3018	833	1049	1190	2087	606
2002	23159	12625	1122	3205	855	1111	1378	2244	620
2003	23477	12539	1137	3184	848	1199	1685	2440	445
2004	24073	12889	1164	3143	863	1271	1872	2406	466
2005	26973	13951	1393	3459	1038	1570	2290	2758	514
2006	28680	14070	1522	4248	1150	1739	2618	2763	571
2007	29281	13840	1625	4832	1254	1768	2761	2576	623
2008	29710	13712	1644	5265	1349	1908	2792	2443	597
2009	31788	13768	1780	6149	1566	2200	3078	2605	642
2010	32348	13768	1900	6011	1684	2347	3319	2642	677
2011	34653	13987	2264	6380	2051	2901	3631	2629	810
2012	35914	14336	2235	7057	2036	2974	3929	2532	814
2013	37724	14490	2394	7665	2233	3280	4263	2540	860
2014	39661	14645	2564	8325	2449	3618	4607	2546	908
2015	41736	14803	2746	9041	2685	3990	4961	2551	959
2016	43958	14961	2942	9819	2944	4401	5323	2555	1012
2017	46339	15122	3151	10664	3229	4854	5692	2559	1069
2018	48893	15284	3375	11582	3540	5354	6067	2561	1128
2019	51632	15448	3614	12579	3882	5905	6448	2563	1192
2020	54573	15614	3871	13662	4257	6513	6833	2565	1258

数据来源：1993 年到 2011 年数据为核算数、2012 年到 2020 年数据为预测数。

表 4 – 19　　城乡居民消费合计总量预测（2011 年不变价，亿元）

年份	合计	食品	衣着	居住	家庭设备及用品	医疗保健	交通通讯	文教娱乐	其他
1993	34152	21223	3024	2879	2061	873	853	2357	882
1994	36013	21935	3197	3162	2204	932	1092	2499	991
1995	38148	22853	3478	3512	2310	1067	1265	2811	853
1996	41621	24179	3808	3959	2378	1346	1482	3297	1172
1997	44046	25072	3740	4347	2485	1565	1732	3825	1280
1998	46423	25782	3567	4782	2751	1814	2003	4342	1381
1999	50308	27210	3673	5101	3084	2133	2478	4992	1636
2000	55349	28597	3918	5711	3337	2790	3285	5656	2055
2001	59258	29821	4245	6275	3442	3088	3906	6188	2294
2002	67315	33187	4832	7123	3297	3811	5309	7907	1850
2003	72123	34611	5279	7722	3510	4290	6366	8504	1840
2004	76881	36480	5651	7937	3522	4719	7385	9153	2033
2005	85957	39433	6728	8847	4015	5573	8931	10064	2366
2006	94181	41591	7657	10397	4538	5963	10419	10945	2672
2007	102164	43663	8670	11472	5325	6494	11936	11562	3043
2008	107618	45364	9369	12851	5934	7115	12179	11440	3366
2009	119437	47749	10630	14620	6991	8100	14679	12758	3909
2010	127576	49023	11892	15228	7968	8381	17047	13907	4130
2011	137792	51444	13659	15938	9011	9493	18257	15228	4762
2012	141090	51273	13212	17197	8662	9914	18492	17441	4900
2013	152086	53705	14502	18436	9494	10798	20931	18838	5380
2014	163863	56240	15920	19728	10407	11723	23632	20303	5910
2015	176473	58877	17479	21077	11408	12690	26615	21834	6493
2016	189974	61621	19193	22487	12504	13699	29905	23429	7135
2017	204427	64471	21077	23964	13707	14753	33525	25086	7844
2018	219899	67430	23148	25514	15024	15853	37500	26803	8625
2019	236461	70500	25426	27143	16469	17002	41856	28577	9486
2020	254190	73683	27931	28858	18052	18203	46621	30405	10435

数据来源：1993 年到 2011 年数据为核算数、2012 年到 2020 年数据为预测数。

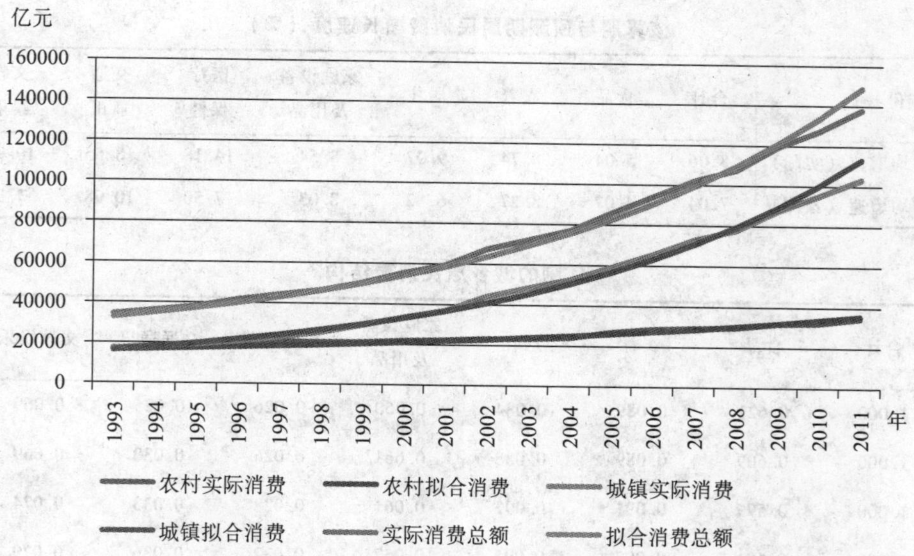

图 4－17　城镇、农村和全国的消费支出

表 4－20　城乡居民消费合计增长速度（%）

年份	合计	食品	衣着	居住	家庭设备及用品	医疗保健	交通通讯	文教娱乐	其他
1994	5.45	3.36	5.74	9.84	6.95	6.83	27.98	6.02	12.32
1995	5.93	4.19	8.77	11.07	4.79	14.44	15.82	12.49	－13.97
1996	9.10	5.80	9.50	12.71	2.94	26.20	17.16	17.31	37.43
1997	5.83	3.69	－1.79	9.80	4.52	16.25	16.83	15.99	9.28
1998	5.40	2.83	－4.63	10.00	10.71	15.90	15.66	13.54	7.88
1999	8.37	5.54	2.97	6.69	12.10	17.60	23.74	14.95	18.47
2000	10.02	5.10	6.66	11.96	8.19	30.79	32.56	13.32	25.57
2001	7.06	4.28	8.34	9.86	3.14	10.67	18.90	9.41	11.63
2002	13.60	11.29	13.85	13.52	－4.21	23.42	35.91	27.77	－19.33
2003	7.14	4.29	9.25	8.42	6.45	12.56	19.92	7.55	－0.53
2004	6.60	5.40	7.05	2.78	0.34	10.02	16.00	7.63	10.48
2005	11.81	8.09	19.05	11.47	14.00	18.10	20.93	9.96	16.36
2006	9.57	5.47	13.80	17.51	13.02	6.99	16.66	8.75	12.96
2007	8.48	4.98	13.23	10.34	17.35	8.91	14.56	5.63	13.89
2008	5.34	3.90	8.06	12.02	11.44	9.56	2.04	－1.06	10.61
2009	10.98	5.26	13.46	13.77	17.81	13.85	20.52	11.52	16.11
2010	6.81	2.67	11.87	4.15	13.98	3.46	16.13	9.01	5.65
2011	8.01	4.94	14.85	4.66	13.09	13.27	7.10	9.50	15.32

表 4－21　核算期与预测期居民消费增长速度（%）

年份	合计	食品	衣着	居住	家庭设备及用品	医疗保健	交通通讯	文教娱乐	其他
1992—2011 年均增速（实际）	8.06	5.04	8.74	9.97	8.54	14.18	18.55	10.92	9.82
2011—2020 年均增速（预测）	7.04	4.07	8.27	6.82	8.03	7.50	10.98	7.99	9.11

表 4－22　预测的城乡居民消费结构

年份	合计	食品	衣着	居住	家庭设备及用品	医疗保健	交通通讯	文教娱乐	其他
1993	1.000	0.621	0.089	0.084	0.060	0.026	0.025	0.069	0.026
1994	1.000	0.609	0.089	0.088	0.061	0.026	0.030	0.069	0.028
1995	1.000	0.599	0.091	0.092	0.061	0.028	0.033	0.074	0.022
1996	1.000	0.581	0.092	0.095	0.057	0.032	0.036	0.079	0.028
1997	1.000	0.569	0.085	0.099	0.056	0.036	0.039	0.087	0.029
1998	1.000	0.555	0.077	0.103	0.059	0.039	0.043	0.094	0.030
1999	1.000	0.541	0.073	0.101	0.061	0.042	0.049	0.099	0.033
2000	1.000	0.517	0.071	0.103	0.060	0.050	0.059	0.102	0.037
2001	1.000	0.503	0.072	0.106	0.058	0.052	0.066	0.104	0.039
2002	1.000	0.493	0.072	0.106	0.049	0.057	0.079	0.117	0.027
2003	1.000	0.480	0.073	0.107	0.049	0.059	0.088	0.118	0.026
2004	1.000	0.475	0.074	0.103	0.046	0.061	0.096	0.119	0.026
2005	1.000	0.459	0.078	0.103	0.047	0.065	0.104	0.117	0.028
2006	1.000	0.442	0.081	0.110	0.048	0.063	0.111	0.116	0.028
2007	1.000	0.427	0.085	0.112	0.052	0.064	0.117	0.113	0.030
2008	1.000	0.422	0.087	0.119	0.055	0.066	0.113	0.106	0.031
2009	1.000	0.400	0.089	0.122	0.059	0.068	0.123	0.107	0.033
2010	1.000	0.384	0.093	0.119	0.062	0.066	0.134	0.109	0.032
2011	1.000	0.373	0.099	0.116	0.065	0.069	0.133	0.111	0.035
2012	1.000	0.363	0.094	0.122	0.061	0.070	0.131	0.124	0.035
2013	1.000	0.353	0.095	0.121	0.062	0.071	0.138	0.124	0.035
2014	1.000	0.343	0.097	0.120	0.064	0.072	0.144	0.124	0.036
2015	1.000	0.334	0.099	0.119	0.065	0.072	0.151	0.124	0.037
2016	1.000	0.324	0.101	0.118	0.066	0.072	0.157	0.123	0.038
2017	1.000	0.315	0.103	0.117	0.067	0.072	0.164	0.123	0.038
2018	1.000	0.307	0.105	0.116	0.068	0.072	0.171	0.122	0.039
2019	1.000	0.298	0.108	0.115	0.070	0.072	0.177	0.121	0.040
2020	1.000	0.290	0.110	0.114	0.071	0.072	0.183	0.120	0.041

核 算 点 评

（1）在1993年到2011年统计数据基础上通过回归分析预测未来的居民消费需求变化情况。表4-17给出了城镇居民消费总量在1993年到2011年的核算值，在此基础上预测2012年到2020年的数值。表4-18给出了农村居民消费总量的核算和预测值。表4-19是城乡合计的消费核算和预测值。表4-20计算了1994年到2011年城乡合计的居民消费增长速度。表4-21对比了1992—2011年和2012—2020年两个时间段的居民消费增速。

（2）表4-21中的数据显示，未来10年内居民消费增速有可能从前十年的均值8.06%下降为7.04%。也就是说，居民消费的增长速度不足以保证GDP维持8%以上的增速。

（3）在各项居民消费中，虽然交通通讯依然保持最高的增速（10.98%），但是已经从1992—2011年的18.55%下降了几乎8个百分点。医疗保健和文教娱乐上的居民消费开支增速也显著下降。医疗保健从14.18%下降为7.5%。文教娱乐从10.92%下降为7.99%。尽管各项居民消费的绝对值依然在不断增长，但是增速放缓，依靠消费很难维持8%以上的经济增长速度。

（4）在未来10年内，居民消费结构也将发生显著的变化。从2013年到2020年，由于人均食品消费增长率很低，尽管食品消费总额还在持续增加但是在总消费中的占比却逐年下降。从2012年的36.3%下降为2020年的29%。

（5）城乡居民在家庭设备及用品、交通通讯上的开支在消费总额中的比重呈上升态势，而衣着、医疗保健、文教娱乐的比重基本维持不变。在租金、水电气和住房装修上的开支占比基本不变。

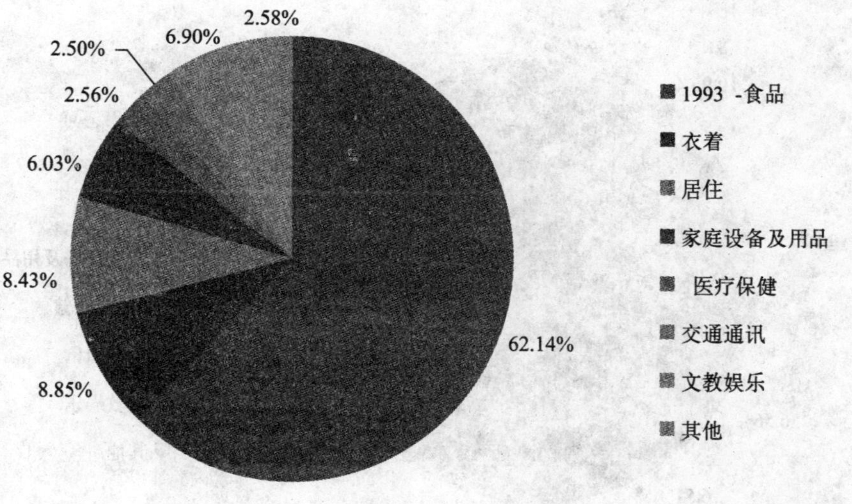

图4-18 城乡居民消费结构（1993年）

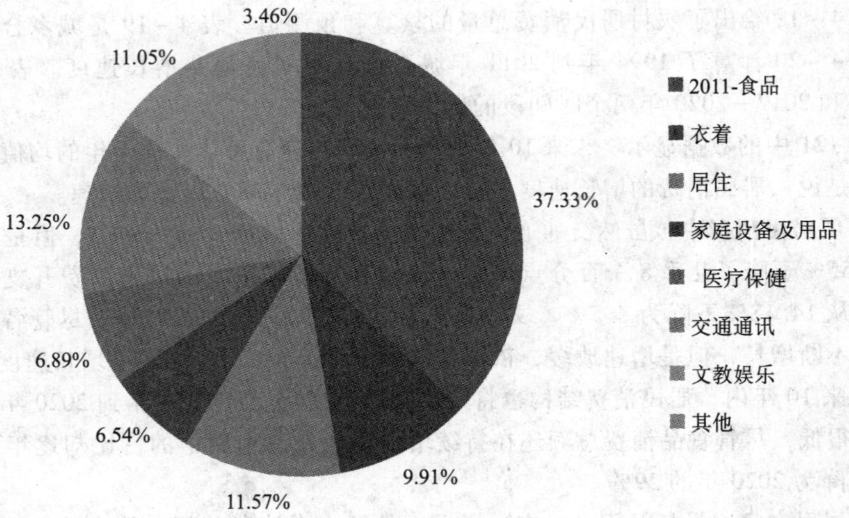

图 4－19　城乡居民消费结构（2011 年）

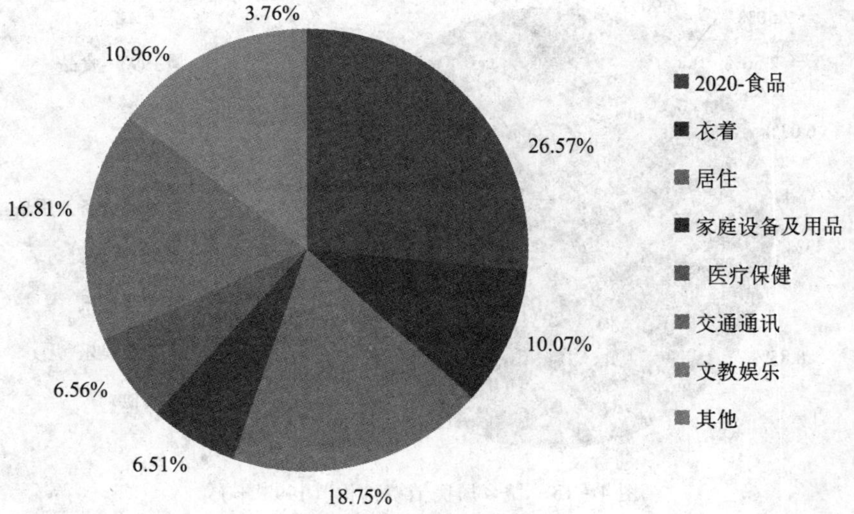

图 4－20　城乡居民消费结构预测（2020 年）

表 4－23　　现价国内生产总值及其增量（亿元）

年份	国内生产总值	增量
1992	26923	5142
1993	35334	8410
1994	48198	12864
1995	60794	12596
1996	71177	10383
1997	78973	7796
1998	84402	5429
1999	89677	5275
2000	99215	9537
2001	109655	10441
2002	120333	10678
2003	135823	15490
2004	159878	24056
2005	184937	25059
2006	216314	31377
2007	265810	49496
2008	314045	48235
2009	340903	26857
2010	401513	60610
2011	472882	71369

数据来源：《中国统计年鉴》，2013 年。

表 4-24 现价城镇居民消费总量（亿元）

年份	合计	食品	衣着	居住	家庭设备及用品	医疗保健	交通通讯	文教娱乐	其他
1993	6901	3457	983	457	604	186	265	634	314
1994	9600	4788	1313	650	845	279	448	845	431
1995	12135	6123	1661	867	1030	381	593	1082	399
1996	14202	6904	1913	1091	1080	518	721	1359	616
1997	16068	7457	1999	1378	1217	691	894	1719	714
1998	17553	7810	1949	1654	1447	831	1042	2022	798
1999	19700	8245	2057	1938	1686	1050	1327	2420	977
2000	22400	8777	2241	2241	1968	1425	1771	2815	1161
2001	24944	9463	2509	2575	2063	1612	2147	3242	1334
2002	29630	11164	2904	3066	1911	2113	3076	4432	963
2003	33392	12398	3273	3585	2103	2442	3698	4791	1103
2004	38307	14452	3664	3914	2171	2816	4501	5509	1280
2005	43889	16099	4425	4470	2470	3320	5508	6061	1536
2006	49785	17816	5164	5175	2851	3555	6567	6887	1769
2007	59443	21572	6196	5839	3580	4156	8069	7902	2129
2008	69159	26207	7173	7044	4257	4835	8717	8354	2571
2009	77831	28423	8148	7799	4994	5432	10680	9347	3008
2010	88572	31590	9494	8757	5970	5733	13044	10703	3281
2011	103139	37457	11395	9558	6959	6592	14626	12599	3952

数据来源：《中国统计年鉴》，2013 年。

表 4－25　　**现价农村居民消费总量（亿元）**

年份	合计	食品	衣着	居住	家庭设备及用品	医疗保健	交通通讯	文教娱乐	其他
1993	6550	3807	468	911	383	230	145	494	111
1994	8680	5114	599	1214	470	274	205	641	162
1995	11233	6591	772	1562	584	360	292	875	197
1996	13435	7568	975	1873	718	496	402	1129	274
1997	13668	7532	922	1972	719	525	457	1253	288
1998	13311	7112	820	2008	686	569	510	1330	276
1999	13025	6847	760	1924	677	578	570	1388	281
2000	13600	6686	782	2101	611	717	757	1523	423
2001	13971	6665	794	2238	618	778	882	1548	449
2002	14471	6691	828	2367	631	821	1018	1657	458
2003	15075	6871	853	2388	636	900	1264	1830	333
2004	16667	7872	915	2471	679	999	1472	1892	366
2005	19194	8730	1119	2780	834	1262	1841	2216	413
2006	20900	8988	1241	3464	938	1418	2134	2252	465
2007	23311	10046	1396	4152	1078	1519	2372	2213	535
2008	25981	11345	1504	4817	1234	1745	2554	2235	546
2009	27833	11398	1623	5608	1428	2006	2808	2376	585
2010	29809	12251	1796	5680	1592	2218	3136	2497	639
2011	34653	13987	2264	6380	2051	2901	3631	2629	810

数据来源：《中国统计年鉴》，2013 年。

表 4－26　　现价城镇居民消费增量（亿元）

年份	合计	食品	衣着	居住	家庭设备及用品	医疗保健	交通通讯	文教娱乐	其他
1994	2699	1331	330	192	241	93	183	211	117
1995	2536	1335	348	217	185	102	145	237	－32
1996	2067	780	253	224	50	137	128	277	217
1997	1866	553	86	287	137	173	173	360	98
1998	1485	353	－50	276	230	140	147	303	85
1999	2147	435	108	284	239	219	286	397	179
2000	2700	532	184	304	282	376	443	395	184
2001	2544	686	268	333	95	186	377	427	173
2002	4686	1701	395	491	－151	501	929	1190	－371
2003	3762	1234	369	519	192	329	622	359	140
2004	4915	2055	391	329	67	374	803	718	177
2005	5582	1647	762	555	299	505	1007	552	256
2006	5896	1717	739	706	381	235	1058	826	233
2007	9659	3756	1032	664	729	601	1502	1015	360
2008	9715	4634	977	1205	677	679	648	452	443
2009	8673	2216	975	755	737	597	1963	993	436
2010	10740	3168	1346	958	976	301	2364	1356	273
2011	14567	5866	1901	801	990	859	1582	1896	672

表 4－27

现价农村居民消费增量（亿元）

年份	合计	食品	衣着	居住	家庭设备及用品	医疗保健	交通通讯	文教娱乐	其他
1994	2130	1307	130	303	87	44	60	147	52
1995	2553	1477	174	348	113	87	87	234	35
1996	2202	978	203	311	135	136	110	254	76
1997	233	－36	－52	99	1	29	55	124	14
1998	－357	－421	－103	36	－33	44	53	78	－12
1999	－286	－264	－60	－83	－9	9	60	57	5
2000	575	－161	22	177	－67	138	187	135	143
2001	371	－21	12	136	7	61	125	25	26
2002	500	26	34	129	14	43	136	109	9
2003	604	180	25	21	5	79	246	173	－124
2004	1592	1001	62	83	43	100	208	62	33
2005	2528	858	204	308	155	263	368	324	47
2006	1706	258	121	684	104	156	294	36	52
2007	2411	1059	155	688	140	101	238	－39	70
2008	2670	1298	108	666	157	226	182	22	11
2009	1852	53	119	791	194	261	254	141	39
2010	1976	854	173	72	164	211	328	121	54
2011	4844	1736	468	699	459	683	495	132	170

表 4－28　　现价城乡居民消费增量（亿元）

年份	合计	食品	衣着	居住	家庭设备及用品	医疗保健	交通通讯	文教娱乐	其他
1994	4829	2638	460	495	328	137	244	359	169
1995	5089	2812	521	564	298	189	232	471	3
1996	4268	1758	455	535	185	272	238	531	294
1997	2100	517	34	386	138	201	228	484	112
1998	1128	－67	－153	312	197	184	201	381	73
1999	1861	171	48	201	230	228	345	455	184
2000	3275	371	206	480	216	514	631	531	326
2001	2915	664	280	470	101	247	501	452	199
2002	5186	1728	430	621	－137	544	1064	1299	－363
2003	4366	1413	393	541	196	408	868	532	16
2004	6506	3056	454	412	110	474	1011	780	210
2005	8110	2504	966	863	454	767	1376	876	303
2006	7601	1975	860	1390	485	391	1352	863	285
2007	12070	4815	1187	1352	868	702	1740	976	430
2008	12385	5932	1085	1870	834	905	830	473	454
2009	10524	2269	1094	1546	931	858	2216	1134	475
2010	12717	4021	1518	1030	1139	512	2692	1477	327
2011	19411	7602	2369	1500	1449	1542	2078	2028	842

表 4-29　　城镇消费对 GDP 的贡献率（%）

年份	合计	食品	衣着	居住	家庭设备及用品	医疗保健	交通通讯	文教娱乐	其他
1994	20.98	10.35	2.56	1.50	1.87	0.72	1.42	1.64	0.91
1995	20.13	10.60	2.76	1.72	1.47	0.81	1.15	1.88	-0.26
1996	19.91	7.52	2.43	2.16	0.48	1.32	1.24	2.67	2.09
1997	23.94	7.09	1.10	3.68	1.75	2.21	2.22	4.62	1.25
1998	27.35	6.51	-0.92	5.08	4.24	2.58	2.72	5.58	1.56
1999	40.70	8.26	2.04	5.38	4.53	4.15	5.42	7.53	3.39
2000	28.31	5.58	1.93	3.18	2.96	3.94	4.65	4.14	1.93
2001	24.37	6.57	2.56	3.19	0.91	1.78	3.61	4.09	1.66
2002	43.89	15.93	3.70	4.60	-1.42	4.70	8.70	11.15	-3.48
2003	24.29	7.96	2.38	3.35	1.24	2.12	4.02	2.32	0.90
2004	20.43	8.54	1.63	1.37	0.28	1.56	3.34	2.99	0.74
2005	22.28	6.57	3.04	2.22	1.19	2.01	4.02	2.20	1.02
2006	18.79	5.47	2.35	2.25	1.22	0.75	3.37	2.63	0.74
2007	19.51	7.59	2.08	1.34	1.47	1.21	3.04	2.05	0.73
2008	20.14	9.61	2.03	2.50	1.40	1.41	1.34	0.94	0.92
2009	32.29	8.25	3.63	2.81	2.74	2.22	7.31	3.70	1.63
2010	17.72	5.23	2.22	1.58	1.61	0.50	3.90	2.24	0.45
2011	20.41	8.22	2.66	1.12	1.39	1.20	2.22	2.66	0.94

表 4-30　　农村消费对 GDP 的贡献率（%）

年份	合计	食品	衣着	居住	家庭设备及用品	医疗保健	交通通讯	文教娱乐	其他
1994	16.56	10.16	1.01	2.36	0.68	0.34	0.47	1.15	0.40
1995	20.27	11.72	1.38	2.76	0.90	0.69	0.69	1.86	0.28
1996	21.20	9.42	1.95	3.00	1.30	1.31	1.06	2.44	0.73
1997	2.99	-0.46	-0.67	1.27	0.01	0.37	0.71	1.59	0.18
1998	-6.57	-7.75	-1.89	0.66	-0.61	0.81	0.98	1.43	-0.21
1999	-5.42	-5.01	-1.14	-1.58	-0.17	0.18	1.13	1.09	0.09
2000	6.03	-1.69	0.23	1.85	-0.70	1.45	1.97	1.42	1.50
2001	3.55	-0.21	0.12	1.31	0.06	0.59	1.20	0.24	0.25
2002	4.68	0.25	0.32	1.21	0.13	0.40	1.27	1.02	0.08
2003	3.90	1.16	0.16	0.14	0.03	0.51	1.59	1.12	-0.80
2004	6.62	4.16	0.26	0.34	0.18	0.41	0.87	0.26	0.14
2005	10.09	3.42	0.81	1.23	0.62	1.05	1.47	1.29	0.19
2006	5.44	0.82	0.39	2.18	0.33	0.50	0.94	0.12	0.17
2007	4.87	2.14	0.31	1.39	0.28	0.20	0.48	-0.08	0.14
2008	5.54	2.69	0.22	1.38	0.33	0.47	0.38	0.04	0.02
2009	6.89	0.20	0.44	2.95	0.72	0.97	0.94	0.52	0.14
2010	3.26	1.41	0.28	0.12	0.27	0.35	0.54	0.20	0.09
2011	6.79	2.43	0.66	0.98	0.64	0.96	0.69	0.19	0.24

表 4－31　　城乡消费对 GDP 增长的贡献率（%）

年份	合计	食品	衣着	居住	家庭设备及用品	医疗保健	交通通讯	文教娱乐	其他
1994	37.54	20.50	3.57	3.85	2.55	1.06	1.89	2.79	1.31
1995	40.40	22.32	4.14	4.48	2.36	1.50	1.84	3.74	0.02
1996	41.11	16.93	4.38	5.15	1.78	2.62	2.30	5.11	2.83
1997	26.93	6.63	0.43	4.95	1.77	2.58	2.93	6.21	1.43
1998	20.77	－1.24	－2.81	5.74	3.63	3.39	3.70	7.01	1.34
1999	35.29	3.24	0.90	3.80	4.36	4.33	6.55	8.62	3.48
2000	34.33	3.89	2.16	5.04	2.26	5.39	6.61	5.56	3.42
2001	27.92	6.36	2.68	4.50	0.97	2.37	4.80	4.33	1.91
2002	48.57	16.18	4.02	5.82	－1.29	5.09	9.97	12.17	－3.40
2003	28.19	9.12	2.54	3.49	1.27	2.63	5.61	3.43	0.10
2004	27.05	12.70	1.89	1.71	0.46	1.97	4.20	3.24	0.87
2005	32.36	9.99	3.85	3.45	1.81	3.06	5.49	3.50	1.21
2006	24.23	6.30	2.74	4.43	1.55	1.25	4.31	2.75	0.91
2007	24.39	9.73	2.40	2.73	1.75	1.42	3.52	1.97	0.87
2008	25.68	12.30	2.25	3.88	1.73	1.88	1.72	0.98	0.94
2009	39.19	8.45	4.07	5.76	3.47	3.19	8.25	4.22	1.77
2010	20.98	6.63	2.50	1.70	1.88	0.84	4.44	2.44	0.54
2011	27.20	10.65	3.32	2.10	2.03	2.16	2.91	2.84	1.18

表 4-32　　城镇、农村、合计消费总额对 GDP 增长的贡献率（%）

年份	城镇	农村	合计
1994	20.98	16.56	37.54
1995	20.13	20.27	40.40
1996	19.91	21.20	41.11
1997	23.94	2.99	26.93
1998	27.35	-6.57	20.77
1999	40.70	-5.42	35.29
2000	28.31	6.03	34.33
2001	24.37	3.55	27.92
2002	43.89	4.68	48.57
2003	24.29	3.90	28.19
2004	20.43	6.62	27.05
2005	22.28	10.09	32.36
2006	18.79	5.44	24.23
2007	19.51	4.87	24.39
2008	20.14	5.54	25.68
2009	32.29	6.89	39.19
2010	17.72	3.26	20.98
2011	20.41	6.79	27.20

核 算 点 评

（1）究竟居民消费在国民经济增长中起到多大作用？表 4-23 列出国内生产总值（GDP）及其增量（现价）。表 4-24 给出了城镇居民消费量。表 4-25 给出农村居民消费总量。表 4-26 给出了城镇居民的消费增量。表 4-27 给出了农村居民消费增量。表 4-28 给出城乡居民合计的消费增量。在此基础上，表 4-29 给出了城镇居民消费对 GDP 增长的贡献率。表 4-30 给出农村消费对 GDP 增长的贡献率。表 4-31 给出城乡居民消费对 GDP 增长的贡献。为了方便比较，表 4-32 将城镇和农村以及城乡合计的消费对 GDP 增长率放在一个表内。

（2）以 2011 年为例，GDP 增量为 71369 亿元（表 4-23），同年城乡合计的消费增量为 19411 亿元（表 4-28）。居民消费增量仅占 GDP 增量的 27.2%（表 4-31）。

（3）在 1994 年，在 GDP 的增长中消费占 37.54%。其中来自于城镇居民消费的贡献占 20.98%，来自于农村居民消费的贡献为 16.56%。

（4）从历年数据来看，居民消费对 GDP 增长的贡献率在波动中呈现下降趋势，从 1994 年的 37.54%下降为 2011 年的 27.2%。

（5）城镇居民消费对 GDP 增长的贡献率保持在 20%上下，而农村居民消费对 GDP 增长的贡献率从 1994 年的 16.36%下降为 2011 年的 6.79%。

（6）在 2011 年，在 GDP 增长中有 27.2%来自于居民消费。其中，有 10.65%来自于食品消费的增量；来自于衣着的只有 3.32%，来自于居住的只有 2.1%。

（7）由上述数字可见，由居民衣、食、住、行、玩、教育、医保构成的消费拉动国民经济增长的动力正在逐年衰退。为了保证 8%左右的国民经济增长率就不得不依赖于投资和出口。由于外部市场环境恶化，大幅度扩张出口的难度越来越大。于是，政府主导的基础建设投资便成为几乎是唯一的选择。可是，政府主导的投资受制于政府预算约束。在 2013 年，财政预算赤字 1.2 万亿元，地方政府的债务超过 14 万亿元。继续扩大政府债务有可能威胁到政府财政的正常运行。

（8）在投资中有一部分来自于民间的投资。除了民营企业投资之外，一个非常主要的投资活动是购买商品房。扩大内需就离不开对房地产的投资。

表 4－33　　预期 GDP 年增量（亿元）

年份	8% 年增长率	7.5% 年增长率	7% 年增长率
2013	51948	51707	51467
2014	56103	55585	55069
2015	60592	59754	58924
2016	65439	64236	63049
2017	70674	69053	67462
2018	76328	74232	72185
2019	82434	79800	77237
2020	89029	85785	82644

数据来源：依据《中国统计摘要 2013》所列国内生产总值初步核算数据计算所得。

表 4－34　　城乡居民消费预期增量（亿元）

年份	合计	食品	衣着	居住	家庭设备及用品	医疗保健	交通通讯	文教娱乐	其他
2013	10996	2433	1290	1240	833	884	2439	1397	480
2014	11777	2534	1418	1292	913	925	2700	1465	529
2015	12610	2638	1559	1349	1001	967	2984	1531	583
2016	13501	2743	1714	1410	1097	1010	3290	1595	643
2017	14453	2850	1884	1477	1202	1054	3620	1657	708
2018	15472	2959	2072	1550	1318	1100	3975	1717	781
2019	16562	3070	2278	1629	1445	1149	4356	1774	861
2020	17729	3182	2505	1715	1583	1201	4765	1828	950

数据来源：依据表 4－19 计算所得。

表 4－35　　8% 年均经济增长速度下的消费贡献率（%）

年份	合计	食品	衣着	居住	家庭设备及用品	医疗保健	交通通讯	文教娱乐	其他
2013	21.17	4.68	2.48	2.39	1.60	1.70	4.69	2.69	0.92
2014	20.99	4.52	2.53	2.30	1.63	1.65	4.81	2.61	0.94
2015	20.81	4.35	2.57	2.23	1.65	1.60	4.92	2.53	0.96
2016	20.63	4.19	2.62	2.16	1.68	1.54	5.03	2.44	0.98
2017	20.45	4.03	2.67	2.09	1.70	1.49	5.12	2.35	1.00
2018	20.27	3.88	2.71	2.03	1.73	1.44	5.21	2.25	1.02
2019	20.09	3.72	2.76	1.98	1.75	1.39	5.28	2.15	1.04
2020	19.91	3.57	2.81	1.93	1.78	1.35	5.35	2.05	1.07

表 4-36　　**7.5%年均经济增长速度下的消费贡献率（%）**

年份	合计	食品	衣着	居住	家庭设备及用品	医疗保健	交通通讯	文教娱乐	其他
2013	21.27	4.70	2.50	2.40	1.61	1.71	4.72	2.70	0.93
2014	21.19	4.56	2.55	2.32	1.64	1.66	4.86	2.64	0.95
2015	21.10	4.41	2.61	2.26	1.67	1.62	4.99	2.56	0.98
2016	21.02	4.27	2.67	2.20	1.71	1.57	5.12	2.48	1.00
2017	20.93	4.13	2.73	2.14	1.74	1.53	5.24	2.40	1.03
2018	20.84	3.99	2.79	2.09	1.78	1.48	5.35	2.31	1.05
2019	20.75	3.85	2.85	2.04	1.81	1.44	5.46	2.22	1.08
2020	20.67	3.71	2.92	2.00	1.85	1.40	5.55	2.13	1.11

表 4-37　　**7%年均经济增长速度下的消费贡献率（%）**

年份	合计	食品	衣着	居住	家庭设备及用品	医疗保健	交通通讯	文教娱乐	其他
2013	21.37	4.73	2.51	2.41	1.62	1.72	4.74	2.72	0.93
2014	21.39	4.60	2.58	2.35	1.66	1.68	4.90	2.66	0.96
2015	21.40	4.48	2.65	2.29	1.70	1.64	5.06	2.60	0.99
2016	21.41	4.35	2.72	2.24	1.74	1.60	5.22	2.53	1.02
2017	21.42	4.23	2.79	2.19	1.78	1.56	5.37	2.46	1.05
2018	21.43	4.10	2.87	2.15	1.83	1.52	5.51	2.38	1.08
2019	21.44	3.97	2.95	2.11	1.87	1.49	5.64	2.30	1.11
2020	21.45	3.85	3.03	2.07	1.92	1.45	5.77	2.21	1.15

核　算　点　评

（1）近年来，许多人在讨论中国还能不能保持8%的高速经济增长。预测宏观经济增长速度具有非常高的不确定性。不妨假定未来几年的经济增长速度分别为8%、7.5%和7%。按照各项消费的历史数据，可以预测各项消费在2013年到2020年的估计值。然后计算出在不同经济增速情况下，消费所提供的增长份额。

（2）如果国民经济保持8%的增速，在2020年GDP预期增量8.9万亿元，可是城乡居民消费能够提供的最大空间只有17729亿元。占GDP增量的19.91%。如果国民经济增速为7%的话，在2020年GDP增量为82644万亿元，消费可能提供的增长空间占21.45%。

表 4-38 商品房销售额和销售面积

	商品房销售面积（万平方米）	商品房销售额（亿元）
1991	3025	238
1992	4289	427
1993	6688	864
1994	7230	1018
1995	7906	1258
1996	7900	1427
1997	9010	1799
1998	12185	2513
1999	14557	2988
2000	18637	3935
2001	22409	4863
2002	26810	6032
2003	33725	7956
2004	37350	10376
2005	55486	17576
2006	61857	20826
2007	77355	29889
2008	65969	25068
2009	94756	44355
2010	104772	52721
2011	109367	58589
2012	111304	64456

核 算 点 评

（1）人们常说，要改变经济增长模式，从过度依赖投资和出口转移到扩大内需的轨道上来。说到底，内需就是老百姓的衣、食、住、行、玩、看病和教育。有必要通过历史数据来分析，扩大内需的空间在哪里？

（2）食品在居民消费中所占比重逐年下降。从 1993 年的 50.1% 下降为 2011 年的 20.3%，下降了几乎 30 个百分点。随着经济发展，城镇和农村居民的恩格尔系数将继续下降。近年来人均食品消费量增长非常缓慢。由此可见，依靠扩大食品来拉动内需的空间很小。

（3）衣着在居民消费中的比重也逐年下降。从 1993 年的 14.2% 下降为 2011 年的 8.3%。无论是城镇还是农村，居民已经不缺衣穿。衣着更新的需求量有限。城镇和农村居民购买服装开支的增量不足以拉动内需。

（4）家庭设备和用品占居民消费的比重在逐步上升。从 1993 年的 8.8% 逐年上升到 2011 年的 13.9%。但是，在 2010 年以后家庭设备和用品的增长趋势变缓。显然，这和房地产限购政策有关。如果居民不购买新房，他们为什么要买冰箱、彩电？

（5）对医疗保健的消费需求从 1993 年的 3.8% 逐步上升为 2011 年的 13.9%。今后医疗保健的消费需求将持续上升。

（6）居民在交通和通讯上的开支增长趋势十分明显。汽车销量从2005年的571万辆开始急剧增加，在2012年汽车产销量已经高达1842万辆。可是，在大城市中交通拥堵的问题越来越严重，尾气排放导致的空气污染越发严重，必将制约未来依靠交通拉动内需的空间。2013年汽车产销量估计在2000万辆左右。居民通讯需求在上升，可是，通讯消费占居民消费的比例并不高。对未来内需增长的拉动空间有限。

（7）在居民消费当中用于居住的部分主要是租房和房屋装修等，这个部分占总消费比重上升最快，从1995年的6.6%上升为2011年的14.1%。

（8）居民开支的最大组成部分是购房。居民购房开支通常计入投资。购买商品房在居民收入资金流中所占比重越来越大。从1991年的207亿元急剧上升，2001年达到4863亿元，2012年高达6.44万亿元。在2001年到2012年期间增加了13.24倍。在2001年到2012年期间，商品房销售面积从2.24亿平方米增加到11.13亿平方米，增加了4.97倍。如果把居民购房和租房、水电、装修合并在一起，视为广义的住房，那么，居民住房（包括租房和购房）是扩大内需最主要的战场。

（9）在2011年城乡居民消费增量为19411亿元（表4－28）。其中食品消费增量为7602亿元，衣着消费增量为7602亿元，家庭设备及用品的增量1449亿元，医疗保健的增量为1542亿元，交通通讯的增量为2078亿元。为了便于比较，在表4－38中给出了商品房销售额，在2011年商品房销售额为58589亿元。由此可见，房地产业给国民经济增长提供的空间要远远大于各项消费。如果要维持7%—8%的经济增长，依靠增加消费来拉动内需的空间很有限，必须大力发展房地产业，为城镇居民兴建更多的商品房和廉租房，在提高人民生活水平的同时有效地拉动国民经济，提供更多的就业机会。

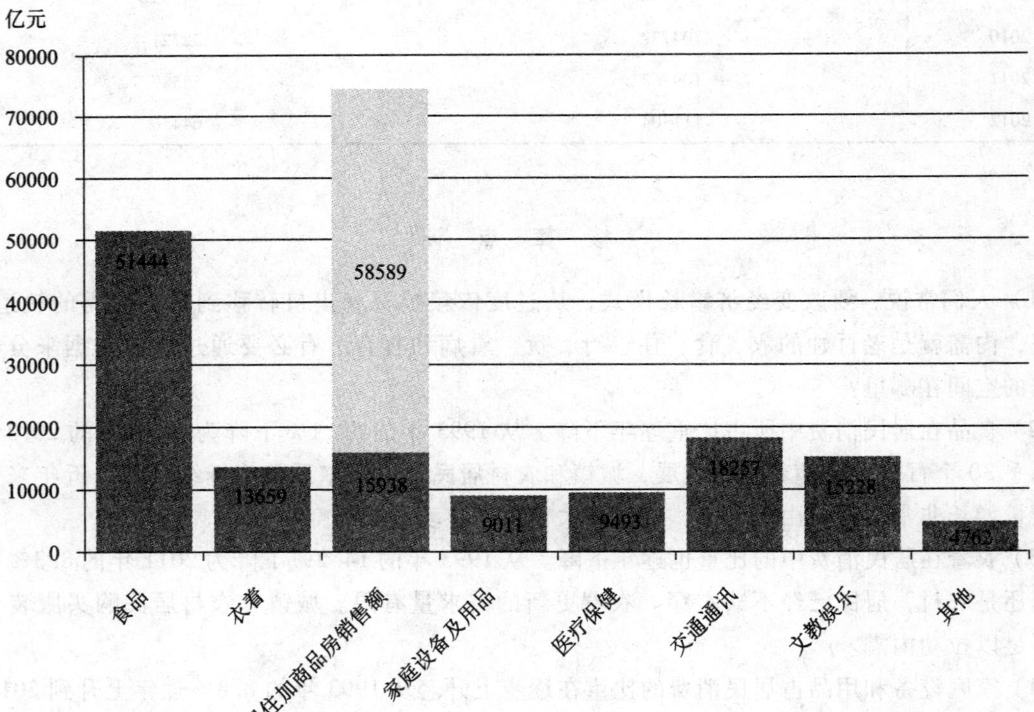

图4－21　广义居住和内需的各个组成部分

专题五　农村剩余劳动力核算[①]

目　　录

① 本专题核算赵楠，审核徐滇庆、宋旭光、丁萌萌。

核算程序

1. 表5－1到表5－11给出全国各省市农作物每亩用工量。表5－12到表5－21给出各省市主要农作物产量。表5－22到表5－30给出各省市各类农作物亩产量。表5－32到表5－40给出生产每单位农产品所需工时。在上述数据基础上计算生产各类农产品所需劳动力，列在表41到表51之中。汇总之后的劳动力数字在表5－53中。

2. 国家统计局给出了第一产业就业人数（表5－52）。

3. 第一产业就业人数减去生产主要农产品所需劳动力数字之后得出剩余劳动力（表5－54）。

4. 为了复核剩余劳动力数字，还可以根据播种面积及用工量来核算劳动力需求量。表5－56到表5－66给出各类主要农产品的播种面积。表5－67到表5－77给出生产各类农产品所需劳动力。表5－78和表5－79计算各省市剩余劳动力。

指标及方法解释

一、主要指标解释

1. 每亩用工量：指每亩地生产过程中生产者（包括其家庭成员）和雇佣工人直接劳动的天数，使用“日/亩”为计量单位。

2. 农作物播种面积：指实际播种或移植农作物的面积。凡是实际种植有农作物的面积，不论种植在耕地上还是种植在非耕地上，均包括在农作物播种面积中。在播种季节基本结束后，因遭灾而重新改种和补种的农作物面积，也包括在内。使用“千公顷”为计量单位。

二、核算指标解释

1. 农作物生产用工总量：分别计算当年31个省、自治区、直辖市的谷物（包括稻谷、小麦、玉米）、豆类、棉花、油料、甘蔗、甜菜、烤烟、水果、蔬菜十一种主要农产品的各自的生产用工总量。使用两种方法估算该指标（见下文）。

2. 农业就业劳动力：在农村地区从事粮食或经济作物种植业的劳动力。使用第一产业就业人员近似代替，后者指在16周岁及以上，在第一产业从事一定社会劳动并取得劳动报酬或经营收入的人员。该指标反映了一定时期内第一产业劳动力资源的实际利用情况。第一产业包括农、林、牧、渔四个行业，严格意义上第一产业就业人员的统计口径要大于农业就业劳动力。考虑到林、牧、渔业的就业人员占比较小，故利用第一产业就业人员作为农业就业劳动力的替代指标。

3. 农业实际劳动力：计算公式（单位：人）：

$$农业实际劳动力=\frac{农作物生产用工总量}{200}$$

由于数据限制，在核算中采用稻谷、小麦、玉米、豆类、棉花、油料、甘蔗、甜菜、烤烟、水果、蔬菜等11大类农产品。没有包括畜牧、家禽、水产养殖和林业。假定农村劳动力每年365天中，劳动工作日为250天。其中每个农业劳动力生产上述农产品工作200天，还有50天用于其他林、牧、渔产品。

由于水果品种繁多，为避免低估，所有水果生产的用工量都采用耗工较多的苹果。

4. 农村剩余劳动力：计算公式（单位：人）：

农村剩余劳动力 = 农业就业劳动力 - 农业实际劳动力

三、“农作物生产用工总量”的核算方法

农村剩余劳动力的核算可以从两个角度进行。第一，从主要农作物的播种面积和每亩用工量来计算。第二，从主要农作物的产量以及生产单位农产品所需的工时来计算。

1. 方法一：根据农产品产量和单位产出用工量核算劳动力需求量

已知各省市主要农产品的数量以及生产每一个单位农产品所需的劳动工时，不难计算出各省市生产各类农产品所需的劳动力数量。

（1）计算稻谷、小麦、玉米、豆类、棉花、油料、甘蔗、甜菜、烤烟共计九种农作物的“每千克用工量”（即单产用工量，单位：日/公斤）。

（2）计算“农作物生产用工总量”：

$$\text{九种农作物的生产用工总量} = \sum_{i=1}^{9} \text{农产品总产量}_i \times \text{每千克用工量}_i$$

全部十一种农作物的生产用工总量，由上述九种农作物生产用工量与水果、蔬菜用工量加总而成。水果和蔬菜的用工量采用方法二进行计算。

2. 方法二：通过农作物播种面积和单位面积用工量核算农业劳动力需求

$$\text{计算公式：农作物生产用工总量} = \sum_{i=1}^{11} \text{每亩用工量}_i \times \text{农作物播种面积}_i \times 15000$$

（其中播种面积为千公顷，折算为亩，折算系数为15000）

核算过程

主指标 各省农村剩余劳动力（万人）

年　份	2002	2003	2004	2005	2006	2007	2008	2009	2010	2011
北　京	-2.33	-13.59	-11.31	0.63	-27.62	16.81	10.57	11.68	7.63	10.07
天　津	6.90	3.23	-3.30	3.65	1.69	7.28	10.53	12.46	5.26	7.46
河　北	564.70	549.56	397.32	402.72	208.23	70.66	203.74	307.50	188.71	201.15
山　西	83.37	101.93	263.12	292.95	215.63	176.51	223.11	268.55	225.19	249.46
内蒙古	215.21	217.34	225.24	185.52	145.15	157.74	139.07	136.51	201.11	186.51
辽　宁	305.62	314.73	279.95	312.09	334.80	336.91	334.43	334.28	306.51	161.55
吉　林	15.30	41.46	171.45	234.96	192.55	221.64	228.42	167.62	140.03	154.59
黑龙江	306.79	361.69	393.66	380.17	404.86	339.78	367.46	370.05	287.47	263.64
上　海	7.06	0.55	-5.87	-1.55	-28.09	-24.55	-30.12	-34.81	-47.79	-50.89
江　苏	765.03	587.17	568.08	557.88	493.61	464.76	439.75	5.02	-65.63	-43.02
浙　江	383.91	262.89	338.30	347.22	156.11	366.80	279.24	173.56	187.38	138.23
安　徽	944.23	777.02	977.55	963.63	788.60	743.24	744.13	758.52	718.91	701.99
福　建	251.58	231.27	168.06	177.26	185.58	196.57	189.54	180.86	172.40	193.91
江　西	257.48	237.32	194.91	221.12	256.12	293.16	299.04	287.15	264.32	269.56
山　东	781.01	259.66	853.11	819.94	412.32	402.00	466.16	173.22	236.98	295.47
河　南	1899.05	1777.71	1675.72	1641.47	1547.74	1213.22	1157.60	1296.10	1002.02	967.58
湖　北	883.87	927.98	714.78	817.90	875.62	945.57	873.17	109.48	70.35	69.02
湖　南	1028.97	945.46	803.46	788.04	861.08	914.66	895.21	998.99	960.62	965.80
广　东	619.87	631.55	560.91	614.97	620.83	745.45	745.62	662.75	584.43	574.76
广　西	528.30	485.60	400.42	422.38	458.87	603.13	610.90	635.20	622.81	661.61
海　南	50.74	51.89	44.87	57.07	53.70	79.02	74.80	76.31	67.02	68.12
重　庆	511.38	468.07	440.20	430.65	313.46	335.48	337.53	227.35	196.66	189.71
四　川	1292.08	1316.55	1319.36	1341.49	1050.14	1522.74	1012.96	972.69	945.97	910.74
贵　州	1198.02	1162.94	1144.25	1146.73	1092.85	1140.15	1143.57	713.54	684.12	662.60
云　南	707.74	635.04	799.10	789.43	930.50	946.08	926.08	906.88	888.03	885.07
西　藏	79.97	74.35	74.44	74.23	75.73	77.54	78.67	81.88	82.36	83.41
陕　西	271.09	280.17	323.65	319.13	106.31	228.51	288.89	218.86	205.06	147.14
甘　肃	319.71	241.35	451.90	465.38	96.24	124.05	212.62	68.90	11.46	79.99
青　海	113.11	103.51	109.71	107.98	92.44	76.97	92.91	74.33	77.49	85.55
宁　夏	37.07	32.88	55.58	58.55	26.05	60.21	37.27	24.58	12.98	9.40
新　疆	-37.03	-53.38	-49.06	-53.11	-68.10	-130.52	-99.81	-172.27	-221.68	-223.95
全　国	14389.80	13013.88	13679.57	13920.47	11873.01	12651.56	12293.06	10047.75	9018.17	8876.21

注：此表在后边再次出现，编号为表5-54。具体解释请参阅表5-55之后的核算评点。

第一部分　全国各省市农作物每亩用工量

表 5－1　　稻谷每亩用工量（日/亩）

年　份	2002	2003	2004	2005	2006	2007	2008	2009	2010	2011
北　京	11.50	13.70	13.43	13.25	12.41	9.26	6.91	5.16	9.83	9.66
天　津	11.50	13.70	13.43	13.25	12.41	9.26	6.91	5.16	9.83	9.66
河　北	18.80	17.20	14.68	17.24	14.62	14.93	13.89	13.89	9.83	9.66
山　西	15.50	15.30	14.09	13.82	11.99	11.40	10.72	10.02	9.83	9.66
内蒙古	15.50	15.30	14.09	13.82	11.99	11.40	10.72	10.02	9.83	9.66
辽　宁	10.80	10.60	10.58	9.58	9.45	8.96	8.34	7.89	9.83	9.66
吉　林	10.00	10.80	8.61	8.13	7.21	7.73	7.29	7.28	9.83	9.66
黑龙江	7.70	6.80	7.35	6.84	5.92	5.70	5.33	5.03	9.83	9.66
上　海	7.30	7.30	6.70	6.58	6.79	7.13	7.49	7.86	9.83	9.66
江　苏	10.20	9.60	8.91	8.73	6.98	7.63	7.08	6.76	6.01	5.79
浙　江	8.50	8.10	6.56	6.28	11.99	11.40	10.72	10.02	9.83	9.66
安　徽	11.00	12.20	12.29	11.01	8.70	8.35	8.10	7.59	7.38	6.62
福　建	15.50	15.30	14.09	13.82	11.65	11.97	12.07	10.77	10.08	10.72
江　西	15.50	15.30	14.09	13.82	11.99	11.40	10.72	10.02	9.83	9.66
山　东	14.30	16.00	11.59	12.88	11.99	11.40	10.72	10.02	9.83	9.66
河　南	18.70	20.90	10.86	11.69	8.33	6.87	6.69	6.27	8.31	6.00
湖　北	11.40	12.40	9.98	9.06	8.83	8.07	7.18	6.82	6.55	6.67
湖　南	15.50	15.30	14.09	13.82	9.78	8.30	7.92	8.05	7.77	7.64
广　东	15.50	15.30	14.09	13.82	11.99	11.40	10.72	10.02	9.83	9.66
广　西	15.50	15.30	14.09	13.82	11.99	11.40	10.72	10.02	9.83	9.66
海　南	15.50	15.30	14.09	13.82	11.99	11.40	10.72	10.02	9.83	9.66
重　庆	15.50	15.30	14.09	13.82	18.46	18.23	16.28	14.79	12.96	11.38
四　川	15.50	15.30	14.09	13.82	11.94	11.48	10.91	10.02	10.28	10.88
贵　州	15.50	15.30	14.09	13.82	22.22	21.21	19.24	18.38	17.83	17.89
云　南	24.50	24.90	25.69	25.28	11.99	11.40	15.27	14.69	13.72	13.32
西　藏	15.50	15.30	14.09	13.82	11.99	11.40	10.72	10.02	9.83	9.66
陕　西	15.50	15.30	14.09	13.82	18.74	19.15	16.18	14.23	15.70	15.47
甘　肃	15.50	15.30	14.09	13.82	11.99	11.40	10.72	10.02	9.83	9.66
青　海	15.50	15.30	14.09	13.82	11.99	11.40	10.72	10.02	9.83	9.66
宁　夏	16.80	17.20	17.56	16.11	11.99	11.40	10.72	10.02	9.83	9.66
新　疆	15.50	15.30	14.09	13.82	11.99	11.40	10.72	10.02	9.83	9.66

数据来源：历年《全国农产品成本收益汇编》。选择各省“中籼稻”种类作为代表品；若个别省份缺乏该品种的每亩用工量，则使用全国稻类的平均单产工时代替。

表 5－2　　　　　　　　　　　　　　　　　**小麦每亩用工量（日/亩）**

年份	2002	2003	2004	2005	2006	2007	2008	2009	2010	2011
北京	4.20	4.40	5.40	5.18	4.77	4.58	5.79	5.44	5.69	5.67
天津	3.80	3.90	3.66	3.64	3.41	3.18	5.79	5.44	5.69	5.67
河北	7.60	6.80	7.32	6.55	6.51	6.07	5.79	5.44	5.69	5.67
山西	8.50	7.50	6.75	5.77	5.95	5.83	6.12	4.70	4.93	5.14
内蒙古	9.90	9.10	9.07	9.27	8.14	7.91	7.26	6.64	6.70	6.77
辽宁	9.30	9.00	8.10	7.91	2.13	1.96	0.98	0.74	0.51	0.49
吉林	9.30	9.00	8.10	7.91	2.13	1.96	0.98	0.74	0.51	0.49
黑龙江	1.80	1.60	1.78	1.68	2.13	1.96	0.98	0.74	0.51	0.49
上海	2.80	3.10	2.82	4.02	3.29	3.30	6.10	5.81	5.64	5.58
江苏	5.80	5.40	5.07	4.76	4.70	4.62	4.66	4.27	4.11	4.03
浙江	9.30	9.00	8.10	7.91	4.70	4.62	4.66	4.27	4.11	4.03
安徽	8.00	6.30	6.10	5.37	4.99	5.36	4.45	4.73	4.02	4.14
福建	9.30	9.00	8.10	7.91	7.01	6.60	6.10	5.81	5.64	5.58
江西	9.30	9.00	8.10	7.91	7.01	6.60	6.10	5.81	5.64	5.58
山东	9.30	8.30	8.26	7.83	7.31	7.34	6.70	6.29	5.84	5.55
河南	8.00	7.80	6.47	6.86	5.52	5.01	5.15	5.02	5.00	5.33
湖北	10.20	10.30	6.87	6.24	5.38	4.34	4.14	4.07	4.29	3.97
湖南	9.30	9.00	8.10	7.91	7.01	6.60	6.10	5.81	5.64	5.58
广东	9.30	9.00	8.10	7.91	7.01	6.60	6.10	5.81	5.64	5.58
广西	9.30	9.00	8.10	7.91	7.01	6.60	6.10	5.81	5.64	5.58
海南	9.30	9.00	8.10	7.91	7.01	6.60	6.10	5.81	5.64	5.58
重庆	9.30	9.00	8.10	7.91	16.76	15.70	6.10	5.81	5.64	5.58
四川	17.10	15.00	12.39	13.12	10.80	9.66	9.74	10.51	10.38	9.89
贵州	12.00	11.90	11.59	12.83	10.41	6.60	6.10	5.81	5.64	5.58
云南	13.20	13.30	12.47	12.35	10.73	10.80	10.30	8.93	8.70	8.82
西藏	9.30	9.00	8.10	7.91	7.01	6.60	6.10	5.81	5.64	5.58
陕西	9.30	9.20	8.86	10.86	8.60	8.87	7.50	7.40	6.94	6.72
甘肃	14.60	12.50	14.18	12.14	11.48	10.40	10.18	9.93	10.13	9.90
青海	16.10	16.10	17.64	17.45	17.43	17.22	6.10	5.81	5.64	5.58
宁夏	11.00	10.40	9.83	9.61	9.33	8.90	8.63	7.65	6.38	5.90
新疆	7.50	7.20	6.68	6.11	5.91	5.62	5.57	4.04	4.20	3.86

数据来源：历年《全国农产品成本收益汇编》。个别省份某些年份的数据缺失，采用当年全国口径下的每亩用工量或相邻地理省份的同期数据代替。

表 5－3　　玉米每亩用工量（日/亩）

年　份	2002	2003	2004	2005	2006	2007	2008	2009	2010	2011
北　京	4.20	4.40	6.05	5.15	4.81	3.56	6.50	6.38	6.34	6.05
天　津	6.00	5.60	5.26	5.00	5.59	4.79	6.50	6.38	6.34	6.05
河　北	9.00	8.40	7.58	7.52	7.23	7.07	6.50	6.38	6.34	6.05
山　西	12.40	12.80	10.42	9.83	9.40	8.98	9.55	9.09	9.11	9.03
内蒙古	9.70	8.90	8.78	8.45	6.78	6.81	6.57	6.22	5.19	5.24
辽　宁	7.40	7.20	7.61	7.18	6.76	6.63	6.20	6.10	5.90	5.72
吉　林	8.60	8.30	8.61	7.07	6.93	6.35	5.43	5.05	5.61	5.90
黑龙江	5.60	4.70	4.50	4.68	4.27	4.15	3.91	3.93	3.57	3.49
上　海	9.90	8.30	8.26	7.72	7.40	7.11	6.65	6.43	6.54	6.46
江　苏	9.90	8.30	8.26	7.72	7.40	7.11	6.65	6.43	6.54	6.46
浙　江	9.90	8.30	8.26	7.72	7.40	7.11	6.65	6.43	6.54	6.46
安　徽	9.80	8.60	8.20	8.73	8.14	8.05	8.12	7.29	6.89	6.27
福　建	9.90	8.30	8.26	7.72	7.40	7.11	6.65	6.43	6.54	6.46
江　西	11.70	11.30	9.97	9.49	8.67	8.29	7.90	7.50	7.33	7.18
山　东	10.20	9.40	8.80	9.06	8.10	8.17	6.94	6.41	5.97	6.03
河　南	11.20	11.40	8.26	7.75	7.15	6.61	6.61	6.78	6.59	6.33
湖　北	13.00	14.60	14.30	13.43	11.79	11.37	10.51	9.81	9.85	9.48
湖　南	11.70	11.30	9.97	9.49	8.67	8.29	7.90	7.50	7.33	7.18
广　东	11.70	11.30	9.97	9.49	8.67	8.29	7.90	7.50	7.33	7.18
广　西	11.70	12.60	12.06	12.09	11.76	8.29	11.27	10.84	11.01	11.07
海　南	11.70	11.30	9.97	9.49	8.67	8.29	7.90	7.50	7.33	7.18
重　庆	11.70	11.30	9.97	9.49	19.05	18.01	17.44	16.18	15.88	15.35
四　川	21.30	20.10	15.07	15.42	11.17	10.48	12.19	11.04	10.95	10.96
贵　州	16.10	16.70	16.13	15.33	13.70	13.92	13.03	13.31	13.24	12.97
云　南	17.90	17.00	19.56	18.47	17.29	16.58	16.19	15.27	15.21	13.78
西　藏	11.70	11.30	9.97	9.49	8.67	8.29	7.90	7.50	7.33	7.18
陕　西	12.70	12.40	13.39	11.76	11.33	10.96	9.89	9.30	9.12	9.61
甘　肃	18.80	18.70	18.30	17.63	17.57	17.83	17.98	16.22	16.23	15.39
青　海	11.70	11.30	9.97	9.49	8.67	8.29	7.90	7.50	7.33	7.18
宁　夏	11.30	10.20	11.78	10.54	9.84	9.82	10.41	10.23	9.68	9.41
新　疆	8.80	8.50	8.60	7.74	7.47	7.14	6.63	6.73	7.14	5.91

数据来源：历年《全国农产品成本收益汇编》。个别省份某些年份的数据缺失，采用当年全国口径下的每亩用工量或相邻地理省份的同期数据代替。

表 5-4　　　　　　　　　　　　　　　**豆类每亩用工量（日/亩）**

年　份	2002	2003	2004	2005	2006	2007	2008	2009	2010	2011
北　京	7.20	7.50	5.18	5.11	4.65	4.53	3.89	3.94	3.43	3.13
天　津	7.20	7.50	5.18	5.11	4.65	4.53	3.89	3.94	3.43	3.13
河　北	7.10	7.20	6.14	5.62	4.98	5.31	5.07	5.03	4.62	4.07
山　西	9.20	10.60	11.20	8.15	7.04	8.60	8.41	7.16	7.49	7.11
内蒙古	5.40	7.70	3.89	7.69	4.77	5.54	4.68	5.01	3.39	3.12
辽　宁	5.80	5.90	7.27	6.16	6.02	5.92	5.22	5.08	4.66	4.39
吉　林	6.60	6.20	6.77	5.78	4.80	4.07	3.60	3.66	3.28	3.42
黑龙江	3.40	2.90	3.04	3.04	2.88	2.94	2.51	2.87	2.23	2.12
上　海	7.20	7.50	5.18	5.11	4.65	4.53	3.89	3.94	3.43	3.13
江　苏	8.20	7.00	5.98	5.34	4.65	4.53	3.89	3.94	3.43	3.13
浙　江	7.20	7.50	5.18	5.11	4.65	4.53	3.89	3.94	3.43	3.13
安　徽	7.00	7.00	6.22	5.45	6.93	5.68	5.07	4.90	4.53	3.46
福　建	7.20	7.50	5.18	5.11	4.65	4.53	3.89	3.94	3.43	3.13
江　西	7.20	7.50	5.18	5.11	4.65	4.53	3.89	3.94	3.43	3.13
山　东	7.70	6.90	6.15	6.03	5.62	5.68	5.59	5.64	5.48	5.53
河　南	7.40	7.00	5.50	5.03	5.57	4.47	5.17	4.50	5.72	4.46
湖　北	7.40	6.70	10.30	15.83	4.42	4.53	3.89	3.94	3.43	3.13
湖　南	7.20	7.50	5.18	5.11	4.65	4.53	3.89	3.94	3.43	3.13
广　东	7.20	7.50	5.18	5.11	4.65	4.53	3.89	3.94	3.43	3.13
广　西	7.20	7.50	5.18	5.11	4.65	4.53	3.89	3.94	3.43	3.13
海　南	7.20	7.50	5.18	5.11	4.65	4.53	3.89	3.94	3.43	3.13
重　庆	7.20	7.50	5.18	5.11	13.22	12.87	11.92	11.94	11.70	11.73
四　川	7.20	7.50	5.18	5.11	4.65	4.53	3.89	3.94	3.43	3.13
贵　州	7.20	7.50	5.18	5.11	4.65	4.53	3.89	3.94	3.43	3.13
云　南	9.20	11.50	13.76	20.15	11.73	11.35	3.89	3.94	3.43	3.13
西　藏	7.20	7.50	5.18	5.11	4.65	4.53	3.89	3.94	3.43	3.13
陕　西	6.30	6.10	7.93	6.69	6.74	6.55	6.36	6.03	5.98	5.86
甘　肃	7.20	7.50	5.18	5.11	4.65	4.53	3.89	3.94	3.43	3.13
青　海	7.20	7.50	5.18	5.11	4.65	4.53	3.89	3.94	3.43	3.13
宁　夏	7.20	7.50	5.18	5.11	4.65	4.53	3.89	3.94	3.43	3.13
新　疆	7.20	7.50	5.18	5.11	4.65	4.53	3.89	3.94	3.43	3.13

数据来源：历年《全国农产品成本收益汇编》。个别省份某些年份的数据缺失，采用当年全国口径下的每亩用工量或相邻地理省份的同期数据代替。

表 5－5 棉花每亩用工量（日/亩）

年份	2002	2003	2004	2005	2006	2007	2008	2009	2010	2011
北京	21.80	23.80	20.38	24.22	19.22	19.76	15.43	16.56	15.77	16.78
天津	21.80	23.80	20.38	24.22	19.22	19.76	15.43	16.56	15.77	16.78
河北	21.80	23.80	20.38	24.22	21.88	21.46	22.62	22.35	24.35	24.30
山西	30.42	27.48	24.82	22.41	23.68	24.36	22.55	21.20	18.99	18.52
内蒙古	29.20	27.10	24.63	24.86	25.04	24.85	23.09	21.80	21.82	20.29
辽宁	24.10	20.70	20.72	23.12	26.65	26.77	23.09	21.80	21.82	20.29
吉林	33.20	29.50	31.11	29.24	25.04	24.85	23.09	21.80	21.82	20.29
黑龙江	29.20	27.10	24.63	24.86	25.04	24.85	23.09	21.80	21.82	20.29
上海	22.80	19.40	19.90	18.65	20.21	19.03	19.21	18.26	21.82	20.29
江苏	29.20	27.10	24.63	24.86	30.28	30.34	30.39	29.59	29.52	28.25
浙江	22.80	19.40	19.90	18.65	20.21	19.03	19.21	18.26	21.82	20.29
安徽	27.00	29.00	25.47	27.44	32.46	29.13	25.82	23.92	22.25	19.81
福建	29.20	27.10	24.63	24.86	25.04	24.85	23.09	21.80	21.82	20.29
江西	42.10	46.80	39.75	38.91	34.57	32.85	32.62	31.15	31.12	29.96
山东	29.20	29.30	26.60	25.45	25.10	25.47	24.70	24.08	24.06	24.46
河南	28.40	23.90	26.81	25.95	27.95	28.44	25.44	24.78	24.80	23.91
湖北	32.90	25.50	29.39	27.71	27.60	27.90	26.27	25.23	25.80	24.80
湖南	28.90	27.60	30.33	32.94	32.36	30.89	27.60	26.75	28.28	28.35
广东	29.20	27.10	24.63	24.86	25.04	24.85	23.09	21.80	21.82	20.29
广西	29.20	27.10	24.63	24.86	25.04	24.85	23.09	21.80	21.82	20.29
海南	29.20	27.10	24.63	24.86	25.04	24.85	23.09	21.80	21.82	20.29
重庆	29.20	27.10	24.63	24.86	25.04	24.85	23.09	21.80	21.82	20.29
四川	49.10	31.60	20.34	13.09	25.04	24.85	23.09	21.80	21.82	20.29
贵州	29.20	27.10	24.63	24.86	25.04	24.85	23.09	21.80	21.82	20.29
云南	29.20	27.10	24.63	24.86	25.04	24.85	23.09	21.80	21.82	20.29
西藏	29.20	27.10	24.63	24.86	25.04	24.85	23.09	21.80	21.82	20.29
陕西	28.00	29.10	32.17	30.68	30.94	31.48	31.15	31.11	29.63	29.70
甘肃	22.20	23.60	20.57	21.75	22.18	21.48	16.45	17.92	17.86	15.27
青海	19.50	19.10	17.73	18.37	17.98	18.35	17.37	15.37	14.87	11.04
宁夏	19.50	19.10	17.73	18.37	13.61	16.32	11.44	12.78	10.33	11.78
新疆	19.50	19.10	17.73	18.37	13.61	16.32	11.44	12.78	10.33	11.78

数据来源：历年《全国农产品成本收益汇编》。个别省份某些年份的数据缺失，采用当年全国口径下的每亩用工量或相邻地理省份的同期数据代替。

表 5-6　　　　油料每亩用工量（日/亩）

年份	2002	2003	2004	2005	2006	2007	2008	2009	2010	2011
北京	12.60	12.80	10.81	11.37	11.75	11.00	10.69	10.18	10.15	9.91
天津	12.60	12.80	10.81	11.37	11.75	11.00	10.69	10.18	10.15	9.91
河北	12.60	12.80	10.81	11.37	11.45	11.91	10.75	10.36	10.37	10.29
山西	12.60	12.80	10.81	11.37	11.75	11.00	10.69	10.18	10.15	9.91
内蒙古	12.60	12.80	10.81	11.37	11.75	11.00	10.69	10.18	10.15	9.91
辽宁	10.80	10.80	10.34	9.60	7.46	7.60	7.28	6.94	7.56	6.84
吉林	10.80	10.80	10.34	9.60	7.46	7.60	7.28	6.94	7.56	6.84
黑龙江	10.80	10.80	10.34	9.60	7.46	7.60	7.28	6.94	7.56	6.84
上海	13.70	14.10	12.56	12.27	11.75	11.00	10.69	10.18	10.15	9.91
江苏	14.00	12.30	13.40	13.06	12.98	11.02	10.69	10.18	10.15	9.91
浙江	13.70	14.10	12.56	12.27	11.75	11.00	10.69	10.18	10.15	9.91
安徽	10.90	10.20	10.95	13.30	13.38	12.68	11.78	11.72	10.84	10.40
福建	17.00	15.90	16.10	17.23	14.71	16.11	14.69	11.94	13.93	13.45
江西	13.70	14.10	12.56	12.27	11.75	11.00	10.69	10.18	10.15	9.91
山东	15.50	15.70	13.84	13.16	12.15	12.00	10.97	10.56	10.63	10.89
河南	13.30	12.80	13.02	13.20	11.22	10.32	9.37	8.41	8.49	7.76
湖北	11.00	15.30	12.78	9.01	11.75	10.05	10.69	10.18	10.15	9.91
湖南	13.70	14.10	12.56	12.27	11.75	11.00	10.69	10.18	10.15	9.91
广东	14.60	12.90	12.01	11.26	12.82	10.96	11.32	10.02	10.60	10.73
广西	12.70	13.20	11.48	11.60	11.99	12.13	12.89	11.37	11.18	10.95
海南	13.70	14.10	12.56	12.27	13.51	13.15	10.69	10.18	10.15	9.91
重庆	13.70	14.10	12.56	12.27	16.25	15.23	15.58	15.78	15.00	14.93
四川	15.83	12.70	12.39	9.49	10.34	5.90	10.90	13.77	12.47	13.08
贵州	13.70	14.10	12.56	12.27	11.75	11.00	10.69	10.18	10.15	9.91
云南	13.70	14.10	12.56	12.27	11.75	11.00	10.69	10.18	10.15	9.91
西藏	13.70	14.10	12.56	12.27	11.75	11.00	10.69	10.18	10.15	9.91
陕西	13.70	14.10	12.56	12.27	7.64	7.50	10.69	10.18	10.15	9.91
甘肃	13.70	14.10	12.56	12.27	11.75	11.00	10.69	10.18	10.15	9.91
青海	13.70	14.10	12.56	12.27	11.75	11.00	10.69	10.18	10.15	9.91
宁夏	13.70	14.10	12.56	12.27	11.75	11.00	10.69	10.18	10.15	9.91
新疆	13.70	14.10	12.56	12.27	11.75	11.00	10.69	10.18	10.15	9.91

数据来源：历年《全国农产品成本收益汇编》中的“花生”每亩用工量。使用个别省份某些年份的数据缺失，采用当年全国口径下的每亩用工量或相邻地理省份的同期数据代替。

表 5－7　　甘蔗每亩用工量（日/亩）

年份	2002	2003	2004	2005	2006	2007	2008	2009	2010	2011
北京	0.00	0.00	0.00	0.00	0.00	0.00	0.00	0.00	0.00	0.00
天津	0.00	0.00	0.00	0.00	0.00	0.00	0.00	0.00	0.00	0.00
河北	0.00	0.00	0.00	0.00	0.00	0.00	0.00	0.00	0.00	0.00
山西	0.00	0.00	0.00	0.00	0.00	0.00	0.00	0.00	0.00	0.00
内蒙古	0.00	0.00	0.00	0.00	0.00	0.00	0.00	0.00	0.00	0.00
辽宁	0.00	0.00	0.00	0.00	0.00	0.00	0.00	0.00	0.00	0.00
吉林	0.00	0.00	0.00	0.00	0.00	0.00	0.00	0.00	0.00	0.00
黑龙江	0.00	0.00	0.00	0.00	0.00	0.00	0.00	0.00	0.00	0.00
上海	26.90	25.50	22.62	21.44	20.04	19.36	17.06	16.61	16.24	15.97
江苏	26.90	25.50	22.62	21.44	20.04	19.36	17.06	16.61	16.24	15.97
浙江	26.90	25.50	22.62	21.44	20.04	19.36	17.06	16.61	16.24	15.97
安徽	26.90	25.50	22.62	21.44	20.04	19.36	17.06	16.61	16.24	15.97
福建	26.90	25.50	22.62	21.44	20.04	19.36	17.06	16.61	16.24	15.97
江西	26.90	25.50	22.62	21.44	20.04	19.36	17.06	16.61	16.24	15.97
山东	0.00	0.00	0.00	0.00	0.00	0.00	0.00	0.00	0.00	0.00
河南	26.90	25.50	22.62	21.44	20.04	19.36	17.06	16.61	16.24	15.97
湖北	26.90	25.50	22.62	21.44	20.04	19.36	17.06	16.61	16.24	15.97
湖南	26.90	25.50	22.62	21.44	24.40	19.76	14.37	11.35	15.17	14.41
广东	26.90	25.50	22.62	21.44	16.46	16.44	13.86	13.74	13.82	15.62
广西	26.90	25.50	22.62	21.44	19.46	18.91	16.84	16.11	15.93	15.61
海南	26.90	25.50	22.62	21.44	21.81	20.92	19.13	17.27	17.02	16.25
重庆	26.90	25.50	22.62	21.44	20.04	19.36	17.06	16.61	16.24	15.97
四川	26.90	25.50	22.62	21.44	26.94	30.12	17.06	28.79	29.77	23.51
贵州	26.90	25.50	22.62	21.44	20.04	19.36	17.06	16.61	16.24	15.97
云南	26.90	25.50	22.62	21.44	22.00	20.77	19.33	18.89	17.48	16.91
西藏	26.90	25.50	22.62	21.44	20.04	19.36	17.06	16.61	16.24	15.97
陕西	26.90	25.50	22.62	21.44	20.04	19.36	17.06	16.61	16.24	15.97
甘肃	26.90	25.50	22.62	21.44	20.04	19.36	17.06	16.61	16.24	15.97
青海	26.90	25.50	22.62	21.44	20.04	19.36	17.06	16.61	16.24	15.97
宁夏	26.90	25.50	22.62	21.44	20.04	19.36	17.06	16.61	16.24	15.97
新疆	26.90	25.50	22.62	21.44	20.04	19.36	17.06	16.61	16.24	15.97

数据来源：历年《全国农产品成本收益汇编》。个别省份某些年份的数据缺失，采用当年全国口径下的每亩用工量或相邻地理省份的同期数据代替。

表 5-8 甜菜每亩用工量（日/亩）

年份	2002	2003	2004	2005	2006	2007	2008	2009	2010	2011
北京	14.50	14.60	9.57	9.57	9.32	8.20	8.14	8.20	7.62	7.94
天津	14.50	14.60	9.57	9.57	9.32	8.20	8.14	8.20	7.62	7.94
河北	14.50	14.60	9.57	9.57	9.32	8.20	8.14	8.20	7.62	7.94
山西	14.50	14.60	9.57	9.57	9.32	8.20	8.14	8.20	7.62	7.94
内蒙古	14.50	14.60	9.57	9.57	12.65	11.71	12.23	13.30	11.20	11.41
辽宁	14.50	14.60	9.57	9.57	6.81	5.58	5.47	5.48	5.37	5.53
吉林	14.50	14.60	9.57	9.57	6.81	5.58	5.47	5.48	5.37	5.53
黑龙江	14.50	14.60	9.57	9.57	6.81	5.58	5.47	5.48	5.37	5.53
上海	14.50	14.60	9.57	9.57	9.32	8.20	8.14	8.20	7.62	7.94
江苏	14.50	14.60	9.57	9.57	9.32	8.20	8.14	8.20	7.62	7.94
浙江	14.50	14.60	9.57	9.57	9.32	8.20	8.14	8.20	7.62	7.94
安徽	14.50	14.60	9.57	9.57	9.32	8.20	8.14	8.20	7.62	7.94
福建	14.50	14.60	9.57	9.57	9.32	8.20	8.14	8.20	7.62	7.94
江西	14.50	14.60	9.57	9.57	9.32	8.20	8.14	8.20	7.62	7.94
山东	14.50	14.60	9.57	9.57	9.32	8.20	8.14	8.20	7.62	7.94
河南	14.50	14.60	9.57	9.57	9.32	8.20	8.14	8.20	7.62	7.94
湖北	14.50	14.60	9.57	9.57	9.32	8.20	8.14	8.20	7.62	7.94
湖南	14.50	14.60	9.57	9.57	9.32	8.20	8.14	8.20	7.62	7.94
广东	14.50	14.60	9.57	9.57	9.32	8.20	8.14	8.20	7.62	7.94
广西	14.50	14.60	9.57	9.57	9.32	8.20	8.14	8.20	7.62	7.94
海南	14.50	14.60	9.57	9.57	9.32	8.20	8.14	8.20	7.62	7.94
重庆	14.50	14.60	9.57	9.57	9.32	8.20	8.14	8.20	7.62	7.94
四川	14.50	14.60	9.57	9.57	9.32	8.20	8.14	8.20	7.62	7.94
贵州	14.50	14.60	9.57	9.57	9.32	8.20	8.14	8.20	7.62	7.94
云南	14.50	14.60	9.57	9.57	9.32	8.20	8.14	8.20	7.62	7.94
西藏	14.50	14.60	9.57	9.57	9.32	8.20	8.14	8.20	7.62	7.94
陕西	14.50	14.60	9.57	9.57	9.32	8.20	8.14	8.20	7.62	7.94
甘肃	14.50	14.60	9.57	9.57	23.01	8.20	8.14	8.20	7.62	7.94
青海	14.50	14.60	9.57	9.57	9.32	8.20	8.14	8.20	7.62	7.94
宁夏	14.50	14.60	9.57	9.57	9.32	8.20	8.14	8.20	7.62	7.94
新疆	14.50	14.60	9.57	9.57	9.92	9.43	8.95	8.49	8.20	8.65

数据来源：历年《全国农产品成本收益汇编》。个别省份某些年份的数据缺失，采用当年全国口径下的每亩用工量或相邻地理省份的同期数据代替。

表 5－9　　烤烟每亩用工量（日/亩）

年　份	2002	2003	2004	2005	2006	2007	2008	2009	2010	2011
北　京	14.50	14.60	9.57	9.57	9.32	8.20	8.14	8.20	7.62	7.94
天　津	14.50	14.60	9.57	9.57	9.32	8.20	8.14	8.20	7.62	7.94
河　北	14.50	14.60	9.57	9.57	9.32	8.20	8.14	8.20	7.62	7.94
山　西	14.50	14.60	9.57	9.57	9.32	8.20	8.14	8.20	7.62	7.94
内蒙古	14.50	14.60	9.57	9.57	12.65	11.71	12.23	13.30	11.20	11.41
辽　宁	14.50	14.60	9.57	9.57	6.81	5.58	5.47	5.48	5.37	5.53
吉　林	14.50	14.60	9.57	9.57	6.81	5.58	5.47	5.48	5.37	5.53
黑龙江	14.50	14.60	9.57	9.57	6.81	5.58	5.47	5.48	5.37	5.53
上　海	14.50	14.60	9.57	9.57	9.32	8.20	8.14	8.20	7.62	7.94
江　苏	14.50	14.60	9.57	9.57	9.32	8.20	8.14	8.20	7.62	7.94
浙　江	14.50	14.60	9.57	9.57	9.32	8.20	8.14	8.20	7.62	7.94
安　徽	14.50	14.60	9.57	9.57	9.32	8.20	8.14	8.20	7.62	7.94
福　建	14.50	14.60	9.57	9.57	9.32	8.20	8.14	8.20	7.62	7.94
江　西	14.50	14.60	9.57	9.57	9.32	8.20	8.14	8.20	7.62	7.94
山　东	14.50	14.60	9.57	9.57	9.32	8.20	8.14	8.20	7.62	7.94
河　南	14.50	14.60	9.57	9.57	9.32	8.20	8.14	8.20	7.62	7.94
湖　北	14.50	14.60	9.57	9.57	9.32	8.20	8.14	8.20	7.62	7.94
湖　南	14.50	14.60	9.57	9.57	9.32	8.20	8.14	8.20	7.62	7.94
广　东	14.50	14.60	9.57	9.57	9.32	8.20	8.14	8.20	7.62	7.94
广　西	14.50	14.60	9.57	9.57	9.32	8.20	8.14	8.20	7.62	7.94
海　南	14.50	14.60	9.57	9.57	9.32	8.20	8.14	8.20	7.62	7.94
重　庆	14.50	14.60	9.57	9.57	9.32	8.20	8.14	8.20	7.62	7.94
四　川	14.50	14.60	9.57	9.57	9.32	8.20	8.14	8.20	7.62	7.94
贵　州	14.50	14.60	9.57	9.57	9.32	8.20	8.14	8.20	7.62	7.94
云　南	14.50	14.60	9.57	9.57	9.32	8.20	8.14	8.20	7.62	7.94
西　藏	14.50	14.60	9.57	9.57	9.32	8.20	8.14	8.20	7.62	7.94
陕　西	14.50	14.60	9.57	9.57	9.32	8.20	8.14	8.20	7.62	7.94
甘　肃	14.50	14.60	9.57	9.57	23.01	8.20	8.14	8.20	7.62	7.94
青　海	14.50	14.60	9.57	9.57	9.32	8.20	8.14	8.20	7.62	7.94
宁　夏	14.50	14.60	9.57	9.57	9.32	8.20	8.14	8.20	7.62	7.94
新　疆	14.50	14.60	9.57	9.57	9.92	9.43	8.95	8.49	8.20	8.65

数据来源：历年《全国农产品成本收益汇编》。个别省份某些年份的数据缺失，采用当年全国口径下的每亩用工量或相邻地理省份的同期数据代替。

表 5－10　　　　　　　　　　　　　　　　　水果每亩用工量（日/亩）

年　份	2002	2003	2004	2005	2006	2007	2008	2009	2010	2011
北　京	34.70	38.10	42.70	39.82	99.40	27.62	36.06	44.37	48.95	43.61
天　津	34.70	38.10	42.70	39.82	27.92	36.28	39.41	42.30	43.69	40.32
河　北	34.70	38.10	42.70	39.82	34.71	35.16	36.57	35.74	36.12	35.78
山　西	34.70	38.10	42.70	39.82	37.62	38.96	37.22	37.01	28.77	29.60
内蒙古	34.70	38.10	42.70	39.82	41.64	36.28	39.41	42.30	43.69	40.32
辽　宁	34.70	38.10	42.70	39.82	24.93	31.31	28.77	35.23	38.61	35.40
吉　林	34.70	38.10	42.70	39.82	24.93	31.31	28.77	35.23	38.61	35.40
黑龙江	34.70	38.10	42.70	39.82	24.93	31.31	28.77	35.23	38.61	35.40
上　海	34.70	38.10	42.70	39.82	41.64	36.28	39.41	42.30	43.69	40.32
江　苏	34.70	38.10	42.70	39.82	41.64	36.28	39.41	42.30	43.69	40.32
浙　江	34.70	38.10	42.70	39.82	41.64	36.28	39.41	42.30	43.69	40.32
安　徽	34.70	38.10	42.70	39.82	41.64	36.28	39.41	42.30	43.69	40.32
福　建	34.70	38.10	42.70	39.82	41.64	36.28	39.41	42.30	43.69	40.32
江　西	34.70	38.10	42.70	39.82	41.64	36.28	39.41	42.30	43.69	40.32
山　东	34.70	38.10	42.70	39.82	61.96	59.85	59.59	59.69	59.93	59.66
河　南	34.70	38.10	42.70	39.82	57.32	51.20	58.04	51.49	53.67	40.11
湖　北	34.70	38.10	42.70	39.82	41.64	36.28	39.41	42.30	43.69	40.32
湖　南	34.70	38.10	42.70	39.82	41.64	36.28	39.41	42.30	43.69	40.32
广　东	34.70	38.10	42.70	39.82	41.64	36.28	39.41	42.30	43.69	40.32
广　西	34.70	38.10	42.70	39.82	41.64	36.28	39.41	42.30	43.69	40.32
海　南	34.70	38.10	42.70	39.82	41.64	36.28	39.41	42.30	43.69	40.32
重　庆	34.70	38.10	42.70	39.82	41.64	36.28	39.41	42.30	43.69	40.32
四　川	34.70	38.10	42.70	39.82	41.64	36.28	39.41	42.30	43.69	40.32
贵　州	34.70	38.10	42.70	39.82	41.64	36.28	39.41	42.30	43.69	40.32
云　南	34.70	38.10	42.70	39.82	41.64	36.28	39.41	42.30	43.69	40.32
西　藏	34.70	38.10	42.70	39.82	41.64	36.28	39.41	42.30	43.69	40.32
陕　西	34.70	38.10	42.70	39.82	39.09	37.02	34.02	32.82	32.79	32.17
甘　肃	34.70	38.10	42.70	39.82	62.84	66.82	67.84	68.77	74.18	74.08
青　海	34.70	38.10	42.70	39.82	41.64	36.28	39.41	42.30	43.69	40.32
宁　夏	34.70	38.10	42.70	39.82	35.53	35.54	39.41	42.30	43.69	40.32
新　疆	34.70	38.10	42.70	39.82	41.64	36.28	39.41	42.30	43.69	40.32

数据来源：历年《全国农产品成本收益汇编》中"苹果"的每亩用工量。个别省份某些年份的数据缺失，采用当年全国口径下的每亩用工量或相邻地理省份的同期数据代替。

表 5－11　　　　　　　　　　　　蔬菜每亩用工量（日/亩）

年份	2002	2003	2004	2005	2006	2007	2008	2009	2010	2011
北京	42.50	51.00	51.25	46.14	44.30	42.52	42.95	41.41	45.88	48.37
天津	43.86	43.60	51.25	46.14	54.15	84.86	62.96	56.59	60.94	53.86
河北	43.86	43.60	51.25	46.14	70.86	85.31	68.37	60.41	69.11	65.74
山西	143.00	125.00	51.25	46.14	92.80	116.00	87.78	65.89	103.00	83.94
内蒙古	32.00	30.00	51.25	46.14	92.20	97.84	79.79	77.73	66.63	76.80
辽宁	37.30	37.30	51.25	46.14	59.00	49.19	50.63	37.95	37.58	80.90
吉林	129.10	129.00	51.25	46.14	85.80	74.37	86.50	88.77	84.98	82.81
黑龙江	49.60	60.70	51.25	46.14	44.30	55.56	57.25	56.80	54.00	54.81
上海	48.00	48.00	51.25	46.14	65.00	62.30	61.70	66.39	65.50	59.45
江苏	49.00	56.00	51.25	46.14	48.50	52.84	48.17	60.43	64.67	60.34
浙江	56.90	70.40	51.25	46.14	66.66	24.51	42.00	61.80	53.00	60.52
安徽	90.70	103.10	51.25	46.14	73.50	69.79	66.50	62.00	65.00	66.11
福建	43.86	43.60	51.25	46.14	44.30	42.52	39.06	38.03	38.42	35.46
江西	43.86	43.60	51.25	46.14	44.30	42.52	39.06	38.03	38.42	35.46
山东	71.20	94.10	51.25	46.14	73.30	72.36	76.71	76.84	74.72	70.09
河南	43.86	43.60	51.25	46.14	44.30	67.88	66.10	53.24	70.54	73.86
湖北	27.20	17.80	51.25	46.14	38.60	38.04	42.21	45.98	43.91	35.30
湖南	43.86	43.60	51.25	46.14	41.70	42.52	39.06	38.03	38.42	35.46
广东	43.86	43.60	51.25	46.14	44.30	42.52	39.06	38.03	38.42	35.46
广西	43.86	43.60	51.25	46.14	44.30	42.52	39.06	38.03	38.42	35.46
海南	43.86	43.60	51.25	46.14	44.30	42.52	39.06	38.03	38.42	35.46
重庆	43.86	43.60	51.25	46.14	44.30	42.52	39.06	38.03	38.42	35.46
四川	43.86	43.60	51.25	46.14	67.00	19.00	61.00	57.00	57.00	56.57
贵州	43.86	43.60	51.25	46.14	44.30	42.52	39.06	38.03	38.42	35.46
云南	102.20	120.00	51.25	46.14	44.30	42.52	39.06	38.03	38.42	35.46
西藏	43.86	43.60	51.25	46.14	44.30	42.52	39.06	38.03	38.42	35.46
陕西	141.80	116.90	51.25	46.14	127.58	78.37	52.00	60.60	53.23	60.62
甘肃	164.30	166.60	51.25	46.14	171.51	140.76	105.80	94.80	93.99	66.20
青海	91.90	130.60	51.25	46.14	103.23	116.63	106.41	104.33	76.03	59.61
宁夏	97.50	96.20	51.25	46.14	116.80	41.55	50.35	45.05	45.82	49.36
新疆	78.30	75.70	51.25	46.14	74.90	64.77	45.26	50.05	51.01	54.32

数据来源：历年《全国农产品成本收益汇编》中“大棚黄瓜”的每亩用工量。个别省份某些年份的数据缺失，采用当年全国口径下的每亩用工量或相邻地理省份的同期数据代替。

表 5－12　　　　各省市稻谷产量（万吨）

年　份	2002	2003	2004	2005	2006	2007	2008	2009	2010	2011
北　京	2.90	1.01	0.50	0.46	0.43	0.32	0.30	0.24	0.19	0.15
天　津	11.20	5.65	11.09	12.18	12.41	10.00	10.51	11.25	11.20	10.72
河　北	55.70	41.06	47.27	51.56	53.23	57.56	55.56	57.45	54.23	60.18
山　西	2.00	1.24	1.07	0.90	0.83	0.62	0.14	0.50	0.46	0.50
内蒙古	56.00	45.00	54.50	62.15	65.63	60.18	70.50	64.80	74.78	77.88
辽　宁	406.20	351.40	401.50	416.50	427.60	505.00	505.60	506.00	457.60	505.10
吉　林	370.00	318.20	437.62	473.29	493.00	500.00	579.00	505.00	568.50	623.50
黑龙江	921.00	842.80	1130.00	1121.50	1205.50	1417.94	1518.00	1574.50	1843.90	2062.08
上　海	109.20	82.20	89.46	85.45	89.70	86.00	89.29	90.01	90.33	88.88
江　苏	1709.90	1404.64	1673.16	1706.71	1792.72	1761.11	1771.90	1802.89	1807.86	1864.16
浙　江	779.60	646.90	686.94	644.78	706.62	636.89	660.43	666.67	648.15	649.03
安　徽	1327.50	963.70	1292.14	1250.80	1307.00	1356.35	1383.49	1405.61	1383.42	1387.08
福　建	557.50	523.44	545.62	526.57	508.84	501.00	508.81	515.33	507.94	514.15
江　西	1451.60	1360.54	1579.40	1667.20	1766.90	1806.40	1862.13	1905.90	1858.30	1950.10
山　东	109.40	77.89	90.59	95.80	106.61	110.15	110.42	112.01	106.35	103.96
河　南	336.50	240.17	358.22	359.77	426.69	436.50	443.13	451.00	471.19	474.50
湖　北	1469.80	1341.29	1501.68	1535.32	1524.85	1485.86	1533.72	1591.92	1557.81	1616.91
湖　南	2119.20	2070.18	2285.51	2296.20	2319.70	2425.70	2528.00	2578.60	2506.00	2575.40
广　东	1202.80	1170.50	1123.13	1116.99	1104.30	1046.05	1003.30	1058.10	1060.60	1096.90
广　西	1219.30	1202.70	1123.40	1169.10	1162.60	1112.55	1107.60	1145.90	1121.25	1084.10
海　南	139.30	143.40	147.16	110.56	144.39	136.39	143.84	145.93	138.47	145.11
重　庆	490.20	497.14	509.50	521.50	381.25	491.59	529.39	511.30	518.57	493.50
四　川	1503.70	1471.91	1519.70	1505.70	1335.90	1419.73	1497.60	1520.20	1512.10	1527.10
贵　州	347.80	459.30	477.01	472.80	447.20	449.84	461.10	453.17	445.65	303.93
云　南	543.20	635.89	639.40	646.34	651.17	589.68	621.01	636.23	616.57	668.67
西　藏	0.60	0.56	0.55	0.55	0.59	0.55	0.51	0.52	0.59	0.60
陕　西	80.30	75.50	87.00	89.20	86.30	72.98	83.10	82.50	81.01	84.50
甘　肃	5.60	3.58	3.87	4.11	4.02	3.41	3.82	3.90	4.11	4.33
青　海	0.00	0.00	0.00	0.00	0.00	0.00	0.00	0.00	0.00	0.00
宁　夏	66.70	37.04	52.46	61.06	70.94	60.54	66.38	64.55	69.99	70.76
新　疆	59.30	50.73	39.31	53.79	60.27	62.52	40.99	48.32	58.98	60.64

数据来源：历年《中国统计年鉴》。

表 5－13　　各省市小麦产量（万吨）

年份	2002	2003	2004	2005	2006	2007	2008	2009	2010	2011
北京	24.3	18.41	20.26	26.74	30.01	20.39	32.74	31	28.39	28.39
天津	44.1	35.91	37.8107	47.42	52.04	50.59	52.47	54.03	53.2	54.2
河北	1099.5	1018.83	1053.2	1150.33	1149.54	1193.71	1221.93	1229.84	1230.62	1276.12
山西	243.2	255.98	237.12	202.28	252.61	220.15	253	211.11	232.24	240.3
内蒙古	121.5	78.96	110.5	143.56	145.71	175.63	154	171.22	165.23	170.937
辽宁	11.5	6.2	8.9	7.9	6.5	5.27	4.93	4.5	3.7	3.7
吉林	7.9	6	3.37	2.68	3.0181	1.55	1.79	1	1.242	1.34
黑龙江	89.4	39.7	83	94	93	68.79	89.5	116.32	92.5	103.8
上海	10.4	7.39	7.95	9.92	11.34	14.63	18.2	22.12	19.25	24.11
江苏	644.5	608.71	687.7	728.52	817.82	973.8	998.21	1004.42	1008.1	1023.15
浙江	25.4	20.84	19.04	21.81	24.54	18.38	21.21	23.24	24.68	27.02
安徽	683.7	642.8	790.1	808.1	966.8	1111.32	1167.9	1177.168	1206.67	1215.7
福建	6.7	2.77	1.92	1.95	1.85	1.4928	1.4651	1.1161	1.02	0.7971
江西	4.3	2.89	2.93	2.73	2.04	1.98	1.89	1.91	2.11	2.19
山东	1547.1	1565.03	1584.5	1800.53	1889.79	1995.57	2034.19	2047.3	2058.6	2103.92
河南	2248.4	2292.5	2480.93	2577.69	2822.69	2980.21	3051	3056	3082.22	3123
湖北	151.2	165.42	176.3	208.85	243.2	353.21	329.19	331.67	343.07	344.78
湖南	18.3	16.49	14.56	13.4	13.1	3.2	3.2	6.4	9.9	10.2
广东	3.2	1.6269	1.71	1.8525	1.7169	0.3	0.24	0.24	0.246	0.3
广西	1.8	1.74045	1.9	1.8	1.8	0.60	0.5	0.6	0.57	0.21
海南	0	0	0	0	0	0	0	0	0	0
重庆	93.2	83.8	78.4	78.64	75.44	61.05	58.2	51.68	45.93	42.39
四川	459.1	426.2	415.7	427.4	439	451.70	426.8	423.3	427.7	436
贵州	87	74.6	76.8	73	74.5	47.86	42.81	44.52	24.83	50.38
云南	134.1	124.35	121.67	106.86	110.13	91.21	83.05	92.3	45.98	98.87
西藏	27.8	27.23	26.06	25.55	26.53	26.48	25.76	24.56	24.28	24.91
陕西	405.3	395.5	410.3	401.2	415.7	359.097	391.5	383.1	403.8	410.9
甘肃	312.1	272.46	272.32	264.84	260.7	237.42	268.1	261.1	250.9	247.5
青海	45.2	36.8	37.11	39.32	38.51	61.3899	42.03	39.04	37.28	35.36
宁夏	96.1	75.61	80.42	79.41	75.72	61.57	64.07	73.56	70.33	62.98
新疆	382.7	344.1	352.7	396.23	401.39	341.27	406.53	627.15	623.49	576.64

数据来源：历年《中国统计年鉴》。

表 5 - 14　　　　各省市玉米产量（万吨）

年 份	2002	2003	2004	2005	2006	2007	2008	2009	2010	2011
北 京	46.10	32.20	43.51	62.58	72.91	76.54	87.97	89.76	84.17	90.34
天 津	71.10	64.81	68.21	73.16	75.75	85.08	84.29	88.74	92.74	94.38
河 北	1035.00	1073.57	1157.58	1193.83	1280.52	1421.80	1442.17	1465.22	1508.72	1639.64
山 西	435.30	476.95	631.87	616.13	647.61	640.36	682.80	654.27	766.00	854.60
内蒙古	821.50	888.70	948.00	1066.20	1091.69	1155.31	1410.70	1341.27	1465.69	1632.13
辽 宁	858.00	907.20	1079.70	1135.50	1138.70	1167.80	1189.00	963.10	1150.50	1360.30
吉 林	1540.00	1615.30	1810.00	1800.72	1984.00	1800.00	2083.00	1810.00	2004.00	2339.00
黑龙江	1070.50	830.90	939.50	1042.90	1223.00	1442.03	1822.00	1920.22	2324.40	2675.78
上 海	3.00	3.15	2.56	2.83	2.68	2.50	2.10	2.40	2.95	2.78
江 苏	261.70	197.25	216.56	174.79	197.20	197.25	202.95	216.17	218.48	226.17
浙 江	22.30	21.50	22.48	25.93	27.98	9.99	11.12	11.65	12.15	14.59
安 徽	356.80	260.60	320.79	264.90	297.90	250.00	286.60	304.70	312.75	362.58
福 建	11.20	11.62	12.65	13.18	13.07	11.82	13.64	14.56	15.21	16.62
江 西	5.50	6.27	4.80	6.25	6.09	6.39	6.58	7.29	8.44	10.49
山 东	1316.00	1411.02	1499.21	1735.41	1761.28	1816.48	1887.41	1921.50	1932.06	1978.67
河 南	1189.80	766.31	1049.95	1298.00	1445.11	1582.53	1615.00	1634.00	1634.79	1696.50
湖 北	187.40	167.50	179.13	194.91	208.25	205.08	226.42	244.12	261.02	276.20
湖 南	119.20	128.55	126.63	134.00	137.20	116.30	128.00	159.90	168.10	188.50
广 东	53.50	53.13	56.06	61.52	62.87	59.16	63.46	74.70	72.09	78.94
广 西	161.00	159.70	176.10	212.00	198.00	204.10	207.20	225.20	208.70	244.72
海 南	5.10	6.14	4.67	5.39	5.60	7.00	6.96	7.95	9.08	10.30
重 庆	197.40	207.00	227.80	233.13	206.10	234.18	246.03	244.45	251.56	257.00
四 川	525.10	517.30	557.40	580.80	511.20	602.81	637.00	643.00	669.00	701.60
贵 州	343.20	319.90	333.90	344.29	338.95	357.10	391.19	405.20	415.43	243.71
云 南	461.50	399.93	425.66	449.31	452.06	498.64	529.55	542.67	612.98	598.22
西 藏	1.70	1.62	1.64	1.65	1.70	1.66	2.24	2.55	2.76	2.75
陕 西	374.50	373.20	407.00	459.70	443.50	493.90	483.60	526.10	532.20	550.70
甘 肃	219.20	244.43	245.03	248.51	218.60	242.65	265.40	312.60	390.40	425.60
青 海	1.20	0.00	1.17	0.89	0.75	1.34	1.80	4.30	10.73	15.19
宁 夏	104.30	119.93	117.69	121.41	121.54	146.56	149.94	156.38	165.81	172.43
新 疆	332.90	317.34	361.46	376.72	376.37	393.68	425.28	403.39	421.61	517.67

数据来源：历年《中国统计年鉴》。

表 5－15　　各省市豆类产量（万吨）

年份	2002	2003	2004	2005	2006	2007	2008	2009	2010	2011
北京	4.00	3.14	3.18	2.40	2.68	1.58	2.06	1.61	1.17	1.18
天津	5.70	6.24	4.59	3.87	2.66	1.16	1.25	1.71	1.92	1.73
河北	60.60	60.61	57.56	51.24	52.91	42.80	45.89	34.93	33.52	35.73
山西	49.40	48.71	48.80	36.67	40.25	39.72	34.75	21.53	24.05	24.40
内蒙古	139.90	93.87	135.10	164.05	143.15	156.17	155.67	143.19	166.04	171.33
辽宁	56.90	71.00	55.60	43.60	36.10	36.15	52.85	32.10	37.00	37.00
吉林	185.00	191.10	166.91	152.83	150.00	92.14	106.60	85.00	112.90	101.26
黑龙江	610.70	616.10	693.50	680.00	652.00	442.67	667.00	618.49	601.85	577.78
上海	3.50	2.23	2.65	3.17	3.10	2.10	1.62	1.89	1.18	1.53
江苏	105.90	95.34	93.77	82.42	87.25	81.63	86.59	87.19	85.22	82.81
浙江	41.90	41.68	41.01	47.40	48.47	28.20	30.55	31.18	30.42	31.61
安徽	147.40	120.35	119.30	95.50	132.20	121.50	129.95	127.24	121.91	115.00
福建	26.40	25.17	24.66	24.69	24.44	15.35	17.28	18.04	18.68	19.93
江西	29.90	26.80	23.77	24.87	26.82	27.14	26.73	26.89	27.91	28.65
山东	76.40	82.33	76.19	68.15	65.61	42.50	41.91	41.88	41.06	43.25
河南	115.40	72.72	118.01	74.44	76.43	91.80	96.20	93.00	93.33	95.15
湖北	64.70	67.08	65.77	65.01	62.45	45.34	44.98	44.45	44.26	39.54
湖南	61.20	56.11	56.38	56.70	60.00	34.60	35.20	38.10	40.29	41.05
广东	24.00	21.84	23.98	24.38	24.97	17.55	17.99	18.07	18.31	18.19
广西	40.30	39.19	37.40	40.30	39.50	22.52	23.00	25.60	23.66	28.88
海南	3.20	3.27	2.88	2.18	2.16	0.43	1.81	1.87	2.16	2.32
重庆	27.80	32.21	38.10	42.16	35.39	35.12	37.78	39.83	41.92	43.49
四川	106.70	113.90	121.60	131.50	98.30	105.80	116.30	100.30	98.30	96.20
贵州	40.80	39.30	40.60	37.76	38.40	36.02	36.17	36.90	26.59	21.99
云南	93.60	85.78	61.30	77.18	68.40	80.08	112.12	130.36	79.48	125.74
西藏	3.40	3.35	3.09	3.24	3.16	3.19	2.65	2.43	2.35	2.35
陕西	30.70	24.60	38.80	37.10	48.01	47.10	49.96	46.52	45.04	44.63
甘肃	38.60	39.00	38.02	41.65	39.46	35.18	36.76	33.71	35.45	34.81
青海	10.90	8.90	10.75	11.75	10.20	11.98	10.88	10.80	8.50	7.06
宁夏	10.00	8.57	8.32	6.03	5.22	1.91	4.10	3.26	3.75	4.72
新疆	26.40	27.02	20.47	25.43	24.78	20.69	16.69	32.23	28.32	29.10

数据来源：历年《中国统计年鉴》。

表 5 – 16　　各省市棉花产量（万吨）

年份	2002	2003	2004	2005	2006	2007	2008	2009	2010	2011
北京	0.35	0.34	0.78	0.21	0.22	0.20	0.14	0.08	0.00	0.05
天津	6.24	9.47	12.03	8.35	10.87	9.31	8.29	7.09	6.27	7.23
河北	40.19	52.20	66.54	57.70	62.80	72.47	73.73	60.46	56.95	65.34
山西	7.47	9.17	12.02	10.29	11.78	11.51	10.67	8.40	6.93	6.34
内蒙古	0.26	0.53	0.74	0.18	0.22	0.36	0.29	0.12	0.11	0.23
辽宁	0.30	0.35	0.47	0.27	0.21	0.21	0.24	0.10	0.07	0.07
吉林	0.04	0.07	0.00	0.17	0.28	0.05	0.52	0.20	0.52	1.21
黑龙江	0.00	0.00	0.00	0.00	0.00	0.00	0.00	0.00	0.00	0.00
上海	0.09	0.11	0.18	0.18	0.20	0.25	0.32	0.26	0.35	0.48
江苏	36.28	29.10	50.28	32.27	38.14	34.75	32.60	25.53	26.08	24.68
浙江	2.24	2.10	2.28	2.16	2.39	2.57	2.82	2.81	2.94	3.24
安徽	33.70	24.10	41.20	32.46	40.82	37.42	36.35	34.60	31.60	37.80
福建	0.01	0.00	0.00	0.00	0.00	0.07	0.00	0.03	0.00	0.00
江西	6.69	7.61	8.48	8.72	9.50	12.76	11.19	12.51	13.08	14.29
山东	72.20	87.68	109.77	84.63	102.31	100.09	104.06	92.12	72.41	78.46
河南	76.48	37.67	66.67	67.70	83.00	75.00	65.08	51.75	44.72	38.24
湖北	32.26	32.50	39.54	37.50	44.86	55.73	51.34	48.05	47.18	52.58
湖南	15.30	16.31	20.30	19.75	24.80	24.42	24.66	21.20	22.70	22.70
广东	0.00	0.00	0.00	0.00	0.00	0.00	0.00	0.00	0.00	0.00
广西	0.08	0.07	0.09	0.09	0.14	0.21	0.20	0.21	0.21	0.23
海南	0.00	0.00	0.00	0.00	0.00	0.00	0.00	0.00	0.00	0.00
重庆	0.03	0.00	0.00	0.00	0.00	0.00	0.00	0.00	0.00	0.00
四川	2.36	2.54	3.31	2.47	1.57	1.67	1.55	1.49	1.42	1.46
贵州	0.07	0.06	0.06	0.06	0.05	0.06	0.09	0.09	0.10	0.10
云南	0.04	0.00	0.00	0.00	0.00	0.00	0.00	0.00	0.00	0.00
西藏	0.00	0.00	0.00	0.00	0.00	0.00	0.00	0.00	0.00	0.00
陕西	4.30	5.27	8.23	7.78	8.70	8.98	10.07	8.58	6.92	6.74
甘肃	6.96	8.66	11.00	11.05	12.75	12.94	12.32	9.54	7.56	7.60
青海	0.00	0.00	0.00	0.00	0.00	0.00	0.00	0.00	0.00	0.00
宁夏	0.00	0.00	0.00	0.00	0.00	0.00	0.00	0.00	0.00	0.00
新疆	147.70	160.00	178.30	187.40	218.88	301.27	302.57	252.42	247.90	289.77

数据来源：历年《中国统计年鉴》。

表 5－17　　各省市油料产量（万吨）

年份	2002	2003	2004	2005	2006	2007	2008	2009	2010	2011
北京	4.65	3.30	2.89	2.49	2.17	2.19	2.17	1.81	1.55	1.39
天津	3.40	3.08	1.55	1.29	1.20	0.46	0.48	0.54	0.64	0.66
河北	151.26	163.10	154.32	152.73	150.30	138.09	152.59	143.27	140.29	141.78
山西	38.40	36.37	28.20	21.26	19.19	13.45	19.12	17.02	17.59	18.70
内蒙古	108.91	102.29	103.68	122.17	116.84	79.44	117.54	119.62	128.15	133.88
辽宁	56.45	61.40	45.93	36.84	38.12	26.38	48.50	55.35	99.60	119.76
吉林	46.12	57.13	38.10	54.45	58.37	28.70	51.84	50.40	70.44	69.56
黑龙江	52.81	44.69	45.99	60.59	63.09	21.28	28.48	28.16	27.53	23.27
上海	9.85	6.39	7.39	6.94	5.31	3.62	3.60	3.39	2.29	1.86
江苏	217.03	199.45	238.38	215.99	218.18	145.08	150.29	162.23	151.97	144.05
浙江	46.97	43.77	48.77	50.14	47.35	33.00	41.27	43.24	39.47	39.85
安徽	282.32	231.44	299.66	270.67	261.65	199.20	228.03	240.35	227.60	213.75
福建	25.86	26.03	27.82	27.42	26.94	23.30	25.40	26.27	26.64	27.46
江西	82.42	75.98	74.53	76.12	77.98	82.67	91.19	102.02	107.57	113.59
山东	340.37	361.80	369.71	363.86	358.24	328.60	340.63	334.51	342.16	341.00
河南	420.68	309.91	408.75	449.60	479.99	483.98	505.34	532.98	540.72	532.36
湖北	245.29	272.72	314.38	293.90	279.75	254.75	285.74	314.05	311.80	304.72
湖南	119.25	125.70	139.61	140.98	149.41	110.11	133.80	179.24	195.26	215.29
广东	76.37	81.93	77.51	77.01	77.57	77.72	81.54	84.64	88.16	91.90
广西	55.99	55.70	58.32	63.18	64.15	33.82	37.55	42.08	45.81	50.14
海南	10.04	9.62	9.09	8.53	8.96	6.84	8.69	9.10	9.49	9.94
重庆	35.04	38.27	41.75	42.71	40.33	30.68	35.68	40.54	44.45	46.51
四川	201.52	217.10	226.25	232.34	217.27	204.26	249.94	261.76	268.52	278.45
贵州	72.48	72.31	82.71	84.89	89.48	69.66	68.39	78.68	60.34	78.85
云南	27.54	29.70	33.41	36.22	39.01	22.06	30.38	50.16	34.23	60.75
西藏	4.53	4.95	5.40	6.13	5.46	5.23	6.03	5.79	5.86	6.35
陕西	41.08	41.33	46.06	45.35	44.36	39.15	49.46	54.38	56.08	58.97
甘肃	41.93	46.04	48.50	50.31	48.99	42.36	53.54	58.54	64.05	63.52
青海	23.40	26.20	28.89	31.85	26.50	28.02	35.22	36.60	34.38	33.29
宁夏	10.88	13.18	13.80	12.21	10.43	7.75	13.56	13.65	20.85	18.41
新疆	44.37	50.13	44.54	38.94	32.82	26.90	56.85	63.91	66.62	66.76

数据来源：历年《中国统计年鉴》。

表 5－18

各省市甘蔗产量（万吨）

年 份	2002	2003	2004	2005	2006	2007	2008	2009	2010	2011
北 京	0.00	0.00	0.00	0.00	0.00	0.00	0.00	0.00	0.00	0.00
天 津	0.00	0.00	0.00	0.00	0.00	0.00	0.00	0.00	0.00	0.00
河 北	0.00	0.00	0.00	0.00	0.00	0.00	0.00	0.00	0.00	0.00
山 西	0.00	0.00	0.00	0.00	0.00	0.00	0.00	0.00	0.00	0.00
内蒙古	0.00	0.00	0.00	0.00	0.00	0.00	0.00	0.00	0.00	0.00
辽 宁	0.00	0.00	0.00	0.00	0.00	0.00	0.00	0.00	0.00	0.00
吉 林	0.00	0.00	0.00	0.00	0.00	0.00	0.00	0.00	0.00	0.00
黑龙江	0.00	0.00	0.00	0.00	0.00	0.00	0.00	0.00	0.00	0.00
上 海	8.70	13.13	13.53	14.51	8.83	1.04	1.00	1.63	2.75	1.09
江 苏	33.90	33.66	28.89	22.20	20.60	6.59	8.75	11.61	10.17	9.61
浙 江	113.44	123.93	106.29	89.97	85.55	57.35	85.45	81.36	74.29	71.11
安 徽	31.02	26.04	25.00	21.32	24.27	23.88	29.18	21.80	22.37	21.64
福 建	117.91	118.12	101.57	93.33	95.03	56.36	70.90	65.85	61.55	55.97
江 西	130.85	118.25	85.72	78.31	70.13	48.09	64.21	62.20	59.10	62.85
山 东	0.00	0.00	0.00	0.00	0.00	0.00	0.00	0.00	0.00	0.00
河 南	27.91	21.19	22.35	25.20	22.08	16.60	20.74	28.27	26.12	26.69
湖 北	91.91	75.97	46.27	42.90	44.65	14.90	26.47	34.43	32.36	32.49
湖 南	180.38	142.30	110.76	100.40	108.01	70.03	77.04	78.16	76.60	72.23
广 东	1315.47	1134.08	1110.37	1114.25	1311.24	1180.69	1198.84	1253.51	1300.15	1390.03
广 西	4593.38	4861.84	5003.87	5154.69	5924.83	7737.47	8215.58	7509.44	7119.62	7269.96
海 南	374.79	402.08	417.90	278.90	385.55	405.83	518.82	479.18	385.37	387.77
重 庆	12.06	11.35	11.77	11.46	10.16	11.26	11.18	11.57	11.68	11.80
四 川	171.21	170.53	146.10	132.89	124.61	101.98	116.28	93.92	93.40	87.69
贵 州	73.98	75.74	65.76	67.76	63.88	66.97	71.76	64.27	52.24	43.60
云 南	1733.36	1694.96	1688.49	1415.50	1678.73	1491.06	1898.75	1761.31	1750.92	1898.78
西 藏	0.00	0.00	0.00	0.00	0.00	0.00	0.00	0.00	0.00	0.00
陕 西	0.41	0.32	0.29	0.22	0.22	4.96	0.28	0.16	0.20	0.16
甘 肃	0.00	0.00	0.00	0.00	0.00	0.00	0.00	0.00	0.00	0.00
青 海	0.00	0.00	0.00	0.00	0.00	0.00	0.00	0.00	0.00	0.00
宁 夏	0.00	0.00	0.00	0.00	0.00	0.00	0.00	0.00	0.00	0.00
新 疆	0.00	0.00	0.00	0.00	0.00	0.00	0.00	0.00	0.00	0.00

数据来源：历年《中国统计年鉴》。

表 5－19 各省市甜菜产量（万吨）

年份	2002	2003	2004	2005	2006	2007	2008	2009	2010	2011
北京	0.00	0.00	0.00	0.00	0.00	0.00	0.00	0.00	0.00	0.00
天津	0.00	0.00	0.00	0.00	0.00	0.00	0.00	0.00	0.00	0.00
河北	14.73	22.03	20.99	42.66	71.24	53.08	59.38	30.73	48.98	46.52
山西	18.45	11.36	4.80	3.96	10.15	21.09	23.44	15.42	22.58	32.43
内蒙古	195.02	99.44	96.34	138.28	174.61	118.16	170.04	109.58	160.96	157.72
辽宁	39.76	3.41	2.74	6.29	5.34	5.03	7.50	6.19	4.87	7.80
吉林	76.18	7.02	3.55	7.35	11.08	5.00	24.27	6.63	7.75	16.27
黑龙江	437.56	71.39	96.00	155.00	205.00	207.23	260.00	110.00	175.00	274.98
上海	0.00	0.00	0.00	0.00	0.00	0.00	0.00	0.00	0.00	0.00
江苏	0.78	0.75	0.28	0.00	0.00	0.00	0.00	0.00	0.09	0.00
浙江	0.00	0.00	0.00	0.00	0.00	0.00	0.00	0.00	0.00	0.00
安徽	0.34	0.06	0.00	0.00	0.00	0.00	0.33	0.00	0.00	0.00
福建	0.00	0.00	0.00	0.00	0.00	0.00	0.00	0.00	0.00	0.00
江西	0.00	0.00	0.00	0.00	0.00	0.00	0.00	0.00	0.00	0.00
山东	0.18	0.00	0.00	0.00	0.00	0.00	0.06	0.06	0.00	0.00
河南	0.00	0.00	0.00	0.00	0.00	0.00	0.00	0.00	0.00	0.00
湖北	0.00	0.00	0.00	0.00	0.00	0.00	0.00	0.00	0.00	0.00
湖南	0.00	0.00	0.00	0.00	0.00	0.00	0.00	0.00	0.00	0.00
广东	0.00	0.00	0.00	0.00	0.00	0.00	0.00	0.00	0.00	0.00
广西	0.00	0.00	0.00	0.00	0.00	0.00	0.00	0.00	0.00	0.00
海南	0.00	0.00	0.00	0.00	0.00	0.00	0.00	0.00	0.00	0.00
重庆	0.00	0.00	0.00	0.00	0.00	0.00	0.00	0.00	0.00	0.00
四川	0.30	0.29	0.21	0.27	0.22	0.23	0.18	0.22	0.24	0.27
贵州	0.01	0.00	0.00	0.00	0.00	0.00	0.00	0.00	0.00	0.00
云南	0.30	0.28	0.32	0.39	0.33	0.14	0.13	0.10	0.00	0.00
西藏	0.00	0.00	0.00	0.00	0.00	0.00	0.00	0.00	0.00	0.00
陕西	2.70	0.48	0.38	0.08	0.00	0.45	0.00	0.00	0.00	0.00
甘肃	28.85	19.95	15.87	14.54	19.02	27.80	20.09	20.42	22.02	18.08
青海	0.00	0.00	0.00	0.00	0.33	0.69	0.00	0.06	0.00	0.00
宁夏	0.00	0.00	0.00	0.06	0.68	0.31	0.05	0.00	0.00	0.00
新疆	466.81	381.65	344.21	419.12	555.53	453.87	438.88	418.41	486.97	518.95

数据来源：历年《中国统计年鉴》。

表 5 - 20 各省市烤烟产量（万吨）

年份	2002	2003	2004	2005	2006	2007	2008	2009	2010	2011
北京	0.00	0.00	0.00	0.00	0.00	0.00	0.00	0.00	0.00	0.00
天津	0.00	0.00	0.00	0.00	0.00	0.00	0.00	0.00	0.00	0.00
河北	0.53	0.44	0.51	0.49	0.45	0.23	0.36	0.41	0.32	0.42
山西	0.77	0.61	0.62	0.61	0.70	0.68	0.81	0.92	0.76	1.10
内蒙古	0.87	1.39	0.94	1.52	1.92	0.99	1.04	0.97	1.22	1.27
辽宁	2.60	2.29	2.42	3.17	2.42	2.33	2.97	2.92	2.45	2.64
吉林	1.85	1.94	2.25	2.50	2.99	0.99	2.77	3.45	3.14	3.04
黑龙江	6.27	4.50	5.60	7.35	5.60	5.51	7.80	7.32	8.49	7.75
上海	0.00	0.00	0.00	0.00	0.00	0.00	0.00	0.00	0.00	0.00
江苏	0.00	0.00	0.00	0.00	0.00	0.00	0.00	0.00	0.00	0.00
浙江	0.00	0.00	0.00	0.00	0.00	0.00	0.00	0.00	0.00	0.00
安徽	3.13	2.11	2.72	2.47	2.32	2.43	2.40	2.89	2.91	3.02
福建	10.72	10.13	11.31	11.51	12.69	12.39	13.85	14.46	12.45	14.22
江西	1.72	1.55	1.54	1.98	3.00	3.28	4.67	4.14	3.62	4.45
山东	8.30	9.39	8.03	7.34	8.34	8.58	9.82	11.60	6.74	8.72
河南	27.25	21.74	25.52	28.06	32.58	23.54	26.72	29.73	28.74	29.24
湖北	7.22	6.27	6.56	7.88	8.02	3.90	8.72	10.90	7.83	9.65
湖南	17.45	17.66	17.95	20.39	20.59	15.89	18.67	21.00	21.26	23.35
广东	4.94	4.79	5.04	5.06	5.67	3.40	4.39	4.80	4.93	5.06
广西	1.11	1.48	1.56	1.97	2.56	2.15	2.40	3.13	2.03	2.20
海南	0.10	0.00	0.00	0.00	0.00	0.00	0.00	0.00	0.00	0.00
重庆	6.44	6.84	6.45	7.17	7.26	4.86	6.90	8.23	6.39	7.59
四川	8.85	8.23	9.38	13.23	15.39	12.13	18.20	21.04	19.42	20.04
贵州	30.65	28.72	29.98	34.45	30.71	31.22	37.71	36.92	37.02	32.50
云南	66.15	63.68	69.24	77.22	75.78	76.68	83.94	88.03	95.40	101.82
西藏	0.00	0.00	0.00	0.00	0.00	0.00	0.00	0.00	0.00	0.00
陕西	5.10	4.88	5.32	5.88	5.99	5.56	7.14	7.31	6.73	7.67
甘肃	1.40	2.76	3.27	3.14	3.62	0.80	0.82	1.02	1.01	0.99
青海	0.00	0.00	0.00	0.00	0.00	0.00	0.00	0.00	0.00	0.00
宁夏	0.02	0.05	0.06	0.08	0.11	0.16	0.22	0.21	0.24	0.21
新疆	0.09	0.00	0.00	0.00	0.00	0.15	0.00	0.00	0.00	0.00

数据来源：历年《中国统计年鉴》。

表 5-21 各省市水果产量（万吨）

年份	2002	2003	2004	2005	2006	2007	2008	2009	2010	2011
北京	66.91	114.16	113.36	111.88	114.82	124.89	118.80	120.13	115.17	120.87
天津	29.87	84.33	69.05	68.24	66.96	61.91	62.30	67.05	60.04	62.64
河北	748.53	1270.74	1346.34	1397.88	1453.07	1491.54	1532.89	1578.62	1612.42	1719.16
山西	221.33	328.80	342.86	314.45	353.75	342.23	410.64	449.20	474.86	617.86
内蒙古	17.69	123.33	129.34	178.79	220.48	208.06	238.16	208.67	278.17	301.45
辽宁	234.40	396.94	430.15	451.29	478.41	532.72	591.65	655.60	733.10	810.74
吉林	80.28	253.16	215.00	235.33	223.83	232.77	273.87	253.48	218.04	225.71
黑龙江	31.97	356.72	315.58	352.56	413.76	373.29	367.55	267.67	279.64	279.88
上海	27.72	114.48	111.44	101.03	108.26	112.38	111.14	104.69	101.93	87.97
江苏	194.62	601.95	619.99	606.35	628.45	642.68	682.86	715.71	738.57	757.08
浙江	251.25	568.38	632.07	577.96	650.03	701.49	747.92	712.41	701.31	712.36
安徽	173.88	609.07	719.57	711.59	733.59	749.51	691.86	745.76	805.30	846.62
福建	424.93	521.99	552.91	559.08	570.77	594.20	632.46	645.04	642.77	687.88
江西	65.23	273.16	290.99	325.43	356.88	381.16	444.53	497.45	468.40	580.58
山东	864.20	2526.00	2478.53	2546.84	2513.40	2541.17	2612.62	2728.25	2793.85	2850.83
河南	427.01	1318.51	1638.59	1842.17	2005.60	2088.59	2129.59	2228.09	2393.99	2414.12
湖北	223.11	611.57	542.69	566.77	625.25	654.73	686.22	725.81	778.52	855.18
湖南	183.16	512.38	499.35	519.49	586.24	630.62	663.09	715.73	788.41	868.83
广东	698.91	836.94	908.96	946.46	1001.08	1057.15	1081.28	1160.83	1235.90	1314.28
广西	455.78	641.16	702.33	766.84	812.04	861.49	855.77	1010.74	1094.41	1222.98
海南	139.08	193.48	190.64	220.36	247.23	306.82	325.20	350.41	375.07	403.69
重庆	91.01	128.59	137.22	154.63	145.74	175.89	193.28	212.87	238.47	261.13
四川	306.69	464.93	494.83	527.16	535.32	591.99	635.10	689.51	722.93	776.64
贵州	39.66	78.75	87.17	95.96	109.19	112.86	114.28	119.74	123.47	128.03
云南	85.63	126.21	145.06	169.69	201.86	251.97	313.44	342.74	397.91	476.43
西藏	0.65	1.07	0.89	0.89	0.89	1.09	1.07	1.23	2.17	1.35
陕西	514.70	730.94	858.15	906.14	1053.17	1124.95	1246.97	1366.06	1476.48	1587.14
甘肃	137.05	247.74	245.65	280.70	332.77	358.44	411.62	459.87	488.54	519.08
青海	1.63	2.40	2.80	2.60	2.37	3.30	3.26	3.34	3.84	4.44
宁夏	16.90	71.22	68.56	69.61	114.25	153.83	185.75	202.43	228.86	237.28
新疆	198.20	408.30	450.84	511.91	580.43	672.55	855.04	1056.35	1028.85	1035.96

数据来源：历年《中国统计年鉴》。

表 5－22 各省市稻谷亩产量（公斤/公顷）

年份	2002	2003	2004	2005	2006	2007	2008	2009	2010	2011
北京	6444.40	6273.30	6097.60	5750.00	6231.90	6153.80	6818.20	6315.80	6333.30	6521.70
天津	7515.10	8071.40	8103.90	7293.40	7304.30	6968.60	6997.30	7018.10	7093.10	7528.10
河北	5018.90	5432.70	5659.00	5881.80	5772.10	6810.20	6814.70	6750.90	6805.10	7248.90
山西	5678.00	3987.10	4050.00	3358.20	4662.90	4162.80	1228.10	4386.00	4423.10	4902.00
内蒙古	6238.40	6719.40	6736.70	7358.50	7191.50	7536.60	7204.00	6365.40	8115.00	8657.40
辽宁	7300.50	7019.10	7377.80	7327.60	6826.30	7644.60	7675.70	7705.20	6754.20	7657.70
吉林	5554.70	5882.20	7292.50	7236.90	7424.70	7463.80	8790.00	7646.90	8440.60	9019.90
黑龙江	5887.20	6528.80	7116.80	6795.70	6261.30	6293.10	6349.50	6398.30	6659.50	7000.70
上海	8206.10	7742.30	8002.50	7583.40	8108.80	7883.40	8223.40	8296.60	8327.60	8378.60
江苏	8626.80	7630.10	7918.80	7725.00	8023.50	7904.20	7936.70	8073.00	8091.90	8290.20
浙江	6650.30	6604.90	6682.00	6268.90	6857.70	6674.00	7044.60	7101.80	7021.00	7253.60
安徽	6494.20	4885.90	6067.20	5820.10	6035.70	6150.60	6235.00	6255.90	6161.20	6217.80
福建	5148.20	5438.10	5539.00	5533.80	5603.20	5767.30	5908.00	5960.30	5942.00	6082.20
江西	5209.20	5066.70	5213.00	5328.20	5475.10	5655.00	5719.90	5807.00	5599.90	5877.80
山东	7040.90	6916.20	7280.40	7996.70	8482.70	8440.60	8449.00	8321.10	8294.30	8347.50
河南	7167.70	4774.80	7044.20	7039.50	7081.30	7275.00	7328.50	7377.70	7503.00	7437.30
湖北	7607.60	7430.60	7547.60	7390.60	7280.30	7508.80	7750.20	7784.10	7643.20	7941.00
湖南	5983.70	6070.90	6149.10	6050.30	6141.30	6224.20	6429.30	6371.30	6217.60	6333.50
广东	5478.40	5493.80	5250.70	5225.40	5231.40	5394.80	5153.30	5399.30	5431.30	5651.40
广西	5053.90	5104.20	4768.30	4953.00	5088.00	5231.40	5226.50	5392.50	5353.50	5215.70
海南	4042.50	4179.30	4396.20	3680.40	4527.50	4572.10	4640.70	4592.90	4269.70	4554.90
重庆	6490.70	6624.10	6799.70	6972.40	5129.80	7538.20	7859.80	7496.60	7582.60	7188.80
四川	7242.90	7214.20	7363.60	7213.00	6420.70	6972.60	7356.00	7499.40	7543.50	7605.50
贵州	4734.30	6374.70	6657.30	6551.50	6241.80	6652.20	6671.50	6490.20	6404.80	4459.80
云南	5015.50	6096.00	5886.60	6159.90	6228.90	5955.00	6103.10	6118.60	6038.90	6229.20
西藏	3515.20	5544.60	5238.10	5392.20	6020.40	5500.00	5204.10	5200.00	6020.40	6000.00
陕西	6153.30	5412.20	5967.10	6063.90	5890.80	6332.00	6667.70	6582.40	6662.00	6987.30
甘肃	8769.70	7473.90	7881.90	8058.80	7570.60	6458.30	6907.80	6878.30	7049.70	8429.60
青海	8730.40	7929.80	8148.50	8569.80	8683.00	7862.30	8267.50	8250.30	8416.30	8429.60
宁夏	8730.40	7929.80	8148.50	8569.80	8683.00	7862.30	8267.50	8250.30	8416.30	8429.60
新疆	7913.60	7553.60	5887.40	7765.30	9273.70	8811.80	5792.80	6664.80	8812.20	8590.50

数据来源：历年《农村统计年鉴》、《全国农产品成本收益汇编》、《中国统计年鉴》。

表 5－23　各省市小麦亩产量（公斤/公顷）

年　份	2002	2003	2004	2005	2006	2007	2008	2009	2010	2011
北　京	5126.60	5143.90	5175.00	5016.90	4758.20	4931.10	5123.60	5118.00	4609.50	4883.00
天　津	4599.60	4586.20	4788.60	4796.70	4827.50	4825.00	4872.30	4903.30	4814.00	4827.60
河　北	4488.70	4646.00	4872.60	4839.10	4750.20	4948.20	5057.40	5136.20	5084.50	5325.90
山　西	3046.50	3552.60	3654.20	2805.40	3443.50	3090.80	3627.80	2902.00	3188.10	3383.90
内蒙古	2614.90	2486.00	2639.10	3117.00	3561.50	3292.50	3405.60	3241.30	2918.40	3010.00
辽　宁	2309.20	3079.50	4320.40	3542.60	3869.00	4236.30	4786.40	5113.60	4933.30	5362.30
吉　林	3452.20	2714.90	2956.10	2821.10	4010.20	2875.70	3140.40	2439.00	3473.20	4213.80
黑龙江	3427.90	1729.10	3254.90	3782.70	3734.90	2952.50	3747.90	3968.60	3303.40	3485.40
上　海	3301.50	3413.40	3631.80	3317.70	3612.60	3900.30	4119.50	3837.60	3896.80	4031.10
江　苏	3755.90	3756.40	4295.00	4325.00	4714.00	4775.60	4815.00	4834.50	4816.40	4843.50
浙　江	2698.40	2915.50	3198.40	3248.90	3462.20	3731.20	3903.20	3849.60	3729.80	3720.00
安　徽	3324.00	3194.80	3835.60	3832.90	4567.50	4769.10	4976.80	4998.00	5100.80	5101.60
福　建	2851.10	3158.50	3106.80	3316.30	3303.60	3332.10	3330.30	2929.90	2840.10	2883.40
江　西	1514.90	1402.20	1537.30	1715.90	1646.50	1767.90	1852.90	1921.50	2030.80	2011.00
山　东	4553.60	5040.10	5338.20	5491.60	5633.60	5670.70	5770.40	5774.90	5779.50	5854.70
河　南	4630.40	4771.50	5109.00	5194.20	5637.90	5716.50	5800.40	5806.20	5837.50	5866.60
湖　北	2159.30	2742.40	2924.20	2916.10	3059.40	3222.00	3290.00	3338.90	3430.30	3401.50
湖　南	1838.00	1910.10	1912.00	2039.60	2112.90	2352.90	2352.90	2253.50	2525.50	2524.80
广　东	2999.10	2805.00	2850.00	2850.00	2910.00	3000.00	2891.60	2857.10	2825.60	3000.00
广　西	1406.30	1415.00	1623.90	1682.20	1525.40	1533.60	1351.40	1500.00	1357.10	1418.90
海　南	2999.10	2805.00	2850.00	2850.00	2910.00	3000.00	2891.60	2857.10	2825.60	3000.00
重　庆	2401.10	2596.60	2795.00	2811.90	2890.20	3057.90	3080.20	3072.40	3051.20	3063.40
四　川	3151.20	3232.10	3310.50	3385.80	3446.70	3430.20	3317.50	3313.50	3379.20	3462.20
贵　州	1745.50	1572.80	1789.50	1777.80	1850.40	1971.90	1631.30	1693.30	952.20	1955.60
云　南	2219.60	2191.60	2239.60	2007.40	2139.80	2137.10	1954.10	2134.60	1072.00	2257.80
西　藏	6217.60	6451.10	6412.40	6083.30	6394.30	6572.40	6898.80	6681.20	6553.30	6625.00
陕　西	2987.40	3206.80	3559.50	3311.50	3451.20	3137.20	3434.20	3343.00	3514.70	3615.00
甘　肃	2890.10	2834.20	2917.20	2646.20	2619.70	2417.40	2967.30	2708.90	2852.30	2872.60
青　海	3171.90	3439.30	3631.10	4062.00	3915.60	3985.70	4025.90	3749.20	3692.60	3760.50
宁　夏	2591.70	2368.10	2882.10	2877.00	3329.80	2634.20	3136.20	3367.20	3327.30	3116.30
新　疆	5104.00	5201.80	5138.80	5374.50	5513.50	5633.70	5525.20	5435.20	5566.80	5349.30

数据来源：历年《农村统计年鉴》、《全国农产品成本收益汇编》、《中国统计年鉴》。

表 5－24

各省市玉米亩产量（公斤/公顷）

年 份	2002	2003	2004	2005	2006	2007	2008	2009	2010	2011
北 京	5286.70	4281.30	4651.50	5228.10	5367.70	5506.90	6017.50	5953.80	5620.50	6429.40
天 津	4851.50	5189.00	5061.70	5269.40	5283.20	5246.00	5275.40	5348.70	5489.80	5584.30
河 北	4015.50	4313.60	4400.50	4458.90	4817.50	4966.80	5076.20	4966.10	5014.70	5401.10
山 西	4885.70	5210.00	5613.40	5205.00	5284.00	5040.30	4953.00	4508.40	4945.30	5189.70
内蒙古	5258.70	5585.00	5657.70	5904.30	5895.80	5740.70	6028.70	5471.90	5896.70	6113.70
辽 宁	5993.30	6322.50	6753.20	6334.70	5992.20	5843.10	6308.00	4903.50	5496.90	6372.60
吉 林	5970.10	6148.40	6238.20	6488.60	7071.30	6307.60	7127.40	6120.70	6577.50	7462.80
黑龙江	4683.70	4045.70	4310.60	4697.30	4977.10	3713.20	5069.70	4788.40	5321.00	5832.90
上 海	6592.90	6818.20	6139.10	6612.10	6854.20	6410.30	5882.40	5755.40	6659.10	6603.30
江 苏	5994.50	4364.90	5565.60	4721.00	5206.70	5042.00	5092.70	5406.40	5412.00	5458.60
浙 江	4275.90	4140.20	4124.80	4124.40	4265.20	4229.50	4290.10	4310.00	4455.40	4715.60
安 徽	5477.40	4153.60	4843.60	3952.60	4295.80	3519.30	4064.70	4169.70	4109.10	4428.10
福 建	3093.90	3152.50	3351.00	3369.10	3345.30	3410.50	3687.50	3843.50	3793.30	3903.70
江 西	3301.50	3582.90	3342.60	3785.60	3832.60	4109.30	4207.20	4530.80	4642.50	4089.70
山 东	5201.60	5864.90	6106.60	6353.50	6396.30	6364.20	6566.70	6586.50	6537.70	6604.70
河 南	5128.50	3210.80	4338.60	5174.80	5603.40	5694.20	5727.00	5643.40	5549.20	5608.30
湖 北	4795.50	4910.40	5010.80	5002.70	4719.30	4700.00	4813.70	4812.30	4912.10	5024.90
湖 南	4366.60	4436.30	4580.60	4832.30	5109.90	5281.60	5304.60	5670.20	5737.20	5762.80
广 东	3767.50	3915.00	4065.00	4500.00	4523.20	4454.80	4424.80	4481.10	4442.90	4559.60
广 西	3094.40	3007.00	3002.00	3682.50	3844.70	4161.50	4231.20	4212.50	3874.80	4324.60
海 南	3151.00	3087.00	3406.30	4181.80	3731.80	3979.50	4006.90	4247.80	4322.80	4375.50
重 庆	4139.20	4544.50	4947.90	5064.30	4552.50	5161.90	5400.70	5324.30	5446.40	5504.00
四 川	4347.20	4454.40	4753.50	4853.80	4281.40	4530.70	4811.90	4818.60	4935.80	5147.10
贵 州	4876.30	4661.20	4726.40	4785.00	4581.70	4883.80	5324.90	5392.00	5318.30	3093.60
云 南	4088.20	3748.60	3830.90	3799.30	3820.20	3889.20	3994.20	4007.30	4323.50	4245.70
西 藏	4732.40	4924.00	4969.70	4940.10	5014.70	5030.30	5572.10	6343.30	6540.30	6626.50
陕 西	3745.40	3935.50	3885.80	4190.10	3953.50	4280.10	4177.60	4519.80	4501.00	4675.70
甘 肃	4352.70	4983.60	5023.90	5126.10	4431.70	4931.90	4763.00	4752.20	4672.80	5074.30
青 海	6666.70	7035.90	7405.10	8165.10	7211.50	5807.80	8737.90	8190.50	8702.40	7420.60
宁 夏	6724.70	6801.10	6265.10	6809.70	6965.00	7114.60	7190.70	7270.80	7421.60	7461.10
新 疆	6632.40	6782.20	6978.40	7160.80	7220.70	7431.00	7263.70	6741.40	6448.40	7110.90

数据来源：历年《农村统计年鉴》、《全国农产品成本收益汇编》、《中国统计年鉴》。

表 5-25　　各省市豆类亩产量（公斤/公顷）

年　份	2002	2003	2004	2005	2006	2007	2008	2009	2010	2011
北　京	2173.90	1638.80	2097.60	1951.20	2004.50	1562.80	1945.20	1698.30	1572.80	1879.00
天　津	1529.90	1931.90	1528.00	1379.70	1205.80	1207.10	1262.60	1318.40	1323.20	1348.40
河　北	1339.50	1578.50	1600.10	1538.20	1737.00	1723.20	1838.40	1592.50	1724.00	1992.30
山　西	1165.90	1372.10	1399.00	1059.10	1124.20	1140.00	999.40	640.00	720.00	759.50
内蒙古	1337.80	867.80	1263.10	1522.50	1314.50	1300.70	1500.70	1273.40	1509.00	1675.60
辽　宁	1791.00	2064.80	1667.20	1480.50	1388.50	2385.70	2592.00	1748.40	2450.30	2580.20
吉　林	3173.10	3144.60	2636.00	2414.80	2521.80	1493.50	1723.00	1463.00	2101.00	2101.40
黑龙江	1806.20	1615.80	1772.00	1686.50	1699.40	1079.80	1542.40	1454.80	1604.80	1706.00
上　海	4734.70	2635.90	3035.50	3397.60	3232.50	2250.80	2025.00	2228.80	2114.70	2467.70
江　苏	2751.70	2446.20	2682.10	2387.10	2580.50	2540.20	2522.80	2581.30	2551.10	2485.70
浙　江	2171.70	2156.00	2218.00	2266.40	2293.10	2322.10	2352.70	2406.80	2415.10	2541.00
安　徽	1827.90	1189.80	1221.10	946.90	1252.70	1194.30	1216.20	1211.40	1193.80	1186.80
福　建	2088.60	2088.50	2141.90	2182.10	2177.70	2258.90	2354.00	2394.20	2399.70	2474.10
江　西	1472.00	1453.10	1496.80	1612.50	1672.00	1637.00	1667.90	1746.60	1812.00	1857.50
山　东	2220.20	2542.10	2969.70	2707.50	2778.60	2409.00	2394.90	2449.00	2460.90	2602.60
河　南	1841.40	1187.20	1885.50	1207.40	1308.70	1746.90	1745.90	1757.10	1817.90	1880.90
湖　北	1833.10	2064.90	2162.50	2241.60	2254.90	2237.70	2175.20	2270.60	2304.20	2073.10
湖　南	2106.10	1912.00	2015.70	2048.40	2177.10	2243.80	2262.20	2281.40	2352.00	2396.70
广　东	2184.40	2055.00	2222.60	2251.00	2309.50	2201.10	2231.20	2273.50	2318.50	2355.30
广　西	1324.40	1365.00	1319.70	1437.70	1480.50	1544.00	1588.20	1614.10	1403.30	1711.10
海　南	1964.80	2104.20	2105.30	1884.60	2051.30	1990.70	2356.50	2406.20	2701.40	2729.40
重　庆	1269.40	1541.10	1698.80	1797.60	1512.00	1816.50	1916.50	1948.10	1959.40	1936.20
四　川	2109.90	2183.50	2150.30	2245.40	2086.20	2193.20	2425.40	2258.00	2260.30	2180.90
贵　州	1249.00	1223.90	1249.70	1162.60	1178.50	1178.90	1166.20	1185.60	848.10	700.40
云　南	1546.20	1851.10	1243.20	1612.80	1463.90	1533.50	1984.00	2271.80	1371.80	2188.30
西　藏	3104.70	3373.60	3433.30	3612.00	3925.50	4095.00	3742.90	3648.60	3549.80	3643.40
陕　西	859.20	647.50	1047.50	970.40	1259.10	2202.40	2182.30	2046.30	2010.70	1980.60
甘　肃	1648.10	1690.20	1621.50	1699.70	1754.90	1509.20	1612.80	1626.90	1782.60	1744.40
青　海	2261.40	2241.80	2680.80	2875.00	2219.30	2673.40	2781.90	2552.60	2350.00	2185.10
宁　夏	966.20	776.80	983.50	850.00	950.80	813.80	686.10	682.20	768.90	1214.40
新　疆	2462.90	2587.90	2453.30	2587.20	2564.70	2638.40	1731.50	3199.00	2522.90	3453.60

数据来源：历年《农村统计年鉴》、《全国农产品成本收益汇编》、《中国统计年鉴》。

表 5－26 各省市棉花亩产量（公斤/公顷）

年份	2002	2003	2004	2005	2006	2007	2008	2009	2010	2011
北京	1128.10	1077.00	1187.80	1149.40	1066.20	1184.50	1130.80	1278.30	1150.00	1170.50
天津	1392.00	1340.70	1385.20	1364.50	1378.90	1379.70	1198.60	1275.00	1210.60	1204.20
河北	986.50	897.90	994.40	1006.20	1007.90	1065.80	1068.60	975.20	979.30	1033.00
山西	1033.20	1002.40	1048.30	1056.00	1079.50	1106.60	1198.30	1197.10	1180.40	1188.40
内蒙古	3684.30	1055.20	1105.40	1117.10	1129.10	1392.70	1430.00	1447.10	1260.70	1446.90
辽宁	994.30	828.80	894.70	958.90	1184.20	1944.40	1690.80	1098.90	1523.30	1821.80
吉林	994.30	828.80	440.00	1665.00	1868.00	943.40	2216.90	1229.10	1565.70	1812.30
黑龙江	994.30	828.80	440.00	1665.00	1868.00	943.40	2216.90	1229.10	1565.70	1812.30
上海	1233.30	1428.60	1611.80	1627.50	1665.80	1792.90	2136.20	1982.60	1453.70	1940.30
江苏	1163.60	787.50	1227.60	876.20	1074.80	1063.00	1084.80	1011.70	1106.70	1031.60
浙江	1194.90	1192.70	1213.00	1204.10	1311.60	1353.10	1385.00	1397.00	1412.20	1489.00
安徽	1049.20	617.90	1032.80	864.00	1039.50	995.60	931.80	983.70	917.70	1078.90
福建	717.20	853.80	971.40	880.00	825.00	843.70	847.00	765.60	435.60	697.00
江西	1217.30	1162.40	1357.00	1364.60	1445.80	1562.90	1681.40	1656.80	1640.00	1743.00
山东	1086.00	994.50	1036.40	1000.10	1100.40	1112.20	1171.50	1151.00	944.90	1042.50
河南	964.40	406.50	700.50	866.20	1036.70	1071.40	1074.00	963.00	957.00	963.90
湖北	1101.00	915.40	968.60	960.70	1111.10	1083.80	945.50	1044.40	982.80	1076.00
湖南	1184.40	1173.50	1210.40	1308.60	1491.30	1419.60	1347.50	1389.30	1297.10	1179.80
广东	503.70	502.80	515.30	536.10	705.10	840.40	889.90	922.80	928.30	973.80
广西	503.70	502.80	515.30	536.10	705.10	840.40	889.90	922.80	928.30	973.80
海南	503.70	502.80	515.30	536.10	705.10	840.40	889.90	922.80	928.30	973.80
重庆	488.30	579.50	560.00	726.10	630.00	633.30	576.50	609.00	628.40	636.60
四川	715.80	812.50	924.00	887.70	642.80	773.90	838.80	917.40	876.20	913.10
贵州	373.60	358.00	399.40	397.80	392.80	401.40	651.40	628.90	660.50	642.70
云南	397.40	378.30	428.10	392.90	482.00	1539.50	890.80	1009.40	1237.20	1647.80
西藏	1564.70	1515.90	1568.40	1614.80	1725.40	1690.10	1760.60	1791.10	1697.20	1769.00
陕西	1004.20	810.60	1027.20	1107.40	1035.40	1007.20	1182.60	1388.20	1360.80	1341.40
甘肃	1721.60	1659.90	1609.30	1728.20	1677.50	1632.90	1693.70	1714.20	1577.80	1585.10
青海	1564.70	1515.90	1568.40	1614.80	1725.40	1690.10	1760.60	1791.10	1697.20	1769.00
宁夏	1564.70	1515.90	1510.00	500.00	2414.30	1000.00	1760.60	1791.10	1697.20	1769.00
新疆	1564.70	1515.90	1568.40	1614.80	1725.40	1690.10	1760.60	1791.10	1697.20	1769.00

数据来源：历年《农村统计年鉴》、《全国农产品成本收益汇编》、《中国统计年鉴》。

表 5－27　　各省市油料亩产量（公斤/公顷）

年　份	2002	2003	2004	2005	2006	2007	2008	2009	2010	2011
北　京	2958.9	2394.8	2675.2	2898	3007.8	3105.8	3026.9	2968.2	2880.9	2852.9
天　津	1796.2	1950.1	2553.6	2563	2616.8	2630.7	2651.9	2719.6	2939.3	2960.3
河　北	2356	2572.6	2644.2	2732	2794.5	2771.4	2952.3	2885	3021	3128.8
山　西	1081.6	1125.9	945.7	777.7	852.3	806.8	1067.1	1001.5	1120.7	1247.2
内蒙古	1581.8	1414	1545	1758.7	1770.6	1491.7	1666.9	1703.6	1847.7	1867.2
辽　宁	1845.5	1835.9	1836.5	1812.2	2411.6	2470.2	2896.5	1995.7	2866.7	3054.7
吉　林	2922	1892.9	1715.6	1887.6	2027.8	1180	2441.6	2074.4	2324.3	2838.5
黑龙江	1412.9	964.7	1118.7	1476.7	1466	1205.6	1302.3	1387	1647.1	1566.4
上　海	1846.8	1620.1	2357.8	2161.1	2215.5	2215.4	2330.4	2192.8	2226.1	2178.4
江　苏	2392.2	2189.5	2589.3	2550.4	2685.9	2682.7	2648.7	2734.3	2646	2608.2
浙　江	1624.9	1744.3	2055.7	2011.5	2010.3	2176.6	2163.2	2057.8	1890.8	2033.5
安　徽	1942.7	1638.4	2171.1	2077.2	2264.5	2304.7	2434.5	2480.8	2410.4	2433.7
福　建	2121.6	2107.6	2223.6	2240.6	2217.5	2294.8	2365.7	2378.8	2386.2	2440.3
江　西	1170.4	1200.8	1316.2	1319.2	1331.1	1369.9	1384.2	1424.1	1470.1	1551
山　东	3457.8	3571.7	3913.2	4043.7	4116.2	4097.4	4192.3	4247	4193.5	4227
河　南	2737	1974.1	2656	2799.8	3094.7	3232.1	3328.3	3458.2	3457.1	3371.7
湖　北	1627.3	1810.9	2130	2012.7	2066.5	2174.2	2092.4	2158.4	2152.3	2131.5
湖　南	1333.9	1448.6	1590.8	1569.4	1627.7	1587.2	1439.7	1587.3	1611.9	1661.9
广　东	2349.5	2449.2	2451.3	2422.1	2454.5	2502	2517.5	2553.9	2612.8	2676.6
广　西	1793.7	1849.5	1906.1	2011.7	2056.9	2213.4	2299.9	2322.6	2374.6	2473.9
海　南	1878.3	1932.7	1917	1908.3	2089	2080	2162.3	2238.6	2331	2458.6
重　庆	1482.9	1616.9	1710.2	1692.1	1567.4	1590.2	1655.3	1710.3	1743.2	1808.9
四　川	1921.5	1997.5	2077.9	2124.5	2031.4	2050.6	2163.8	2171.7	2203	2258.7
贵　州	1436.1	1441.1	1555.9	1527.4	1587.1	1608.4	1502.6	1533.3	1140.3	1470.7
云　南	1479.4	1564.6	1630.6	1607.8	1721.1	1622.8	1615.6	1580.9	1026.9	1774.7
西　藏	2219.3	2286.5	2216.5	2348.5	2263.6	2259.5	2438.6	2362.4	2441.6	2644.3
陕　西	1463.8	1447.4	1625.9	1638.2	1659.5	1552.7	1784.7	1840.4	1861.5	1960.1
甘　肃	1349	1374.3	1458.1	1529.5	1507.8	1520.2	1614.1	1663.8	1852.8	1809.1
青　海	1530.1	1722.6	1807.9	1967.7	1661.9	1860.5	2039.2	2122.9	1933	1982.1
宁　夏	983.9	994.7	1104.3	1259.4	1265.3	1514.7	1684.1	1590.6	2109.8	2076.7
新　疆	2063.1	2214.4	2067.1	2099.3	2163.1	2069.6	1982.9	2366.7	2437	2526.2

数据来源：历年《农村统计年鉴》、《全国农产品成本收益汇编》、《中国统计年鉴》。

表 5－28

各省市甘蔗亩产量（公斤/公顷）

年份	2002	2003	2004	2005	2006	2007	2008	2009	2010	2011
北京										
天津										
河北										
山西										
内蒙古										
辽宁										
吉林										
黑龙江										
上海	57601.0	41161.0	47657.0	51278.0	62617.0	61088.0	66500.0	67758.0	66951.0	64082.0
江苏	55755.0	56280.0	59082.0	54146.0	56602.0	55883.0	55048.0	58073.0	59848.0	58940.0
浙江	61654.0	64516.0	58690.0	57270.0	58636.0	61207.0	61301.0	62013.0	61700.0	62764.0
安徽	39369.0	33557.0	38463.0	37213.0	41136.0	44300.0	42976.0	37840.0	39074.0	39925.0
福建	63882.0	64722.0	63920.0	62535.0	61908.0	61829.0	66236.0	64229.0	62491.0	60904.0
江西	50345.0	48423.0	46135.0	44271.0	46483.0	44442.0	45862.0	45737.0	43583.0	44891.0
山东										
河南	54830.0	42892.0	50791.0	53042.0	53328.0	54840.0	59426.0	61869.0	66622.0	67398.0
湖北	47921.0	44064.0	46225.0	43113.0	44382.0	41389.0	39986.0	33263.0	40204.0	41652.0
湖南	55416.0	49684.0	52074.0	51329.0	54085.0	55046.0	53683.0	50953.0	49997.0	49814.0
广东	76641.0	72660.0	73408.0	75557.0	79056.0	80036.0	80097.0	82523.0	83956.0	86736.0
广西	68487.0	68608.0	69148.0	68950.0	70671.0	76429.0	75367.0	70836.0	66583.0	66599.0
海南	57704.0	58197.0	59785.0	46483.0	58021.0	64163.0	66016.0	64200.0	64172.0	64073.0
重庆	41870.0	40092.0	42048.0	41078.0	36406.0	38973.0	37532.0	37689.0	37315.0	34903.0
四川	53737.0	53508.0	50766.0	49692.0	47228.0	49797.0	50490.0	47302.0	47920.0	46945.0
贵州	39269.0	39561.0	35393.0	34861.0	35601.0	39224.0	40706.0	39117.0	38133.0	36410.0
云南	58322.0	58037.0	60187.0	55508.0	58458.0	56188.0	61309.0	59468.0	59328.0	61902.0
西藏										
陕西	15070.0	38904.0	36663.0	36117.0	32971.0	35215.0	16337.0	31940.0	28814.0	31120.0
甘肃										
青海										
宁夏										
新疆										

数据来源：历年《农村统计年鉴》、《全国农产品成本收益汇编》、《中国统计年鉴》。

表 5-29　　　　各省市甜菜亩产量（公斤/公顷）

年份	2002	2003	2004	2005	2006	2007	2008	2009	2010	2011
北京										
天津										
河北	12654	19105	24291	40704	40780	33851	37843	24546	34810	37243
山西	27501	39296	26090	32473	32023	36620	36624	37978	46169	57816
内蒙古	27662	26581	26547	36331	35715	38984	34922	33145	43707	40222
辽宁	28398	30058	22856	29962	37070	67973	37664	34034	45970	44482
吉林	27815	27001	27328	26351	25521	17857	34193	28131	23479	32482
黑龙江	21999	6012	12710	19264	18457	26358	28761	17222	22476	33526
上海										
江苏										
浙江										
安徽										
福建										
江西										
山东	4390	3482	24291	40704	16100	10400	8229	11520	34810	37243
河南										
湖北										
湖南										
广东										
广西										
海南										
重庆										
四川	15095	22000	14287	15216	11709	12775	10806	13753	13461	17020
贵州	2880	1881	4000	5554	5123	4973	6268	5907	6806	4366
云南	13487	12291	15029	16922	15824	10704	10328	13753	10248	4366
西藏	12654	19105	24291	40704	40780	33851	37843	24546	34810	37243
陕西	26978	19248	24237	19098	10941	9114	11529	45683	43594	37361
甘肃	40130	37922	34423	32683	37509	47202	43767	45683	43594	37361
青海	54713	56700	57483	59960	41763	32662	25544.29	20000	14633	11000
宁夏	54713	56700	57483	59960	25159	34456	17800	7000	12433	68800
新疆	54713	56700	57483	59960	58836	60556	61691	65644	64688	68800

数据来源：历年《农村统计年鉴》、《全国农产品成本收益汇编》、《中国统计年鉴》。

表 5－30　　各省市烤烟亩产量（公斤/公顷）

年　份	2002	2003	2004	2005	2006	2007	2008	2009	2010	2011
北　京	1636.00	1430.72	1770.69	1917.51	1721.84	2027.68	1447.97	1700.83	1658.55	1816.16
天　津	1636.00	1430.72	1770.69	1917.51	1721.84	2027.68	1447.97	1700.83	1658.55	1816.16
河　北	1636.00	1430.72	1770.69	1917.51	1721.84	2027.68	1447.97	1700.83	1658.55	1816.16
山　西	1819.00	2319.62	2108.53	2399.21	2192.21	1933.52	2540.94	2569.70	2234.35	3428.38
内蒙古	2168.00	2536.00	1966.25	2184.73	3136.82	5524.02	2804.85	3367.60	4329.18	4119.98
辽　宁	2030.00	1955.54	1924.05	1715.78	2530.30	3209.37	2779.29	2559.70	2500.51	2733.32
吉　林	1616.00	1810.19	2099.44	1976.34	2256.98	1777.38	2352.03	2683.17	2289.44	2745.12
黑龙江	1585.00	1379.31	2019.47	1849.99	2201.26	1953.99	2387.51	2264.60	2621.76	2440.42
上　海	2275.00	1918.56	2407.70	2407.02	2372.52	2525.57	2625.03	2826.03	2734.57	2701.81
江　苏	2275.00	1918.56	2407.70	2407.02	2372.52	2525.57	2000.00	2100.00	1750.00	1700.00
浙　江	2275.00	1918.56	2407.70	2407.02	2372.52	2525.57	2625.03	2826.03	2734.57	2701.81
安　徽	2275.00	1918.56	2407.70	2407.02	2372.52	2525.57	2625.03	2826.03	2734.57	2701.81
福　建	1673.00	1727.78	1834.95	1747.69	1859.65	1986.47	2071.13	2110.81	1936.61	2110.90
江　西	1525.00	1589.93	1977.21	1857.24	2038.59	2226.44	2360.99	2371.76	2131.80	2294.84
山　东	2013.00	2220.62	1927.15	2167.89	2544.26	2519.71	2418.97	2561.69	2750.37	2622.47
河　南	1851.00	1623.94	1970.63	2207.44	2331.73	2353.79	2393.99	2661.56	2354.53	2345.05
湖　北	1684.00	1589.46	1641.29	1804.14	1829.51	1667.01	1864.73	1950.06	1921.59	2024.32
湖　南	2050.00	2028.51	2186.14	2149.94	2132.20	2167.01	2187.34	2258.28	2289.61	2353.33
广　东	1901.00	1916.53	1888.80	1907.88	2000.18	2044.77	2070.80	2129.46	2286.41	2301.93
广　西	1424.00	1502.85	1583.69	1414.06	1609.43	1762.30	1660.84	1913.84	1693.90	1734.18
海　南	4263.00	1175.00	750.00	110.00	850.00	2044.77	2070.80	2129.46	2286.41	714.29
重　庆	1481.00	1466.55	1558.75	1725.62	1885.09	1455.51	1748.85	1874.05	1829.64	1951.31
四　川	1892.00	1860.26	2042.68	2249.03	2242.83	2119.41	1999.91	2057.71	2200.77	2037.41
贵　州	1539.00	1521.61	1594.63	1667.74	1725.58	1759.86	1936.36	1996.12	2020.84	1625.12
云　南	1906.00	1911.09	1957.40	2023.09	2041.91	2085.84	2167.87	2272.01	2271.93	2139.16
西　藏	1659.00	2260.79	2458.05	2352.89	2404.65	2051.41	2655.05	2904.00	3239.62	3310.03
陕　西	1632.00	1576.34	1748.82	1805.19	1820.39	1783.13	2136.91	2032.91	2167.77	2147.43
甘　肃	1659.00	2260.79	2458.05	2352.89	2404.65	2051.41	2655.05	2904.00	3239.62	3310.03
青　海	1659.00	2260.79	2458.05	2352.89	2404.65	2051.41	2655.05	2904.00	3239.62	3310.03
宁　夏	2000.00	4383.33	4369.23	5776.92	3059.46	4754.55	3833.33	4890.70	5108.70	5064.29
新　疆	1877.00	2500.00	1100.00	1288.00	2053.33	1284.48	2655.05	623.60	1550.00	3310.03

数据来源：历年《农村统计年鉴》、《全国农产品成本收益汇编》、《中国统计年鉴》。

表5－31　　　　　　　　　　　　**各省市水果亩产量（公斤/公顷）**

年份	2002	2003	2004	2005	2006	2007	2008	2009	2010	2011
北京	89.90	87.54	81.40	75.69	70.02	74.30	72.15	66.71	64.93	63.46
天津	43.70	41.08	36.37	37.07	36.39	35.11	33.78	33.01	34.36	32.87
河北	1062.10	1075.02	1106.41	1115.06	1097.51	1088.00	1061.47	1035.58	1064.40	1047.36
山西	281.60	278.15	279.07	279.69	270.15	274.03	277.20	281.16	294.38	322.57
内蒙古	43.80	48.29	50.76	52.06	48.88	47.13	52.47	52.18	65.93	66.82
辽宁	331.20	318.20	316.78	316.95	313.62	303.88	323.63	349.70	354.15	359.86
吉林	105.90	95.30	74.02	67.82	65.03	60.44	63.44	57.86	58.65	55.29
黑龙江	48.70	41.44	39.50	39.49	37.59	40.90	40.96	35.34	36.15	34.98
上海	18.20	24.75	28.50	22.27	24.28	25.08	25.95	24.65	23.16	20.90
江苏	182.90	178.30	184.91	191.44	190.44	174.75	178.73	192.74	191.51	202.98
浙江	275.60	286.71	294.42	299.81	300.69	314.25	317.13	318.05	320.92	320.86
安徽	93.80	100.45	109.75	104.18	102.83	100.82	108.70	104.50	107.13	110.01
福建	553.80	554.43	547.65	550.67	542.08	536.43	535.85	538.04	536.15	531.18
江西	248.20	262.36	293.95	295.81	302.04	338.90	361.38	374.55	373.62	381.60
山东	753.00	797.11	756.26	767.90	694.49	659.55	599.21	591.55	580.99	591.97
河南	352.80	374.07	400.01	416.63	416.34	448.50	438.18	449.03	455.26	465.53
湖北	229.40	227.94	250.40	265.05	282.19	319.21	347.45	367.60	375.73	398.84
湖南	364.00	378.28	406.23	430.76	450.59	480.82	469.23	510.91	519.65	537.14
广东	875.40	917.12	986.65	996.91	1013.92	1019.15	1052.39	1081.30	1084.81	1096.62
广西	819.70	821.30	844.06	865.23	867.38	883.70	888.15	917.71	938.07	970.00
海南	157.40	159.16	163.81	163.40	169.74	171.76	171.16	170.63	174.54	182.84
重庆	147.40	164.77	164.72	179.27	189.33	206.18	216.71	230.88	248.65	264.77
四川	370.20	418.21	444.13	461.96	477.93	499.69	509.51	537.07	552.28	580.93
贵州	98.30	103.11	110.29	118.92	119.14	124.55	133.28	140.83	151.83	169.02
云南	212.10	217.79	225.67	224.75	241.99	265.07	289.03	309.40	315.19	348.48
西藏	1.10	0.83	0.83	1.14	1.23	1.33	1.51	1.54	1.86	2.15
陕西	703.80	750.51	788.47	817.45	860.49	884.91	950.69	1011.36	1083.33	1121.24
甘肃	294.80	320.07	335.05	347.59	373.62	415.59	411.85	411.55	419.95	430.01
青海	5.10	5.11	7.05	4.30	4.20	4.28	4.13	4.51	5.09	5.05
宁夏	42.10	44.94	44.85	48.55	55.64	65.25	82.92	100.28	119.47	124.92
新疆	292.10	344.18	396.21	476.98	502.79	607.57	716.02	839.29	991.72	990.31

数据来源：历年《农村统计年鉴》、《全国农产品成本收益汇编》、《中国统计年鉴》。

第四部分　生产每单位农产品所需工时

表 5－32　　生产每单位稻谷所需工时（日/公斤）

年 份	2002	2003	2004	2005	2006	2007	2008	2009	2010	2011
北 京	0.03	0.03	0.03	0.03	0.03	0.02	0.02	0.01	0.02	0.02
天 津	0.02	0.03	0.02	0.03	0.03	0.02	0.01	0.01	0.02	0.02
河 北	0.06	0.05	0.04	0.04	0.04	0.03	0.03	0.03	0.02	0.02
山 西	0.04	0.06	0.05	0.06	0.04	0.04	0.13	0.03	0.03	0.03
内蒙古	0.04	0.03	0.03	0.03	0.03	0.02	0.02	0.02	0.02	0.02
辽 宁	0.02	0.02	0.02	0.02	0.02	0.02	0.02	0.02	0.02	0.02
吉 林	0.03	0.03	0.02	0.02	0.01	0.02	0.01	0.01	0.02	0.02
黑龙江	0.02	0.02	0.02	0.02	0.01	0.01	0.01	0.01	0.02	0.02
上 海	0.01	0.01	0.01	0.01	0.01	0.01	0.01	0.01	0.02	0.02
江 苏	0.02	0.02	0.02	0.02	0.01	0.01	0.01	0.01	0.01	0.01
浙 江	0.02	0.02	0.01	0.02	0.03	0.03	0.02	0.02	0.02	0.02
安 徽	0.03	0.04	0.03	0.03	0.02	0.02	0.02	0.02	0.02	0.02
福 建	0.05	0.04	0.04	0.04	0.03	0.03	0.03	0.03	0.03	0.03
江 西	0.04	0.05	0.04	0.04	0.03	0.03	0.03	0.03	0.03	0.02
山 东	0.03	0.03	0.02	0.02	0.02	0.02	0.02	0.02	0.02	0.02
河 南	0.04	0.07	0.02	0.02	0.02	0.01	0.01	0.01	0.02	0.01
湖 北	0.02	0.03	0.02	0.02	0.02	0.02	0.01	0.01	0.01	0.01
湖 南	0.04	0.04	0.03	0.03	0.02	0.02	0.02	0.02	0.02	0.02
广 东	0.04	0.04	0.04	0.04	0.03	0.03	0.03	0.03	0.03	0.03
广 西	0.05	0.04	0.04	0.04	0.04	0.03	0.03	0.03	0.03	0.03
海 南	0.06	0.05	0.05	0.06	0.04	0.04	0.03	0.03	0.03	0.03
重 庆	0.04	0.03	0.03	0.03	0.05	0.04	0.03	0.03	0.03	0.02
四 川	0.03	0.03	0.03	0.03	0.03	0.02	0.02	0.02	0.02	0.02
贵 州	0.05	0.04	0.03	0.03	0.05	0.05	0.04	0.04	0.04	0.06
云 南	0.07	0.06	0.07	0.06	0.03	0.03	0.04	0.04	0.03	0.03
西 藏	0.07	0.04	0.04	0.04	0.03	0.03	0.03	0.03	0.02	0.02
陕 西	0.04	0.04	0.04	0.03	0.05	0.05	0.04	0.03	0.04	0.03
甘 肃	0.03	0.03	0.03	0.03	0.02	0.03	0.02	0.02	0.02	0.02
青 海	0.03	0.03	0.03	0.02	0.02	0.02	0.02	0.02	0.02	0.02
宁 夏	0.03	0.03	0.03	0.03	0.02	0.02	0.02	0.02	0.02	0.02
新 疆	0.03	0.03	0.04	0.03	0.02	0.02	0.03	0.02	0.02	0.02

表5－33　　　　　　　　　　生产每单位小麦所需工时（日/公斤）

年份	2002	2003	2004	2005	2006	2007	2008	2009	2010	2011
北京	0.01	0.01	0.02	0.02	0.02	0.01	0.02	0.02	0.02	0.02
天津	0.01	0.01	0.01	0.01	0.01	0.01	0.02	0.02	0.02	0.02
河北	0.03	0.02	0.02	0.02	0.02	0.02	0.02	0.02	0.02	0.02
山西	0.04	0.03	0.03	0.03	0.03	0.03	0.03	0.02	0.02	0.02
内蒙古	0.06	0.05	0.05	0.04	0.03	0.04	0.03	0.03	0.03	0.03
辽宁	0.06	0.04	0.03	0.03	0.01	0.01	0.00	0.00	0.00	0.00
吉林	0.04	0.05	0.04	0.04	0.01	0.01	0.00	0.00	0.00	0.00
黑龙江	0.01	0.01	0.01	0.01	0.01	0.01	0.00	0.00	0.00	0.00
上海	0.01	0.01	0.01	0.02	0.01	0.01	0.02	0.02	0.02	0.02
江苏	0.02	0.02	0.02	0.02	0.01	0.01	0.01	0.01	0.01	0.01
浙江	0.05	0.05	0.04	0.04	0.02	0.02	0.02	0.02	0.02	0.02
安徽	0.04	0.03	0.02	0.02	0.02	0.02	0.01	0.01	0.01	0.01
福建	0.05	0.04	0.04	0.04	0.03	0.03	0.03	0.03	0.03	0.03
江西	0.09	0.10	0.08	0.07	0.06	0.06	0.05	0.05	0.04	0.04
山东	0.03	0.02	0.02	0.02	0.02	0.02	0.02	0.02	0.02	0.01
河南	0.03	0.02	0.02	0.02	0.01	0.01	0.01	0.01	0.01	0.01
湖北	0.07	0.06	0.04	0.03	0.03	0.02	0.02	0.02	0.02	0.02
湖南	0.08	0.07	0.06	0.06	0.05	0.04	0.04	0.04	0.03	0.03
广东	0.05	0.05	0.04	0.04	0.04	0.03	0.03	0.03	0.03	0.03
广西	0.10	0.10	0.07	0.07	0.07	0.06	0.07	0.06	0.06	0.06
海南	0.05	0.05	0.04	0.04	0.04	0.03	0.03	0.03	0.03	0.03
重庆	0.06	0.05	0.04	0.04	0.09	0.08	0.03	0.03	0.03	0.03
四川	0.08	0.07	0.06	0.06	0.05	0.04	0.04	0.05	0.05	0.04
贵州	0.10	0.11	0.10	0.11	0.08	0.05	0.06	0.05	0.09	0.04
云南	0.09	0.09	0.08	0.09	0.08	0.08	0.08	0.06	0.12	0.06
西藏	0.02	0.02	0.02	0.02	0.02	0.02	0.01	0.01	0.01	0.01
陕西	0.05	0.04	0.04	0.05	0.04	0.04	0.03	0.03	0.03	0.03
甘肃	0.08	0.07	0.07	0.07	0.07	0.06	0.05	0.05	0.05	0.05
青海	0.08	0.07	0.07	0.06	0.07	0.06	0.02	0.02	0.02	0.02
宁夏	0.06	0.07	0.05	0.05	0.04	0.05	0.04	0.03	0.03	0.03
新疆	0.02	0.02	0.02	0.02	0.02	0.01	0.02	0.01	0.01	0.01

表 5－34　　生产每单位玉米所需工时（日/公斤）

年份	2002	2003	2004	2005	2006	2007	2008	2009	2010	2011
北京	0.01	0.02	0.02	0.01	0.01	0.01	0.02	0.02	0.02	0.01
天津	0.02	0.02	0.02	0.01	0.02	0.01	0.02	0.02	0.02	0.02
河北	0.03	0.03	0.03	0.03	0.02	0.02	0.02	0.02	0.02	0.02
山西	0.04	0.04	0.03	0.03	0.03	0.03	0.03	0.03	0.03	0.03
内蒙古	0.03	0.02	0.02	0.02	0.02	0.02	0.02	0.02	0.01	0.01
辽宁	0.02	0.02	0.02	0.02	0.02	0.02	0.01	0.02	0.02	0.01
吉林	0.02	0.02	0.02	0.02	0.01	0.02	0.01	0.01	0.01	0.01
黑龙江	0.02	0.02	0.02	0.01	0.01	0.02	0.01	0.01	0.01	0.01
上海	0.02	0.02	0.02	0.02	0.02	0.02	0.02	0.02	0.01	0.01
江苏	0.02	0.03	0.02	0.02	0.02	0.02	0.02	0.02	0.02	0.02
浙江	0.03	0.03	0.03	0.03	0.03	0.03	0.02	0.02	0.02	0.02
安徽	0.03	0.03	0.03	0.03	0.03	0.03	0.03	0.03	0.03	0.02
福建	0.05	0.04	0.04	0.03	0.03	0.03	0.03	0.03	0.03	0.02
江西	0.05	0.05	0.04	0.04	0.03	0.03	0.03	0.02	0.02	0.03
山东	0.03	0.02	0.02	0.02	0.02	0.02	0.02	0.01	0.01	0.01
河南	0.03	0.05	0.03	0.02	0.02	0.02	0.02	0.02	0.02	0.02
湖北	0.04	0.04	0.04	0.04	0.04	0.04	0.03	0.03	0.03	0.03
湖南	0.04	0.04	0.03	0.03	0.03	0.02	0.02	0.02	0.02	0.02
广东	0.05	0.04	0.04	0.03	0.03	0.03	0.03	0.03	0.02	0.02
广西	0.06	0.06	0.06	0.05	0.05	0.03	0.04	0.04	0.04	0.04
海南	0.06	0.05	0.04	0.03	0.03	0.03	0.03	0.03	0.03	0.02
重庆	0.04	0.04	0.03	0.03	0.06	0.05	0.05	0.05	0.04	0.04
四川	0.07	0.07	0.05	0.05	0.04	0.03	0.04	0.03	0.03	0.03
贵州	0.05	0.05	0.05	0.05	0.04	0.04	0.04	0.04	0.04	0.06
云南	0.07	0.07	0.08	0.07	0.07	0.06	0.06	0.06	0.05	0.05
西藏	0.04	0.03	0.03	0.03	0.03	0.02	0.02	0.02	0.02	0.02
陕西	0.05	0.05	0.05	0.04	0.04	0.04	0.04	0.03	0.03	0.03
甘肃	0.06	0.06	0.05	0.05	0.06	0.05	0.06	0.05	0.05	0.05
青海	0.03	0.02	0.02	0.02	0.02	0.02	0.01	0.01	0.01	0.01
宁夏	0.03	0.02	0.03	0.02	0.02	0.02	0.02	0.02	0.02	0.02
新疆	0.02	0.02	0.02	0.02	0.02	0.01	0.01	0.01	0.02	0.01

表 5-35　　生产每单位豆类所需工时（日/公斤）

年　份	2002	2003	2004	2005	2006	2007	2008	2009	2010	2011
北　京	0.05	0.07	0.04	0.04	0.03	0.04	0.03	0.03	0.03	0.02
天　津	0.07	0.06	0.05	0.06	0.06	0.06	0.05	0.04	0.04	0.03
河　北	0.08	0.07	0.06	0.05	0.04	0.05	0.04	0.05	0.04	0.03
山　西	0.12	0.12	0.12	0.12	0.09	0.11	0.13	0.17	0.16	0.14
内蒙古	0.06	0.13	0.05	0.08	0.05	0.06	0.05	0.06	0.03	0.03
辽　宁	0.05	0.04	0.07	0.06	0.07	0.04	0.03	0.04	0.03	0.03
吉　林	0.03	0.03	0.04	0.04	0.03	0.04	0.03	0.04	0.02	0.02
黑龙江	0.03	0.03	0.03	0.03	0.03	0.04	0.02	0.03	0.02	0.02
上　海	0.02	0.04	0.03	0.02	0.02	0.03	0.03	0.03	0.02	0.02
江　苏	0.04	0.04	0.03	0.03	0.03	0.03	0.02	0.02	0.02	0.02
浙　江	0.05	0.05	0.04	0.03	0.03	0.03	0.02	0.02	0.02	0.02
安　徽	0.06	0.09	0.08	0.09	0.08	0.07	0.06	0.06	0.06	0.04
福　建	0.05	0.05	0.04	0.04	0.03	0.03	0.02	0.02	0.02	0.02
江　西	0.07	0.08	0.05	0.05	0.04	0.04	0.03	0.03	0.03	0.03
山　东	0.05	0.04	0.03	0.03	0.03	0.04	0.04	0.03	0.03	0.03
河　南	0.06	0.09	0.04	0.06	0.06	0.04	0.04	0.04	0.05	0.04
湖　北	0.06	0.05	0.07	0.11	0.03	0.03	0.03	0.03	0.02	0.02
湖　南	0.05	0.06	0.04	0.04	0.03	0.03	0.03	0.03	0.02	0.02
广　东	0.05	0.05	0.03	0.03	0.03	0.03	0.03	0.03	0.02	0.02
广　西	0.08	0.08	0.06	0.05	0.05	0.04	0.04	0.04	0.04	0.03
海　南	0.05	0.05	0.04	0.04	0.03	0.03	0.02	0.02	0.02	0.02
重　庆	0.09	0.07	0.05	0.04	0.13	0.11	0.09	0.09	0.09	0.09
四　川	0.05	0.05	0.04	0.03	0.03	0.03	0.02	0.03	0.02	0.02
贵　州	0.09	0.09	0.06	0.07	0.06	0.06	0.05	0.05	0.06	0.07
云　南	0.09	0.09	0.17	0.19	0.12	0.11	0.03	0.03	0.04	0.02
西　藏	0.03	0.03	0.02	0.02	0.02	0.02	0.02	0.02	0.01	0.01
陕　西	0.11	0.14	0.11	0.10	0.08	0.04	0.04	0.04	0.04	0.04
甘　肃	0.07	0.07	0.05	0.05	0.04	0.05	0.04	0.04	0.03	0.03
青　海	0.05	0.05	0.03	0.03	0.03	0.03	0.02	0.02	0.02	0.02
宁　夏	0.11	0.14	0.08	0.09	0.07	0.08	0.09	0.09	0.07	0.04
新　疆	0.04	0.04	0.03	0.03	0.03	0.03	0.03	0.02	0.02	0.01

表 5－36　　生产每单位棉花所需工时（日/公斤）

年　份	2002	2003	2004	2005	2006	2007	2008	2009	2010	2011
北　京	0.29	0.33	0.26	0.32	0.27	0.25	0.20	0.19	0.21	0.22
天　津	0.23	0.27	0.22	0.27	0.21	0.21	0.19	0.19	0.20	0.21
河　北	0.33	0.40	0.31	0.36	0.33	0.30	0.32	0.34	0.37	0.35
山　西	0.44	0.41	0.36	0.32	0.33	0.33	0.28	0.27	0.24	0.23
内蒙古	0.12	0.39	0.33	0.33	0.33	0.27	0.24	0.23	0.26	0.21
辽　宁	0.36	0.37	0.35	0.36	0.34	0.21	0.20	0.30	0.21	0.17
吉　林	0.50	0.53	1.06	0.26	0.20	0.40	0.16	0.27	0.21	0.17
黑龙江	0.44	0.49	0.84	0.22	0.20	0.40	0.16	0.27	0.21	0.17
上　海	0.28	0.20	0.19	0.17	0.18	0.16	0.13	0.14	0.23	0.16
江　苏	0.38	0.52	0.30	0.43	0.42	0.43	0.42	0.44	0.40	0.41
浙　江	0.29	0.24	0.25	0.23	0.23	0.21	0.21	0.20	0.23	0.20
安　徽	0.39	0.70	0.37	0.48	0.47	0.44	0.42	0.36	0.36	0.28
福　建	0.61	0.48	0.38	0.42	0.46	0.44	0.41	0.43	0.75	0.44
江　西	0.52	0.60	0.44	0.43	0.36	0.32	0.29	0.28	0.28	0.26
山　东	0.40	0.44	0.38	0.38	0.34	0.34	0.32	0.31	0.38	0.35
河　南	0.44	0.88	0.57	0.45	0.40	0.40	0.36	0.39	0.39	0.37
湖　北	0.45	0.42	0.46	0.43	0.37	0.39	0.42	0.36	0.39	0.35
湖　南	0.37	0.35	0.38	0.38	0.33	0.33	0.31	0.29	0.33	0.36
广　东	0.87	0.81	0.72	0.70	0.53	0.44	0.39	0.35	0.35	0.31
广　西	0.87	0.81	0.72	0.70	0.53	0.44	0.39	0.35	0.35	0.31
海　南	0.87	0.81	0.72	0.70	0.53	0.44	0.39	0.35	0.35	0.31
重　庆	0.90	0.70	0.66	0.51	0.60	0.59	0.60	0.54	0.52	0.48
四　川	1.03	0.58	0.33	0.22	0.58	0.48	0.41	0.36	0.37	0.33
贵　州	1.17	1.14	0.93	0.94	0.96	0.93	0.53	0.52	0.50	0.47
云　南	1.10	1.07	0.86	0.95	0.78	0.24	0.39	0.32	0.26	0.18
西　藏	0.28	0.27	0.24	0.23	0.22	0.22	0.20	0.18	0.19	0.17
陕　西	0.42	0.54	0.47	0.42	0.45	0.47	0.40	0.34	0.33	0.33
甘　肃	0.19	0.21	0.19	0.19	0.20	0.20	0.15	0.16	0.17	0.14
青　海	0.19	0.19	0.17	0.17	0.16	0.16	0.15	0.13	0.13	0.09
宁　夏	0.19	0.19	0.18	0.55	0.08	0.24	0.10	0.11	0.09	0.10
新　疆	0.19	0.19	0.17	0.17	0.12	0.14	0.10	0.11	0.09	0.10

表 5－37　　生产每单位油料所需工时（日/公斤）

年　份	2002	2003	2004	2005	2006	2007	2008	2009	2010	2011
北　京	0.06	0.08	0.06	0.06	0.06	0.05	0.05	0.05	0.05	0.05
天　津	0.11	0.10	0.06	0.07	0.07	0.06	0.06	0.06	0.05	0.05
河　北	0.08	0.07	0.06	0.06	0.06	0.06	0.05	0.05	0.05	0.05
山　西	0.17	0.17	0.17	0.22	0.21	0.20	0.15	0.15	0.14	0.12
内蒙古	0.12	0.14	0.10	0.10	0.10	0.11	0.10	0.09	0.08	0.08
辽　宁	0.09	0.09	0.08	0.08	0.05	0.05	0.04	0.05	0.04	0.03
吉　林	0.06	0.09	0.09	0.08	0.06	0.10	0.04	0.05	0.05	0.04
黑龙江	0.11	0.17	0.14	0.10	0.08	0.09	0.08	0.08	0.07	0.07
上　海	0.11	0.13	0.08	0.09	0.08	0.07	0.07	0.07	0.07	0.07
江　苏	0.09	0.08	0.08	0.08	0.07	0.06	0.06	0.06	0.06	0.06
浙　江	0.13	0.12	0.09	0.09	0.09	0.08	0.07	0.07	0.08	0.07
安　徽	0.08	0.09	0.08	0.10	0.09	0.08	0.07	0.07	0.07	0.06
福　建	0.12	0.11	0.11	0.12	0.10	0.11	0.09	0.08	0.09	0.08
江　西	0.18	0.18	0.14	0.14	0.13	0.12	0.12	0.11	0.10	0.10
山　东	0.07	0.07	0.05	0.05	0.04	0.04	0.04	0.04	0.04	0.04
河　南	0.07	0.10	0.07	0.07	0.05	0.05	0.04	0.04	0.04	0.03
湖　北	0.10	0.13	0.09	0.07	0.09	0.07	0.08	0.07	0.07	0.07
湖　南	0.15	0.15	0.12	0.12	0.11	0.10	0.11	0.10	0.09	0.09
广　东	0.09	0.08	0.07	0.07	0.08	0.07	0.07	0.06	0.06	0.06
广　西	0.11	0.11	0.09	0.09	0.09	0.08	0.08	0.07	0.07	0.07
海　南	0.11	0.11	0.10	0.10	0.10	0.09	0.07	0.07	0.07	0.06
重　庆	0.14	0.13	0.11	0.11	0.16	0.14	0.14	0.14	0.13	0.12
四　川	0.12	0.10	0.09	0.07	0.08	0.04	0.08	0.10	0.08	0.09
贵　州	0.14	0.15	0.12	0.12	0.11	0.10	0.11	0.10	0.13	0.10
云　南	0.14	0.14	0.12	0.11	0.10	0.10	0.10	0.10	0.15	0.08
西　藏	0.09	0.09	0.08	0.08	0.08	0.07	0.07	0.06	0.06	0.06
陕　西	0.14	0.15	0.12	0.11	0.07	0.07	0.09	0.08	0.08	0.08
甘　肃	0.15	0.15	0.13	0.12	0.12	0.11	0.10	0.09	0.08	0.08
青　海	0.13	0.12	0.10	0.09	0.11	0.09	0.08	0.07	0.08	0.07
宁　夏	0.21	0.21	0.17	0.15	0.14	0.11	0.10	0.10	0.07	0.07
新　疆	0.10	0.10	0.09	0.09	0.08	0.08	0.08	0.06	0.06	0.06

表 5－38　　生产每单位甘蔗所需工时（日/公斤）

年份	2002	2003	2004	2005	2006	2007	2008	2009	2010	2011
北京	0.01	0.01	0.01	0.01	0.00	0.00	0.00	0.00	0.00	0.00
天津	0.01	0.01	0.01	0.01	0.00	0.00	0.00	0.00	0.00	0.00
河北	0.01	0.01	0.01	0.01	0.00	0.00	0.00	0.00	0.00	0.00
山西	0.01	0.01	0.01	0.01	0.00	0.00	0.00	0.00	0.00	0.00
内蒙古	0.01	0.01	0.01	0.01	0.00	0.00	0.00	0.00	0.00	0.00
辽宁	0.01	0.01	0.01	0.01	0.00	0.00	0.00	0.00	0.00	0.00
吉林	0.01	0.01	0.01	0.01	0.00	0.00	0.00	0.00	0.00	0.00
黑龙江	0.01	0.01	0.01	0.01	0.00	0.00	0.00	0.00	0.00	0.00
上海	0.01	0.01	0.01	0.01	0.00	0.00	0.00	0.00	0.00	0.00
江苏	0.01	0.01	0.01	0.01	0.01	0.01	0.00	0.00	0.00	0.00
浙江	0.01	0.01	0.01	0.01	0.01	0.00	0.00	0.00	0.00	0.00
安徽	0.01	0.01	0.01	0.01	0.01	0.01	0.01	0.01	0.01	0.01
福建	0.01	0.01	0.01	0.01	0.00	0.00	0.00	0.00	0.00	0.00
江西	0.01	0.01	0.01	0.01	0.01	0.01	0.01	0.01	0.01	0.01
山东	0.01	0.01	0.01	0.01	0.00	0.00	0.00	0.00	0.00	0.00
河南	0.01	0.01	0.01	0.01	0.01	0.01	0.00	0.00	0.00	0.00
湖北	0.01	0.01	0.01	0.01	0.01	0.01	0.01	0.01	0.01	0.01
湖南	0.01	0.01	0.01	0.01	0.01	0.01	0.00	0.00	0.00	0.00
广东	0.01	0.01	0.00	0.00	0.00	0.00	0.00	0.00	0.00	0.00
广西	0.01	0.01	0.00	0.00	0.00	0.00	0.00	0.00	0.00	0.00
海南	0.01	0.01	0.01	0.01	0.01	0.00	0.00	0.00	0.00	0.00
重庆	0.01	0.01	0.01	0.01	0.01	0.01	0.01	0.01	0.01	0.01
四川	0.01	0.01	0.01	0.01	0.01	0.01	0.01	0.01	0.01	0.01
贵州	0.01	0.01	0.01	0.01	0.01	0.01	0.01	0.01	0.01	0.01
云南	0.01	0.01	0.01	0.01	0.01	0.01	0.00	0.00	0.00	0.00
西藏	0.01	0.01	0.01	0.01	0.00	0.00	0.00	0.00	0.00	0.00
陕西	0.03	0.01	0.01	0.01	0.01	0.01	0.02	0.01	0.01	0.01
甘肃	0.01	0.01	0.01	0.01	0.00	0.00	0.00	0.00	0.00	0.00
青海	0.01	0.01	0.01	0.01	0.00	0.00	0.00	0.00	0.00	0.00
宁夏	0.01	0.01	0.01	0.01	0.00	0.00	0.00	0.00	0.00	0.00
新疆	0.01	0.01	0.01	0.01	0.00	0.00	0.00	0.00	0.00	0.00

表 5－39　　生产每单位甜菜所需工时（日/公斤）

年　份	2002	2003	2004	2005	2006	2007	2008	2009	2010	2011
北　京	0.02	0.01	0.01	0.00	0.00	0.00	0.00	0.01	0.00	0.00
天　津	0.02	0.01	0.01	0.00	0.00	0.00	0.00	0.01	0.00	0.00
河　北	0.02	0.01	0.01	0.00	0.00	0.00	0.00	0.01	0.00	0.00
山　西	0.01	0.01	0.01	0.01	0.00	0.00	0.00	0.00	0.00	0.00
内蒙古	0.01	0.01	0.01	0.01	0.01	0.00	0.01	0.01	0.00	0.00
辽　宁	0.01	0.01	0.01	0.00	0.00	0.00	0.00	0.00	0.00	0.00
吉　林	0.00	0.00	0.01	0.01	0.00	0.00	0.00	0.00	0.00	0.00
黑龙江	0.01	0.02	0.01	0.01	0.01	0.00	0.00	0.00	0.00	0.00
上　海	0.02	0.01	0.01	0.00	0.00	0.00	0.00	0.01	0.00	0.00
江　苏	0.01	0.01	0.01	0.01	0.01	0.00	0.00	0.01	0.00	0.00
浙　江	0.02	0.01	0.01	0.00	0.00	0.00	0.00	0.01	0.00	0.00
安　徽	0.02	0.02	0.01	0.00	0.00	0.00	0.00	0.01	0.00	0.00
福　建	0.02	0.01	0.01	0.00	0.00	0.00	0.00	0.01	0.00	0.00
江　西	0.02	0.01	0.01	0.00	0.00	0.00	0.00	0.01	0.00	0.00
山　东	0.05	0.06	0.01	0.00	0.01	0.01	0.01	0.01	0.00	0.00
河　南	0.02	0.01	0.01	0.00	0.00	0.00	0.00	0.01	0.00	0.00
湖　北	0.02	0.01	0.01	0.00	0.00	0.00	0.00	0.01	0.00	0.00
湖　南	0.02	0.01	0.01	0.00	0.00	0.00	0.00	0.01	0.00	0.00
广　东	0.02	0.01	0.01	0.00	0.00	0.00	0.00	0.01	0.00	0.00
广　西	0.02	0.01	0.01	0.00	0.00	0.00	0.00	0.01	0.00	0.00
海　南	0.02	0.01	0.01	0.00	0.00	0.00	0.00	0.01	0.00	0.00
重　庆	0.02	0.01	0.01	0.00	0.00	0.00	0.00	0.01	0.00	0.00
四　川	0.01	0.01	0.01	0.01	0.01	0.01	0.01	0.01	0.01	0.01
贵　州	0.08	0.12	0.04	0.03	0.03	0.02	0.02	0.02	0.02	0.03
云　南	0.02	0.02	0.01	0.01	0.01	0.01	0.01	0.01	0.01	0.03
西　藏	0.02	0.01	0.01	0.00	0.00	0.00	0.00	0.01	0.00	0.00
陕　西	0.01	0.01	0.01	0.01	0.01	0.01	0.01	0.00	0.00	0.00
甘　肃	0.01	0.01	0.01	0.01	0.01	0.00	0.00	0.00	0.00	0.00
青　海	0.00	0.00	0.00	0.00	0.00	0.00	0.00	0.01	0.01	0.01
宁　夏	0.00	0.00	0.00	0.00	0.01	0.00	0.01	0.02	0.01	0.00
新　疆	0.00	0.00	0.00	0.00	0.00	0.00	0.00	0.00	0.00	0.00

表 5-40　　生产每单位烤烟所需工时（日/公斤）

年份	2002	2003	2004	2005	2006	2007	2008	2009	2010	2011
北京	0.34	0.38	0.34	0.32	0.33	0.28	0.37	0.31	0.30	0.27
天津	0.34	0.38	0.34	0.32	0.33	0.28	0.37	0.31	0.30	0.27
河北	0.43	0.50	0.41	0.38	0.33	0.28	0.37	0.23	0.15	0.19
山西	0.31	0.24	0.28	0.25	0.26	0.29	0.21	0.21	0.22	0.14
内蒙古	0.26	0.22	0.30	0.28	0.14	0.08	0.16	0.13	0.10	0.09
辽宁	0.20	0.20	0.22	0.29	0.19	0.15	0.17	0.18	0.18	0.17
吉林	0.15	0.13	0.12	0.15	0.14	0.16	0.14	0.13	0.16	0.13
黑龙江	0.26	0.20	0.15	0.15	0.12	0.13	0.11	0.12	0.11	0.12
上海	0.25	0.29	0.25	0.25	0.24	0.22	0.20	0.19	0.18	0.18
江苏	0.25	0.29	0.25	0.25	0.24	0.22	0.27	0.25	0.28	0.29
浙江	0.25	0.29	0.25	0.25	0.24	0.22	0.20	0.19	0.18	0.18
安徽	0.21	0.25	0.23	0.22	0.19	0.20	0.19	0.16	0.17	0.16
福建	0.33	0.32	0.30	0.32	0.28	0.27	0.23	0.21	0.24	0.21
江西	0.41	0.41	0.32	0.30	0.26	0.25	0.23	0.21	0.23	0.20
山东	0.31	0.30	0.29	0.28	0.25	0.25	0.22	0.22	0.18	0.17
河南	0.33	0.32	0.28	0.28	0.25	0.23	0.24	0.20	0.23	0.23
湖北	0.39	0.35	0.32	0.32	0.32	0.34	0.28	0.26	0.26	0.24
湖南	0.34	0.33	0.31	0.34	0.28	0.29	0.28	0.26	0.25	0.23
广东	0.39	0.37	0.39	0.33	0.32	0.31	0.28	0.27	0.23	0.22
广西	0.38	0.45	0.41	0.35	0.28	0.33	0.30	0.26	0.29	0.28
海南	0.13	0.47	0.80	5.55	0.67	0.27	0.26	0.25	0.22	0.68
重庆	0.38	0.37	0.38	0.35	0.27	0.37	0.32	0.30	0.29	0.24
四川	0.29	0.34	0.22	0.19	0.19	0.23	0.24	0.23	0.21	0.22
贵州	0.38	0.40	0.38	0.35	0.31	0.30	0.28	0.26	0.21	0.27
云南	0.34	0.36	0.35	0.35	0.32	0.29	0.26	0.25	0.24	0.25
西藏	0.34	0.24	0.24	0.26	0.24	0.27	0.20	0.18	0.15	0.15
陕西	0.33	0.35	0.29	0.25	0.29	0.30	0.25	0.26	0.24	0.24
甘肃	0.34	0.24	0.24	0.26	0.23	0.24	0.17	0.19	0.17	0.17
青海	0.34	0.24	0.24	0.26	0.24	0.27	0.20	0.18	0.15	0.15
宁夏	0.28	0.13	0.14	0.11	0.19	0.12	0.14	0.11	0.10	0.10
新疆	0.30	0.22	0.54	0.47	0.28	0.44	0.20	0.85	0.32	0.15

表 5－41　　**生产稻谷所需实际劳动力（万人）**

年　份	2002	2003	2004	2005	2006	2007	2008	2009	2010	2011
北　京	0.39	0.17	0.08	0.08	0.06	0.04	0.02	0.01	0.02	0.02
天　津	1.29	0.72	1.38	1.66	1.58	1.00	0.78	0.62	1.16	1.03
河　北	15.65	9.75	9.20	11.33	10.11	9.46	8.49	8.87	5.88	6.01
山　西	0.41	0.36	0.28	0.28	0.16	0.13	0.09	0.09	0.08	0.07
内蒙古	10.44	7.68	8.55	8.75	8.21	6.83	7.87	7.65	6.79	6.52
辽　宁	45.07	39.80	43.18	40.84	44.40	44.39	41.20	38.86	49.95	47.79
吉　林	49.96	43.82	38.75	39.88	35.91	38.84	36.01	36.06	49.66	50.08
黑龙江	90.34	65.84	87.53	84.66	85.48	96.32	95.57	92.83	204.13	213.40
上　海	7.29	5.81	5.62	5.56	5.63	5.83	6.10	6.40	8.00	7.69
江　苏	151.63	132.55	141.19	144.66	116.97	127.50	118.55	113.22	100.70	97.65
浙　江	74.73	59.50	50.58	48.44	92.66	81.59	75.37	70.55	68.06	64.83
安　徽	168.64	180.48	196.31	177.46	141.30	138.10	134.80	127.90	124.28	110.76
福　建	125.89	110.45	104.10	98.63	79.35	77.99	77.96	69.84	64.63	67.96
江　西	323.94	308.13	320.17	324.32	290.20	273.12	261.74	246.65	244.65	240.37
山　东	16.66	13.51	10.82	11.57	11.30	11.16	10.51	10.12	9.45	9.02
河　南	65.84	78.84	41.42	44.81	37.64	30.92	30.34	28.75	39.14	28.71
湖　北	165.19	167.87	148.92	141.16	138.71	119.77	106.57	104.61	100.12	101.86
湖　南	411.71	391.30	392.77	393.37	277.06	242.60	233.56	244.35	234.88	233.00
广　东	255.23	244.48	226.04	221.56	189.82	165.78	156.53	147.27	143.97	140.62
广　西	280.46	270.38	248.97	244.65	205.48	181.83	170.38	159.69	154.41	150.59
海　南	40.06	39.37	35.37	31.14	28.68	25.51	24.92	23.88	23.91	23.08
重　庆	87.80	86.12	79.18	77.52	102.90	89.16	82.24	75.66	66.48	58.59
四　川	241.35	234.12	218.09	216.37	186.32	175.31	166.59	152.34	154.55	163.84
贵　州	85.40	82.68	75.72	74.80	119.40	107.57	99.73	96.25	93.05	91.44
云　南	199.01	194.80	209.28	198.94	94.01	84.66	116.53	114.56	105.06	107.24
西　藏	0.20	0.12	0.11	0.11	0.09	0.09	0.08	0.08	0.07	0.07
陕　西	15.17	16.01	15.41	15.25	20.59	16.55	15.12	13.38	14.32	14.03
甘　肃	0.74	0.55	0.52	0.53	0.48	0.45	0.44	0.43	0.43	0.37
青　海	0.00	0.00	0.00	0.00	0.00	0.00	0.00	0.00	0.00	0.00
宁　夏	9.63	6.03	8.48	8.61	7.35	6.58	6.46	5.88	6.13	6.08
新　疆	8.71	7.71	7.06	7.18	5.84	6.07	5.69	5.45	4.93	5.11

注：根据方法一计算。

表 5－42　　　　生产小麦所需实际劳动力（万人）

年　份	2002	2003	2004	2005	2006	2007	2008	2009	2010	2011
北　京	1.49	1.18	1.59	2.07	2.26	1.42	2.77	2.47	2.63	2.47
天　津	2.73	2.29	2.17	2.70	2.76	2.50	4.68	4.50	4.72	4.77
河　北	139.62	111.84	118.66	116.78	118.16	109.83	104.92	97.69	103.29	101.89
山　西	50.89	40.53	32.85	31.20	32.74	31.14	32.01	25.64	26.93	27.38
内蒙古	34.50	21.68	28.48	32.02	24.98	31.65	24.62	26.31	28.45	28.83
辽　宁	3.47	1.36	1.25	1.32	0.27	0.18	0.08	0.05	0.03	0.03
吉　林	1.60	1.49	0.69	0.56	0.12	0.08	0.04	0.02	0.01	0.01
黑龙江	3.52	2.76	3.40	3.13	3.98	3.42	1.76	1.63	1.07	1.09
上　海	0.66	0.50	0.46	0.90	0.77	0.93	2.02	2.51	2.09	2.50
江　苏	74.64	65.63	60.88	60.13	61.15	70.66	72.46	66.54	64.52	63.85
浙　江	6.57	4.82	3.62	3.98	2.50	1.71	1.90	1.93	2.04	2.20
安　徽	123.41	95.07	94.24	84.91	79.22	93.68	78.32	83.55	71.32	73.99
福　建	1.64	0.59	0.38	0.35	0.29	0.22	0.20	0.17	0.15	0.12
江　西	1.98	1.39	1.16	0.94	0.65	0.55	0.47	0.43	0.44	0.46
山　东	236.98	193.30	183.88	192.54	183.91	193.73	177.14	167.24	156.01	149.58
河　南	291.34	281.07	235.64	255.33	207.27	195.89	203.17	198.16	198.00	212.80
湖　北	53.57	46.60	31.06	33.52	32.08	35.68	31.07	30.32	32.18	30.18
湖　南	6.94	5.83	4.63	3.90	3.26	0.67	0.62	1.24	1.66	1.69
广　东	0.74	0.39	0.36	0.39	0.31	0.05	0.04	0.04	0.04	0.04
广　西	0.89	0.83	0.71	0.63	0.62	0.19	0.17	0.17	0.18	0.06
海　南	0.00	0.00	0.00	0.00	0.00	0.00	0.00	0.00	0.00	0.00
重　庆	27.07	21.78	17.04	16.59	32.81	23.51	8.64	7.33	6.37	5.79
四　川	186.85	148.35	116.69	124.21	103.17	95.40	93.98	100.70	98.53	93.41
贵　州	44.86	42.33	37.31	39.51	31.43	12.01	12.01	11.46	11.03	10.78
云　南	59.81	56.60	50.81	49.31	41.42	34.57	32.83	28.96	27.99	28.97
西　藏	3.12	2.85	2.47	2.49	2.18	1.99	1.71	1.60	1.57	1.57
陕　西	94.63	85.10	76.60	98.68	77.69	76.15	64.13	63.60	59.80	57.29
甘　肃	118.25	90.12	99.28	91.13	85.68	76.61	68.98	71.78	66.83	63.97
青　海	17.21	12.92	13.52	12.67	12.86	19.89	4.78	4.54	4.27	3.94
宁　夏	30.59	24.90	20.57	19.89	15.91	15.60	13.22	12.53	10.11	8.94
新　疆	42.18	35.72	34.39	33.78	32.27	25.53	30.74	34.96	35.28	31.21

注：根据方法一计算。

表 5-43 生产玉米所需实际劳动力（万人）

年份	2002	2003	2004	2005	2006	2007	2008	2009	2010	2011
北京	2.75	2.48	4.24	4.62	4.90	3.71	7.13	7.21	7.12	6.38
天津	6.59	5.25	5.32	5.21	6.01	5.83	7.79	7.94	8.03	7.67
河北	173.98	156.79	149.55	151.01	144.13	151.79	138.50	141.18	143.06	137.75
山西	82.86	87.88	87.97	87.27	86.41	85.57	98.74	98.94	105.83	111.52
内蒙古	113.65	106.21	110.34	114.44	94.16	102.79	115.30	114.35	96.75	104.92
辽宁	79.45	77.48	91.25	96.53	96.35	99.38	87.65	89.86	92.62	91.57
吉林	166.38	163.54	187.36	147.16	145.83	135.91	119.02	112.00	128.19	138.69
黑龙江	95.99	72.40	73.56	77.93	78.69	120.87	105.39	118.20	116.96	120.07
上海	0.34	0.29	0.26	0.25	0.22	0.21	0.18	0.20	0.22	0.20
江苏	32.42	28.13	24.11	21.44	21.02	20.86	19.88	19.28	19.80	20.07
浙江	3.87	3.23	3.38	3.64	3.64	1.26	1.29	1.30	1.34	1.50
安徽	47.88	40.47	40.73	43.88	42.34	42.89	42.94	39.95	39.33	38.50
福建	2.69	2.29	2.34	2.27	2.17	1.85	1.84	1.83	1.97	2.06
江西	1.46	1.48	1.07	1.18	1.03	0.97	0.93	0.91	1.00	1.38
山东	193.54	169.61	162.03	185.60	167.28	174.89	149.60	140.25	132.32	135.49
河南	194.88	204.06	149.92	145.80	138.30	137.78	139.80	147.23	145.61	143.61
湖北	38.10	37.35	38.34	39.24	39.02	37.21	37.08	37.32	39.26	39.08
湖南	23.95	24.56	20.67	19.74	17.46	13.69	14.30	15.86	16.11	17.61
广东	12.46	11.50	10.31	9.73	9.04	8.26	8.50	9.38	8.92	9.32
广西	45.66	50.19	53.06	52.20	45.42	30.49	41.39	43.46	44.48	46.98
海南	1.42	1.69	1.03	0.92	0.98	1.09	1.03	1.05	1.15	1.27
重庆	41.85	38.60	34.43	32.76	64.68	61.28	59.59	55.71	55.01	53.76
四川	192.96	175.07	132.57	138.39	100.03	104.58	121.03	110.49	111.31	112.05
贵州	84.99	85.96	85.46	82.73	76.01	76.34	71.79	75.02	77.57	76.63
云南	151.55	136.03	163.00	163.82	153.45	159.43	160.98	155.09	161.73	145.62
西藏	0.32	0.28	0.25	0.24	0.22	0.21	0.24	0.23	0.23	0.22
陕西	95.24	88.19	105.19	96.77	95.32	94.86	85.87	81.19	80.88	84.89
甘肃	71.01	68.79	66.94	64.10	65.00	65.79	75.14	80.02	101.70	96.81
青海	0.16	0.00	0.12	0.08	0.07	0.14	0.12	0.30	0.68	1.10
宁夏	13.14	13.49	16.60	14.09	12.88	15.17	16.28	16.50	16.22	16.31
新疆	33.13	29.83	33.41	30.54	29.20	28.37	29.11	30.20	35.01	32.27

注：根据方法一计算。

表 5－44　　生产豆类所需实际劳动力（万人）

年　份	2002	2003	2004	2005	2006	2007	2008	2009	2010	2011
北　京	0.99	1.08	0.59	0.47	0.47	0.34	0.31	0.28	0.19	0.15
天　津	2.01	1.82	1.17	1.08	0.77	0.33	0.29	0.38	0.37	0.30
河　北	24.09	20.73	16.57	14.04	11.38	9.89	9.49	8.27	6.74	5.47
山　西	29.24	28.22	29.30	21.16	18.90	22.47	21.93	18.07	18.76	17.13
内蒙古	42.35	62.47	31.21	62.15	38.96	49.89	36.41	42.25	27.98	23.93
辽　宁	13.82	15.22	18.18	13.61	11.74	6.73	7.98	7.00	5.28	4.72
吉　林	28.86	28.26	32.15	27.44	21.41	18.83	16.70	15.95	13.22	12.36
黑龙江	86.22	82.93	89.23	91.93	82.87	90.39	81.41	91.51	62.72	53.85
上　海	0.40	0.48	0.34	0.36	0.33	0.32	0.23	0.25	0.14	0.15
江　苏	23.67	20.46	15.67	13.83	11.79	10.92	10.01	9.98	8.59	7.82
浙　江	10.42	10.87	7.18	8.02	7.37	4.13	3.79	3.83	3.24	2.92
安　徽	42.34	53.11	45.58	41.22	54.85	43.34	40.63	38.60	34.70	25.15
福　建	6.83	6.78	4.47	4.34	3.91	2.31	2.14	2.23	2.00	1.89
江　西	10.97	10.37	6.17	5.91	5.59	5.63	4.68	4.55	3.96	3.62
山　东	19.87	16.76	11.83	11.38	9.95	7.52	7.34	7.23	6.86	6.89
河　南	34.78	32.16	25.82	23.26	24.40	17.62	21.37	17.86	22.02	16.92
湖　北	19.59	16.32	23.49	34.44	9.18	6.88	6.03	5.78	4.94	4.48
湖　南	15.69	16.51	10.87	10.61	9.61	5.24	4.54	4.93	4.41	4.02
广　东	5.93	5.98	4.19	4.15	3.77	2.71	2.35	2.35	2.03	1.81
广　西	16.43	16.15	11.01	10.74	9.30	4.95	4.23	4.69	4.34	3.96
海　南	0.88	0.87	0.53	0.44	0.37	0.07	0.22	0.23	0.21	0.20
重　庆	11.83	11.76	8.71	8.99	23.21	18.66	17.62	18.31	18.77	19.76
四　川	27.31	29.34	21.97	22.44	16.43	16.39	13.99	13.13	11.19	10.35
贵　州	17.64	18.06	12.62	12.45	11.36	10.38	9.05	9.20	8.07	7.37
云　南	41.79	39.97	50.89	72.32	41.11	44.45	16.49	16.96	14.90	13.49
西　藏	0.59	0.56	0.35	0.34	0.28	0.26	0.21	0.20	0.17	0.15
陕　西	16.88	17.38	22.03	19.18	19.27	10.51	10.92	10.28	10.05	9.90
甘　肃	12.65	12.98	9.11	9.39	7.84	7.92	6.65	6.12	5.12	4.68
青　海	2.60	2.23	1.56	1.57	1.60	1.52	1.14	1.25	0.93	0.76
宁　夏	5.59	6.21	3.29	2.72	1.91	0.80	1.74	1.41	1.25	0.91
新　疆	5.79	5.87	3.24	3.77	3.37	2.66	2.81	2.98	2.89	1.98

注：根据方法一计算。

表 5-45　生产棉花所需实际劳动力（万人）

年份	2002	2003	2004	2005	2006	2007	2008	2009	2010	2011
北京	0.51	0.57	1.00	0.33	0.30	0.25	0.14	0.07	0.00	0.06
天津	7.33	12.60	13.28	11.12	11.37	10.00	8.01	6.90	6.13	7.55
河北	66.61	103.78	102.27	104.17	102.25	109.45	117.06	103.92	106.20	115.29
山西	16.49	18.85	21.33	16.38	19.38	19.00	15.06	11.16	8.36	7.41
内蒙古	0.15	1.02	1.23	0.29	0.37	0.48	0.35	0.14	0.15	0.24
辽宁	0.54	0.65	0.82	0.49	0.35	0.22	0.25	0.14	0.07	0.06
吉林	0.10	0.19	0.00	0.23	0.28	0.10	0.41	0.26	0.54	1.02
黑龙江	0.00	0.00	0.00	0.00	0.00	0.00	0.00	0.00	0.00	0.00
上海	0.13	0.11	0.16	0.15	0.18	0.20	0.21	0.18	0.40	0.38
江苏	68.29	75.10	75.66	68.66	80.58	74.39	68.48	56.00	52.18	50.69
浙江	3.20	2.57	2.80	2.51	2.77	2.71	2.93	2.75	3.40	3.31
安徽	65.04	84.83	76.20	77.33	95.61	82.12	75.54	63.10	57.46	52.05
福建	0.02	0.00	0.00	0.00	0.00	0.15	0.00	0.06	0.00	0.00
江西	17.35	22.99	18.63	18.65	17.04	20.12	16.28	17.64	18.61	18.42
山东	145.61	193.75	211.30	161.52	175.03	171.92	164.55	144.55	138.29	138.06
河南	168.92	166.11	191.37	152.11	167.83	149.31	115.62	99.86	86.92	71.13
湖北	72.30	67.90	89.99	81.11	83.58	107.60	106.98	87.06	92.89	90.89
湖南	28.00	28.77	38.15	37.29	40.36	39.85	37.88	30.61	37.12	40.91
广东	0.00	0.00	0.00	0.00	0.00	0.00	0.00	0.00	0.00	0.00
广西	0.36	0.29	0.31	0.31	0.37	0.46	0.39	0.37	0.36	0.35
海南	0.00	0.00	0.00	0.00	0.00	0.00	0.00	0.00	0.00	0.00
重庆	0.13	0.00	0.00	0.00	0.00	0.00	0.00	0.00	0.00	0.00
四川	12.14	7.40	5.46	2.73	4.59	4.03	3.21	2.65	2.64	2.43
贵州	0.38	0.33	0.29	0.27	0.25	0.26	0.24	0.25	0.25	0.24
云南	0.21	0.00	0.00	0.00	0.00	0.00	0.00	0.00	0.00	0.00
西藏	0.00	0.00	0.00	0.00	0.00	0.00	0.00	0.00	0.00	0.00
陕西	8.99	14.20	19.32	16.16	19.51	21.04	19.89	14.43	11.31	11.20
甘肃	6.73	9.23	10.54	10.43	12.64	12.77	8.97	7.48	6.42	5.49
青海	0.00	0.00	0.00	0.00	0.00	0.00	0.00	0.00	0.00	0.00
宁夏	0.00	0.00	0.00	0.00	0.00	0.00	0.00	0.00	0.00	0.00
新疆	138.05	151.20	151.17	159.89	129.49	218.19	147.45	135.08	113.16	144.72

注：根据方法一计算。

表 5-46　　　　生产油料所需实际劳动力（万人）

年份	2002	2003	2004	2005	2006	2007	2008	2009	2010	2011
北京	1.48	1.32	0.88	0.73	0.63	0.58	0.57	0.47	0.41	0.36
天津	1.79	1.52	0.49	0.43	0.40	0.15	0.15	0.15	0.17	0.17
河北	60.67	60.86	47.32	47.67	46.19	44.51	41.67	38.59	36.12	34.97
山西	33.55	31.01	24.18	23.31	19.84	13.76	14.36	12.97	11.95	11.15
内蒙古	65.07	69.45	54.40	59.24	58.15	43.93	56.53	53.61	52.80	53.29
辽宁	24.78	27.09	19.39	14.64	8.85	6.09	9.14	14.44	19.70	20.11
吉林	12.78	24.45	17.22	20.77	16.10	13.86	11.59	12.65	17.18	12.57
黑龙江	30.27	37.52	31.88	29.54	24.08	10.06	11.94	10.57	9.48	7.62
上海	5.48	4.17	2.95	2.95	2.11	1.35	1.24	1.18	0.78	0.64
江苏	95.26	84.03	92.52	82.95	79.08	44.70	45.49	45.30	43.72	41.05
浙江	29.70	26.53	22.35	22.94	20.76	12.51	15.30	16.04	15.89	14.57
安徽	118.80	108.06	113.35	129.98	115.95	82.20	82.76	85.16	76.77	68.51
福建	15.54	14.73	15.11	15.82	13.40	12.27	11.83	9.89	11.67	11.35
江西	72.36	66.91	53.34	53.10	51.62	49.79	52.82	54.70	55.70	54.43
山东	114.43	119.28	98.07	88.81	79.31	72.18	66.85	62.38	65.05	65.89
河南	153.32	150.71	150.28	158.98	130.52	115.90	106.70	97.21	99.59	91.89
湖北	124.35	172.81	141.47	98.67	119.30	88.32	109.49	111.09	110.28	106.25
湖南	91.86	91.76	82.67	82.67	80.89	57.23	74.51	86.22	92.22	96.28
广东	35.59	32.37	28.48	26.85	30.39	25.53	27.50	24.91	26.83	27.63
广西	29.73	29.81	26.34	27.33	28.05	13.90	15.78	15.45	16.17	16.64
海南	5.49	5.26	4.47	4.11	4.35	3.24	3.22	3.11	3.10	3.00
重庆	24.28	25.03	23.00	23.23	31.36	22.04	25.18	28.05	28.69	28.79
四川	124.50	103.53	101.18	77.84	82.94	44.08	94.43	124.48	114.00	120.94
贵州	51.85	53.06	50.08	51.15	49.68	35.73	36.49	39.18	40.28	39.85
云南	19.13	20.07	19.30	20.73	19.97	11.21	15.07	24.22	25.37	25.44
西藏	2.10	2.29	2.29	2.40	2.13	1.91	1.98	1.87	1.83	1.79
陕西	28.83	30.20	26.69	25.48	15.32	14.18	22.22	22.56	22.93	22.36
甘肃	31.93	35.42	31.34	30.27	28.64	22.99	26.59	26.87	26.32	26.10
青海	15.71	16.08	15.05	14.90	14.05	12.42	13.85	13.16	13.54	12.48
宁夏	11.36	14.01	11.77	8.92	7.27	4.22	6.45	6.55	7.52	6.59
新疆	22.10	23.94	20.30	17.07	13.37	10.72	22.98	20.62	20.81	19.64

注：根据方法一计算。

表 5－47 生产甘蔗所需实际劳动力（万人）

年　份	2002	2003	2004	2005	2006	2007	2008	2009	2010	2011
北　京	0.00	0.00	0.00	0.00	0.00	0.00	0.00	0.00	0.00	0.00
天　津	0.00	0.00	0.00	0.00	0.00	0.00	0.00	0.00	0.00	0.00
河　北	0.00	0.00	0.00	0.00	0.00	0.00	0.00	0.00	0.00	0.00
山　西	0.00	0.00	0.00	0.00	0.00	0.00	0.00	0.00	0.00	0.00
内蒙古	0.00	0.00	0.00	0.00	0.00	0.00	0.00	0.00	0.00	0.00
辽　宁	0.00	0.00	0.00	0.00	0.00	0.00	0.00	0.00	0.00	0.00
吉　林	0.00	0.00	0.00	0.00	0.00	0.00	0.00	0.00	0.00	0.00
黑龙江	0.00	0.00	0.00	0.00	0.00	0.00	0.00	0.00	0.00	0.00
上　海	0.30	0.61	0.48	0.46	0.21	0.02	0.02	0.03	0.05	0.02
江　苏	1.23	1.14	0.83	0.66	0.55	0.17	0.20	0.25	0.21	0.20
浙　江	3.71	3.67	3.07	2.53	2.19	1.36	1.78	1.63	1.47	1.36
安　徽	1.59	1.48	1.10	0.92	0.89	0.78	0.87	0.72	0.70	0.65
福　建	3.72	3.49	2.70	2.40	2.31	1.32	1.37	1.28	1.20	1.10
江　西	5.24	4.67	3.15	2.84	2.27	1.57	1.79	1.69	1.65	1.68
山　东	0.00	0.00	0.00	0.00	0.00	0.00	0.00	0.00	0.00	0.00
河　南	1.03	0.94	0.75	0.76	0.62	0.44	0.45	0.57	0.48	0.47
湖　北	3.87	3.30	1.70	1.60	1.51	0.52	0.85	1.29	0.98	0.93
湖　南	6.57	5.48	3.61	3.15	3.65	1.89	1.55	1.31	1.74	1.57
广　东	34.63	29.85	25.66	23.71	20.48	18.19	15.56	15.65	16.05	18.77
广　西	135.31	135.53	122.77	120.21	122.36	143.58	137.68	128.09	127.75	127.80
海　南	13.10	13.21	11.86	9.65	10.87	9.92	11.28	9.67	7.67	7.38
重　庆	0.58	0.54	0.48	0.45	0.42	0.42	0.38	0.38	0.38	0.41
四　川	6.43	6.10	4.88	4.30	5.33	4.63	2.95	4.29	4.35	3.29
贵　州	3.80	3.66	3.15	3.13	2.70	2.48	2.26	2.05	1.67	1.43
云　南	59.96	55.85	47.59	41.01	47.38	41.34	44.90	41.96	38.69	38.90
西　藏	0.00	0.00	0.00	0.00	0.00	0.00	0.00	0.00	0.00	0.00
陕　西	0.05	0.02	0.01	0.01	0.01	0.20	0.02	0.01	0.01	0.01
甘　肃	0.00	0.00	0.00	0.00	0.00	0.00	0.00	0.00	0.00	0.00
青　海	0.00	0.00	0.00	0.00	0.00	0.00	0.00	0.00	0.00	0.00
宁　夏	0.00	0.00	0.00	0.00	0.00	0.00	0.00	0.00	0.00	0.00
新　疆	0.00	0.00	0.00	0.00	0.00	0.00	0.00	0.00	0.00	0.00

注：根据方法一计算。

表 5-48　生产甜菜所需实际劳动力（万人）

年份	2002	2003	2004	2005	2006	2007	2008	2009	2010	2011
北京	0.00	0.00	0.00	0.00	0.00	0.00	0.00	0.00	0.00	0.00
天津	0.00	0.00	0.00	0.00	0.00	0.00	0.00	0.00	0.00	0.00
河北	1.27	1.26	0.62	0.75	1.22	0.96	0.96	0.77	0.80	0.74
山西	0.98	0.48	0.25	0.18	0.22	0.35	0.39	0.25	0.28	0.33
内蒙古	8.57	4.32	3.86	3.78	4.64	2.66	4.47	3.30	3.09	3.36
辽宁	1.52	0.12	0.09	0.15	0.07	0.03	0.08	0.07	0.04	0.07
吉林	1.50	0.14	0.09	0.20	0.22	0.12	0.29	0.10	0.13	0.21
黑龙江	12.83	6.41	3.93	4.42	5.67	3.29	3.71	2.63	3.14	3.40
上海	0.00	0.00	0.00	0.00	0.00	0.00	0.00	0.00	0.00	0.00
江苏	0.04	0.03	0.01	0.00	0.00	0.00	0.00	0.00	0.00	0.00
浙江	0.00	0.00	0.00	0.00	0.00	0.00	0.00	0.00	0.00	0.00
安徽	0.03	0.01	0.00	0.00	0.00	0.00	0.01	0.00	0.00	0.00
福建	0.00	0.00	0.00	0.00	0.00	0.00	0.00	0.00	0.00	0.00
江西	0.00	0.00	0.00	0.00	0.00	0.00	0.00	0.00	0.00	0.00
山东	0.05	0.00	0.00	0.00	0.00	0.00	0.00	0.00	0.00	0.00
河南	0.00	0.00	0.00	0.00	0.00	0.00	0.00	0.00	0.00	0.00
湖北	0.00	0.00	0.00	0.00	0.00	0.00	0.00	0.00	0.00	0.00
湖南	0.00	0.00	0.00	0.00	0.00	0.00	0.00	0.00	0.00	0.00
广东	0.00	0.00	0.00	0.00	0.00	0.00	0.00	0.00	0.00	0.00
广西	0.00	0.00	0.00	0.00	0.00	0.00	0.00	0.00	0.00	0.00
海南	0.00	0.00	0.00	0.00	0.00	0.00	0.00	0.00	0.00	0.00
重庆	0.00	0.00	0.00	0.00	0.00	0.00	0.00	0.00	0.00	0.00
四川	0.02	0.01	0.01	0.01	0.01	0.01	0.01	0.01	0.01	0.01
贵州	0.01	0.00	0.00	0.00	0.00	0.00	0.00	0.00	0.00	0.00
云南	0.02	0.03	0.02	0.02	0.01	0.01	0.01	0.00	0.00	0.00
西藏	0.00	0.00	0.00	0.00	0.00	0.00	0.00	0.00	0.00	0.00
陕西	0.11	0.03	0.01	0.00	0.00	0.03	0.00	0.00	0.00	0.00
甘肃	1.38	1.01	0.78	0.55	0.87	0.36	0.28	0.27	0.29	0.29
青海	0.00	0.00	0.00	0.00	0.01	0.01	0.00	0.00	0.00	0.00
宁夏	0.00	0.00	0.00	0.00	0.02	0.01	0.00	0.00	0.00	0.00
新疆	6.34	4.95	4.59	5.30	7.02	5.30	4.78	4.06	4.63	4.89

注：根据方法一计算。

表 5 – 49　　　　生产烤烟所需实际劳动力（万人）

年　份	2002	2003	2004	2005	2006	2007	2008	2009	2010	2011
北　京	0.00	0.00	0.00	0.00	0.00	0.00	0.00	0.00	0.00	0.00
天　津	0.00	0.00	0.00	0.00	0.00	0.00	0.00	0.00	0.00	0.00
河　北	1.14	1.09	1.04	0.93	0.74	0.31	0.66	0.48	0.24	0.38
山　西	1.18	0.73	0.88	0.77	0.92	0.99	0.86	0.95	0.84	0.78
内蒙古	1.12	1.51	1.43	2.12	1.39	0.40	0.83	0.64	0.58	0.59
辽　宁	2.56	2.34	2.62	4.63	2.25	1.70	2.45	2.65	2.20	2.21
吉　林	1.41	1.28	1.32	1.84	2.05	0.78	1.94	2.26	2.44	1.97
黑龙江	8.25	4.40	4.18	5.45	3.33	3.63	4.19	4.34	4.63	4.54
上　海	0.00	0.00	0.00	0.00	0.00	0.00	0.00	0.00	0.00	0.00
江　苏	0.00	0.00	0.00	0.00	0.00	0.00	0.00	0.00	0.00	0.00
浙　江	0.00	0.00	0.00	0.00	0.00	0.00	0.00	0.00	0.00	0.00
安　徽	3.27	2.65	3.16	2.77	2.18	2.42	2.26	2.37	2.52	2.39
福　建	17.64	16.05	17.10	18.26	17.96	16.76	15.92	15.45	14.68	14.78
江　西	3.53	3.17	2.47	2.98	3.97	4.07	5.27	4.35	4.21	4.56
山　东	13.02	14.02	11.60	10.20	10.60.	10.61	11.02	12.66	5.94	7.50
河　南	44.49	34.45	35.12	39.62	41.30	27.45	31.96	30.01	33.15	33.58
湖　北	13.96	11.12	10.45	12.77	12.97	6.66	12.35	14.36	10.31	11.48
湖　南	29.68	28.86	28.16	34.47	29.18	23.26	25.72	27.45	26.32	26.48
广　东	9.58	8.79	9.81	8.44	9.17	5.29	6.17	6.56	5.58	5.66
广　西	2.14	3.31	3.18	3.44	3.61	3.55	3.62	4.05	2.94	3.04
海　南	0.07	0.00	0.00	0.00	0.00	0.00	0.00	0.00	0.00	0.00
重　庆	12.19	12.79	12.37	12.67	9.91	8.97	10.98	12.15	9.14	9.15
四　川	12.80	13.81	10.17	12.64	14.76	14.08	22.25	24.25	19.99	21.70
贵　州	57.50	57.05	57.69	59.94	47.80	47.55	51.92	47.88	39.65	44.15
云　南	112.71	114.71	122.86	136.23	119.82	111.61	109.16	108.24	113.06	124.77
西　藏	0.00	0.00	0.00	0.00	0.00	0.00	0.00	0.00	0.00	0.00
陕　西	8.39	8.57	7.77	7.43	8.70	8.44	8.99	9.52	7.97	9.22
甘　肃	2.38	3.35	3.98	4.07	4.23	0.97	0.71	0.95	0.86	0.86
青　海	0.00	0.00	0.00	0.00	0.00	0.00	0.00	0.00	0.00	0.00
宁　夏	0.02	0.03	0.04	0.04	0.11	0.09	0.15	0.11	0.11	0.10
新　疆	0.13	0.00	0.00	0.00	0.00	0.32	0.00	0.00	0.00	0.00

注：根据方法一计算。

表 5-50　　生产水果所需实际劳动力（万人）

年份	2002	2003	2004	2005	2006	2007	2008	2009	2010	2011
北京	23.40	25.01	26.07	22.60	52.20	15.39	19.51	22.20	23.84	20.76
天津	11.37	11.74	11.65	11.07	7.62	9.55	9.98	10.47	11.26	9.94
河北	276.41	307.19	354.33	333.01	285.71	286.91	291.13	277.59	288.35	281.06
山西	73.29	79.48	89.37	83.53	76.22	80.07	77.38	78.04	63.52	71.61
内蒙古	11.40	13.80	16.26	15.55	15.27	12.82	15.51	16.55	21.60	20.21
辽宁	86.19	90.93	101.45	94.66	58.64	71.36	69.83	92.40	102.55	95.54
吉林	27.56	27.23	23.70	20.25	12.16	14.19	13.69	15.29	16.98	14.68
黑龙江	12.67	11.84	12.65	11.79	7.03	9.60	8.84	9.34	10.47	9.29
上海	4.74	7.07	9.13	6.65	7.58	6.82	7.67	7.82	7.59	6.32
江苏	47.60	50.95	59.22	57.17	59.47	47.55	52.83	61.15	62.75	61.38
浙江	71.72	81.93	94.29	89.54	93.91	85.51	93.74	100.90	105.16	97.03
安徽	24.41	28.70	35.15	31.11	32.11	27.43	32.13	33.15	35.10	33.27
福建	144.13	158.43	175.38	164.46	169.29	145.96	158.38	170.69	175.68	160.63
江西	64.59	74.97	94.14	88.34	94.33	92.21	106.81	118.83	122.43	115.40
山东	195.97	227.77	242.19	229.33	322.73	296.06	267.80	264.82	261.14	264.88
河南	91.82	106.89	128.10	124.43	178.98	172.22	190.74	173.40	183.25	140.04
湖北	59.70	65.13	80.19	79.16	88.13	86.86	102.70	116.62	123.12	120.61
湖南	94.73	108.09	130.10	128.65	140.72	130.83	138.69	162.09	170.28	162.43
广东	227.82	262.07	315.97	297.73	316.65	277.31	311.06	343.04	355.46	331.62
广西	213.33	234.69	270.31	258.40	270.88	240.45	262.51	291.14	307.38	293.33
海南	40.96	45.48	52.46	48.80	53.01	46.74	50.59	54.13	57.19	55.29
重庆	38.36	47.08	52.75	53.54	59.13	56.10	64.05	73.25	81.48	80.07
四川	96.34	119.50	142.23	137.96	149.26	135.96	150.60	170.39	180.97	175.67
贵州	25.58	29.46	35.32	35.52	37.21	33.89	39.39	44.68	49.75	51.11
云南	55.20	62.23	72.27	67.12	75.57	72.13	85.43	98.16	103.28	105.38
西藏	0.29	0.24	0.27	0.34	0.38	0.36	0.45	0.49	0.61	0.65
陕西	183.16	214.46	252.51	244.13	252.27	245.70	242.57	248.95	266.42	270.53
甘肃	76.72	91.46	107.30	103.81	176.09	208.27	209.55	212.27	233.64	238.91
青海	1.33	1.46	2.26	1.28	1.31	1.16	1.22	1.43	1.67	1.53
宁夏	10.96	12.84	14.36	14.50	14.83	17.39	24.51	31.81	39.15	37.78
新疆	76.02	98.35	126.89	142.45	157.02	165.32	211.64	266.27	324.96	299.47

注：水果所需实际劳动力采用“方法二”估算。

表 5－51 生产蔬菜所需实际劳动力（万人）

年份	2002	2003	2004	2005	2006	2007	2008	2009	2010	2011
北京	38.92	44.48	38.36	30.66	27.09	22.35	21.97	21.27	23.24	24.23
天津	42.24	44.03	50.68	44.88	48.91	40.35	34.10	34.30	38.78	35.19
河北	338.46	349.40	415.97	382.31	596.78	687.75	564.74	498.76	590.17	570.90
山西	290.65	261.13	95.57	84.76	169.29	208.91	158.66	121.10	176.49	143.90
内蒙古	49.85	43.22	78.31	76.64	174.03	160.11	155.74	156.65	131.72	156.00
辽宁	134.56	131.07	163.01	143.16	158.49	138.72	147.61	114.62	121.25	282.38
吉林	281.86	260.35	90.56	72.52	138.56	120.25	135.88	154.36	156.47	147.11
黑龙江	160.70	181.91	112.08	115.37	110.10	121.31	123.53	79.91	74.71	91.72
上海	57.85	54.13	53.75	45.29	66.38	62.58	61.83	63.81	64.87	60.77
江苏	474.37	563.52	467.96	413.31	422.38	413.10	395.01	520.13	596.47	570.30
浙江	297.44	370.01	254.08	230.72	335.91	125.74	194.82	286.84	245.89	283.44
安徽	408.35	506.42	249.74	230.08	387.96	383.51	358.41	346.57	377.40	391.20
福建	196.12	200.71	239.26	218.72	212.01	202.68	188.66	186.34	192.17	180.67
江西	205.59	179.29	212.52	188.12	184.57	159.61	150.27	145.38	150.18	142.43
山东	1052.46	1430.65	757.26	639.39	955.57	925.15	992.52	1011.97	992.35	941.59
河南	452.54	499.06	611.57	552.24	575.39	859.54	849.57	675.70	901.53	952.85
湖北	218.10	145.10	392.50	347.72	294.61	261.93	321.63	372.18	336.19	281.22
湖南	295.92	315.31	369.98	345.03	327.18	313.73	293.82	303.39	326.51	317.49
广东	371.06	390.72	440.75	402.36	393.77	339.63	325.94	324.71	339.96	321.48
广西	318.39	329.22	394.41	378.70	376.04	298.46	280.95	278.94	290.34	276.78
海南	52.86	52.93	61.88	59.67	62.85	55.81	55.24	57.68	61.84	59.83
重庆	118.32	126.55	149.76	138.41	138.68	138.05	141.07	157.51	169.75	164.52
四川	324.71	329.02	373.08	343.11	593.91	148.98	504.22	482.89	498.56	511.53
贵州	128.36	135.66	170.41	163.79	164.30	168.33	163.55	171.01	186.70	188.43
云南	308.67	393.97	176.78	170.27	173.76	179.21	170.92	177.66	193.42	195.51
西藏	3.06	4.46	5.82	6.24	6.31	6.27	6.08	5.83	6.15	5.96
陕西	280.44	242.69	115.81	114.78	341.00	216.84	150.38	194.83	177.25	208.36
甘肃	247.31	335.78	108.93	106.17	408.37	366.30	291.84	264.23	278.42	206.25
青海	14.06	23.62	9.63	8.94	21.46	26.34	27.26	27.57	24.79	18.80
宁夏	37.44	40.22	18.01	17.76	53.78	21.43	30.27	31.46	34.84	39.72
新疆	96.43	93.02	71.34	61.13	104.95	85.76	65.92	98.41	116.15	131.43

注：蔬菜所需实际劳动力采用“方法二”估算。

表 5－52　　第一产业就业（万人）

年　份	2002	2003	2004	2005	2006	2007	2008	2009	2010	2011
北　京	67.6	62.7	61.5	62.2	60.3	60.9	63.0	65.7	65.1	64.5
天　津	82.3	83.2	82.8	81.8	81.1	77.0	76.3	77.7	75.9	74.1
河　北	1662.6	1672.3	1612.9	1564.7	1524.9	1481.5	1481.4	1483.6	1469.6	1455.6
山　西	662.9	650.6	645.1	641.8	639.7	638.9	642.6	635.8	638.2	640.7
内蒙古	552.3	548.7	559.3	560.5	565.3	569.3	556.7	558.0	571.0	584.4
辽　宁	697.6	700.8	721.2	722.1	716.2	705.7	700.7	694.4	700.2	706.0
吉　林	587.3	592.2	563.3	565.8	565.2	564.6	564.0	516.6	524.9	533.3
黑龙江	807.6	827.7	812.1	804.4	806.1	798.7	803.8	781.0	774.8	768.6
上　海	84.3	73.7	67.3	61.0	55.3	53.7	49.4	47.6	36.3	27.8
江　苏	1734.2	1608.7	1506.1	1420.7	1346.6	1274.6	1222.7	896.9	883.3	870.0
浙　江	885.3	826.0	779.7	759.5	717.8	683.3	670.2	659.3	633.9	609.4
安　徽	1948.0	1878.3	1833.1	1783.3	1741.0	1639.7	1592.8	1579.6	1538.5	1498.5
福　建	765.8	744.8	728.9	702.5	686.3	658.1	647.8	638.6	636.5	634.5
江　西	964.5	910.7	907.7	907.5	907.4	900.8	900.1	882.3	867.2	852.3
山　东	2769.6	2638.3	2542.1	2350.3	2328.0	2265.2	2313.5	1994.4	2004.4	2014.4
河　南	3398.0	3332.0	3245.7	3138.8	3050.0	2920.3	2847.3	2764.9	2711.7	2659.6
湖　北	1652.6	1661.5	1672.9	1687.3	1694.7	1697.0	1707.9	990.1	920.6	856.0
湖　南	2034.0	1961.9	1885.1	1846.9	1790.5	1743.7	1720.4	1876.4	1871.9	1867.3
广　东	1572.9	1617.7	1622.5	1609.9	1594.2	1588.2	1599.3	1536.7	1483.3	1431.7
广　西	1571.0	1556.0	1531.5	1519.0	1521.0	1521.0	1528.0	1561.2	1571.2	1581.1
海　南	205.6	210.7	212.5	211.8	214.8	221.4	221.3	226.1	222.1	218.2
重　庆	873.8	838.3	817.9	794.8	776.6	753.7	747.3	655.7	632.7	610.5
四　川	2517.5	2482.8	2445.7	2421.5	2306.9	2266.2	2186.2	2158.3	2142.1	2126.0
贵　州	1698.4	1671.2	1672.3	1670.0	1633.0	1634.7	1630.0	1210.5	1192.1	1174.0
云　南	1715.8	1709.3	1711.9	1709.2	1697.0	1684.7	1678.4	1672.7	1671.5	1670.4
西　藏	89.6	85.1	86.0	86.4	87.3	88.6	89.4	92.2	93.0	93.8
陕　西	1003.0	997.0	965.0	957.0	956.0	933.0	909.0	877.6	856.0	834.9
甘　肃	888.8	890.0	890.6	885.8	886.1	886.5	901.8	739.3	731.5	723.7
青　海	164.2	159.8	151.9	147.4	143.8	138.5	141.3	122.6	123.4	124.2
宁　夏	155.8	150.6	148.7	145.1	140.1	141.5	136.4	130.8	128.3	125.8
新　疆	391.8	397.2	403.3	408.0	414.5	417.7	421.3	425.8	436.1	446.8

数据来源：历年《中国统计年鉴》。

表 5－53　　各省市生产主要农产品需用的实际劳动力总数（万人）

年份	2002	2003	2004	2005	2006	2007	2008	2009	2010	2011
北京	69.93	76.29	72.81	61.57	87.92	44.09	52.43	53.99	57.45	54.42
天津	75.35	79.96	86.13	78.14	79.42	69.70	65.77	65.26	70.62	66.62
河北	1097.89	1122.70	1215.53	1162.00	1316.66	1410.86	1277.63	1176.12	1280.84	1254.48
山西	579.53	548.67	381.98	348.85	424.07	462.39	419.49	367.20	413.05	391.28
内蒙古	337.09	331.36	334.06	374.98	420.15	411.56	417.63	421.45	369.91	397.89
辽宁	391.98	386.07	441.25	410.01	381.40	368.79	366.27	360.09	393.68	544.49
吉林	572.00	550.74	391.85	330.84	372.65	342.96	335.58	348.95	384.83	378.69
黑龙江	500.81	466.01	418.44	424.23	401.24	458.92	436.34	410.95	487.32	504.99
上海	77.19	73.17	73.16	62.57	83.42	78.26	79.50	82.38	84.14	78.66
江苏	969.14	1021.55	938.05	862.81	852.99	809.84	782.91	891.85	948.95	913.01
浙江	501.38	563.14	441.35	412.31	561.70	316.52	390.92	485.78	446.49	471.14
安徽	1003.77	1101.28	855.55	819.67	952.40	896.46	848.67	821.09	819.59	796.47
福建	514.21	513.52	560.83	525.23	500.70	461.51	458.30	457.76	464.14	440.57
江西	707.02	673.38	712.82	686.38	651.28	607.64	601.06	595.12	602.84	582.73
山东	1988.59	2378.64	1688.99	1530.36	1915.68	1863.20	1847.34	1821.22	1767.41	1718.91
河南	1498.95	1554.29	1569.98	1497.33	1502.26	1707.07	1689.71	1468.76	1709.70	1692.01
湖北	768.73	733.52	958.12	869.40	819.08	751.43	834.73	880.64	850.27	786.98
湖南	1005.07	1016.47	1081.60	1058.86	929.38	828.99	825.19	877.45	911.24	901.49
广东	953.05	986.14	1061.59	994.92	973.39	842.76	853.65	873.91	898.83	856.97
广西	1042.70	1070.40	1131.08	1096.62	1062.13	917.87	917.10	926.05	948.35	919.54
海南	154.85	158.82	167.60	154.73	161.10	142.38	146.50	149.74	155.06	150.05
重庆	362.41	370.26	377.71	364.16	463.10	418.19	409.77	428.35	436.06	420.83
四川	1225.40	1166.25	1126.34	1080.01	1256.76	743.46	1173.24	1185.61	1196.10	1215.23
贵州	500.37	508.26	528.04	523.27	540.15	494.55	486.43	496.96	508.01	511.44
云南	1008.06	1074.26	912.80	919.77	766.50	738.62	752.32	765.81	783.51	785.31
西藏	9.66	10.79	11.56	12.16	11.59	11.09	10.74	10.29	10.63	10.41
陕西	731.91	716.83	641.35	637.87	849.69	704.49	620.11	658.73	650.93	687.78
甘肃	569.09	648.69	438.71	420.44	789.84	762.43	689.17	670.43	720.02	643.74
青海	51.07	56.31	42.14	39.43	51.35	61.50	48.37	48.25	45.88	38.60
宁夏	118.73	117.72	93.12	86.53	114.05	81.29	99.09	106.27	115.34	116.44
新疆	428.87	450.58	452.37	461.11	482.55	548.25	521.13	598.03	657.83	670.73

注：根据方法一计算。

表 5－54　　　　　　　　　各省农村剩余劳动力（万人）

年　份	2002	2003	2004	2005	2006	2007	2008	2009	2010	2011
北　京	－2.33	－13.59	－11.31	0.63	－27.62	16.81	10.57	11.68	7.63	10.07
天　津	6.90	3.23	－3.30	3.65	1.69	7.28	10.53	12.46	5.26	7.46
河　北	564.70	549.56	397.32	402.72	208.23	70.66	203.74	307.50	188.71	201.15
山　西	83.37	101.93	263.12	292.95	215.63	176.51	223.11	268.55	225.19	249.46
内蒙古	215.21	217.34	225.24	185.52	145.15	157.74	139.07	136.51	201.11	186.51
辽　宁	305.62	314.73	279.95	312.09	334.80	336.91	334.43	334.28	306.51	161.55
吉　林	15.30	41.46	171.45	234.96	192.55	221.64	228.42	167.62	140.03	154.59
黑龙江	306.79	361.69	393.66	380.17	404.86	339.78	367.46	370.05	287.47	263.64
上　海	7.06	0.55	－5.87	－1.55	－28.09	－24.55	－30.12	－34.81	－47.79	－50.89
江　苏	765.03	587.17	568.08	557.88	493.61	464.76	439.75	5.02	－65.63	－43.02
浙　江	383.91	262.89	338.30	347.22	156.11	366.80	279.24	173.56	187.38	138.23
安　徽	944.23	777.02	977.55	963.63	788.60	743.24	744.13	758.52	718.91	701.99
福　建	251.58	231.27	168.06	177.26	185.58	196.57	189.54	180.86	172.40	193.91
江　西	257.48	237.32	194.91	221.12	256.12	293.16	299.04	287.15	264.32	269.56
山　东	781.01	259.66	853.11	819.94	412.32	402.00	466.16	173.22	236.98	295.47
河　南	1899.05	1777.71	1675.72	1641.47	1547.74	1213.22	1157.60	1296.10	1002.02	967.58
湖　北	883.87	927.98	714.78	817.90	875.62	945.57	873.17	109.48	70.35	69.02
湖　南	1028.97	945.46	803.46	788.04	861.08	914.66	895.21	998.99	960.62	965.80
广　东	619.87	631.55	560.91	614.97	620.83	745.45	745.62	662.75	584.43	574.76
广　西	528.30	485.60	400.42	422.38	458.87	603.13	610.90	635.20	622.81	661.61
海　南	50.74	51.89	44.87	57.07	53.70	79.02	74.80	76.31	67.02	68.12
重　庆	511.38	468.07	440.20	430.65	313.46	335.48	337.53	227.35	196.66	189.71
四　川	1292.08	1316.55	1319.36	1341.49	1050.14	1522.74	1012.96	972.69	945.97	910.74
贵　州	1198.02	1162.94	1144.25	1146.73	1092.85	1140.15	1143.57	713.54	684.12	662.60
云　南	707.74	635.04	799.10	789.43	930.50	946.08	926.08	906.88	888.03	885.07
西　藏	79.97	74.35	74.44	74.23	75.73	77.54	78.67	81.88	82.36	83.41
陕　西	271.09	280.17	323.65	319.13	106.31	228.51	288.89	218.86	205.06	147.14
甘　肃	319.71	241.35	451.90	465.38	96.24	124.05	212.62	68.90	11.46	79.99
青　海	113.11	103.51	109.71	107.98	92.44	76.97	92.91	74.33	77.49	85.55
宁　夏	37.07	32.88	55.58	58.55	26.05	60.21	37.27	24.58	12.98	9.40
新　疆	－37.03	－53.38	－49.06	－53.11	－68.10	－130.52	－99.81	－172.27	－221.68	－223.95
全　国	14389.80	13013.88	13679.57	13920.47	11873.01	12651.56	12293.06	10047.75	9018.17	8876.21

注：根据方法一计算。

表 5－55　　全国各类农产品所需实际劳动力及结构表（万人）

年　份	2002	2003	2004	2005	2006	2007	2008	2009	2010	2011
稻谷	2948.82	2798.95	2725.07	2674.13	2337.68	2165.15	2090.26	2002.22	2078.89	2047.85
小麦	1661.76	1399.82	1274.78	1315.59	1192.71	1155.45	1069.46	1048.09	1017.54	1009.82
玉米	2004.66	1883.13	1854.79	1833.54	1741.25	1783.45	1758.42	1752.46	1790.40	1795.32
豆类	578.04	591.91	519.32	553.74	463.33	424.07	362.71	366.06	306.04	267.11
棉花	827.57	962.42	1031.32	922.12	964.14	1044.62	909.92	784.67	742.86	761.91
油料	1454.12	1483.30	1328.17	1263.48	1194.68	891.55	1024.70	1063.63	1066.86	1042.35
甘蔗	281.13	269.55	233.79	217.78	223.75	228.84	223.89	210.86	205.04	205.97
甜菜	34.65	18.80	14.24	15.36	20.00	13.15	14.98	11.47	12.42	13.31
烤烟	359.17	344.08	347.38	381.69	346.95	299.93	329.39	331.69	307.38	329.89
蔬菜	7297.09	8077.64	6749.78	6132.25	8024.39	7258.73	7362.40	7366.01	7874.56	7902.00
水果	2367.78	2696.49	3128.26	2996.89	3265.71	3092.15	3310.95	3567.35	3787.03	3626.39
占比（单位%）										
稻谷	14.88	13.64	14.19	14.61	11.82	11.79	11.32	10.82	10.83	10.78
小麦	8.39	6.82	6.64	7.19	6.03	6.29	5.79	5.66	5.30	5.31
玉米	10.12	9.17	9.66	10.02	8.81	9.72	9.53	9.47	9.33	9.45
豆类	2.92	2.88	2.70	3.02	2.34	2.31	1.97	1.98	1.59	1.41
棉花	4.18	4.69	5.37	5.04	4.88	5.69	4.93	4.24	3.87	4.01
油料	7.34	7.23	6.92	6.90	6.04	4.86	5.55	5.75	5.56	5.49
甘蔗	1.42	1.31	1.22	1.19	1.13	1.25	1.21	1.14	1.07	1.08
甜菜	0.17	0.09	0.07	0.08	0.10	0.07	0.08	0.06	0.06	0.07
烤烟	1.81	1.68	1.81	2.08	1.75	1.63	1.78	1.79	1.60	1.74
蔬菜	36.83	39.35	35.14	33.50	40.58	39.54	39.89	39.81	41.04	41.59
水果	11.95	13.14	16.29	16.37	16.51	16.84	17.94	19.28	19.74	19.08

注：根据方法一计算。

核 算 点 评

（1）经济学的剩余劳动力的定义是：边际劳动力产出等于零。也就是说，如果减少一个劳动力而不影响产出，那么这个劳动力就是剩余劳动力。根据这个标准定义，我们可以从两个方向来核算农村剩余劳动力。第一，全国各省市都有比较详尽的农产品产量的统计数据，同时也有每亩用工量、亩产量，不难计算出生产每一个单位农产品所需要的工时，进而计算出生产全部农产品所需要的劳动力数量。第二，各省市都有主要农作物的播种面积，乘上生产这些农产品每亩所需的劳动力，得到生产全部农产品所需的劳动力数量。

（2）虽然农产品的种类数目远远低于工业制成品，可是也有上百种之多。在核算过程中没有必要也不可能样样俱到，把所有品种的农产品都包括进来。在核算中我们选择稻谷、小麦、玉米、豆类、棉花、油料、甘蔗、甜菜、烤烟、水果、蔬菜等11个主要农作物。考虑到还有种植众多的五谷杂粮、养鸡、养鸭、养猪等劳动，我们假定农民在一年的365天中用于主要农作物的时间为200天，还有50天用于其他农业劳动，剩下的115天属于农闲和休息。城镇职工每年52个星期，双休，每年休息104天，再加上节假，差不多也就是这个数字。如果按照这个标准计算，农民和城镇职工差不多。各地农民的习俗、传统、耕作方式不同，东北农民在冬天休息的时间较长，南方农民一年忙到头。如果能有各地农民实际劳作的数据，还可以进一步细化分析。

（3）在统计年鉴中提供了第一产业就业人数。一方面，这个数字包括了农、林、牧、副、渔等。肯定大于纯农业生产所需的劳动力。另一方面，据有关研究，农村劳动力当中有四分之一完全从事农业劳动，有四分之一完全从事非农业劳动，剩下来的一半左右的人既从事农业也从事其他非农业。东部和中西部农村劳动力的状况相差很大。很难得到各省市从事纯农业生产的劳动力数字。为了避免高估剩余劳动力的数量，我们将农村第一产业的就业人数近似视为农业生产的劳动力。

（4）按照主要农产品的产量以及生产这些农产品所需工时计算出来农业生产所需的劳动力数量。这个数字和农村第一产业就业人数之差就是农村剩余劳动力。

（5）在2002年全国农村剩余劳动力14389.8万人，以后农村剩余劳动力逐年减少。到2011年全国农村剩余劳动力为8876.21万人（表5－54）。在10年内农村剩余劳动力减少了5513.6万人。平均每年减少550万人。这充分说明了在改革开放以来中国经济建设取得的伟大成果。

（6）在生产活动的三大要素：劳动力、资金和科学技术当中，人是最重要的。只有不断地把农村剩余劳动力转移出来，让这些闲置的生产要素发挥积极作用才能有效地提高劳动生产率和资源配置效率。农村剩余劳动力的转移不仅仅是增加了有效的劳动力数量，更重要的是这些原本闲置的劳动力就业之后，在干中学，大大提高了劳动生产效率和技能，成为中国劳动产业大军中极为重要的组成部分。

（7）减少的农村剩余劳动力主要有三个去处：第一，进城的农民工；第二，转移到农村的第二和第三产业；第三，从谷物和豆类种植转移到需要更多劳动力投入的经济作物。

（8）在2011年，上海的农村剩余劳动力为50.89万人，江苏的剩余劳动力为43.02万人（表5－54），在苏锡常一带不仅没有农村剩余劳动力还需要从外地引进大量劳工。新疆一直处于劳工短缺状态，在2011年尚缺农村劳动力223.95万人。

（9）农村剩余劳动力集中在河南（967万）、湖南（965万）、四川（910万）、云南（885万）。在安徽、广西、广东、贵州还有大量农村剩余劳动力（表5－54）。

方法二：根据播种面积及用工量核算劳动力需求量

第七部分　各省市农作物播种面积

表 5－56　　**稻谷播种面积（千公顷）**

年　份	2002	2003	2004	2005	2006	2007	2008	2009	2010	2011
北　京	4.5	1.6	0.8	0.8	0.7	0.5	0.4	0.4	0.3	0.2
天　津	14.9	7.0	13.7	16.7	17.0	14.4	15.0	16.0	15.8	14.2
河　北	111.0	75.6	83.5	87.7	92.2	84.5	81.5	85.1	79.7	83.0
山　西	3.5	3.1	2.6	2.7	1.8	1.5	1.1	1.1	1.0	1.0
内蒙古	89.8	67.0	80.9	84.5	91.3	79.9	97.9	101.8	92.2	90.0
辽　宁	556.4	500.6	544.2	568.4	626.4	660.6	658.7	656.7	677.5	659.6
吉　林	666.1	541.0	600.1	654.0	664.0	669.9	658.7	660.4	673.5	691.2
黑龙江	1564.4	1290.9	1587.8	1650.3	1925.3	2253.2	2390.7	2460.8	2768.8	2945.6
上　海	133.1	106.2	111.8	112.7	110.6	109.1	108.6	108.5	108.5	106.1
江　苏	1982.1	1840.9	2112.9	2209.3	2234.4	2228.1	2232.6	2233.2	2234.2	2248.6
浙　江	1172.3	979.4	1028.1	1028.5	1030.4	954.3	937.5	938.7	923.2	894.8
安　徽	2044.1	1972.4	2129.7	2149.1	2165.5	2205.2	2218.9	2246.9	2245.4	2230.8
福　建	1082.9	962.6	985.1	951.6	908.1	868.7	861.2	864.6	854.8	845.3
江　西	2786.6	2685.3	3029.7	3129.0	3227.1	3194.3	3255.5	3282.1	3318.4	3317.7
山　东	155.3	112.6	124.4	119.8	125.7	130.5	130.7	134.6	128.2	124.5
河　南	469.4	503.0	508.5	511.1	602.6	600.0	604.7	611.3	628.0	638.0
湖　北	1932.0	1805.1	1989.6	2077.4	2094.5	1978.8	1978.9	2045.1	2038.2	2036.2
湖　南	3541.5	3410.0	3716.8	3795.2	3777.2	3897.2	3932.0	4047.2	4030.5	4066.3
广　东	2195.5	2130.6	2139.0	2137.6	2110.9	1939.0	1946.9	1959.7	1952.7	1940.9
广　西	2412.6	2356.3	2356.0	2360.4	2285.0	2126.7	2119.2	2125.0	2094.4	2078.5
海　南	344.5	343.1	334.7	300.4	318.9	298.3	310.0	317.7	324.3	318.6
重　庆	755.2	750.5	749.3	748.0	743.2	652.1	673.5	682.0	683.9	686.5
四　川	2076.1	2040.3	2063.8	2087.5	2080.6	2036.2	2035.9	2027.1	2004.5	2007.9
贵　州	734.6	720.5	716.5	721.7	716.5	676.2	691.1	698.2	695.8	681.5
云　南	1083.0	1043.1	1086.2	1049.3	1045.4	990.2	1017.5	1039.8	1021.0	1073.5
西　藏	1.7	1.0	1.1	1.0	1.0	1.0	1.0	1.0	1.0	1.0
陕　西	130.5	139.5	145.8	147.1	146.5	115.3	124.6	125.3	121.6	120.9
甘　肃	6.3	4.8	4.9	5.1	5.3	5.3	5.5	5.7	5.8	0.0
青　海	0.0	0.0	0.0	0.0	0.0	0.0	0.0	0.0	0.0	0.0
宁　夏	76.4	46.7	64.4	71.3	81.7	77.0	80.3	78.2	83.2	83.9
新　疆	75.0	67.2	66.8	69.3	65.0	71.0	70.8	72.5	66.9	70.6

数据来源：历年《中国统计年鉴》。

表 5－57　　小麦播种面积（千公顷）

年份	2002	2003	2004	2005	2006	2007	2008	2009	2010	2011
北京	47.4	35.8	39.2	53.3	63.1	41.4	63.9	60.6	61.6	58.1
天津	95.9	78.3	79.0	98.9	107.8	104.9	107.7	110.2	110.5	112.3
河北	2449.6	2192.9	2161.5	2377.1	2420.0	2412.4	2416.1	2394.5	2420.3	2396.1
山西	798.1	720.6	648.9	721.0	733.6	712.3	697.4	727.5	728.5	710.1
内蒙古	464.6	317.6	418.7	460.6	409.1	533.4	452.2	528.2	566.2	567.9
辽宁	49.8	20.1	20.6	22.3	16.8	12.4	10.3	8.8	7.5	6.9
吉林	23.0	22.1	11.4	9.5	7.5	5.4	5.7	4.1	3.6	3.2
黑龙江	260.8	229.6	255.0	248.5	249.0	233.0	238.8	293.1	280.0	297.8
上海	31.4	21.7	21.9	29.9	31.4	37.5	44.2	57.6	49.4	59.8
江苏	1715.9	1620.5	1601.2	1684.4	1734.9	2039.1	2073.1	2077.6	2093.1	2112.4
浙江	94.2	71.5	59.5	67.1	70.9	49.3	54.3	60.4	66.2	72.6
安徽	2056.9	2012.0	2059.9	2108.3	2116.7	2330.3	2346.7	2355.3	2365.7	2383.0
福建	23.5	8.8	6.2	5.9	5.6	4.5	4.4	3.8	3.6	2.8
江西	28.5	20.6	19.1	15.9	12.4	11.2	10.2	9.9	10.4	10.9
山东	3397.5	3105.1	2968.2	3278.7	3354.5	3519.1	3525.2	3545.2	3561.9	3593.5
河南	4855.7	4804.6	4856.0	4962.7	5006.7	5213.3	5260.0	5263.3	5280.0	5323.3
湖北	700.1	603.2	602.9	716.2	794.9	1096.3	1000.6	993.4	1000.1	1013.6
湖南	99.8	86.3	76.2	65.7	62.0	13.6	13.6	28.4	39.2	40.4
广东	10.7	5.8	6.0	6.5	5.9	1.0	0.8	0.8	0.9	1.0
广西	12.8	12.3	11.7	10.7	11.8	3.9	3.7	4.0	4.2	1.5
海南	0.0	0.0	0.0	0.0	0.0	0.0	0.0	0.0	0.0	0.0
重庆	388.2	322.7	280.5	279.7	261.0	199.7	189.0	168.2	150.5	138.4
四川	1456.9	1318.7	1255.7	1262.3	1273.7	1316.8	1286.5	1277.5	1265.7	1259.3
贵州	498.4	474.3	429.2	410.6	402.6	242.7	262.4	262.9	260.8	257.6
云南	604.2	567.4	543.3	532.3	514.7	426.8	425.0	432.4	428.9	437.9
西藏	44.8	42.2	40.6	42.0	41.5	40.3	37.3	36.8	37.1	37.6
陕西	1356.7	1233.3	1152.7	1211.5	1204.5	1144.6	1140.0	1146.0	1148.9	1136.7
甘肃	1080.0	961.3	933.5	1000.8	995.2	982.1	903.5	963.9	879.7	861.6
青海	142.5	107.0	102.2	96.8	98.4	154.0	104.4	104.1	101.0	94.0
宁夏	370.8	319.3	279.0	276.0	227.4	233.7	204.3	218.5	211.4	202.1
新疆	749.7	661.5	686.4	737.2	728.0	605.8	735.8	1153.9	1120.0	1078.0

数据来源：历年《中国统计年鉴》。

表 5－58　　玉米播种面积（千公顷）

年份	2002	2003	2004	2005	2006	2007	2008	2009	2010	2011
北京	87.2	75.2	93.5	119.7	135.8	139.0	146.2	150.8	149.8	140.5
天津	146.5	124.9	134.8	138.8	143.4	162.2	159.8	165.9	168.9	169.0
河北	2577.4	2488.8	2630.6	2677.4	2658.1	2862.6	2841.1	2950.5	3008.6	3035.8
山西	891.0	915.5	1125.6	1183.7	1225.6	1270.5	1378.6	1451.2	1548.9	1646.7
内蒙古	1562.2	1591.2	1675.6	1805.8	1851.6	2012.5	2340.0	2451.2	2485.6	2669.6
辽宁	1431.6	1434.9	1598.8	1792.5	1900.3	1998.6	1884.9	1964.1	2093.0	2134.6
吉林	2579.5	2627.2	2901.5	2775.2	2805.7	2853.7	2922.5	2957.2	3046.7	3134.2
黑龙江	2285.6	2053.8	2179.5	2220.2	2457.2	3883.6	3593.9	4010.2	4368.4	4587.4
上海	4.5	4.6	4.2	4.3	3.9	3.9	3.6	4.2	4.4	4.2
江苏	436.5	451.9	389.1	370.2	378.7	391.2	398.5	399.8	403.7	414.3
浙江	52.2	51.9	54.5	62.9	65.6	23.6	25.9	27.0	27.3	30.9
安徽	651.4	627.4	662.3	670.2	693.5	710.4	705.1	730.7	761.1	818.8
福建	36.2	36.9	37.8	39.1	39.1	34.7	37.0	37.9	40.1	42.6
江西	16.8	17.5	14.4	16.5	15.9	15.5	15.6	16.1	18.2	25.7
山东	2530.1	2405.9	2455.1	2731.4	2753.6	2854.2	2874.2	2917.3	2955.3	2995.9
河南	2319.9	2386.7	2420.0	2508.3	2579.0	2779.2	2820.0	2895.4	2946.0	3025.0
湖北	390.8	341.1	357.5	389.6	441.3	436.3	470.4	507.3	531.4	549.7
湖南	272.9	289.8	276.5	277.3	268.5	220.2	241.3	282.0	293.0	327.1
广东	141.9	135.7	137.9	136.7	139.0	132.8	143.4	166.7	162.3	173.1
广西	520.3	531.1	586.6	575.7	515.0	490.4	489.7	534.6	538.6	565.9
海南	16.1	19.9	13.7	12.9	15.0	17.6	17.4	18.7	21.0	23.5
重庆	476.9	455.5	460.4	460.3	452.7	453.7	455.6	459.1	461.9	466.9
四川	1207.9	1161.3	1172.6	1196.6	1194.0	1330.5	1323.8	1334.4	1355.4	1363.1
贵州	703.8	686.3	706.5	719.5	739.8	731.2	734.6	751.5	781.1	787.8
云南	1128.9	1066.9	1111.1	1182.6	1183.3	1282.1	1325.8	1354.2	1417.8	1409.0
西藏	3.6	3.3	3.3	3.3	3.4	3.3	4.0	4.0	4.2	4.2
陕西	999.9	948.3	1047.4	1097.1	1121.8	1154.0	1157.6	1164.0	1182.4	1177.8
甘肃	503.5	490.5	487.7	484.8	493.3	492.0	557.2	657.8	835.5	838.7
青海	1.8	0.0	1.6	1.1	1.0	2.3	2.1	5.3	12.3	20.5
宁夏	155.1	176.3	187.9	178.3	174.5	206.0	208.5	215.1	223.4	231.1
新疆	501.9	467.9	518.0	526.1	521.2	529.8	585.5	598.4	653.8	728.0

数据来源：历年《中国统计年鉴》。

表 5－59　　豆类播种面积（千公顷）

年份	2002	2003	2004	2005	2006	2007	2008	2009	2010	2011
北京	18.4	19.2	15.2	12.3	13.4	10.1	10.6	9.5	7.4	6.3
天津	36.9	32.3	30.1	28.1	22.1	9.6	9.9	13.0	14.5	12.8
河北	452.1	384.0	359.7	333.1	304.6	248.4	249.6	219.3	194.4	179.3
山西	423.9	355.0	348.8	346.3	358.0	348.4	347.7	336.4	334.0	321.3
内蒙古	1045.7	1081.8	1069.6	1077.5	1089.0	1200.7	1037.3	1124.5	1100.4	1022.5
辽宁	317.7	343.9	333.5	294.5	260.0	151.5	203.9	183.6	151.0	143.4
吉林	582.9	607.7	633.2	632.9	594.8	616.9	618.7	581.0	537.3	481.9
黑龙江	3381.2	3813.0	3913.6	4032.0	3836.7	4099.4	4324.4	4251.4	3750.4	3386.7
上海	7.4	8.5	8.7	9.3	9.6	9.3	8.0	8.5	5.6	6.2
江苏	384.9	389.7	349.6	345.3	338.1	321.3	343.2	337.8	334.1	333.1
浙江	192.8	193.3	184.9	209.1	211.4	121.4	129.9	129.6	126.0	124.4
安徽	806.4	1011.5	977.0	1008.6	1055.3	1017.3	1068.5	1050.3	1021.2	969.0
福建	126.4	120.5	115.1	113.2	112.2	68.0	73.4	75.4	77.8	80.6
江西	203.3	184.4	158.8	154.2	160.4	165.8	160.3	154.0	154.0	154.2
山东	344.2	323.9	256.6	251.7	236.1	176.4	175.0	171.0	166.9	166.2
河南	626.6	612.5	625.9	616.5	584.0	525.5	551.0	529.3	513.4	505.9
湖北	353.0	324.9	304.1	290.0	277.0	202.6	206.8	195.8	192.1	190.7
湖南	290.6	293.5	279.7	276.8	275.6	154.2	155.6	167.0	171.3	171.3
广东	109.9	106.3	107.9	108.3	108.1	79.7	80.6	79.5	79.0	77.2
广西	304.3	287.1	283.4	280.3	266.8	145.8	144.8	158.6	168.6	168.8
海南	16.5	15.5	13.7	11.6	10.5	2.1	7.7	7.8	8.0	8.5
重庆	219.0	209.0	224.3	234.5	234.1	193.3	197.1	204.5	214.0	224.6
四川	505.7	521.6	565.5	585.6	471.2	482.4	479.5	444.2	434.9	441.1
贵州	326.7	321.1	324.9	324.8	325.9	305.5	310.2	311.2	313.5	314.0
云南	605.6	463.4	493.1	478.6	467.3	522.2	565.1	573.8	579.4	574.6
西藏	11.1	9.9	9.0	9.0	8.1	7.8	7.1	6.7	6.6	6.5
陕西	357.3	379.9	370.4	382.3	381.3	213.9	228.9	227.3	224.0	225.3
甘肃	234.0	230.7	234.5	245.1	224.9	233.1	227.9	207.2	198.9	199.6
青海	48.2	39.7	40.1	40.9	46.0	44.8	39.1	42.3	36.2	32.3
宁夏	103.5	110.3	84.6	70.9	54.9	23.5	59.8	47.8	48.7	38.9
新疆	107.2	104.4	83.4	98.3	96.6	78.4	96.4	100.8	112.3	84.3

数据来源：历年《中国统计年鉴》。

表 5-60　　　　**棉花播种面积（千公顷）**

年份	2002	2003	2004	2005	2006	2007	2008	2009	2010	2011
北京	3.1	3.2	6.5	1.8	2.1	1.7	1.2	0.6	0.4	0.4
天津	44.8	70.6	86.9	61.2	78.9	67.5	69.2	55.6	51.8	60.0
河北	407.4	581.4	669.1	573.5	623.1	680.0	690.0	620.0	581.6	632.5
山西	72.3	91.5	114.6	97.5	109.1	104.0	89.1	73.3	58.7	53.3
内蒙古	224.8	5.0	6.7	1.6	2.0	2.6	2.0	0.9	0.9	1.6
辽宁	3.0	4.2	5.3	2.8	1.8	1.1	1.4	0.9	0.4	0.4
吉林	0.2	0.6	0.2	1.0	1.5	0.5	2.4	1.6	3.3	6.7
黑龙江	0.0	0.0	0.0	0.0	0.0	0.0	0.0	0.0	0.0	0.0
上海	0.8	0.8	1.1	1.1	1.2	1.4	1.5	1.3	2.4	2.5
江苏	311.8	369.5	409.6	368.3	354.9	326.9	300.5	252.3	235.7	239.2
浙江	18.7	17.6	18.8	17.9	18.3	19.0	20.3	20.1	20.8	21.7
安徽	321.2	390.0	398.9	375.7	392.7	375.9	390.1	351.7	344.4	350.4
福建	0.1	0.1	0.1	0.1	0.0	0.8	0.5	0.3	0.1	0.1
江西	55.0	65.5	62.5	63.9	65.7	81.7	66.6	75.5	79.7	82.0
山东	664.9	881.7	1059.2	846.3	929.8	900.0	888.3	800.4	766.4	752.6
河南	793.0	926.7	951.8	781.6	800.6	700.0	606.0	537.3	467.3	396.7
湖北	293.0	355.0	408.3	390.3	403.8	514.2	543.0	460.1	480.1	488.7
湖南	129.2	139.0	167.7	150.9	166.3	172.0	183.0	152.6	175.0	192.4
广东	0.0	0.0	0.0	0.0	0.0	0.0	0.0	0.0	0.0	0.0
广西	1.6	1.4	1.7	1.7	2.0	2.5	2.3	2.2	2.2	2.3
海南	0.0	0.0	0.0	0.0	0.0	0.0	0.0	0.0	0.0	0.0
重庆	0.6	0.4	0.4	0.2	0.2	0.2	0.2	0.2	0.1	0.1
四川	33.0	31.2	35.8	27.8	24.5	21.6	18.5	16.2	16.2	16.0
贵州	1.7	1.6	1.6	1.4	1.3	1.4	1.4	1.5	1.5	1.6
云南	1.0	0.8	0.6	0.6	0.5	0.2	0.4	0.4	0.3	0.3
西藏	0.0	0.0	0.0	0.0	0.0	0.0	0.0	0.0	0.0	0.0
陕西	42.8	65.1	80.1	70.2	84.1	89.1	85.1	61.8	50.9	50.3
甘肃	40.4	52.2	68.3	64.0	76.0	79.3	72.7	55.7	47.9	47.9
青海	0.0	0.0	0.0	0.0	0.0	0.0	0.0	0.0	0.0	0.0
宁夏	0.0	0.0	0.2	0.0	0.1	0.0	0.0	0.0	0.0	0.0
新疆	943.9	1055.5	1136.9	1160.5	1268.6	1782.6	1718.6	1409.3	1460.6	1638.1

数据来源：历年《中国统计年鉴》。

表 5－61

油料播种面积（千公顷）

年 份	2002	2003	2004	2005	2006	2007	2008	2009	2010	2011
北 京	15.7	13.8	10.8	8.6	7.2	7.0	7.2	6.1	5.4	4.9
天 津	18.9	15.8	6.1	5.1	4.6	1.8	1.8	2.0	2.2	2.2
河 北	642.0	634.0	583.6	559.0	537.8	498.3	516.9	496.6	464.4	453.1
山 西	355.1	323.0	298.3	273.4	225.1	166.8	179.2	168.1	157.0	150.0
内蒙古	580.3	723.4	671.0	694.7	659.9	532.5	705.1	702.2	693.6	717.0
辽 宁	305.9	334.5	250.1	203.3	158.1	106.8	167.5	277.3	347.4	392.0
吉 林	157.8	301.8	222.1	288.5	287.8	243.2	212.3	242.9	303.1	245.1
黑龙江	373.8	463.3	411.1	410.3	430.3	176.5	218.7	203.0	167.2	148.6
上 海	53.4	39.4	31.4	32.1	24.0	16.3	15.5	15.5	10.3	8.6
江 苏	907.3	911.0	920.7	846.9	812.3	540.8	567.4	593.3	574.4	552.3
浙 江	289.1	250.9	237.3	249.3	235.6	151.6	190.8	210.1	208.8	196.0
安 徽	1453.2	1412.6	1380.2	1303.1	1155.4	864.3	936.7	968.8	944.3	878.3
福 建	121.9	123.5	125.1	122.4	121.5	101.5	107.4	110.4	111.7	112.5
江 西	704.2	632.7	566.2	577.0	585.8	603.5	658.8	716.4	731.7	732.4
山 东	984.4	1013.0	944.8	899.8	870.3	802.0	812.5	787.6	815.9	806.7
河 南	1537.0	1569.9	1538.9	1605.8	1551.0	1497.4	1518.3	1541.2	1564.1	1578.9
湖 北	1507.3	1506.0	1476.0	1460.2	1353.7	1171.7	1365.6	1455.0	1448.7	1429.6
湖 南	894.0	867.8	877.6	898.3	917.9	693.7	929.3	1129.3	1211.4	1295.5
广 东	325.0	334.5	316.2	318.0	316.0	310.6	323.9	331.4	337.4	343.3
广 西	312.2	301.2	306.0	314.1	311.9	152.8	163.3	181.2	192.9	202.7
海 南	53.5	49.8	47.4	44.7	42.9	32.9	40.2	40.7	40.7	40.4
重 庆	236.3	236.7	244.1	252.4	257.3	192.9	215.5	237.0	255.0	257.1
四 川	1048.8	1086.9	1088.8	1093.6	1069.5	996.1	1155.1	1205.3	1218.9	1232.8
贵 州	504.7	501.8	531.6	555.8	563.8	433.1	455.1	513.1	529.1	536.1
云 南	186.2	189.8	204.9	225.3	226.6	135.9	188.0	317.3	333.3	342.3
西 藏	20.4	21.6	24.4	26.1	24.1	23.1	24.7	24.5	24.0	24.0
陕 西	280.6	285.6	283.3	276.9	267.3	252.1	277.2	295.5	301.2	300.8
甘 肃	310.8	335.0	332.7	328.9	324.9	278.7	331.7	351.9	345.7	351.1
青 海	152.9	152.1	159.8	161.9	159.5	150.6	172.7	172.4	177.9	167.9
宁 夏	110.6	132.5	125.0	96.9	82.5	51.1	80.5	85.8	98.8	88.7
新 疆	215.1	226.4	215.5	185.5	151.7	130.0	286.7	270.1	273.4	264.3

数据来源：历年《中国统计年鉴》。

表 5－62　　甘蔗播种面积（千公顷）

年　份	2002	2003	2004	2005	2006	2007	2008	2009	2010	2011
北　京	0.0	0.0	0.0	0.0	0.0	0.0	0.0	0.0	0.0	0.0
天　津	0.0	0.0	0.0	0.0	0.0	0.0	0.0	0.0	0.0	0.0
河　北	0.0	0.0	0.0	0.0	0.0	0.0	0.0	0.0	0.0	0.0
山　西	0.0	0.0	0.0	0.0	0.0	0.0	0.0	0.0	0.0	0.0
内蒙古	0.0	0.0	0.0	0.0	0.0	0.0	0.0	0.0	0.0	0.0
辽　宁	0.0	0.0	0.0	0.0	0.0	0.0	0.0	0.0	0.0	0.0
吉　林	0.0	0.0	0.0	0.0	0.0	0.0	0.0	0.0	0.0	0.0
黑龙江	0.0	0.0	0.0	0.0	0.0	0.0	0.0	0.0	0.0	0.0
上　海	1.5	3.2	2.8	2.8	1.4	0.2	0.2	0.2	0.4	0.2
江　苏	6.1	6.0	4.9	4.1	3.6	1.2	1.6	2.0	1.7	1.6
浙　江	18.4	19.2	18.1	15.7	14.6	9.4	13.9	13.1	12.0	11.3
安　徽	7.9	7.8	6.5	5.7	5.9	5.4	6.8	5.8	5.7	5.4
福　建	18.5	18.3	15.9	14.9	15.4	9.1	10.7	10.3	9.8	9.2
江　西	26.0	24.4	18.6	17.7	15.1	10.8	14.0	13.6	13.6	14.0
山　东	0.0	0.0	0.0	0.0	0.0	0.0	0.0	0.0	0.0	0.0
河　南	5.1	4.9	4.4	4.8	4.1	3.0	3.5	4.6	3.9	4.0
湖　北	19.2	17.2	10.0	10.0	10.1	3.6	6.6	10.4	8.1	7.8
湖　南	32.6	28.6	21.3	19.6	20.0	12.7	14.4	15.3	15.3	14.5
广　东	171.6	156.1	151.3	147.5	165.9	147.5	149.7	151.9	154.9	160.3
广　西	670.7	708.6	723.7	747.6	838.4	1012.4	1090.1	1060.1	1069.3	1091.6
海　南	65.0	69.1	69.9	60.0	66.5	63.3	78.6	74.6	60.1	60.5
重　庆	2.9	2.8	2.8	2.8	2.8	2.9	3.0	3.1	3.1	3.4
四　川	31.9	31.9	28.8	26.7	26.4	20.5	23.0	19.9	19.5	18.7
贵　州	18.8	19.1	18.6	19.4	17.9	17.1	17.6	16.4	13.7	12.0
云　南	297.2	292.1	280.5	255.0	287.2	265.4	309.7	296.2	295.1	306.7
西　藏	0.0	0.0	0.0	0.0	0.0	0.0	0.0	0.0	0.0	0.0
陕　西	0.3	0.1	0.1	0.1	0.1	1.4	0.2	0.1	0.1	0.1
甘　肃	0.0	0.0	0.0	0.0	0.0	0.0	0.0	0.0	0.0	0.0
青　海	0.0	0.0	0.0	0.0	0.0	0.0	0.0	0.0	0.0	0.0
宁　夏	0.0	0.0	0.0	0.0	0.0	0.0	0.0	0.0	0.0	0.0
新　疆	0.0	0.0	0.0	0.0	0.0	0.0	0.0	0.0	0.0	0.0

数据来源：历年《中国统计年鉴》。

表 5-63

甜菜播种面积（千公顷）

年份	2002	2003	2004	2005	2006	2007	2008	2009	2010	2011
北京	0.0	0.0	0.0	0.0	0.0	0.0	0.0	0.0	0.0	0.0
天津	0.0	0.0	0.0	0.0	0.0	0.0	0.0	0.0	0.0	0.0
河北	11.6	11.5	8.6	10.5	17.5	15.7	15.7	12.5	14.1	12.5
山西	6.7	2.9	1.8	1.2	3.2	5.8	6.4	4.2	4.9	5.6
内蒙古	70.5	37.4	36.3	38.1	48.9	30.3	48.7	33.1	36.8	39.2
辽宁	14.0	1.1	1.2	2.1	1.4	0.7	2.0	1.8	1.1	1.8
吉林	27.4	2.6	1.3	2.8	4.3	2.8	7.1	2.4	3.3	5.0
黑龙江	198.9	118.8	75.5	80.5	111.1	78.6	90.4	63.9	77.9	82.0
上海	0.0	0.0	0.0	0.0	0.0	0.0	0.0	0.0	0.0	0.0
江苏	0.4	0.3	0.1	0.0	0.0	0.0	0.0	0.0	0.1	0.0
浙江	0.0	0.0	0.0	0.0	0.0	0.0	0.0	0.0	0.0	0.0
安徽	0.1	0.1	0.0	0.0	0.0	0.0	0.0	0.0	0.0	0.0
福建	0.0	0.0	0.0	0.0	0.0	0.0	0.0	0.0	0.0	0.0
江西	0.0	0.0	0.0	0.0	0.0	0.0	0.0	0.0	0.0	0.0
山东	0.4	0.1	0.0	0.0	0.0	0.0	0.1	0.1	0.0	0.0
河南	0.0	0.0	0.0	0.0	0.0	0.0	0.0	0.0	0.0	0.0
湖北	0.0	0.0	0.0	0.0	0.0	0.0	0.0	0.0	0.0	0.0
湖南	0.0	0.0	0.0	0.0	0.0	0.0	0.0	0.0	0.0	0.0
广东	0.0	0.0	0.0	0.0	0.0	0.0	0.0	0.0	0.0	0.0
广西	0.0	0.0	0.0	0.0	0.0	0.0	0.0	0.0	0.0	0.0
海南	0.0	0.0	0.0	0.0	0.0	0.0	0.0	0.0	0.0	0.0
重庆	0.0	0.0	0.0	0.0	0.0	0.0	0.0	0.0	0.0	0.0
四川	0.2	0.1	0.2	0.2	0.2	0.2	0.2	0.2	0.2	0.2
贵州	0.1	0.1	0.1	0.1	0.1	0.0	0.0	0.0	0.0	0.0
云南	0.2	0.2	0.2	0.2	0.2	0.1	0.1	0.1	0.0	0.0
西藏	0.0	0.0	0.0	0.0	0.0	0.0	0.0	0.0	0.0	0.0
陕西	1.0	0.3	0.2	0.0	0.0	0.5	0.0	0.0	0.0	0.0
甘肃	7.2	5.3	4.6	4.5	5.1	5.9	4.6	4.5	5.1	4.8
青海	0.0	0.0	0.0	0.0	0.1	0.2	0.0	0.0	0.0	0.0
宁夏	0.0	0.0	0.0	0.0	0.3	0.1	0.0	0.0	0.0	0.0
新疆	85.3	67.3	59.9	69.9	94.4	75.0	71.1	63.7	75.3	75.4

数据来源：历年《中国统计年鉴》。

表 5－64　　烤烟播种面积（千公顷）

年　份	2002	2003	2004	2005	2006	2007	2008	2009	2010	2011
北　京	0.0	0.0	0.0	0.0	0.0	0.0	0.0	0.0	0.0	0.0
天　津	0.0	0.0	0.0	0.0	0.0	0.0	0.0	0.0	0.0	0.0
河　北	3.2	3.1	2.9	2.6	2.6	1.1	2.5	2.4	1.9	2.3
山　西	4.2	2.7	2.9	2.5	3.2	3.5	3.2	3.6	3.4	3.2
内蒙古	4.0	5.5	4.8	6.9	6.1	1.8	3.7	2.9	2.8	3.1
辽　宁	12.8	11.7	12.6	18.5	9.6	7.3	10.7	11.4	9.8	9.7
吉　林	11.4	10.7	10.7	12.6	13.3	5.6	11.8	12.9	13.7	11.1
黑龙江	39.6	32.6	27.7	39.7	25.4	28.2	32.7	32.3	32.4	31.8
上　海	0.0	0.0	0.0	0.0	0.0	0.0	0.0	0.0	0.0	0.0
江　苏	0.0	0.0	0.0	0.0	0.0	0.0	0.0	0.0	0.0	0.0
浙　江	0.0	0.0	0.0	0.0	0.0	0.0	0.0	0.0	0.0	0.0
安　徽	13.8	11.0	11.3	10.3	9.8	9.6	9.2	10.2	10.7	11.2
福　建	64.1	58.6	61.6	65.8	68.2	62.4	66.9	68.5	64.3	67.4
江　西	11.3	9.7	7.8	10.6	14.7	14.7	19.8	17.5	17.0	19.4
山　东	41.3	42.3	41.7	33.9	32.8	34.1	40.6	45.3	24.5	33.3
河　南	147.2	133.9	129.5	127.1	139.7	100.0	111.6	111.7	122.1	124.7
湖　北	42.9	39.5	39.9	43.7	43.9	23.4	46.8	55.9	40.8	47.7
湖　南	85.1	87.1	82.1	94.8	96.6	73.3	85.3	93.0	92.9	99.2
广　东	26.0	25.0	26.7	26.5	28.3	16.6	21.2	22.5	21.6	22.0
广　西	7.8	9.8	9.9	13.9	15.9	12.2	14.5	16.3	12.0	12.7
海　南	0.2	0.1	0.1	0.3	0.0	0.0	0.0	0.0	0.0	0.1
重　庆	43.5	46.6	41.4	41.5	38.5	33.4	39.5	43.9	34.9	38.9
四　川	46.8	44.3	45.9	58.8	68.6	57.2	91.0	102.3	88.2	98.4
贵　州	199.2	188.8	188.0	206.6	178.0	177.4	194.8	184.9	183.2	200.0
云　南	347.1	333.2	353.7	381.7	371.1	367.6	387.2	387.4	419.9	476.0
西　藏	0.0	0.0	0.0	0.0	0.0	0.0	0.0	0.0	0.0	0.0
陕　西	31.3	30.9	30.4	32.6	32.9	31.2	33.4	36.0	31.1	35.7
甘　肃	8.5	12.2	13.3	13.3	15.1	3.9	3.1	3.5	3.1	3.0
青　海	0.0	0.0	0.0	0.0	0.0	0.0	0.0	0.0	0.0	0.0
宁　夏	0.1	0.1	0.1	0.1	0.4	0.3	0.6	0.4	0.5	0.4
新　疆	0.5	0.0	0.0	0.3	0.2	1.2	0.2	0.6	0.1	0.0

数据来源：历年《中国统计年鉴》。

表 5－65

水果播种面积（千公顷）

年份	2002	2003	2004	2005	2006	2007	2008	2009	2010	2011
北京	89.9	87.5	81.4	75.7	70.0	74.3	72.2	66.7	64.9	63.5
天津	43.7	41.1	36.4	37.1	36.4	35.1	33.8	33.0	34.4	32.9
河北	1062.1	1075.0	1106.4	1115.1	1097.5	1088.0	1061.5	1035.6	1064.4	1047.4
山西	281.6	278.2	279.1	279.7	270.2	274.0	277.2	281.2	294.4	322.6
内蒙古	43.8	48.3	50.8	52.1	48.9	47.1	52.5	52.2	65.9	66.8
辽宁	331.2	318.2	316.8	317.0	313.6	303.9	323.6	349.7	354.2	359.9
吉林	105.9	95.3	74.0	67.8	65.0	60.4	63.4	57.9	58.7	55.3
黑龙江	48.7	41.4	39.5	39.5	37.6	40.9	41.0	35.3	36.2	35.0
上海	18.2	24.8	28.5	22.3	24.3	25.1	26.0	24.7	23.2	20.9
江苏	182.9	178.3	184.9	191.4	190.4	174.8	178.7	192.7	191.5	203.0
浙江	275.6	286.7	294.4	299.8	300.7	314.3	317.1	318.0	320.9	320.9
安徽	93.8	100.5	109.8	104.2	102.8	100.8	108.7	104.5	107.1	110.0
福建	553.8	554.4	547.7	550.7	542.1	536.4	535.8	538.0	536.2	531.2
江西	248.2	262.4	294.0	295.8	302.0	338.9	361.4	374.6	373.6	381.6
山东	753.0	797.1	756.3	767.9	694.5	659.6	599.2	591.6	581.0	592.0
河南	352.8	374.1	400.0	416.6	416.3	448.5	438.2	449.0	455.3	465.5
湖北	229.4	227.9	250.4	265.1	282.2	319.2	347.5	367.6	375.7	398.8
湖南	364.0	378.3	406.2	430.8	450.6	480.8	469.2	510.9	519.7	537.1
广东	875.4	917.1	986.7	996.9	1013.9	1019.1	1052.4	1081.3	1084.8	1096.6
广西	819.7	821.3	844.1	865.2	867.4	883.7	888.2	917.7	938.1	970.0
海南	157.4	159.2	163.8	163.4	169.7	171.8	171.2	170.6	174.5	182.8
重庆	147.4	164.8	164.7	179.3	189.3	206.2	216.7	230.9	248.7	264.8
四川	370.2	418.2	444.1	462.0	477.9	499.7	509.5	537.1	552.3	580.9
贵州	98.3	103.1	110.3	118.9	119.1	124.6	133.3	140.8	151.8	169.0
云南	212.1	217.8	225.7	224.8	242.0	265.1	289.0	309.4	315.2	348.5
西藏	1.1	0.8	0.8	1.1	1.2	1.3	1.5	1.5	1.9	2.2
陕西	703.8	750.5	788.5	817.5	860.5	884.9	950.7	1011.4	1083.3	1121.2
甘肃	294.8	320.1	335.1	347.6	373.6	415.6	411.9	411.6	420.0	430.0
青海	5.1	5.1	7.1	4.3	4.2	4.3	4.1	4.5	5.1	5.1
宁夏	42.1	44.9	44.9	48.6	55.6	65.3	82.9	100.3	119.5	124.9
新疆	292.1	344.2	396.2	477.0	502.8	607.6	716.0	839.3	991.7	990.3

数据来源：历年《中国统计年鉴》。

表 5－66 **蔬菜播种面积（千公顷）**

年 份	2002	2003	2004	2005	2006	2007	2008	2009	2010	2011
北 京	122.1	116.3	99.8	88.6	81.6	70.1	68.2	68.5	67.5	66.8
天 津	128.4	134.6	131.9	129.7	120.4	63.4	72.2	80.8	84.9	87.1
河 北	1028.9	1068.5	1082.2	1104.8	1122.9	1075.0	1101.4	1100.9	1138.6	1157.9
山 西	271.0	278.5	248.6	244.9	243.2	240.1	241.0	245.1	228.5	228.6
内蒙古	207.7	192.1	203.7	221.5	251.7	218.2	260.3	268.7	263.6	270.8
辽 宁	481.0	468.5	424.1	413.7	358.2	376.0	388.7	402.7	430.2	465.4
吉 林	291.1	269.1	235.6	209.6	215.3	215.6	209.5	231.9	245.5	236.9
黑龙江	432.0	399.6	291.6	333.4	331.4	291.1	287.7	187.6	184.5	223.1
上 海	160.7	150.4	139.9	130.9	136.2	133.9	133.6	128.2	132.1	136.3
江 苏	1290.8	1341.7	1217.5	1194.4	1161.2	1042.4	1093.4	1147.6	1229.8	1260.2
浙 江	697.0	700.8	661.0	666.7	671.9	684.0	618.5	618.9	618.6	624.5
安 徽	600.3	654.9	649.7	664.9	703.8	732.7	718.6	745.3	774.2	789.0
福 建	596.2	613.8	622.5	632.1	638.1	635.6	644.0	653.3	666.9	679.4
江 西	625.0	548.3	552.9	543.6	555.5	500.5	512.9	509.7	521.2	535.5
山 东	1970.9	2027.1	1970.1	1847.7	1738.2	1704.7	1725.1	1756.0	1770.8	1791.2
河 南	1375.7	1526.2	1591.1	1595.9	1731.8	1688.3	1713.7	1692.2	1704.1	1720.1
湖 北	1069.1	1086.9	1021.1	1004.8	1017.6	918.1	1016.0	1079.3	1020.8	1062.2
湖 南	899.6	964.3	962.6	997.1	1046.1	983.8	1003.0	1063.7	1133.1	1193.8
广 东	1128.0	1194.9	1146.7	1162.7	1185.2	1065.0	1112.6	1138.4	1179.8	1208.8
广 西	967.9	1006.8	1026.1	1094.4	1131.8	935.9	959.0	978.0	1007.6	1040.7
海 南	160.7	161.9	161.0	172.4	189.2	175.0	188.6	202.2	214.6	225.0
重 庆	359.7	387.0	389.6	400.0	417.4	432.9	481.6	552.2	589.1	618.6
四 川	987.1	1006.2	970.6	991.5	1181.9	1045.5	1102.1	1129.6	1166.2	1205.6
贵 州	390.2	414.9	443.3	473.3	494.5	527.9	558.3	599.6	647.9	708.5
云 南	402.7	437.7	459.9	492.0	523.0	562.0	583.4	622.9	671.3	735.1
西 藏	9.3	13.6	15.2	18.0	19.0	19.7	20.8	20.4	21.3	22.4
陕 西	263.7	276.8	301.3	331.7	356.4	368.9	385.6	428.7	444.0	458.3
甘 肃	200.7	268.7	283.4	306.8	317.5	347.0	367.8	371.6	395.0	415.4
青 海	20.4	24.1	25.1	25.8	27.7	30.1	34.2	35.2	43.5	42.0
宁 夏	51.2	55.7	46.9	51.3	61.4	68.8	80.2	93.1	101.4	107.3
新 疆	164.2	163.8	185.6	176.7	186.8	176.6	194.2	262.2	303.6	322.6

数据来源：历年《中国统计年鉴》。

表 5－67　　稻谷生产所需实际劳动力（万人）

年　份	2002	2003	2004	2005	2006	2007	2008	2009	2010	2011
北　京	0.39	0.17	0.08	0.08	0.06	0.04	0.02	0.01	0.02	0.02
天　津	1.29	0.72	1.38	1.66	1.58	1.00	0.78	0.62	1.16	1.03
河　北	15.65	9.75	9.20	11.33	10.11	9.46	8.49	8.87	5.88	6.01
山　西	0.41	0.36	0.28	0.28	0.16	0.13	0.09	0.09	0.08	0.07
内蒙古	10.44	7.68	8.55	8.75	8.21	6.83	7.87	7.65	6.79	6.52
辽　宁	45.07	39.80	43.18	40.84	44.40	44.39	41.20	38.86	49.95	47.79
吉　林	49.96	43.82	38.75	39.88	35.91	38.84	36.01	36.06	49.66	50.08
黑龙江	90.34	65.84	87.53	84.66	85.48	96.32	95.57	92.83	204.13	213.41
上　海	7.29	5.81	5.62	5.56	5.63	5.83	6.10	6.40	8.00	7.69
江　苏	151.63	132.55	141.19	144.66	116.97	127.50	118.55	113.23	100.70	97.65
浙　江	74.73	59.50	50.58	48.44	92.66	81.59	75.38	70.55	68.06	64.83
安　徽	168.64	180.47	196.31	177.46	141.30	138.10	134.80	127.90	124.28	110.76
福　建	125.89	110.45	104.10	98.63	79.35	77.99	77.96	69.84	64.62	67.97
江　西	323.94	308.13	320.17	324.32	290.20	273.12	261.75	246.65	244.65	240.37
山　东	16.66	13.51	10.82	11.57	11.30	11.16	10.51	10.12	9.45	9.02
河　南	65.83	78.85	41.42	44.81	37.64	30.92	30.34	28.75	39.14	28.71
湖　北	165.19	167.87	148.92	141.16	138.71	119.77	106.57	104.61	100.13	101.86
湖　南	411.70	391.30	392.78	393.37	277.06	242.60	233.56	244.35	234.88	233.00
广　东	255.23	244.49	226.04	221.56	189.82	165.78	156.53	147.27	143.97	140.62
广　西	280.46	270.39	248.97	244.66	205.48	181.83	170.38	159.69	154.41	150.59
海　南	40.05	39.37	35.37	31.14	28.68	25.51	24.92	23.88	23.91	23.08
重　庆	87.79	86.12	79.18	77.53	102.90	89.16	82.24	75.66	66.48	58.59
四　川	241.35	234.13	218.09	216.37	186.32	175.31	166.59	152.34	154.55	163.84
贵　州	85.40	82.68	75.72	74.80	119.40	107.57	99.73	96.25	93.05	91.44
云　南	199.00	194.80	209.28	198.94	94.01	84.66	116.53	114.56	105.06	107.24
西　藏	0.20	0.12	0.11	0.11	0.09	0.09	0.08	0.08	0.07	0.07
陕　西	15.17	16.01	15.41	15.25	20.59	16.55	15.12	13.38	14.32	14.03
甘　肃	0.73	0.55	0.52	0.53	0.48	0.45	0.44	0.43	0.43	0.00
青　海	0.00	0.00	0.00	0.00	0.00	0.00	0.00	0.00	0.00	0.00
宁　夏	9.63	6.03	8.48	8.61	7.35	6.58	6.46	5.88	6.13	6.08
新　疆	8.72	7.71	7.06	7.18	5.84	6.07	5.69	5.45	4.93	5.11

注：根据方法二计算。

表 5－68　　　　　　　　　　　小麦生产所需实际劳动力（万人）

年　份	2002	2003	2004	2005	2006	2007	2008	2009	2010	2011
北　京	1.49	1.18	1.59	2.07	2.26	1.42	2.77	2.47	2.63	2.47
天　津	2.73	2.29	2.17	2.70	2.76	2.50	4.68	4.50	4.72	4.77
河　北	139.63	111.84	118.67	116.78	118.16	109.82	104.92	97.69	103.29	101.89
山　西	50.88	40.53	32.85	31.20	32.74	31.14	32.01	25.64	26.94	27.38
内蒙古	34.50	21.68	28.48	32.02	24.98	31.65	24.62	26.31	28.45	28.83
辽　宁	3.47	1.36	1.25	1.32	0.27	0.18	0.08	0.05	0.03	0.03
吉　林	1.60	1.49	0.69	0.56	0.12	0.08	0.04	0.02	0.01	0.01
黑龙江	3.52	2.76	3.40	3.13	3.98	3.42	1.76	1.63	1.07	1.09
上　海	0.66	0.50	0.46	0.90	0.77	0.93	2.02	2.51	2.09	2.50
江　苏	74.64	65.63	60.88	60.13	61.15	70.66	72.46	66.54	64.52	63.85
浙　江	6.57	4.82	3.62	3.98	2.50	1.71	1.90	1.93	2.04	2.20
安　徽	123.41	95.07	94.24	84.91	79.22	93.68	78.32	83.55	71.32	73.99
福　建	1.64	0.59	0.38	0.35	0.29	0.22	0.20	0.17	0.15	0.12
江　西	1.99	1.39	1.16	0.94	0.65	0.55	0.47	0.43	0.44	0.46
山　东	236.98	193.29	183.88	192.54	183.91	193.73	177.14	167.24	156.01	149.58
河　南	291.34	281.07	235.64	255.33	207.28	195.89	203.17	198.16	198.00	212.80
湖　北	53.56	46.60	31.06	33.52	32.08	35.68	31.07	30.32	32.18	30.18
湖　南	6.96	5.83	4.63	3.90	3.26	0.67	0.62	1.24	1.66	1.69
广　东	0.75	0.39	0.36	0.39	0.31	0.05	0.04	0.04	0.04	0.04
广　西	0.89	0.83	0.71	0.63	0.62	0.19	0.17	0.17	0.18	0.06
海　南	0.00	0.00	0.00	0.00	0.00	0.00	0.00	0.00	0.00	0.00
重　庆	27.08	21.78	17.04	16.59	32.81	23.51	8.64	7.33	6.37	5.79
四　川	186.85	148.35	116.69	124.21	103.17	95.40	93.98	100.70	98.53	93.41
贵　州	44.86	42.33	37.31	39.51	31.43	12.01	12.01	11.46	11.03	10.78
云　南	59.82	56.60	50.81	49.31	41.42	34.57	32.83	28.96	27.99	28.97
西　藏	3.12	2.85	2.47	2.49	2.18	1.99	1.71	1.60	1.57	1.57
陕　西	94.63	85.10	76.60	98.68	77.69	76.15	64.13	63.60	59.80	57.29
甘　肃	118.26	90.13	99.28	91.13	85.68	76.61	68.98	71.78	66.83	63.97
青　海	17.21	12.92	13.52	12.67	12.86	19.89	4.78	4.54	4.27	3.94
宁　夏	30.59	24.90	20.57	19.89	15.91	15.60	13.22	12.53	10.11	8.94
新　疆	42.17	35.72	34.39	33.78	32.27	25.53	30.74	34.96	35.28	31.21

注：根据方法二计算。

表 5 - 69　　　　玉米生产所需实际劳动力（万人）

年　份	2002	2003	2004	2005	2006	2007	2008	2009	2010	2011
北　京	2.75	2.48	4.24	4.62	4.90	3.71	7.13	7.21	7.12	6.38
天　津	6.59	5.25	5.32	5.21	6.01	5.83	7.79	7.94	8.03	7.67
河　北	173.97	156.80	149.55	151.01	144.13	151.79	138.50	141.18	143.06	137.75
山　西	82.86	87.88	87.97	87.27	86.41	85.57	98.74	98.94	105.83	111.52
内蒙古	113.65	106.21	110.34	114.44	94.16	102.79	115.30	114.35	96.75	104.92
辽　宁	79.45	77.48	91.25	96.53	96.35	99.38	87.65	89.86	92.62	91.57
吉　林	166.38	163.54	187.36	147.15	145.83	135.91	119.02	112.00	128.19	138.69
黑龙江	96.00	72.40	73.56	77.93	78.69	120.88	105.39	118.20	116.96	120.08
上　海	0.33	0.29	0.26	0.25	0.22	0.21	0.18	0.20	0.22	0.20
江　苏	32.41	28.13	24.11	21.44	21.02	20.86	19.88	19.28	19.80	20.07
浙　江	3.88	3.23	3.38	3.64	3.64	1.26	1.29	1.30	1.34	1.50
安　徽	47.88	40.47	40.73	43.88	42.34	42.89	42.94	39.95	39.33	38.51
福　建	2.69	2.29	2.34	2.27	2.17	1.85	1.84	1.83	1.97	2.06
江　西	1.47	1.48	1.07	1.18	1.03	0.97	0.93	0.91	1.00	1.38
山　东	193.55	169.62	162.03	185.60	167.28	174.89	149.60	140.25	132.32	135.49
河　南	194.87	204.06	149.92	145.80	138.30	137.78	139.80	147.23	145.61	143.61
湖　北	38.10	37.35	38.34	39.24	39.02	37.21	37.08	37.32	39.26	39.08
湖　南	23.95	24.56	20.67	19.74	17.46	13.69	14.30	15.86	16.11	17.61
广　东	12.45	11.50	10.31	9.73	9.04	8.26	8.50	9.38	8.92	9.32
广　西	45.66	50.19	53.06	52.20	45.42	30.49	41.39	43.46	44.48	46.98
海　南	1.41	1.69	1.03	0.92	0.98	1.09	1.03	1.05	1.15	1.27
重　庆	41.85	38.60	34.43	32.76	64.68	61.28	59.59	55.71	55.01	53.76
四　川	192.96	175.07	132.57	138.39	100.03	104.58	121.03	110.49	111.31	112.05
贵　州	84.98	85.96	85.46	82.73	76.01	76.34	71.79	75.02	77.57	76.63
云　南	151.55	136.03	163.00	163.82	153.45	159.43	160.99	155.09	161.74	145.62
西　藏	0.32	0.28	0.25	0.24	0.22	0.21	0.24	0.23	0.23	0.22
陕　西	95.24	88.19	105.19	96.76	95.32	94.85	85.86	81.19	80.88	84.89
甘　肃	70.99	68.79	66.94	64.10	65.00	65.79	75.14	80.02	101.70	96.81
青　海	0.16	0.00	0.12	0.08	0.07	0.14	0.12	0.30	0.68	1.10
宁　夏	13.14	13.49	16.60	14.09	12.88	15.17	16.28	16.50	16.22	16.31
新　疆	33.13	29.83	33.41	30.54	29.20	28.37	29.11	30.20	35.01	32.27

注：根据方法二计算。

表 5-70　　豆类生产所需实际劳动力（万人）

年份	2002	2003	2004	2005	2006	2007	2008	2009	2010	2011
北京	0.99	1.08	0.59	0.47	0.47	0.34	0.31	0.28	0.19	0.15
天津	1.99	1.82	1.17	1.08	0.77	0.33	0.29	0.38	0.37	0.30
河北	24.07	20.73	16.57	14.04	11.38	9.89	9.49	8.27	6.74	5.47
山西	29.25	28.22	29.30	21.16	18.90	22.47	21.93	18.06	18.76	17.13
内蒙古	42.35	62.47	31.21	62.14	38.96	49.89	36.41	42.25	27.98	23.93
辽宁	13.82	15.22	18.18	13.61	11.74	6.73	7.98	7.00	5.28	4.72
吉林	28.85	28.26	32.15	27.44	21.41	18.83	16.70	15.95	13.22	12.36
黑龙江	86.22	82.93	89.23	91.93	82.87	90.39	81.41	91.51	62.72	53.85
上海	0.40	0.48	0.34	0.36	0.33	0.32	0.23	0.25	0.14	0.15
江苏	23.67	20.46	15.67	13.83	11.79	10.92	10.01	9.98	8.59	7.82
浙江	10.41	10.87	7.18	8.02	7.37	4.13	3.79	3.83	3.24	2.92
安徽	42.34	53.10	45.58	41.23	54.85	43.34	40.63	38.60	34.70	25.15
福建	6.83	6.78	4.47	4.34	3.91	2.31	2.14	2.23	2.00	1.89
江西	10.98	10.37	6.17	5.91	5.59	5.63	4.68	4.55	3.96	3.62
山东	19.88	16.76	11.83	11.38	9.95	7.52	7.34	7.23	6.86	6.89
河南	34.78	32.16	25.82	23.26	24.40	17.62	21.37	17.86	22.02	16.92
湖北	19.59	16.32	23.49	34.44	9.18	6.88	6.03	5.78	4.94	4.48
湖南	15.69	16.51	10.87	10.61	9.61	5.24	4.54	4.93	4.41	4.02
广东	5.93	5.98	4.19	4.15	3.77	2.71	2.35	2.35	2.03	1.81
广西	16.43	16.15	11.01	10.74	9.30	4.95	4.23	4.69	4.34	3.96
海南	0.89	0.87	0.53	0.44	0.37	0.07	0.22	0.23	0.21	0.20
重庆	11.83	11.76	8.71	8.99	23.21	18.66	17.62	18.31	18.77	19.76
四川	27.31	29.34	21.97	22.44	16.43	16.39	13.99	13.13	11.19	10.35
贵州	17.64	18.06	12.62	12.45	11.36	10.38	9.05	9.20	8.07	7.37
云南	41.81	39.97	50.89	72.32	41.11	44.45	16.49	16.96	14.91	13.49
西藏	0.60	0.56	0.35	0.34	0.28	0.26	0.21	0.20	0.17	0.15
陕西	16.88	17.38	22.03	19.18	19.27	10.51	10.92	10.28	10.05	9.90
甘肃	12.64	12.98	9.11	9.39	7.84	7.92	6.65	6.12	5.12	4.68
青海	2.60	2.23	1.56	1.57	1.60	1.52	1.14	1.25	0.93	0.76
宁夏	5.59	6.21	3.29	2.72	1.91	0.80	1.74	1.41	1.25	0.91
新疆	5.79	5.87	3.24	3.77	3.37	2.66	2.81	2.98	2.89	1.98

注：根据方法二计算。

表 5-71　　　　　　　　　　　　**棉花生产所需实际劳动力（万人）**

年份	2002	2003	2004	2005	2006	2007	2008	2009	2010	2011
北京	0.51	0.57	1.00	0.33	0.30	0.25	0.14	0.07	0.05	0.06
天津	7.32	12.60	13.28	11.12	11.37	10.00	8.01	6.90	6.13	7.55
河北	66.61	103.78	102.28	104.17	102.25	109.45	117.06	103.93	106.21	115.28
山西	16.50	18.85	21.33	16.38	19.38	19.00	15.06	11.65	8.36	7.41
内蒙古	49.23	1.02	1.23	0.29	0.37	0.48	0.35	0.14	0.15	0.24
辽宁	0.54	0.65	0.82	0.49	0.35	0.22	0.25	0.14	0.07	0.06
吉林	0.05	0.13	0.05	0.23	0.28	0.10	0.41	0.26	0.54	1.02
黑龙江	0.00	0.00	0.00	0.00	0.00	0.00	0.00	0.00	0.00	0.00
上海	0.14	0.11	0.16	0.15	0.18	0.20	0.21	0.18	0.40	0.38
江苏	68.28	75.10	75.67	68.66	80.59	74.39	68.48	56.00	52.18	50.69
浙江	3.20	2.57	2.80	2.51	2.77	2.71	2.93	2.75	3.40	3.31
安徽	65.04	84.83	76.21	77.33	95.61	82.12	75.54	63.10	57.46	52.05
福建	0.02	0.03	0.01	0.01	0.01	0.15	0.08	0.06	0.02	0.02
江西	17.37	22.99	18.63	18.65	17.04	20.12	16.28	17.64	18.61	18.42
山东	145.61	193.75	211.31	161.53	175.03	171.91	164.55	144.55	138.30	138.06
河南	168.91	166.11	191.38	152.11	167.83	149.31	115.62	99.86	86.92	71.13
湖北	72.30	67.90	89.99	81.12	83.58	107.60	106.98	87.06	92.89	90.89
湖南	28.00	28.77	38.15	37.29	40.36	39.85	37.88	30.62	37.12	40.91
广东	0.00	0.00	0.00	0.00	0.00	0.00	0.00	0.00	0.00	0.00
广西	0.35	0.29	0.31	0.31	0.37	0.46	0.39	0.37	0.36	0.35
海南	0.00	0.00	0.00	0.00	0.00	0.00	0.00	0.00	0.00	0.00
重庆	0.13	0.08	0.06	0.04	0.04	0.03	0.03	0.03	0.02	0.02
四川	12.15	7.40	5.46	2.73	4.59	4.03	3.21	2.65	2.64	2.43
贵州	0.37	0.33	0.29	0.27	0.25	0.26	0.24	0.25	0.25	0.24
云南	0.22	0.17	0.12	0.10	0.09	0.04	0.07	0.06	0.05	0.04
西藏	0.00	0.00	0.00	0.00	0.00	0.00	0.00	0.00	0.00	0.00
陕西	8.99	14.20	19.32	16.16	19.51	21.04	19.89	14.43	11.31	11.20
甘肃	6.73	9.23	10.54	10.43	12.64	12.77	8.97	7.48	6.42	5.49
青海	0.00	0.00	0.00	0.00	0.00	0.00	0.00	0.00	0.00	0.00
宁夏	0.00	0.00	0.03	0.00	0.01	0.00	0.00	0.00	0.00	0.00
新疆	138.05	151.20	151.17	159.89	129.49	218.19	147.46	135.08	113.16	144.72

注：根据方法二计算。

表 5－72　　油料生产所需实际劳动力（万人）

年　份	2002	2003	2004	2005	2006	2007	2008	2009	2010	2011
北　京	1.48	1.32	0.88	0.73	0.63	0.58	0.57	0.47	0.41	0.36
天　津	1.79	1.52	0.49	0.43	0.40	0.15	0.15	0.15	0.17	0.17
河　北	60.67	60.86	47.32	47.67	46.19	44.51	41.67	38.59	36.12	34.97
山　西	33.56	31.01	24.18	23.31	19.84	13.76	14.36	12.84	11.95	11.15
内蒙古	54.84	69.45	54.40	59.24	58.15	43.93	56.53	53.61	52.80	53.29
辽　宁	24.78	27.09	19.40	14.64	8.85	6.09	9.14	14.44	19.70	20.11
吉　林	12.78	24.45	17.22	20.77	16.10	13.86	11.59	12.65	17.18	12.57
黑龙江	30.28	37.52	31.88	29.54	24.08	10.06	11.94	10.57	9.48	7.62
上　海	5.49	4.17	2.95	2.95	2.11	1.35	1.24	1.18	0.78	0.64
江　苏	95.27	84.04	92.53	82.95	79.08	44.70	45.49	45.30	43.72	41.05
浙　江	29.71	26.53	22.35	22.94	20.76	12.51	15.30	16.04	15.89	14.57
安　徽	118.80	108.07	113.35	129.98	115.95	82.20	82.76	85.16	76.77	68.51
福　建	15.54	14.72	15.11	15.82	13.40	12.27	11.83	9.89	11.67	11.35
江　西	72.36	66.91	53.34	53.10	51.62	49.79	52.82	54.70	55.70	54.43
山　东	114.44	119.28	98.07	88.81	79.31	72.18	66.85	62.38	65.05	65.89
河　南	153.32	150.71	150.28	158.98	130.52	115.90	106.70	97.21	99.60	91.89
湖　北	124.35	172.81	141.47	98.67	119.30	88.32	109.49	111.09	110.28	106.25
湖　南	91.86	91.77	82.67	82.67	80.89	57.23	74.51	86.22	92.21	96.28
广　东	35.59	32.37	28.48	26.85	30.39	25.53	27.50	24.91	26.82	27.63
广　西	29.74	29.81	26.34	27.33	28.05	13.90	15.78	15.45	16.17	16.65
海　南	5.50	5.26	4.47	4.11	4.35	3.24	3.22	3.11	3.10	3.00
重　庆	24.28	25.03	23.00	23.23	31.36	22.04	25.18	28.05	28.69	28.79
四　川	124.50	103.52	101.18	77.84	82.94	44.08	94.43	124.48	114.00	120.94
贵　州	51.86	53.06	50.07	51.14	49.68	35.73	36.49	39.18	40.28	39.85
云　南	19.13	20.07	19.30	20.73	19.97	11.21	15.08	24.22	25.37	25.44
西　藏	2.10	2.29	2.29	2.40	2.13	1.91	1.98	1.87	1.83	1.79
陕　西	28.83	30.20	26.69	25.48	15.32	14.18	22.22	22.56	22.93	22.36
甘　肃	31.93	35.43	31.34	30.27	28.63	22.99	26.59	26.87	26.32	26.10
青　海	15.71	16.08	15.05	14.90	14.05	12.42	13.85	13.16	13.54	12.48
宁　夏	11.36	14.01	11.77	8.92	7.27	4.22	6.45	6.55	7.52	6.59
新　疆	22.10	23.94	20.30	17.07	13.37	10.72	22.98	20.62	20.81	19.64

注：根据方法二计算。

表 5-73　　甘蔗生产所需实际劳动力（万人）

年份	2002	2003	2004	2005	2006	2007	2008	2009	2010	2011
北京	0.00	0.00	0.00	0.00	0.00	0.00	0.00	0.00	0.00	0.00
天津	0.00	0.00	0.00	0.00	0.00	0.00	0.00	0.00	0.00	0.00
河北	0.00	0.00	0.00	0.00	0.00	0.00	0.00	0.00	0.00	0.00
山西	0.00	0.00	0.00	0.00	0.00	0.00	0.00	0.00	0.00	0.00
内蒙古	0.00	0.00	0.00	0.00	0.00	0.00	0.00	0.00	0.00	0.00
辽宁	0.00	0.00	0.00	0.00	0.00	0.00	0.00	0.00	0.00	0.00
吉林	0.00	0.00	0.00	0.00	0.00	0.00	0.00	0.00	0.00	0.00
黑龙江	0.00	0.00	0.00	0.00	0.00	0.00	0.00	0.00	0.00	0.00
上海	0.30	0.61	0.48	0.46	0.21	0.02	0.02	0.03	0.05	0.02
江苏	1.23	1.14	0.83	0.66	0.55	0.17	0.20	0.25	0.21	0.20
浙江	3.71	3.67	3.07	2.53	2.19	1.36	1.78	1.63	1.47	1.36
安徽	1.59	1.48	1.10	0.92	0.89	0.78	0.87	0.72	0.70	0.65
福建	3.73	3.49	2.70	2.40	2.31	1.32	1.37	1.28	1.20	1.10
江西	5.25	4.67	3.15	2.84	2.27	1.57	1.79	1.69	1.65	1.68
山东	0.00	0.00	0.00	0.00	0.00	0.00	0.00	0.00	0.00	0.00
河南	1.03	0.94	0.75	0.76	0.62	0.44	0.45	0.57	0.48	0.47
湖北	3.87	3.30	1.70	1.60	1.51	0.52	0.85	1.29	0.98	0.93
湖南	6.58	5.48	3.61	3.15	3.65	1.89	1.55	1.31	1.74	1.57
广东	34.62	29.85	25.66	23.71	20.48	18.19	15.56	15.65	16.05	18.77
广西	135.31	135.53	122.77	120.21	122.36	143.58	137.68	128.09	127.75	127.80
海南	13.11	13.21	11.86	9.65	10.87	9.92	11.28	9.67	7.67	7.38
重庆	0.59	0.54	0.48	0.45	0.42	0.42	0.38	0.38	0.38	0.41
四川	6.44	6.10	4.88	4.30	5.33	4.63	2.95	4.29	4.35	3.29
贵州	3.79	3.66	3.15	3.13	2.70	2.48	2.26	2.05	1.67	1.43
云南	59.96	55.85	47.59	41.01	47.38	41.34	44.90	41.96	38.69	38.90
西藏	0.00	0.00	0.00	0.00	0.00	0.00	0.00	0.00	0.00	0.00
陕西	0.06	0.02	0.01	0.01	0.01	0.20	0.02	0.01	0.01	0.01
甘肃	0.00	0.00	0.00	0.00	0.00	0.00	0.00	0.00	0.00	0.00
青海	0.00	0.00	0.00	0.00	0.00	0.00	0.00	0.00	0.00	0.00
宁夏	0.00	0.00	0.00	0.00	0.00	0.00	0.00	0.00	0.00	0.00
新疆	0.00	0.00	0.00	0.00	0.00	0.00	0.00	0.00	0.00	0.00

注：根据方法二计算。

表 5－74　　甜菜生产所需实际劳动力（万人）

年份	2002	2003	2004	2005	2006	2007	2008	2009	2010	2011
北京	0.00	0.00	0.00	0.00	0.00	0.00	0.00	0.00	0.00	0.00
天津	0.00	0.00	0.00	0.00	0.00	0.00	0.00	0.00	0.00	0.00
河北	1.26	1.26	0.62	0.75	1.22	0.96	0.96	0.77	0.80	0.74
山西	0.73	0.32	0.13	0.09	0.22	0.35	0.39	0.26	0.28	0.33
内蒙古	7.67	4.10	2.60	2.73	4.64	2.66	4.47	3.30	3.09	3.36
辽宁	1.52	0.12	0.09	0.15	0.07	0.03	0.08	0.07	0.04	0.07
吉林	2.98	0.28	0.09	0.20	0.22	0.12	0.29	0.10	0.13	0.21
黑龙江	21.63	13.00	5.42	5.78	5.67	3.29	3.71	2.63	3.14	3.40
上海	0.00	0.00	0.00	0.00	0.00	0.00	0.00	0.00	0.00	0.00
江苏	0.04	0.03	0.01	0.00	0.00	0.00	0.00	0.00	0.00	0.00
浙江	0.00	0.00	0.00	0.00	0.00	0.00	0.00	0.00	0.00	0.00
安徽	0.01	0.01	0.00	0.00	0.00	0.00	0.00	0.00	0.00	0.00
福建	0.00	0.00	0.00	0.00	0.00	0.00	0.00	0.00	0.00	0.00
江西	0.00	0.00	0.00	0.00	0.00	0.00	0.00	0.00	0.00	0.00
山东	0.04	0.01	0.00	0.00	0.00	0.00	0.00	0.00	0.00	0.00
河南	0.00	0.00	0.00	0.00	0.00	0.00	0.00	0.00	0.00	0.00
湖北	0.00	0.00	0.00	0.00	0.00	0.00	0.00	0.00	0.00	0.00
湖南	0.00	0.00	0.00	0.00	0.00	0.00	0.00	0.00	0.00	0.00
广东	0.00	0.00	0.00	0.00	0.00	0.00	0.00	0.00	0.00	0.00
广西	0.00	0.00	0.00	0.00	0.00	0.00	0.00	0.00	0.00	0.00
海南	0.00	0.00	0.00	0.00	0.00	0.00	0.00	0.00	0.00	0.00
重庆	0.00	0.00	0.00	0.00	0.00	0.00	0.00	0.00	0.00	0.00
四川	0.02	0.01	0.01	0.01	0.01	0.01	0.01	0.01	0.01	0.01
贵州	0.01	0.01	0.00	0.01	0.00	0.00	0.00	0.00	0.00	0.00
云南	0.02	0.03	0.02	0.02	0.01	0.01	0.01	0.00	0.00	0.00
西藏	0.00	0.00	0.00	0.00	0.00	0.00	0.00	0.00	0.00	0.00
陕西	0.11	0.03	0.01	0.00	0.00	0.03	0.00	0.00	0.00	0.00
甘肃	0.78	0.58	0.33	0.32	0.87	0.36	0.28	0.27	0.29	0.29
青海	0.00	0.00	0.00	0.00	0.01	0.01	0.00	0.00	0.00	0.00
宁夏	0.00	0.00	0.00	0.00	0.02	0.01	0.00	0.00	0.00	0.00
新疆	9.28	7.37	4.30	5.02	7.02	5.30	4.78	4.06	4.63	4.89

注：根据方法二计算。

表 5－75 烤烟生产所需实际劳动力（万人）

年 份	2002	2003	2004	2005	2006	2007	2008	2009	2010	2011
北 京	0.00	0.00	0.00	0.00	0.00	0.00	0.00	0.00	0.00	0.00
天 津	0.00	0.00	0.00	0.00	0.00	0.00	0.00	0.00	0.00	0.00
河 北	1.14	1.09	1.04	0.93	0.74	0.31	0.66	0.48	0.24	0.38
山 西	1.18	0.73	0.88	0.77	0.92	0.99	0.86	0.95	0.84	0.78
内蒙古	1.12	1.51	1.43	2.12	1.39	0.40	0.83	0.64	0.58	0.59
辽 宁	2.56	2.34	2.62	4.63	2.25	1.70	2.45	2.65	2.20	2.21
吉 林	1.40	1.28	1.32	1.84	2.05	0.78	1.94	2.26	2.44	1.97
黑龙江	8.26	4.40	4.18	5.45	3.33	3.63	4.19	4.34	4.63	4.54
上 海	0.00	0.00	0.00	0.00	0.00	0.00	0.00	0.00	0.00	0.00
江 苏	0.00	0.00	0.00	0.00	0.00	0.00	0.00	0.00	0.00	0.00
浙 江	0.00	0.00	0.00	0.00	0.00	0.00	0.00	0.00	0.00	0.00
安 徽	3.28	2.65	3.16	2.77	2.18	2.42	2.26	2.37	2.52	2.39
福 建	17.64	16.05	17.10	18.26	17.96	16.76	15.92	15.45	14.68	14.78
江 西	3.53	3.17	2.47	2.98	3.97	4.07	5.27	4.35	4.21	4.56
山 东	13.04	14.02	11.60	10.20	10.60	10.61	11.02	12.66	5.94	7.50
河 南	44.49	34.45	35.12	39.62	41.30	27.45	31.96	30.01	33.15	33.58
湖 北	13.96	11.12	10.45	12.77	12.97	6.66	12.35	14.36	10.31	11.48
湖 南	29.68	28.86	28.16	34.47	29.18	23.26	25.72	27.45	26.32	26.48
广 东	9.59	8.79	9.81	8.44	9.17	5.29	6.17	6.56	5.58	5.66
广 西	2.14	3.31	3.18	3.44	3.61	3.55	3.62	4.05	2.94	3.04
海 南	0.06	0.03	0.03	0.09	0.00	0.00	0.00	0.00	0.00	0.02
重 庆	12.20	12.79	12.37	12.67	9.91	8.97	10.98	12.15	9.14	9.15
四 川	12.81	13.81	10.17	12.64	14.76	14.08	22.25	24.25	19.99	21.70
贵 州	57.52	57.05	57.69	59.94	47.80	47.55	51.92	47.88	39.65	44.15
云 南	112.72	114.71	122.86	136.23	119.82	111.61	109.16	108.24	113.06	124.77
西 藏	0.00	0.00	0.00	0.00	0.00	0.00	0.00	0.00	0.00	0.00
陕 西	8.40	8.57	7.77	7.43	8.70	8.44	8.99	9.52	7.97	9.22
甘 肃	2.38	3.35	3.98	4.07	4.23	0.97	0.71	0.95	0.86	0.86
青 海	0.00	0.00	0.00	0.00	0.00	0.00	0.00	0.00	0.00	0.00
宁 夏	0.03	0.03	0.04	0.04	0.11	0.09	0.15	0.11	0.11	0.10
新 疆	0.14	0.00	0.00	0.08	0.04	0.32	0.06	0.16	0.03	0.00

注：根据方法二计算。

表 5-76　　水果生产所需实际劳动力（万人）

年　份	2002	2003	2004	2005	2006	2007	2008	2009	2010	2011
北　京	23.40	25.01	26.07	22.60	52.20	15.39	19.51	22.20	23.84	20.76
天　津	11.37	11.74	11.65	11.07	7.62	9.55	9.98	10.47	11.26	9.94
河　北	276.41	307.19	354.33	333.01	285.71	286.91	291.13	277.59	288.35	281.06
山　西	73.29	79.48	89.37	83.53	76.22	80.07	77.38	78.04	63.52	71.61
内蒙古	11.40	13.80	16.26	15.55	15.27	12.82	15.51	16.55	21.60	20.21
辽　宁	86.19	90.93	101.45	94.66	58.64	71.36	69.83	92.40	102.55	95.54
吉　林	27.56	27.23	23.70	20.25	12.16	14.19	13.69	15.29	16.98	14.68
黑龙江	12.67	11.84	12.65	11.79	7.03	9.60	8.84	9.34	10.47	9.29
上　海	4.74	7.07	9.13	6.65	7.58	6.82	7.67	7.82	7.59	6.32
江　苏	47.60	50.95	59.22	57.17	59.47	47.55	52.83	61.15	62.75	61.38
浙　江	71.72	81.93	94.29	89.54	93.91	85.51	93.74	100.90	105.16	97.03
安　徽	24.41	28.70	35.15	31.11	32.11	27.43	32.13	33.15	35.10	33.27
福　建	144.13	158.43	175.38	164.46	169.29	145.96	158.38	170.69	175.68	160.63
江　西	64.59	74.97	94.14	88.34	94.33	92.21	106.81	118.83	122.43	115.40
山　东	195.97	227.77	242.19	229.33	322.73	296.06	267.80	264.82	261.14	264.88
河　南	91.82	106.89	128.10	124.43	178.98	172.22	190.74	173.40	183.25	140.04
湖　北	59.70	65.13	80.19	79.16	88.13	86.86	102.70	116.62	123.12	120.61
湖　南	94.73	108.09	130.10	128.65	140.72	130.83	138.69	162.09	170.28	162.43
广　东	227.82	262.07	315.97	297.73	316.65	277.31	311.06	343.04	355.46	331.62
广　西	213.33	234.69	270.31	258.40	270.88	240.45	262.51	291.14	307.38	293.33
海　南	40.96	45.48	52.46	48.80	53.01	46.74	50.59	54.13	57.19	55.29
重　庆	38.36	47.08	52.75	53.54	59.13	56.10	64.05	73.25	81.48	80.07
四　川	96.34	119.50	142.23	137.96	149.26	135.96	150.60	170.39	180.97	175.67
贵　州	25.58	29.46	35.32	35.52	37.21	33.89	39.39	44.68	49.75	51.11
云　南	55.20	62.23	72.27	67.12	75.57	72.13	85.43	98.16	103.28	105.38
西　藏	0.29	0.24	0.27	0.34	0.38	0.36	0.45	0.49	0.61	0.65
陕　西	183.16	214.46	252.51	244.13	252.27	245.70	242.57	248.95	266.42	270.53
甘　肃	76.72	91.46	107.30	103.81	176.09	208.27	209.55	212.27	233.64	238.91
青　海	1.33	1.46	2.26	1.28	1.31	1.16	1.22	1.43	1.67	1.53
宁　夏	10.96	12.84	14.36	14.50	14.83	17.39	24.51	31.81	39.15	37.78
新　疆	76.02	98.35	126.89	142.45	157.02	165.32	211.64	266.27	324.96	299.47

注：根据方法二计算。

表 5－77　　蔬菜生产所需实际劳动力（万人）

年份	2002	2003	2004	2005	2006	2007	2008	2009	2010	2011
北京	38.92	44.48	38.36	30.66	27.09	22.35	21.97	21.27	23.24	24.23
天津	42.24	44.03	50.68	44.88	48.91	40.35	34.10	34.30	38.78	35.19
河北	338.46	349.40	415.97	382.31	596.78	687.75	564.74	498.76	590.17	570.90
山西	290.65	261.13	95.57	84.76	169.29	208.91	158.66	121.10	176.49	143.90
内蒙古	49.85	43.22	78.31	76.64	174.03	160.11	155.74	156.65	131.72	156.00
辽宁	134.56	131.07	163.01	143.16	158.49	138.72	147.61	114.62	121.25	282.38
吉林	281.86	260.35	90.56	72.52	138.56	120.25	135.88	154.36	156.47	147.11
黑龙江	160.70	181.91	112.08	115.37	110.10	121.31	123.53	79.91	74.71	91.72
上海	57.85	54.13	53.75	45.29	66.38	62.58	61.83	63.81	64.87	60.77
江苏	474.37	563.52	467.96	413.31	422.38	413.10	395.01	520.13	596.47	570.30
浙江	297.44	370.01	254.08	230.72	335.91	125.74	194.82	286.84	245.89	283.44
安徽	408.35	506.42	249.74	230.08	387.96	383.51	358.41	346.57	377.40	391.20
福建	196.12	200.71	239.26	218.72	212.01	202.68	188.66	186.34	192.17	180.67
江西	205.59	179.29	212.52	188.12	184.57	159.61	150.27	145.38	150.18	142.43
山东	1052.46	1430.65	757.26	639.39	955.57	925.15	992.52	1011.97	992.35	941.59
河南	452.54	499.06	611.57	552.24	575.39	859.54	849.57	675.70	901.53	952.85
湖北	218.10	145.10	392.50	347.72	294.61	261.93	321.63	372.18	336.19	281.22
湖南	295.92	315.31	369.98	345.03	327.18	313.73	293.82	303.39	326.51	317.49
广东	371.06	390.72	440.75	402.36	393.77	339.63	325.94	324.71	339.96	321.48
广西	318.39	329.22	394.41	378.70	376.04	298.46	280.95	278.94	290.34	276.78
海南	52.86	52.93	61.88	59.67	62.85	55.81	55.24	57.68	61.84	59.83
重庆	118.32	126.55	149.76	138.41	138.68	138.05	141.07	157.51	169.75	164.52
四川	324.71	329.02	373.08	343.11	593.91	148.98	504.22	482.89	498.56	511.53
贵州	128.36	135.66	170.41	163.79	164.30	168.33	163.55	171.01	186.70	188.43
云南	308.67	393.97	176.78	170.27	173.76	179.21	170.92	177.66	193.42	195.51
西藏	3.06	4.46	5.82	6.24	6.31	6.27	6.08	5.83	6.15	5.96
陕西	280.44	242.69	115.81	114.78	341.00	216.84	150.38	194.83	177.25	208.36
甘肃	247.31	335.78	108.93	106.17	408.37	366.30	291.84	264.23	278.42	206.25
青海	14.06	23.62	9.63	8.94	21.46	26.34	27.26	27.57	24.79	18.80
宁夏	37.44	40.22	18.01	17.76	53.78	21.43	30.27	31.46	34.84	39.72
新疆	96.43	93.02	71.34	61.13	104.95	85.76	65.92	98.41	116.15	131.43

注：根据方法二计算。

表 5－78　各省市生产主要农产品需用的实际劳动力总数（万人）

年 份	2002	2003	2004	2005	2006	2007	2008	2009	2010	2011
北 京	571.95	550.69	391.90	330.84	372.65	342.96	335.58	348.95	384.83	378.69
天 津	500.82	466.02	418.44	424.23	401.24	458.92	436.34	410.95	487.32	504.99
河 北	77.20	73.17	73.16	62.57	83.42	78.26	79.50	82.38	84.14	78.66
山 西	969.15	1021.55	938.06	862.81	853.00	809.84	782.91	891.85	948.95	913.01
内蒙古	501.38	563.14	441.35	412.31	561.70	316.52	390.92	485.78	446.49	471.14
辽 宁	1003.76	1101.27	855.55	819.67	952.39	896.46	848.66	821.09	819.59	796.46
吉 林	514.23	513.55	560.84	525.24	500.71	461.51	458.38	457.76	464.16	440.58
黑龙江	707.06	673.38	712.82	686.38	651.28	607.64	601.06	595.12	602.83	582.73
上 海	1988.62	2378.66	1689.00	1530.37	1915.68	1863.21	1847.34	1821.23	1767.42	1718.91
江 苏	1498.92	1554.29	1569.99	1497.33	1502.26	1707.06	1689.71	1468.76	1709.70	1692.01
浙 江	768.72	733.51	958.12	869.40	819.08	751.44	834.74	880.64	850.27	786.98
安 徽	1005.07	1016.47	1081.60	1058.86	929.37	828.99	825.19	877.45	911.24	901.49
福 建	953.04	986.14	1061.59	994.92	973.39	842.76	853.65	873.91	898.83	856.97
江 西	1042.70	1070.41	1131.08	1096.62	1062.14	917.87	917.10	926.05	948.35	919.54
山 东	154.84	158.85	167.63	154.82	161.10	142.38	146.50	149.74	155.06	150.07
河 南	362.43	370.34	377.78	364.21	463.13	418.23	409.80	428.37	436.09	420.86
湖 北	1225.44	1166.25	1126.33	1080.01	1256.76	743.45	1173.24	1185.60	1196.10	1215.23
湖 南	500.37	508.26	528.04	523.28	540.16	494.55	486.43	496.97	508.01	511.44
广 东	1008.10	1074.43	912.92	919.87	766.60	738.66	752.39	765.88	783.56	785.36
广 西	9.68	10.79	11.56	12.16	11.59	11.09	10.74	10.29	10.63	10.41
海 南	731.93	716.83	641.35	637.86	849.69	704.49	620.11	658.73	650.93	687.78
重 庆	569.08	648.69	438.71	420.44	789.85	762.43	689.17	670.43	720.02	643.37
四 川	51.07	56.31	42.14	39.43	51.35	61.50	48.37	48.25	45.88	38.60
贵 州	118.74	117.72	93.14	86.53	114.05	81.29	99.09	106.27	115.34	116.44
云 南	428.87	450.59	452.38	461.19	482.59	548.26	521.19	598.18	657.86	670.73
西 藏	571.95	550.69	391.90	330.84	372.65	342.96	335.58	348.95	384.83	378.69
陕 西	500.82	466.02	418.44	424.23	401.24	458.92	436.34	410.95	487.32	504.99
甘 肃	77.20	73.17	73.16	62.57	83.42	78.26	79.50	82.38	84.14	78.66
青 海	969.15	1021.55	938.06	862.81	853.00	809.84	782.91	891.85	948.95	913.01
宁 夏	501.38	563.14	441.35	412.31	561.70	316.52	390.92	485.78	446.49	471.14
新 疆	1003.76	1101.27	855.55	819.67	952.39	896.46	848.66	821.09	819.59	796.46

注：根据方法二计算。

表 5－79

农村剩余劳动力（万人）

年 份	2002	2003	2004	2005	2006	2007	2008	2009	2010	2011
北 京	－2.33	－13.59	－11.31	0.63	－27.62	16.81	10.57	11.68	7.58	10.07
天 津	6.93	3.23	－3.30	3.65	1.69	7.28	10.53	12.46	5.26	7.46
河 北	564.72	549.56	397.32	402.72	208.23	70.66	203.73	307.49	188.71	201.15
山 西	83.61	102.09	263.24	293.04	215.63	176.51	223.11	268.19	225.19	249.46
内蒙古	177.26	217.56	226.49	186.57	145.15	157.74	139.07	136.50	201.11	186.51
辽 宁	305.62	314.73	279.95	312.09	334.80	336.91	334.43	334.28	306.51	161.55
吉 林	13.88	41.36	171.40	234.96	192.55	221.64	228.42	167.62	140.03	154.59
黑龙江	297.98	355.09	392.17	378.82	404.86	339.78	367.46	370.05	287.47	263.64
上 海	7.05	0.55	－5.87	－1.55	－28.09	－24.55	－30.12	－34.81	－47.79	－50.89
江 苏	765.02	587.17	568.07	557.88	493.60	464.76	439.75	5.02	－65.63	－43.03
浙 江	383.91	262.89	338.30	347.22	156.11	366.80	279.24	173.56	187.38	138.23
安 徽	944.24	777.03	977.55	963.63	788.61	743.24	744.14	758.53	718.91	701.99
福 建	251.56	231.24	168.05	177.25	185.57	196.57	189.46	180.86	172.38	193.89
江 西	257.44	237.32	194.91	221.12	256.12	293.16	299.04	287.15	264.32	269.56
山 东	780.98	259.64	853.10	819.93	412.32	401.99	466.16	173.22	236.97	295.47
河 南	1899.08	1777.71	1675.71	1641.47	1547.74	1213.23	1157.60	1296.10	1002.02	967.58
湖 北	883.88	927.99	714.78	817.90	875.62	945.56	873.16	109.48	70.35	69.03
湖 南	1028.97	945.46	803.46	788.04	861.09	914.66	895.21	998.99	960.62	965.80
广 东	619.88	631.55	560.91	614.97	620.83	745.45	745.62	662.75	584.43	574.76
广 西	528.30	485.59	400.42	422.38	458.86	603.13	610.90	635.20	622.81	661.61
海 南	50.75	51.86	44.84	56.98	53.70	79.02	74.80	76.31	67.02	68.11
重 庆	511.36	467.99	440.13	430.60	313.43	335.44	337.50	227.33	196.63	189.69
四 川	1292.04	1316.55	1319.37	1341.49	1050.14	1522.75	1012.96	972.70	945.97	910.73
贵 州	1198.02	1162.94	1144.25	1146.72	1092.84	1140.15	1143.57	713.54	684.12	662.60
云 南	707.70	634.87	798.98	789.33	930.40	946.04	926.01	906.81	887.98	885.02
西 藏	79.95	74.35	74.44	74.23	75.73	77.54	78.67	81.88	82.36	83.41
陕 西	271.07	280.17	323.65	319.14	106.31	228.51	288.89	218.86	205.06	147.14
甘 肃	320.32	241.78	452.35	465.61	96.23	124.05	212.62	68.90	11.46	80.36
青 海	113.11	103.51	109.71	107.98	92.44	76.97	92.91	74.34	77.49	85.55
宁 夏	37.06	32.88	55.56	58.55	26.05	60.21	37.27	24.58	12.98	9.40
新 疆	－39.97	－55.81	－48.78	－52.91	－68.14	－130.53	－99.87	－172.42	－221.72	－223.95
全 国	14339.38	13005.26	13679.83	13920.43	11872.81	12651.49	12292.82	10047.12	9017.98	8876.50

注：根据方法二计算。

核 算 点 评

（1）从农作物播种面积出发核算实际所需的劳动力，得出的结果和从农产品产量出发的结果（表5－54）非常接近。在2011年全国农村剩余劳动力为8876.5万人。

（2）大量农村剩余劳动力集中在河南、湖南、四川等地。

（3）经济发达地区，如北京、天津等地，农村剩余劳动力已经不多了。在江苏、上海不仅没有农村剩余劳动力，还需要从外地引进大量劳动力。新疆一直处于劳动力短缺状态。

表 5－80 方法一与方法二计算各省农村剩余劳动力的差额（万人）

年份	2002	2003	2004	2005	2006	2007	2008	2009	2010	2011
北京	0.00	0.00	0.00	0.00	0.00	0.00	0.00	0.00	0.05	0.00
天津	-0.03	0.00	0.00	0.00	0.00	0.00	0.00	0.00	0.00	0.00
河北	-0.02	0.00	0.00	0.00	0.00	0.00	0.00	0.01	0.00	0.00
山西	0.01	0.00	0.00	0.00	0.00	0.00	0.00	0.36	0.00	0.00
内蒙古	38.85	0.01	0.00	0.00	0.00	0.00	0.00	0.00	0.00	0.00
辽宁	0.00	0.00	0.00	0.00	0.00	0.00	0.00	0.00	0.00	0.00
吉林	-0.06	-0.05	0.05	0.00	0.00	0.00	0.00	0.00	0.00	0.00
黑龙江	0.01	0.00	0.00	0.00	0.00	0.00	0.00	0.00	0.00	0.00
上海	0.01	0.00	0.00	0.00	0.00	0.00	0.00	0.00	0.00	0.00
江苏	0.01	0.00	0.00	0.00	0.00	0.00	0.00	0.00	0.00	0.00
浙江	0.00	0.00	0.00	0.00	0.00	0.00	0.00	0.00	0.00	0.00
安徽	-0.01	-0.01	0.00	0.00	0.00	0.00	0.00	0.00	0.00	0.00
福建	0.02	0.03	0.01	0.01	0.01	0.00	0.08	0.00	0.02	0.02
江西	0.05	0.00	0.00	0.00	0.00	0.00	0.00	0.00	0.00	0.00
山东	0.03	0.02	0.01	0.01	0.00	0.00	0.00	0.01	0.01	0.00
河南	-0.03	0.00	0.01	0.00	0.00	0.00	0.00	0.00	0.00	0.00
湖北	0.00	0.00	0.01	0.00	0.00	0.00	0.00	0.00	0.00	0.00
湖南	0.00	0.00	0.00	0.00	0.00	0.00	0.00	0.00	0.00	0.00
广东	-0.01	0.00	0.00	0.00	0.00	0.00	0.00	0.00	0.00	0.00
广西	0.00	0.00	0.00	0.00	0.00	0.00	0.00	0.00	0.00	0.00
海南	0.00	0.03	0.03	0.09	0.00	0.00	0.00	0.00	0.00	0.02
重庆	0.01	0.08	0.07	0.04	0.04	0.03	0.03	0.03	0.03	0.02
四川	0.03	0.00	0.00	0.00	0.00	0.00	0.00	0.00	0.00	0.00
贵州	0.01	0.00	0.00	0.01	0.00	0.00	0.00	0.00	0.00	0.00
云南	0.04	0.17	0.12	0.10	0.09	0.04	0.07	0.07	0.05	0.04
西藏	0.02	0.00	0.00	0.00	0.00	0.00	0.00	0.00	0.00	0.00
陕西	0.01	0.00	0.00	0.00	0.00	0.00	0.00	0.00	0.00	0.00
甘肃	-0.01	0.00	0.00	0.00	0.00	0.00	0.00	0.00	0.00	-0.37
青海	0.00	0.00	0.00	0.00	0.00	0.00	0.00	0.00	0.00	0.00
宁夏	0.01	0.00	0.03	0.00	0.01	0.00	0.00	0.00	0.00	0.00
新疆	0.00	0.00	0.00	0.08	0.04	0.00	0.06	0.16	0.03	0.00
全国	38.93	0.29	0.34	0.34	0.20	0.07	0.25	0.62	0.19	-0.28

表 5－81　　全国农村剩余劳动力分布表（%）

年份	2002	2003	2004	2005	2006	2007	2008	2009	2010	2011
北京	-0.02	-0.10	-0.08	0.00	-0.23	0.13	0.09	0.12	0.08	0.11
天津	0.05	0.02	-0.02	0.03	0.01	0.06	0.09	0.12	0.06	0.08
河北	3.92	4.22	2.90	2.89	1.75	0.56	1.66	3.06	2.09	2.27
山西	0.58	0.78	1.92	2.10	1.82	1.40	1.81	2.67	2.50	2.81
内蒙古	1.50	1.67	1.65	1.33	1.22	1.25	1.13	1.36	2.23	2.10
辽宁	2.12	2.42	2.05	2.24	2.82	2.66	2.72	3.33	3.40	1.82
吉林	0.11	0.32	1.25	1.69	1.62	1.75	1.86	1.67	1.55	1.74
黑龙江	2.13	2.78	2.88	2.73	3.41	2.69	2.99	3.68	3.19	2.97
上海	0.05	0.00	-0.04	-0.01	-0.24	-0.19	-0.25	-0.35	-0.53	-0.57
江苏	5.32	4.51	4.15	4.01	4.16	3.67	3.58	0.05	-0.73	-0.48
浙江	2.67	2.02	2.47	2.49	1.31	2.90	2.27	1.73	2.08	1.56
安徽	6.56	5.97	7.15	6.92	6.64	5.87	6.05	7.55	7.97	7.91
福建	1.75	1.78	1.23	1.27	1.56	1.55	1.54	1.80	1.91	2.18
江西	1.79	1.82	1.42	1.59	2.16	2.32	2.43	2.86	2.93	3.04
山东	5.43	2.00	6.24	5.89	3.47	3.18	3.79	1.72	2.63	3.33
河南	13.20	13.66	12.25	11.79	13.04	9.59	9.42	12.90	11.11	10.90
湖北	6.14	7.13	5.23	5.88	7.37	7.47	7.10	1.09	0.78	0.78
湖南	7.15	7.26	5.87	5.66	7.25	7.23	7.28	9.94	10.65	10.88
广东	4.31	4.85	4.10	4.42	5.23	5.89	6.07	6.60	6.48	6.48
广西	3.67	3.73	2.93	3.03	3.86	4.77	4.97	6.32	6.91	7.45
海南	0.35	0.40	0.33	0.41	0.45	0.62	0.61	0.76	0.74	0.77
重庆	3.55	3.60	3.22	3.09	2.64	2.65	2.75	2.26	2.18	2.14
四川	8.98	10.12	9.64	9.64	8.84	12.04	8.24	9.68	10.49	10.26
贵州	8.33	8.94	8.36	8.24	9.20	9.01	9.30	7.10	7.59	7.46
云南	4.92	4.88	5.84	5.67	7.84	7.48	7.53	9.03	9.85	9.97
西藏	0.56	0.57	0.54	0.53	0.64	0.61	0.64	0.81	0.91	0.94
陕西	1.88	2.15	2.37	2.29	0.90	1.81	2.35	2.18	2.27	1.66
甘肃	2.22	1.85	3.30	3.34	0.81	0.98	1.73	0.69	0.13	0.90
青海	0.79	0.80	0.80	0.78	0.78	0.61	0.76	0.74	0.86	0.96
宁夏	0.26	0.25	0.41	0.42	0.22	0.48	0.30	0.24	0.14	0.11
新疆	-0.26	-0.41	-0.36	-0.38	-0.57	-1.03	-0.81	-1.71	-2.46	-2.52
全国	1.00	1.00	1.00	1.00	1.00	1.00	1.00	1.00	1.00	1.00

表 5-82　　全国各类农产品总产出（万吨）

年份	2002	2003	2004	2005	2006	2007	2008	2009	2010	2011
稻谷	17454.00	16065.56	17908.76	18058.84	18257.19	18603.40	19189.57	19510.30	19576.10	20104.43
小麦	9029.00	8648.85	9195.18	9744.51	10446.74	10929.80	11246.41	11511.51	11518.08	11740.09
玉米	12131.00	11583.02	13028.71	13936.54	14548.19	15230.05	16591.40	16397.36	17724.51	19278.11
豆类	2241.30	2127.51	2232.07	2157.67	2104.46	1720.10	2043.29	1930.30	1896.54	1908.42
棉花	491.62	485.91	632.26	571.37	674.52	762.31	749.10	637.63	596.01	658.83
油料	2897.20	2811.00	3065.91	3077.14	3059.39	2568.74	2952.82	3154.29	3230.13	3306.76
甘蔗	9010.69	9023.48	8984.94	8663.80	9978.37	11295.05	12415.24	11558.67	11078.87	11443.46
甜菜	1281.99	618.09	585.69	788.00	1053.53	893.07	1004.34	717.82	929.46	1073.02
烤烟	213.52	201.46	216.26	243.47	248.71	217.84	262.32	281.38	273.11	286.94

核算点评

（1）谷物（稻谷、小麦、玉米）总产出在2002年以来逐年递增。稻谷的年产量增加了15.2%。小麦增加了30%，玉米增加了58.9%。

（2）由于大量进口大豆，豆类产量从2002年的2241万吨下降为2011年的1908万吨。下降14.8%。

（3）棉花产量从2002年的491.6万吨增加到2011年的658.8万吨，增产34%。

（4）从总体来讲，中国不存在粮食安全问题。我们有足够的能力来养活中国人。只要政策上不出现重大失误，绝对不会重演20世纪60年代大饥荒的悲剧。但是，需要避免从一个极端走向另外一个极端。如今需要认真探讨是否有可能通过国际贸易进口更多的谷物，在保证粮食安全的前提下更好地利用中国的耕地，保护水土环境和自然环境，真正做到可持续发展。

表 5－83　　各省市农村剩余劳动力排名（升序）

排序	2002	2003	2004	2005	2006	2007	2008	2009	2010	2011
1	新疆	新疆	新疆	新疆	新疆	新疆	新疆	新疆	新疆	新疆
2	北京	北京	北京	上海	上海	上海	上海	上海	江苏	上海
3	天津	上海	上海	北京	北京	天津	天津	江苏	上海	江苏
4	上海	天津	天津	天津	天津	北京	北京	北京	天津	天津
5	吉林	宁夏	海南	海南	宁夏	宁夏	宁夏	天津	北京	宁夏
6	宁夏	吉林	宁夏	宁夏	海南	河北	海南	宁夏	甘肃	北京
7	海南	海南	西藏	西藏	西藏	青海	西藏	甘肃	宁夏	海南
8	西藏	西藏	青海	青海	青海	西藏	青海	青海	海南	湖北
9	山西	山西	福建	福建	甘肃	海南	内蒙古	海南	湖北	甘肃
10	青海	青海	吉林	内蒙古	陕西	甘肃	福建	西藏	青海	西藏
11	内蒙古	内蒙古	江西	江西	内蒙古	内蒙古	河北	湖北	西藏	青海
12	福建	福建	内蒙古	吉林	浙江	山西	甘肃	内蒙古	吉林	浙江
13	江西	江西	山西	山西	福建	福建	山西	吉林	福建	陕西
14	陕西	甘肃	辽宁	辽宁	吉林	吉林	吉林	山东	浙江	吉林
15	辽宁	山东	陕西	陕西	河北	陕西	浙江	浙江	河北	辽宁
16	黑龙江	浙江	浙江	浙江	山西	江西	陕西	福建	重庆	内蒙古
17	甘肃	陕西	黑龙江	黑龙江	江西	重庆	江西	陕西	内蒙古	重庆
18	浙江	辽宁	河北	河北	重庆	辽宁	辽宁	重庆	陕西	福建
19	重庆	黑龙江	广西	广西	辽宁	黑龙江	重庆	山西	山西	河北
20	广西	重庆	重庆	重庆	黑龙江	浙江	黑龙江	江西	山东	山西
21	河北	广西	甘肃	甘肃	山东	山东	江苏	河北	江西	黑龙江
22	广东	河北	广东	江苏	广西	江苏	山东	辽宁	黑龙江	江西
23	云南	江苏	江苏	广东	江苏	广西	广西	黑龙江	辽宁	山东
24	江苏	广东	湖北	湖南	广东	安徽	安徽	广西	广东	广东
25	山东	云南	云南	云南	安徽	广东	广东	广东	广西	广西
26	湖北	安徽	湖南	湖北	湖南	湖南	湖北	贵州	贵州	贵州
27	安徽	湖北	山东	山东	湖北	湖北	湖南	安徽	安徽	安徽
28	湖南	湖南	安徽	安徽	云南	云南	云南	云南	云南	云南
29	贵州	贵州	贵州	贵州	四川	贵州	四川	四川	四川	四川
30	四川	四川	四川	四川	贵州	河南	贵州	湖南	湖南	湖南
31	河南	河南	河南	河南	河南	四川	河南	河南	河南	河南

注：农村剩余劳动力按方法二计算。

表 5－84　　各省市农村剩余劳动力下降量（万人）

	2003	2004	2005	2006	2007	2008	2009	2010	2011
北　京	11.26	8.98	－2.96	25.29	－19.14	－12.90	－14.01	－9.91	－12.40
天　津	3.69	10.23	3.27	5.24	－0.35	－3.60	－5.53	1.67	－0.53
河　北	15.16	167.40	162.00	356.49	494.06	360.99	257.22	376.01	363.57
山　西	－18.57	－179.76	－209.59	－132.27	－93.15	－139.75	－184.83	－141.83	－166.10
内蒙古	－40.97	－48.88	－9.17	31.21	18.62	37.29	39.86	－24.75	－10.15
辽　宁	－9.11	25.68	－6.46	－29.18	－31.29	－28.80	－28.66	－0.88	144.07
吉　林	－26.16	－156.05	－219.60	－177.20	－206.29	－213.06	－152.26	－124.68	－139.24
黑龙江	－54.91	－86.89	－73.39	－98.08	－33.00	－60.69	－63.27	19.31	43.14
上　海	6.51	12.92	8.61	35.15	31.61	37.18	41.87	54.85	57.95
江　苏	177.85	196.95	207.15	271.42	300.26	325.27	760.01	830.66	808.05
浙　江	121.02	45.61	36.69	227.80	17.11	104.67	210.35	196.53	245.68
安　徽	167.21	－33.30	－19.39	155.63	201.00	200.10	185.72	225.33	242.25
福　建	20.32	83.52	74.31	65.99	54.99	62.11	70.70	79.18	57.67
江　西	20.12	62.53	36.32	1.31	－35.73	－41.60	－29.71	－6.88	－12.13
山　东	521.34	－72.12	－38.96	368.66	378.98	314.81	607.76	544.00	485.51
河　南	121.37	223.37	257.61	351.34	685.85	741.48	602.98	897.06	931.50
湖　北	－44.11	169.10	65.97	8.26	－61.69	10.71	774.40	813.53	814.85
湖　南	83.51	225.51	240.93	167.88	114.31	133.76	29.98	68.35	63.17
广　东	－11.67	58.97	4.91	－0.95	－125.57	－125.74	－42.87	35.45	45.12
广　西	42.71	127.88	105.92	69.44	－74.83	－82.60	－106.90	－94.51	－133.31
海　南	－1.12	5.90	－6.23	－2.95	－28.27	－24.05	－25.56	－16.27	－17.36
重　庆	43.38	71.23	80.76	197.94	175.92	173.86	284.04	314.73	321.67
四　川	－24.51	－27.32	－49.45	241.90	－230.70	279.09	319.35	346.08	381.31
贵　州	35.08	53.77	51.30	105.17	57.87	54.45	484.48	513.90	535.42
云　南	72.83	－91.28	－81.63	－222.70	－238.34	－218.31	－199.12	－180.28	－177.32
西　藏	5.60	5.51	5.73	4.22	2.41	1.28	－1.92	－2.41	－3.46
陕　西	－9.09	－52.58	－48.06	164.77	42.57	－17.82	52.22	66.02	123.94
甘　肃	78.38	－132.18	－145.66	223.49	195.67	107.10	250.82	308.26	239.36
青　海	9.61	3.40	5.13	20.68	36.15	20.21	38.78	35.63	27.56
宁　夏	4.18	－18.50	－21.49	11.01	－23.15	－0.21	12.48	24.08	27.66
新　疆	16.36	12.04	16.16	31.11	93.50	62.84	135.39	184.69	186.92
全　国	1337.28	671.64	430.73	2478.05	1699.38	2058.05	4303.74	5332.89	5474.37

注 1：农村剩余劳动力按方法二计算。

注 2：以 2002 年为基期，即：剩余劳动力下降量$_{it}$ = 剩余劳动力$_{i2002}$ − 剩余劳动力$_{it}$

表 5－85　　各省市农村剩余劳动力下降量排名表（升序）

排序	2003	2004	2005	2006	2007	2008	2009	2010	2011
1	黑龙江	山西	吉林	云南	云南	云南	云南	云南	云南
2	湖北	吉林	山西	吉林	四川	吉林	山西	山西	山西
3	内蒙古	甘肃	甘肃	山西	吉林	山西	吉林	吉林	吉林
4	吉林	云南	云南	黑龙江	广东	广东	广西	广西	广西
5	四川	黑龙江	黑龙江	辽宁	山西	广西	黑龙江	内蒙古	海南
6	山西	山东	四川	海南	广西	黑龙江	广东	海南	北京
7	广东	陕西	陕西	广东	湖北	江西	江西	北京	江西
8	辽宁	内蒙古	山东	江西	江西	辽宁	辽宁	江西	内蒙古
9	陕西	安徽	宁夏	西藏	黑龙江	海南	海南	西藏	西藏
10	海南	四川	安徽	天津	辽宁	陕西	北京	辽宁	天津
11	天津	宁夏	内蒙古	湖北	海南	北京	天津	天津	青海
12	宁夏	青海	辽宁	宁夏	宁夏	天津	西藏	黑龙江	宁夏
13	西藏	西藏	海南	青海	北京	宁夏	宁夏	宁夏	黑龙江
14	上海	海南	北京	北京	天津	西藏	湖南	广东	广东
15	青海	北京	天津	新疆	西藏	湖北	青海	青海	福建
16	北京	天津	广东	内蒙古	浙江	青海	内蒙古	上海	上海
17	河北	新疆	青海	上海	内蒙古	上海	上海	陕西	湖南
18	新疆	上海	西藏	福建	上海	内蒙古	陕西	湖南	陕西
19	江西	辽宁	上海	广西	青海	贵州	福建	福建	辽宁
20	福建	浙江	新疆	贵州	陕西	福建	新疆	新疆	新疆
21	贵州	贵州	江西	安徽	福建	新疆	安徽	浙江	甘肃
22	广西	广东	浙江	陕西	贵州	浙江	浙江	安徽	安徽
23	重庆	江西	贵州	湖南	新疆	甘肃	甘肃	甘肃	浙江
24	云南	重庆	湖北	重庆	湖南	湖南	河北	重庆	重庆
25	甘肃	福建	福建	甘肃	重庆	重庆	重庆	四川	河北
26	湖南	广西	重庆	浙江	甘肃	安徽	四川	河北	四川
27	浙江	河北	广西	四川	安徽	四川	贵州	贵州	山东
28	河南	湖北	河北	江苏	江苏	山东	河南	山东	贵州
29	安徽	江苏	江苏	河南	山东	江苏	山东	湖北	江苏
30	江苏	河南	湖南	河北	河北	河北	江苏	江苏	湖北
31	山东	湖南	河南	山东	河南	河南	湖北	河南	河南

注 1：农村剩余劳动力按方法二计算。

注 2：以 2002 年为基期，即：剩余劳动力下降量$_{it}$ = 剩余劳动力$_{i2002}$ − 剩余劳动力$_{it}$

核 算 点 评

（1）河南的农村剩余劳动力位居全国各省市首位。湖南的农村剩余劳动力在2006年位居全国第26位，2008年下降为第27位。2009年进一步下降为全国倒数第二。随后三年内一直位居全国第30位（表5-83）。

（2）在最近3年内，农村剩余劳动力最多的省市是：河南、湖南、四川、云南、安徽、贵州（表5-83）。排序状态基本没有改变。

（3）新疆一直处于农村劳动力短缺状况。宁夏的剩余劳动力也很少。

（4）经济比较发达的上海、江苏、北京、天津等地农村剩余劳动力很少。

（5）河南的农村剩余劳动力人数最多，但是在最近10年内剩余劳动力下降的幅度也最大，从2002年的1899万人下降为2011年的967万人（表5-79）。云南的剩余劳动力在2002年为707.7万人，在2007年上升为946万人。随后云南的剩余劳动力数量虽然有所减少，但是在2011年仍然有885万人。云南农村剩余劳动力下降的幅度在全国各省市当中最低（表5-85）。

表 5－86　　**各省市农村剩余劳动力增长速度表（%）**

年份	2003	2004	2005	2006	2007	2008	2009	2010	2011	平均
北京	-483.70	16.79	105.57	-4485.35	160.88	-37.11	10.50	-35.11	32.80	–
天津	-53.32	-202.14	210.56	-53.80	331.62	44.62	18.32	-57.78	41.78	0.82
河北	-2.68	-27.70	1.36	-48.29	-66.07	188.32	50.93	-38.63	6.59	-10.84
山西	22.27	158.15	11.34	-26.40	-18.14	26.40	20.20	-16.03	10.78	12.95
内蒙古	23.23	3.64	-17.63	-21.76	8.67	-11.84	-1.84	47.33	-7.26	0.62
辽宁	2.98	-11.05	11.48	7.28	0.63	-0.74	-0.04	-8.31	-47.29	-6.84
吉林	170.34	312.91	37.08	-18.05	15.11	3.06	-26.62	-16.46	10.40	29.25
黑龙江	17.90	8.84	-3.43	6.49	-16.07	8.15	0.70	-22.31	-8.29	-1.67
上海	-92.27	-1176.83	73.59	-1712.31	12.61	-22.69	-15.57	-37.28	-6.49	–
江苏	-23.25	-3.25	-1.79	-11.52	-5.84	-5.38	-98.86	-1408.17	34.44	–
浙江	-31.52	28.69	2.64	-55.04	134.96	-23.87	-37.84	7.96	-26.23	-10.73
安徽	-17.71	25.81	-1.42	-18.16	-5.75	0.12	1.93	-5.22	-2.35	-3.24
福建	-8.08	-27.33	5.48	4.70	5.93	-3.62	-4.53	-4.69	12.48	-2.85
江西	-7.82	-17.87	13.45	15.83	14.46	2.01	-3.98	-7.95	1.98	0.51
山东	-66.75	228.57	-3.89	-49.71	-2.50	15.96	-62.84	36.81	24.69	-10.24
河南	-6.39	-5.74	-2.04	-5.71	-21.61	-4.59	11.96	-22.69	-3.44	-7.22
湖北	4.99	-22.98	14.43	7.06	7.99	-7.66	-87.46	-35.74	-1.88	-24.67
湖南	-8.12	-15.02	-1.92	9.27	6.22	-2.13	11.59	-3.84	0.54	-0.70
广东	1.88	-11.18	9.64	0.95	20.07	0.02	-11.11	-11.82	-1.65	-0.84
广西	-8.08	-17.54	5.48	8.64	31.44	1.29	3.98	-1.95	6.23	2.53
海南	2.20	-13.54	27.07	-5.75	47.14	-5.34	2.02	-12.18	1.63	3.32
重庆	-8.48	-5.95	-2.16	-27.21	7.02	0.61	-32.65	-13.50	-3.53	-10.43
四川	1.90	0.21	1.68	-21.72	45.00	-33.48	-3.97	-2.75	-3.72	-3.81
贵州	-2.93	-1.61	0.22	-4.70	4.33	0.30	-37.60	-4.12	-3.15	-6.37
云南	-10.29	25.85	-1.21	17.87	1.68	-2.12	-2.07	-2.08	-0.33	2.52
西藏	-7.00	0.12	-0.29	2.03	2.39	1.45	4.08	0.60	1.27	0.47
陕西	3.35	15.52	-1.39	-66.69	114.95	26.43	-24.24	-6.31	-28.25	-6.56
甘肃	-24.51	87.24	2.98	-79.32	28.91	71.40	-67.60	-83.37	601.19	-14.22
青海	-8.49	6.00	-1.58	-14.39	-16.73	20.71	-19.99	4.24	10.41	-3.06
宁夏	-11.29	68.99	5.39	-55.51	131.16	-38.09	-34.06	-47.20	-27.53	-14.13
新疆	-44.17	8.09	-8.40	-28.11	-91.56	23.49	-72.65	-28.59	-1.01	–
全国	-9.32	5.11	1.76	-14.71	6.56	-2.84	-18.27	-10.24	-1.57	-5.20

注 1：农村剩余劳动力按方法二计算。

注 2：增长速度$_{it}$ = $\frac{\text{剩余劳动力}_{it}-\text{剩余劳动力}_{it-1}}{|\text{剩余劳动力}_{it-1}|}\times 100\%$；平均增长速度$_i$ = $\sqrt[9]{\frac{\text{剩余劳动力}_{i2011}}{\text{剩余劳动力}_{i2002}}}-1$；出现“–”的原因是该省份首年或末年的剩余劳动力为负值，无法按本式计算平均增长速度。

表 5－87　　全国各类农产品所需实际劳动力及结构表（万人、%）

单位（万人）	2002	2003	2004	2005	2006	2007	2008	2009	2010	2011
稻谷	2948.76	2798.96	2725.07	2674.13	2337.67	2165.15	2090.26	2002.22	2078.89	2047.47
小麦	1661.79	1399.82	1274.79	1315.58	1192.72	1155.45	1069.46	1048.09	1017.54	1009.81
玉米	2004.64	1883.14	1854.79	1833.54	1741.25	1783.45	1758.43	1752.46	1790.40	1795.33
豆类	578.05	591.91	519.32	553.74	463.34	424.06	362.71	366.06	306.04	267.10
棉花	876.62	962.64	1031.63	922.29	964.29	1044.69	910.11	785.26	743.01	761.98
油料	1443.92	1483.30	1328.16	1263.48	1194.68	891.55	1024.71	1063.49	1066.86	1042.35
甘蔗	281.18	269.55	233.79	217.78	223.75	228.84	223.89	210.86	205.04	205.97
甜菜	34.63	18.82	14.24	15.36	20.01	13.15	14.97	11.47	12.42	13.31
烤烟	359.28	344.11	347.41	381.85	346.99	299.93	329.46	331.85	307.41	329.91
蔬菜	7297.09	8077.64	6749.78	6132.25	8024.39	7258.73	7362.40	7366.01	7874.56	7902.00
水果	2367.78	2696.49	3128.26	2996.89	3265.71	3092.15	3310.95	3567.35	3787.03	3626.39
占比（%）										
稻谷	14.85	13.64	14.19	14.61	11.82	11.79	11.32	10.82	10.83	10.78
小麦	8.37	6.82	6.64	7.19	6.03	6.29	5.79	5.66	5.30	5.31
玉米	10.10	9.17	9.66	10.02	8.81	9.72	9.53	9.47	9.33	9.45
豆类	2.91	2.88	2.70	3.02	2.34	2.31	1.97	1.98	1.59	1.41
棉花	4.42	4.69	5.37	5.04	4.88	5.69	4.93	4.24	3.87	4.01
油料	7.27	7.23	6.91	6.90	6.04	4.86	5.55	5.75	5.56	5.49
甘蔗	1.42	1.31	1.22	1.19	1.13	1.25	1.21	1.14	1.07	1.08
甜菜	0.17	0.09	0.07	0.08	0.10	0.07	0.08	0.06	0.06	0.07
烤烟	1.81	1.68	1.81	2.09	1.75	1.63	1.78	1.79	1.60	1.74
蔬菜	36.75	39.35	35.14	33.50	40.58	39.54	39.89	39.81	41.04	41.59
水果	11.93	13.14	16.29	16.37	16.51	16.84	17.94	19.28	19.74	19.08

注：根据方法二计算。

核 算 点 评

（1）由于农业机械化和品种改良，在最近10年内谷物种植所需的实际劳动力数量大幅度下降。种植稻谷所需的劳动力从2002年的2948.7万人下降为2011年2047.5万人，下降901万人。种植小麦所需劳动力在2002年为1661.8万人，到了2011年只需要1009.8万人，减少653万人。种植玉米的劳动力从2002年的2004.6万人到2011年下降为1795.3万人，下降209万人（表5-87）。种植粮食（谷物）所需劳动力在近10年内减少了1554万人。种植粮食所需要的劳动力不断减少，这是一个巨大的社会进步。

（2）由于养殖业大发展，国内市场对大豆的需求量急剧上升。由于中国农民在大豆生产上没有比较优势，因此，近年来大豆进口量大幅度上升。国内大豆种植面积下降，所需要的劳动力数量从2002年的578万人下降为2011年的311万人（表5-87）。

（3）棉花、油料等经济作物需要的劳动力数量也呈下降态势。

（4）在这段时期内，蔬菜生产需用的劳动力数量从2002年的7297万人，上升为2011年的7902万人，增加了605万人。种植水果的劳动力在2002年为2367万人，到2011年增加为3626万人，增加了1259万人（表5-87）。

（5）由于我国粮食价格相当稳定，农民种植粮食作物的利润比较低。在保障粮食供给的情况下，农民改变种植品种，从粮食作物转向收益较高的蔬菜和水果。这是农民按照市场规律做出的理性选择。

（6）从种植各类农作物需用的劳动力占比来看，在2002年有14.85%的农村劳动力种植稻谷，可是在2011年只要10.78%的劳动力就足够了。种植小麦所需劳动力的比重从2002年的8.37%下降为2011年5.31%。2002年种植玉米需用总劳动力的10.1%，到了2011年只要9.45%就足够了。而生产蔬菜的劳动力比重从2002年的36.75%上升为2011年的41.59%。生产水果需用的劳动力比重从2002年的11.93%上升为2011年的19.08%（表5-87）。显而易见，今后这个趋势仍将继续。

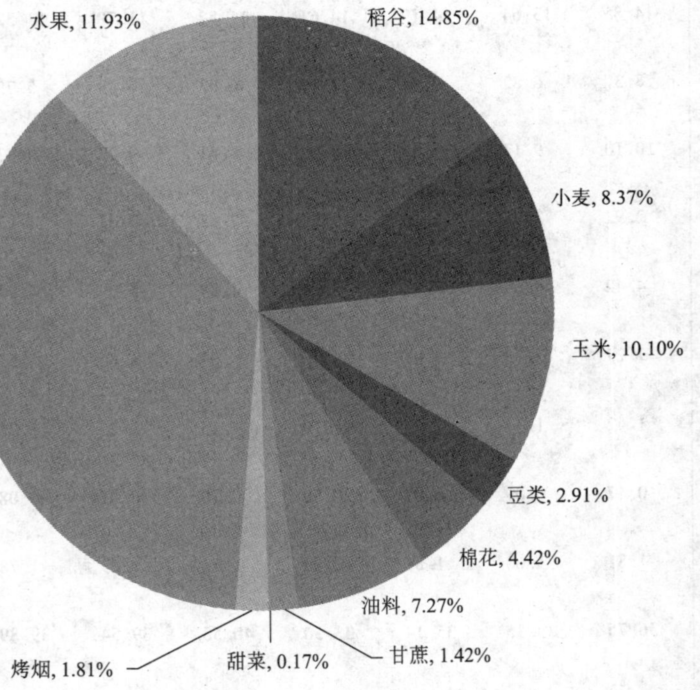

图5-1 中国各类农产品所需实际劳动力结构图（2002年）

注：使用方法二计算的剩余劳动力数据。

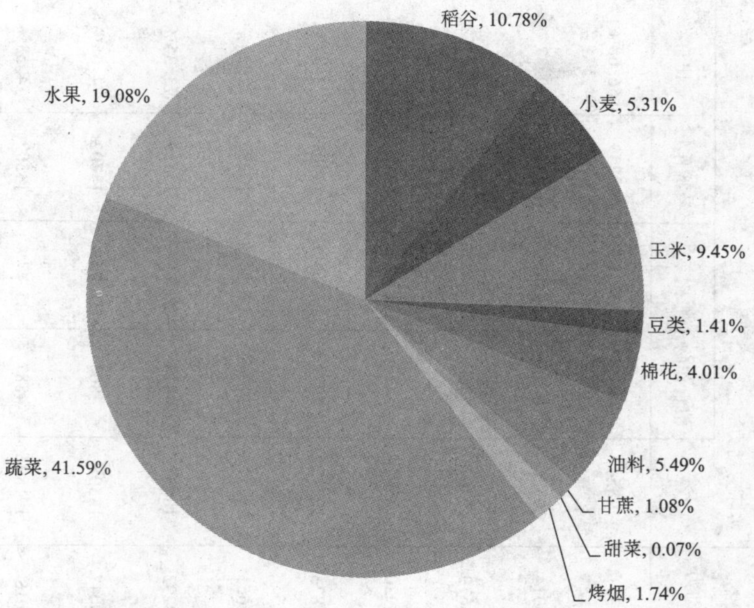

图 5－2　中国各类农产品所需实际劳动力结构图（2011 年）

注：使用方法二计算的剩余劳动力数据。

表 5－88　　全国农村剩余劳动力占比（万人）

年　份	2002	2003	2004	2005	2006	2007	2008	2009	2010	2011
农业就业劳动力	34204.60	33539.97	32886.47	32227.04	31647.60	31008.64	30750.15	28552.24	28207.18	27878.11
农业实际劳动力	19853.73	20526.38	19207.25	18306.91	19774.79	18357.16	18457.34	18505.12	19189.21	19001.62
农业剩余劳动力	14350.87	13013.59	13679.22	13920.13	11872.81	12651.49	12292.82	10047.12	9017.98	8876.50
剩余劳动力占比	41.96%	38.80%	41.60%	43.19%	37.52%	40.80%	39.98%	35.19%	31.97%	31.84%

表注：剩余劳动力占比＝农业剩余劳动力/农业就业劳动力×100%

核　算　点　评

（1）在过去 10 年内，全国农业就业劳动力从 2002 年的 34204 万人下降为 2011 年的 27878 万人。减少了 6326 万人，减少了 22.7%。

（2）农业实际需用的劳动力总数从 2002 年 19854 万人下降为 2011 年的 19002 万人，减少了 852 万人。减少 4.5%。

（3）农村剩余劳动力从 2002 年的 14351 万人减少为 2011 年的 8876 万人。减少 5475 万人，减少了 61.7%。

（4）农村剩余劳动力在总农村劳动力中的比重从 2002 年的 41.96% 降低为 2011 年的 31.84%。

（5）综上所述，在 2002 年到 2011 年期间，农村劳动力市场发生了巨大的结构性变化。粮食作物和油料作物所需的劳动力大幅度减少。一部分流向种植蔬菜、水果和经济价值较高的农作物，另外一部分则以农民工的形式流向城镇，还有一部分流向在农村的制造业和服务业。

（6）农村剩余劳动力占比逐年下降，这是一个可喜的趋势。但是必须认识到实现农业现代化和城镇化是一个长期的历史任务。在 2012 年还有 8000 多万农村剩余劳动力有待转移。可是，每年全国新增就业机会有限。在 2012 年创造新增就业的历史记录，1266 万人。国务院提出 2013 年新增就业的目标是 900 万—1000 万人。每年大学毕业生有 700 万人左右，扣掉大学毕业生之后，能够分到农村劳动力就业的总数只有 300 万—400 万。相对于至今还有 8000 万以上的剩余劳动力，杯水车薪。城镇化的速度必须和新增就业的规模匹配。如果大批农村年轻人盲目地涌进城镇，倘若他们没有就业机会，势必在城镇形成贫民窟，给社会造成极大的隐患。中国的城镇化任重道远。

表 5－89　　全国城乡人口结构表（万人、%）

年份	全国总人口	城镇人口	户籍人口	农民工	农村人口	非劳动力	劳动力	非农业劳动力	农业劳动力	剩余劳动力	实际劳动力	粮食作物	比重	经济作物	比重
2002	128453	50212	39742	10470	78241	30120	48121	13916	34205	14351	19854	6615	33. 32%	13239	66. 68%
2003	129227	52376	40986	11390	76851	29345	47506	13966	33540	13014	20526	6082	29. 63%	14444	70. 37%
2004	129988	54283	42460	11823	75705	28734	46971	14085	32886	13679	19207	5855	30. 48%	13353	69. 52%
2005	130756	56212	43634	12578	74544	28286	46258	14031	32227	13920	18307	5823	31. 81%	12484	68. 19%
2006	131448	58288	45076	13212	73160	27812	45348	13700	31648	11873	19775	5272	26. 66%	14503	73. 34%
2007	132129	60633	46763	13870	71496	27128	44368	13359	31009	12651	18357	5104	27. 80%	13253	72. 20%
2008	132802	62403	48362	14041	70399	26938	43461	12711	30750	12293	18457	4918	26. 65%	13539	73. 35%
2009	133450	64512	49979	14533	68938	26432	42506	13954	28552	10047	18505	4803	25. 95%	13702	74. 05%
2010	134091	66978	51643	15335	67113	25695	41418	13211	28207	9018	19189	4887	25. 47%	14302	74. 53%
2011	134735	69079	53216	15863	65656	25150	40506	12628	27878	8876	19002	4853	25. 54%	14149	74. 46%

注 1：使用方法二计算的剩余劳动力数据。

注 2：农民工数据来自历年《中国住户调查年鉴》、《中国农村住户调查年鉴》中"外出农民工"或"农村外出务工劳动力"数据。

注 3：城镇户籍人口数＝城镇人口数－农民工数。

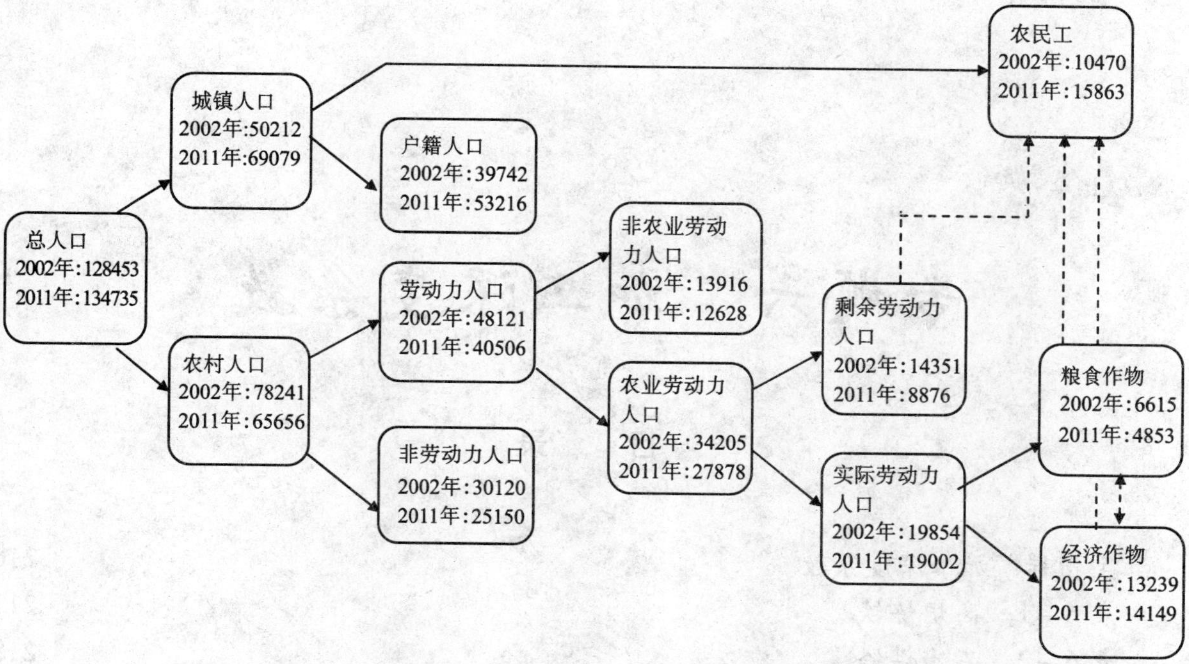

图5－3　2002年和2011年主要农产品所需劳动力结构变化（万人）

注1：使用方法二计算的剩余劳动力数据。

注2：城镇户籍人口、农民工数据来源于“表5－89 全国城乡人口结构表”。

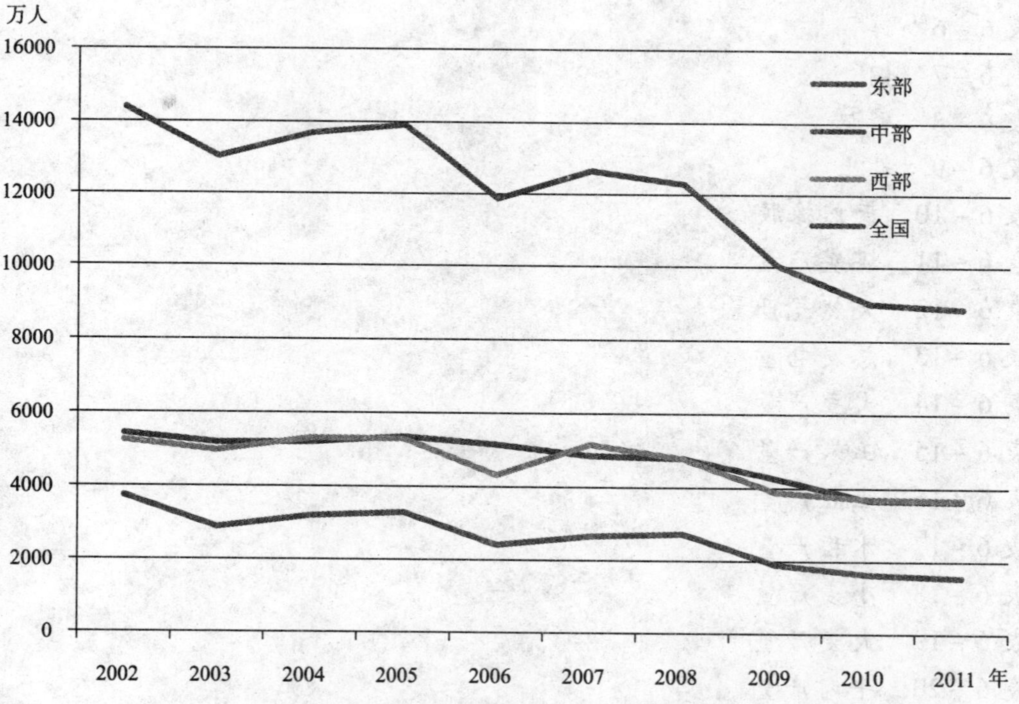

图5－4　中国农村剩余劳动力变动趋势图

注：使用方法一计算的剩余劳动力数据。

专题六　加工深度系数[①]

目　录

① 本专题核算李昕，审核宋旭光。

指标解释

一、主要核算指标说明

虚拟原料产值：选取一组国际市场价格乘以各国原料（能源）产量，得出“虚拟原料产值”。

$V = \sum p \cdot X$

V 表示虚拟原料产值，X 表示原料的数量，p 是一组国际价格。

加工深度系数：世界各国都会定期公布各自的 GDP。拿这个国家的虚拟原料产值除以 GDP 得到加工深度系数。

加工深度系数 = 虚拟原料产值/GDP

一个国家拥有的原料和农产品的数量和国家综合实力有关。虚拟原料产值在一定程度上反映了一个国家的综合实力。研究 GDP，对内，是为了掌握国家经济运行状态；对外，是为了进行国际比较，从而决定国家的外交和贸易政策。在研究 GDP 的时候，除了关注居民生活水平之外必须关注国家综合实力。在国与国之间的对抗中不仅要考虑政治、军事等因素，还要考虑能够转化为军事力量的资源和能源等物资因素。国家综合实力在国际政治关系中非常重要。一旦发生战争，要看这个国家能够动员多少人力和物资，能够坚持多久。有些小国，比较富裕，尽管人均收入很高，但是在国际事务中的发言权远远不及相对贫穷的大国。约翰·米尔斯海默在“大国政治的悲剧”中指出：“国民生产总值主要是一国财富总值的标尺，并不总是体现不同国家在可支配财富和技术精度方面的重大差异”。“必须注重一国的可支配财富和它的技术发展水平。可支配财富指的是，一国可随时调动建立军事力量的经济资源。它比财富总量更重要，因为重要的不是一国如何富裕，而是它有多少财富可资利用”。

在世界上众多的产品当中，工业原料和基本农产品的同质性最高。大多数国家作为一个完整的经济体都生产这些农产品和原料。如果挑选出这些农产品和原料来作为统计对象，对各国来说，大体上是公平的。因此，选取一组原料和农产品作为统计对象就可以避免因产品质量和选取统计样本不同而产生的误差。拥有的原料和农产品数量越多，意味着可以调动和建立军事力量的资源越多，支持对抗的实力越雄厚，打起仗来拖得越久。

加工深度系数反映了一个国家工业化的程度。GDP 主要来自于生产过程中的增值。原料（农产品、矿产品和化工原料）只占 GDP 的一小部分。在工业化的不同阶段，原料产值和国内生产总值之间存在着显著的相关关系。对于落后的农业国来说，农产品、原料占 GDP 的比例比较大。工业发达国家原料、能源和农产品占 GDP 的比重比较小。主要的生产增值发生在加工和服务业。工业化程度越高，原料所占的比例就越小。如果我们说两个国家的工业化水平差不多，那么这两个国家的原料占 GDP 的比例也应该相差不多。

通常人们使用汇率法或购买力平价法来评估 GDP。可是，由于受到价格指数（包括汇率）、产品质量以及统计取样的影响，难免产生歧义性。加工深度系数采用指定的原料、能源、农产品作为统计的基础，采用同样的价格指数，因此可以有效地避免歧义性，能够在更一致的基础上评估各国的国内生产总值。

二、统计数据来源

1. 产量。高炉炼铁、铝、铅、锡、磷肥、铜、锌、粘土、煤炭等矿物质产量均来自："Minerals"，http：//www.indexmundi.com/。

天然橡胶、大豆、玉米、小麦、水稻、土豆、香蕉、大麦、牛肉、猪肉、羊肉、鸡肉、皮棉等农产品产量均来自："production"，http：//faostat3.fao.org/home/index.html。

石油、总发电量、天然气等能源产量均来自："Energy"，http：//www.indexmundi.com/。

2. 价格。天然橡胶、大豆、玉米、小麦、水稻、土豆、香蕉、大麦、牛肉、猪肉、羊肉、鸡肉、皮棉等农产品价格数据来自，"Price"，http：//faostat3.fao.org/home/index.html。

高炉炼铁、铝、铅、锡、磷肥、铜、锌、粘土、煤炭、石油、总发电量、天然气等矿产品及能源产品价格信息来自"historical commodity prices"，Mundi Index，http：//www.indexmundi.com/commodities/。

核算过程

主指标　　　　加工深度系数

年份	2002	2003	2004	2005	2006	2007	2008	2009	2010
越南	0.194	0.255	0.233	0.212	0.226	0.236	0.256	0.227	0.204
津巴布韦	0.099	0.135	0.164	0.151	0.188	0.203	0.237	0.162	0.163
阿根廷	0.185	0.187	0.159	0.148	0.139	0.164	0.125	0.103	0.132
菲律宾	0.109	0.121	0.131	0.117	0.118	0.108	0.116	0.123	0.111
印度	0.111	0.125	0.117	0.109	0.117	0.112	0.123	0.115	0.101
泰国	0.082	0.095	0.081	0.082	0.079	0.081	0.099	0.096	0.085
中国	0.094	0.099	0.096	0.095	0.092	0.087	0.081	0.069	0.066
南非	0.096	0.067	0.059	0.059	0.058	0.058	0.074	0.066	0.063
巴西	0.107	0.126	0.118	0.091	0.078	0.076	0.068	0.063	0.060
埃及	0.068	0.087	0.102	0.094	0.088	0.087	0.081	0.061	0.057
哥伦比亚	0.062	0.074	0.071	0.063	0.061	0.052	0.061	0.056	0.048
罗马尼亚	0.087	0.069	0.071	0.053	0.043	0.029	0.034	0.036	0.043
波兰	0.055	0.048	0.048	0.044	0.044	0.041	0.033	0.037	0.039
澳大利亚	0.049	0.046	0.041	0.044	0.046	0.043	0.042	0.039	0.037
伊朗	0.067	0.059	0.057	0.052	0.048	0.048	0.037	0.038	0.036
匈牙利	0.038	0.028	0.031	0.027	0.028	0.023	0.030	0.027	0.031
新西兰	0.044	0.043	0.040	0.037	0.035	0.029	0.029	0.030	0.031
土耳其	0.049	0.033	0.034	0.030	0.028	0.027	0.031	0.031	0.030
俄罗斯	0.050	0.045	0.037	0.033	0.029	0.024	0.024	0.028	0.025
捷克	0.041	0.033	0.032	0.030	0.026	0.025	0.023	0.022	0.023
美国	0.013	0.014	0.015	0.014	0.015	0.017	0.018	0.017	0.019
芬兰	0.018	0.013	0.013	0.012	0.014	0.016	0.017	0.016	0.019
加拿大	0.018	0.018	0.019	0.017	0.018	0.019	0.020	0.018	0.017
荷兰	0.010	0.009	0.009	0.010	0.009	0.009	0.011	0.011	0.010
法国	0.011	0.008	0.008	0.008	0.007	0.008	0.009	0.008	0.009
比利时	0.010	0.008	0.009	0.009	0.008	0.008	0.008	0.007	0.009
西班牙	0.012	0.010	0.010	0.008	0.008	0.008	0.008	0.007	0.008
德国	0.008	0.007	0.007	0.007	0.007	0.007	0.007	0.007	0.008
奥地利	0.007	0.006	0.006	0.006	0.006	0.006	0.006	0.005	0.007
韩国	0.005	0.005	0.005	0.005	0.005	0.005	0.007	0.007	0.006
瑞典	0.006	0.005	0.005	0.006	0.007	0.007	0.006	0.006	0.006
意大利	0.006	0.005	0.005	0.005	0.005	0.005	0.005	0.005	0.006
英国	0.004	0.004	0.004	0.004	0.004	0.003	0.004	0.004	0.005
挪威	0.003	0.003	0.003	0.003	0.003	0.003	0.003	0.003	0.003
日本	0.002	0.002	0.002	0.002	0.003	0.003	0.003	0.002	0.002

注：主指标在后面列为表6－29。

表 6－1　　　　　　　　　　　　　　**高炉炼铁（千吨）**

年份	2002	2003	2004	2005	2006	2007	2008	2009	2010
阿根廷	2180	2402	2392	2646	2481	2593	2581	2042	2532
澳大利亚	6106	6116	5935	6203	6433	6369	6057	4370	6005
奥地利	4669	4677	4847	5444	5547	5908	5795	4353	5621
比利时	7988	7813	8224	7254	7516	6577	6977	3087	4688
巴西	29694	32038	34558	33884	32452	35571	34925	25135	30898
英国	8561	10228	10180	10189	10696	10960	10137	7671	7233
加拿大	8670	8554	8828	8274	8305	8579	8770	5273	7666
中国	170792	213667	251851	344732	413641	476604	483226	568634	595601
哥伦比亚	311	283	312	325	360	341	308	342	327
捷克	4840	5207	5384	4627	5192	5287	4737	3483	3987
埃及	1100	1080	1000	1100	1100	1000	900	800	600
芬兰	2828	3092	3037	3056	3158	2915	2943	2042	2564
法国	13510	12972	13198	12705	13013	12426	11372	8104	10137
德国	29427	29481	30018	28854	30360	31150	29111	20104	28560
匈牙利	1335	1333	1351	1338	1340	1393	1289	1050	1325
印度	24315	26550	25117	27125	28256	36488	37313	38233	38685
伊朗	2182	2231	2096	2305	2041	2118	2176	2433	2540
意大利	9775	10148	10604	11423	11497	11110	10377	5692	8555
日本	80979	82091	82974	83058	84270	86771	86171	66943	82283
韩国	26570	27134	27556	27309	27559	29437	31043	27284	35065
荷兰	5367	5846	6011	6031	5417	6412	5998	4601	5799
新西兰	617	700	719	652	664	679	622	608	667
挪威	108	110	100	100	100	100	100	100	100
波兰	5294	5632	6400	4477	5333	5804	4934	2984	3638
罗马尼亚	3976	4101	4244	4098	3946	3923	2958	1575	1726
俄罗斯	46251	48325	50321	48410	51742	54043	48295	43945	47934
南非	5823	6234	6011	6130	6159	5358	5138	4444	5429
西班牙	4021	3645	4036	4160	3432	3976	3784	2920	3572
瑞典	3703	3710	3871	3730	3577	3816	3583	1966	3447
土耳其	5003	5706	5836	5970	5952	6235	6704	7004	7679
美国	40225	40644	42291	37222	37903	36337	33729	19018	26843
越南	148	200	187	202	211	170	255	272	500
津巴布韦	122	182	125	129	38	38	1	0	0
菲律宾	1	1	1	0	1	1	1	1	1
泰国	5	5	5	5	5	6	5	4	4

数据来源："Minerals"，http：//www. indexmundi. com/。

表 6－2 石油供给（万吨）

年 份	2002	2003	2004	2005	2006	2007	2008	2009	2010
阿根廷	4328	4329	4126	3986	4012	3907	4006	4009	3953
澳大利亚	3722	3149	2787	2865	2773	2938	2939	2963	3021
奥地利	134	130	132	125	135	138	137	141	144
比利时	65	55	53	43	59	56	43	63	64
巴西	8790	9235	9198	10189	10848	11419	12159	12810	13564
英国	570	517	484	457	452	444	426	437	436
加拿大	14770	15570	15698	15483	16465	17245	16720	16596	17210
中国	17676	17866	18376	19047	19424	19782	20185	20340	21815
哥伦比亚	2942	2774	2710	2704	2742	2731	3019	3452	4030
捷克	62	77	86	88	79	69	55	52	51
埃及	3713	3721	3501	3414	3415	3369	3533	3643	3587
芬兰	45	46	46	46	51	49	43	48	77
法国	431	451	446	421	445	373	365	382	383
德国	679	695	623	769	828	602	625	665	625
匈牙利	215	228	238	211	198	164	185	177	172
印度	4080	4092	4233	4121	4267	4264	4375	4368	4827
伊朗	17622	19167	20523	21195	20749	20197	20890	20894	21217
意大利	649	715	766	824	833	843	804	728	781
日本	601	583	617	642	658	662	626	688	712
韩国	110	73	85	86	140	150	168	273	292
荷兰	288	256	243	238	190	206	157	189	174
新西兰	205	159	140	139	128	238	326	305	304
挪威	16711	16366	15985	14893	13932	12826	12321	11764	10674
波兰	115	113	174	196	205	176	176	171	143
罗马尼亚	702	668	658	624	583	578	585	564	536
俄罗斯	38298	42678	46373	47561	48392	49397	48991	49674	50790
南非	1057	1012	1170	1076	1007	981	969	913	902
西班牙	139	166	189	188	183	141	127	147	144
瑞典	18	21	23	20	29	36	42	56	52
土耳其	235	229	215	230	225	229	239	273	289
美国	44997	43808	43587	41650	41589	42351	42825	45670	48467
越南	1698	1763	2017	1972	1817	1668	1548	1699	1661
津巴布韦	0	0	0	0	0	0	0	0	1
菲律宾	52	70	122	129	131	127	136	145	193
泰国	1032	1305	1293	1548	1701	1867	2035	2144	2152

数据来源："Minerals"，http：//www. indexmundi. com/。

表6-3 铝（吨）

年 份	2002	2003	2004	2005	2006	2007	2008	2009	2010
阿根廷	269	272	272	272	272	271	394	410	412
澳大利亚	1836	1857	1894	1903	1932	1957	1974	1943	1928
奥地利	0	0	0	0	0	0	0	0	0
比利时	0	0	0	0	0	0	0	0	0
巴西	102	113	121	131	135	122	123	96	118
英国	344	343	360	369	367	365	326	253	186
加拿大	67	77	86	90	87	87	91	73	76
中国	2709	2792	2592	2894	3051	3083	3120	3030	2963
哥伦比亚	0	0	0	0	0	0	0	0	0
捷克	0	0	0	0	0	0	0	0	0
埃及	195	195	216	244	252	258	260	265	266
芬兰	0	0	0	0	0	0	0	0	0
法国	463	443	451	442	421	428	389	345	356
德国	653	661	668	648	537	551	606	292	402
匈牙利	35	35	35	35	35	398	787	785	780
印度	671	799	862	942	1104	242	243	250	252
伊朗	169	182	213	220	220	183	180	171	168
意大利	190	191	195	195	194	57	59	39	54
日本	6	6	6	7	7	7	106	127	227
韩国	0	0	0	0	0	0	0	0	0
荷兰	284	283	326	325	326	301	301	300	300
新西兰	335	340	350	351	337	353	316	271	344
挪威	1096	1192	1322	1372	1331	1357	1358	1130	1060
波兰	49	45	46	43	50	54	48	48	48
罗马尼亚	187	197	219	244	258	283	265	201	241
俄罗斯	3347	3478	3592	3647	3718	3955	4190	3815	3947
南非	707	738	866	846	895	899	811	809	807
西班牙	380	389	398	395	350	408	408	360	340
瑞典	101	101	101	102	101	98	112	70	93
土耳其	63	63	60	60	60	65	65	35	60
美国	2707	2703	2516	2481	2284	2554	2658	1727	1726
越南	0	0	0	0	0	0	0	0	0
津巴布韦	0	0	0	0	0	0	0	0	0
菲律宾	0	0	0	0	0	0	0	0	0
泰国	0	0	0	0	0	0	0	0	0

数据来源："Minerals"，http：//www. indexmundi. com/。

表 6－4 铅（吨）

年份	2002	2003	2004	2005	2006	2007	2008	2009	2010
阿根廷	12011	12079	9551	10683	11000	17045	20788	24753	22000
澳大利亚	694000	688000	674000	767000	686000	641000	645000	566000	625000
奥地利	0	0	0	0	0	0	0	0	0
比利时	0	0	0	0	0	0	0	0	0
巴西	9253	10652	14734	16063	16800	24574	25286	15890	19650
英国	700	700	500	500	500	500	500	500	500
加拿大	81264	76730	79252	82000	75135	98974	68761	64859	0
中国	955000	998000	1140000	1200000	1410000	1500000	1600000	1850000	0
哥伦比亚	225	225	225	225	225	225	225	225	0
捷克	0	0	0	0	0	0	0	0	0
埃及	0	0	0	0	0	0	0	0	0
芬兰	0	0	0	0	0	0	0	0	0
法国	0	0	0	0	0	0	0	0	0
德国	0	0	0	0	0	0	0	0	0
匈牙利	0	0	0	0	0	0	0	0	0
印度	34000	44000	51300	60400	67000	77500	87300	92000	97000
伊朗	19000	20000	22000	23000	24000	25000	26905	20000	35000
意大利	2000	2000	600	800	800	800	800	800	800
日本	5723	5660	5512	3437	777	0	0	0	0
韩国	28	28	40	57	60	12	449	2064	1168
荷兰	0	0	0	0	0	0	0	0	0
新西兰	0	0	0	0	0	0	0	0	0
挪威	0	0	0	0	0	0	0	0	0
波兰	56600	55000	64000	51000	51000	79400	87700	80400	63800
罗马尼亚	15136	18102	18000	11600	7500	1000	0	0	0
俄罗斯	19000	24000	23000	36000	36000	50000	60000	70000	97000
南非	49444	39941	37485	42159	48273	41857	46440	49149	49715
西班牙	6171	1765	1765	1765	1765	1765	1765	1765	1765
瑞典	44000	51000	55000	61000	76800	62100	60000	69000	68000
土耳其	17352	17500	18650	21000	21000	21000	21000	21000	21000
美国	451000	460000	445000	437000	429000	444000	410000	406000	369000
越南	1100	1100	2750	3300	3500	19200	14200	7700	7400
津巴布韦	0	0	0	0	0	0	0	0	0
菲律宾	0	0	0	0	0	0	0	0	0
泰国	3200	3200	3200	3200	3200	32000	25000	26000	27000

数据来源："Minerals"，http：//www. indexmundi. com/。

表 6－5　　锡（吨）

年份	2002	2003	2004	2005	2006	2007	2008	2009	2010
阿根廷	0	0	0	0	0	0	0	0	0
澳大利亚	791	597	467	594	600	118	170	7637	3000
奥地利	0	0	0	0	0	0	0	0	0
比利时	6000	5000	5000	7000	6000	5000	5000	5000	5000
巴西	11675	10761	11512	8986	9000	9384	11020	8311	9098
英国	50	50	50	50	50	50	50	50	50
加拿大	0	0	0	0	0	0	0	0	0
中国	82000	98000	115000	122000	138000	149000	140000	140000	150000
哥伦比亚	0	0	0	0	0	0	0	0	0
捷克	100	100	100	100	100	100	75	75	75
埃及	0	0	0	0	0	0	0	0	0
芬兰	0	0	0	0	0	0	0	0	0
法国	0	0	0	0	0	0	0	0	0
德国	100	100	100	100	100	100	100	100	100
匈牙利	0	0	0	0	0	0	0	0	0
印度	0	0	0	0	0	0	0	0	0
伊朗	0	0	0	0	0	0	0	0	0
意大利	0	0	0	0	0	0	0	0	0
日本	659	662	707	754	853	879	956	757	841
韩国	0	0	0	0	0	0	0	0	0
荷兰	0	0	0	0	0	0	0	0	0
新西兰	0	0	0	0	0	0	0	0	0
挪威	50	50	50	50	50	50	50	50	50
波兰	0	0	0	0	0	0	0	0	0
罗马尼亚	0	0	0	0	0	0	0	0	0
俄罗斯	4615	4100	4570	5000	4980	3800	2000	1700	100
南非	0	0	0	0	0	0	0	0	0
西班牙	25	25	25	10	10	10	10	10	10
瑞典	0	0	0	0	0	0	0	0	0
土耳其	0	0	0	0	0	0	0	0	0
美国	6760	5500	5240	11700	11600	12200	11700	11100	11100
越南	1565	1915	2356	2510	2500	3369	3583	2747	3042
津巴布韦	0	0	0	0	0	0	0	0	0
菲律宾	0	0	0	0	0	0	0	0	0
泰国	17548	15400	20800	29400	28500	23104	21860	19423	20000

数据来源："Minerals"，http：//www. indexmundi. com/。

表 6-6　　　　锌（吨）

年份	2002	2003	2004	2005	2006	2007	2008	2009	2010
阿根廷	37325	29839	27220	30227	30300	2585	4200	4158	8659
澳大利亚	1469000	1479000	1334000	1367000	1380000	1514000	1519000	1290000	1479000
奥地利	0	0	0	0	0	0	0	0	0
比利时	0	0	0	0	0	0	0	0	0
巴西	136339	152822	158962	171434	176000	193887	173933	172688	211203
英国	0	0	0	0	0	0	0	0	0
加拿大	916220	788063	791373	666654	710000	630485	750502	698901	648905
中国	1550000	2030000	2390000	2550000	2600000	3040000	3340000	3330000	3700000
哥伦比亚	0	0	0	0	0	0	0	0	0
捷克	0	0	0	0	0	0	0	0	0
埃及	0	0	0	0	0	0	0	0	0
芬兰	35000	39000	37000	41000	35700	38900	27800	30233	55562
法国	0	0	0	0	0	0	0	0	0
德国	0	0	0	0	0	0	0	0	0
匈牙利	0	0	0	0	0	0	0	0	0
印度	234300	306400	347100	477200	420800	538900	613600	695000	700000
伊朗	120000	110000	121000	125000	130000	100000	69267	72048	80000
意大利	2500	2500	2500	2500	2500	2500	2500	2500	2500
日本	0	0	0	0	0	0	0	0	0
韩国	99	99	14	80	80	2034	1836	2221	355
荷兰	0	0	0	0	0	0	0	0	0
新西兰	0	0	0	0	0	0	0	0	0
挪威	0	0	0	0	0	0	0	0	0
波兰	152200	153900	140300	117200	135600	129600	132400	115500	73000
罗马尼亚	21200	22081	23599	13784	9600	1000	1000	1000	1000
俄罗斯	130000	159000	179000	180000	190000	185000	204000	225000	269000
南非	64580	41400	32310	32112	34444	30859	29002	28159	35824
西班牙	69926	15100	15100	15100	15100	15100	15100	1200	17318
瑞典	148600	188000	199000	216000	192400	214576	188048	192538	198686
土耳其	43000	40000	39000	48000	50000	71000	73000	78000	88000
美国	784000	768000	739000	748000	727000	803000	778000	736000	748000
越南	42000	45000	40000	48000	48000	45600	42000	38000	36000
津巴布韦	0	0	0	0	0	0	0	0	0
菲律宾	7394	7394	7394	7394	7394	7394	1619	10035	9268
泰国	33600	37100	43400	42570	45000	32921	17811	34000	25529

数据来源："Minerals"，http：//www. indexmundi. com/。

表 6－7

铜（吨）

年份	2002	2003	2004	2005	2006	2007	2008	2009	2010
阿根廷	204027	204027	199020	177143	187317	180144	180200	156893	143084
澳大利亚	883000	867800	839600	854100	916300	858800	870000	886000	854000
奥地利	0	0	0	0	0	0	0	0	0
比利时	0	0	0	0	0	0	0	0	0
巴西	30100	32711	26275	103153	133325	147836	205728	218295	211692
英国	0	0	0	0	0	0	0	0	0
加拿大	600187	603498	557082	562795	595383	603295	596249	606999	494500
中国	585000	593000	620000	752000	777000	889000	946000	1090000	1070000
哥伦比亚	2000	1853	1578	1701	1259	725	1050	1310	1420
捷克	0	0	0	0	0	0	0	0	0
埃及	0	0	0	0	0	0	0	0	0
芬兰	14400	14400	14900	15500	15000	13316	13646	13440	14600
法国	0	0	0	0	0	0	0	0	0
德国	0	0	0	0	0	0	0	0	0
匈牙利	0	0	0	0	0	0	0	0	0
印度	34100	31500	28500	29500	26900	27400	33900	30600	29500
伊朗	133000	133000	142000	151000	160000	217000	249000	249000	262000
意大利	0	0	0	0	0	0	0	0	0
日本	750	750	750	750	750	750	750	750	750
韩国	3	3	3	3	3	3	6	4	14
荷兰	0	0	0	0	0	0	0	0	0
新西兰	0	0	0	0	0	0	0	0	0
挪威	0	0	0	0	0	0	0	0	0
波兰	502800	502800	495000	531000	523000	497000	452000	429000	439000
罗马尼亚	20000	18962	23389	18767	15000	12132	2213	2000	1000
俄罗斯	695000	695000	675000	675000	700000	725000	740000	750000	676000
南非	129589	129589	120800	102570	97000	89500	97000	108700	107600
西班牙	5000	5000	643	1448	4889	6616	6281	7071	21000
瑞典	72100	76200	96000	90600	97800	86800	62800	57220	54602
土耳其	60000	48253	58000	49000	54000	70000	81000	100000	105000
美国	1140000	1140000	1120000	1160000	1140000	1200000	1170000	1310000	1180000
越南	0	0	0	0	0	0	0	0	0
津巴布韦	2502	2502	2767	2383	2500	2581	2681	2827	3572
菲律宾	18364	18364	20414	15984	16323	17161	22862	21235	49060
泰国	0	0	0	0	0	0	0	0	0

数据来源："Minerals"，http：//www. indexmundi. com/。

表 6-8　　　　磷肥（千吨）

年份	2002	2003	2004	2005	2006	2007	2008	2009	2010
阿根廷	0	0	0	0	0	0	0	0	0
澳大利亚	2025	2285	2014	2200	2300	6185	6727	6084	6192
奥地利	0	0	0	0	0	0	0	0	0
比利时	0	0	0	0	0	0	0	0	0
巴西	5084	5584	5690	5488	5800	2	2	2	2
英国	0	0	0	0	0	0	0	0	0
加拿大	1000	1000	1000	900	550	700	900	900	900
中国	23000	25200	25500	30400	30700	45400	50700	60200	68000
哥伦比亚	43	43	43	43	43	3890	5523	6627	3435
捷克	0	0	0	0	0	0	0	0	0
埃及	1550	2183	2219	2144	2200	825	825	650	825
芬兰	800	800	840	825	825	1210	1220	1230	1240
法国	0	0	0	0	0	0	0	0	0
德国	0	0	0	0	0	0	0	0	0
匈牙利	0	0	0	0	0	0	0	0	0
印度	1250	1175	1180	1200	1200	1	1	1	1
伊朗	0	0	0	0	0	0	0	0	0
意大利	0	0	0	0	0	0	0	0	0
日本	0	0	0	0	0	0	0	0	0
韩国	0	0	0	0	0	0	0	0	0
荷兰	0	0	0	0	0	0	0	0	0
新西兰	0	0	0	0	0	0	0	0	0
挪威	0	0	0	0	0	0	0	0	0
波兰	0	0	0	0	0	0	0	0	0
罗马尼亚	0	0	0	0	0	0	0	0	0
俄罗斯	10700	11000	11000	11000	11000	11400	10400	9500	11000
南非	2803	2643	2735	2577	2600	2556	2287	2237	2494
西班牙	0	0	0	0	0	0	0	0	0
瑞典	0	0	0	0	0	0	0	0	0
土耳其	0	0	0	0	0	0	0	0	0
美国	36100	35000	35800	36100	30100	29700	30200	26400	25800
越南	779	821	902	940	980	1523	2101	2047	2268
津巴布韦	108	95	83	46	50	30	30	30	30
菲律宾	400	400	400	400	400	2	2	2	2
泰国	4	14	3	3	3	4	4	3	3

数据来源："Minerals"，http：//www. indexmundi. com/。

表 6－9　　　　粘土（吨）

年份	2002	2003	2004	2005	2006	2007	2008	2009	2010
阿根廷	13865	19219	27883	54703	50000	69400	55000	78800	78700
澳大利亚	230000	280000	285000	230000	250000	250000	230000	230000	240000
奥地利	50000	50000	50000	50000	50000	56700	49500	84000	59000
比利时	300000	300000	300000	300000	300000	300000	300000	300000	300000
巴西	1757488	2081039	2381000	2410000	2410000	2530000	2460000	1990000	2200000
英国	2400000	2400000	2400000	2400000	2500000	1800000	1800000	1800000	900000
加拿大	0	0	0	0	0	0	0	0	0
中国	0	0	0	0	0	0	0	0	0
哥伦比亚	0	0	0	0	0	0	0	0	0
捷克	3650000	4155000	3862000	3882000	3768000	3600000	3830000	2890000	3490000
埃及	300000	300000	300000	300000	300000	332000	523000	550000	304000
芬兰	0	0	0	0	0	0	0	0	0
法国	300000	300000	300000	300000	300000	307000	300000	300000	300000
德国	3681953	3503589	3751874	3767662	3770000	3840000	3620000	4510000	4580000
匈牙利	4300	13250	13300	7000	10000	3000	3000	2800	3000
印度	540000	550000	550000	560000	560000	570000	570000	580000	580000
伊朗	553782	484507	531109	500000	550000	350000	320000	907000	900000
意大利	450000	450000	450000	450000	469702	635000	591000	1070000	641000
日本	11756	12409	11553	10500	10000	11000	11000	12000	12000
韩国	2727481	3009245	2773220	2767091	2399458	688000	955000	659000	764000
荷兰	0	0	0	0	0	0	0	0	0
新西兰	17200	14770	15500	15700	15000	14100	12800	9020	10000
挪威	0	0	0	0	0	0	0	0	0
波兰	113500	169034	191312	159207	148579	153000	166000	143000	140000
罗马尼亚	22514	25741	22337	22000	11063	7580	3170	1000	1000
俄罗斯	45000	45000	45000	45000	45000	45000	45000	45000	45000
南非	86700	86365	81901	59356	51602	50800	39200	31000	29900
西班牙	419493	450000	437990	450000	450000	450000	465000	465000	485000
瑞典	450	450	450	450	450	450	450	450	450
土耳其	372344	370455	536008	580000	580000	914000	792000	728000	711000
美国	8010000	7680000	7760000	7800000	7470000	7110000	6740000	5290000	5950000
越南	600000	650000	650000	650000	650000	650000	650000	650000	650000
津巴布韦	200	200	200	200	200	200	200	200	200
菲律宾	0	0	0	0	0	0	0	0	0
泰国	127132	184562	200761	201000	200000	159000	162000	160000	160000

数据来源：“Minerals”，http：//www. indexmundi. com/。

表6-10 天然橡胶（吨）

年份	2002	2003	2004	2005	2006	2007	2008	2009	2010
阿根廷	0	0	0	0	0	0	0	0	0
澳大利亚	0	0	0	0	0	0	0	0	0
奥地利	0	0	0	0	0	0	0	0	0
比利时	0	0	0	0	0	0	0	0	0
巴西	95900	93790	98813	103708	105434	111407	120905	126973	133981
英国	0	0	0	0	0	0	0	0	0
加拿大	0	0	0	0	0	0	0	0	0
中国	527413	565045	574739	513618	537982	588380	547861	618866	690812
哥伦比亚	0	0	0	0	0	0	0	0	0
捷克	0	0	0	0	0	0	0	0	0
埃及	0	0	0	0	0	0	0	0	0
芬兰	0	0	0	0	0	0	0	0	0
法国	0	0	0	0	0	0	0	0	0
德国	0	0	0	0	0	0	0	0	0
匈牙利	0	0	0	0	0	0	0	0	0
印度	649435	711650	749665	802625	852895	825345	864500	831400	862000
伊朗	0	0	0	0	0	0	0	0	0
意大利	0	0	0	0	0	0	0	0	0
日本	0	0	0	0	0	0	0	0	0
韩国	0	0	0	0	0	0	0	0	0
荷兰	0	0	0	0	0	0	0	0	0
新西兰	0	0	0	0	0	0	0	0	0
挪威	0	0	0	0	0	0	0	0	0
波兰	0	0	0	0	0	0	0	0	0
罗马尼亚	0	0	0	0	0	0	0	0	0
俄罗斯	0	0	0	0	0	0	0	0	0
南非	0	0	0	0	0	0	0	0	0
西班牙	0	0	0	0	0	0	0	0	0
瑞典	0	0	0	0	0	0	0	0	0
土耳其	0	0	0	0	0	0	0	0	0
美国	0	0	0	0	0	0	0	0	0
越南	298200	363500	419000	481600	555400	605800	660000	711300	751700
津巴布韦	0	0	0	0	0	0	0	0	0
菲律宾	88345	90413	102727	104160	116013	133344	135645	129017	130430
泰国	2633120	2860090	3006720	2979720	3070520	3024210	3166910	3090280	3051780

数据来源："production"，http：//faostat3. fao. org/home/index. html。

表 6－11　　煤炭产量（千吨）

年份	2002	2003	2004	2005	2006	2007	2008	2009	2010
阿根廷	106	98	56	28	155	121	102	90	72
澳大利亚	374673	376619	388231	410675	425313	441696	437701	453763	467479
奥地利	1556	1270	259	0	0	0	0	0	0
比利时	191	142	200	120	31	0	0	0	0
巴西	5670	5121	5959	6895	6495	6575	7288	6293	5969
英国	32561	30599	27045	22055	19929	18232	19405	19152	19640
加拿大	73313	68513	72749	72031	72757	76461	74680	69377	74843
中国	1716604	1951928	2132343	2477879	2647755	2844311	3021900	3301803	3505520
哥伦比亚	43577	55147	59186	65107	72307	77054	81022	80256	81957
捷克	69838	70444	68123	68372	69339	69033	66359	62189	60858
埃及	41	41	36	28	0	0	0	0	0
芬兰	0	0	0	0	0	0	0	0	0
法国	1798	1917	176	0	0	0	0	0	0
德国	232573	229102	232673	226993	220554	225526	214268	202410	200955
匈牙利	14360	14662	12392	10549	10970	10822	10366	9905	10045
印度	395625	420525	446683	473266	500193	531521	568448	613402	611719
伊朗	1138	1260	1327	1715	1820	1835	1753	1270	1130
意大利	180	276	108	105	23	174	129	79	111
日本	0	0	0	0	0	0	0	0	0
韩国	3657	3635	3517	3122	3113	3181	3057	2777	2297
荷兰	0	0	0	0	0	0	0	0	0
新西兰	4915	5710	5683	5806	6358	5330	5412	5030	5876
挪威	2350	3245	3201	1622	2640	4490	3781	2911	2133
波兰	178250	179213	178260	174988	171135	159773	157993	148356	146257
罗马尼亚	33526	36446	35045	34288	38496	39441	39530	37436	34312
俄罗斯	261887	283271	285437	311823	313680	318591	336163	343747	358932
南非	245767	263784	267666	270051	269817	273005	278017	275015	280562
西班牙	24288	22666	22583	21474	20334	18940	11229	10411	9292
瑞典	0	0	0	0	0	0	0	0	0
土耳其	59507	53532	51122	64309	70829	83075	87526	87633	80909
美国	1094283	1071753	1112099	1131498	1162750	1146635	1171809	1074923	1084368
越南	17527	18409	28109	36065	43528	47597	45438	48443	49233
津巴布韦	4367	3913	3764	3991	3800	3807	2983	3144	3398
菲律宾	1679	2206	2737	3175	2597	3741	3978	5167	7330
泰国	21607	20771	22112	23014	21022	20105	20157	19606	20221

数据来源："Minerals"，http：//www. indexmundi. com/。

表 6－12　　天然气产量（十亿立方英尺）

年份	2002	2003	2004	2005	2006	2007	2008	2009	2010
阿根廷	1275	1449	1585	1611	1628	1583	1556	1461	1416
澳大利亚	1235	1274	1309	1440	1509	1354	1405	1575	1733
奥地利	66	74	69	58	64	69	57	62	64
比利时	0	0	0	0	0	0	0	0	0
巴西	287	311	341	345	349	347	446	363	445
英国	3658	3632	3426	3118	2819	2553	2469	2087	1988
加拿大	6631	6453	6483	6561	6548	6416	6046	5634	5390
中国	1153	1211	1439	1763	2067	2446	2685	2975	3334
哥伦比亚	218	215	218	236	255	270	318	370	398
捷克	5	6	8	7	7	7	7	6	7
埃及	883	1058	1150	1501	1596	1642	2083	2214	2166
芬兰	0	0	0	0	0	0	0	0	0
法国	65	57	49	41	43	38	32	31	26
德国	788	785	726	701	692	657	568	528	461
匈牙利	110	104	108	107	109	92	93	105	102
印度	925	964	996	1056	1088	1108	1137	1437	1848
伊朗	2649	2861	2963	3655	3836	3952	4107	4986	5161
意大利	516	490	458	426	388	343	327	283	297
日本	219	185	201	173	179	189	185	176	171
韩国	0	0	0	17	15	15	16	27	34
荷兰	2676	2574	3035	2773	2730	2687	2957	2786	3131
新西兰	215	164	150	141	145	155	151	159	171
挪威	2412	2703	2948	3072	3094	3168	3503	3664	3756
波兰	196	199	210	214	212	213	203	207	215
罗马尼亚	470	434	417	413	449	432	403	384	374
俄罗斯	19685	20507	20991	21224	21736	21595	21515	19303	21536
南非	81	81	79	78	102	54	48	37	34
西班牙	18	8	12	6	2	1	1	0	2
瑞典	0	0	0	0	0	0	0	0	0
土耳其	13	20	24	32	32	32	36	24	24
美国	18928	19099	18591	18051	18504	19266	20159	20624	21316
越南	80	95	106	141	201	208	246	250	290
津巴布韦	0	0	0	0	0	0	0	0	0
菲律宾	71	102	102	102	78	102	104	111	103
泰国	706	768	790	837	859	918	1016	1091	1281

数据来源：“Energy”，http：//www. indexmundi. com/。

表 6－13　　总发电量（亿千瓦时）

年　份	2002	2003	2004	2005	2006	2007	2008	2009	2010
阿根廷	81	88	96	101	111	111	116	116	119
澳大利亚	215	214	223	216	219	229	229	231	228
奥地利	59	56	60	62	60	61	62	64	65
比利时	76	79	79	80	79	82	79	85	88
巴　西	340	359	381	396	413	438	455	459	507
英　国	362	373	369	373	371	370	362	352	353
加拿大	584	572	582	608	596	620	623	597	591
中　国	1585	1810	2104	2370	2718	3091	3281	3508	3904
哥伦比亚	44	46	49	49	53	54	55	56	55
捷　克	72	78	79	77	79	83	79	77	81
埃　及	84	90	96	103	109	118	124	131	139
芬　兰	72	80	82	68	79	78	74	69	77
法　国	526	534	541	543	541	536	541	505	537
德　国	550	568	575	580	596	597	598	552	588
匈牙利	34	32	32	34	34	38	38	34	35
印　度	564	600	630	661	712	772	797	855	904
伊　朗	133	145	157	168	182	193	202	208	219
意大利	260	265	277	278	289	289	295	273	283
日　本	990	982	1010	1030	1036	1061	1017	989	1052
韩　国	310	324	346	366	379	402	418	425	468
荷　兰	90	91	97	95	93	99	102	107	112
新西兰	40	40	41	42	42	43	43	42	44
挪　威	129	105	109	135	120	134	139	129	122
波　兰	133	140	143	146	151	149	146	142	148
罗马尼亚	52	52	54	57	60	59	62	55	58
俄罗斯	844	866	884	902	940	962	985	940	984
南　非	203	217	228	228	235	245	238	232	242
西班牙	226	244	259	269	280	286	295	278	287
瑞　典	142	131	147	154	139	145	146	133	144
土耳其	123	134	144	154	168	182	188	185	201
美　国	3845	3869	3956	4043	4052	4145	4108	3938	4112
越　南	35	39	44	51	58	64	70	80	91
津巴布韦	8	9	9	10	8	8	7	7	8
菲律宾	47	51	54	54	55	57	58	59	65
泰　国	102	109	117	123	129	132	136	137	145

数据来源："Energy"，http：//www. indexmundi. com/。

表 6－14　　　　　　　　　　　　　　大豆产量（万吨）

年　份	2002	2003	2004	2005	2006	2007	2008	2009	2010
阿根廷	3000	3482	3158	3829	4054	4748	4624	3099	5268
澳大利亚	6	1	6	5	6	3	3	8	6
奥地利	4	4	4	6	6	5	5	7	9
比利时	0	0	0	0	0	0	0	0	0
巴　西	4277	5192	4955	5118	5246	5786	5983	5735	6876
英　国	0	0	0	0	0	0	0	0	0
加拿大	234	227	304	316	347	270	334	351	435
中　国	1651	1539	1740	1635	1550	1273	1554	1498	1508
哥伦比亚	8	9	8	6	5	5	6	6	5
捷　克	1	1	1	2	2	1	1	1	2
埃　及	2	3	4	5	2	3	3	2	4
芬　兰	0	0	0	0	0	0	0	0	0
法　国	21	15	15	14	12	8	6	11	14
德　国	0	0	0	0	0	0	0	0	0
匈牙利	0	5	6	8	9	5	7	7	9
印　度	6	782	688	827	886	1097	991	996	1274
伊　朗	465	19	20	20	18	18	20	21	16
意大利	19	40	52	55	55	41	35	47	55
日　本	59	23	16	23	23	23	26	23	22
韩　国	12	11	14	18	16	11	13	14	11
荷　兰	0	0	0	0	0	0	0	0	0
新西兰	0	0	0	0	0	0	0	0	0
挪　威	0	0	0	0	0	0	0	0	0
波　兰	0	0	0	0	0	0	0	0	0
罗马尼亚	15	22	30	31	34	14	9	8	15
俄罗斯	2	2	2	2	3	4	5	5	6
南　非	22	14	22	27	42	21	28	52	57
西班牙	0	0	0	0	0	0	0	0	0
瑞　典	0	0	0	0	0	0	0	0	0
土耳其	8	9	5	3	5	3	3	4	9
美　国	7501	6678	8501	8350	8700	7286	8075	9142	9061
越　南	21	22	25	29	26	28	27	22	30
津巴布韦	8	9	9	6	7	11	10	9	6
菲律宾	0	0	0	0	0	0	0	0	0
泰　国	26	23	22	23	21	20	19	18	18

数据来源："production"，http：//faostat3. fao. org/home/index. html。

表 6-15 玉米产量（万吨）

年份	2002	2003	2004	2005	2006	2007	2008	2009	2010
阿根廷	1471	1504	1495	2048	1445	2176	2202	1312	2268
澳大利亚	45	31	40	42	38	24	39	38	33
奥地利	167	171	194	202	147	170	215	189	217
比利时	53	55	64	63	58	70	86	81	75
巴西	3593	4833	4179	3511	4266	5211	5893	5072	5536
英国	0	0	0	0	0	0	0	0	0
加拿大	900	959	884	933	899	1165	1059	956	1171
中国	12150	11600	13043	13950	15173	15242	16603	16411	17754
哥伦比亚	126	151	162	159	153	173	173	164	154
捷克	62	48	55	70	61	76	86	89	69
埃及	643	653	624	709	637	624	740	769	704
芬兰	1644	1199	1637	1369	1278	1436	1582	1529	1398
法国	0	0	0	0	0	0	0	0	0
德国	374	342	421	408	322	381	511	453	407
匈牙利	612	453	833	905	828	403	890	753	698
印度	1115	1498	1417	1471	1510	1896	1973	1672	2173
伊朗	143	165	193	200	217	236	178	164	214
意大利	1055	870	1137	1043	967	981	949	788	883
日本	0	0	0	0	0	0	0	0	0
韩国	7	7	8	7	6	8	9	8	7
荷兰	32	29	26	25	18	23	25	24	20
新西兰	15	20	17	21	23	19	21	24	19
挪威	0	0	0	0	0	0	0	0	0
波兰	196	188	234	195	126	172	184	171	172
罗马尼亚	840	958	1454	1039	898	385	785	797	904
俄罗斯	9	8	9	10	9	10	17	29	43
南非	1008	971	971	1172	694	713	1270	1205	1282
西班牙	443	434	483	398	336	361	363	349	318
瑞典	0	0	0	0	0	0	0	0	0
土耳其	210	280	300	420	381	354	427	425	431
美国	22777	25623	29987	28226	26750	33118	30714	33255	31617
越南	251	314	343	379	385	430	457	437	461
津巴布韦	61	106	169	92	148	95	50	70	119
菲律宾	432	462	541	525	608	674	693	703	638
泰国	426	425	434	409	392	389	425	462	486

数据来源："production"，http：//faostat3. fao. org/home/index. html。

表 6－16　　土豆产量（万吨）

年份	2002	2003	2004	2005	2006	2007	2008	2009	2010
阿根廷	226	209	202	179	194	195	190	195	200
澳大利亚	133	125	131	129	125	121	140	118	128
奥地利	68	56	69	76	65	67	76	72	67
比利时	291	252	323	278	259	319	294	330	346
巴西	313	309	305	313	315	355	368	344	355
英国	0	0	0	0	0	0	0	0	0
加拿大	471	528	523	443	509	500	472	458	442
中国	7022	6814	7226	7091	5408	6484	7084	7328	8159
哥伦比亚	176	214	204	183	221	282	237	227	212
捷克	111	68	86	101	69	82	77	75	67
埃及	199	204	255	317	231	276	357	366	364
芬兰	78	62	62	74	58	70	68	76	66
法国	687	635	726	660	636	718	687	702	722
德国	1149	992	1304	1162	1003	1164	1137	1162	1020
匈牙利	75	58	78	66	56	56	68	56	44
印度	2446	2316	2793	2879	2917	2860	3466	3439	3658
伊朗	376	421	445	483	422	403	471	411	427
意大利	186	161	182	175	178	178	160	177	156
日本	307	294	288	275	264	287	274	246	229
韩国	67	50	64	89	63	57	60	59	62
荷兰	736	647	749	678	624	687	692	718	684
新西兰	50	50	50	50	50	48	51	55	59
挪威	39	37	40	32	38	33	40	33	34
波兰	1552	1373	1400	1037	898	1179	1046	970	877
罗马尼亚	408	395	423	374	402	371	365	400	328
俄罗斯	104	110	107	131	129	97	116	129	179
南非	165	150	180	177	186	197	204	187	209
西班牙	308	266	277	256	252	248	215	246	228
瑞典	91	86	98	95	78	79	85	86	82
土耳其	1662	1845	2075	1946	1947	1910	1955	1967	1871
美国	2078	2078	2068	1922	1999	2018	1883	1962	1834
越南	38	36	37	37	37	37	38	39	39
津巴布韦	4	4	5	4	5	5	5	5	6
菲律宾	7	7	7	7	7	12	12	12	12
泰国	10	9	10	11	12	13	11	13	13

数据来源："production"，http：//faostat3. fao. org/home/index. html。

表 6－17 水稻产量（万吨）

年 份	2002	2003	2004	2005	2006	2007	2008	2009	2010
阿根廷	71	72	106	96	119	108	125	133	124
澳大利亚	119	44	55	34	100	16	2	7	20
奥地利	0	0	0	0	0	0	0	0	0
比利时	0	0	0	0	0	0	0	0	0
巴 西	1046	1033	1328	1319	1153	1106	1206	1265	1124
英 国	0	0	0	0	0	0	0	0	0
加拿大	0	0	0	0	0	0	0	0	0
中 国	17634	16230	18052	18206	18328	18740	19328	19668	19721
哥伦比亚	239	275	291	237	225	231	279	299	241
捷 克	0	0	0	0	0	0	0	0	0
埃 及	611	618	635	613	676	688	725	552	433
芬 兰	0	0	0	0	0	0	0	0	0
法 国	11	11	12	10	9	9	11	14	12
德 国	0	0	0	0	0	0	0	0	0
匈牙利	1	1	1	1	1	1	1	1	1
印 度	10773	13279	12470	13769	13914	14457	14804	13567	14396
伊 朗	289	293	254	274	261	266	218	225	301
意大利	137	140	152	141	142	154	139	162	152
日 本	1111	974	1091	1134	1070	1089	1103	847	848
韩 国	669	602	674	644	641	604	692	702	614
荷 兰	672	727	754	832	816	835	1043	1033	724
新西兰	0	0	0	0	0	0	0	0	0
挪 威	0	0	0	0	0	0	0	0	0
波 兰	0	0	0	0	0	0	0	0	0
罗马尼亚	0	0	0	1	2	3	5	7	6
俄罗斯	2	3	5	6	6	6	8	8	7
南 非	0	0	0	0	0	0	0	0	0
西班牙	82	86	88	82	72	72	67	90	93
瑞 典	0	0	0	0	0	0	0	0	0
土耳其	36	37	49	60	70	65	75	75	86
美 国	957	907	1054	1011	883	900	924	997	1103
越 南	3445	3457	3615	3583	3585	3594	3873	3895	4001
津巴布韦	0	0	0	0	0	0	0	0	0
菲律宾	1327	1350	1450	1460	1533	1624	1682	1627	1577
泰 国	2799	2947	2854	3029	2964	3210	3165	3212	3558

数据来源："production"，http：//faostat3. fao. org/home/index. html。

表 6－18　　小麦产量（万吨）

年份	2002	2003	2004	2005	2006	2007	2008	2009	2010
阿根廷	1240	1471	1614	1272	1466	1649	851	902	1588
澳大利亚	1013	2613	2191	2517	1082	1357	2142	2166	2214
奥地利	143	119	172	145	140	140	169	152	152
比利时	168	164	191	177	166	158	185	191	185
巴西	311	615	582	466	248	411	603	506	617
英国	0	0	0	0	0	0	0	0	0
加拿大	1596	2305	2480	2575	2527	2005	2861	2685	2317
中国	9029	8649	9195	9745	10847	10930	11246	11512	11518
哥伦比亚	4	5	4	4	3	4	4	2	2
捷克	387	264	504	415	351	394	463	436	416
埃及	662	684	718	814	827	738	798	852	718
芬兰	57	68	78	80	68	80	79	89	72
法国	3894	3047	3969	3689	3536	3276	3901	3833	4079
德国	2082	1926	2543	2369	2243	2083	2599	2519	2411
匈牙利	391	294	601	509	438	399	563	442	375
印度	7277	6576	7216	6864	6935	7581	7857	8068	8080
伊朗	1245	1344	1457	1431	1466	1589	796	1348	1350
意大利	755	623	864	772	718	717	886	653	685
日本	83	86	86	87	84	91	88	67	57
韩国	1	1	1	1	1	1	1	2	4
荷兰	106	113	122	117	118	99	137	140	137
新西兰	30	32	32	32	26	34	34	40	44
挪威	26	35	41	40	36	40	45	28	33
波兰	930	786	989	877	706	832	927	979	949
罗马尼亚	442	248	781	734	553	304	718	520	581
俄罗斯	1	2	2	2	2	2	7	7	8
南非	244	155	169	191	211	191	213	196	143
西班牙	682	629	710	403	552	644	671	472	561
瑞典	209	226	241	225	197	226	220	228	214
土耳其	2056	360	1752	1870	1395	1394	2589	2089	1685
美国	4370	6380	5870	5724	4922	5582	6802	6037	6006
越南	0	0	0	0	0	0	0	0	0
津巴布韦	20	12	25	23	24	15	3	4	5
菲律宾	0	0	0	0	0	0	0	0	0
泰国	0	0	0	0	0	0	0	0	0

数据来源："production"，http：//faostat3. fao. org/home/index. html。

表 6-19 大麦产量（千吨）

年份	2002	2003	2004	2005	2006	2007	2008	2009	2010
阿根廷	550	1005	895	799	1268	1475	1682	1356	2964
澳大利亚	3865	10382	7740	9483	4257	7160	7997	7909	7294
奥地利	861	882	1007	880	914	811	968	835	778
比利时	343	271	305	302	367	374	329	453	373
巴西	245	345	397	326	203	236	237	201	279
英国	6128	6370	5816	5495	5239	5079	6144	6668	5252
加拿大	7468	12164	12557	11678	9573	10984	11781	9517	7605
中国	3324	2717	3222	3444	3369	2788	2823	2318	2520
哥伦比亚	11	7	8	9	7	8	11	18	13
捷克	1793	2069	2331	2195	1898	1893	2244	2003	1585
埃及	101	141	163	167	153	178	149	148	117
芬兰	1739	1697	1725	2103	1972	1984	2129	2171	1340
法国	10976	9844	11032	10313	10401	9474	12172	12876	10102
德国	10928	10490	12993	11614	11967	10384	11967	12288	10412
匈牙利	1046	810	1413	1190	1075	1018	1467	1064	944
印度	1425	1407	1298	1207	1221	1330	1200	1689	1355
伊朗	3085	2908	2940	2857	2956	3104	1547	3446	3580
意大利	1190	1021	1157	1214	1282	1225	1237	1049	991
日本	217	199	199	183	174	195	217	179	149
韩国	305	249	278	287	148	169	170	149	81
荷兰	315	349	288	307	269	260	310	310	204
新西兰	441	378	303	302	277	356	409	435	308
挪威	593	585	631	589	538	485	558	473	541
波兰	3370	2831	3571	3581	3161	4008	3619	3984	3533
罗马尼亚	1160	541	1406	1079	773	531	1209	1182	1311
俄罗斯	18739	18003	17180	15791	18037	15559	23149	17881	8350
南非	180	240	185	225	236	223	192	216	194
西班牙	8362	8698	10640	4626	8136	11945	11261	7349	8157
瑞典	1757	1528	1692	1593	1111	1439	1672	1681	1228
土耳其	8300	8100	9000	9500	9551	7307	5923	7300	7250
美国	4940	6059	6091	4613	3923	4575	5230	4949	3925
越南	0	0	0	0	0	0	0	0	0
津巴布韦	17	60	36	43	54	48	50	58	67
菲律宾	0	0	0	0	0	0	0	0	0
泰国	14	22	23	27	18	19	19	20	20

数据来源："production"，http：//faostat3. fao. org/home/index. html。

表 6－20　　牛肉产量（千吨）

年份	2002	2003	2004	2005	2006	2007	2008	2009	2010
阿根廷	2493	2658	3024	3131	3034	3224	3132	3378	2630
澳大利亚	2028	2073	2033	2162	2077	2226	2132	2124	2108
奥地利	212	208	206	204	216	218	224	226	227
比利时	305	275	281	267	287	288	267	255	263
巴西	7139	7230	7774	8592	9020	9303	9024	9395	9115
英国	694	699	719	762	847	882	862	833	908
加拿大	1295	1203	1504	1464	1327	1279	1288	1252	1272
中国	5240	5445	5625	5702	5788	6153	6147	6370	6554
哥伦比亚	675	642	717	792	827	856	917	936	930
捷克	106	104	97	81	80	79	80	77	74
埃及	456	516	594	612	686	731	805	859	856
芬兰	91	96	93	87	87	89	82	82	83
法国	1640	1632	1565	1517	1473	1532	1503	1516	1530
德国	1316	1226	1258	1167	1193	1186	1199	1190	1205
匈牙利	48	61	46	32	34	35	32	30	28
印度	2250	2258	2299	2342	2384	2428	2473	2518	2566
伊朗	290	320	344	351	363	378	277	252	226
意大利	1136	1128	1148	1108	1110	1123	1059	1055	1075
日本	537	496	514	499	497	504	520	517	515
韩国	211	188	186	195	200	219	246	283	247
荷兰	384	365	386	396	384	386	378	402	389
新西兰	576	660	709	652	643	632	635	637	635
挪威	85	85	87	87	88	85	86	85	84
波兰	281	317	311	310	363	380	393	397	401
罗马尼亚	156	185	162	190	159	165	150	155	154
俄罗斯	1957	1990	1951	1794	1705	1690	1769	1741	1727
南非	574	610	655	705	804	805	783	771	848
西班牙	679	706	714	715	670	620	658	598	607
瑞典	147	140	143	136	137	134	129	135	134
土耳其	329	292	367	323	342	434	372	326	622
美国	12427	12039	11135	11196	11863	11979	12163	11891	12046
越南	201	204	221	245	263	316	333	369	384
津巴布韦	97	99	102	102	102	104	104	104	100
菲律宾	259	257	259	250	252	288	284	288	299
泰国	143	145	153	155	163	183	205	211	223

数据来源："production"，http：//faostat3. fao. org/home/index. html。

表 6－21　　羊肉产量（千吨）

年　份	2002	2003	2004	2005	2006	2007	2008	2009	2010
阿根廷	60	61	54	61	59	59	56	55	56
澳大利亚	658	611	578	615	648	700	677	660	581
奥地利	8	8	7	7	8	6	8	7	7
比利时	3	3	4	3	1	1	1	1	3
巴　西	99	97	105	105	106	107	108	108	111
英　国	307	303	312	331	330	325	326	307	277
加拿大	15	16	18	18	17	17	16	16	16
中　国	2838	3090	3332	3504	3642	3830	3806	3897	3992
哥伦比亚	12	14	15	17	13	14	15	15	15
捷　克	1	1	1	1	2	2	2	2	2
埃　及	78	71	57	87	104	126	147	144	128
芬　兰	1	1	1	1	1	1	1	1	1
法　国	135	136	109	107	106	105	141	137	131
德　国	44	46	49	50	44	44	39	39	39
匈牙利	3	1	2	1	1	1	1	1	1
印　度	697	702	725	748	773	799	825	853	876
伊　朗	450	417	427	440	395	346	302	251	230
意大利	63	62	63	62	61	61	60	59	54
日　本	0	0	0	0	0	0	0	0	0
韩　国	3	3	3	3	3	2	2	2	1
荷　兰	17	16	15	14	16	18	15	15	15
新西兰	523	548	520	544	544	575	599	480	472
挪　威	25	25	26	26	25	24	24	24	25
波　兰	1	1	2	1	1	2	1	1	1
罗马尼亚	54	68	73	52	45	55	51	71	70
俄罗斯	136	133	144	152	157	168	174	183	185
南　非	141	156	156	152	154	135	172	183	176
西班牙	252	250	245	238	226	214	166	133	142
瑞　典	4	4	4	4	4	5	5	5	5
土耳其	333	312	318	315	315	323	320	299	274
美　国	101	92	88	85	84	83	82	80	76
越　南	5	6	8	9	11	11	9	9	8
津巴布韦	16	15	14	15	14	15	14	13	14
菲律宾	34	33	34	36	45	50	53	53	51
泰　国	1	1	1	1	1	2	2	2	2

数据来源："production"，http：//faostat3. fao. org/home/index. html。

表 6－22　　　　　　　　　　　　　　猪肉产量（千吨）

年　份	2002	2003	2004	2005	2006	2007	2008	2009	2010
阿根廷	742	781	909	1053	1202	1288	1444	1545	1643
澳大利亚	687	713	716	781	805	859	839	872	920
奥地利	113	113	120	120	115	124	125	125	134
比利时	467	430	473	454	484	454	458	469	506
巴　西	7239	7967	8895	8148	8462	9391	10688	10414	11185
英　国	1556	1569	1564	1584	1516	1459	1430	1459	1570
加拿大	1111	1112	1123	1164	1169	1208	1230	1211	1216
中　国	12732	13135	13237	14055	14286	15172	15992	16616	17334
哥伦比亚	649	678	709	763	850	925	1011	1020	1039
捷　克	228	222	232	241	231	217	210	201	195
埃　及	627	645	650	655	719	814	739	782	851
芬　兰	95	98	101	101	100	107	111	104	105
法　国	2104	2009	1975	1706	1563	1628	1808	1759	1788
德　国	881	954	1039	1032	1025	1120	1246	1289	1380
匈牙利	515	492	469	433	385	377	388	387	376
印　度	1128	1249	1343	1441	1555	1791	1920	2125	2231
伊　朗	954	1116	1164	1249	1372	1481	1578	2006	1662
意大利	1173	952	1001	1013	919	1029	1118	1145	1181
日　本	1229	1240	1242	1273	1367	1366	1369	1414	1417
韩　国	437	429	432	536	563	570	565	613	653
荷　兰	756	596	684	705	697	753	762	840	856
新西兰	137	146	149	159	151	149	147	137	145
挪　威	48	49	54	56	63	70	84	82	85
波　兰	823	713	796	892	919	1022	865	1195	1259
罗马尼亚	340	344	303	309	273	312	316	371	349
俄罗斯	963	1058	1187	1381	1624	1918	2044	2360	2610
南　非	930	905	912	955	977	1132	1334	1394	1478
西班牙	1210	1209	1104	1104	1086	1155	1107	1205	1141
瑞　典	104	101	95	100	98	108	110	108	115
土耳其	711	886	894	953	933	1083	1101	1307	1457
美　国	17077	17276	18004	18623	18882	19387	19881	18953	19583
越　南	420	456	388	394	415	432	530	608	531
津巴布韦	35	40	46	52	54	57	61	62	62
菲律宾	651	659	681	671	683	777	844	745	773
泰　国	1274	1337	954	1093	1155	1193	1235	1232	1301

数据来源："production", http://faostat3.fao.org/home/index.html。

表 6－23

鸡肉产量（千吨）

年份	2002	2003	2004	2005	2006	2007	2008	2009	2010
阿根廷	699	738	866	1010	1159	1244	1400	1501	1598
澳大利亚	667	690	694	760	773	812	800	831	881
奥地利	88	88	89	89	85	95	97	101	107
比利时	459	424	468	450	484	448	450	460	497
巴西	7050	7760	8668	7866	8164	8988	10216	9940	10693
英国	1272	1295	1295	1334	1289	1270	1259	1270	1376
加拿大	956	954	970	1000	997	1030	1041	1036	1048
中国	9173	9448	9484	9965	10165	10725	11299	11723	12000
哥伦比亚	649	678	709	763	850	925	1011	1020	1039
捷克	207	198	201	213	207	201	195	188	185
埃及	548	560	560	560	616	705	629	671	744
芬兰	83	84	87	87	88	95	101	95	96
法国	1148	1133	1106	921	819	921	1082	1069	1096
德国	477	549	609	605	608	688	747	786	837
匈牙利	278	267	253	246	211	196	217	213	221
印度	1088	1210	1304	1403	1518	1755	1884	2087	2193
伊朗	942	1104	1152	1237	1360	1468	1566	1995	1650
意大利	729	683	704	695	628	733	790	822	865
日本	1229	1240	1242	1273	1367	1366	1369	1413	1417
韩国	381	383	386	484	510	513	509	551	588
荷兰	683	535	615	628	621	684	693	764	781
新西兰	135	144	147	157	149	147	145	135	143
挪威	46	43	47	50	55	63	75	71	76
波兰	761	637	704	796	824	896	730	1060	1123
罗马尼亚	340	344	303	309	273	312	316	371	349
俄罗斯	938	1030	1152	1346	1580	1869	2001	2313	2563
南非	925	900	906	949	971	1125	1328	1388	1472
西班牙	1191	1185	1083	1084	1065	1131	1082	1179	1116
瑞典	101	98	91	96	96	105	107	105	112
土耳其	696	872	877	937	918	1068	1088	1293	1444
美国	14467	14696	15451	16041	16217	16628	16994	16334	16971
越南	338	373	316	322	344	359	448	529	457
津巴布韦	35	40	46	52	53	57	61	62	62
菲律宾	627	635	658	650	658	745	812	715	744
泰国	1180	1264	869	1007	1069	1107	1158	1154	1220

数据来源："production"，http：//faostat3. fao. org/home/index. html。

表 6－24　　皮棉产量（千吨）

年份	2002	2003	2004	2005	2006	2007	2008	2009	2010
阿根廷	62	65	112	160	145	170	166	135	230
澳大利亚	703	387	349	645	597	301	133	329	387
奥地利	0	0	0	0	0	0	0	0	0
比利时	0	0	0	0	0	0	0	0	0
巴西	713	727	1254	1211	957	1357	1314	956	973
英国	0	0	0	0	0	0	0	0	0
加拿大	0	0	0	0	0	0	0	0	0
中国	4916	4860	6324	5714	6746	7624	7492	6377	5970
哥伦比亚	31	34	56	55	38	42	26	23	12
捷克	0	0	0	0	0	0	0	0	0
埃及	290	198	292	202	210	222	105	95	137
芬兰	0	0	0	0	0	0	0	0	0
法国	0	0	0	0	0	0	0	0	0
德国	0	0	0	0	0	0	0	0	0
匈牙利	0	0	0	0	0	0	0	0	0
印度	1466	2334	2793	3145	3847	4400	3787	4083	5683
伊朗	109	113	134	115	90	97	92	79	72
意大利	0	0	0	0	0	0	0	0	0
日本	0	0	0	0	0	0	0	0	0
韩国	0	0	0	0	0	0	0	0	0
荷兰	0	0	0	0	0	0	0	0	0
新西兰	0	0	0	0	0	0	0	0	0
挪威	0	0	0	0	0	0	0	0	0
波兰	0	0	0	0	0	0	0	0	0
罗马尼亚	0	0	0	0	0	0	0	0	0
俄罗斯	0	0	0	0	0	0	0	0	0
南非	18	16	28	17	14	11	10	9	9
西班牙	102	96	115	113	48	42	19	26	39
瑞典	0	0	0	0	0	0	0	0	0
土耳其	988	920	936	864	977	868	673	638	817
美国	3747	3975	5060	5199	4498	4182	2790	2654	3942
越南	13	12	9	11	10	5	3	4	4
津巴布韦	73	85	100	75	72	80	116	80	38
菲律宾	1	0	1	1	1	0	0	0	0
泰国	4	4	5	4	3	3	3	3	3

数据来源："production"，http：//faostat3. fao. org/home/index. html。

表 6－25　　　　　　　　　　　　　　　　香蕉（千吨）

年份	2002	2003	2004	2005	2006	2007	2008	2009	2010
阿根廷	180	183	189	205	181	182	180	170	171
澳大利亚	313	265	257	266	187	213	207	270	302
奥地利	0	0	0	0	0	0	0	0	0
比利时	0	0	0	0	0	0	0	0	0
巴西	6423	6801	6584	6703	6956	7098	6998	6783	6969
英国	0	0	0	0	0	0	0	0	0
加拿大	0	0	0	0	0	0	0	0	0
中国	0	0	0	0	0	0	0	0	0
哥伦比亚	1561	1648	1703	1799	1864	1820	1988	2020	2034
捷克	0	0	0	0	0	0	0	0	0
埃及	878	871	875	923	855	945	1062	1121	1029
芬兰	0	0	0	0	0	0	0	0	0
法国	0	0	0	0	0	0	0	0	0
德国	0	0	0	0	0	0	0	0	0
匈牙利	0	0	0	0	0	0	0	0	0
印度	13304	13857	16745	18888	20998	23823	26217	26470	29780
伊朗	42	50	62	75	88	101	113	110	123
意大利	0	0	0	0	0	0	0	0	0
日本	0	0	0	0	0	0	0	0	0
韩国	0	0	0	0	0	0	0	0	0
荷兰	0	0	0	0	0	0	0	0	0
新西兰	0	0	0	0	0	0	0	0	0
挪威	0	0	0	0	0	0	0	0	0
波兰	0	0	0	0	0	0	0	0	0
罗马尼亚	0	0	0	0	0	0	0	0	0
俄罗斯	0	0	0	0	0	0	0	0	0
南非	392	352	280	352	344	346	393	371	393
西班牙	409	402	418	345	348	358	371	359	397
瑞典	0	0	0	0	0	0	0	0	0
土耳其	95	110	130	150	178	189	201	205	210
美国	9	10	8	9	8	12	8	8	8
越南	1097	1282	1329	1344	1350	1355	1400	1428	1490
津巴布韦	100	90	113	95	104	103	102	106	109
菲律宾	5275	5369	5631	6298	6795	7484	8688	9013	9101
泰国	1312	1399	1079	1623	1677	1929	1540	1528	1585

数据来源："production"，http：//faostat3. fao. org/home/index. html。

表 6-26　　GDP（汇率法，当期价格，十亿美元）

年　份	2002	2003	2004	2005	2006	2007	2008	2009	2010
阿根廷	97	128	152	181	213	260	324	306	368
澳大利亚	424	539	655	731	778	945	1051	993	1247
奥地利	208	254	292	306	325	376	416	385	380
比利时	254	312	362	378	400	460	510	475	473
巴　西	506	552	664	882	1089	1366	1650	1622	2143
英　国	1604	1858	2198	2299	2457	2827	2670	2193	2267
加拿大	753	888	1018	1164	1310	1458	1542	1369	1616
中　国	1454	1641	1932	2257	2713	3494	4520	4991	5930
哥伦比亚	98	95	119	147	161	211	235	232	285
捷　克	78	95	114	130	148	180	225	197	199
埃　及	88	81	79	90	107	130	162	189	218
芬　兰	136	165	189	196	208	246	273	240	237
法　国	1457	1796	2058	2140	2258	2586	2845	2627	2571
德　国	2014	2428	2730	2771	2905	3329	3641	3307	3312
匈牙利	66	84	102	110	113	136	154	127	128
印　度	510	591	689	807	909	1160	1276	1259	1615
伊　朗	116	137	168	203	242	307	351	361	419
意大利	1230	1517	1738	1789	1875	2130	2318	2117	2059
日　本	3981	4303	4656	4572	4357	4356	4849	5035	5495
韩　国	576	644	722	845	952	1049	931	834	1015
荷　兰	439	539	611	640	678	784	875	798	781
新西兰	61	82	101	112	109	133	133	119	142
挪　威	192	225	260	304	340	393	454	379	421
波　兰	198	217	253	304	342	425	529	431	470
罗马尼亚	46	59	76	99	123	171	204	164	165
俄罗斯	345	430	591	764	990	1300	1661	1223	1525
南　非	111	168	219	247	261	286	273	285	363
西班牙	689	886	1046	1133	1238	1444	1601	1460	1392
瑞　典	252	316	362	370	400	464	487	406	462
土耳其	232	303	392	483	529	649	730	614	731
美　国	10642	11142	11853	12623	13377	14029	14292	13974	14499
越　南	35	40	45	53	61	71	90	93	104
津巴布韦	7	6	6	6	6	5	5	6	7
菲律宾	81	84	91	103	122	149	174	168	200
泰　国	127	143	161	176	207	247	273	264	319

数据来源：World Development Indicator，World Bank，2013ed。

表 6-27

价格（美元/每单位）

年份	2002	2003	2004	2005	2006	2007	2008	2009	2010
高炉炼铁（USD/Tonnes）	13	14	16	28	34	37	42	40	47
石油（USD/Tonnes）	3	4	5	7	9	10	13	8	11
煤炭（USD/Barrel）	20	19	21	24	24	25	29	30	32
天然气（USD/Mill. BTU）	3	5	6	9	7	7	7	4	4
发电（USD/Mill. Kilowatthours）	0.09	0.09	0.09	0.09	0.10	0.11	0.11	0.12	0.12
大豆（USD/tonnes）	203	270	211	208	236	371	366	352	430
大麦（USD/tonnes）	125	130	114	116	131	185	247	214	177
玉米（USD/tonnes）	91	95	81	79	120	165	160	140	213
土豆（USD/tonnes）	147	130	125	155	161	166	200	181	194
水稻（USD/tonnes）	99	178	162	169	220	282	370	317	273
小麦（USD/tonnes）	131	125	125	126	157	238	249	179	209
天然橡胶（USD/Tonnes）	985	969	979	990	1061	1199	2444	2489	2733
香蕉（USD/Tonnes）	948	904	1080	968	1080	904	1014	1213	1323
牛肉（USD/tonnes）	2572	3083	3319	3470	3372	3477	3446	3105	3567
羊肉（USD/tonnes）	1309	1636	1819	2115	1651	1453	1277	1526	2332
猪肉（USD/tonnes）	1037	1155	1531	1559	1428	1447	1503	1294	1680
鸡肉（USD/tonnes）	921	1045	1347	1316	1088	1316	1351	1381	1381
皮棉（USD/tonnes）	741	1140	1197	941	1047	1102	1340	1078	1078
铝（USD/Tonnes）	1351	1433	1719	1901	2573	2640	2578	1669	2173
铅（USD/Tonnes）	452	514	882	974	1288	2579	2093	1719	2148
锡（USD/Tonnes）	4061	4890	8481	7385	8755	14495	18467	13603	20367
锌（USD/Tonnes）	779	828	1048	1381	3266	3250	1885	1658	2160
铜（USD/Tonnes）	1560	1779	2863	3676	6731	7132	6963	5165	7538
磷肥（USD/Tonnes）	40	38	41	42	44	71	346	122	123
稀土（USD/Tonnes）	42	42	42	42	43	48	50	54	57

数据来源：农产品价格数据来自，“Price”，http：//faostat3. fao. org/home/index. html。其他矿产品及能源产品价格信息来自“historical commodity prices”，Mundi Index，http：//www. indexmundi. com/commodities/。

表 6－28 虚拟原料产值

年 份	2002	2003	2004	2005	2006	2007	2008	2009	2010
中 国	137.0	161.8	185.8	215.0	249.8	305.5	367.2	343.4	393.5
美 国	138.7	158.3	176.3	182.1	198.0	243.2	260.2	230.6	281.8
印 度	56.6	74.0	80.6	88.1	106.0	129.6	156.7	144.9	163.0
巴 西	54.1	69.6	78.6	79.9	84.5	104.4	112.4	102.0	127.7
阿根廷	18.1	23.9	24.1	26.9	29.5	42.7	40.7	31.4	48.3
澳大利亚	20.7	25.0	27.1	32.2	35.9	40.8	44.1	39.0	45.9
俄罗斯	17.1	19.3	21.9	25.1	28.6	31.8	40.2	34.5	38.4
加拿大	13.7	16.0	18.9	20.1	23.9	27.3	30.5	24.2	27.8
泰 国	10.4	13.6	13.0	14.5	16.4	20.0	27.0	25.3	27.2
德 国	16.0	15.8	18.8	19.4	19.9	23.1	27.2	23.6	25.7
南 非	10.7	11.3	12.9	14.5	15.1	16.5	20.1	18.9	22.8
法 国	15.4	15.0	17.3	16.7	16.7	20.3	24.2	20.0	22.6
菲律宾	8.9	10.2	12.0	12.1	14.4	16.1	20.2	20.6	22.2
土耳其	11.3	10.0	13.1	14.4	14.9	17.8	22.3	19.2	22.1
越 南	6.8	10.1	10.6	11.2	13.7	16.8	23.1	21.2	21.2
波 兰	10.9	10.3	12.2	13.2	14.9	17.3	17.6	16.0	18.3
伊 朗	7.7	8.2	9.6	10.6	11.7	14.7	13.0	13.6	15.1
哥伦比亚	6.0	7.0	8.5	9.2	9.9	10.9	14.3	13.1	13.8
日 本	6.6	7.7	9.0	10.3	10.9	12.6	14.3	11.5	13.1
埃 及	6.0	7.0	8.0	8.5	9.5	11.3	13.2	11.5	12.5
意大利	7.6	7.9	9.3	9.4	9.5	11.3	12.0	9.8	12.0
西班牙	8.4	9.0	10.1	9.1	9.4	11.7	12.3	9.9	11.2
英 国	6.6	7.5	8.6	9.1	8.6	9.2	9.8	9.1	10.4
荷 兰	4.4	4.8	5.7	6.2	6.2	7.4	9.4	8.5	7.9
罗马尼亚	4.0	4.1	5.4	5.2	5.3	4.9	6.9	5.9	7.1
韩 国	2.7	3.3	3.7	4.4	4.7	5.3	6.6	6.1	6.4
捷 克	3.2	3.1	3.7	3.8	3.8	4.5	5.2	4.4	4.6
芬 兰	2.4	2.2	2.4	2.3	2.9	4.0	4.7	3.8	4.6
新西兰	2.7	3.5	4.0	4.2	3.8	3.9	3.9	3.6	4.3
比利时	2.6	2.6	3.2	3.2	3.3	3.7	3.9	3.4	4.1
匈牙利	2.5	2.3	3.2	3.0	3.1	3.2	4.7	3.4	4.0
瑞 典	1.5	1.6	2.0	2.2	2.8	3.3	3.0	2.4	2.8
奥地利	1.4	1.5	1.7	1.8	1.8	2.2	2.5	2.1	2.6
津巴布韦	0.7	0.8	1.0	0.9	1.1	1.1	1.1	1.0	1.2
挪 威	0.6	0.7	0.9	0.9	0.9	1.1	1.3	1.0	1.1

表 6－29

加工深度系数

年份	2002	2003	2004	2005	2006	2007	2008	2009	2010
越南	0.194	0.255	0.233	0.212	0.226	0.236	0.256	0.227	0.204
津巴布韦	0.099	0.135	0.164	0.151	0.188	0.203	0.237	0.162	0.163
阿根廷	0.185	0.187	0.159	0.148	0.139	0.164	0.125	0.103	0.132
菲律宾	0.109	0.121	0.131	0.117	0.118	0.108	0.116	0.123	0.111
印度	0.111	0.125	0.117	0.109	0.117	0.112	0.123	0.115	0.101
泰国	0.082	0.095	0.081	0.082	0.079	0.081	0.099	0.096	0.085
中国	0.094	0.099	0.096	0.095	0.092	0.087	0.081	0.069	0.066
南非	0.096	0.067	0.059	0.059	0.058	0.058	0.074	0.066	0.063
巴西	0.107	0.126	0.118	0.091	0.078	0.076	0.068	0.063	0.060
埃及	0.068	0.087	0.102	0.094	0.088	0.087	0.081	0.061	0.057
哥伦比亚	0.062	0.074	0.071	0.063	0.061	0.052	0.061	0.056	0.048
罗马尼亚	0.087	0.069	0.071	0.053	0.043	0.029	0.034	0.036	0.043
波兰	0.055	0.048	0.048	0.044	0.044	0.041	0.033	0.037	0.039
澳大利亚	0.049	0.046	0.041	0.044	0.046	0.043	0.042	0.039	0.037
伊朗	0.067	0.059	0.057	0.052	0.048	0.048	0.037	0.038	0.036
匈牙利	0.038	0.028	0.031	0.027	0.028	0.023	0.030	0.027	0.031
新西兰	0.044	0.043	0.040	0.037	0.035	0.029	0.029	0.030	0.031
土耳其	0.049	0.033	0.034	0.030	0.028	0.027	0.031	0.031	0.030
俄罗斯	0.050	0.045	0.037	0.033	0.029	0.024	0.024	0.028	0.025
捷克	0.041	0.033	0.032	0.030	0.026	0.025	0.023	0.022	0.023
美国	0.013	0.014	0.015	0.014	0.015	0.017	0.018	0.017	0.019
芬兰	0.018	0.013	0.013	0.012	0.014	0.016	0.017	0.016	0.019
加拿大	0.018	0.018	0.019	0.017	0.018	0.019	0.020	0.018	0.017
荷兰	0.010	0.009	0.009	0.010	0.009	0.009	0.011	0.011	0.010
法国	0.011	0.008	0.008	0.008	0.007	0.008	0.009	0.008	0.009
比利时	0.010	0.008	0.009	0.009	0.008	0.008	0.008	0.007	0.009
西班牙	0.012	0.010	0.010	0.008	0.008	0.008	0.008	0.007	0.008
德国	0.008	0.007	0.007	0.007	0.007	0.007	0.007	0.007	0.008
奥地利	0.007	0.006	0.006	0.006	0.006	0.006	0.006	0.005	0.007
韩国	0.005	0.005	0.005	0.005	0.005	0.005	0.007	0.007	0.006
瑞典	0.006	0.005	0.005	0.006	0.007	0.007	0.006	0.006	0.006
意大利	0.006	0.005	0.005	0.005	0.005	0.005	0.005	0.005	0.006
英国	0.004	0.004	0.004	0.004	0.004	0.003	0.004	0.004	0.005
挪威	0.003	0.003	0.003	0.003	0.003	0.003	0.003	0.003	0.003
日本	0.002	0.002	0.002	0.002	0.003	0.003	0.003	0.002	0.002

核 算 点 评

(1) 中国在2002年的虚拟原料价值为1370亿美元，美国为1387亿美元。美国略强于中国。到了2011年，中国的虚拟原料价值为3935亿美元，美国为2818亿美元（表6－28）。中国已经在虚拟原料价值上大大超过了美国。事实上，在钢铁、煤炭、水泥、稻米、小麦等许多农产品上中国都位列世界首位。虽然中国的科学技术水平和深加工能力还远远落后于美国，无论如何中国的综合实力不可低估。相比之下，日本的虚拟原料价值只有131亿美元。虽然日本在制造业加工增值能力很强，但是，在体现国家综合实力的虚拟原料价值上严重落后。

(2) 表6－29给出了世界各国历年的加工深度系数。大致上可以分为四大类：第一类加工深度系数高于10%，基本上属于工业化程度较低的发展中国家，例如越南、菲律宾、津巴布韦、印度等。第二类，加工深度系数在5%—10%之间，例如泰国、中国、南非、埃及等。第三类的加工深度系数在2.5%—5%之间，其中有澳大利亚、东欧各国、俄罗斯等。第四类的加工深度系数低于2.5%，几乎都是工业化发达国家。例如日本的加工深度系数为0.2%，而印度为10.1%，津巴布韦为16.3%。

(3) 中国的加工深度系数在2002年为9.4%，随着工业化的进展，加工深度系数逐年下降，在2011年为6.6%。降幅为42.4%。而同期印度的加工深度系数从2002年的11.1%下降为2011年的10.1%。降幅仅仅9.9%。这说明从总体上来说，中国的工业化进展速度遥遥领先于印度。

在最近10年内菲律宾的加工深度系数非但没有下降反而逆向上升，从2002年的10.9%上升为2011年的11.1%。说明菲律宾迫切需要稳定经济发展环境，优化经济结构。

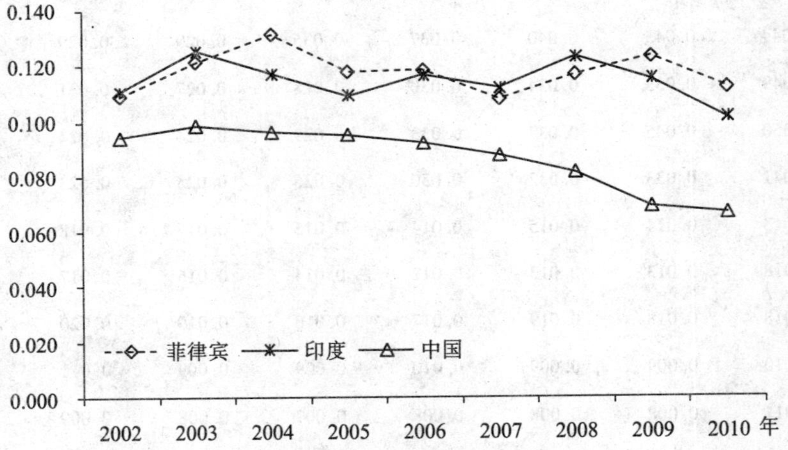

图6－1 菲律宾、印度及中国加工深度系数变化趋势图

(4) 尽管中国的加工深度系数在近年来取得了很大的进步，在2011年为6.6%，可是依然高于巴西（6.0%）、埃及（5.7%）等国。也高于东欧诸国，如罗马尼亚（4.8%）、匈牙利（3.1%）、捷克（2.3%），更高于俄罗斯（2.5%）。这说明中国还需要继续努力产业升级，提高能源利用效率（表6－29）。如果中国能够不断降低加工深度系数，还能够在相当长的时期内保持GDP高速增长。

(5) 采用加工深度法来比较各国GDP也有局限性。例如，由于大量出口原油，石油输出国的原料占GDP的比例可能比较高。印度尼西亚的加工深度系数高于其他发展中国家。因此，应当将石油输出国另外分组。另外，有些国家，例如加拿大自然资源丰富，大量出口木材、纸浆、小麦等原料，因此它的加工深度系数也比较高。美国大量出口小麦，使得它的加工深度系数高于日本、英国、德国等，但是并不一定说明美国的工业化程度低于这些国家。因此，在用各国加工深度比较 GDP 时应当剔除大宗出口的商品，例如石油和小麦。

（6）从工业制造能力和其他各种指标来看，中国的加工深度系数理应和波兰、罗马尼亚相近，可是，2010 年中国的加工深度系数为 6.6%，而波兰的加工深度系数为 3.9%，罗马尼亚的加工深度系数为 4.3%。连埃及的加工深度系数都低于中国，这说明，中国的 GDP 很可能被低估了。

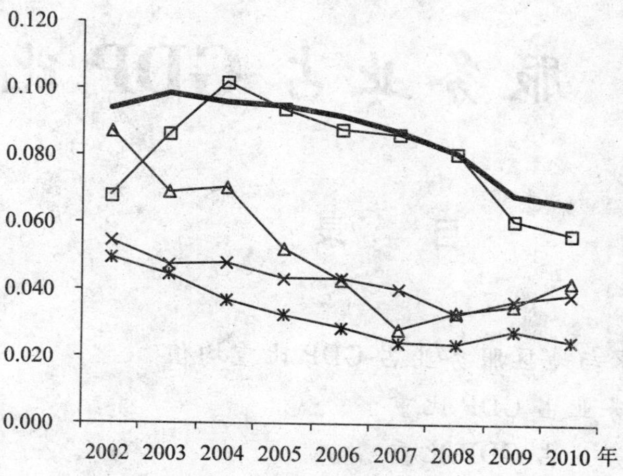

图 6－2　中国和东欧国家的加工深度系数

（7）采用加工深度系数法来观察 GDP 可以避免许多歧义。众所周知，越是到产业链的末端，产品分类越多，增值的计算越复杂。诸如研发、环保等是否计入 GDP，如何计入 GDP，众说纷纭。例如，早在 2003 年联合国、欧盟委员会、经济合作组织、国际货币基金、世界银行等五大国际组织就已经发布了《国民经济核算体系 2008》，建议将研发支出纳入投资统计。2009 年 2 月在联合国统计委员会的第 40 次会议上通过了将上述建议作为国民经济核算的国际统计标准，并且鼓励世界各国尽可能按照这个标准来编写、报告国民经济账户。在 2013 年 7 月 31 日，美国商务部经济分析局调整美国国内生产总值的统计方式，把研发支出和“无形资产”等纳入 GDP。按照这项新的统计规则，美国的经济规模将显著增大。在 1995 年到 2002 年期间，美国经济的增速将从 3.1% 上调为 6.7%。2012 年美国 GDP 的规模为 161553 亿美元，在原来统计数字上增加 4704 亿美元。欧盟各国也将在 2014 年把研发支出纳入 GDP 统计。由于中国的税收体制和西方各国显著不同，在现有税制体制下很难得到“无形资产”的统计数字。因此，有可能在未来中国 GDP 被低估的趋势更为严重。

虽说加工深度系数法并不能准确地提供中国 GDP 的数字，但是，加工深度系数法回避了许多在统计中出现的不确定性，从另外一个角度提供了评估综合国力的参照体系。

专题七　服务业占 GDP 比重①

目　录

① 本专题核算李昕，审核王亚菲。

主指标 **不同组别国家与地区服务业占 GDP 比重均值（%）**

年份	中国	最不发达国家	低收入国家	中低收入国家	中等收入国家	中高收入国家	高收入国家	世界平均水平
1980	21.6	43.8	43.2	40.7	41.1	41.2	59.6	56.7
1981	22.0	43.4	43.2	41.1	41.4	41.5	59.7	56.9
1982	21.8	43.7	43.7	42.7	41.8	41.5	60.7	57.8
1983	22.4	43.5	43.3	42.6	42.0	41.8	62.0	58.9
1984	24.8	43.9	43.4	43.2	42.2	41.9	61.7	58.7
1985	28.7	43.0	42.6	44.2	43.5	43.3	62.4	59.4
1986	29.1	43.4	43.0	44.8	44.0	43.8	63.5	60.4
1987	29.6	43.2	43.0	44.4	43.8	43.6	63.9	60.6
1988	30.5	42.8	43.1	43.7	44.7	45.0	64.0	60.9
1989	32.1	42.5	43.0	44.0	44.7	45.0	64.5	61.2
1990	31.5	42.6	43.1	44.3	45.8	46.2	64.9	61.7
1991	33.7	42.7	42.7	44.2	47.2	48.1	66.2	62.9
1992	34.8	42.5	42.9	44.8	48.4	49.3	67.1	63.9
1993	33.7	43.0	43.3	45.7	48.4	49.1	67.9	64.6
1994	33.6	43.8	43.6	45.6	49.3	50.3	68.1	64.8
1995	32.9	43.1	43.5	46.3	51.1	52.4	68.2	65.2
1996	32.8	42.3	43.3	46.3	51.0	52.2	68.5	65.5
1997	34.2	42.2	43.4	45.6	51.4	53.0	69.0	66.0
1998	36.2	43.0	43.9	46.1	52.4	54.2	70.0	67.0
1999	37.8	42.7	44.3	46.5	53.0	54.8	70.4	67.3
2000	39.0	43.7	44.7	46.7	53.2	55.0	70.7	67.7
2001	40.5	44.3	45.0	47.7	54.3	56.2	71.8	68.7
2002	41.5	44.6	45.7	47.9	53.7	55.4	72.5	69.2
2003	41.2	45.2	46.3	48.3	52.7	54.0	72.7	69.2
2004	40.4	45.6	47.1	49.6	52.3	53.0	72.5	69.0
2005	40.5	46.2	48.0	50.0	52.6	53.3	72.7	69.2
2006	40.9	46.4	48.0	49.9	52.6	53.3	72.7	69.2
2007	41.9	47.4	48.4	50.2	53.3	54.1	72.9	69.5
2008	41.8	47.6	48.8	51.1	53.4	54.0	73.5	70.1
2009	43.4	48.2	48.9	51.3	55.2	56.2	75.4	71.9
2010	43.2	48.7	49.3	51.2	54.5	55.4	74.5	70.9
2011	43.3	48.4	49.7	51.6	54.7	55.6	n. a.	n. a.

表 7-1　　全球各国服务业占 GDP 比重（%）

年　份	卢森堡	塞舌尔	马尔代夫	巴哈马	圣卢西亚	安提瓜和巴布达	巴拿马	格林纳达
1980	67.9	77.5	n. a.	n. a.	62.0	74.8	71.5	62.2
1981	68.5	74.5	n. a.	n. a.	64.0	74.8	72.2	59.9
1982	67.5	78.0	n. a.	n. a.	65.3	79.2	72.8	60.6
1983	68.6	76.5	n. a.	n. a.	66.7	79.6	73.5	62.8
1984	68.3	77.0	n. a.	83.9	67.0	79.8	73.7	63.3
1985	68.2	75.9	n. a.	84.0	66.6	78.5	71.7	65.4
1986	68.5	76.1	n. a.	83.9	64.7	76.5	75.0	65.5
1987	70.7	79.0	n. a.	83.4	69.2	75.2	72.1	62.4
1988	70.3	78.8	n. a.	n. a.	65.0	74.9	73.8	62.7
1989	69.8	79.9	n. a.	79.8	66.2	74.0	73.7	66.6
1990	71.4	78.9	n. a.	81.0	67.3	75.7	75.1	68.6
1991	74.2	77.1	n. a.	78.3	67.9	75.0	74.0	66.8
1992	75.0	78.0	n. a.	78.7	66.7	76.4	74.9	68.9
1993	76.6	76.8	n. a.	82.1	68.1	77.7	74.1	70.5
1994	77.2	76.2	n. a.	79.6	70.4	78.2	74.7	70.3
1995	77.2	73.2	75.0	80.4	70.3	77.8	74.3	69.9
1996	78.9	72.2	76.5	80.3	72.3	78.3	72.3	71.3
1997	78.2	72.2	76.2	78.6	75.5	77.7	73.9	70.0
1998	78.2	71.5	75.6	79.1	73.5	77.7	73.9	70.2
1999	80.3	69.8	75.2	80.7	73.3	76.7	73.1	69.2
2000	81.0	68.2	76.2	79.6	76.1	81.7	73.9	73.3
2001	80.7	68.9	79.3	83.8	77.8	83.2	75.5	74.9
2002	80.9	66.9	79.2	81.8	77.7	83.3	76.7	73.7
2003	81.4	69.8	80.2	81.7	78.1	83.2	75.4	73.5
2004	81.7	81.8	80.1	82.8	76.7	83.5	73.8	74.9
2005	82.9	80.3	76.5	82.4	76.3	81.8	76.5	70.1
2006	84.1	80.8	79.6	80.5	73.7	77.9	77.1	72.9
2007	83.4	81.2	80.6	84.3	78.7	79.0	77.8	74.0
2008	84.5	81.8	76.8	82.7	77.3	77.6	77.0	75.4
2009	86.7	83.7	81.6	83.6	77.8	76.5	77.6	77.9
2010	86.7	83.8	82.0	82.6	79.9	77.0	78.9	77.7
2011	86.3	84.2	81.8	81.8	80.6	79.4	79.4	78.1

表 7－1 续表 1

年 份	黎巴嫩	新加坡	牙买加	佛得角	摩尔多瓦	黑山	多米尼加	毛里求斯
1980	n. a.	62. 3	n. a.	64. 5	n. a.	n. a.	48. 4	60. 7
1981	n. a.	62. 8	n. a.	66. 9	n. a.	n. a.	48. 0	59. 7
1982	n. a.	64. 1	n. a.	71. 6	n. a.	n. a.	49. 1	58. 8
1983	n. a.	63. 0	n. a.	70. 7	n. a.	n. a.	52. 5	60. 5
1984	n. a.	62. 4	n. a.	70. 5	n. a.	n. a.	53. 7	57. 8
1985	n. a.	65. 7	n. a.	69. 0	n. a.	n. a.	55. 4	54. 0
1986	n. a.	65. 1	n. a.	68. 5	n. a.	n. a.	55. 2	51. 6
1987	n. a.	65. 7	n. a.	63. 6	n. a.	n. a.	55. 4	51. 6
1988	n. a.	64. 7	n. a.	63. 0	n. a.	n. a.	54. 7	53. 0
1989	n. a.	66. 0	n. a.	63. 0	24. 3	n. a.	57. 5	54. 0
1990	n. a.	67. 8	n. a.	64. 1	27. 2	n. a.	56. 4	54. 4
1991	n. a.	66. 1	n. a.	65. 2	23. 9	n. a.	57. 5	55. 2
1992	n. a.	66. 3	n. a.	66. 2	17. 6	n. a.	57. 3	55. 2
1993	n. a.	66. 3	54. 9	74. 9	23. 5	n. a.	57. 9	56. 4
1994	68. 0	66. 8	54. 6	67. 4	32. 4	n. a.	58. 0	57. 8
1995	67. 5	66. 5	54. 2	67. 1	34. 8	n. a.	59. 2	57. 6
1996	68. 2	66. 6	57. 5	67. 7	37. 9	n. a.	58. 4	58. 0
1997	67. 7	67. 1	59. 0	69. 7	40. 8	n. a.	58. 7	59. 7
1998	66. 2	66. 4	66. 1	71. 0	43. 8	n. a.	58. 8	59. 9
1999	68. 3	67. 4	66. 5	69. 7	53. 1	n. a.	58. 9	62. 7
2000	70. 1	65. 4	67. 4	71. 8	49. 2	64. 1	67. 2	62. 1
2001	70. 0	68. 1	67. 7	74. 8	49. 9	63. 4	68. 7	61. 5
2002	70. 8	68. 1	69. 7	74. 9	52. 7	63. 7	69. 3	63. 1
2003	71. 5	68. 8	69. 5	75. 1	54. 0	65. 8	71. 1	63. 4
2004	71. 7	67. 1	68. 8	75. 1	62. 2	66. 8	70. 8	64. 4
2005	72. 4	68. 4	69. 0	75. 3	64. 1	68. 8	70. 2	66. 4
2006	72. 6	68. 8	69. 7	75. 6	67. 0	69. 4	71. 0	66. 9
2007	71. 0	71. 1	70. 1	77. 1	73. 2	70. 0	70. 2	68. 6
2008	71. 3	73. 4	71. 7	75. 1	75. 0	69. 5	69. 3	67. 8
2009	70. 4	72. 1	72. 8	72. 9	76. 8	69. 9	72. 0	68. 2
2010	71. 2	72. 1	72. 8	72. 1	72. 4	70. 1	71. 8	69. 3
2011	73. 5	73. 4	71. 9	71. 8	71. 3	71. 0	71. 0	70. 2

表 7－1　　续表 2

年　份	克罗地亚	斐济	哥斯达黎加	冈比亚	格鲁吉亚	巴西	南非	约旦
1980	n. a.	55. 8	n. a.	60. 0	40. 1	45. 2	45. 4	64. 1
1981	n. a.	58. 9	n. a.	56. 9	38. 9	45. 5	47. 9	64. 1
1982	n. a.	58. 4	n. a.	55. 0	38. 8	45. 4	50. 1	63. 7
1983	n. a.	61. 9	53. 6	56. 8	39. 8	45. 1	50. 9	64. 8
1984	n. a.	64. 5	52. 7	55. 3	38. 3	42. 8	52. 0	64. 6
1985	n. a.	62. 2	55. 0	60. 0	34. 9	43. 1	51. 2	68. 7
1986	n. a.	59. 0	54. 9	59. 9	36. 2	43. 7	51. 1	69. 3
1987	n. a.	55. 7	55. 2	58. 6	37. 8	44. 1	52. 7	68. 8
1988	n. a.	58. 8	55. 4	63. 1	38. 2	46. 2	52. 6	70. 3
1989	n. a.	53. 7	56. 0	63. 7	38. 0	48. 8	53. 9	66. 7
1990	53. 4	55. 6	57. 8	64. 6	35. 0	53. 2	55. 3	63. 8
1991	54. 5	55. 1	56. 5	66. 5	34. 1	56. 1	57. 1	65. 3
1992	52. 2	54. 7	55. 8	67. 5	23. 2	53. 6	59. 8	64. 6
1993	50. 0	54. 3	56. 8	67. 6	19. 4	50. 8	60. 3	66. 6
1994	55. 2	53. 5	57. 1	66. 1	23. 8	56. 3	60. 4	65. 6
1995	60. 9	55. 6	56. 7	63. 8	32. 1	66. 7	61. 3	66. 8
1996	62. 2	55. 9	58. 1	61. 4	42. 1	68. 5	62. 4	70. 0
1997	61. 6	57. 7	58. 1	63. 8	47. 1	68. 5	63. 3	70. 8
1998	63. 1	58. 8	57. 4	64. 7	49. 5	68. 8	64. 0	70. 5
1999	64. 4	58. 8	54. 4	60. 4	51. 2	68. 6	65. 2	71. 7
2000	65. 0	60. 6	58. 5	60. 6	55. 7	66. 7	64. 9	72. 1
2001	65. 2	61. 6	61. 5	59. 8	55. 6	67. 1	64. 2	72. 0
2002	65. 9	61. 8	62. 4	60. 1	55. 0	66. 3	63. 2	70. 4
2003	66. 6	63. 2	62. 6	58. 4	53. 8	64. 8	64. 9	70. 1
2004	65. 3	62. 2	61. 8	59. 6	55. 7	63. 0	65. 6	68. 6
2005	66. 4	66. 8	61. 9	58. 9	56. 5	65. 0	66. 2	68. 1
2006	66. 7	66. 6	61. 9	63. 7	62. 3	65. 8	66. 0	68. 1
2007	67. 6	68. 0	62. 2	65. 8	65. 0	66. 6	65. 4	65. 5
2008	67. 3	67. 9	64. 1	61. 3	68. 7	66. 2	64. 0	63. 5
2009	67. 4	69. 4	65. 2	61. 3	68. 8	67. 5	65. 7	64. 9
2010	68. 2	68. 6	66. 6	58. 7	69. 4	66. 6	66. 7	65. 9
2011	68. 4	68. 3	68. 0	67. 7	67. 4	67. 0	67. 0	65. 6

表 7－1 续表 3

年 份	阿尔巴尼亚	乌拉圭	波斯尼亚和黑塞哥维那	图瓦卢	塞尔维亚	保加利亚	土耳其	萨摩亚
1980	21.4	n. a.	n. a.	n. a.	n. a.	30.9	49.7	n. a.
1981	24.6	n. a.	n. a.	n. a.	n. a.	29.7	48.4	n. a.
1982	24.5	n. a.	n. a.	n. a.	n. a.	25.0	49.1	n. a.
1983	22.6	53.5	n. a.	n. a.	n. a.	25.1	51.4	n. a.
1984	22.9	51.0	n. a.	n. a.	n. a.	24.1	52.1	n. a.
1985	22.1	50.5	n. a.	n. a.	n. a.	25.3	52.6	n. a.
1986	21.8	51.1	n. a.	n. a.	n. a.	21.7	48.0	n. a.
1987	21.0	50.5	n. a.	n. a.	n. a.	29.1	49.0	n. a.
1988	22.2	53.8	n. a.	n. a.	n. a.	31.0	48.2	n. a.
1989	22.9	55.4	n. a.	n. a.	n. a.	31.8	48.9	n. a.
1990	15.9	56.1	n. a.	59.8	n. a.	33.8	49.8	n. a.
1991	18.0	56.0	n. a.	61.1	n. a.	39.3	51.5	n. a.
1992	25.0	58.4	n. a.	56.4	n. a.	43.6	52.1	n. a.
1993	22.5	63.0	n. a.	60.6	n. a.	51.5	52.8	n. a.
1994	24.6	64.1	38.3	62.1	n. a.	51.9	50.7	48.1
1995	21.7	62.5	53.6	62.0	n. a.	56.9	50.5	51.9
1996	46.8	63.4	43.5	62.8	n. a.	61.1	51.0	52.8
1997	47.7	65.9	47.9	62.1	n. a.	48.5	53.2	52.8
1998	51.4	65.8	47.1	64.5	n. a.	54.9	50.9	56.5
1999	53.7	67.3	54.2	65.0	n. a.	59.6	55.1	58.5
2000	51.9	68.5	66.4	75.2	49.6	61.1	57.2	57.2
2001	53.3	69.0	66.1	73.8	51.7	60.5	59.8	58.0
2002	55.2	67.0	68.2	74.6	56.1	61.7	59.6	57.0
2003	54.9	62.8	67.6	72.4	58.6	61.5	60.0	57.0
2004	55.3	61.5	64.4	71.8	56.6	62.4	60.6	56.0
2005	55.7	62.5	64.4	71.8	58.9	62.3	60.7	56.2
2006	57.7	62.9	64.9	72.5	59.7	62.0	61.8	57.8
2007	60.7	62.6	62.6	69.8	61.4	62.0	63.1	56.7
2008	61.4	63.3	62.4	65.8	61.2	61.7	63.7	59.5
2009	62.6	65.1	63.9	66.1	62.4	63.8	64.7	62.0
2010	64.8	64.4	64.4	67.5	64.3	65.6	63.4	62.2
2011	65.5	65.2	65.1	64.8	64.3	63.2	63.0	62.9

表 7－1

续表 4

年　份	纳米比亚	马其顿	多明尼加共和国	塞内加尔	萨尔瓦多	塔吉克斯坦	突尼斯	墨西哥
1980	33.0	n. a.	51.6	59.9	n. a.	n. a.	47.7	57.4
1981	40.9	n. a.	53.8	58.4	n. a.	n. a.	47.8	57.9
1982	44.7	n. a.	53.7	56.5	n. a.	n. a.	49.8	58.4
1983	47.2	n. a.	53.7	59.9	n. a.	n. a.	47.4	56.3
1984	49.3	n. a.	53.1	58.4	n. a.	n. a.	45.3	55.7
1985	44.7	n. a.	68.8	56.2	n. a.	25.0	44.4	54.7
1986	45.5	n. a.	59.0	55.7	n. a.	26.8	50.1	54.8
1987	49.2	n. a.	67.4	54.8	n. a.	26.5	47.6	52.3
1988	45.8	n. a.	58.8	57.1	n. a.	29.1	51.4	60.0
1989	45.7	n. a.	54.3	56.5	n. a.	31.8	50.4	62.9
1990	50.2	47.0	55.2	57.9	55.3	29.1	48.7	63.7
1991	52.9	50.8	50.3	57.5	55.2	26.4	47.8	64.4
1992	56.4	43.9	51.6	57.1	55.2	26.5	48.6	65.2
1993	61.5	53.1	53.1	55.9	55.0	30.2	50.6	66.9
1994	56.7	56.3	53.7	57.0	55.0	35.0	51.9	67.2
1995	60.0	56.8	54.2	55.2	55.9	22.2	53.2	66.5
1996	60.9	57.2	53.5	55.7	56.4	29.5	51.7	65.4
1997	61.2	52.7	54.5	56.8	56.4	35.9	57.7	65.7
1998	60.0	52.9	53.9	56.9	56.9	45.8	58.9	66.1
1999	61.0	54.5	54.7	57.5	57.5	43.0	58.6	66.6
2000	60.2	54.2	56.8	57.6	57.9	33.7	58.3	67.8
2001	58.6	56.1	58.4	57.0	57.7	33.8	59.4	68.6
2002	56.7	57.5	57.8	59.0	58.5	35.9	60.8	69.6
2003	60.7	57.8	59.8	58.2	59.0	35.4	61.1	63.1
2004	60.8	59.4	60.0	59.2	59.9	46.6	60.6	62.1
2005	59.5	59.5	60.5	59.6	59.5	44.7	60.7	62.3
2006	54.9	59.3	60.8	62.2	60.0	47.8	60.1	60.5
2007	55.0	58.5	61.9	63.0	59.7	50.4	59.2	61.4
2008	53.7	58.7	61.5	62.3	59.5	48.4	57.7	59.6
2009	59.5	61.4	61.3	61.0	60.4	53.9	60.6	61.9
2010	62.0	60.6	61.7	60.2	60.5	56.6	61.0	61.4
2011	61.1	61.1	61.0	60.9	60.2	60.0	59.8	59.7

表 7－1

续表 5

年 份	俄罗斯联邦	乌克兰	阿根廷	莱索托	洪都拉斯	汤加	韩国	斯里兰卡
1980	n. a.	n. a.	52. 4	48. 9	52. 0	47. 1	47. 3	42. 8
1981	n. a.	n. a.	53. 2	48. 6	54. 7	48. 0	46. 7	44. 3
1982	n. a.	n. a.	49. 3	42. 9	53. 9	49. 4	47. 0	47. 3
1983	n. a.	n. a.	49. 8	50. 1	53. 5	48. 0	46. 9	45. 4
1984	n. a.	n. a.	51. 9	45. 9	53. 3	46. 0	46. 6	45. 0
1985	n. a.	n. a.	53. 1	46. 0	54. 2	47. 3	47. 4	46. 1
1986	n. a.	n. a.	54. 8	49. 3	55. 9	46. 5	47. 6	46. 3
1987	n. a.	31. 2	54. 1	42. 6	56. 1	48. 6	47. 8	45. 6
1988	n. a.	31. 4	52. 5	42. 3	54. 8	49. 1	47. 5	47. 0
1989	33. 0	28. 7	48. 0	42. 7	54. 2	48. 9	49. 1	47. 6
1990	35. 0	29. 9	55. 9	41. 1	51. 2	50. 5	49. 5	47. 7
1991	38. 1	26. 7	60. 6	43. 2	50. 0	51. 6	49. 4	47. 7
1992	49. 6	28. 7	63. 3	39. 6	50. 0	49. 1	51. 0	48. 5
1993	47. 1	40. 6	65. 3	44. 7	49. 3	47. 2	51. 4	49. 7
1994	48. 6	36. 2	65. 9	42. 0	46. 9	53. 7	51. 7	50. 1
1995	55. 9	41. 9	66. 3	41. 8	47. 8	54. 6	51. 8	50. 5
1996	54. 1	48. 0	65. 6	39. 2	46. 9	53. 8	52. 8	51. 1
1997	55. 5	50. 5	65. 3	34. 0	47. 1	56. 2	53. 4	51. 2
1998	57. 0	49. 6	65. 8	41. 8	50. 2	55. 8	54. 2	51. 4
1999	55. 5	47. 2	67. 4	36. 9	51. 7	54. 2	54. 5	52. 0
2000	55. 6	46. 6	67. 4	57. 6	51. 7	55. 9	57. 3	52. 8
2001	57. 7	48. 9	68. 6	54. 4	54. 7	57. 7	59. 0	53. 1
2002	60. 9	50. 8	57. 3	55. 9	56. 4	58. 0	59. 8	57. 7
2003	61. 2	53. 3	54. 3	57. 1	57. 2	57. 2	59. 6	58. 3
2004	58. 1	52. 2	54. 0	57. 9	57. 5	57. 4	58. 1	58. 8
2005	57. 0	57. 3	55. 0	57. 9	57. 6	60. 0	59. 0	58. 0
2006	58. 2	55. 2	56. 0	56. 8	57. 0	63. 5	59. 7	58. 0
2007	59. 1	55. 8	56. 9	56. 4	58. 4	61. 5	60. 0	58. 4
2008	59. 5	58. 5	57. 9	54. 7	58. 9	63. 4	60. 8	57. 2
2009	61. 7	62. 1	60. 7	59. 4	61. 3	63. 3	60. 4	57. 6
2010	60. 6	60. 4	59. 1	59. 5	60. 9	60. 9	58. 5	57. 8
2011	58. 7	58. 7	58. 5	58. 5	58. 1	58. 1	58. 1	58. 0

表 7－1　续表 6

年　份	智利	秘鲁	巴拉圭	阿富汗	菲律宾	印度	哥伦比亚	摩洛哥
1980	55.3	n. a.	43.9	n. a.	36.1	39.9	47.6	50.5
1981	57.1	n. a.	45.1	n. a.	35.9	40.4	48.7	53.0
1982	59.8	n. a.	48.1	n. a.	37.8	41.5	48.9	52.4
1983	54.2	n. a.	50.7	n. a.	38.4	40.8	48.5	51.2
1984	52.0	n. a.	48.6	n. a.	37.3	41.8	48.2	51.9
1985	54.8	n. a.	48.5	n. a.	40.4	43.1	47.0	50.5
1986	54.0	61.3	50.2	n. a.	41.5	44.1	44.7	48.1
1987	52.8	56.3	50.1	n. a.	41.6	44.6	45.3	50.5
1988	48.0	56.3	48.2	n. a.	41.9	43.7	45.0	47.7
1989	49.5	55.8	47.3	n. a.	42.4	44.2	45.1	48.1
1990	49.8	64.1	47.0	n. a.	43.6	44.2	45.4	48.3
1991	50.0	64.4	48.2	n. a.	45.0	45.0	45.4	47.5
1992	52.0	63.6	49.6	n. a.	45.3	45.2	49.3	50.1
1993	55.0	61.5	49.7	n. a.	45.7	45.6	50.1	50.8
1994	55.0	59.6	58.1	n. a.	45.5	45.0	52.5	49.2
1995	55.5	60.3	56.5	n. a.	46.3	46.1	53.0	50.9
1996	53.7	60.6	56.2	n. a.	47.3	46.0	55.4	48.9
1997	54.1	60.7	58.8	n. a.	49.0	47.5	56.9	50.4
1998	56.4	61.3	59.7	n. a.	50.8	48.3	57.4	52.1
1999	56.5	61.7	58.9	n. a.	51.7	50.0	57.4	54.3
2000	61.9	61.6	60.2	n. a.	51.6	50.8	61.6	56.0
2001	62.1	62.2	60.7	n. a.	52.3	51.8	61.7	55.9
2002	61.4	61.8	59.7	37.8	52.3	53.0	61.0	56.1
2003	62.0	61.5	57.3	39.3	52.7	53.2	59.6	54.8
2004	60.0	59.7	57.1	43.0	52.9	53.0	59.0	55.2
2005	58.5	58.5	58.2	40.9	53.5	53.1	58.8	57.1
2006	54.9	56.0	59.3	41.9	54.1	52.9	58.1	56.0
2007	55.0	56.0	58.0	41.1	54.5	52.7	58.5	59.0
2008	57.9	56.5	56.2	45.8	53.9	53.9	57.0	55.0
2009	58.6	58.6	59.6	47.2	55.2	54.5	58.0	55.0
2010	57.0	57.3	57.3	51.0	55.1	54.4	57.9	55.0
2011	57.5	57.2	56.9	56.6	55.8	55.7	55.5	55.1

表 7－1　　续表 7

年　份	厄瓜多尔	哈萨克斯坦	尼加拉瓜	肯尼亚	孟加拉国	巴基斯坦	尼泊尔	苏里南
1980	n. a.	n. a.	n. a.	46.6	47.8	45.6	26.3	52.0
1981	n. a.	n. a.	n. a.	47.2	47.4	46.6	26.7	52.6
1982	n. a.	n. a.	n. a.	46.7	47.7	46.2	26.1	56.9
1983	n. a.	n. a.	n. a.	46.4	47.4	47.7	26.9	60.4
1984	n. a.	n. a.	n. a.	47.1	46.6	49.4	26.4	59.1
1985	n. a.	n. a.	n. a.	48.3	45.8	49.0	33.2	60.7
1986	n. a.	n. a.	n. a.	48.4	46.5	49.0	32.7	61.6
1987	n. a.	n. a.	n. a.	50.0	46.8	49.7	33.4	63.7
1988	n. a.	n. a.	n. a.	50.5	47.8	49.6	32.9	60.9
1989	n. a.	n. a.	n. a.	50.8	48.6	49.2	33.1	62.8
1990	n. a.	n. a.	n. a.	51.4	48.3	48.8	32.1	67.1
1991	n. a.	n. a.	n. a.	52.2	47.9	48.8	35.4	72.9
1992	n. a.	28.7	n. a.	52.9	48.1	48.6	34.7	71.8
1993	n. a.	43.1	n. a.	51.6	49.9	50.3	37.1	64.4
1994	n. a.	44.5	57.9	49.4	50.0	50.2	35.2	54.5
1995	n. a.	55.7	56.3	52.8	49.1	50.1	35.5	53.3
1996	n. a.	60.3	55.0	50.9	49.5	50.4	35.6	54.7
1997	n. a.	61.2	56.8	51.3	49.1	49.8	35.7	58.4
1998	n. a.	59.7	57.7	51.3	48.7	48.9	37.6	66.1
1999	n. a.	54.6	59.1	50.8	48.7	49.2	36.9	65.3
2000	n. a.	50.8	58.5	50.7	49.2	50.7	37.0	63.7
2001	n. a.	51.8	58.4	51.4	50.0	51.9	45.0	65.6
2002	59.0	52.8	58.8	53.5	50.9	52.8	43.8	61.5
2003	60.4	53.9	60.4	53.4	52.0	52.7	44.8	62.0
2004	58.4	54.8	59.1	53.7	52.4	50.8	45.5	58.9
2005	57.1	53.1	59.2	53.7	52.6	51.4	46.4	57.3
2006	54.8	52.0	59.3	54.8	52.5	52.8	48.7	48.7
2007	54.3	53.3	59.4	56.4	52.4	52.6	49.8	48.3
2008	51.8	51.0	58.0	54.4	52.5	52.9	50.4	47.0
2009	56.6	53.3	58.3	54.2	52.6	53.7	50.6	51.5
2010	54.9	52.8	56.7	56.3	53.0	53.4	47.8	51.5
2011	54.9	54.3	54.2	53.9	53.5	53.4	52.9	52.0

表 7－1 续表 8

年份	多哥	卢旺达	博茨瓦纳	罗马尼亚	乌干达	吉尔吉斯共和国	马拉维	埃及
1980	47.7	32.6	34.6	n. a.	23.5	n. a.	33.7	45.0
1981	49.3	38.5	38.4	27.0	34.8	n. a.	38.5	42.2
1982	49.7	38.5	39.1	24.9	34.8	n. a.	37.9	48.0
1983	44.1	37.7	37.0	n. a.	33.0	n. a.	36.3	50.4
1984	46.3	35.9	35.0	n. a.	34.3	n. a.	37.9	50.7
1985	44.7	35.5	32.4	n. a.	37.4	n. a.	35.2	51.5
1986	45.4	39.4	32.0	n. a.	33.2	n. a.	35.4	52.4
1987	46.5	44.5	31.1	n. a.	33.2	n. a.	26.1	52.4
1988	44.9	43.6	28.5	n. a.	33.1	n. a.	26.0	52.2
1989	43.5	42.3	30.1	n. a.	32.5	n. a.	24.4	52.3
1990	43.7	42.8	34.1	26.3	32.4	31.4	26.1	52.0
1991	42.0	46.9	36.2	34.8	34.8	27.6	29.4	49.2
1992	41.0	48.1	39.0	36.6	35.7	23.2	29.7	50.1
1993	35.2	47.9	41.9	35.3	35.4	27.0	27.0	50.2
1994	43.8	29.1	43.7	32.2	36.2	33.7	53.2	50.4
1995	40.1	40.0	44.7	35.8	36.3	36.6	50.0	50.9
1996	38.1	34.7	42.8	37.0	38.7	32.0	46.0	51.1
1997	37.7	35.4	41.5	41.2	40.5	32.6	49.3	51.8
1998	48.2	35.8	42.4	48.4	39.8	37.7	46.1	52.0
1999	46.9	48.0	42.6	51.0	41.8	37.3	43.9	51.8
2000	46.5	49.2	44.7	51.1	47.7	31.9	42.5	50.1
2001	45.1	48.5	41.0	48.1	47.7	33.8	44.5	50.1
2002	43.4	50.7	43.1	49.3	50.7	39.0	45.5	49.1
2003	45.8	48.9	48.0	52.2	49.7	40.6	44.9	48.4
2004	46.6	47.6	47.0	50.7	55.0	42.6	47.9	48.3
2005	43.4	47.6	48.0	54.9	48.3	45.7	50.3	49.2
2006	45.7	47.8	44.2	52.1	50.2	47.2	51.2	47.5
2007	45.5	50.4	45.4	55.9	49.8	49.6	50.3	49.6
2008	41.1	52.8	45.4	54.5	49.9	49.4	50.2	49.2
2009	51.1	51.7	56.9	54.4	49.5	52.4	49.4	49.0
2010	52.6	52.8	52.5	53.8	50.3	51.4	49.9	48.5
2011	52.0	51.7	51.7	51.6	51.1	50.6	50.5	49.3

表7-1

续表9

年 份	蒙古	加纳	玻利维亚	马来西亚	津巴布韦	苏丹	坦桑尼亚	莫桑比克
1980	n. a.	27.6	48.6	36.3	55.3	53.0	n. a.	28.5
1981	58.3	35.2	48.0	38.3	55.3	49.3	n. a.	31.1
1982	56.3	34.2	47.7	41.0	59.2	48.5	n. a.	33.6
1983	55.3	n. a.	43.6	41.5	59.7	51.0	n. a.	34.9
1984	55.8	36.9	43.9	41.5	52.5	53.3	n. a.	49.8
1985	56.4	33.6	44.6	41.6	49.3	50.0	n. a.	39.3
1986	53.1	34.7	46.5	41.7	50.9	47.5	n. a.	43.9
1987	55.2	32.9	49.0	41.5	53.1	50.9	n. a.	34.4
1988	54.6	33.7	48.9	41.6	50.4	44.8	n. a.	31.7
1989	45.7	33.7	49.0	42.1	50.0	46.4	n. a.	28.3
1990	44.7	38.1	48.5	42.6	50.4	44.2	36.4	44.5
1991	48.8	37.5	49.3	43.5	47.3	45.6	35.0	46.2
1992	35.9	37.6	50.4	44.3	51.7	47.5	35.8	48.8
1993	39.6	30.8	51.8	46.1	51.6	46.0	36.3	48.6
1994	37.2	30.4	51.3	46.3	48.6	53.9	39.9	51.5
1995	31.0	30.6	50.0	45.6	55.7	50.8	38.4	50.7
1996	33.8	29.6	51.3	44.8	52.3	41.2	37.8	48.5
1997	34.5	31.2	52.2	44.3	55.5	38.6	38.9	47.4
1998	40.4	31.5	55.0	42.8	54.2	38.4	46.1	47.2
1999	40.8	31.7	56.2	42.7	57.1	38.5	46.4	48.8
2000	44.1	32.2	55.2	43.1	n. a.	37.0	47.3	51.5
2001	48.5	32.5	55.6	45.8	n. a.	38.4	47.8	51.7
2002	52.9	32.6	55.8	45.9	n. a.	37.6	46.5	49.0
2003	50.8	32.0	55.2	44.1	n. a.	39.4	45.0	45.9
2004	45.4	31.4	53.7	42.2	54.0	39.6	44.3	46.6
2005	41.7	31.6	53.6	45.4	52.7	40.8	45.5	48.9
2006	37.4	48.8	51.0	44.9	47.4	42.4	46.7	47.2
2007	37.7	50.2	50.7	45.4	45.3	42.7	46.7	47.9
2008	44.2	48.6	48.2	44.9	49.5	41.0	47.2	47.6
2009	47.4	49.2	49.9	49.8	48.3	48.8	46.9	47.8
2010	46.3	51.1	49.9	48.5	47.0	46.8	47.2	47.1
2011	49.2	48.5	48.5	47.9	47.4	47.4	47.2	47.2

表 7－1 续表 10

年 份	斯威士兰	泰国	布隆迪	白俄罗斯	科特迪瓦	乌兹别克斯坦	圭亚那	中国
1980	47.1	48.1	25.1	n. a.	54.4	n. a.	40.9	21.6
1981	47.1	48.5	25.3	n. a.	54.9	n. a.	47.3	22.0
1982	50.0	51.9	27.7	n. a.	54.6	n. a.	47.7	21.8
1983	54.9	49.4	27.3	n. a.	56.6	n. a.	53.0	22.4
1984	50.9	50.5	26.0	n. a.	56.3	n. a.	50.9	24.8
1985	53.3	52.3	25.5	n. a.	53.7	n. a.	48.5	28.7
1986	48.4	51.3	28.0	n. a.	50.3	n. a.	46.2	29.1
1987	46.4	50.9	27.8	n. a.	48.5	34.1	39.9	29.6
1988	42.8	49.2	29.1	n. a.	45.3	34.9	44.4	30.5
1989	40.9	48.7	26.7	n. a.	45.5	36.3	30.6	32.1
1990	46.5	50.3	25.2	29.4	44.3	34.3	37.0	31.5
1991	46.4	48.7	26.1	29.1	45.0	26.5	29.6	33.7
1992	48.9	49.6	25.3	28.6	44.7	29.4	30.2	34.8
1993	47.5	50.9	24.9	43.3	49.0	35.1	28.1	33.7
1994	44.4	50.3	30.7	49.0	53.7	36.1	26.3	33.6
1995	43.0	49.7	32.6	45.6	54.5	39.9	26.1	32.9
1996	42.6	49.7	30.1	44.4	55.0	43.4	27.3	32.8
1997	42.0	50.4	35.0	43.4	53.0	41.7	30.8	34.2
1998	41.8	49.6	36.8	45.5	52.9	42.5	34.6	36.2
1999	42.3	49.7	38.5	46.2	53.8	42.2	35.4	37.8
2000	43.9	49.0	36.4	46.7	50.9	42.5	39.9	39.0
2001	44.1	48.7	37.8	50.9	51.2	43.4	40.8	40.5
2002	45.0	48.1	38.2	51.2	51.4	43.7	40.6	41.5
2003	43.8	46.0	37.5	51.1	52.8	43.4	41.4	41.2
2004	44.7	46.3	37.3	48.8	53.7	43.3	41.7	40.4
2005	46.5	45.8	37.1	48.5	51.3	48.9	45.4	40.5
2006	45.5	44.9	37.9	47.9	51.2	46.5	46.1	40.9
2007	45.5	44.6	43.2	48.5	50.9	44.0	45.6	41.9
2008	45.7	44.4	46.8	46.0	48.9	47.9	43.0	41.8
2009	46.0	45.2	46.7	48.3	49.9	47.3	45.1	43.4
2010	46.1	43.0	46.6	48.0	50.0	45.1	45.9	43.2
2011	46.9	46.5	46.3	45.7	45.4	45.0	44.9	43.3

表 7－1

续表 11

年份	赞比亚	埃塞俄比亚	亚美尼亚	布基纳法索	不丹	柬埔寨	特里尼达和多巴哥	印尼
1980	42.8	n. a.	n. a.	50.1	44.6	n. a.	n. a.	34.3
1981	41.5	28.8	n. a.	49.9	41.2	n. a.	n. a.	35.4
1982	46.1	30.5	n. a.	52.1	38.5	n. a.	n. a.	38.2
1983	36.1	29.7	n. a.	51.0	36.3	n. a.	n. a.	37.3
1984	39.5	34.2	n. a.	50.5	35.5	n. a.	52.0	38.2
1985	38.6	31.2	n. a.	44.9	36.8	n. a.	53.1	40.9
1986	37.0	32.0	n. a.	47.3	37.8	n. a.	57.9	42.0
1987	42.4	32.5	n. a.	47.7	37.2	n. a.	55.8	40.4
1988	35.8	33.7	n. a.	47.5	38.6	n. a.	56.7	40.3
1989	26.3	34.1	n. a.	48.0	40.4	n. a.	53.7	40.0
1990	28.1	34.5	30.7	49.6	39.9	n. a.	50.2	41.5
1991	31.6	27.3	25.8	48.6	40.4	n. a.	51.0	41.3
1992	27.2	23.9	29.6	48.6	38.0	n. a.	53.6	41.7
1993	24.0	26.1	21.7	48.0	38.2	40.5	53.7	42.4
1994	44.7	32.1	18.2	42.5	35.2	37.9	49.0	42.1
1995	45.8	32.6	25.8	42.6	34.1	35.6	50.6	41.1
1996	47.7	32.8	30.6	40.6	35.1	37.7	50.8	39.9
1997	47.1	31.7	34.8	41.8	35.0	36.6	53.0	39.6
1998	49.7	35.4	35.2	41.1	37.6	36.3	57.0	36.7
1999	51.0	37.6	38.3	41.6	37.1	37.6	55.4	37.0
2000	52.7	37.8	35.5	46.1	36.6	39.1	49.1	38.5
2001	52.5	39.3	35.3	43.5	36.0	40.3	51.6	38.3
2002	51.9	42.6	35.1	43.9	35.1	41.5	53.7	40.1
2003	50.5	44.0	34.3	41.7	35.4	40.1	46.0	41.1
2004	48.6	41.8	34.2	44.3	37.3	41.7	43.9	41.0
2005	48.0	40.3	33.8	43.0	39.5	41.2	39.2	40.3
2006	46.5	39.4	34.9	45.7	38.9	40.8	38.2	40.1
2007	46.1	40.5	35.8	48.5	35.4	41.3	37.5	39.5
2008	45.2	43.1	38.1	44.2	36.5	41.3	33.4	37.5
2009	44.2	38.5	45.3	46.3	38.1	41.3	42.7	37.1
2010	43.6	43.0	44.5	41.7	37.9	40.7	40.1	37.7
2011	43.2	43.1	42.2	41.9	40.2	39.8	39.7	38.1

表 7-1 续表 12

年 份	越南	土库曼斯坦	毛里塔尼亚	利比里亚	老挝	塞拉利昂	几内亚	刚果
1980	n. a.	n. a.	43. 6	36. 0	n. a.	45. 0	n. a.	38. 2
1981	n. a.	n. a.	41. 9	35. 4	n. a.	48. 0	n. a.	40. 3
1982	n. a.	n. a.	43. 5	36. 2	n. a.	47. 1	n. a.	40. 7
1983	n. a.	n. a.	45. 0	35. 8	n. a.	47. 1	n. a.	38. 5
1984	n. a.	n. a.	46. 0	36. 1	n. a.	46. 2	n. a.	39. 1
1985	32. 5	n. a.	44. 6	35. 7	n. a.	41. 2	n. a.	37. 1
1986	33. 1	n. a.	42. 2	34. 9	n. a.	46. 0	41. 5	40. 0
1987	31. 1	33. 9	40. 9	38. 6	n. a.	36. 0	43. 0	42. 0
1988	29. 7	34. 3	40. 1	38. 0	n. a.	42. 0	42. 8	40. 0
1989	35. 0	37. 3	38. 4	37. 6	26. 0	43. 0	42. 0	39. 8
1990	38. 6	38. 2	41. 6	28. 8	24. 3	33. 9	42. 9	40. 0
1991	35. 7	36. 7	38. 3	27. 6	25. 0	25. 5	49. 6	40. 8
1992	38. 8	77. 5	39. 1	33. 1	20. 4	21. 1	55. 2	34. 1
1993	41. 2	16. 6	37. 4	34. 3	24. 7	23. 7	52. 6	31. 8
1994	43. 7	19. 3	38. 3	33. 5	24. 3	20. 2	53. 1	27. 0
1995	44. 1	20. 2	37. 4	12. 9	25. 1	18. 4	51. 6	26. 0
1996	42. 5	17. 8	38. 4	4. 1	25. 6	14. 4	51. 2	33. 8
1997	42. 2	30. 4	40. 2	12. 8	26. 1	13. 7	48. 9	30. 3
1998	41. 7	31. 6	34. 3	14. 3	24. 2	13. 5	45. 7	31. 6
1999	40. 1	27. 8	33. 9	16. 6	23. 7	12. 9	47. 4	28. 5
2000	38. 7	31. 2	35. 3	19. 7	38. 2	13. 3	44. 2	29. 7
2001	38. 6	31. 4	35. 9	18. 3	38. 9	42. 7	42. 8	20. 1
2002	38. 5	35. 6	38. 6	16. 6	37. 8	40. 9	42. 7	27. 5
2003	38. 0	38. 4	38. 7	22. 3	37. 7	39. 3	43. 6	27. 5
2004	38. 0	40. 4	37. 2	26. 0	40. 5	35. 6	42. 2	28. 3
2005	38. 0	43. 6	36. 3	25. 7	39. 2	35. 6	41. 1	29. 0
2006	38. 1	46. 3	30. 5	28. 5	37. 0	35. 2	36. 3	29. 8
2007	38. 2	42. 8	34. 8	26. 5	37. 0	34. 1	35. 1	31. 2
2008	37. 9	34. 0	40. 6	25. 7	36. 6	34. 4	32. 7	32. 9
2009	38. 8	34. 2	44. 7	37. 0	38. 3	33. 8	33. 8	32. 6
2010	38. 3	37. 0	39. 2	37. 9	35. 5	34. 7	33. 2	31. 4
2011	37. 2	37. 0	36. 9	36. 7	34. 5	33. 9	33. 0	32. 6

表 7－1

续表 13

年　份	加蓬	安哥拉	文莱	阿塞拜疆	危地马拉	刚果共和国	巴布亚新几内亚	阿尔及利亚
1980	32.8	n. a.	14.5	n. a.	n. a.	41.7	35.9	33.8
1981	35.5	n. a.	17.5	n. a.	n. a.	41.2	39.2	33.7
1982	33.2	n. a.	19.5	n. a.	n. a.	39.6	39.7	35.5
1983	36.7	n. a.	21.7	n. a.	n. a.	38.1	34.8	36.4
1984	34.2	n. a.	25.5	n. a.	n. a.	36.5	33.9	36.7
1985	26.7	43.2	27.0	n. a.	n. a.	38.6	34.9	37.4
1986	43.3	51.5	39.3	n. a.	n. a.	55.3	33.5	41.7
1987	40.2	45.9	38.6	n. a.	n. a.	52.3	32.2	40.7
1988	54.0	44.7	45.5	n. a.	n. a.	56.2	30.5	42.5
1989	49.6	41.8	39.2	n. a.	n. a.	49.1	38.2	41.4
1990	49.7	41.2	37.5	38.1	n. a.	46.5	36.8	40.5
1991	47.8	42.6	39.4	36.3	n. a.	52.6	36.0	36.7
1992	48.4	36.6	38.6	31.5	n. a.	53.0	32.7	38.2
1993	46.3	37.2	41.7	37.7	n. a.	53.5	30.7	39.3
1994	38.3	26.4	45.0	38.8	n. a.	44.2	32.3	41.0
1995	39.6	26.4	44.6	39.1	n. a.	44.7	30.9	39.1
1996	37.5	25.2	42.6	33.4	n. a.	39.2	30.1	37.0
1997	39.1	30.2	42.7	38.3	n. a.	34.0	31.6	38.2
1998	49.8	31.3	47.1	44.6	n. a.	43.0	31.5	41.3
1999	43.9	21.0	43.6	40.1	n. a.	30.4	26.8	39.8
2000	37.5	22.2	35.3	37.5	n. a.	22.5	22.8	32.5
2001	42.3	27.0	38.8	36.7	55.8	28.7	23.2	36.1
2002	42.2	24.0	38.2	34.6	55.7	30.4	23.3	36.9
2003	41.9	24.3	34.6	34.0	56.3	32.6	23.1	34.7
2004	39.1	25.3	31.0	33.4	56.2	28.6	23.3	33.5
2005	33.8	24.4	27.5	26.5	57.3	23.6	19.9	30.5
2006	33.9	24.8	26.1	23.8	57.7	20.5	19.0	29.7
2007	34.9	25.6	28.0	24.5	57.9	22.4	19.2	30.7
2008	31.7	25.9	25.3	23.8	58.3	18.9	18.4	31.0
2009	41.5	30.8	33.7	32.3	35.8	24.4	19.6	31.0
2010	36.2	30.2	32.5	29.5	32.5	20.8	19.5	31.0
2011	32.2	28.6	27.7	27.4	20.2	20.0	19.5	n. a.

表 7-1

续表 14

年 份	澳大利亚	奥地利	巴林	巴巴多斯	比利时	伯利兹	贝宁	百慕大
1980	54.3	58.6	39.9	67.5	62.3	41.7	52.3	n. a.
1981	54.2	59.5	41.2	70.2	64.4	46.4	54.4	n. a.
1982	56.1	60.8	46.1	71.4	64.4	53.2	52.4	n. a.
1983	58.9	61.6	50.7	69.7	64.5	54.3	51.5	n. a.
1984	57.1	62.4	49.9	69.5	65.3	52.2	49.6	n. a.
1985	57.0	62.7	50.4	73.1	64.8	54.7	51.8	n. a.
1986	57.9	62.9	55.1	74.0	65.8	54.5	54.2	n. a.
1987	60.5	63.6	54.6	74.4	67.1	49.6	54.4	n. a.
1988	61.7	63.9	56.8	74.3	66.4	49.3	52.2	n. a.
1989	63.3	64.3	56.4	76.3	65.8	53.1	49.4	n. a.
1990	63.9	64.1	53.3	72.9	66.6	57.8	52.9	n. a.
1991	66.3	64.5	59.3	73.0	68.6	59.9	53.0	n. a.
1992	67.1	65.6	61.9	73.1	69.2	60.7	53.3	n. a.
1993	67.2	66.8	61.2	74.1	70.4	61.4	53.7	n. a.
1994	67.1	66.6	61.7	74.2	70.5	62.6	54.4	n. a.
1995	67.6	66.6	59.2	73.6	70.1	61.6	53.5	n. a.
1996	67.8	66.9	n. a.	73.0	70.4	61.2	51.0	90.4
1997	68.8	66.9	n. a.	72.6	70.1	62.3	50.7	90.6
1998	68.9	67.2	n. a.	72.6	70.8	63.0	50.9	92.4
1999	69.5	67.3	n. a.	72.2	71.7	63.5	51.4	90.1
2000	69.6	67.3	n. a.	79.4	71.6	62.0	52.2	87.6
2001	69.9	67.9	n. a.	80.2	72.6	64.3	52.1	88.4
2002	69.8	68.8	n. a.	80.1	73.4	65.5	52.7	89.1
2003	70.4	68.9	n. a.	79.4	74.2	65.8	54.2	89.1
2004	70.4	69.0	n. a.	80.1	74.4	65.8	54.4	89.0
2005	70.0	69.1	n. a.	77.9	75.1	67.3	54.4	88.7
2006	68.9	69.0	n. a.	73.8	75.1	64.9	54.6	89.7
2007	77.4	68.4	n. a.	74.0	75.4	66.2	55.7	90.5
2008	77.6	68.0	n. a.	73.5	76.2	65.2	55.2	89.7
2009	76.4	69.5	n. a.	73.8	77.7	n. a.	54.6	90.4
2010	77.9	69.4	n. a.	n. a.	77.7	n. a.	54.3	91.4
2011	n. a.	n. a.	n. a.	n. a.	n. a.	n. a.	n. a.	n. a.

表 7-1 续表 15

年份	喀麦隆	加拿大	中非共和国	乍得	科摩罗	古巴	塞浦路斯	捷克共和国
1980	43.1	58.8	39.9	46.0	52.8	68.1	56.8	n. a.
1981	40.7	60.0	41.4	48.5	53.2	67.9	58.3	n. a.
1982	39.2	62.1	45.2	48.2	52.4	68.1	59.9	n. a.
1983	41.0	62.0	45.0	47.6	50.8	68.1	62.0	n. a.
1984	38.8	61.1	43.0	50.4	50.0	68.1	62.0	n. a.
1985	42.5	61.4	36.5	48.9	49.8	68.2	64.0	n. a.
1986	44.0	63.8	36.1	52.4	49.6	67.3	65.1	n. a.
1987	45.1	63.7	37.8	52.3	51.4	68.8	65.1	n. a.
1988	46.2	63.6	35.1	49.7	51.2	68.1	65.3	n. a.
1989	44.2	64.4	34.9	51.7	50.8	68.0	66.5	n. a.
1990	46.0	65.8	32.7	53.0	50.3	67.4	67.2	51.6
1991	45.7	68.0	34.1	50.2	51.0	69.0	67.1	53.5
1992	47.0	68.7	33.2	51.2	49.0	69.1	68.7	54.1
1993	47.0	68.3	32.8	53.5	48.9	72.3	69.7	58.1
1994	44.0	67.3	33.1	50.2	48.8	69.9	71.7	58.6
1995	45.0	66.4	32.7	50.5	47.2	68.4	72.5	58.8
1996	45.6	66.1	31.0	48.1	47.2	66.1	73.2	55.8
1997	44.7	66.6	29.4	45.8	47.2	65.8	74.7	57.2
1998	45.4	67.4	27.8	45.7	47.1	66.4	75.2	58.1
1999	43.6	66.3	27.2	47.5	47.1	66.5	76.4	58.9
2000	41.8	64.5	27.4	46.3	39.9	63.7	77.3	59.7
2001	45.2	65.9	27.3	44.6	38.3	65.4	77.5	60.1
2002	45.8	66.9	26.6	45.7	38.3	67.5	77.0	61.7
2003	47.6	66.7	24.6	42.0	36.7	70.1	77.2	62.8
2004	48.9	66.2	30.7	29.4	36.9	72.2	77.3	59.9
2005	50.1	65.8	31.4	27.3	38.0	75.0	77.7	61.0
2006	48.8	66.5	30.6	27.8	43.0	75.3	78.6	60.9
2007	49.3	66.8	31.3	33.2	42.8	74.5	78.8	60.7
2008	n. a.	66.1	32.7	37.5	42.2	74.3	78.3	61.7
2009	n. a.	n. a.	28.3	n. a.	41.6	74.6	n. a.	61.6
2010	n. a.	n. a.	n. a.	n. a.	n. a.	74.5	n. a.	61.5
2011	n. a.	n. a.	n. a.	n. a.	n. a.	n. a.	n. a.	n. a.

续表 16

年　份	丹麦	吉布提	赤道几内亚	厄立特里亚	爱沙尼亚	欧盟	法罗群岛	芬兰
1980	67.9	n. a.	n. a.	n. a.	n. a.	58.3	n. a.	52.0
1981	69.1	n. a.	n. a.	n. a.	n. a.	59.2	n. a.	53.4
1982	68.7	n. a.	n. a.	n. a.	n. a.	59.6	n. a.	54.2
1983	69.2	n. a.	n. a.	n. a.	n. a.	60.5	n. a.	54.6
1984	68.1	n. a.	n. a.	n. a.	n. a.	60.9	n. a.	55.2
1985	68.3	n. a.	22.5	n. a.	n. a.	61.1	n. a.	56.8
1986	68.5	n. a.	23.8	n. a.	n. a.	61.7	n. a.	58.0
1987	69.3	n. a.	23.8	n. a.	n. a.	62.4	n. a.	58.9
1988	69.9	n. a.	28.2	n. a.	n. a.	62.8	n. a.	58.7
1989	69.6	76.1	27.8	n. a.	n. a.	63.1	n. a.	58.5
1990	70.4	74.9	27.8	n. a.	n. a.	63.2	n. a.	60.1
1991	71.0	75.2	29.3	n. a.	n. a.	64.6	n. a.	64.1
1992	71.2	79.6	29.4	57.4	n. a.	65.8	n. a.	65.2
1993	72.3	81.3	27.8	61.9	n. a.	67.1	n. a.	64.4
1994	72.2	82.3	22.1	61.4	n. a.	67.3	n. a.	63.2
1995	71.5	81.3	21.2	62.3	61.3	67.3	n. a.	62.2
1996	71.2	80.7	15.0	61.0	63.4	67.9	n. a.	63.4
1997	71.2	81.1	8.2	59.7	63.9	68.3	n. a.	63.0
1998	71.7	81.8	11.8	53.4	64.9	68.8	n. a.	62.1
1999	71.6	81.6	7.2	52.3	68.7	69.5	n. a.	62.5
2000	70.6	81.1	3.4	61.9	67.6	69.6	n. a.	61.9
2001	71.4	80.8	4.3	60.2	67.2	70.2	n. a.	62.6
2002	72.2	80.4	4.9	60.5	67.5	71.0	n. a.	63.7
2003	73.1	80.2	5.3	65.7	67.5	71.6	n. a.	64.0
2004	73.4	79.8	3.8	67.1	68.2	71.7	n. a.	64.6
2005	73.1	79.9	3.0	53.9	67.9	72.0	n. a.	64.8
2006	72.5	80.1	2.9	54.6	67.1	71.9	n. a.	64.0
2007	73.2	79.3	2.7	54.5	67.2	71.8	n. a.	63.2
2008	73.5	n. a.	2.3	55.8	68.3	72.3	n. a.	65.1
2009	76.7	n. a.	n. a.	63.0	70.8	74.4	n. a.	69.3
2010	77.0	n. a.	n. a.	n. a.	67.6	72.9	n. a.	67.9
2011	n. a.	n. a.	n. a.	n. a.	n. a.	n. a.	n. a.	n. a.

表 7-1

续表 17

年 份	法国	德国	几内亚比绍	中国香港特区	匈牙利	冰岛	伊朗	伊拉克
1980	63.3	56.5	36.1	n. a.	33.8	51.2	52.8	n. a.
1981	64.3	57.6	29.5	n. a.	33.4	52.2	50.3	n. a.
1982	64.5	58.0	38.8	n. a.	33.2	53.1	45.2	n. a.
1983	65.4	58.6	46.1	n. a.	33.7	54.7	49.0	n. a.
1984	66.3	59.0	44.3	n. a.	34.0	52.6	50.9	n. a.
1985	66.5	59.0	37.9	n. a.	35.2	53.2	53.9	n. a.
1986	66.9	58.9	35.0	n. a.	36.3	52.0	56.5	n. a.
1987	67.5	59.9	29.2	n. a.	37.2	52.3	54.9	n. a.
1988	68.0	60.1	27.4	n. a.	40.1	54.1	56.4	n. a.
1989	68.5	60.4	33.0	n. a.	40.7	56.1	54.5	n. a.
1990	68.7	61.2	20.6	n. a.	46.4	57.4	52.2	n. a.
1991	69.6	62.0	36.1	n. a.	57.7	57.2	52.7	n. a.
1992	70.2	63.3	39.9	n. a.	60.6	58.0	52.2	n. a.
1993	71.9	65.6	34.7	n. a.	62.9	58.6	46.5	n. a.
1994	72.4	65.9	32.8	n. a.	63.3	59.9	45.9	n. a.
1995	72.1	66.6	32.7	n. a.	62.5	59.6	47.4	n. a.
1996	72.9	67.4	30.8	n. a.	62.6	60.2	47.5	n. a.
1997	73.2	67.6	30.1	n. a.	61.0	60.3	51.2	16.5
1998	73.4	67.7	24.9	n. a.	61.0	61.4	55.2	19.0
1999	73.9	68.3	28.4	n. a.	62.3	64.0	51.7	13.5
2000	74.2	68.2	30.6	87.5	62.0	64.8	49.5	10.3
2001	74.7	68.8	35.8	88.3	63.7	63.5	51.8	13.3
2002	75.4	69.5	29.6	89.1	65.4	66.1	46.6	17.6
2003	76.2	69.9	n. a.	89.9	66.0	68.7	47.1	21.3
2004	76.6	69.4	n. a.	90.5	64.6	69.0	46.0	n. a.
2005	76.9	69.7	n. a.	91.3	65.8	69.3	45.1	n. a.
2006	77.3	69.1	n. a.	91.7	65.8	67.1	46.0	n. a.
2007	77.2	68.6	n. a.	92.8	65.8	68.5	45.3	n. a.
2008	77.5	69.4	n. a.	92.7	66.2	66.5	n. a.	n. a.
2009	79.2	72.4	n. a.	92.8	66.7	67.7	n. a.	n. a.
2010	n. a.	71.2	n. a.	92.8	65.4	n. a.	n. a.	n. a.
2011	n. a.	n. a.	n. a.	n. a.	n. a.	n. a.	n. a.	n. a.

表 7－1　　　　　　　　　　　　　　续表 18

年　份	爱尔兰	意大利	日本	基里巴斯	科威特	拉脱维亚	利比亚	立陶宛
1980	52.9	55.9	57.9	70.2	25.0	37.2	n. a.	n. a.
1981	54.4	57.3	58.1	63.7	31.0	36.2	n. a.	n. a.
1982	53.5	58.4	58.8	65.5	45.8	37.3	n. a.	n. a.
1983	53.1	59.5	59.6	65.1	43.0	39.0	n. a.	n. a.
1984	52.8	60.2	59.2	50.0	40.5	38.5	n. a.	n. a.
1985	53.3	61.1	59.5	57.2	42.4	35.2	n. a.	n. a.
1986	55.0	62.2	60.3	64.4	53.3	35.4	n. a.	n. a.
1987	54.9	62.6	60.4	63.7	47.6	35.9	n. a.	n. a.
1988	55.0	63.4	60.4	60.5	54.2	34.9	n. a.	n. a.
1989	55.4	63.2	60.5	65.0	44.9	36.1	n. a.	n. a.
1990	56.6	64.6	60.4	73.8	47.0	31.9	n. a.	42.1
1991	57.4	65.5	60.7	59.8	79.8	32.9	n. a.	32.5
1992	56.1	66.1	61.8	60.1	57.5	47.5	n. a.	42.8
1993	57.6	66.7	63.4	59.8	47.8	53.2	n. a.	43.7
1994	56.4	66.7	64.6	60.8	48.0	59.2	n. a.	53.4
1995	55.2	66.6	65.4	61.5	45.0	60.6	n. a.	57.6
1996	57.1	67.1	65.5	64.0	40.3	64.0	n. a.	58.0
1997	56.6	67.5	65.8	66.3	42.8	65.4	n. a.	58.7
1998	54.2	67.7	66.5	63.6	52.2	68.4	n. a.	60.2
1999	54.0	68.5	67.0	62.6	47.0	71.3	n. a.	62.7
2000	55.4	69.0	67.4	65.7	40.5	71.8	n. a.	63.9
2001	56.7	69.4	68.8	65.8	45.5	72.4	n. a.	63.8
2002	56.8	69.8	69.6	65.2	50.3	72.7	28.7	64.9
2003	60.3	70.5	69.7	64.1	48.5	73.5	20.6	63.4
2004	62.4	70.6	69.8	63.8	n. a.	73.3	28.4	62.3
2005	63.9	71.1	70.7	68.5	n. a.	74.5	22.2	62.3
2006	64.3	70.9	70.8	67.5	n. a.	74.6	19.5	62.8
2007	65.0	70.6	70.7	66.2	n. a.	73.2	21.5	63.5
2008	67.3	71.2	71.4	65.5	n. a.	73.9	19.9	64.7
2009	67.1	72.9	72.9	66.0	n. a.	76.1	n. a.	69.7
2010	n. a.	72.9	71.5	66.5	n. a.	74.1	n. a.	68.3
2011	n. a.	n. a.	n. a.	n. a.	n. a.	n. a.	n. a.	n. a.

表 7－1

续表 19

年 份	中国澳门特别行政区	马达加斯加	马里	马耳他	缅甸	荷兰	新喀里多尼亚	新西兰
1980	n. a.	53. 9	38. 5	32. 0	40. 8	63. 1	n. a.	58. 9
1981	n. a.	52. 8	40. 3	34. 2	40. 2	62. 3	n. a.	58. 6
1982	n. a.	52. 4	42. 2	35. 0	39. 7	63. 2	n. a.	59. 3
1983	n. a.	50. 7	43. 7	37. 0	39. 6	64. 0	n. a.	60. 2
1984	n. a.	51. 7	41. 3	35. 9	38. 7	62. 7	n. a.	58. 7
1985	n. a.	51. 5	44. 2	36. 4	38. 7	62. 6	n. a.	60. 8
1986	n. a.	50. 4	41. 6	35. 8	37. 6	64. 8	n. a.	61. 7
1987	n. a.	50. 1	38. 9	37. 9	34. 4	66. 4	n. a.	63. 0
1988	n. a.	53. 4	39. 2	39. 0	32. 9	66. 3	n. a.	64. 3
1989	n. a.	52. 3	38. 0	38. 9	32. 0	66. 1	n. a.	63. 3
1990	n. a.	58. 6	38. 6	40. 7	32. 2	66. 2	73. 1	65. 5
1991	79. 5	57. 2	38. 0	41. 5	31. 3	66. 8	72. 3	65. 1
1992	80. 9	58. 4	38. 0	45. 4	30. 0	68. 1	75. 7	65. 5
1993	82. 9	59. 4	39. 3	47. 1	28. 1	68. 9	76. 0	64. 9
1994	84. 0	66. 5	34. 6	45. 9	28. 4	69. 2	76. 6	65. 1
1995	85. 3	64. 1	31. 8	47. 1	30. 1	69. 2	76. 2	65. 9
1996	85. 8	61. 4	30. 3	48. 6	29. 5	69. 8	77. 4	66. 2
1997	85. 7	55. 0	39. 9	50. 6	30. 9	70. 7	76. 7	66. 9
1998	84. 5	55. 8	36. 2	49. 6	31. 1	71. 8	n. a.	68. 4
1999	84. 4	56. 2	36. 8	51. 0	31. 1	72. 8	n. a.	67. 7
2000	85. 3	56. 6	37. 9	46. 8	33. 1	72. 4	n. a.	66. 2
2001	87. 1	57. 5	35. 8	54. 0	32. 4	72. 8	n. a.	66. 5
2002	87. 9	53. 9	37. 4	53. 3	32. 5	73. 6	n. a.	68. 3
2003	87. 2	55. 4	37. 6	53. 3	35. 1	73. 8	n. a.	68. 9
2004	88. 0	55. 3	39. 8	58. 7	35. 4	74. 0	n. a.	68. 8
2005	84. 8	55. 9	39. 3	59. 5	n. a.	73. 7	n. a.	69. 5
2006	80. 2	56. 4	39. 1	59. 5	n. a.	73. 2	n. a.	69. 5
2007	80. 9	58. 1	39. 3	60. 1	n. a.	73. 2	n. a.	n. a.
2008	82. 8	59. 0	40. 2	61. 3	n. a.	72. 6	n. a.	n. a.
2009	89. 1	54. 9	40. 2	65. 0	n. a.	74. 4	n. a.	n. a.
2010	92. 6	n. a.	n. a.	65. 4	n. a.	74. 2	n. a.	n. a.
2011	n. a.	n. a.	n. a.	n. a.	n. a.	n. a.	n. a.	n. a.

表 7－1　　续表 20

年　份	尼日尔	尼日利亚	北美	挪威	阿曼	帕劳	波兰	葡萄牙
1980	34.0	n. a.	63.3	56.8	28.1	n. a.	n. a.	51.6
1981	35.2	n. a.	62.6	56.7	30.4	n. a.	n. a.	52.7
1982	38.4	n. a.	64.1	56.9	34.2	n. a.	n. a.	53.2
1983	38.2	n. a.	66.1	56.3	36.4	n. a.	n. a.	53.7
1984	42.6	n. a.	65.3	54.5	38.0	n. a.	n. a.	55.1
1985	42.3	n. a.	66.4	55.2	37.9	n. a.	n. a.	55.7
1986	43.4	n. a.	68.0	61.7	45.2	n. a.	n. a.	58.9
1987	46.1	n. a.	68.2	62.4	39.7	n. a.	n. a.	58.7
1988	47.3	n. a.	68.0	64.2	49.7	n. a.	n. a.	59.5
1989	48.4	n. a.	69.0	62.9	47.6	n. a.	n. a.	61.0
1990	48.6	n. a.	69.8	62.6	43.3	n. a.	41.6	62.6
1991	43.2	n. a.	71.2	63.6	48.0	n. a.	46.1	64.7
1992	43.4	n. a.	72.0	64.3	48.9	68.9	52.0	66.1
1993	43.6	n. a.	72.2	64.6	51.9	80.7	52.8	67.0
1994	41.9	n. a.	71.7	64.0	52.4	83.7	57.5	66.5
1995	42.5	n. a.	71.7	62.8	50.7	84.7	56.8	66.1
1996	43.3	n. a.	72.0	60.7	48.1	87.0	58.9	65.5
1997	43.2	n. a.	72.5	60.4	48.8	88.0	60.0	66.2
1998	40.7	n. a.	74.1	64.7	56.4	84.3	61.2	66.8
1999	42.1	n. a.	74.2	62.9	50.1	83.8	62.0	67.5
2000	44.4	n. a.	74.7	56.0	40.8	80.8	63.3	68.4
2001	43.0	n. a.	75.8	58.0	43.7	79.9	65.4	69.0
2002	43.4	20.9	76.5	60.3	44.4	78.7	66.8	69.7
2003	43.2	20.5	76.6	60.6	44.1	79.6	66.0	70.7
2004	n. a.	23.7	75.9	58.8	43.0	79.0	64.1	71.2
2005	n. a.	23.7	75.9	55.9	n. a.	80.4	64.8	72.3
2006	n. a.	26.1	76.1	54.2	n. a.	78.8	64.6	72.4
2007	n. a.	26.6	76.2	56.9	n. a.	74.9	64.0	72.8
2008	n. a.	n. a.	76.9	54.2	n. a.	n. a.	64.7	73.6
2009	n. a.	n. a.	79.3	60.1	n. a.	n. a.	64.6	74.8
2010	n. a.	n. a.	78.8	58.2	n. a.	n. a.	64.8	74.5
2011	n. a.	n. a.	n. a.	n. a.	n. a.	n. a.	n. a.	n. a.

表 7－1　　　　续表 21

年　份	波多黎各	沙特阿拉伯	斯洛伐克共和国	斯洛文尼亚	所罗门群岛	西班牙	瑞典	瑞士
1980	58.0	27.4	n. a.	n. a.	n. a.	56.2	63.7	n. a.
1981	58.6	28.1	n. a.	n. a.	n. a.	58.0	64.7	n. a.
1982	58.9	38.5	n. a.	n. a.	n. a.	58.5	64.5	n. a.
1983	58.9	48.3	n. a.	n. a.	n. a.	58.9	64.4	n. a.
1984	58.0	51.0	n. a.	n. a.	n. a.	59.4	63.5	n. a.
1985	57.6	54.9	31.9	n. a.	n. a.	59.5	63.6	n. a.
1986	57.9	57.3	31.6	n. a.	n. a.	59.2	63.6	n. a.
1987	56.8	54.2	32.4	n. a.	n. a.	59.8	63.8	n. a.
1988	56.2	55.1	33.2	n. a.	n. a.	59.8	64.2	n. a.
1989	56.7	51.3	32.2	n. a.	n. a.	60.0	64.4	n. a.
1990	56.6	45.5	33.5	51.9	66.1	60.8	65.4	n. a.
1991	57.0	46.0	34.2	49.2	37.3	61.9	67.4	n. a.
1992	55.5	43.1	56.7	53.1	37.6	64.2	69.2	n. a.
1993	54.7	46.3	58.9	55.9	39.6	65.6	69.4	n. a.
1994	54.5	46.3	55.3	55.2	37.7	66.2	68.3	n. a.
1995	55.0	45.2	56.3	60.8	41.0	66.1	66.5	n. a.
1996	56.1	42.7	55.5	60.7	43.1	65.8	68.0	n. a.
1997	56.4	44.1	59.5	60.4	44.0	65.7	68.2	n. a.
1998	53.9	50.2	60.0	59.9	48.5	66.0	68.3	n. a.
1999	56.2	46.9	60.0	60.8	49.6	66.3	68.9	n. a.
2000	57.1	41.1	59.3	61.1	52.6	66.3	69.1	n. a.
2001	51.1	43.6	60.5	61.7	63.7	66.5	69.8	n. a.
2002	50.2	43.4	60.9	62.0	56.8	67.0	70.0	n. a.
2003	50.4	41.1	60.5	62.5	49.3	67.1	70.4	n. a.
2004	50.7	38.3	59.4	62.9	52.9	67.2	70.1	n. a.
2005	51.5	33.5	59.9	63.2	57.4	67.1	70.6	n. a.
2006	51.9	32.4	57.4	63.2	57.6	67.4	70.3	n. a.
2007	52.1	31.6	57.5	62.9	49.8	68.0	70.1	n. a.
2008	51.5	27.5	57.1	63.6	52.7	68.9	71.4	n. a.
2009	49.3	38.1	60.8	66.4	55.0	71.1	73.8	n. a.
2010	49.3	37.8	61.2	65.9	n. a.	71.2	71.8	n. a.
2011	n. a.	n. a.	n. a.	n. a.	n. a.	n. a.	n. a.	n. a.

表 7－1 续表 22

年 份	叙利亚	阿联酋	英国	美国	瓦努阿图	委内瑞拉	也门共和国
1980	n. a.	46. 2	57. 2	63. 6	n. a.	48. 8	n. a.
1981	n. a.	49. 7	57. 7	62. 7	n. a.	50. 7	n. a.
1982	n. a.	36. 2	58. 3	64. 2	n. a.	53. 2	n. a.
1983	n. a.	37. 9	58. 9	66. 3	66. 1	55. 8	n. a.
1984	n. a.	36. 3	59. 4	65. 5	65. 4	42. 0	n. a.
1985	54. 8	37. 8	60. 0	66. 7	62. 7	42. 9	n. a.
1986	51. 4	46. 7	60. 6	68. 3	65. 8	44. 1	n. a.
1987	52. 8	44. 2	61. 2	68. 5	66. 3	43. 1	n. a.
1988	46. 8	45. 8	61. 9	68. 3	66. 8	42. 0	n. a.
1989	50. 0	43. 7	62. 6	69. 3	66. 8	36. 6	n. a.
1990	44. 7	40. 0	64. 1	70. 1	65. 0	34. 0	41. 3
1991	43. 9	51. 9	66. 1	71. 4	70. 7	38. 0	46. 2
1992	46. 7	43. 3	67. 2	72. 2	72. 9	40. 2	48. 2
1993	47. 7	47. 0	67. 8	72. 4	71. 9	42. 9	52. 1
1994	48. 9	51. 9	67. 5	72. 0	71. 0	50. 6	49. 9
1995	48. 2	52. 7	67. 2	72. 1	71. 3	53. 2	48. 9
1996	42. 5	51. 8	67. 6	72. 4	71. 8	46. 4	43. 0
1997	41. 2	52. 6	69. 0	72. 9	74. 2	44. 2	41. 9
1998	41. 8	57. 8	70. 4	74. 6	65. 7	50. 2	48. 4
1999	41. 2	55. 6	71. 5	74. 7	66. 8	49. 7	43. 0
2000	38. 3	49. 2	71. 7	75. 4	65. 8	46. 1	39. 8
2001	39. 7	48. 1	72. 7	76. 5	67. 4	49. 4	43. 5
2002	41. 0	50. 3	73. 9	77. 2	67. 0	46. 1	44. 6
2003	45. 0	49. 0	75. 1	77. 2	69. 2	43. 9	44. 1
2004	43. 0	46. 7	75. 5	76. 6	69. 0	40. 5	43. 1
2005	44. 3	43. 0	76. 0	76. 6	70. 2	38. 2	40. 5
2006	45. 5	41. 0	75. 9	76. 7	71. 3	39. 5	40. 6
2007	49. 1	44. 2	76. 4	76. 9	71. 6	42. 6	53. 3
2008	49. 3	41. 1	76. 5	77. 6	70. 8	41. 5	56. 7
2009	46. 5	45. 6	78. 2	79. 3	70. 4	49. 7	52. 4
2010	n. a.	43. 6	77. 7	78. 8	n. a.	42. 1	62. 9
2011	n. a.	n. a.	n. a.	n. a.	n. a.	n. a.	n. a.

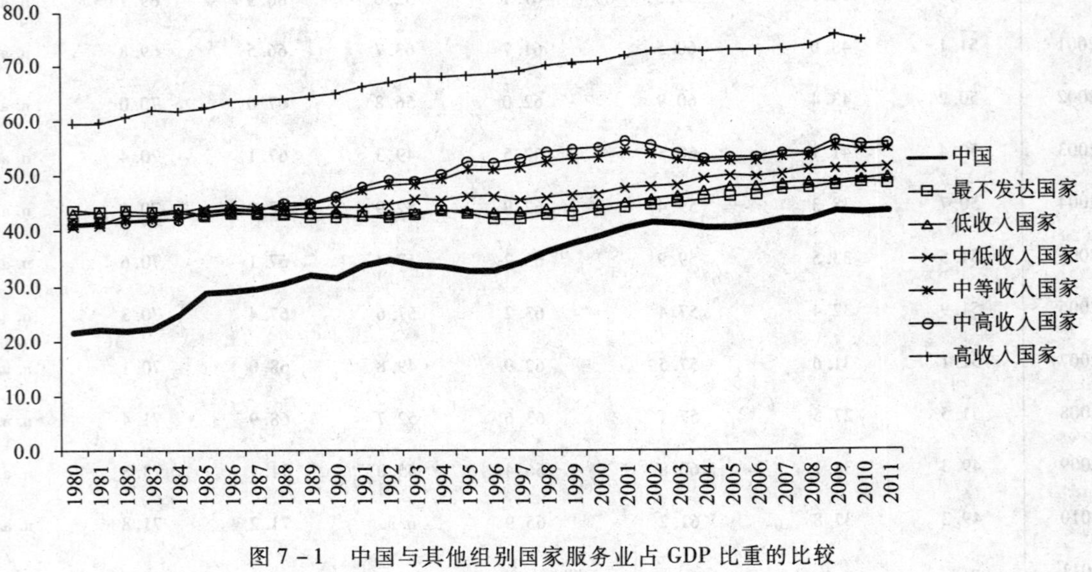

图 7－1 中国与其他组别国家服务业占 GDP 比重的比较

表 7-2　　　　　　　　　　转型国家服务业占 GDP 比重（%）

年份	中国	塞尔维亚	保加利亚	阿尔巴尼亚	俄罗斯联邦	乌克兰
1980	21.6	n. a.	30.9	21.4	n. a.	n. a.
1981	22.0	n. a.	29.7	24.6	n. a.	n. a.
1982	21.8	n. a.	25.0	24.5	n. a.	n. a.
1983	22.4	n. a.	25.1	22.6	n. a.	n. a.
1984	24.8	n. a.	24.1	22.9	n. a.	n. a.
1985	28.7	n. a.	25.3	22.1	n. a.	n. a.
1986	29.1	n. a.	21.7	21.8	n. a.	n. a.
1987	29.6	n. a.	29.1	21.0	n. a.	31.2
1988	30.5	n. a.	31.0	22.2	n. a.	31.4
1989	32.1	n. a.	31.8	22.9	33.0	28.7
1990	31.5	n. a.	33.8	15.9	35.0	29.9
1991	33.7	n. a.	39.3	18.0	38.1	26.7
1992	34.8	n. a.	43.6	25.0	49.6	28.7
1993	33.7	n. a.	51.5	22.5	47.1	40.6
1994	33.6	n. a.	51.9	24.6	48.6	36.2
1995	32.9	n. a.	56.9	21.7	55.9	41.9
1996	32.8	n. a.	61.1	46.8	54.1	48.0
1997	34.2	n. a.	48.5	47.7	55.5	50.5
1998	36.2	n. a.	54.9	51.4	57.0	49.6
1999	37.8	n. a.	59.6	53.7	55.5	47.2
2000	39.0	49.6	61.1	51.9	55.6	46.6
2001	40.5	51.7	60.5	53.3	57.7	48.9
2002	41.5	56.1	61.7	55.2	60.9	50.8
2003	41.2	58.6	61.5	54.9	61.2	53.3
2004	40.4	56.6	62.4	55.3	58.1	52.2
2005	40.5	58.9	62.3	55.7	57.0	57.3
2006	40.9	59.7	62.0	57.7	58.2	55.2
2007	41.9	61.4	62.0	60.7	59.1	55.8
2008	41.8	61.2	61.7	61.4	59.5	58.5
2009	43.4	62.4	63.8	62.6	61.7	62.1
2010	43.2	64.3	65.6	64.8	60.6	60.4
2011	43.3	64.3	63.2	65.5	58.7	58.7

表 7－2　　　　续表 1

年　份	哈萨克斯坦	罗马尼亚	吉尔吉斯斯坦	乌兹别克斯坦	白俄罗斯	捷克共和国
1980	n. a.	n. a.	n. a.	n. a.	n. a.	n. a.
1981	n. a.	27.0	n. a.	n. a.	n. a.	n. a.
1982	n. a.	24.9	n. a.	n. a.	n. a.	n. a.
1983	n. a.	n. a.	n. a.	n. a.	n. a.	n. a.
1984	n. a.	n. a.	n. a.	n. a.	n. a.	n. a.
1985	n. a.	n. a.	n. a.	n. a.	n. a.	n. a.
1986	n. a.	n. a.	n. a.	n. a.	n. a.	n. a.
1987	n. a.	n. a.	n. a.	34.1	n. a.	n. a.
1988	n. a.	n. a.	n. a.	34.9	n. a.	n. a.
1989	n. a.	n. a.	n. a.	36.3	n. a.	n. a.
1990	n. a.	26.3	31.4	34.3	29.4	51.6
1991	n. a.	34.8	27.6	26.5	29.1	53.5
1992	28.7	36.6	23.2	29.4	28.6	54.1
1993	43.1	35.3	27.0	35.1	43.3	58.1
1994	44.5	32.2	33.7	36.1	49.0	58.6
1995	55.7	35.8	36.6	39.9	45.6	58.8
1996	60.3	37.0	32.0	43.4	44.4	55.8
1997	61.2	41.2	32.6	41.7	43.4	57.2
1998	59.7	48.4	37.7	42.5	45.5	58.1
1999	54.6	51.0	37.3	42.2	46.2	58.9
2000	50.8	51.1	31.9	42.5	46.7	59.7
2001	51.8	48.1	33.8	43.4	50.9	60.1
2002	52.8	49.3	39.0	43.7	51.2	61.7
2003	53.9	52.2	40.6	43.4	51.1	62.8
2004	54.8	50.7	42.6	43.3	48.8	59.9
2005	53.1	54.9	45.7	48.9	48.5	61.0
2006	52.0	52.1	47.2	46.5	47.9	60.9
2007	53.3	55.9	49.6	44.0	48.5	60.7
2008	51.0	54.5	49.4	47.9	46.0	61.7
2009	53.3	54.4	52.4	47.3	48.3	61.6
2010	52.8	53.8	51.4	45.1	48.0	61.5
2011	54.3	51.6	50.6	45.0	45.7	n. a.

表 7-2　　　　　　　　　续表 2

年　份	爱沙尼亚	匈牙利	拉脱维亚	立陶宛	波兰	斯洛伐克共和国	斯洛文尼亚
1980	n. a.	33.8	37.2	n. a.	n. a.	n. a.	n. a.
1981	n. a.	33.4	36.2	n. a.	n. a.	n. a.	n. a.
1982	n. a.	33.2	37.3	n. a.	n. a.	n. a.	n. a.
1983	n. a.	33.7	39.0	n. a.	n. a.	n. a.	n. a.
1984	n. a.	34.0	38.5	n. a.	n. a.	n. a.	n. a.
1985	n. a.	35.2	35.2	n. a.	n. a.	31.9	n. a.
1986	n. a.	36.3	35.4	n. a.	n. a.	31.6	n. a.
1987	n. a.	37.2	35.9	n. a.	n. a.	32.4	n. a.
1988	n. a.	40.1	34.9	n. a.	n. a.	33.2	n. a.
1989	n. a.	40.7	36.1	n. a.	n. a.	32.2	n. a.
1990	n. a.	46.4	31.9	42.1	41.6	33.5	51.9
1991	n. a.	57.7	32.9	32.5	46.1	34.2	49.2
1992	n. a.	60.6	47.5	42.8	52.0	56.7	53.1
1993	n. a.	62.9	53.2	43.7	52.8	58.9	55.9
1994	n. a.	63.3	59.2	53.4	57.5	55.3	55.2
1995	61.3	62.5	60.6	57.6	56.8	56.3	60.8
1996	63.4	62.6	64.0	58.0	58.9	55.5	60.7
1997	63.9	61.0	65.4	58.7	60.0	59.5	60.4
1998	64.9	61.0	68.4	60.2	61.2	60.0	59.9
1999	68.7	62.3	71.3	62.7	62.0	60.0	60.8
2000	67.6	62.0	71.8	63.9	63.3	59.3	61.1
2001	67.2	63.7	72.4	63.8	65.4	60.5	61.7
2002	67.5	65.4	72.7	64.9	66.8	60.9	62.0
2003	67.5	66.0	73.5	63.4	66.0	60.5	62.5
2004	68.2	64.6	73.3	62.3	64.1	59.4	62.9
2005	67.9	65.8	74.5	62.3	64.8	59.9	63.2
2006	67.1	65.8	74.6	62.8	64.6	57.4	63.2
2007	67.2	65.8	73.2	63.5	64.0	57.5	62.9
2008	68.3	66.2	73.9	64.7	64.7	57.1	63.6
2009	70.8	66.7	76.1	69.7	64.6	60.8	66.4
2010	67.6	65.4	74.1	68.3	64.8	61.2	65.9
2011	n. a.	n. a.	n. a.	n. a.	n. a.	n. a.	n. a.

核　算　点　评

毫无疑问，中国服务业占 GDP 的比重远远不及那些发达国家，可是，和那些转型经济国家相比，中国的服务业占 GDP 的比重也差了一大截。在 60% 以上的有拉脱维亚、立陶宛、斯洛文尼亚、阿尔巴尼亚、波兰、匈牙利、塞尔维亚、保加利亚、捷克、斯洛伐克。在 50% 到 60% 之间的有俄罗斯、乌克兰、哈萨克、罗马尼亚、吉尔吉斯。乌兹别克和白俄罗斯在 45% 左右。中国服务业占 GDP 的比重为 43.3%。显然，中国的市场化进程不亚于那些转型经济国家，中国的服务业的发展程度甚至领先于许多转型经济国家，可是数据显示的结果却和人们观察到的事实不符，很可能是统计数据出现了问题。

表7－3 亚洲部分国家与地区服务业占GDP比重

年份	中国	新加坡	韩国	阿富汗	菲律宾	印度	孟加拉国	日本
1980	21.6	62.3	47.3	n. a.	36.1	39.9	47.8	57.9
1981	22.0	62.8	46.7	n. a.	35.9	40.4	47.4	58.1
1982	21.8	64.1	47.0	n. a.	37.8	41.5	47.7	58.8
1983	22.4	63.0	46.9	n. a.	38.4	40.8	47.4	59.6
1984	24.8	62.4	46.6	n. a.	37.3	41.8	46.6	59.2
1985	28.7	65.7	47.4	n. a.	40.4	43.1	45.8	59.5
1986	29.1	65.1	47.6	n. a.	41.5	44.1	46.5	60.3
1987	29.6	65.7	47.8	n. a.	41.6	44.6	46.8	60.4
1988	30.5	64.7	47.5	n. a.	41.9	43.7	47.8	60.4
1989	32.1	66.0	49.1	n. a.	42.4	44.2	48.6	60.5
1990	31.5	67.8	49.5	n. a.	43.6	44.2	48.3	60.4
1991	33.7	66.1	49.4	n. a.	45.0	45.0	47.9	60.7
1992	34.8	66.3	51.0	n. a.	45.3	45.2	48.1	61.8
1993	33.7	66.3	51.4	n. a.	45.7	45.6	49.9	63.4
1994	33.6	66.8	51.7	n. a.	45.5	45.0	50.0	64.6
1995	32.9	66.5	51.8	n. a.	46.3	46.1	49.1	65.4
1996	32.8	66.6	52.8	n. a.	47.3	46.0	49.5	65.5
1997	34.2	67.1	53.4	n. a.	49.0	47.5	49.1	65.8
1998	36.2	66.4	54.2	n. a.	50.8	48.3	48.7	66.5
1999	37.8	67.4	54.5	n. a.	51.7	50.0	48.7	67.0
2000	39.0	65.4	57.3	n. a.	51.6	50.8	49.2	67.4
2001	40.5	68.1	59.0	n. a.	52.3	51.8	50.0	68.8
2002	41.5	68.1	59.8	37.8	52.3	53.0	50.9	69.6
2003	41.2	68.8	59.6	39.3	52.7	53.2	52.0	69.7
2004	40.4	67.1	58.1	43.0	52.9	53.0	52.4	69.8
2005	40.5	68.4	59.0	40.9	53.5	53.1	52.6	70.7
2006	40.9	68.8	59.7	41.9	54.1	52.9	52.5	70.8
2007	41.9	71.1	60.0	41.1	54.5	52.7	52.4	70.7
2008	41.8	73.4	60.8	45.8	53.9	53.9	52.5	71.4
2009	43.4	72.1	60.4	47.2	55.2	54.5	52.6	72.9
2010	43.2	72.1	58.5	51.0	55.1	54.4	53.0	71.5
2011	43.3	73.4	58.1	56.6	55.8	55.7	53.5	n. a.

表 7－3

续表 1

年 份	巴基斯坦	尼泊尔	泰国	柬埔寨	印尼	越南	老挝	中国香港特区
1980	45.6	26.3	48.1	n. a.	34.3	n. a.	n. a.	n. a.
1981	46.6	26.7	48.5	n. a.	35.4	n. a.	n. a.	n. a.
1982	46.2	26.1	51.9	n. a.	38.2	n. a.	n. a.	n. a.
1983	47.7	26.9	49.4	n. a.	37.3	n. a.	n. a.	n. a.
1984	49.4	26.4	50.5	n. a.	38.2	n. a.	n. a.	n. a.
1985	49.0	33.2	52.3	n. a.	40.9	32.5	n. a.	n. a.
1986	49.0	32.7	51.3	n. a.	42.0	33.1	n. a.	n. a.
1987	49.7	33.4	50.9	n. a.	40.4	31.1	n. a.	n. a.
1988	49.6	32.9	49.2	n. a.	40.3	29.7	n. a.	n. a.
1989	49.2	33.1	48.7	n. a.	40.0	35.0	26.0	n. a.
1990	48.8	32.1	50.3	n. a.	41.5	38.6	24.3	n. a.
1991	48.8	35.4	48.7	n. a.	41.3	35.7	25.0	n. a.
1992	48.6	34.7	49.6	n. a.	41.7	38.8	20.4	n. a.
1993	50.3	37.1	50.9	40.5	42.4	41.2	24.7	n. a.
1994	50.2	35.2	50.3	37.9	42.1	43.7	24.3	n. a.
1995	50.1	35.5	49.7	35.6	41.1	44.1	25.1	n. a.
1996	50.4	35.6	49.7	37.7	39.9	42.5	25.6	n. a.
1997	49.8	35.7	50.4	36.6	39.6	42.2	26.1	n. a.
1998	48.9	37.6	49.6	36.3	36.7	41.7	24.2	n. a.
1999	49.2	36.9	49.7	37.6	37.0	40.1	23.7	n. a.
2000	50.7	37.0	49.0	39.1	38.5	38.7	38.2	87.5
2001	51.9	45.0	48.7	40.3	38.3	38.6	38.9	88.3
2002	52.8	43.8	48.1	41.5	40.1	38.5	37.8	89.1
2003	52.7	44.8	46.0	40.1	41.1	38.0	37.7	89.9
2004	50.8	45.5	46.3	41.7	41.0	38.0	40.5	90.5
2005	51.4	46.4	45.8	41.2	40.3	38.0	39.2	91.3
2006	52.8	48.7	44.9	40.8	40.1	38.1	37.0	91.7
2007	52.6	49.8	44.6	41.3	39.5	38.2	37.0	92.8
2008	52.9	50.4	44.4	41.3	37.5	37.9	36.6	92.7
2009	53.7	50.6	45.2	41.3	37.1	38.8	38.3	92.8
2010	53.4	47.8	43.0	40.7	37.7	38.3	35.5	92.8
2011	53.4	52.9	46.5	39.8	38.1	37.2	34.5	n. a.

核 算 点 评

如果拿中国服务业占 GDP 的比重和亚洲邻国相比，日本、新加坡都在 70% 以上。韩国为 58.1%。印度为 55.7%，巴基斯坦、尼泊尔、阿富汗、菲律宾、孟加拉国都在 50% 以上。中国服务业占 GDP 的比重 43.3%，和泰国（46.5%）相近，高于柬埔寨（39.8%）、印尼（38.1%）、越南（37.2%）和老挝（34.5%）。

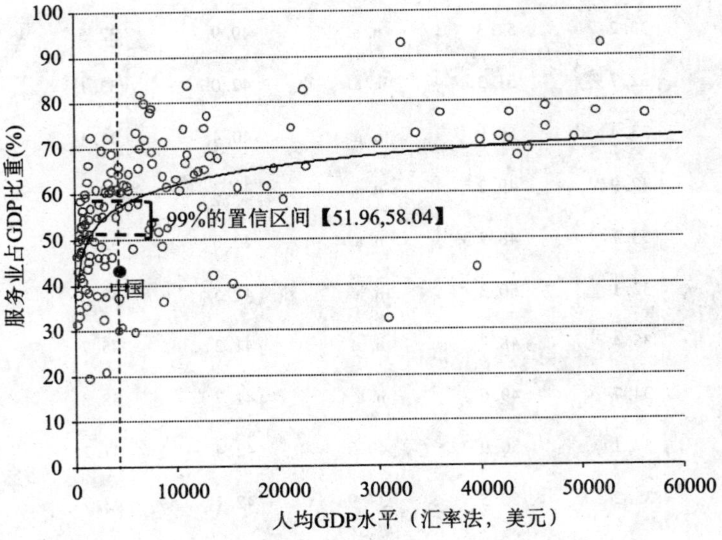

图 7-2　世界各国服务业占 GDP 比重（汇率法）

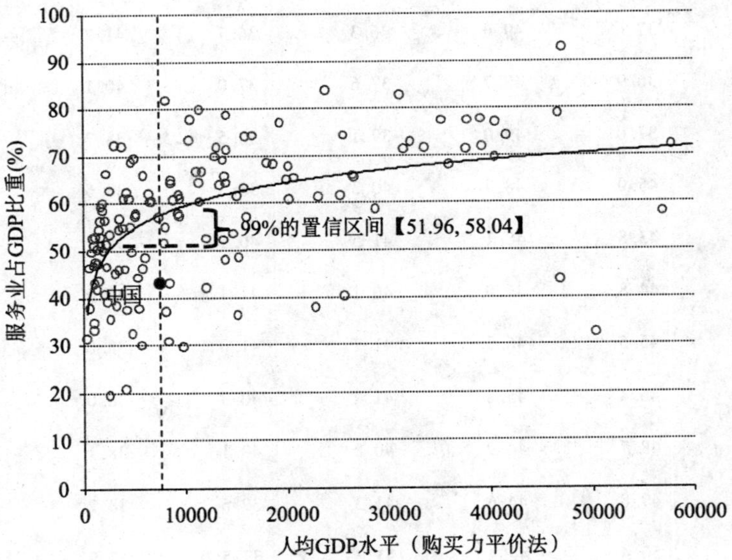

图 7-3　世界各国服务业占 GDP 比重（购买力平价法）

核 算 点 评

（1）从世界各国的统计规律来看，随着人均 GDP 的增长，服务业占 GDP 的比重随之增加。无论按照汇率法还是购买力评价法计算，中国的人均 GDP 已经进入了中等收入国家行列，可是，2011 年，中国的服务业占 GDP 的比重为 43.3%，明显地低于世界均值 70.9%，甚至低于低收入国家（49.7%）、中低收入国家（51.6%）、中等收入国家（54.7%）。津巴布韦的经济发展程度远不如中国，可是服务业占 GDP 的比重为 47%。菲律宾为 55.8%。从世界各国来华旅游者的直觉来看，中国的服务业要明显地强于低收入国家，甚至比东欧国家更好。可是，中国服务业占 GDP 的比重大大低于这些国家。毋庸置疑，中国的服务业统计数据被低估了。

（2）为什么中国服务业占 GDP 的比重会这么低？很可能是由于税制改革的滞后而丢失了统计数据。中国的税制和世界上大多数国家不同，依然带着严重的计划经济特色。在计划经济中统计数据强调物质产品而忽视服务业。西方各国的个人所得税占整体财税收入的 30%—50%。可是，中国在 2012 年个人所得税只占全部财税收入的 6.8%。服务业和制造业、农业不同，在大多数情况下服务业没有具体的物质产出，更多体现在人和人之间的相互服务。在工业化国家中服务业的数据来自于个人所得税申报。例如，在西方许多国家，对家政服务的支出可以退返个人所得税，因此具有足够的激励机制鼓励人们如实报告个人收支。中国至少有 1000 万保姆，从来就没有哪个保姆报过税。她们的 GDP 产出并没有纳入国民统计。众多小商小贩的 GDP 也被丢失了。没有任何激励机制鼓励人们如实申报在服务业中的支出和收入，导致服务业数据严重缺失。

（3）纵观世界各国数据，随着人均 GDP 增长，服务业占 GDP 的比重也逐渐升高。按照回归分析，中国服务业占比的 99% 的置信区间在 52% 到 58% 之间。

（4）有人见到中国服务业占 GDP 的比重严重低于其他国家，于是建议大力发展服务业，以此拉动内需。事实上，普通服务业（如餐饮、物流、娱乐、家政等）的市场化程度明显高于制造业。中国普通服务业的进入门槛很低，市场竞争相当充分。满街都是饭馆，业者很容易申办到餐馆和理发店的营业执照。家政服务的中介机构相当充分，进入家政服务的门槛也很低。一般而言，普通服务业的增长空间并不大。并不是普通服务业欠发达，而是丢失统计数据导致服务业的统计比重偏低。

（5）在服务业中还包括金融、通讯、医疗、教育等。从总量上来讲，中国的银行、学校和医院的数目并不少，但是大部分银行、医院都是国有单位。迄今为止，尚且存在着种种制度上的准入障碍。如果放松对这些领域的准入限制，放弃或削弱在这些领域中国有企业的垄断，允许民营企业自由进入这些行业，势必可以进一步刺激服务业的发展，提高服务业在 GDP 中的比重。

专题八 对外依存度核算[①]

目 录

① 本专题核算李昕，审核陈梦根。

指标解释

一、主要统计指标解释

货物与服务总出口：指实际从某经济体国境出口的货物和服务总金额。出口货物按离岸价格统计。

货物与服务总进口：指实际从某经济体国境进口的货物和服务总金额。进口货物按到岸价格计算。

二、主要核算指标解释

对外依存度：对外依存度 = 货物和服务总贸易额 / GDP

核算过程

主指标　　**不同组别国家对外依存度比较（汇率法，%）**

年份	中国	最不发达国家	低收入国家	中低收入国家	中等收入国家	中高收入国家	高收入国家	世界平均水平
1980	21.7	n. a.	41.5	48.7	41.5	39.2	42.7	42.4
1981	24.6	25.1	38.2	49.6	41.1	38.3	41.8	41.5
1982	21.0	24.1	35.5	44.5	38.6	36.8	39.9	39.6
1983	19.3	23.1	34.5	42.9	38.4	37	38.1	38.1
1984	20.8	22.3	35.7	41.4	38.5	37.6	38.8	38.7
1985	22.5	34.1	34.7	38.1	36.6	36.2	37.6	37.4
1986	22.5	32.8	34.3	35.7	33.5	32.8	35.5	35.2
1987	28.9	33.8	35.3	36.6	36.9	37.3	36.4	36.6
1988	31.0	34.0	35.4	38.1	39.7	40.4	37.2	37.6
1989	29.2	34.7	35.8	41.2	40.8	40.7	38.5	38.9
1990	29.2	36.8	37.3	42.3	40.0	39.3	39.7	39.8
1991	31.7	36.4	35.5	44.1	38.9	37.3	39.1	39.1
1992	36.1	40.6	35.4	46.0	52.0	53.8	38.9	40.9
1993	42.0	39.8	38.4	47.4	47.1	47.1	37.7	39.2
1994	41.2	44.7	43.8	48.3	44.9	44.1	39.2	40.1
1995	38.8	48.7	47.6	51.9	47.3	46.1	42.1	42.9
1996	38.1	49.6	45.7	51.8	46.6	45.3	43.7	44.2
1997	39.0	45.2	44.6	53.5	47.3	45.7	45.6	45.9
1998	36.4	43.8	44.3	54.1	46.1	44.2	45.7	45.7
1999	37.7	45.1	43.7	51.3	48.8	48.1	45.2	45.8
2000	44.2	48.5	46.1	55.9	53.3	52.6	48.6	49.4
2001	43.1	50.7	48.3	54.7	52.5	52.0	47.5	48.4
2002	47.7	51.0	47.4	55.4	55.8	55.9	47.1	48.6
2003	56.9	55.5	50.2	56.3	58.2	58.8	48.4	50.1
2004	65.4	59.4	53.8	61.5	62.7	63.1	51.9	53.9
2005	68.6	66.3	56.7	64.8	63.9	63.7	54.7	56.6
2006	70.6	67.5	60.3	65.0	64.5	64.4	58.5	59.9
2007	68.0	70.0	62.6	64.0	63.2	63.0	61.1	61.6
2008	62.2	73.3	65.2	69.6	63.7	62.2	64.3	64.0
2009	49.0	62.3	57.0	58.5	53.2	51.9	55.0	54.4
2010	57.3	63.9	60.6	60.7	57.3	56.4	60.2	59.2
2011	58.7	68.8	66.1	66.1	60.5	59.1	64.5	63.1

主指标

不同组别国家对外依存度比较（购买力平价法，%）

年份	中国	最不发达国家	低收入国家	中低收入国家	中等收入国家	中高收入国家	高收入国家	世界平均水平
1980	16.7	n. a.	31.6	30.6	26.1	24.4	44.3	38.1
1981	16.9	16.9	25.9	28.1	25.0	23.7	39.5	34.3
1982	13.0	15.0	22.6	23.3	21.3	20.5	35.3	30.3
1983	11.7	12.7	19.3	20.3	19.4	19.1	32.5	27.9
1984	11.9	11.7	18.5	18.3	18.2	18.1	31.8	27.1
1985	13.1	18.7	17.9	16.4	16.9	17.0	30.3	25.7
1986	11.4	18.3	18.0	15.0	15.2	15.2	32.9	27.1
1987	11.6	19.3	18.4	15.8	16.0	16.0	36.7	30.0
1988	12.4	18.6	18.4	15.6	17.1	17.7	38.9	31.8
1989	12.0	18.1	17.7	15.7	17.5	18.3	39.1	32.1
1990	11.5	18.9	18.5	16.1	17.8	18.5	42.2	34.3
1991	11.8	18.3	17.3	15.5	16.6	17.1	41.8	33.7
1992	12.8	17.5	15.8	16.2	22.4	24.9	42.9	36.2
1993	13.4	16.8	16.1	16.1	20.2	21.8	40.4	33.8
1994	14.4	17.1	16.9	17.0	20.5	21.9	42.7	35.5
1995	15.6	19.6	19.6	19.0	22.3	23.6	48.2	39.7
1996	16.1	19.8	19.7	19.3	22.4	23.7	47.9	39.4
1997	16.4	17.5	18.8	19.4	22.4	23.7	46.7	38.6
1998	15.0	15.9	18.2	17.1	20.1	21.4	45.1	36.7
1999	15.1	15.7	16.8	16.5	19.7	21	44.7	36.3
2000	17.7	16.5	16.7	18.0	21.7	23.2	45.9	37.7
2001	17.2	16.2	16.4	16.7	20.4	21.8	42.7	35.0
2002	18.9	16.5	16.0	17.2	20.7	22.1	42.5	34.9
2003	22.7	19.3	17.4	18.6	22.7	24.2	47.1	38.3
2004	27.1	22.0	19.1	21.1	26.2	28.2	53.0	43.0
2005	28.9	26.0	20.2	23.3	28.5	30.5	55.7	45.2
2006	30.7	27.7	21.5	25.0	30.2	32.1	58.7	47.3
2007	32.4	31.2	23.7	27.3	32.7	34.6	63.3	50.7
2008	34.3	36.5	27	31.2	35.9	37.5	68.7	54.7
2009	26.9	28.6	23.3	25	27.9	29.0	56.3	43.7
2010	33.6	31.4	25.2	29.2	33.5	35.0	62.0	49.0
2011	38.0	36.1	28.7	33.3	37.9	39.5	69.2	54.6

注：主指标在后面正文中为表 8 – 12。

表 8－1　　货物与服务总出口（当期价格，十亿美元）

年　份	阿富汗	阿尔巴尼亚	阿尔及利亚	安道尔	安哥拉	阿根廷	亚美尼亚	阿鲁巴
1980	0.0	0.0	12.8	0.0	0.0	5.0	0.0	0.0
1981	0.0	0.0	13.7	0.0	0.0	5.8	0.0	0.0
1982	0.0	0.0	13.1	0.0	0.0	5.5	0.0	0.0
1983	0.0	0.0	12.6	0.0	0.0	6.1	0.0	0.0
1984	0.0	0.4	14.7	0.0	0.0	3.8	0.0	0.0
1985	0.0	0.4	15.5	0.0	1.7	5.5	0.0	0.0
1986	0.0	0.3	14.8	0.0	2.0	7.0	0.0	0.0
1987	0.0	0.3	12.3	0.0	2.2	8.4	0.0	0.0
1988	0.0	0.4	13.4	0.0	1.8	7.8	0.0	0.0
1989	0.0	0.5	15.9	0.0	1.8	5.0	0.0	0.0
1990	0.0	0.5	15.5	0.0	2.1	6.5	1.0	0.0
1991	0.0	0.3	10.8	0.0	3.3	11.5	1.2	1.4
1992	0.0	0.6	11.5	0.0	4.1	18.6	0.8	1.3
1993	0.0	0.8	11.6	0.0	2.9	22.1	0.7	1.4
1994	0.0	0.8	11.1	0.0	3.1	27.3	1.0	1.4
1995	0.0	0.8	12.1	0.0	0.0	26.0	0.9	1.6
1996	0.0	1.1	11.2	0.0	5.2	30.1	0.9	2.0
1997	0.0	0.8	10.3	0.0	3.1	37.4	1.0	2.1
1998	0.0	0.9	10.9	0.0	0.7	38.7	1.0	1.5
1999	0.0	1.1	11.5	0.0	1.6	32.7	0.9	0.0
2000	0.0	1.4	11.7	0.0	2.6	32.7	1.0	0.0
2001	0.0	1.6	11.9	0.0	3.4	27.4	1.0	0.0
2002	2.7	2.1	14.5	0.0	4.1	13.1	1.1	0.0
2003	4.8	2.6	16.2	0.0	7.9	18.4	1.4	0.0
2004	5.4	3.2	21.8	0.0	10.2	27.8	1.6	0.0
2005	6.4	3.9	24.8	0.0	16.4	35.2	2.1	0.0
2006	7.1	4.5	25.2	0.0	17.1	41.2	2.5	0.0
2007	8.0	5.9	31.6	0.0	26.9	53.0	3.6	0.0
2008	9.7	7.3	39.2	0.0	40.8	67.4	4.7	0.0
2009	10.0	6.5	34.3	0.0	36.1	49.2	3.7	0.0
2010	10.5	6.4	34.8	0.0	34.7	67.8	4.2	0.0
2011	12.2	7.3	0.0	0.0	45.2	87.1	4.9	0.0

表 8-1 续表 1

年份	澳大利亚	奥地利	阿塞拜疆	巴哈马	巴林	孟加拉国	白俄罗斯	比利时
1980	23.9	29.4	0.0	0.8	3.5	3.2	0.0	72.4
1981	29.6	25.6	0.0	0.9	4.2	2.9	0.0	63.4
1982	32.7	23.5	0.0	0.9	3.9	2.9	0.0	59.4
1983	27.7	23.5	0.0	1.0	3.5	2.6	0.0	56.4
1984	29.1	23.5	0.0	1.2	3.7	2.5	0.0	57.4
1985	31.3	24.9	0.0	1.4	3.3	2.9	0.0	57.1
1986	33.0	32.3	0.0	1.4	2.6	2.6	0.0	71.2
1987	32.4	39.8	0.0	1.5	3.0	2.9	0.0	87.1
1988	39.3	45.6	0.0	0.0	2.9	3.3	0.0	99.8
1989	51.0	48.2	0.0	1.8	3.4	3.6	0.0	108.7
1990	53.3	60.8	3.5	1.8	4.0	4.1	7.6	132.5
1991	52.9	62.9	3.6	1.7	4.4	3.8	6.0	132.5
1992	53.6	68.6	2.7	1.6	4.6	3.9	9.8	142.5
1993	55.9	61.8	3.0	1.6	4.2	4.7	13.6	128.2
1994	59.7	70.2	1.0	1.7	4.1	4.7	12.6	144.7
1995	73.0	85.4	1.3	1.9	4.1	6.6	7.6	174.8
1996	77.6	86.9	1.8	2.1	4.6	7.6	7.4	172.3
1997	82.0	82.6	2.1	2.4	4.4	7.6	9.3	164.9
1998	81.4	86.0	2.4	2.6	4.0	8.1	9.7	168.4
1999	80.1	86.8	1.9	2.7	4.2	8.5	7.5	167.5
2000	88.9	85.4	2.0	3.9	5.1	9.1	9.2	175.0
2001	83.0	87.9	2.1	4.4	4.8	10.1	8.7	172.5
2002	81.3	91.2	3.1	2.7	5.6	9.1	9.8	179.4
2003	98.0	113.6	4.8	2.8	6.2	10.4	12.3	213.6
2004	120.0	139.0	6.3	3.0	8.2	11.8	17.2	256.9
2005	142.9	152.0	7.0	3.7	10.3	13.9	17.9	282.0
2006	157.7	166.7	8.1	4.4	11.6	15.6	23.7	307.8
2007	179.6	199.4	9.4	4.5	12.6	18.3	30.4	361.7
2008	231.1	221.6	11.5	4.5	16.3	22.9	41.7	426.6
2009	204.1	174.8	9.9	3.7	11.4	23.7	30.4	331.7
2010	227.6	188.1	10.5	3.9	0.0	25.1	37.5	363.8
2011	272.8	225.4	15.3	4.4	0.0	35.4	49.6	426.9

表8-1

续表2

年　份	贝宁	不丹	玻利维亚	博茨瓦纳	巴西	保加利亚	布基纳法索	布隆迪
1980	0.5	0.1	1.0	0.7	26.6	6.1	0.6	0.2
1981	0.6	0.1	1.4	0.8	25.8	6.9	0.6	0.2
1982	0.5	0.1	1.6	0.7	23.3	6.6	0.6	0.3
1983	0.3	0.1	1.3	0.7	18.3	6.3	0.5	0.3
1984	0.3	0.1	1.6	0.7	16.6	6.7	0.4	0.2
1985	0.4	0.1	1.2	0.6	15.8	7.6	0.5	0.2
1986	0.4	0.1	1.0	0.7	17.0	8.8	0.6	0.3
1987	0.5	0.1	1.1	1.0	18.2	12.1	0.7	0.3
1988	0.5	0.1	1.1	1.2	18.8	10.6	0.7	0.3
1989	0.4	0.1	1.1	1.4	23.2	10.5	0.6	0.3
1990	0.5	0.1	1.2	1.9	32.2	7.6	0.8	0.3
1991	0.6	0.1	1.4	1.8	32.2	4.3	0.7	0.3
1992	0.6	0.1	1.6	1.7	32.7	5.5	0.4	0.3
1993	0.7	0.1	1.6	1.6	39.9	5.0	0.5	0.3
1994	0.6	0.1	1.6	1.7	50.0	4.4	0.5	0.3
1995	0.8	0.1	1.8	1.8	67.5	6.5	0.6	0.3
1996	0.7	0.1	2.0	1.8	70.2	5.1	0.7	0.1
1997	0.7	0.2	2.3	2.1	78.6	5.4	0.7	0.1
1998	0.8	0.2	2.8	2.2	75.4	7.6	0.8	0.2
1999	0.9	0.2	2.3	2.4	63.5	8.0	0.7	0.1
2000	0.7	0.2	2.3	2.3	75.7	7.2	0.7	0.1
2001	0.8	0.2	2.1	2.1	74.7	8.1	0.7	0.1
2002	0.9	0.2	2.2	2.2	63.4	8.9	0.7	0.1
2003	1.1	0.3	2.1	2.8	66.7	12.2	0.9	0.2
2004	1.2	0.4	2.3	3.7	83.3	16.0	1.2	0.2
2005	1.2	0.5	3.1	3.5	101.6	16.1	1.4	0.3
2006	1.3	0.5	3.8	3.5	124.9	26.2	1.5	0.4
2007	1.6	0.7	4.5	4.4	161.8	33.3	1.7	0.6
2008	1.8	0.7	6.3	5.2	222.7	40.8	2.2	0.7
2009	1.7	0.8	5.7	4.9	180.6	27.4	2.3	0.6
2010	1.6	0.9	6.7	6.0	255.1	28.3	2.3	0.7
2011	2.0	1.0	9.2	7.7	312.6	35.2	3.0	0.8

表 8 - 1　　　　续表 3

年　份	柬埔寨	喀麦隆	加拿大	佛得角	中非共和国	乍得	智利	中国
1980	0.0	1.8	70.5	0.1	0.3	0.3	7.4	20.9
1981	0.0	2.2	78.7	0.1	0.2	0.2	8.7	23.4
1982	0.0	2.1	67.1	0.1	0.3	0.1	5.2	18.9
1983	0.0	2.2	74.1	0.1	0.2	0.2	4.2	20.7
1984	0.0	2.4	87.2	0.1	0.2	0.2	4.9	26.7
1985	0.0	2.6	92.3	0.1	0.3	0.3	4.2	40.8
1986	0.0	2.4	99.2	0.1	0.3	0.4	4.6	37.2
1987	0.0	2.5	108.1	0.2	0.4	0.4	5.7	38.9
1988	0.1	2.0	129.3	0.2	0.3	0.4	6.7	50.0
1989	0.1	2.0	142.5	0.2	0.3	0.5	8.7	52.7
1990	0.1	1.9	149.7	0.2	0.4	0.5	9.6	46.7
1991	0.2	1.8	153.7	0.2	0.3	0.5	10.1	54.3
1992	0.4	2.1	159.2	0.2	0.3	0.5	12.5	73.8
1993	0.8	2.1	170.3	0.2	0.3	0.4	13.6	98.3
1994	1.1	1.6	185.3	0.2	0.3	0.4	14.7	111.6
1995	1.6	1.6	201.6	0.3	0.3	0.5	19.3	135.3
1996	1.5	1.8	210.9	0.3	0.2	0.5	21.9	154.1
1997	1.6	1.8	239.3	0.3	0.2	0.5	24.2	164.4
1998	1.4	1.7	243.3	0.3	0.3	0.5	23.5	163.6
1999	1.9	1.8	261.4	0.4	0.2	0.5	19.9	189.8
2000	2.3	2.3	288.7	0.3	0.2	0.5	22.7	250.7
2001	2.4	2.8	270.4	0.4	0.2	0.8	22.1	271.3
2002	2.8	2.8	272.9	0.4	0.2	2.3	21.6	328.0
2003	3.1	3.2	297.5	0.5	0.2	1.6	24.3	448.9
2004	3.8	3.9	338.4	0.6	0.3	2.2	30.6	606.5
2005	4.6	4.4	386.4	0.6	0.3	2.3	39.3	712.1
2006	5.5	5.0	429.9	0.8	0.3	2.5	45.6	852.8
2007	6.3	6.0	470.2	1.0	0.4	3.7	55.3	1034.7
2008	7.0	7.9	504.8	1.2	0.5	4.2	71.0	1232.8
2009	5.8	6.3	407.1	1.1	0.4	2.0	50.9	1113.2
2010	6.7	6.5	493.8	1.1	0.5	2.4	69.0	1583.4
2011	7.6	8.8	562.4	1.4	0.5	2.7	86.3	1998.3

表 8-1　　续表 4

年　份	哥伦比亚	刚果共和国	哥斯达黎加	科特迪瓦	克罗地亚	古巴	库拉索	塞浦路斯
1980	5.2	1.0	1.8	4.2	0.0	8.8	0.0	1.4
1981	5.6	1.5	1.3	3.6	0.0	8.9	0.0	1.3
1982	5.9	1.5	1.1	3.0	0.0	9.3	0.0	1.4
1983	5.1	1.1	1.2	2.4	0.0	9.8	0.0	1.4
1984	4.8	1.0	1.3	2.2	0.0	10.6	0.0	1.5
1985	4.4	1.2	1.4	2.3	0.0	10.3	0.0	1.4
1986	4.2	1.0	1.5	2.8	0.0	10.6	0.0	1.5
1987	4.7	0.9	1.8	3.0	0.0	11.1	0.0	1.9
1988	5.4	0.9	1.9	2.9	0.0	11.8	0.0	2.3
1989	5.5	0.8	2.3	2.8	0.0	12.1	0.0	2.7
1990	6.0	-0.5	2.7	2.9	0.0	11.7	0.0	3.2
1991	5.7	0.9	2.7	2.8	15.6	7.1	0.0	3.3
1992	7.8	0.5	3.4	3.1	5.6	4.0	0.0	4.2
1993	10.5	0.6	4.1	2.9	5.8	3.5	0.0	3.2
1994	17.1	1.4	4.3	2.4	6.7	4.1	0.0	3.6
1995	19.4	1.3	4.7	3.8	9.2	4.8	0.0	4.6
1996	20.3	1.5	5.1	3.9	9.9	4.3	0.0	5.0
1997	22.1	1.4	5.7	3.9	11.5	4.5	0.0	4.8
1998	20.6	1.4	7.1	4.2	10.6	4.7	0.0	4.8
1999	15.3	1.4	7.3	4.0	9.8	4.9	0.0	4.9
2000	16.7	1.4	7.3	3.5	9.6	5.2	0.0	5.1
2001	18.2	1.5	7.3	3.5	10.9	5.1	0.0	5.2
2002	17.8	1.6	8.0	3.8	13.0	4.4	0.0	5.5
2003	18.9	2.7	8.5	4.8	17.2	4.9	0.0	6.4
2004	22.4	2.4	9.2	6.1	20.1	5.8	0.0	7.9
2005	27.5	3.3	10.8	7.1	21.8	7.8	0.0	8.6
2006	33.4	5.1	12.5	7.4	24.7	9.7	0.0	9.5
2007	41.1	4.5	14.1	8.3	29.4	10.3	0.0	11.8
2008	49.5	5.6	16.5	9.1	34.7	14.8	0.0	14.2
2009	42.8	4.8	12.3	7.9	25.0	0.0	0.0	10.7
2010	51.5	6.6	14.6	8.3	23.7	0.0	0.0	10.8
2011	67.1	5.0	17.0	9.8	26.2	0.0	0.0	0.0

表 8－1 续表 5

年　份	捷克共和国	丹麦	多米尼加	多明尼加	厄瓜多尔	埃及	萨尔瓦多	赤道几内亚
1980	0.0	24.3	0.1	1.9	3.2	9.8	1.2	0.0
1981	0.0	22.1	0.1	1.8	3.3	11.4	1.2	0.0
1982	0.0	21.8	0.1	1.5	3.6	10.7	1.0	0.1
1983	0.0	21.0	0.0	1.6	2.6	10.3	1.0	0.0
1984	0.0	21.1	0.1	3.4	2.7	11.0	1.0	0.1
1985	0.0	23.1	0.1	1.9	2.8	11.1	1.1	0.0
1986	0.0	29.6	0.1	2.0	2.6	9.2	1.1	0.1
1987	0.0	33.8	0.1	2.2	3.1	9.2	1.0	0.1
1988	0.0	36.3	0.1	2.2	2.9	12.3	0.9	0.1
1989	0.0	36.9	0.1	3.0	3.4	12.8	1.0	0.1
1990	14.3	44.2	0.1	3.1	3.3	14.1	1.5	0.1
1991	11.3	45.3	0.1	4.2	3.6	13.2	1.6	0.1
1992	15.4	47.5	0.1	5.0	3.7	12.9	1.9	0.1
1993	18.2	43.1	0.1	5.5	4.0	14.0	2.4	0.1
1994	21.0	49.8	0.1	6.0	4.9	14.6	2.8	0.1
1995	29.9	60.9	0.1	6.4	5.7	16.7	3.6	0.2
1996	33.5	60.7	0.1	6.9	5.1	17.7	3.5	0.4
1997	32.3	59.8	0.2	7.9	6.1	19.5	4.2	0.6
1998	33.7	62.6	0.2	9.2	6.6	21.8	4.5	0.8
1999	33.5	61.9	0.2	9.4	4.2	21.1	4.6	0.0
2000	37.1	64.8	0.2	11.0	4.9	22.8	5.6	1.1
2001	41.3	65.1	0.2	10.2	6.6	21.8	5.8	1.6
2002	46.1	71.9	0.2	10.7	8.0	19.9	5.9	1.1
2003	57.5	83.0	0.2	9.2	8.0	20.2	6.5	2.3
2004	70.8	99.0	0.2	9.2	9.6	23.3	7.1	2.9
2005	80.2	113.6	0.2	12.1	11.8	29.2	7.5	3.6
2006	94.9	134.1	0.2	13.7	13.7	33.9	8.6	3.2
2007	118.3	155.5	0.2	15.6	15.7	45.4	9.7	3.8
2008	139.9	177.3	0.3	18.0	20.5	62.9	10.7	6.9
2009	108.3	135.8	0.3	14.2	16.6	59.7	8.0	7.4
2010	125.9	140.3	0.3	17.6	22.4	57.2	9.3	7.7
2011	148.7	160.8	0.3	19.6	25.5	69.2	10.9	9.4

表 8－1 续表 6

年 份	厄立特里亚	爱沙尼亚	埃塞俄比亚	斐济	芬兰	法国	波利尼西亚	加蓬
1980	0.0	0.0	0.0	0.6	17.2	158.6	0.0	1.4
1981	0.0	0.0	0.9	0.7	15.9	144.9	0.0	1.6
1982	0.0	0.0	0.9	0.6	15.2	140.2	0.0	1.4
1983	0.0	0.0	1.0	0.6	14.6	127.8	0.0	1.5
1984	0.0	0.0	1.1	0.5	14.3	126.5	0.0	1.4
1985	0.0	0.0	1.1	0.5	15.3	131.8	0.0	1.9
1986	0.0	0.0	1.2	0.5	17.9	159.3	0.0	1.9
1987	0.0	0.0	1.2	0.5	22.4	194.8	0.0	1.5
1988	0.0	0.0	1.3	0.6	26.4	216.0	0.0	1.6
1989	0.0	0.0	1.2	0.7	29.5	230.9	0.0	1.7
1990	0.0	0.0	1.1	0.9	33.4	278.3	0.0	1.8
1991	0.0	0.0	1.2	0.8	28.3	276.7	0.9	1.8
1992	0.2	0.0	0.8	0.8	27.7	291.3	0.9	1.9
1993	0.3	1.2	1.1	1.0	23.8	253.9	0.9	1.5
1994	0.4	2.0	1.0	1.1	29.3	282.3	0.9	1.6
1995	0.5	2.9	1.2	1.2	37.9	337.7	1.0	1.8
1996	0.6	3.4	1.4	1.3	38.8	342.4	1.0	1.9
1997	0.6	4.2	1.5	1.2	38.6	327.7	0.9	2.0
1998	0.6	4.7	1.6	1.0	39.6	351.6	1.1	2.2
1999	0.6	4.3	1.8	1.2	38.7	352.8	0.9	1.8
2000	0.5	5.0	1.9	1.2	41.9	369.0	0.8	1.7
2001	0.5	5.1	1.9	1.1	40.1	364.3	0.0	1.6
2002	0.5	5.7	2.1	1.2	42.3	377.2	0.0	1.7
2003	0.6	7.5	2.3	1.6	52.4	448.3	0.0	1.9
2004	0.7	9.6	3.2	1.9	63.0	529.1	0.0	2.3
2005	0.6	11.7	4.4	2.0	73.7	576.7	0.0	2.4
2006	0.5	13.9	5.5	2.2	84.8	633.2	0.0	3.0
2007	0.5	16.8	6.1	2.2	100.1	733.5	0.0	3.8
2008	0.4	17.9	8.0	2.6	117.2	822.7	0.0	4.7
2009	0.4	11.3	8.2	1.7	85.5	660.1	0.0	4.2
2010	0.0	13.7	8.8	2.0	91.8	707.1	0.0	4.8
2011	0.0	19.4	9.6	2.2	108.8	825.4	0.0	6.1

表 8 - 1

续表 7

年　份	冈比亚	格鲁吉亚	德国	加纳	希腊	格林纳达	关岛	危地马拉
1980	0.2	0.0	230.7	0.4	16.5	0.1	0.0	2.0
1981	0.1	0.0	201.1	0.2	15.5	0.1	0.0	2.0
1982	0.1	0.0	190.8	0.1	15.5	0.1	0.0	1.6
1983	0.1	0.0	187.5	0.2	14.1	0.1	0.0	1.3
1984	0.1	0.0	185.8	0.5	13.3	0.1	0.0	1.4
1985	0.1	0.0	191.2	0.6	13.4	0.1	0.0	1.3
1986	0.1	0.0	236.8	1.2	16.2	0.1	0.0	1.1
1987	0.1	0.0	284.9	1.3	18.3	0.1	0.0	1.6
1988	0.2	0.0	313.9	1.3	20.5	0.1	0.0	1.7
1989	0.2	0.0	335.0	1.3	22.6	0.1	0.0	1.9
1990	0.2	3.5	426.3	1.5	28.6	0.1	0.0	1.9
1991	0.2	2.0	471.7	1.7	29.5	0.1	0.0	2.0
1992	0.3	2.4	504.1	1.8	32.0	0.1	0.0	2.8
1993	0.3	1.9	438.0	2.2	28.8	0.2	0.0	3.0
1994	0.2	2.7	483.3	2.0	29.2	0.2	0.0	3.2
1995	0.3	1.1	583.9	2.1	35.7	0.2	0.0	3.7
1996	0.2	1.0	581.1	2.8	38.7	0.2	0.0	3.6
1997	0.2	1.5	563.2	3.7	40.0	0.2	0.0	4.2
1998	0.2	1.3	592.7	3.5	41.9	0.3	0.0	5.1
1999	0.2	1.1	607.9	3.8	45.3	0.3	0.0	5.0
2000	0.2	1.2	624.0	3.4	49.3	0.3	0.0	5.6
2001	0.2	1.3	617.0	3.4	49.9	0.3	0.0	7.7
2002	0.2	1.4	625.5	3.4	52.2	0.3	0.0	8.3
2003	0.2	1.9	770.8	4.3	64.3	0.3	0.0	8.8
2004	0.3	2.5	913.5	5.4	76.3	0.3	0.0	10.1
2005	0.3	3.3	998.7	6.6	78.0	0.4	0.0	11.2
2006	0.3	4.4	1158.0	8.3	90.5	0.4	0.0	12.7
2007	0.3	5.9	1335.0	10.1	115.8	0.4	0.0	14.4
2008	0.4	7.5	1516.6	12.7	131.9	0.5	0.0	15.4
2009	0.4	5.3	1235.8	11.0	98.6	0.4	0.0	12.5
2010	0.4	6.1	1361.1	13.3	92.1	0.4	0.0	15.0
2011	0.4	7.9	1623.8	20.1	96.0	0.4	0.0	17.8

表8-1　　续表8

年　份	几内亚	圭亚那	海地	洪都拉斯	中国香港特区	匈牙利	冰岛	印度
1980	0.0	0.6	0.0	1.1	25.8	9.1	1.2	17.2
1981	0.0	0.5	0.0	1.1	28.7	9.2	1.2	16.6
1982	0.0	0.3	0.0	0.8	27.6	8.6	1.2	16.3
1983	0.0	0.3	0.0	0.9	28.1	8.1	1.0	17.1
1984	0.0	0.2	0.0	1.1	33.0	7.7	1.1	16.4
1985	0.0	0.3	0.0	1.1	34.7	8.3	1.2	17.8
1986	0.5	0.3	0.0	1.1	41.2	9.8	1.4	17.5
1987	0.6	0.3	0.0	1.1	55.4	10.0	1.9	19.5
1988	0.7	0.3	0.0	1.1	72.2	9.8	2.0	22.1
1989	0.7	0.3	0.0	1.2	81.6	9.5	1.7	24.1
1990	0.9	0.3	0.0	1.2	93.9	9.4	2.1	27.1
1991	0.9	0.4	1.0	1.2	113.3	11.6	2.2	22.9
1992	0.9	0.6	0.5	1.2	138.2	12.1	2.1	27.6
1993	0.9	0.6	0.7	1.5	154.4	13.7	1.8	27.4
1994	0.9	0.6	0.5	1.7	180.3	15.1	1.9	33.3
1995	0.9	0.7	0.8	1.9	213.2	20.5	2.2	43.3
1996	0.9	0.8	0.9	2.1	220.2	22.2	2.6	45.4
1997	0.9	0.8	0.9	2.4	235.3	25.2	2.7	49.6
1998	1.0	0.8	1.0	2.8	209.0	30.2	3.2	53.4
1999	0.9	0.7	1.2	3.0	202.0	32.4	3.3	61.3
2000	0.9	0.8	1.2	4.7	235.8	36.2	3.6	65.1
2001	0.9	0.8	1.3	4.9	224.3	38.5	3.2	65.2
2002	0.9	0.8	1.2	5.1	231.6	43.2	3.2	78.5
2003	0.9	0.7	1.4	5.6	256.7	54.5	4.1	95.1
2004	0.9	0.8	1.6	6.8	300.9	68.2	5.3	139.3
2005	1.0	1.0	1.8	7.5	331.2	75.1	7.2	183.7
2006	1.2	0.0	2.2	8.4	369.0	88.5	8.4	230.0
2007	1.5	0.0	2.3	10.0	408.5	109.4	9.3	302.8
2008	1.5	0.0	2.8	11.7	435.5	125.2	7.9	350.9
2009	1.3	0.0	2.8	8.4	392.6	92.1	5.4	347.2
2010	1.7	0.0	4.1	9.9	488.4	103.0	5.8	450.0
2011	2.5	0.0	4.0	12.0	550.7	118.9	7.1	568.1

表 8－1 续表 9

年 份	印尼	伊朗	伊拉克	爱尔兰	以色列	意大利	牙买加	日本
1980	15.8	24.4	0.0	12.6	12.9	109.1	1.4	156.2
1981	22.2	25.2	0.0	11.9	13.9	102.0	1.7	164.7
1982	22.8	23.7	0.0	11.0	14.2	95.9	1.6	151.6
1983	23.8	34.0	0.0	10.6	14.7	88.2	1.6	145.8
1984	19.3	24.2	0.0	11.1	14.4	94.1	1.5	156.9
1985	17.9	23.1	0.0	11.4	14.1	97.6	1.4	148.9
1986	16.4	19.6	0.0	13.8	15.6	112.1	1.3	148.6
1987	17.0	10.5	0.0	16.4	20.3	142.1	1.5	179.1
1988	18.7	15.8	0.0	18.8	21.1	156.8	1.8	230.3
1989	21.7	19.8	0.0	21.0	20.4	172.7	2.3	264.1
1990	27.2	26.8	0.0	24.8	23.8	214.0	2.4	291.1
1991	30.9	0.0	0.0	25.4	26.8	210.5	2.1	293.6
1992	34.7	0.0	0.0	28.6	29.2	230.9	2.2	294.5
1993	37.6	11.9	0.0	27.9	32.0	185.4	2.7	303.2
1994	44.9	8.8	0.0	33.5	35.8	204.9	2.8	340.1
1995	55.9	11.9	0.0	43.3	35.3	247.6	3.5	410.6
1996	60.1	16.5	0.0	48.5	37.5	252.8	3.6	434.8
1997	60.7	16.1	0.0	54.0	37.2	255.1	3.9	417.6
1998	41.2	16.1	0.0	66.3	35.9	268.6	0.0	348.8
1999	38.4	15.6	0.0	72.7	40.9	270.2	0.0	380.5
2000	50.3	17.7	0.0	81.9	46.8	285.0	0.0	446.1
2001	49.4	21.7	0.0	88.5	43.6	286.3	0.0	408.0
2002	51.6	26.5	0.0	94.3	42.9	300.7	4.8	394.5
2003	54.3	34.8	0.0	106.9	44.4	361.6	4.9	439.7
2004	70.7	42.3	0.0	127.7	52.4	425.0	5.3	523.9
2005	85.5	47.3	0.0	141.1	57.7	463.2	6.1	590.0
2006	93.4	54.4	0.0	155.0	61.8	532.6	7.2	649.8
2007	109.8	61.6	0.0	185.2	73.4	619.0	7.8	699.5
2008	146.7	0.0	0.0	196.1	83.8	675.8	9.4	849.4
2009	115.2	0.0	0.0	167.2	62.9	512.5	6.3	620.8
2010	162.4	0.0	0.0	168.8	75.9	582.6	6.6	768.0
2011	211.0	0.0	0.0	183.2	91.7	665.3	7.8	946.9

表 8－1 续表 10

年 份	约旦	哈萨克斯坦	肯尼亚	基里巴斯	朝鲜	韩国	科索沃	科威特
1980	3.3	0.0	2.6	0.0	0.0	25.5	0.0	9.8
1981	4.3	0.0	2.3	0.0	0.0	28.4	0.0	9.6
1982	4.4	0.0	2.0	0.0	0.0	27.3	0.0	11.3
1983	4.0	0.0	1.7	0.0	0.0	28.8	0.0	10.3
1984	4.0	0.0	2.0	0.0	0.0	31.4	0.0	9.7
1985	3.8	0.0	1.8	0.0	0.0	30.3	0.0	9.2
1986	3.4	0.0	2.2	0.0	0.0	34.0	0.0	8.6
1987	3.9	0.0	2.1	0.0	0.0	43.7	0.0	8.3
1988	4.1	0.0	2.3	0.0	0.0	54.9	0.0	8.9
1989	3.1	0.0	2.5	0.0	0.0	66.2	0.0	10.1
1990	3.7	0.0	2.7	0.0	0.0	76.6	0.0	10.7
1991	3.5	0.0	2.3	0.0	0.0	89.3	0.0	13.8
1992	4.3	18.8	2.2	0.0	0.0	91.5	0.0	10.8
1993	4.5	10.9	2.0	0.0	0.0	94.7	0.0	10.6
1994	4.4	10.0	2.4	0.0	0.0	115.9	0.0	10.5
1995	4.9	8.9	3.5	0.0	0.0	154.7	0.0	11.4
1996	5.4	7.6	3.9	0.0	0.0	174.7	0.0	12.3
1997	5.2	8.3	4.1	0.0	0.0	170.4	0.0	12.0
1998	5.1	7.7	4.0	0.0	0.0	115.0	0.0	13.3
1999	5.0	6.8	3.5	0.0	0.0	144.2	0.0	11.9
2000	5.8	9.0	4.0	0.0	0.0	190.5	0.0	11.4
2001	6.0	10.4	4.3	0.0	0.0	168.9	0.0	12.4
2002	6.4	11.6	4.0	0.0	0.0	182.3	0.0	14.0
2003	7.0	13.3	4.5	0.1	0.0	213.1	0.0	16.5
2004	9.4	18.9	5.3	0.1	0.0	265.1	0.0	19.2
2005	11.9	25.5	6.7	0.0	0.0	308.9	0.0	22.8
2006	13.2	32.8	8.5	0.0	0.0	364.5	2.0	24.5
2007	15.7	44.8	10.3	0.0	0.0	424.0	2.5	32.5
2008	19.2	49.6	12.7	0.0	0.0	504.7	3.2	38.2
2009	16.5	39.0	11.5	0.0	0.0	383.9	2.9	31.1
2010	18.2	43.3	12.9	0.0	0.0	504.4	3.4	32.7
2011	21.3	52.2	15.5	0.0	0.0	604.3	3.9	37.2

表 8 – 1

续表 11

年　份	吉尔吉斯	老挝	拉脱维亚	黎巴嫩	莱索托	利比里亚	利比亚	列支敦士登
1980	0.0	0.0	0.0	0.0	0.5	0.6	0.0	0.0
1981	0.0	0.0	0.0	0.0	0.5	0.6	0.0	0.0
1982	0.0	0.0	0.0	0.0	0.5	0.6	0.0	0.0
1983	0.0	0.0	0.0	0.0	0.5	0.5	0.0	0.0
1984	0.0	0.1	0.0	0.0	0.5	0.4	0.0	0.0
1985	0.0	0.2	0.0	0.0	0.4	0.4	0.0	0.0
1986	0.0	0.1	0.0	0.0	0.4	0.4	0.0	0.0
1987	0.0	0.2	0.0	0.0	0.5	0.0	0.0	0.0
1988	0.0	0.2	0.0	0.0	0.6	0.0	0.0	0.0
1989	0.0	0.2	0.0	2.5	0.6	0.0	0.0	0.0
1990	1.3	0.2	3.7	2.8	0.7	0.0	9.0	0.0
1991	0.9	0.3	1.7	3.7	0.9	0.0	9.8	0.0
1992	1.1	0.3	3.5	4.2	1.0	0.0	8.6	0.0
1993	0.8	0.4	2.5	5.3	0.9	0.0	9.7	0.0
1994	0.7	0.6	2.2	6.0	0.9	0.0	7.5	0.0
1995	0.7	0.7	2.3	7.3	1.0	0.0	5.7	0.0
1996	1.0	0.8	3.0	7.6	1.1	0.0	6.7	0.0
1997	0.8	0.7	3.4	7.5	1.1	0.2	6.7	0.0
1998	1.0	0.6	3.9	7.1	1.2	0.1	5.7	0.0
1999	0.7	0.6	3.6	6.4	1.1	0.2	5.2	0.0
2000	0.7	0.8	3.8	6.2	1.0	0.1	5.3	0.0
2001	0.6	0.7	4.2	7.1	1.0	0.2	5.7	0.0
2002	0.7	0.6	4.7	6.7	0.9	0.2	7.0	0.0
2003	0.9	0.7	6.1	7.5	1.4	0.2	8.8	0.0
2004	1.1	1.1	8.2	9.1	1.6	0.3	10.7	0.0
2005	1.4	1.3	10.0	9.3	1.7	0.4	12.5	0.0
2006	2.2	1.6	13.2	9.5	1.7	0.9	14.4	0.0
2007	3.2	2.0	17.9	12.1	1.9	0.9	21.1	0.0
2008	4.8	2.4	19.0	16.1	2.0	1.2	25.6	0.0
2009	3.7	2.3	11.7	16.8	2.0	0.9	0.0	0.0
2010	3.9	2.7	13.3	18.6	2.5	1.1	0.0	0.0
2011	5.1	3.6	17.8	20.2	2.7	1.4	0.0	0.0

表 8－1 续表 12

年份	立陶宛	中国澳门特区	马其顿	马达加斯加	马拉维	马来西亚	马尔代夫	马里
1980	0.0	0.0	0.0	1.2	0.5	13.5	0.1	0.5
1981	0.0	0.0	0.0	0.8	0.4	14.7	0.1	0.4
1982	0.0	1.1	0.0	0.7	0.3	16.0	0.1	0.4
1983	0.0	1.2	0.0	0.6	0.3	17.2	0.1	0.4
1984	0.0	1.3	0.0	0.5	0.3	17.8	0.1	0.4
1985	0.0	1.3	0.0	0.6	0.3	15.6	0.1	0.6
1986	0.0	1.5	0.0	0.5	0.3	14.0	0.1	0.6
1987	0.0	1.8	0.0	0.6	0.3	15.8	0.1	0.6
1988	0.0	2.0	0.0	0.6	0.4	19.8	0.1	0.7
1989	0.0	2.3	0.0	0.6	0.5	25.4	0.1	0.7
1990	6.4	2.5	1.6	0.9	0.6	31.9	0.2	0.8
1991	2.2	2.9	1.2	0.7	0.6	40.0	0.2	0.8
1992	1.7	3.2	1.2	0.7	0.8	44.1	0.2	0.9
1993	6.7	3.3	1.4	0.8	0.7	52.9	0.3	0.8
1994	4.3	3.6	1.6	0.9	0.7	67.6	0.3	0.8
1995	4.6	3.6	1.9	1.0	0.7	87.1	0.3	0.9
1996	5.0	3.5	1.7	1.0	0.7	91.0	0.3	0.9
1997	6.2	3.6	1.9	1.1	0.9	92.5	0.4	0.9
1998	6.3	3.5	2.0	1.1	0.7	67.7	0.4	0.9
1999	5.3	3.7	1.9	1.2	0.8	76.2	0.5	1.0
2000	5.8	3.9	2.3	1.5	0.6	94.3	0.4	1.0
2001	6.7	4.4	1.9	1.5	0.7	86.3	0.5	1.3
2002	8.3	4.9	2.2	1.0	0.9	91.8	0.5	1.3
2003	10.6	5.6	2.6	1.8	1.0	96.2	0.5	1.6
2004	13.3	6.8	3.3	2.1	1.1	118.5	0.7	1.8
2005	16.8	7.3	3.7	2.3	1.4	130.6	0.9	2.0
2006	20.8	8.9	4.2	2.5	1.5	147.1	1.0	2.4
2007	26.4	11.9	5.8	3.8	1.5	167.0	1.6	2.5
2008	33.9	13.1	7.5	5.4	2.1	178.3	2.1	3.8
2009	20.7	10.6	5.7	4.5	2.0	143.9	1.5	2.8
2010	25.3	14.2	6.1	3.3	2.4	189.0	1.7	3.8
2011	33.9	19.5	7.7	3.7	2.2	217.9	2.3	3.9

表 8 - 1　　　　　续表 13

年　份	马耳他	马绍尔群岛	毛里塔尼亚	毛里求斯	墨西哥	摩尔多瓦	摩纳哥	蒙古
1980	1.1	0.0	0.5	0.7	25.2	0.0	0.0	0.0
1981	1.0	0.0	0.6	0.6	32.4	0.0	0.0	1.6
1982	0.9	0.0	0.6	0.5	17.9	0.0	0.0	1.6
1983	0.9	0.0	0.6	0.5	14.0	0.0	0.0	1.7
1984	0.8	0.0	0.5	0.5	16.8	0.0	0.0	1.4
1985	0.9	0.0	0.6	0.6	19.1	0.0	0.0	1.5
1986	1.1	0.0	0.6	0.8	17.4	0.0	0.0	2.4
1987	1.4	0.0	0.6	1.2	18.8	0.0	0.0	2.2
1988	1.6	0.0	0.6	1.5	34.0	0.0	0.0	2.1
1989	1.7	0.0	0.6	1.6	42.5	0.0	0.0	1.9
1990	2.3	0.0	0.6	1.9	51.8	1.8	0.0	1.0
1991	2.4	0.0	0.6	1.9	60.6	1.1	0.0	2.0
1992	2.7	0.0	0.6	2.0	73.7	0.9	0.0	0.5
1993	2.5	0.0	0.6	2.1	77.3	0.7	0.0	0.5
1994	2.9	0.0	0.7	2.3	91.1	0.8	0.0	0.5
1995	3.5	0.0	0.9	2.5	79.4	1.0	0.0	0.6
1996	3.3	0.0	1.0	2.8	99.9	1.3	0.0	0.6
1997	3.1	0.0	0.8	2.8	121.9	1.4	0.0	0.6
1998	3.2	0.0	0.5	2.8	138.2	1.2	0.0	0.7
1999	3.4	0.0	0.5	2.9	155.7	0.8	0.0	0.7
2000	3.9	0.0	0.6	2.8	191.5	1.0	0.0	0.8
2001	3.2	0.0	0.6	2.8	185.2	1.1	0.0	0.8
2002	3.4	0.0	0.6	2.8	185.9	1.3	0.0	0.9
2003	4.0	0.0	0.7	3.1	187.8	1.7	0.0	1.1
2004	4.5	0.0	1.2	3.6	215.6	2.1	0.0	1.4
2005	4.8	0.0	1.8	4.1	242.4	2.7	0.0	1.6
2006	5.8	0.0	1.6	4.7	278.2	3.1	0.0	1.8
2007	6.9	0.0	2.1	5.2	305.7	4.3	0.0	2.5
2008	7.6	0.0	2.9	6.4	331.4	5.7	0.0	3.8
2009	6.4	0.0	1.4	5.2	256.8	4.0	0.0	2.6
2010	6.9	0.0	1.9	6.2	326.6	4.6	0.0	3.9
2011	8.3	0.0	2.5	7.5	380.6	6.0	0.0	7.6

表 8－1　　　　　　　　　　　　　续表 14

年　份	黑山	摩洛哥	莫桑比克	缅甸	纳米比亚	尼泊尔	荷兰	新喀里多尼亚
1980	0.0	5.0	1.0	0.0	1.5	0.4	94.8	0.0
1981	0.0	5.1	0.9	0.0	1.7	0.4	80.6	0.0
1982	0.0	4.9	0.9	0.0	1.5	0.5	77.3	0.0
1983	0.0	4.1	0.7	0.0	1.4	0.5	75.7	0.0
1984	0.0	4.3	0.6	0.0	1.1	0.5	73.8	0.0
1985	0.0	4.3	0.5	0.0	0.7	0.5	77.2	0.0
1986	0.0	4.7	0.6	0.0	0.9	0.6	91.5	0.0
1987	0.0	5.1	0.7	0.0	1.3	0.6	111.3	0.0
1988	0.0	5.8	0.8	0.0	1.3	0.8	124.2	0.0
1989	0.0	6.3	0.9	0.0	1.3	0.8	129.5	0.0
1990	0.0	8.2	0.9	0.0	1.6	0.8	155.2	0.9
1991	0.0	7.9	1.0	0.0	1.7	0.9	160.9	0.9
1992	0.0	9.0	0.9	0.0	1.9	0.9	173.5	0.9
1993	0.0	8.5	1.0	0.0	1.6	1.1	161.0	0.9
1994	0.0	9.3	1.0	0.0	1.7	1.3	179.7	0.9
1995	0.0	11.2	0.9	0.0	2.0	1.5	224.9	1.0
1996	0.0	11.1	1.0	0.0	2.0	1.6	227.2	1.0
1997	0.0	10.8	0.9	0.0	2.1	1.9	222.8	0.9
1998	0.0	11.2	1.1	0.0	2.0	1.6	233.1	0.9
1999	0.0	11.8	1.5	0.0	1.9	1.5	242.1	1.0
2000	0.5	12.3	1.6	0.0	1.7	1.8	248.5	0.0
2001	0.7	12.1	1.6	0.0	1.7	1.8	246.4	0.0
2002	0.8	13.0	2.1	0.0	1.6	1.7	252.3	0.0
2003	0.8	15.7	2.2	0.0	2.6	1.8	305.3	0.0
2004	1.2	19.5	2.4	0.0	2.8	2.1	360.0	0.0
2005	1.5	22.6	2.9	0.0	2.9	2.4	390.1	0.0
2006	2.1	26.0	3.4	0.0	3.3	2.8	441.2	0.0
2007	3.2	33.7	3.6	0.0	4.6	3.2	516.3	0.0
2008	4.2	45.2	4.6	0.0	4.8	4.1	591.9	0.0
2009	2.7	36.1	4.2	0.0	5.0	4.7	490.4	0.0
2010	2.6	39.0	4.1	0.0	6.1	5.8	542.7	0.0
2011	3.0	48.1	5.8	0.0	6.6	6.2	619.2	0.0

表 8-1 续表 15

年 份	新西兰	尼加拉瓜	尼日尔	尼日利亚	挪威	阿曼	巴基斯坦	帕劳
1980	6.9	0.9	1.0	12.3	23.7	2.3	5.7	0.0
1981	7.5	1.0	0.8	15.9	22.6	2.8	6.5	0.0
1982	7.4	0.6	0.7	11.1	22.5	3.3	6.7	0.0
1983	7.2	0.8	0.5	6.1	20.6	3.0	6.6	0.0
1984	7.4	0.9	0.4	3.7	20.8	3.3	7.0	0.0
1985	7.7	0.6	0.5	3.5	22.7	3.7	7.1	0.0
1986	8.0	0.6	0.4	4.1	29.1	3.0	7.2	0.0
1987	9.6	0.5	0.6	5.8	32.0	2.3	7.0	0.0
1988	10.0	1.5	0.5	5.0	33.7	2.6	8.3	0.0
1989	11.2	0.7	0.5	6.0	34.7	0.0	8.7	0.0
1990	11.7	0.5	0.5	8.2	39.7	3.2	9.4	0.0
1991	10.8	0.8	0.4	8.6	38.4	3.9	8.4	0.0
1992	11.6	1.0	0.4	13.2	39.9	4.4	10.0	0.0
1993	12.5	0.8	0.3	10.7	37.2	4.8	11.6	0.0
1994	15.4	1.0	0.4	9.6	39.9	4.5	9.9	0.0
1995	17.5	1.2	0.5	11.9	47.3	4.9	11.8	0.1
1996	18.7	1.4	0.5	9.7	51.0	5.5	13.6	0.1
1997	17.7	1.7	0.4	13.7	52.4	6.1	13.0	0.1
1998	15.8	1.7	0.5	12.2	54.1	7.0	10.9	0.1
1999	17.8	2.1	0.5	14.3	51.0	5.9	10.7	0.1
2000	17.2	2.1	0.5	14.7	49.5	6.2	10.9	0.1
2001	17.1	2.1	0.5	15.5	49.3	7.2	11.4	0.1
2002	19.8	2.1	0.5	19.2	53.3	5.6	11.1	0.1
2003	24.6	2.2	0.7	27.4	61.6	7.1	13.4	0.1
2004	29.9	2.6	0.8	27.3	73.8	9.6	14.3	0.1
2005	33.4	3.0	0.8	34.8	84.7	9.7	21.4	0.1
2006	32.9	3.4	0.0	40.3	95.8	11.8	29.6	0.1
2007	39.1	4.0	0.0	43.0	119.8	16.8	30.6	0.1
2008	42.0	4.7	0.0	64.6	133.9	22.6	39.1	0.2
2009	31.1	3.9	0.0	50.0	105.0	19.4	33.0	0.1
2010	38.2	4.5	0.0	68.4	120.1	0.0	34.3	0.1
2011	45.8	5.6	0.0	86.9	137.5	0.0	40.4	0.2

表 8－1　　　　续表 16

年　份	巴拿马	巴布亚新几内亚	巴拉圭	秘鲁	菲律宾	波兰	葡萄牙	波多黎各
1980	3.4	1.4	1.3	4.0	9.2	0.0	10.9	10.5
1981	3.8	1.5	1.3	4.9	9.7	0.0	11.4	11.6
1982	3.5	1.4	1.1	4.8	9.7	0.0	10.8	11.5
1983	2.8	1.4	0.8	3.7	9.3	0.0	9.4	11.7
1984	3.0	1.4	1.0	3.1	7.9	0.0	9.0	13.3
1985	3.2	1.3	0.8	3.1	6.7	0.0	8.8	14.0
1986	3.5	1.4	1.1	2.8	6.7	0.0	11.0	13.9
1987	3.5	1.6	1.3	3.0	8.7	0.0	15.7	15.5
1988	2.9	1.9	1.5	2.8	10.2	0.0	20.2	17.2
1989	3.4	1.9	1.4	2.5	12.9	0.0	21.6	19.8
1990	4.2	1.6	2.1	3.6	14.7	12.7	28.5	0.0
1991	5.4	2.0	2.4	5.0	14.8	19.5	30.5	0.0
1992	6.4	2.0	2.5	5.6	18.0	18.7	34.6	34.8
1993	6.7	1.8	3.3	5.6	21.6	18.9	29.3	35.2
1994	7.3	2.2	4.7	7.0	25.7	21.3	32.2	38.0
1995	7.8	2.0	5.7	9.8	32.7	29.3	39.5	41.3
1996	7.7	2.5	5.4	10.1	40.8	37.2	41.6	42.6
1997	8.6	2.5	5.2	11.0	48.8	43.0	41.5	45.5
1998	8.9	1.8	4.7	10.5	38.9	53.3	45.7	51.0
1999	7.8	1.8	3.4	9.0	41.0	50.5	47.3	57.1
2000	8.1	1.7	3.3	9.7	43.2	57.5	46.8	60.3
2001	7.8	1.6	2.9	9.6	40.3	58.5	46.1	69.2
2002	7.6	1.7	2.5	9.8	45.3	63.6	47.5	69.8
2003	7.6	1.9	2.8	10.9	45.9	78.1	55.7	76.8
2004	9.1	2.3	3.4	12.4	49.4	100.7	67.4	80.8
2005	10.7	3.1	4.1	15.2	53.3	115.0	71.1	83.6
2006	11.9	3.7	5.4	18.3	59.1	144.1	79.9	88.1
2007	14.6	4.3	6.6	24.0	64.8	185.6	93.1	87.8
2008	17.5	5.0	9.4	34.3	68.3	232.2	107.1	91.3
2009	15.4	4.5	7.4	25.9	56.2	169.6	83.0	88.0
2010	18.6	5.0	10.7	35.0	73.1	204.1	86.8	88.9
2011	22.5	6.2	13.6	43.8	81.0	0.0	93.3	0.0

表 8－1　　　　　　　　　　　　续表 17

年　份	卡塔尔	罗马尼亚	俄罗斯联邦	卢旺达	萨摩亚	沙特阿拉伯	塞内加尔	塞尔维亚
1980	0. 0	0. 0	0. 0	0. 3	0. 0	44. 9	1. 3	0. 0
1981	0. 0	0. 0	0. 0	0. 3	0. 0	55. 5	1. 6	0. 0
1982	0. 0	0. 0	0. 0	0. 3	0. 0	59. 9	1. 4	0. 0
1983	0. 0	0. 0	0. 0	0. 3	0. 0	61. 6	1. 4	0. 0
1984	0. 0	0. 0	0. 0	0. 3	0. 0	54. 1	1. 3	0. 0
1985	0. 0	0. 0	0. 0	0. 3	0. 0	38. 1	1. 2	0. 0
1986	0. 0	0. 0	0. 0	0. 4	0. 0	31. 1	1. 4	0. 0
1987	0. 0	0. 0	0. 0	0. 4	0. 0	31. 8	1. 5	0. 0
1988	0. 0	0. 0	0. 0	0. 4	0. 0	31. 1	1. 5	0. 0
1989	0. 0	0. 0	106. 4	0. 4	0. 0	36. 3	1. 5	0. 0
1990	0. 0	10. 0	92. 7	0. 4	0. 0	36. 9	1. 8	0. 0
1991	0. 0	6. 2	66. 1	0. 3	0. 0	48. 1	1. 7	0. 0
1992	0. 0	9. 1	222. 1	0. 4	0. 0	49. 3	1. 8	0. 0
1993	0. 0	7. 4	132. 7	0. 4	0. 0	44. 5	1. 7	0. 0
1994	2. 5	8. 1	91. 6	0. 5	0. 1	35. 2	1. 5	0. 0
1995	3. 5	11. 8	102. 4	0. 3	0. 1	39. 7	1. 8	0. 0
1996	3. 6	12. 9	85. 6	0. 4	0. 1	42. 3	1. 7	0. 0
1997	4. 1	12. 8	91. 2	0. 5	0. 1	43. 2	1. 6	5. 2
1998	4. 1	12. 9	66. 5	0. 5	0. 1	38. 8	1. 7	5. 0
1999	3. 2	11. 7	51. 3	0. 4	0. 1	37. 5	1. 8	4. 9
2000	4. 0	14. 0	62. 4	0. 4	0. 1	46. 9	1. 7	2. 5
2001	5. 1	16. 5	74. 3	0. 4	0. 2	44. 1	1. 8	4. 5
2002	5. 4	18. 8	84. 4	0. 4	0. 2	44. 8	2. 1	6. 1
2003	6. 7	25. 1	102. 8	0. 4	0. 2	51. 7	2. 7	8. 2
2004	8. 9	34. 0	131. 0	0. 5	0. 2	64. 9	3. 2	11. 9
2005	14. 2	42. 8	164. 3	0. 7	0. 2	87. 7	3. 7	11. 9
2006	21. 8	47. 4	207. 9	0. 8	0. 3	113. 5	4. 0	15. 0
2007	27. 1	72. 5	280. 0	1. 0	0. 3	145. 3	5. 4	21. 3
2008	32. 4	88. 8	366. 6	1. 4	0. 3	176. 7	7. 0	27. 5
2009	30. 7	60. 2	250. 6	1. 6	0. 3	162. 1	5. 5	18. 9
2010	0. 0	66. 9	322. 4	1. 7	0. 4	174. 2	5. 5	19. 7
2011	0. 0	82. 5	414. 1	2. 1	0. 4	176. 7	6. 3	23. 5

表 8－1 续表 18

年　份	塞舌尔	塞拉利昂	新加坡	斯洛伐克	斯洛文尼亚	所罗门群岛	索马里	南非
1980	0.1	0.4	24.9	0.0	0.0	0.0	0.5	22.0
1981	0.1	0.4	28.6	0.0	0.0	0.1	0.5	26.4
1982	0.1	0.3	30.1	0.0	0.0	0.1	0.5	21.5
1983	0.1	0.2	29.6	0.0	0.0	0.1	0.5	18.1
1984	0.1	0.1	30.9	0.0	0.0	0.1	0.5	20.1
1985	0.1	0.1	29.1	0.0	0.0	0.1	0.2	15.1
1986	0.1	0.1	27.2	0.0	0.0	0.2	0.3	17.3
1987	0.1	0.2	33.7	3.4	0.0	0.1	0.3	21.2
1988	0.2	0.2	44.4	3.4	0.0	0.2	0.2	25.9
1989	0.2	0.2	51.3	3.1	0.0	0.2	0.5	26.7
1990	0.2	0.2	60.4	4.2	13.6	0.2	0.3	21.0
1991	0.2	0.2	67.3	6.5	9.4	0.2	0.0	21.0
1992	0.2	0.2	73.5	10.6	7.0	0.2	0.0	22.6
1993	0.2	0.2	91.2	9.8	7.3	0.3	0.0	23.2
1994	0.2	0.2	104.5	10.6	8.1	0.3	0.0	27.0
1995	0.2	0.2	134.3	14.0	10.8	0.3	0.0	33.4
1996	0.4	0.3	153.2	17.5	10.8	0.3	0.0	33.3
1997	0.3	0.1	164.0	17.8	10.7	0.4	0.0	34.9
1998	0.4	0.1	141.2	20.5	11.4	0.2	0.0	32.9
1999	0.4	0.1	140.1	19.7	11.5	0.2	0.0	30.3
2000	0.3	0.3	172.2	21.0	11.4	0.2	0.0	33.1
2001	0.5	0.3	157.0	24.5	11.5	0.1	0.0	30.9
2002	0.4	0.4	155.2	27.2	12.5	0.1	0.0	32.3
2003	0.4	0.4	167.6	35.6	15.7	0.1	0.0	43.0
2004	0.5	0.4	211.7	43.4	20.0	0.2	0.0	58.5
2005	0.7	0.5	247.4	49.6	22.4	0.2	0.0	68.8
2006	0.8	0.5	283.8	61.1	26.1	0.3	0.0	84.7
2007	0.9	0.5	315.0	74.0	33.7	0.3	0.0	97.9
2008	0.9	0.6	365.4	84.1	38.4	0.4	0.0	106.3
2009	0.8	0.7	346.2	62.6	27.9	0.3	0.0	80.0
2010	1.0	0.9	381.0	71.9	30.4	0.4	0.0	100.1
2011	1.0	1.6	436.9	83.0	35.3	0.4	0.0	120.1

表 8－1　　　　续表 19

年　份	南亚	南苏丹	西班牙	斯里兰卡	圣基茨和尼维斯	圣卢西亚	圣文森特和格林纳丁斯	苏丹
1980	29.1	0.0	38.1	2.2	0.0	0.1	0.1	1.8
1981	28.8	0.0	36.7	2.1	0.1	0.1	0.1	2.3
1982	28.9	0.0	36.3	2.2	0.0	0.1	0.1	2.3
1983	29.4	0.0	33.5	2.1	0.1	0.1	0.1	1.8
1984	29.0	0.0	33.0	2.1	0.1	0.1	0.1	1.7
1985	30.9	0.0	34.2	2.3	0.1	0.1	0.1	1.5
1986	30.5	0.0	40.8	2.3	0.1	0.2	0.1	1.3
1987	32.8	0.0	56.1	2.4	0.1	0.2	0.1	2.3
1988	37.6	0.0	69.1	2.6	0.1	0.3	0.1	1.2
1989	40.3	0.0	81.6	2.6	0.1	0.3	0.1	1.4
1990	45.0	0.0	101.0	3.1	0.1	0.3	0.2	0.9
1991	40.1	0.0	107.8	3.5	0.1	0.4	0.2	1.3
1992	47.1	0.0	118.2	4.0	0.1	0.4	0.2	1.0
1993	49.9	0.0	95.7	4.5	0.1	0.4	0.2	0.6
1994	55.3	0.0	107.2	5.3	0.1	0.4	0.2	1.3
1995	70.1	0.0	133.6	6.0	0.2	0.4	0.2	1.4
1996	75.2	0.0	143.7	6.1	0.2	0.4	0.2	1.4
1997	79.7	0.0	145.7	6.6	0.2	0.4	0.2	1.5
1998	81.9	0.0	161.5	6.7	0.2	0.4	0.2	1.7
1999	90.1	0.0	176.2	6.8	0.2	0.4	0.2	1.8
2000	96.3	0.0	186.8	8.1	0.2	0.4	0.2	1.6
2001	96.6	0.0	189.1	6.9	0.2	0.4	0.2	1.7
2002	108.9	0.0	202.1	7.1	0.3	0.4	0.2	2.6
2003	131.6	0.0	253.6	7.7	0.3	0.5	0.2	3.0
2004	180.0	0.0	312.7	9.1	0.2	0.5	0.3	4.3
2005	235.2	0.0	349.8	10.1	0.3	0.6	0.3	7.5
2006	293.1	0.0	403.7	11.6	0.3	0.7	0.3	9.6
2007	371.3	0.0	484.7	12.8	0.3	0.7	0.4	10.4
2008	437.5	4.6	514.9	15.7	0.4	0.8	0.4	10.7
2009	425.0	4.0	375.3	11.7	0.3	0.6	0.4	10.6
2010	534.1	4.4	405.4	15.2	0.3	0.8	0.4	11.3
2011	675.7	5.2	458.7	22.3	0.3	0.8	0.4	10.5

表 8 - 1 续表 20

年 份	苏里南	斯威士兰	瑞典	瑞士	叙利亚	塔吉克斯坦	坦桑尼亚	泰国
1980	0.6	0.6	40.8	42.8	4.7	0.0	0.0	9.8
1981	0.6	0.6	36.1	37.7	5.2	0.0	0.0	10.5
1982	0.6	0.5	34.9	35.4	4.1	0.0	0.0	9.0
1983	0.5	0.6	32.8	35.9	4.8	0.0	0.0	10.9
1984	0.4	0.5	33.3	36.2	4.3	0.0	0.0	10.9
1985	0.3	0.3	35.7	37.5	4.2	0.0	0.0	10.1
1986	0.3	0.4	41.7	50.2	3.0	0.0	0.0	10.2
1987	0.3	0.5	52.3	61.9	3.4	0.0	0.0	14.3
1988	0.3	0.6	58.8	69.1	2.8	0.0	0.0	21.2
1989	0.2	0.6	63.9	71.0	2.9	0.0	0.0	27.1
1990	0.2	0.8	72.8	85.3	3.4	0.9	1.6	35.5
1991	0.2	0.8	68.2	81.9	4.2	0.8	1.7	41.8
1992	0.1	1.0	70.3	82.5	5.0	0.2	1.8	45.7
1993	0.1	1.0	58.6	77.3	5.6	0.7	2.0	52.8
1994	0.2	1.0	68.8	85.9	4.6	0.7	2.0	63.1
1995	0.2	1.3	83.5	100.7	4.3	0.9	2.2	81.6
1996	0.3	1.3	88.3	99.1	5.3	0.8	2.1	82.8
1997	0.3	1.3	87.5	94.1	4.9	0.9	2.0	70.3
1998	0.5	1.3	92.6	99.3	4.7	0.8	2.3	48.1
1999	0.3	1.3	94.7	99.7	5.1	0.7	2.2	56.1
2000	0.3	1.3	99.3	103.4	5.5	0.9	2.0	71.4
2001	0.4	1.3	90.0	105.1	6.2	0.8	2.2	68.6
2002	0.4	1.2	94.4	106.3	6.6	0.9	2.1	73.0
2003	0.6	1.9	115.5	122.0	6.2	1.1	2.7	84.0
2004	0.7	2.1	136.8	143.2	10.0	1.5	3.3	106.2
2005	0.8	2.4	150.5	157.5	12.0	1.2	4.2	131.7
2006	0.0	2.3	171.6	173.4	12.9	1.6	5.1	145.3
2007	0.0	2.4	205.4	200.2	15.3	2.6	6.9	160.6
2008	0.0	2.1	227.4	226.4	19.3	3.7	8.0	201.4
2009	0.0	2.4	168.3	200.3	16.8	2.8	7.5	152.4
2010	0.0	2.6	200.4	223.6	21.1	3.4	8.8	203.6
2011	0.0	3.0	236.0	266.6	26.3	3.8	12.0	250.3

表 8-1

续表 21

年 份	东帝汶	多哥	汤加	特里尼达和多巴哥	突尼斯	土耳其	土库曼斯坦	特克斯和凯科斯群岛
1980	0.0	0.6	0.0	2.4	4.0	8.2	0.0	0.0
1981	0.0	0.5	0.0	2.5	4.2	9.2	0.0	0.0
1982	0.0	0.5	0.0	3.4	3.9	9.7	0.0	0.0
1983	0.0	0.4	0.0	3.2	3.6	10.2	0.0	0.0
1984	0.0	0.4	0.0	2.6	3.7	11.8	0.0	0.0
1985	0.0	0.4	0.0	2.1	3.2	12.8	0.0	0.0
1986	0.0	0.6	0.0	1.8	3.4	12.2	0.0	0.0
1987	0.0	0.6	0.1	1.6	3.5	15.5	0.0	0.0
1988	0.0	0.7	0.1	1.5	4.2	15.9	0.0	0.0
1989	0.0	0.7	0.1	1.5	4.8	19.1	0.0	0.0
1990	0.0	0.7	0.1	1.4	6.2	26.5	0.0	0.0
1991	0.0	0.7	0.1	1.8	5.9	25.1	0.9	0.0
1992	0.0	0.6	0.1	1.8	7.2	27.6	1.2	0.0
1993	0.0	0.4	0.1	1.8	7.0	34.9	2.0	0.0
1994	0.0	0.3	0.1	1.6	7.5	26.6	2.2	0.0
1995	0.0	0.5	0.1	2.1	8.8	41.3	2.1	0.0
1996	0.0	0.6	0.1	2.4	8.5	50.5	1.8	0.0
1997	0.0	0.7	0.1	3.3	8.6	57.7	1.7	0.0
1998	0.0	0.7	0.1	3.3	9.0	54.3	1.8	0.0
1999	0.0	0.6	0.1	3.0	9.2	48.2	2.0	0.0
2000	0.0	0.6	0.1	3.7	9.2	61.6	2.4	0.0
2001	0.0	0.6	0.1	3.9	10.3	45.7	2.7	0.0
2002	0.0	0.7	0.1	4.0	10.3	54.8	2.4	0.0
2003	0.0	1.0	0.1	4.3	11.8	72.8	3.4	0.0
2004	0.0	1.1	0.1	5.2	13.9	102.7	4.1	0.0
2005	0.0	1.2	0.2	6.3	14.6	122.4	3.9	0.0
2006	0.0	1.2	0.2	6.9	16.5	146.4	3.6	0.0
2007	0.0	1.4	0.2	8.0	20.6	177.9	4.9	0.0
2008	0.0	1.6	0.2	10.4	26.6	207.0	7.8	0.0
2009	0.0	1.7	0.2	7.4	21.1	150.1	9.1	0.0
2010	0.0	1.8	0.2	6.9	24.4	195.7	10.0	0.0
2011	0.0	2.1	0.3	0.0	25.9	252.9	12.7	0.0

表 8-1　　　　续表 22

年 份	图瓦卢	乌干达	乌克兰	阿联酋	英国	美国	乌拉圭	乌兹别克斯坦
1980	0.0	0.3	0.0	0.0	133.7	293.8	2.1	0.0
1981	0.0	0.3	0.0	0.0	121.3	317.8	2.1	0.0
1982	0.0	0.4	0.0	0.0	118.4	303.2	1.6	0.0
1983	0.0	0.3	0.0	0.0	117.6	328.6	1.2	0.0
1984	0.0	0.5	0.0	0.0	123.4	405.1	1.0	0.0
1985	0.0	0.5	0.0	0.0	127.0	417.2	1.0	0.0
1986	0.0	0.6	0.0	0.0	148.3	452.9	1.2	0.0
1987	0.0	1.1	0.0	0.0	182.6	508.7	1.4	0.0
1988	0.0	1.2	0.0	0.0	222.3	554.0	1.5	0.0
1989	0.0	1.0	26.6	0.0	234.0	591.0	1.5	0.0
1990	0.0	0.8	23.4	0.0	263.9	629.7	1.7	6.4
1991	0.0	0.7	18.5	0.0	251.5	623.5	2.0	5.4
1992	0.0	0.7	16.3	0.0	267.1	667.8	2.5	5.6
1993	0.0	0.7	17.2	0.0	256.0	720.0	2.9	4.0
1994	0.0	0.8	20.3	0.0	284.9	813.4	3.6	2.7
1995	0.0	1.2	24.2	0.0	328.2	902.6	3.7	3.7
1996	0.0	1.4	21.5	0.0	356.4	964.0	4.1	4.8
1997	0.0	1.3	21.9	0.0	382.6	1055.8	4.9	4.4
1998	0.0	1.3	18.5	0.0	398.0	1115.7	4.9	3.4
1999	0.0	1.4	15.2	0.0	414.9	1251.4	4.4	3.1
2000	0.0	1.4	17.9	0.0	436.1	1475.3	4.6	3.0
2001	0.0	1.4	20.5	42.1	433.9	1398.7	4.1	3.2
2002	0.0	1.5	21.5	47.8	464.2	1430.2	2.6	2.8
2003	0.0	1.6	27.7	57.7	521.6	1545.1	2.9	3.1
2004	0.0	1.8	34.8	78.4	621.2	1798.9	4.0	3.9
2005	0.0	2.3	43.6	93.9	683.4	2027.8	4.9	4.1
2006	0.0	2.8	53.3	112.9	778.7	2240.3	6.2	5.4
2007	0.0	3.6	71.9	166.1	835.9	2374.8	7.1	8.2
2008	0.0	4.6	98.8	219.7	850.5	2556.5	10.6	11.4
2009	0.0	5.6	56.3	187.1	661.7	1976.2	8.3	12.0
2010	0.0	5.8	73.1	204.7	737.5	2356.1	10.3	12.1
2011	0.0	5.8	97.8	0.0	833.2	2662.3	12.8	12.5

续表 23

年 份	瓦努阿图	委内瑞拉	越南	世界	也门	赞比亚	津巴布韦
1980	0.0	14.7	0.0	2366.2	0.0	1.8	1.8
1981	0.0	16.5	0.0	2369.5	0.0	1.6	2.1
1982	0.0	19.0	0.0	2245.9	0.0	1.4	1.9
1983	0.1	8.8	0.0	2206.9	0.0	1.0	1.5
1984	0.1	10.5	0.0	2329.1	0.0	0.9	1.3
1985	0.1	10.5	0.0	2363.6	0.0	0.8	1.2
1986	0.1	11.9	4.4	2624.4	0.0	0.7	1.3
1987	0.1	10.6	5.4	3084.4	0.0	0.8	1.4
1988	0.1	15.9	3.8	3549.6	0.0	1.0	1.6
1989	0.1	8.9	2.1	3865.9	0.0	1.4	1.8
1990	0.1	9.5	2.9	4403.7	1.0	1.2	2.0
1991	0.1	13.6	3.5	4501.9	1.8	1.3	2.3
1992	0.1	16.9	3.8	4992.6	1.9	1.5	2.5
1993	0.1	15.8	4.9	4844.5	2.1	1.3	2.1
1994	0.1	12.6	7.1	5344.4	1.2	1.2	2.5
1995	0.1	16.3	8.7	6330.5	1.8	1.4	2.9
1996	0.1	14.6	12.8	6651.3	2.7	1.3	3.1
1997	0.1	18.9	13.8	6880.8	3.1	1.3	3.8
1998	0.1	20.7	14.2	6845.7	3.0	1.1	2.9
1999	0.1	18.8	15.2	7138.1	2.8	1.2	2.3
2000	0.1	21.2	17.9	7993.3	3.3	1.3	2.4
2001	0.1	23.9	18.6	7798.3	3.4	1.6	2.2
2002	0.1	16.9	21.7	8104.6	4.0	1.5	2.2
2003	0.2	14.0	26.8	9395.0	4.5	1.8	2.2
2004	0.2	21.6	33.3	11360.7	4.9	2.2	2.4
2005	0.2	29.8	38.9	12868.0	6.0	2.6	2.4
2006	0.2	40.6	47.6	14702.5	7.8	3.2	2.6
2007	0.2	57.7	65.9	17006.0	9.4	4.5	2.5
2008	0.3	66.3	84.8	19451.7	11.7	5.5	3.0
2009	0.3	67.4	76.4	15582.1	10.0	4.1	3.7
2010	0.4	69.3	93.4	18489.1	10.7	5.6	5.8
2011	0.4	62.3	112.8	21831.3	0.0	7.1	8.5

表 8-2　　货物与服务总进口（当期价格，十亿美元）

年　份	阿富汗	阿尔巴尼亚	阿尔及利亚	安道尔	安哥拉	阿根廷	亚美尼亚	阿鲁巴
1980	3.6	0.0	42.3	0.4	0.0	77.0	0.0	0.0
1981	3.5	0.0	44.3	0.4	0.0	78.7	0.0	0.0
1982	0.0	0.0	45.2	0.4	0.0	84.3	0.0	0.0
1983	0.0	0.0	48.8	0.3	0.0	104.0	0.0	0.0
1984	0.0	1.9	53.7	0.3	0.0	79.1	0.0	0.0
1985	0.0	2.0	57.9	0.3	6.8	88.4	0.0	0.0
1986	0.0	2.2	63.7	0.5	6.4	110.9	0.0	0.0
1987	0.0	2.2	66.7	0.6	7.4	111.1	0.0	0.0
1988	0.0	2.1	59.1	0.7	8.0	126.2	0.0	0.0
1989	0.0	2.3	55.6	0.8	9.3	76.6	0.0	0.0
1990	0.0	2.1	62.0	1.0	10.3	141.4	2.3	0.0
1991	0.0	1.1	45.7	1.1	12.2	189.7	2.1	0.9
1992	0.0	0.7	48.0	1.2	5.8	228.8	1.3	1.0
1993	0.0	1.2	49.9	1.0	5.3	236.8	1.2	1.1
1994	0.0	2.0	42.5	1.0	4.1	257.4	1.3	1.2
1995	0.0	2.4	41.8	1.2	5.0	258.0	1.5	1.3
1996	0.0	3.0	46.9	1.2	7.5	272.1	1.6	1.4
1997	0.0	2.2	48.2	1.2	4.5	292.9	1.6	1.5
1998	0.0	2.7	48.2	1.2	0.9	298.9	1.9	1.7
1999	0.0	3.4	48.6	1.2	1.7	283.5	1.8	1.7
2000	0.0	3.7	54.8	1.1	4.2	284.2	1.9	1.9
2001	2.5	4.1	55.2	1.3	4.5	268.7	2.1	1.9
2002	4.1	4.4	57.1	1.5	6.7	102.0	2.4	1.9
2003	4.6	5.7	68.0	1.9	12.5	129.6	2.8	0.0
2004	5.3	7.5	85.0	2.3	19.0	153.1	3.6	0.0
2005	6.3	8.4	102.3	2.5	30.6	183.2	4.9	0.0
2006	7.1	9.1	117.2	2.8	43.8	214.1	6.4	0.0
2007	8.7	10.7	135.8	3.2	61.8	260.8	9.2	0.0
2008	10.6	13.0	171.0	3.7	79.6	326.6	11.7	0.0
2009	12.2	12.1	138.1	0.0	65.2	307.2	8.6	0.0
2010	15.7	11.9	162.0	0.0	80.9	368.7	9.4	0.0
2011	19.2	13.0	188.7	0.0	104.3	446.0	10.2	0.0

表 8－2

续表 1

年 份	澳大利亚	奥地利	阿塞拜疆	巴哈马	巴林	孟加拉国	白俄罗斯	比利时
1980	149.8	81.2	0.0	1.3	3.1	18.1	0.0	125.3
1981	176.9	70.3	0.0	1.4	3.5	19.8	0.0	103.5
1982	193.9	70.5	0.0	1.6	3.6	18.1	0.0	91.0
1983	177.1	71.4	0.0	1.7	3.7	17.2	0.0	86.1
1984	193.6	67.3	0.0	2.0	3.9	19.7	0.0	82.3
1985	180.6	68.7	0.0	2.3	3.7	21.6	0.0	85.2
1986	182.0	98.0	0.0	2.5	3.1	21.2	0.0	118.6
1987	189.0	122.9	0.0	2.7	3.4	23.8	0.0	147.6
1988	236.2	132.0	0.0	2.8	3.7	25.6	0.0	160.3
1989	299.8	131.7	0.0	3.1	3.9	26.8	0.0	162.2
1990	311.5	164.8	8.9	3.2	4.2	30.1	17.4	202.8
1991	326.2	172.0	8.8	3.1	4.6	31.0	17.8	207.9
1992	325.6	193.1	5.0	3.1	4.8	31.7	17.0	231.9
1993	312.3	188.4	4.0	3.1	5.2	33.2	16.3	222.0
1994	323.4	201.4	3.3	3.3	5.6	33.8	14.9	241.9
1995	368.6	238.6	3.1	3.4	5.8	37.9	14.0	284.5
1996	401.9	234.7	3.2	3.6	6.1	40.7	14.8	275.8
1997	435.9	207.8	4.0	5.0	6.3	42.3	14.1	249.8
1998	399.7	213.3	4.4	5.4	6.2	44.1	15.2	255.6
1999	389.5	212.3	4.6	6.0	6.6	45.7	12.1	254.5
2000	415.8	192.1	5.3	6.3	8.0	47.1	12.7	232.7
2001	379.4	191.7	5.7	6.5	7.9	47.0	12.4	232.5
2002	395.0	207.5	6.2	7.0	8.5	47.6	14.6	252.8
2003	466.5	253.9	7.3	6.9	9.7	51.9	17.8	311.7
2004	611.4	291.4	8.7	7.1	11.2	56.6	23.1	361.7
2005	692.3	305.0	13.2	7.7	13.5	60.3	30.2	377.4
2006	744.8	325.0	21.0	8.0	15.9	61.9	37.0	400.0
2007	850.3	375.0	33.0	8.3	18.5	68.4	45.3	459.6
2008	1052.8	414.2	48.9	8.2	21.9	79.6	60.8	507.4
2009	922.0	383.6	44.3	7.7	19.3	89.4	49.2	473.4
2010	1139.2	376.8	52.9	7.8	22.9	100.4	55.2	468.6
2011	1379.4	417.7	63.4	7.8	0.0	111.9	55.1	513.7

表 8－2

续表 2

年份	贝宁	不丹	玻利维亚	博茨瓦纳	巴西	保加利亚	布基纳法索	布隆迪
1980	1.4	0.1	4.5	1.1	235.0	20.0	1.9	0.9
1981	1.3	0.1	5.9	1.1	263.6	20.1	1.8	1.0
1982	1.3	0.1	5.6	1.0	281.7	19.8	1.8	1.0
1983	1.1	0.2	5.4	1.2	203.3	17.0	1.6	1.1
1984	1.1	0.2	6.2	1.2	209.0	17.4	1.5	1.0
1985	1.0	0.2	5.4	1.1	222.9	17.6	1.6	1.1
1986	1.3	0.2	4.0	1.4	268.1	20.3	2.0	1.2
1987	1.6	0.3	4.3	2.0	294.1	28.4	2.4	1.1
1988	1.6	0.3	4.6	2.6	330.4	23.0	2.6	1.1
1989	1.5	0.3	4.7	3.1	425.6	21.7	2.6	1.1
1990	2.0	0.3	4.9	3.8	462.0	20.7	3.1	1.1
1991	2.0	0.3	5.3	3.9	407.3	10.9	3.1	1.2
1992	1.7	0.3	5.6	4.1	390.6	10.4	2.2	1.1
1993	2.3	0.2	5.7	4.2	438.3	10.8	2.3	0.9
1994	1.6	0.3	6.0	4.3	614.5	9.7	1.9	0.9
1995	2.2	0.3	6.7	4.8	769.0	13.1	2.4	1.0
1996	2.4	0.3	7.4	4.8	839.7	8.9	2.6	0.9
1997	2.3	0.4	7.9	5.2	871.2	10.1	2.4	1.0
1998	2.5	0.4	8.5	5.2	843.8	13.1	2.8	0.9
1999	2.5	0.4	8.3	5.9	586.9	13.2	3.0	0.8
2000	2.4	0.4	8.4	5.6	644.7	12.9	2.6	0.8
2001	2.5	0.5	8.1	6.0	553.6	13.9	2.8	0.8
2002	2.8	0.5	7.9	6.1	504.2	16.0	3.2	0.8
2003	3.6	0.6	8.1	8.1	552.5	20.7	4.2	0.8
2004	4.1	0.7	8.8	10.0	663.8	25.3	4.8	0.9
2005	4.4	0.8	9.5	10.3	882.2	28.9	5.5	1.1
2006	4.7	0.9	11.5	11.3	1088.9	33.2	5.8	1.2
2007	5.5	1.2	13.1	12.4	1366.0	42.1	6.8	1.3
2008	6.6	1.3	16.7	13.4	1652.8	51.8	8.4	1.6
2009	6.6	1.3	17.3	11.5	1621.7	48.6	8.3	1.8
2010	6.6	1.6	19.6	14.9	2143.0	47.7	9.2	2.0
2011	7.3	1.7	23.9	17.3	2476.7	53.5	10.4	2.3

表 8－2

续表 3

年 份	柬埔寨	喀麦隆	加拿大	佛得角	中非共和国	乍得	智利	中国
1980	0.0	6.7	268.9	0.1	0.8	1.0	27.6	189.4
1981	0.0	7.6	300.7	0.1	0.7	0.9	32.6	194.1
1982	0.0	7.3	307.9	0.1	0.7	0.8	24.3	203.2
1983	0.0	7.4	333.8	0.1	0.7	0.8	19.8	228.5
1984	0.0	7.8	347.1	0.1	0.6	0.9	19.2	257.4
1985	0.0	8.1	355.7	0.1	0.9	1.0	16.5	306.7
1986	0.0	10.6	368.9	0.2	1.1	1.1	17.7	297.8
1987	0.0	12.3	421.5	0.2	1.2	1.2	20.9	270.4
1988	0.0	12.5	498.2	0.3	1.3	1.5	24.6	309.5
1989	0.0	11.1	555.5	0.3	1.3	1.4	28.4	344.0
1990	0.0	11.2	582.7	0.3	1.5	1.7	31.6	356.9
1991	0.0	12.4	598.2	0.3	1.4	1.9	36.4	379.5
1992	0.0	11.4	579.5	0.4	1.4	1.9	44.5	422.7
1993	2.5	13.5	563.7	0.5	1.3	1.5	47.7	440.5
1994	2.8	9.2	564.5	0.4	0.9	1.2	55.2	559.2
1995	3.4	8.7	590.5	0.5	1.1	1.4	71.3	728.0
1996	3.5	9.7	613.8	0.5	1.1	1.6	75.8	856.1
1997	3.4	9.8	637.5	0.5	1.0	1.5	82.8	952.7
1998	3.1	9.6	616.8	0.5	1.0	1.7	79.4	1019.5
1999	3.5	10.5	661.3	0.6	1.1	1.5	73.0	1083.3
2000	3.7	9.3	724.9	0.5	0.9	1.4	79.3	1198.5
2001	4.0	9.6	715.4	0.6	0.9	1.7	72.3	1324.8
2002	4.3	10.9	734.7	0.6	1.0	2.0	71.0	1453.8
2003	4.7	13.6	865.9	0.8	1.1	2.7	77.8	1641.0
2004	5.3	15.8	992.2	0.9	1.3	4.4	100.6	1931.6
2005	6.3	16.6	1133.8	1.0	1.4	5.3	124.4	2256.9
2006	7.3	18.0	1278.6	1.1	1.5	6.1	154.4	2713.0
2007	8.6	20.4	1424.1	1.3	1.7	7.0	172.9	3494.1
2008	10.4	23.7	1502.7	1.6	2.0	8.4	179.6	4521.8
2009	10.4	22.2	1337.6	1.6	2.0	7.1	172.6	4991.3
2010	11.2	22.4	1577.0	1.7	2.0	8.5	216.3	5930.5
2011	12.8	25.2	1736.1	1.9	2.2	10.6	248.6	7318.5

表 8-2　　续表 4

年　份	哥伦比亚	刚果共和国	哥斯达黎加	科特迪瓦	克罗地亚	古巴	库拉索	塞浦路斯
1980	33.4	1.7	4.8	10.2	0.0	19.9	0.0	2.2
1981	36.4	2.0	2.6	8.4	0.0	20.2	0.0	2.1
1982	39.0	2.2	2.6	7.6	0.0	21.0	0.0	2.2
1983	38.7	2.1	4.0	6.8	0.0	22.2	0.0	2.2
1984	38.3	2.2	4.6	6.8	0.0	24.0	0.0	2.3
1985	34.9	2.2	4.8	7.0	0.0	22.9	0.0	2.4
1986	34.9	1.8	5.5	9.2	0.0	24.2	0.0	3.1
1987	36.4	2.3	5.8	10.1	0.0	25.2	0.0	3.7
1988	39.2	2.2	6.1	10.3	0.0	27.5	0.0	4.3
1989	39.5	2.4	6.9	9.8	0.0	27.0	0.0	4.6
1990	40.3	2.8	7.4	10.8	24.8	28.6	0.0	5.6
1991	41.2	2.7	7.2	10.5	18.2	24.3	0.0	5.8
1992	49.3	2.9	8.6	11.2	10.3	22.1	0.0	6.9
1993	55.8	1.9	9.6	11.0	10.9	22.4	0.0	6.6
1994	81.7	1.8	10.6	8.3	14.6	28.4	0.0	7.4
1995	92.5	2.1	11.7	11.0	22.0	30.4	0.0	9.3
1996	97.2	2.5	11.8	12.1	23.3	25.0	0.0	9.3
1997	106.7	2.3	12.8	11.7	23.5	25.4	0.0	8.9
1998	98.4	1.9	14.1	12.8	25.1	25.7	0.0	9.6
1999	86.2	2.4	15.8	12.6	23.1	28.4	0.0	9.8
2000	99.9	3.2	15.9	10.4	21.5	30.6	0.0	9.3
2001	98.2	2.8	16.4	10.5	23.1	31.7	0.0	9.7
2002	97.9	3.0	16.8	11.5	26.5	33.6	0.0	10.6
2003	94.7	3.5	17.5	13.7	34.1	35.9	0.0	13.3
2004	117.1	4.6	18.6	15.5	41.0	38.2	0.0	15.8
2005	146.5	6.1	20.0	16.4	44.8	42.6	0.0	17.0
2006	162.8	7.7	22.5	17.4	49.9	52.7	0.0	18.4
2007	207.5	8.4	26.3	19.8	59.3	58.6	0.0	21.8
2008	244.1	11.9	29.8	23.4	69.6	60.8	0.0	25.3
2009	234.4	9.6	29.4	23.0	62.2	0.0	0.0	23.5
2010	286.4	12.0	36.2	22.9	59.5	0.0	0.0	23.1
2011	333.4	14.4	40.9	24.1	62.5	0.0	0.0	24.7

表 8－2　　　　续表 5

年 份	捷克共和国	丹麦	多米尼加	多明尼加	厄瓜多尔	埃及	萨尔瓦多	赤道几内亚
1980	0.0	69.7	0.1	6.6	11.9	22.9	3.6	0.0
1981	0.0	60.4	0.1	7.3	14.0	23.4	3.4	0.0
1982	0.0	58.9	0.1	8.0	13.2	25.6	3.4	0.0
1983	0.0	59.2	0.1	8.6	11.2	28.1	3.5	0.0
1984	0.0	57.7	0.1	10.3	11.4	30.6	3.7	0.0
1985	0.0	61.2	0.1	5.0	11.8	34.7	3.8	0.1
1986	0.0	86.4	0.1	6.1	10.3	35.9	3.8	0.1
1987	0.0	107.4	0.1	5.8	9.1	40.5	4.0	0.1
1988	0.0	113.2	0.1	5.4	9.1	35.0	4.2	0.1
1989	0.0	110.1	0.2	6.7	9.5	39.6	4.4	0.1
1990	39.1	135.8	0.2	7.1	10.4	43.1	4.8	0.1
1991	28.7	136.7	0.2	9.7	11.3	37.0	5.3	0.1
1992	33.4	150.2	0.2	11.3	12.0	41.9	6.0	0.2
1993	39.3	140.6	0.2	13.0	15.1	46.6	6.9	0.2
1994	46.0	153.6	0.2	14.5	18.6	51.9	8.1	0.1
1995	57.8	182.0	0.2	16.4	20.2	60.2	9.5	0.2
1996	64.9	184.4	0.2	18.1	21.3	67.6	10.3	0.3
1997	59.5	170.4	0.2	19.6	23.6	78.4	11.1	0.5
1998	63.9	173.7	0.3	21.2	23.3	84.8	12.0	0.5
1999	62.2	173.9	0.3	21.7	16.7	90.7	12.5	0.9
2000	58.8	160.1	0.3	24.0	15.9	99.8	13.1	1.2
2001	64.4	160.5	0.3	24.9	21.3	97.6	13.8	1.7
2002	78.4	173.9	0.3	26.6	24.7	87.9	14.3	2.1
2003	95.3	212.6	0.3	21.3	28.4	82.9	15.0	3.0
2004	114.0	244.7	0.4	22.0	32.6	78.8	15.8	5.2
2005	130.1	257.7	0.4	34.0	36.9	89.7	17.1	8.2
2006	148.3	274.4	0.4	36.0	41.7	107.5	18.6	9.6
2007	180.5	311.4	0.4	41.3	45.5	130.5	20.1	12.6
2008	225.4	343.9	0.5	45.8	54.2	162.8	21.4	18.4
2009	197.2	310.5	0.5	46.8	52.0	189.0	20.7	12.2
2010	198.9	313.4	0.5	51.6	58.0	218.9	21.4	14.5
2011	217.0	333.6	0.5	55.6	65.9	229.5	23.1	19.8

表 8－2　　　　续表 6

年　份	厄立特里亚	爱沙尼亚	埃塞俄比亚	斐济	芬兰	法国	波利尼西亚	加蓬
1980	0.0	0.0	0.0	1.2	53.0	690.3	1.4	4.3
1981	0.0	0.0	7.3	1.2	51.8	605.2	1.3	3.9
1982	0.0	0.0	7.6	1.2	52.2	574.6	1.3	3.6
1983	0.0	0.0	8.5	1.1	50.3	550.3	1.3	3.4
1984	0.0	0.0	8.0	1.2	52.1	521.7	1.4	3.6
1985	0.0	0.0	9.4	1.1	55.0	543.5	1.5	3.3
1986	0.0	0.0	9.8	1.3	72.3	758.5	2.3	3.4
1987	0.0	0.0	10.4	1.2	90.0	917.9	2.5	3.3
1988	0.0	0.0	10.8	1.1	107.2	1001.2	2.7	3.8
1989	0.0	0.0	11.4	1.2	116.8	1007.0	2.6	4.2
1990	0.0	0.0	12.1	1.3	138.9	1244.2	3.2	6.0
1991	0.0	0.0	13.4	1.4	125.3	1245.4	3.3	5.4
1992	0.5	0.0	10.4	1.5	110.2	1373.0	3.6	5.6
1993	0.5	0.0	7.5	1.6	87.3	1297.0	3.7	4.4
1994	0.5	0.0	7.3	1.8	100.6	1368.0	3.5	4.2
1995	0.6	3.8	7.7	2.0	130.8	1572.1	4.0	5.0
1996	0.7	4.7	8.4	2.1	128.3	1572.8	4.0	5.7
1997	0.7	5.1	8.6	2.1	123.0	1421.5	3.6	5.3
1998	0.7	5.6	7.8	1.7	129.8	1468.9	3.8	4.5
1999	0.7	5.7	7.4	1.9	130.3	1456.4	3.8	4.7
2000	0.6	5.7	8.1	1.7	121.8	1326.3	3.4	5.1
2001	0.7	6.2	8.0	1.7	124.6	1338.3	0.0	4.7
2002	0.7	7.3	7.8	1.8	135.2	1452.0	0.0	4.9
2003	0.9	9.8	8.5	2.3	164.3	1792.2	0.0	6.1
2004	1.1	12.0	10.0	2.7	189.1	2055.7	0.0	7.2
2005	1.1	13.9	12.3	3.0	195.8	2136.6	0.0	8.7
2006	1.2	16.8	15.1	3.1	207.9	2255.7	0.0	9.5
2007	1.3	22.0	19.2	3.4	246.1	2582.4	0.0	11.6
2008	1.4	23.8	25.9	3.6	272.0	2831.8	0.0	14.5
2009	1.9	19.1	28.5	2.9	239.4	2619.7	0.0	10.9
2010	2.1	18.8	26.6	3.2	235.3	2549.0	0.0	13.2
2011	2.6	22.2	30.2	3.8	263.0	2773.0	0.0	17.1

表 8 - 2

续表 7

年　份	冈比亚	格鲁吉亚	德国	加纳	希腊	格林纳达	关岛	危地马拉
1980	0.2	0.0	919.6	4.4	54.2	0.1	0.0	7.9
1981	0.2	0.0	774.6	4.2	49.9	0.1	0.0	8.6
1982	0.2	0.0	751.5	4.0	52.1	0.1	0.0	8.7
1983	0.2	0.0	745.8	4.1	47.1	0.1	0.0	9.1
1984	0.2	0.0	701.7	4.4	45.8	0.1	0.0	9.5
1985	0.2	0.0	708.9	4.5	45.6	0.1	0.0	9.7
1986	0.2	0.0	1012.5	5.7	53.8	0.1	0.0	7.2
1987	0.2	0.0	1256.3	5.1	62.6	0.2	0.0	7.1
1988	0.3	0.0	1356.0	5.2	72.7	0.2	0.0	7.8
1989	0.3	0.0	1353.8	5.3	75.5	0.2	0.0	8.4
1990	0.3	7.7	1714.5	5.9	93.3	0.2	0.0	7.7
1991	0.7	6.3	1808.6	6.6	100.3	0.2	0.0	9.4
1992	0.7	3.7	2064.4	6.4	110.8	0.3	0.0	10.4
1993	0.8	2.7	2007.5	6.0	103.8	0.3	0.0	11.4
1994	0.7	2.5	2148.0	5.4	111.2	0.3	0.0	13.0
1995	0.8	2.7	2522.9	6.5	130.5	0.3	0.0	14.7
1996	0.8	3.1	2437.0	6.9	138.0	0.3	0.0	15.8
1997	0.8	3.5	2157.2	6.9	134.7	0.3	0.0	17.8
1998	0.8	3.6	2178.2	7.5	135.3	0.3	0.0	19.4
1999	0.8	2.8	2131.0	7.7	133.2	0.4	0.0	18.3
2000	0.8	3.1	1886.4	5.0	124.4	0.5	0.0	19.3
2001	0.7	3.2	1880.9	5.3	129.8	0.5	0.0	18.7
2002	0.6	3.4	2006.6	6.2	146.1	0.5	0.0	20.8
2003	0.5	4.0	2423.8	7.6	192.9	0.6	0.0	21.9
2004	0.6	5.1	2726.3	8.9	228.0	0.6	0.0	24.0
2005	0.6	6.4	2766.3	10.7	240.1	0.7	0.0	27.2
2006	0.7	7.8	2902.7	20.4	261.7	0.7	0.0	30.2
2007	0.8	10.2	3323.8	24.8	305.4	0.8	0.0	34.1
2008	1.0	12.8	3623.7	28.5	341.6	0.8	0.0	39.1
2009	0.9	10.8	3298.6	26.0	321.0	0.8	0.0	37.7
2010	1.0	11.6	3284.5	32.2	292.3	0.8	0.0	41.3
2011	0.9	14.4	3600.8	39.2	289.6	0.8	0.0	46.9

表 8－2　　续表 8

年　份	几内亚	圭亚那	海地	洪都拉斯	中国香港特区	匈牙利	冰岛	印度
1980	0.0	0.6	0.0	2.6	28.9	22.2	3.3	189.6
1981	0.0	0.6	0.0	2.8	31.1	22.7	3.4	196.9
1982	0.0	0.5	0.0	2.9	32.3	23.1	3.2	204.2
1983	0.0	0.5	0.0	3.1	29.9	21.0	2.7	222.1
1984	0.0	0.4	0.0	3.3	33.5	20.4	2.8	215.9
1985	0.0	0.5	0.0	3.6	35.7	20.6	2.9	236.6
1986	1.9	0.5	0.0	3.8	41.1	23.8	3.9	253.4
1987	2.0	0.4	0.0	4.2	50.6	26.1	5.4	283.9
1988	2.4	0.4	0.0	4.0	59.7	28.6	6.0	301.8
1989	2.4	0.4	0.0	3.6	68.8	29.2	5.6	301.2
1990	2.7	0.4	0.0	3.0	76.9	33.1	6.4	326.6
1991	3.0	0.3	3.5	3.1	89.0	34.1	6.8	274.8
1992	3.3	0.4	2.1	3.4	104.3	38.0	7.0	293.3
1993	3.3	0.4	1.8	3.5	120.4	39.4	6.1	284.2
1994	3.4	0.5	2.1	3.4	135.8	42.4	6.3	333.0
1995	3.7	0.6	2.7	3.9	144.7	45.6	7.0	366.6
1996	3.9	0.7	3.0	4.0	159.7	45.9	7.3	399.8
1997	3.8	0.7	3.2	4.7	177.4	46.5	7.4	423.2
1998	3.6	0.7	3.8	5.2	168.9	48.0	8.3	428.7
1999	3.5	0.7	4.1	5.4	165.8	48.3	8.7	464.3
2000	3.0	0.7	3.7	7.1	171.7	46.4	8.7	474.7
2001	2.8	0.7	3.5	7.6	169.4	52.7	7.9	492.4
2002	2.9	0.7	3.2	7.8	166.3	66.4	8.9	522.8
2003	3.4	0.7	2.8	8.2	161.4	83.5	11.0	617.6
2004	3.7	0.8	3.7	8.9	169.1	101.9	13.3	721.6
2005	2.9	0.8	4.2	9.7	181.6	110.3	16.3	834.2
2006	2.8	1.5	4.9	10.9	193.5	112.5	16.7	949.1
2007	4.2	1.7	6.0	12.3	211.6	136.1	20.4	1238.7
2008	3.8	1.9	6.4	13.8	219.3	154.2	16.8	1224.1
2009	4.2	2.0	6.5	14.1	214.0	126.6	12.1	1365.4
2010	4.7	2.3	6.6	15.3	228.8	128.6	12.6	1710.9
2011	5.1	2.6	7.3	17.4	248.6	140.0	14.0	1872.8

表 8－2　　　　续表 9

年　份	印尼	伊朗	伊拉克	爱尔兰	以色列	意大利	牙买加	日本
1980	78.0	90.0	47.6	21.1	21.8	459.8	2.7	1087.0
1981	92.5	97.1	32.6	20.0	23.2	415.0	3.0	1201.5
1982	94.7	121.5	36.8	20.8	24.6	411.7	3.3	1116.8
1983	85.4	147.2	37.5	20.1	27.4	426.9	3.6	1218.1
1984	87.6	153.1	42.5	19.5	26.0	421.9	2.4	1294.6
1985	87.3	170.7	44.2	20.6	24.1	435.7	2.1	1384.5
1986	80.1	198.8	40.0	27.8	29.7	617.0	2.8	2051.1
1987	75.9	127.9	43.7	32.9	35.5	776.3	3.3	2485.2
1988	88.8	116.3	43.4	36.6	43.9	859.1	3.8	3015.4
1989	101.5	114.0	48.4	38.0	44.6	894.8	4.4	3017.1
1990	114.4	116.0	0.0	47.8	52.5	1138.1	4.6	3103.7
1991	128.2	0.0	0.0	48.3	59.2	1200.7	4.1	3536.8
1992	139.1	0.0	0.0	54.2	65.8	1272.0	3.5	3852.8
1993	158.0	60.1	0.0	50.8	65.9	1026.1	4.9	4415.0
1994	176.9	67.1	0.0	55.4	74.7	1059.1	4.9	4850.3
1995	202.1	90.8	0.0	67.0	96.0	1131.8	5.8	5333.9
1996	227.4	110.6	0.0	74.0	105.1	1266.4	6.5	4706.2
1997	215.7	105.3	10.1	81.2	108.5	1198.7	7.5	4324.3
1998	95.4	102.7	10.5	88.1	109.8	1224.6	8.7	3914.6
1999	140.0	104.7	17.9	96.4	110.8	1208.2	8.8	4432.6
2000	165.0	101.3	25.9	97.5	124.9	1104.0	9.0	4731.2
2001	160.4	115.4	18.9	105.7	122.9	1123.7	9.1	4159.9
2002	195.7	116.4	19.0	123.6	113.0	1225.2	9.7	3980.8
2003	234.8	135.4	0.0	159.1	118.7	1514.5	9.4	4302.9
2004	256.8	163.2	25.8	186.9	126.6	1735.5	10.2	4655.8
2005	285.9	192.0	31.3	203.3	134.0	1786.3	11.1	4571.9
2006	364.6	222.9	45.1	223.7	145.5	1873.0	11.8	4356.8
2007	432.2	286.1	57.0	260.0	167.1	2127.2	12.7	4356.3
2008	510.2	338.2	86.5	263.7	201.7	2307.3	13.1	4849.2
2009	539.6	331.0	64.2	223.1	194.9	2111.1	12.0	5035.1
2010	708.0	0.0	81.1	205.3	217.4	2043.5	13.4	5488.4
2011	846.8	0.0	115.4	217.3	242.9	2194.0	14.4	5867.2

表 8－2　续表 10

年　份	约旦	哈萨克斯坦	肯尼亚	基里巴斯	朝鲜	韩国	科索沃	科威特
1980	4.0	0.0	7.3	0.0	0.0	63.8	0.0	28.6
1981	4.4	0.0	6.9	0.0	0.0	71.5	0.0	25.1
1982	4.8	0.0	6.4	0.0	0.0	76.2	0.0	21.6
1983	5.0	0.0	6.0	0.0	0.0	84.5	0.0	20.9
1984	5.2	0.0	6.2	0.0	0.0	93.2	0.0	21.7
1985	5.1	0.0	6.1	0.0	0.0	96.6	0.0	21.4
1986	6.2	0.0	7.2	0.0	0.0	111.3	0.0	17.9
1987	6.5	0.0	8.0	0.0	0.0	140.0	0.0	22.4
1988	6.0	0.0	8.4	0.0	0.0	187.4	0.0	20.7
1989	4.1	0.0	8.3	0.0	0.0	230.5	0.0	24.3
1990	4.0	26.9	8.6	0.0	0.0	263.8	0.0	18.4
1991	4.2	24.9	8.2	0.0	0.0	308.2	0.0	11.0
1992	5.3	24.9	8.2	0.0	0.0	329.9	0.0	19.9
1993	5.6	23.4	5.8	0.0	0.0	362.1	0.0	23.9
1994	6.2	21.3	7.1	0.1	0.0	423.4	0.0	24.8
1995	6.7	20.4	9.0	0.1	0.0	517.1	0.0	27.2
1996	6.9	21.0	12.0	0.1	0.0	557.6	0.0	31.5
1997	7.2	22.2	13.1	0.1	0.0	516.3	0.0	30.4
1998	7.9	22.1	14.1	0.1	0.0	345.4	0.0	25.9
1999	8.2	16.9	12.9	0.1	0.0	445.4	0.0	30.1
2000	8.5	18.3	12.7	0.1	0.0	533.4	1.8	37.7
2001	9.0	22.2	13.0	0.1	0.0	504.6	2.5	34.9
2002	9.6	24.6	13.1	0.1	0.0	575.9	2.7	38.1
2003	10.2	30.8	14.9	0.1	0.0	643.8	3.4	47.9
2004	11.4	43.2	16.1	0.1	0.0	722.0	3.6	59.4
2005	12.6	57.1	18.7	0.1	0.0	844.9	3.7	80.8
2006	15.1	81.0	22.5	0.1	0.0	951.8	3.9	101.6
2007	17.1	104.8	27.2	0.1	0.0	1049.2	4.7	114.7
2008	22.0	133.4	30.5	0.1	0.0	931.4	5.6	147.4
2009	23.8	115.3	30.6	0.1	0.0	834.1	5.4	105.9
2010	26.4	148.1	32.2	0.1	0.0	1014.9	5.6	124.3
2011	28.8	188.0	33.6	0.2	0.0	1116.2	6.5	176.6

表 8－2

续表 11

年份	吉尔吉斯	老挝	拉脱维亚	黎巴嫩	莱索托	利比里亚	利比亚	列支敦士登
1980	0.0	0.0	0.0	0.0	0.4	0.9	0.0	0.5
1981	0.0	0.0	0.0	0.0	0.4	0.8	0.0	0.5
1982	0.0	0.0	0.0	0.0	0.3	0.9	0.0	0.5
1983	0.0	0.0	0.0	0.0	0.4	0.8	0.0	0.5
1984	0.0	1.8	0.0	0.0	0.3	0.8	0.0	0.5
1985	0.0	2.4	0.0	0.0	0.2	0.9	0.0	0.5
1986	0.0	1.8	0.0	0.0	0.3	0.8	0.0	0.8
1987	0.0	1.1	5.7	0.0	0.4	1.0	0.0	1.1
1988	0.0	0.6	6.8	3.3	0.4	1.0	0.0	1.2
1989	0.0	0.7	7.7	2.7	0.5	0.8	0.0	1.1
1990	2.7	0.9	7.4	2.8	0.5	0.4	28.9	1.4
1991	2.6	1.0	6.8	4.5	0.6	0.3	32.0	1.5
1992	2.3	1.1	4.8	5.5	0.7	0.2	33.9	1.6
1993	2.0	1.3	4.5	7.5	0.7	0.2	30.7	1.7
1994	1.7	1.5	5.1	9.6	0.8	0.1	28.6	1.9
1995	1.7	1.8	5.2	11.7	0.9	0.1	25.5	2.4
1996	1.8	1.9	5.6	13.7	0.8	0.2	27.9	2.5
1997	1.8	1.7	6.1	15.8	0.9	0.3	30.7	2.3
1998	1.6	1.3	6.6	17.2	0.8	0.4	27.3	2.5
1999	1.2	1.5	7.3	17.4	0.8	0.4	30.5	2.7
2000	1.4	1.7	7.8	17.3	0.8	0.5	33.9	2.5
2001	1.5	1.8	8.3	17.6	0.7	0.5	28.4	2.5
2002	1.6	1.8	9.3	19.2	0.7	0.5	19.8	2.7
2003	1.9	2.0	11.2	20.1	1.0	0.4	24.1	3.1
2004	2.2	2.4	13.8	21.8	1.2	0.5	33.4	3.5
2005	2.5	2.7	16.0	21.9	1.4	0.5	44.0	3.7
2006	2.8	3.5	19.9	22.4	1.4	0.6	56.5	4.0
2007	3.8	4.2	28.8	25.1	1.6	0.7	71.8	4.6
2008	5.1	5.4	33.7	30.1	1.6	0.9	93.2	4.9
2009	4.7	5.8	25.9	34.7	1.7	1.2	62.4	4.8
2010	4.8	7.2	24.0	37.1	2.2	1.3	0.0	0.0
2011	6.2	8.3	28.3	40.1	2.4	1.5	0.0	0.0

表 8-2

续表 12

年 份	立陶宛	中国澳门特区	马其顿	马达加斯加	马拉维	马来西亚	马尔代夫	马里
1980	0.0	0.0	0.0	4.0	1.2	24.9	0.0	1.8
1981	0.0	0.0	0.0	3.6	1.2	25.5	0.0	1.5
1982	0.0	1.0	0.0	3.5	1.2	27.3	0.0	1.3
1983	0.0	1.0	0.0	3.5	1.2	30.7	0.1	1.3
1984	0.0	1.2	0.0	2.9	1.2	34.6	0.1	1.3
1985	0.0	1.2	0.0	2.9	1.1	31.8	0.1	1.3
1986	0.0	1.4	0.0	3.3	1.2	28.2	0.1	1.7
1987	0.0	1.8	0.0	2.6	1.2	32.2	0.1	1.9
1988	0.0	2.1	0.0	2.4	1.4	35.3	0.2	1.9
1989	0.0	2.5	0.0	2.5	1.6	38.8	0.2	2.0
1990	10.5	3.0	4.5	3.1	1.9	44.0	0.2	2.4
1991	10.3	3.5	4.7	2.7	2.2	49.1	0.2	2.4
1992	8.6	4.6	2.3	3.0	1.8	59.2	0.3	2.9
1993	7.4	5.3	2.6	3.4	2.1	66.9	0.3	2.7
1994	7.0	5.9	3.4	3.0	1.2	74.5	0.4	1.8
1995	7.9	6.6	4.4	3.2	1.4	88.8	0.4	2.5
1996	8.4	6.6	4.4	4.0	2.3	100.9	0.5	2.6
1997	10.1	6.7	3.7	3.5	2.7	100.2	0.5	2.5
1998	11.3	6.2	3.6	3.7	1.8	72.2	0.5	2.6
1999	11.0	5.9	3.7	3.7	1.8	79.1	0.6	2.6
2000	11.4	6.1	3.6	3.9	1.7	93.8	0.6	2.4
2001	12.2	6.5	3.4	4.5	1.7	92.8	0.8	2.6
2002	14.2	7.0	3.8	4.4	2.7	100.8	0.8	3.3
2003	18.6	7.9	4.8	5.5	2.4	110.2	0.9	4.4
2004	22.6	10.3	5.5	4.4	2.6	124.7	1.1	4.9
2005	26.0	11.8	6.0	5.0	2.8	143.5	1.0	5.3
2006	30.1	14.6	6.6	5.5	3.1	162.7	1.3	5.9
2007	39.1	18.1	8.2	7.3	3.6	193.6	1.5	7.1
2008	47.3	20.7	9.8	9.4	4.3	231.0	1.9	8.7
2009	36.8	21.3	9.3	8.5	5.0	202.3	1.9	9.0
2010	36.3	28.3	9.3	8.8	5.4	246.8	2.1	9.4
2011	42.7	36.4	10.4	9.9	5.6	287.9	2.1	10.8

表 8－2

续表 13

年　份	马耳他	马绍尔群岛	毛里塔尼亚	毛里求斯	墨西哥	摩尔多瓦	摩纳哥	蒙古
1980	1.3	0.0	0.7	1.1	194.4	0.0	1.4	0.0
1981	1.2	0.0	0.7	1.1	250.1	0.0	1.2	2.3
1982	1.2	0.0	0.8	1.1	173.7	0.0	1.1	2.6
1983	1.2	0.0	0.8	1.1	148.9	0.0	1.1	2.7
1984	1.1	0.0	0.7	1.0	175.6	0.0	1.0	2.1
1985	1.1	0.0	0.7	1.1	184.5	0.0	1.1	2.2
1986	1.4	0.1	0.8	1.5	129.4	0.0	1.5	2.9
1987	1.8	0.1	0.9	1.9	140.3	0.0	1.8	3.0
1988	2.0	0.1	1.0	2.1	183.1	0.0	2.0	3.2
1989	2.1	0.1	1.0	2.2	223.0	0.0	2.0	3.6
1990	2.5	0.1	1.0	2.7	262.7	3.6	2.5	2.6
1991	2.8	0.1	1.4	2.9	314.5	3.1	2.5	2.4
1992	3.0	0.1	1.5	3.2	363.6	2.3	2.7	1.3
1993	2.7	0.1	1.2	3.3	403.2	2.4	2.6	0.8
1994	3.0	0.1	1.3	3.6	421.7	1.7	2.7	0.9
1995	3.6	0.1	1.4	4.0	286.7	1.8	3.1	1.5
1996	3.7	0.1	1.4	4.4	332.9	1.7	3.1	1.3
1997	3.6	0.1	1.4	4.2	401.5	1.9	2.8	1.2
1998	3.8	0.1	1.4	4.2	421.2	1.6	2.9	1.1
1999	3.9	0.1	1.4	4.3	481.2	1.2	2.9	1.1
2000	4.0	0.1	1.3	4.6	581.4	1.3	2.6	1.1
2001	3.9	0.1	1.3	4.5	622.1	1.5	2.7	1.3
2002	4.3	0.1	1.3	4.8	649.1	1.7	2.9	1.4
2003	5.1	0.1	1.6	5.6	700.3	2.0	3.6	1.6
2004	5.6	0.1	1.8	6.4	759.8	2.6	4.1	2.0
2005	6.0	0.1	2.2	6.3	848.9	3.0	4.3	2.5
2006	6.4	0.1	3.0	6.5	952.3	3.4	4.7	3.4
2007	7.5	0.1	3.4	7.8	1035.9	4.4	6.0	4.2
2008	8.6	0.2	3.6	9.6	1094.5	6.1	6.6	5.6
2009	8.1	0.2	3.0	8.8	879.7	5.4	6.1	4.6
2010	8.2	0.2	3.7	9.7	1035.3	5.8	5.4	6.2
2011	8.9	0.2	4.2	11.3	1153.3	7.0	6.1	8.8

表 8 - 2　　　　续表 14

年　份	黑山	摩洛哥	莫桑比克	缅甸	纳米比亚	尼泊尔	荷兰	新喀里多尼亚
1980	0.0	18.8	3.5	0.0	2.2	1.9	180.8	1.2
1981	0.0	15.3	3.5	0.0	2.0	2.3	152.0	1.0
1982	0.0	15.4	3.6	0.0	1.8	2.4	146.8	0.9
1983	0.0	13.9	3.2	0.0	1.9	2.4	142.1	0.8
1984	0.0	12.8	3.4	0.0	1.6	2.6	133.3	0.8
1985	0.0	12.9	4.5	0.0	1.4	2.6	133.2	0.9
1986	0.0	17.0	5.2	0.0	1.5	2.9	186.1	1.2
1987	0.0	18.7	2.4	0.0	1.9	3.0	227.0	1.5
1988	0.0	22.2	2.1	0.0	2.1	3.5	242.6	2.1
1989	0.0	22.8	2.3	0.0	2.2	3.5	239.3	2.2
1990	0.0	25.8	2.5	0.0	2.4	3.6	294.9	2.5
1991	0.0	27.8	2.7	0.0	2.5	3.9	303.4	2.7
1992	0.0	28.5	2.0	0.0	2.8	3.4	336.2	2.9
1993	0.0	26.8	2.0	0.0	2.8	3.7	327.5	3.1
1994	0.0	30.4	2.2	0.0	3.3	4.1	351.2	3.0
1995	0.0	33.0	2.2	0.0	3.5	4.4	419.0	3.6
1996	0.0	36.6	3.2	0.0	3.5	4.5	418.0	3.6
1997	0.0	33.4	3.8	0.0	3.6	4.9	386.5	3.3
1998	0.0	40.0	4.3	0.0	3.4	4.9	402.6	3.2
1999	0.0	39.7	4.5	0.0	3.4	5.0	411.5	3.1
2000	1.0	37.0	4.3	0.0	3.9	5.5	385.1	2.7
2001	1.2	37.7	4.1	0.0	3.5	6.0	400.7	0.0
2002	1.3	40.4	4.2	0.0	3.4	6.1	437.8	0.0
2003	1.7	49.8	4.7	0.0	4.9	6.3	538.3	0.0
2004	2.1	56.9	5.7	0.0	6.6	7.3	609.9	0.0
2005	2.3	59.5	6.6	0.0	7.3	8.1	638.5	0.0
2006	2.7	65.6	7.1	0.0	8.0	9.1	677.7	0.0
2007	3.7	75.2	8.0	0.0	8.8	10.3	782.6	0.0
2008	4.5	88.9	9.9	0.0	8.8	12.6	870.8	0.0
2009	4.1	90.9	9.7	0.0	8.9	12.9	796.3	0.0
2010	4.1	90.8	9.2	0.0	11.1	16.0	774.7	0.0
2011	4.5	100.2	12.8	0.0	12.5	18.9	836.1	0.0

表 8－2　　续表 15

年　份	新西兰	尼加拉瓜	尼日尔	尼日利亚	挪威	阿曼	巴基斯坦	帕劳
1980	22. 9	2. 1	2. 5	64. 2	63. 7	6. 0	23. 7	0. 0
1981	24. 0	2. 5	2. 2	59. 9	62. 9	7. 3	28. 1	0. 0
1982	23. 7	2. 5	2. 0	49. 8	61. 9	7. 6	30. 7	0. 0
1983	23. 8	2. 8	1. 8	35. 0	60. 8	7. 9	28. 7	0. 0
1984	21. 3	3. 1	1. 5	28. 2	61. 1	8. 8	31. 2	0. 0
1985	24. 2	2. 7	1. 4	28. 4	64. 3	10. 0	31. 1	0. 0
1986	30. 0	2. 9	1. 9	20. 2	77. 2	7. 3	31. 9	0. 0
1987	39. 5	3. 9	2. 2	23. 4	92. 4	7. 8	33. 4	0. 0
1988	44. 2	2. 6	2. 3	22. 8	100. 1	8. 4	38. 5	0. 0
1989	43. 0	1. 0	2. 2	23. 8	100. 8	9. 4	40. 2	0. 0
1990	44. 5	1. 0	2. 5	28. 5	117. 6	11. 7	40. 0	0. 1
1991	41. 8	1. 5	2. 3	27. 3	119. 7	11. 3	45. 5	0. 1
1992	40. 7	1. 8	2. 3	32. 7	128. 3	12. 5	48. 6	0. 1
1993	45. 8	1. 8	1. 6	21. 4	118. 2	12. 5	51. 5	0. 1
1994	54. 3	3. 9	1. 6	23. 7	124. 5	12. 9	51. 9	0. 1
1995	62. 8	4. 1	1. 9	28. 1	148. 9	13. 8	60. 6	0. 1
1996	68. 9	4. 3	2. 0	35. 3	160. 2	15. 3	63. 3	0. 1
1997	64. 9	4. 4	1. 8	36. 2	158. 2	15. 8	62. 4	0. 1
1998	55. 2	4. 6	2. 1	32. 1	151. 1	14. 1	62. 2	0. 1
1999	57. 7	4. 9	2. 0	34. 8	159. 0	15. 7	63. 0	0. 1
2000	51. 6	5. 1	1. 8	46. 0	168. 3	19. 9	74. 0	0. 1
2001	52. 9	5. 3	1. 9	48. 0	170. 9	19. 9	72. 3	0. 1
2002	65. 5	5. 2	2. 2	59. 1	191. 9	20. 0	72. 3	0. 1
2003	86. 7	5. 3	2. 7	67. 7	224. 9	21. 5	83. 2	0. 1
2004	102. 2	5. 8	3. 1	87. 8	260. 0	24. 7	98. 0	0. 1
2005	113. 1	6. 3	3. 4	112. 2	304. 1	30. 9	109. 6	0. 1
2006	109. 5	6. 8	3. 6	145. 4	340. 0	36. 8	127. 5	0. 2
2007	134. 0	7. 4	4. 3	165. 9	393. 5	41. 9	143. 2	0. 2
2008	130. 7	8. 2	5. 4	207. 1	453. 9	60. 6	163. 9	0. 2
2009	117. 4	8. 1	5. 3	168. 6	374. 8	46. 9	161. 8	0. 2
2010	141. 5	8. 4	5. 4	228. 6	417. 8	57. 8	176. 5	0. 2
2011	159. 7	9. 3	6. 0	244. 0	485. 8	71. 8	210. 2	0. 2

表 8-2　　　　续表 16

年 份	巴拿马	巴布亚新几内亚	巴拉圭	秘鲁	菲律宾	波兰	葡萄牙	波多黎各
1980	3.8	2.5	4.6	20.7	32.5	0.0	32.5	14.4
1981	4.3	2.5	5.8	25.0	35.6	0.0	31.6	16.0
1982	4.8	2.4	5.4	24.8	37.1	0.0	30.1	16.8
1983	4.9	2.6	5.6	19.1	33.2	0.0	26.9	17.3
1984	5.1	2.6	4.4	19.8	31.4	0.0	24.9	19.2
1985	5.4	2.4	3.2	18.8	30.7	71.0	26.8	20.3
1986	5.6	2.6	3.5	18.0	29.9	73.9	38.2	22.0
1987	5.6	3.1	3.7	23.9	33.2	63.9	47.5	23.9
1988	4.9	3.7	4.0	12.4	37.9	68.8	55.6	26.2
1989	4.9	3.5	4.4	20.6	42.6	82.2	59.8	28.3
1990	5.3	3.2	5.3	26.3	44.3	64.5	77.7	30.6
1991	5.8	3.8	6.2	34.5	45.4	83.7	88.0	32.3
1992	6.6	4.4	6.4	36.1	53.0	92.3	106.2	34.6
1993	7.3	5.0	6.9	34.8	54.4	94.0	93.7	36.9
1994	7.7	5.5	6.9	44.9	64.1	108.4	98.4	39.7
1995	7.9	4.6	8.1	53.7	74.1	139.1	116.5	42.6
1996	9.3	5.2	8.7	55.9	82.8	156.7	121.2	45.3
1997	10.1	4.9	8.9	59.2	82.3	157.2	115.7	48.2
1998	10.9	3.8	7.9	56.8	72.2	172.9	122.9	54.1
1999	11.5	3.5	7.3	51.5	83.0	167.8	126.4	57.8
2000	11.6	3.5	7.1	53.3	81.0	171.3	117.3	61.7
2001	11.8	3.1	6.4	53.9	76.3	190.4	120.3	69.2
2002	12.3	3.0	5.1	56.8	81.4	198.2	132.3	71.6
2003	12.9	3.5	5.6	61.3	83.9	216.8	161.9	74.8
2004	14.2	3.9	6.9	69.7	91.4	252.8	185.4	79.2
2005	15.5	4.9	7.5	79.4	103.1	303.9	191.8	82.8
2006	17.1	5.6	9.3	92.3	122.2	341.7	201.8	86.2
2007	19.8	6.3	12.2	107.5	149.4	425.3	231.7	88.4
2008	23.0	8.0	16.9	126.9	173.6	529.4	251.9	92.6
2009	24.1	7.9	14.3	126.9	168.3	430.9	234.1	95.2
2010	26.8	9.5	18.3	153.6	199.6	469.8	227.2	96.3
2011	26.8	12.9	23.8	176.9	224.8	514.5	237.4	0.0

表 8－2

续表 17

年份	卡塔尔	罗马尼亚	俄罗斯联邦	卢旺达	萨摩亚	沙特阿拉伯	塞内加尔	塞尔维亚
1980	7.8	0.0	0.0	1.3	0.0	164.3	3.5	0.0
1981	8.7	0.0	0.0	1.4	0.0	183.9	3.2	0.0
1982	7.6	0.0	0.0	1.4	0.1	152.9	3.1	0.0
1983	6.5	0.0	0.0	1.5	0.1	128.9	2.8	0.0
1984	6.7	0.0	0.0	1.6	0.1	119.3	2.7	0.0
1985	6.2	0.0	0.0	1.7	0.1	103.9	3.0	0.0
1986	5.1	0.0	0.0	1.9	0.1	87.0	4.2	0.0
1987	5.4	38.1	0.0	2.2	0.1	85.7	5.0	0.0
1988	6.0	40.4	0.0	2.4	0.1	88.3	5.0	0.0
1989	6.5	41.5	506.5	2.4	0.1	95.3	4.9	0.0
1990	7.4	38.3	516.8	2.6	0.1	116.8	5.7	0.0
1991	6.9	28.8	509.4	1.9	0.1	131.3	5.6	0.0
1992	7.6	25.1	460.2	2.0	0.1	136.3	6.0	0.0
1993	7.2	26.4	435.1	2.0	0.1	132.2	5.7	0.0
1994	7.4	30.1	395.1	0.8	0.2	134.3	3.9	0.0
1995	8.1	35.5	395.5	1.3	0.2	142.5	4.9	0.0
1996	9.1	35.3	391.7	1.4	0.2	157.7	5.1	0.0
1997	11.3	35.3	404.9	1.9	0.3	165.0	4.7	21.4
1998	10.3	42.1	271.0	2.0	0.2	145.8	5.0	16.2
1999	12.4	35.6	195.9	1.8	0.2	161.0	5.1	17.6
2000	17.8	37.1	259.7	1.7	0.2	188.4	4.7	6.1
2001	17.5	40.2	306.6	1.7	0.2	183.0	4.9	11.4
2002	19.4	45.8	345.1	1.7	0.3	188.6	5.3	15.1
2003	23.5	59.5	430.3	1.8	0.3	214.6	6.9	19.6
2004	31.7	75.5	591.0	2.1	0.4	250.3	8.0	23.6
2005	43.0	98.9	764.0	2.6	0.4	315.6	8.7	25.2
2006	60.5	122.6	989.9	3.1	0.5	356.6	9.4	29.2
2007	79.5	169.3	1299.7	3.7	0.5	384.9	11.3	39.0
2008	115.0	204.3	1660.8	4.7	0.6	476.3	13.4	47.8
2009	97.6	164.3	1222.6	5.3	0.5	376.7	12.8	40.1
2010	127.3	164.4	1487.5	5.6	0.6	450.8	12.9	38.4
2011	173.0	189.8	1857.8	6.4	0.6	576.8	14.3	45.8

表 8 - 2　　　　　　　　　　　　续表 18

年　份	塞舌尔	塞拉利昂	新加坡	斯洛伐克	斯洛文尼亚	所罗门群岛	索马里	南非
1980	0.1	1.1	11.9	0.0	0.0	0.2	0.6	80.5
1981	0.2	1.1	14.1	0.0	0.0	0.2	0.7	86.8
1982	0.1	1.3	16.0	6.1	0.0	0.2	0.8	80.1
1983	0.1	1.0	17.7	6.1	0.0	0.2	0.7	86.0
1984	0.2	1.1	19.6	5.8	0.0	0.3	0.8	85.2
1985	0.2	0.9	19.0	5.8	0.0	0.2	0.9	67.1
1986	0.2	0.5	18.5	7.9	0.0	0.2	0.9	79.5
1987	0.2	0.7	20.8	9.5	0.0	0.2	1.0	104.0
1988	0.3	1.1	25.3	10.1	0.0	0.3	1.0	114.6
1989	0.3	0.9	30.4	9.8	0.0	0.3	1.1	124.9
1990	0.4	0.6	36.1	11.7	17.4	0.3	0.9	112.0
1991	0.4	0.8	43.1	13.1	12.7	0.3	0.0	120.2
1992	0.4	0.7	49.0	14.3	12.5	0.4	0.0	130.5
1993	0.5	0.8	60.0	16.1	12.7	0.4	0.0	130.4
1994	0.5	0.9	69.2	19.7	14.4	0.5	0.0	135.8
1995	0.5	0.9	80.8	25.3	20.9	0.5	0.0	151.1
1996	0.5	0.9	94.7	27.3	21.1	0.6	0.0	143.7
1997	0.6	0.9	104.6	27.0	20.4	0.6	0.0	148.8
1998	0.6	0.7	95.8	29.3	21.7	0.5	0.0	134.3
1999	0.6	0.7	86.0	29.9	22.3	0.5	0.0	133.2
2000	0.6	0.6	95.9	28.7	20.0	0.4	0.0	132.9
2001	0.6	1.1	91.1	30.3	20.5	0.4	0.0	118.5
2002	0.7	1.2	90.6	34.6	23.1	0.3	0.0	111.1
2003	0.7	1.4	93.4	45.8	29.2	0.3	0.0	168.2
2004	0.8	1.4	109.3	56.1	33.8	0.4	0.0	219.1
2005	0.9	1.6	123.5	61.3	35.7	0.4	0.0	247.1
2006	1.0	1.9	139.1	69.0	38.9	0.5	0.0	261.0
2007	1.0	2.1	168.4	84.1	47.3	0.6	0.0	286.2
2008	1.0	2.5	166.8	97.9	54.6	0.6	0.0	273.9
2009	0.8	2.4	175.9	87.2	49.1	0.6	0.0	283.0
2010	1.0	2.5	213.2	87.1	46.9	0.7	0.0	363.5
2011	1.1	3.0	239.7	96.0	49.5	0.8	0.0	408.2

表 8 - 2

续表 19

年份	南亚	南苏丹	西班牙	斯里兰卡	圣基茨和尼维斯	圣卢西亚	圣文森特和格林纳丁斯	苏丹
1980	239.5	0.0	226.0	4.0	0.0	0.1	0.1	7.6
1981	253.3	0.0	196.9	4.4	0.1	0.2	0.1	9.5
1982	262.2	0.0	190.3	4.8	0.1	0.1	0.1	9.3
1983	277.6	0.0	166.0	5.2	0.1	0.2	0.1	8.5
1984	277.5	0.0	167.1	6.0	0.1	0.2	0.1	10.0
1985	300.3	0.0	175.5	6.0	0.1	0.2	0.1	12.5
1986	318.1	0.0	244.0	6.4	0.1	0.2	0.1	16.0
1987	353.5	0.0	309.5	6.7	0.1	0.2	0.1	20.6
1988	379.4	0.0	365.2	7.0	0.1	0.3	0.2	15.5
1989	381.8	0.0	402.7	7.0	0.1	0.3	0.2	15.3
1990	411.7	0.0	521.0	8.0	0.2	0.4	0.2	12.4
1991	367.1	0.0	560.4	9.0	0.2	0.4	0.2	11.4
1992	389.9	0.0	612.6	9.7	0.2	0.5	0.2	7.0
1993	386.0	0.0	509.8	10.3	0.2	0.5	0.2	8.9
1994	438.0	0.0	515.1	11.7	0.2	0.5	0.2	12.8
1995	486.6	0.0	596.8	13.0	0.2	0.6	0.3	13.8
1996	526.5	0.0	622.4	13.9	0.2	0.6	0.3	9.0
1997	552.5	0.0	572.6	15.1	0.3	0.6	0.3	11.7
1998	560.3	0.0	600.8	15.8	0.3	0.7	0.3	11.3
1999	598.7	0.0	617.9	15.7	0.3	0.7	0.3	10.7
2000	622.8	0.0	580.3	16.3	0.4	0.8	0.4	12.3
2001	637.2	0.0	608.9	15.7	0.5	0.7	0.4	13.2
2002	671.3	0.0	686.3	17.1	0.5	0.7	0.5	14.8
2003	784.1	0.0	883.8	18.9	0.5	0.8	0.5	17.6
2004	911.1	0.0	1044.6	20.7	0.5	0.9	0.5	21.5
2005	1044.7	0.0	1130.8	24.4	0.5	0.9	0.6	26.5
2006	1185.1	0.0	1236.4	28.3	0.6	1.0	0.6	35.2
2007	1504.4	0.0	1441.4	32.4	0.7	1.1	0.7	45.5
2008	1534.6	15.3	1593.4	40.7	0.7	1.2	0.7	53.6
2009	1687.0	11.9	1456.0	42.1	0.7	1.2	0.7	52.6
2010	2072.7	15.0	1380.1	49.6	0.7	1.2	0.7	64.8
2011	2296.0	19.2	1476.9	59.2	0.7	1.3	0.7	64.1

表 8－2

续表 20

年　份	苏里南	斯威士兰	瑞典	瑞士	叙利亚	塔吉克斯坦	坦桑尼亚	泰国
1980	0.8	0.5	132.1	112.5	13.1	0.0	0.0	32.4
1981	0.9	0.6	120.5	103.1	15.5	0.0	0.0	34.8
1982	0.9	0.5	106.3	105.6	16.3	0.0	0.0	36.6
1983	0.9	0.6	97.7	105.3	17.6	0.0	0.0	40.0
1984	0.9	0.5	101.6	100.5	17.5	0.0	0.0	41.8
1985	0.9	0.4	106.3	101.9	16.4	0.0	0.0	38.9
1986	0.9	0.4	140.7	146.1	13.3	0.0	0.0	43.1
1987	1.0	0.6	171.5	182.9	11.4	0.0	0.0	50.5
1988	1.2	0.7	193.8	197.9	10.6	0.0	5.1	61.7
1989	0.5	0.7	204.3	191.1	9.9	0.0	4.4	72.3
1990	0.4	1.1	244.4	244.0	12.3	2.6	4.3	85.3
1991	0.4	1.2	257.8	246.9	13.0	2.5	5.0	98.2
1992	0.4	1.3	267.0	257.0	13.3	1.9	4.6	111.5
1993	0.4	1.4	202.0	250.0	13.7	1.6	4.3	125.0
1994	0.6	1.4	217.5	276.7	10.1	1.3	4.5	144.3
1995	0.7	1.7	253.7	324.0	11.4	1.2	5.3	168.0
1996	0.9	1.6	276.5	312.0	13.8	1.0	6.5	181.9
1997	0.9	1.7	253.2	272.3	14.5	0.9	7.7	150.9
1998	0.9	1.6	254.7	278.9	15.2	1.3	9.3	111.9
1999	0.9	1.5	258.8	273.5	15.9	1.1	9.7	122.6
2000	0.9	1.5	247.3	256.0	19.3	0.9	10.2	122.7
2001	0.8	1.3	227.4	262.6	21.1	1.1	10.4	115.5
2002	1.1	1.2	251.0	286.7	21.6	1.2	10.8	126.9
2003	1.3	1.9	314.7	334.6	21.8	1.6	11.7	142.6
2004	1.5	2.4	362.1	374.2	25.1	2.1	12.8	161.3
2005	1.8	2.6	370.6	384.8	28.9	2.3	14.1	176.4
2006	2.6	2.9	399.1	405.2	33.3	2.8	14.3	207.1
2007	2.9	3.1	462.5	450.5	40.4	3.7	16.8	247.0
2008	3.5	3.0	486.2	524.3	52.6	5.2	20.7	272.6
2009	3.9	3.2	405.8	509.5	53.9	5.0	21.4	263.7
2010	4.4	3.9	462.9	552.2	59.1	5.6	22.9	318.9
2011	4.3	4.1	539.7	659.3	0.0	6.5	23.9	345.7

年份	东帝汶	多哥	汤加	特里尼达和多巴哥	突尼斯	土耳其	土库曼斯坦	特克斯和凯科斯群岛
1980	0.0	1.1	0.1	6.2	8.7	68.8	0.0	0.0
1981	0.0	1.0	0.1	6.8	8.4	71.0	0.0	0.0
1982	0.0	0.8	0.1	8.0	8.1	64.5	0.0	0.0
1983	0.0	0.8	0.1	7.8	8.4	61.7	0.0	0.0
1984	0.0	0.7	0.1	7.8	8.3	60.0	0.0	0.0
1985	0.0	0.8	0.1	7.4	8.4	67.2	0.0	0.0
1986	0.0	1.1	0.1	4.8	9.0	75.7	0.0	0.0
1987	0.0	1.2	0.1	4.8	9.7	87.2	2.4	0.0
1988	0.0	1.4	0.1	4.5	10.1	90.9	3.0	0.0
1989	0.0	1.4	0.1	4.3	10.1	107.1	3.0	0.0
1990	0.0	1.6	0.1	5.1	12.3	150.7	3.2	0.0
1991	0.0	1.6	0.1	5.4	13.1	151.0	3.2	0.0
1992	0.0	1.7	0.1	5.5	15.5	159.1	3.2	0.0
1993	0.0	1.2	0.1	4.6	14.6	180.4	3.2	0.0
1994	0.0	1.0	0.2	4.9	15.6	130.7	2.6	0.0
1995	0.0	1.3	0.2	5.3	18.0	169.5	2.5	0.0
1996	0.0	1.5	0.2	5.8	19.6	181.5	2.4	0.0
1997	0.0	1.5	0.2	5.7	20.7	189.8	2.5	0.0
1998	0.0	1.6	0.2	6.0	21.8	269.3	2.6	0.0
1999	0.0	1.6	0.2	6.8	22.9	249.8	2.5	0.0
2000	0.3	1.3	0.2	8.2	21.5	266.6	2.9	0.0
2001	0.3	1.3	0.2	8.8	22.1	196.0	3.5	0.0
2002	0.3	1.5	0.2	9.0	23.1	232.5	4.5	0.0
2003	0.3	1.7	0.2	11.2	27.5	303.0	6.0	0.0
2004	0.3	1.9	0.2	12.9	31.2	392.2	6.8	0.0
2005	0.5	2.1	0.3	16.1	32.3	483.0	8.1	0.0
2006	0.4	2.2	0.3	18.5	34.4	530.9	10.3	0.0
2007	0.5	2.5	0.3	21.7	38.8	647.2	12.7	0.0
2008	0.7	3.2	0.3	28.0	44.7	730.3	19.3	0.0
2009	0.8	3.2	0.3	19.7	43.6	614.6	20.2	0.0
2010	0.9	3.2	0.4	20.9	44.4	731.1	22.1	0.0
2011	1.1	3.6	0.4	22.5	46.4	775.0	28.1	0.0

年　份	图瓦卢	乌干达	乌克兰	阿联酋	英国	美国	乌拉圭	乌兹别克斯坦
1980	0.0	1.2	0.0	43.6	541.9	2767.5	10.2	0.0
1981	0.0	1.3	0.0	49.3	515.0	3103.8	11.0	0.0
1982	0.0	2.2	0.0	46.6	491.0	3227.7	9.2	0.0
1983	0.0	2.2	0.0	42.8	465.7	3506.9	5.1	0.0
1984	0.0	3.6	0.0	41.8	438.8	3900.4	4.9	0.0
1985	0.0	3.5	0.0	40.6	464.3	4184.8	4.7	0.0
1986	0.0	3.9	0.0	33.9	570.4	4425.0	5.9	0.0
1987	0.0	6.3	64.1	36.4	700.5	4698.9	7.4	0.0
1988	0.0	6.5	74.7	36.3	851.1	5061.9	8.2	0.0
1989	0.0	5.3	82.7	41.5	859.4	5439.7	8.4	0.0
1990	0.0	4.3	81.5	50.7	1012.6	5750.8	9.3	13.4
1991	0.0	3.3	77.5	51.6	1055.8	5930.7	11.2	13.8
1992	0.0	2.9	73.9	54.2	1091.8	6261.8	12.9	13.0
1993	0.0	3.2	65.6	55.6	981.1	6582.9	15.0	13.1
1994	0.0	4.0	52.5	59.3	1060.6	6993.3	17.5	12.9
1995	0.0	5.8	48.2	65.7	1157.1	7338.4	19.3	13.4
1996	0.0	6.0	44.6	73.6	1219.5	7751.1	20.5	13.9
1997	0.0	6.3	50.2	78.8	1368.1	8256.5	24.0	14.7
1998	0.0	6.6	41.9	75.7	1461.9	8741.0	25.4	15.0
1999	0.0	6.0	31.6	84.4	1503.8	9301.0	24.0	17.1
2000	0.0	6.2	31.3	104.3	1475.7	9898.8	22.8	13.8
2001	0.0	5.8	38.0	103.3	1468.0	10233.9	20.9	11.4
2002	0.0	6.2	42.4	109.8	1601.6	10590.2	13.6	9.7
2003	0.0	6.3	50.1	124.3	1855.7	11089.3	12.0	10.1
2004	0.0	7.9	64.9	147.8	2196.9	11797.8	13.7	12.0
2005	0.0	9.2	86.1	180.6	2295.8	12564.3	17.4	14.3
2006	0.0	10.0	107.8	222.1	2453.0	13314.5	19.6	17.0
2007	0.0	11.9	142.7	258.2	2825.5	13961.8	23.4	22.3
2008	0.0	14.4	180.0	314.8	2648.9	14219.3	30.4	27.9
2009	0.0	15.8	117.2	270.3	2183.9	13898.3	30.5	32.8
2010	0.0	17.2	136.4	297.6	2256.3	14419.4	39.4	39.3
2011	0.0	16.8	165.2	360.2	2445.4	14991.3	46.7	45.4

表 8-2　　　　　　　　　　　续表 23

年 份	瓦努阿图	委内瑞拉	越南	也门	赞比亚	津巴布韦
1980	0.1	67.1	0.0	0.0	3.9	6.7
1981	0.1	75.5	0.0	0.0	4.0	8.0
1982	0.1	76.7	0.0	0.0	3.9	8.5
1983	0.1	78.6	0.0	0.0	3.3	7.8
1984	0.1	56.0	0.0	0.0	2.7	6.4
1985	0.1	57.9	14.1	0.0	2.3	5.6
1986	0.1	58.9	26.3	0.0	1.7	6.2
1987	0.1	45.3	36.7	0.0	2.3	6.7
1988	0.1	58.4	25.4	0.0	3.7	7.8
1989	0.1	42.1	6.3	0.0	4.0	8.3
1990	0.2	47.0	6.5	5.6	3.3	8.8
1991	0.2	51.7	9.6	5.9	3.4	8.6
1992	0.2	58.5	9.9	6.5	3.2	6.8
1993	0.2	58.1	13.2	5.4	3.3	6.6
1994	0.2	56.5	16.3	4.2	3.3	6.9
1995	0.2	74.9	20.7	4.3	3.5	7.1
1996	0.2	68.3	24.7	5.8	3.3	8.6
1997	0.3	85.8	26.8	6.8	3.9	8.5
1998	0.3	91.3	27.2	6.3	3.2	6.4
1999	0.3	98.0	28.7	7.6	3.1	6.9
2000	0.3	117.1	31.2	9.6	3.3	6.7
2001	0.3	122.9	32.7	9.9	3.7	6.8
2002	0.3	92.9	35.1	10.7	3.7	6.3
2003	0.3	83.6	39.6	11.8	4.3	5.7
2004	0.4	112.5	45.4	13.9	5.4	5.8
2005	0.4	145.5	52.9	16.8	7.2	5.8
2006	0.4	183.5	60.9	19.1	10.7	5.4
2007	0.5	230.4	71.0	21.7	11.5	5.3
2008	0.6	315.6	91.1	26.9	14.6	4.4
2009	0.6	329.4	97.2	25.1	12.8	6.1
2010	0.7	393.8	106.4	31.0	16.2	7.4
2011	0.8	316.5	123.6	33.8	19.2	9.7

表 8－3　　国内生产总值（汇率法，当期价格，十亿美元）

年　份	阿富汗	阿尔巴尼亚	阿尔及利亚	安道尔	安哥拉	阿根廷	亚美尼亚	阿鲁巴
1980	3.6	0	42.3	0.4	0	77	0	0
1981	3.5	0	44.3	0.4	0	78.7	0	0
1982	0	0	45.2	0.4	0	84.3	0	0
1983	0	0	48.8	0.3	0	104	0	0
1984	0	1.9	53.7	0.3	0	79.1	0	0
1985	0	2	57.9	0.3	6.8	88.4	0	0
1986	0	2.2	63.7	0.5	6.4	110.9	0	0
1987	0	2.2	66.7	0.6	7.4	111.1	0	0
1988	0	2.1	59.1	0.7	8	126.2	0	0
1989	0	2.3	55.6	0.8	9.3	76.6	0	0
1990	0	2.1	62	1	10.3	141.4	2.3	0
1991	0	1.1	45.7	1.1	12.2	189.7	2.1	0.9
1992	0	0.7	48	1.2	5.8	228.8	1.3	1
1993	0	1.2	49.9	1	5.3	236.8	1.2	1.1
1994	0	2	42.5	1	4.1	257.4	1.3	1.2
1995	0	2.4	41.8	1.2	5	258	1.5	1.3
1996	0	3	46.9	1.2	7.5	272.1	1.6	1.4
1997	0	2.2	48.2	1.2	4.5	292.9	1.6	1.5
1998	0	2.7	48.2	1.2	0.9	298.9	1.9	1.7
1999	0	3.4	48.6	1.2	1.7	283.5	1.8	1.7
2000	0	3.7	54.8	1.1	4.2	284.2	1.9	1.9
2001	2.5	4.1	55.2	1.3	4.5	268.7	2.1	1.9
2002	4.1	4.4	57.1	1.5	6.7	102	2.4	1.9
2003	4.6	5.7	68	1.9	12.5	129.6	2.8	0
2004	5.3	7.5	85	2.3	19	153.1	3.6	0
2005	6.3	8.4	102.3	2.5	30.6	183.2	4.9	0
2006	7.1	9.1	117.2	2.8	43.8	214.1	6.4	0
2007	8.7	10.7	135.8	3.2	61.8	260.8	9.2	0
2008	10.6	13	171	3.7	79.6	326.6	11.7	0
2009	12.2	12.1	138.1	0	65.2	307.2	8.6	0
2010	15.7	11.9	162	0	80.9	368.7	9.4	0
2011	19.2	13	188.7	0	104.3	446	10.2	0

表 8 - 3　　　　续表 1

年　份	澳大利亚	奥地利	阿塞拜疆	巴哈马	巴林	孟加拉国	白俄罗斯	比利时
1980	149.8	81.2	0	1.3	3.1	18.1	0	125.3
1981	176.9	70.3	0	1.4	3.5	19.8	0	103.5
1982	193.9	70.5	0	1.6	3.6	18.1	0	91
1983	177.1	71.4	0	1.7	3.7	17.2	0	86.1
1984	193.6	67.3	0	2	3.9	19.7	0	82.3
1985	180.6	68.7	0	2.3	3.7	21.6	0	85.2
1986	182	98	0	2.5	3.1	21.2	0	118.6
1987	189	122.9	0	2.7	3.4	23.8	0	147.6
1988	236.2	132	0	2.8	3.7	25.6	0	160.3
1989	299.8	131.7	0	3.1	3.9	26.8	0	162.2
1990	311.5	164.8	8.9	3.2	4.2	30.1	17.4	202.8
1991	326.2	172	8.8	3.1	4.6	31	17.8	207.9
1992	325.6	193.1	5	3.1	4.8	31.7	17	231.9
1993	312.3	188.4	4	3.1	5.2	33.2	16.3	222
1994	323.4	201.4	3.3	3.3	5.6	33.8	14.9	241.9
1995	368.6	238.6	3.1	3.4	5.8	37.9	14	284.5
1996	401.9	234.7	3.2	3.6	6.1	40.7	14.8	275.8
1997	435.9	207.8	4	5	6.3	42.3	14.1	249.8
1998	399.7	213.3	4.4	5.4	6.2	44.1	15.2	255.6
1999	389.5	212.3	4.6	6	6.6	45.7	12.1	254.5
2000	415.8	192.1	5.3	6.3	8	47.1	12.7	232.7
2001	379.4	191.7	5.7	6.5	7.9	47	12.4	232.5
2002	395	207.5	6.2	7	8.5	47.6	14.6	252.8
2003	466.5	253.9	7.3	6.9	9.7	51.9	17.8	311.7
2004	611.4	291.4	8.7	7.1	11.2	56.6	23.1	361.7
2005	692.3	305	13.2	7.7	13.5	60.3	30.2	377.4
2006	744.8	325	21	8	15.9	61.9	37	400
2007	850.3	375	33	8.3	18.5	68.4	45.3	459.6
2008	1052.8	414.2	48.9	8.2	21.9	79.6	60.8	507.4
2009	922	383.6	44.3	7.7	19.3	89.4	49.2	473.4
2010	1139.2	376.8	52.9	7.8	22.9	100.4	55.2	468.6
2011	1379.4	417.7	63.4	7.8	0	111.9	55.1	513.7

表 8-3 续表 2

年份	贝宁	不丹	玻利维亚	博茨瓦纳	巴西	保加利亚	布基纳法索	布隆迪
1980	1.4	0.1	4.5	1.1	235	20	1.9	0.9
1981	1.3	0.1	5.9	1.1	263.6	20.1	1.8	1
1982	1.3	0.1	5.6	1	281.7	19.8	1.8	1
1983	1.1	0.2	5.4	1.2	203.3	17	1.6	1.1
1984	1.1	0.2	6.2	1.2	209	17.4	1.5	1
1985	1	0.2	5.4	1.1	222.9	17.6	1.6	1.1
1986	1.3	0.2	4	1.4	268.1	20.3	2	1.2
1987	1.6	0.3	4.3	2	294.1	28.4	2.4	1.1
1988	1.6	0.3	4.6	2.6	330.4	23	2.6	1.1
1989	1.5	0.3	4.7	3.1	425.6	21.7	2.6	1.1
1990	2	0.3	4.9	3.8	462	20.7	3.1	1.1
1991	2	0.3	5.3	3.9	407.3	10.9	3.1	1.2
1992	1.7	0.3	5.6	4.1	390.6	10.4	2.2	1.1
1993	2.3	0.2	5.7	4.2	438.3	10.8	2.3	0.9
1994	1.6	0.3	6	4.3	614.5	9.7	1.9	0.9
1995	2.2	0.3	6.7	4.8	769	13.1	2.4	1
1996	2.4	0.3	7.4	4.8	839.7	8.9	2.6	0.9
1997	2.3	0.4	7.9	5.2	871.2	10.1	2.4	1
1998	2.5	0.4	8.5	5.2	843.8	13.1	2.8	0.9
1999	2.5	0.4	8.3	5.9	586.9	13.2	3	0.8
2000	2.4	0.4	8.4	5.6	644.7	12.9	2.6	0.8
2001	2.5	0.5	8.1	6	553.6	13.9	2.8	0.8
2002	2.8	0.5	7.9	6.1	504.2	16	3.2	0.8
2003	3.6	0.6	8.1	8.1	552.5	20.7	4.2	0.8
2004	4.1	0.7	8.8	10	663.8	25.3	4.8	0.9
2005	4.4	0.8	9.5	10.3	882.2	28.9	5.5	1.1
2006	4.7	0.9	11.5	11.3	1088.9	33.2	5.8	1.2
2007	5.5	1.2	13.1	12.4	1366	42.1	6.8	1.3
2008	6.6	1.3	16.7	13.4	1652.8	51.8	8.4	1.6
2009	6.6	1.3	17.3	11.5	1621.7	48.6	8.3	1.8
2010	6.6	1.6	19.6	14.9	2143	47.7	9.2	2
2011	7.3	1.7	23.9	17.3	2476.7	53.5	10.4	2.3

表 8－3

续表 3

年　份	柬埔寨	喀麦隆	加拿大	佛得角	中非共和国	乍得	智利	中国
1980	0	6.7	268.9	0.1	0.8	1	27.6	189.4
1981	0	7.6	300.7	0.1	0.7	0.9	32.6	194.1
1982	0	7.3	307.9	0.1	0.7	0.8	24.3	203.2
1983	0	7.4	333.8	0.1	0.7	0.8	19.8	228.5
1984	0	7.8	347.1	0.1	0.6	0.9	19.2	257.4
1985	0	8.1	355.7	0.1	0.9	1	16.5	306.7
1986	0	10.6	368.9	0.2	1.1	1.1	17.7	297.8
1987	0	12.3	421.5	0.2	1.2	1.2	20.9	270.4
1988	0	12.5	498.2	0.3	1.3	1.5	24.6	309.5
1989	0	11.1	555.5	0.3	1.3	1.4	28.4	344
1990	0	11.2	582.7	0.3	1.5	1.7	31.6	356.9
1991	0	12.4	598.2	0.3	1.4	1.9	36.4	379.5
1992	0	11.4	579.5	0.4	1.4	1.9	44.5	422.7
1993	2.5	13.5	563.7	0.5	1.3	1.5	47.7	440.5
1994	2.8	9.2	564.5	0.4	0.9	1.2	55.2	559.2
1995	3.4	8.7	590.5	0.5	1.1	1.4	71.3	728
1996	3.5	9.7	613.8	0.5	1.1	1.6	75.8	856.1
1997	3.4	9.8	637.5	0.5	1	1.5	82.8	952.7
1998	3.1	9.6	616.8	0.5	1	1.7	79.4	1019.5
1999	3.5	10.5	661.3	0.6	1.1	1.5	73	1083.3
2000	3.7	9.3	724.9	0.5	0.9	1.4	79.3	1198.5
2001	4	9.6	715.4	0.6	0.9	1.7	72.3	1324.8
2002	4.3	10.9	734.7	0.6	1	2	71	1453.8
2003	4.7	13.6	865.9	0.8	1.1	2.7	77.8	1641
2004	5.3	15.8	992.2	0.9	1.3	4.4	100.6	1931.6
2005	6.3	16.6	1133.8	1	1.4	5.3	124.4	2256.9
2006	7.3	18	1278.6	1.1	1.5	6.1	154.4	2713
2007	8.6	20.4	1424.1	1.3	1.7	7	172.9	3494.1
2008	10.4	23.7	1502.7	1.6	2	8.4	179.6	4521.8
2009	10.4	22.2	1337.6	1.6	2	7.1	172.6	4991.3
2010	11.2	22.4	1577	1.7	2	8.5	216.3	5930.5
2011	12.8	25.2	1736.1	1.9	2.2	10.6	248.6	7318.5

表 8－3 续表 4

年 份	哥伦比亚	刚果共和国	哥斯达黎加	科特迪瓦	克罗地亚	古巴	库拉索	塞浦路斯
1980	33.4	1.7	4.8	10.2	0	19.9	0	2.2
1981	36.4	2	2.6	8.4	0	20.2	0	2.1
1982	39	2.2	2.6	7.6	0	21	0	2.2
1983	38.7	2.1	4	6.8	0	22.2	0	2.2
1984	38.3	2.2	4.6	6.8	0	24	0	2.3
1985	34.9	2.2	4.8	7	0	22.9	0	2.4
1986	34.9	1.8	5.5	9.2	0	24.2	0	3.1
1987	36.4	2.3	5.8	10.1	0	25.2	0	3.7
1988	39.2	2.2	6.1	10.3	0	27.5	0	4.3
1989	39.5	2.4	6.9	9.8	0	27	0	4.6
1990	40.3	2.8	7.4	10.8	24.8	28.6	0	5.6
1991	41.2	2.7	7.2	10.5	18.2	24.3	0	5.8
1992	49.3	2.9	8.6	11.2	10.3	22.1	0	6.9
1993	55.8	1.9	9.6	11	10.9	22.4	0	6.6
1994	81.7	1.8	10.6	8.3	14.6	28.4	0	7.4
1995	92.5	2.1	11.7	11	22	30.4	0	9.3
1996	97.2	2.5	11.8	12.1	23.3	25	0	9.3
1997	106.7	2.3	12.8	11.7	23.5	25.4	0	8.9
1998	98.4	1.9	14.1	12.8	25.1	25.7	0	9.6
1999	86.2	2.4	15.8	12.6	23.1	28.4	0	9.8
2000	99.9	3.2	15.9	10.4	21.5	30.6	0	9.3
2001	98.2	2.8	16.4	10.5	23.1	31.7	0	9.7
2002	97.9	3	16.8	11.5	26.5	33.6	0	10.6
2003	94.7	3.5	17.5	13.7	34.1	35.9	0	13.3
2004	117.1	4.6	18.6	15.5	41	38.2	0	15.8
2005	146.5	6.1	20	16.4	44.8	42.6	0	17
2006	162.8	7.7	22.5	17.4	49.9	52.7	0	18.4
2007	207.5	8.4	26.3	19.8	59.3	58.6	0	21.8
2008	244.1	11.9	29.8	23.4	69.6	60.8	0	25.3
2009	234.4	9.6	29.4	23	62.2	0	0	23.5
2010	286.4	12	36.2	22.9	59.5	0	0	23.1
2011	333.4	14.4	40.9	24.1	62.5	0	0	24.7

表 8-3 续表 5

年　份	捷克共和国	丹麦	多米尼加	多明尼加	厄瓜多尔	埃及	萨尔瓦多	赤道几内亚
1980	0	69.7	0.1	6.6	11.9	22.9	3.6	0
1981	0	60.4	0.1	7.3	14	23.4	3.4	0
1982	0	58.9	0.1	8	13.2	25.6	3.4	0
1983	0	59.2	0.1	8.6	11.2	28.1	3.5	0
1984	0	57.7	0.1	10.3	11.4	30.6	3.7	0
1985	0	61.2	0.1	5	11.8	34.7	3.8	0.1
1986	0	86.4	0.1	6.1	10.3	35.9	3.8	0.1
1987	0	107.4	0.1	5.8	9.1	40.5	4	0.1
1988	0	113.2	0.1	5.4	9.1	35	4.2	0.1
1989	0	110.1	0.2	6.7	9.5	39.6	4.4	0.1
1990	39.1	135.8	0.2	7.1	10.4	43.1	4.8	0.1
1991	28.7	136.7	0.2	9.7	11.3	37	5.3	0.1
1992	33.4	150.2	0.2	11.3	12	41.9	6	0.2
1993	39.3	140.6	0.2	13	15.1	46.6	6.9	0.2
1994	46	153.6	0.2	14.5	18.6	51.9	8.1	0.1
1995	57.8	182	0.2	16.4	20.2	60.2	9.5	0.2
1996	64.9	184.4	0.2	18.1	21.3	67.6	10.3	0.3
1997	59.5	170.4	0.2	19.6	23.6	78.4	11.1	0.5
1998	63.9	173.7	0.3	21.2	23.3	84.8	12	0.5
1999	62.2	173.9	0.3	21.7	16.7	90.7	12.5	0.9
2000	58.8	160.1	0.3	24	15.9	99.8	13.1	1.2
2001	64.4	160.5	0.3	24.9	21.3	97.6	13.8	1.7
2002	78.4	173.9	0.3	26.6	24.7	87.9	14.3	2.1
2003	95.3	212.6	0.3	21.3	28.4	82.9	15	3
2004	114	244.7	0.4	22	32.6	78.8	15.8	5.2
2005	130.1	257.7	0.4	34	36.9	89.7	17.1	8.2
2006	148.3	274.4	0.4	36	41.7	107.5	18.6	9.6
2007	180.5	311.4	0.4	41.3	45.5	130.5	20.1	12.6
2008	225.4	343.9	0.5	45.8	54.2	162.8	21.4	18.4
2009	197.2	310.5	0.5	46.8	52	189	20.7	12.2
2010	198.9	313.4	0.5	51.6	58	218.9	21.4	14.5
2011	217	333.6	0.5	55.6	65.9	229.5	23.1	19.8

表 8-3 续表 6

年 份	厄立特里亚	爱沙尼亚	埃塞俄比亚	斐济	芬兰	法国	波利尼西亚	加蓬
1980	0	0	0	1.2	53	690.3	1.4	4.3
1981	0	0	7.3	1.2	51.8	605.2	1.3	3.9
1982	0	0	7.6	1.2	52.2	574.6	1.3	3.6
1983	0	0	8.5	1.1	50.3	550.3	1.3	3.4
1984	0	0	8	1.2	52.1	521.7	1.4	3.6
1985	0	0	9.4	1.1	55	543.5	1.5	3.3
1986	0	0	9.8	1.3	72.3	758.5	2.3	3.4
1987	0	0	10.4	1.2	90	917.9	2.5	3.3
1988	0	0	10.8	1.1	107.2	1001.2	2.7	3.8
1989	0	0	11.4	1.2	116.8	1007	2.6	4.2
1990	0	0	12.1	1.3	138.9	1244.2	3.2	6
1991	0	0	13.4	1.4	125.3	1245.4	3.3	5.4
1992	0.5	0	10.4	1.5	110.2	1373	3.6	5.6
1993	0.5	0	7.5	1.6	87.3	1297	3.7	4.4
1994	0.5	0	7.3	1.8	100.6	1368	3.5	4.2
1995	0.6	3.8	7.7	2	130.8	1572.1	4	5
1996	0.7	4.7	8.4	2.1	128.3	1572.8	4	5.7
1997	0.7	5.1	8.6	2.1	123	1421.5	3.6	5.3
1998	0.7	5.6	7.8	1.7	129.8	1468.9	3.8	4.5
1999	0.7	5.7	7.4	1.9	130.3	1456.4	3.8	4.7
2000	0.6	5.7	8.1	1.7	121.8	1326.3	3.4	5.1
2001	0.7	6.2	8	1.7	124.6	1338.3	0	4.7
2002	0.7	7.3	7.8	1.8	135.2	1452	0	4.9
2003	0.9	9.8	8.5	2.3	164.3	1792.2	0	6.1
2004	1.1	12	10	2.7	189.1	2055.7	0	7.2
2005	1.1	13.9	12.3	3	195.8	2136.6	0	8.7
2006	1.2	16.8	15.1	3.1	207.9	2255.7	0	9.5
2007	1.3	22	19.2	3.4	246.1	2582.4	0	11.6
2008	1.4	23.8	25.9	3.6	272	2831.8	0	14.5
2009	1.9	19.1	28.5	2.9	239.4	2619.7	0	10.9
2010	2.1	18.8	26.6	3.2	235.3	2549	0	13.2
2011	2.6	22.2	30.2	3.8	263	2773	0	17.1

表 8－3

续表 7

年 份	冈比亚	格鲁吉亚	德国	加纳	希腊	格林纳达	关岛	危地马拉
1980	0.2	0	919.6	4.4	54.2	0.1	0	7.9
1981	0.2	0	774.6	4.2	49.9	0.1	0	8.6
1982	0.2	0	751.5	4	52.1	0.1	0	8.7
1983	0.2	0	745.8	4.1	47.1	0.1	0	9.1
1984	0.2	0	701.7	4.4	45.8	0.1	0	9.5
1985	0.2	0	708.9	4.5	45.6	0.1	0	9.7
1986	0.2	0	1012.5	5.7	53.8	0.1	0	7.2
1987	0.2	0	1256.3	5.1	62.6	0.2	0	7.1
1988	0.3	0	1356	5.2	72.7	0.2	0	7.8
1989	0.3	0	1353.8	5.3	75.5	0.2	0	8.4
1990	0.3	7.7	1714.5	5.9	93.3	0.2	0	7.7
1991	0.7	6.3	1808.6	6.6	100.3	0.2	0	9.4
1992	0.7	3.7	2064.4	6.4	110.8	0.3	0	10.4
1993	0.8	2.7	2007.5	6	103.8	0.3	0	11.4
1994	0.7	2.5	2148	5.4	111.2	0.3	0	13
1995	0.8	2.7	2522.9	6.5	130.5	0.3	0	14.7
1996	0.8	3.1	2437	6.9	138	0.3	0	15.8
1997	0.8	3.5	2157.2	6.9	134.7	0.3	0	17.8
1998	0.8	3.6	2178.2	7.5	135.3	0.3	0	19.4
1999	0.8	2.8	2131	7.7	133.2	0.4	0	18.3
2000	0.8	3.1	1886.4	5	124.4	0.5	0	19.3
2001	0.7	3.2	1880.9	5.3	129.8	0.5	0	18.7
2002	0.6	3.4	2006.6	6.2	146.1	0.5	0	20.8
2003	0.5	4	2423.8	7.6	192.9	0.6	0	21.9
2004	0.6	5.1	2726.3	8.9	228	0.6	0	24
2005	0.6	6.4	2766.3	10.7	240.1	0.7	0	27.2
2006	0.7	7.8	2902.7	20.4	261.7	0.7	0	30.2
2007	0.8	10.2	3323.8	24.8	305.4	0.8	0	34.1
2008	1	12.8	3623.7	28.5	341.6	0.8	0	39.1
2009	0.9	10.8	3298.6	26	321	0.8	0	37.7
2010	1	11.6	3284.5	32.2	292.3	0.8	0	41.3
2011	0.9	14.4	3600.8	39.2	289.6	0.8	0	46.9

表 8－3　　　　　　　　　　　　续表 8

年　份	几内亚	圭亚那	海地	洪都拉斯	中国香港特区	匈牙利	冰岛	印度
1980	0	0.6	0	2.6	28.9	22.2	3.3	189.6
1981	0	0.6	0	2.8	31.1	22.7	3.4	196.9
1982	0	0.5	0	2.9	32.3	23.1	3.2	204.2
1983	0	0.5	0	3.1	29.9	21	2.7	222.1
1984	0	0.4	0	3.3	33.5	20.4	2.8	215.9
1985	0	0.5	0	3.6	35.7	20.6	2.9	236.6
1986	1.9	0.5	0	3.8	41.1	23.8	3.9	253.4
1987	2	0.4	0	4.2	50.6	26.1	5.4	283.9
1988	2.4	0.4	0	4	59.7	28.6	6	301.8
1989	2.4	0.4	0	3.6	68.8	29.2	5.6	301.2
1990	2.7	0.4	0	3	76.9	33.1	6.4	326.6
1991	3	0.3	3.5	3.1	89	34.1	6.8	274.8
1992	3.3	0.4	2.1	3.4	104.3	38	7	293.3
1993	3.3	0.4	1.8	3.5	120.4	39.4	6.1	284.2
1994	3.4	0.5	2.1	3.4	135.8	42.4	6.3	333
1995	3.7	0.6	2.7	3.9	144.7	45.6	7	366.6
1996	3.9	0.7	3	4	159.7	45.9	7.3	399.8
1997	3.8	0.7	3.2	4.7	177.4	46.5	7.4	423.2
1998	3.6	0.7	3.8	5.2	168.9	48	8.3	428.7
1999	3.5	0.7	4.1	5.4	165.8	48.3	8.7	464.3
2000	3	0.7	3.7	7.1	171.7	46.4	8.7	474.7
2001	2.8	0.7	3.5	7.6	169.4	52.7	7.9	492.4
2002	2.9	0.7	3.2	7.8	166.3	66.4	8.9	522.8
2003	3.4	0.7	2.8	8.2	161.4	83.5	11	617.6
2004	3.7	0.8	3.7	8.9	169.1	101.9	13.3	721.6
2005	2.9	0.8	4.2	9.7	181.6	110.3	16.3	834.2
2006	2.8	1.5	4.9	10.9	193.5	112.5	16.7	949.1
2007	4.2	1.7	6	12.3	211.6	136.1	20.4	1238.7
2008	3.8	1.9	6.4	13.8	219.3	154.2	16.8	1224.1
2009	4.2	2	6.5	14.1	214	126.6	12.1	1365.4
2010	4.7	2.3	6.6	15.3	228.8	128.6	12.6	1710.9
2011	5.1	2.6	7.3	17.4	248.6	140	14	1872.8

表 8－3

续表 9

年份	印尼	伊朗	伊拉克	爱尔兰	以色列	意大利	牙买加	日本
1980	78	90	47.6	21.1	21.8	459.8	2.7	1087
1981	92.5	97.1	32.6	20	23.2	415	3	1201.5
1982	94.7	121.5	36.8	20.8	24.6	411.7	3.3	1116.8
1983	85.4	147.2	37.5	20.1	27.4	426.9	3.6	1218.1
1984	87.6	153.1	42.5	19.5	26	421.9	2.4	1294.6
1985	87.3	170.7	44.2	20.6	24.1	435.7	2.1	1384.5
1986	80.1	198.8	40	27.8	29.7	617	2.8	2051.1
1987	75.9	127.9	43.7	32.9	35.5	776.3	3.3	2485.2
1988	88.8	116.3	43.4	36.6	43.9	859.1	3.8	3015.4
1989	101.5	114	48.4	38	44.6	894.8	4.4	3017.1
1990	114.4	116	0	47.8	52.5	1138.1	4.6	3103.7
1991	128.2	0	0	48.3	59.2	1200.7	4.1	3536.8
1992	139.1	0	0	54.2	65.8	1272	3.5	3852.8
1993	158	60.1	0	50.8	65.9	1026.1	4.9	4415
1994	176.9	67.1	0	55.4	74.7	1059.1	4.9	4850.3
1995	202.1	90.8	0	67	96	1131.8	5.8	5333.9
1996	227.4	110.6	0	74	105.1	1266.4	6.5	4706.2
1997	215.7	105.3	10.1	81.2	108.5	1198.7	7.5	4324.3
1998	95.4	102.7	10.5	88.1	109.8	1224.6	8.7	3914.6
1999	140	104.7	17.9	96.4	110.8	1208.2	8.8	4432.6
2000	165	101.3	25.9	97.5	124.9	1104	9	4731.2
2001	160.4	115.4	18.9	105.7	122.9	1123.7	9.1	4159.9
2002	195.7	116.4	19	123.6	113	1225.2	9.7	3980.8
2003	234.8	135.4	0	159.1	118.7	1514.5	9.4	4302.9
2004	256.8	163.2	25.8	186.9	126.6	1735.5	10.2	4655.8
2005	285.9	192	31.3	203.3	134	1786.3	11.1	4571.9
2006	364.6	222.9	45.1	223.7	145.5	1873	11.8	4356.8
2007	432.2	286.1	57	260	167.1	2127.2	12.7	4356.3
2008	510.2	338.2	86.5	263.7	201.7	2307.3	13.1	4849.2
2009	539.6	331	64.2	223.1	194.9	2111.1	12	5035.1
2010	708	0	81.1	205.3	217.4	2043.5	13.4	5488.4
2011	846.8	0	115.4	217.3	242.9	2194	14.4	5867.2

表 8－3　　　　续表 10

年　份	约旦	哈萨克斯坦	肯尼亚	基里巴斯	朝鲜	韩国	科索沃	科威特
1980	4	0	7. 3	0	0	63. 8	0	28. 6
1981	4. 4	0	6. 9	0	0	71. 5	0	25. 1
1982	4. 8	0	6. 4	0	0	76. 2	0	21. 6
1983	5	0	6	0	0	84. 5	0	20. 9
1984	5. 2	0	6. 2	0	0	93. 2	0	21. 7
1985	5. 1	0	6. 1	0	0	96. 6	0	21. 4
1986	6. 2	0	7. 2	0	0	111. 3	0	17. 9
1987	6. 5	0	8	0	0	140	0	22. 4
1988	6	0	8. 4	0	0	187. 4	0	20. 7
1989	4. 1	0	8. 3	0	0	230. 5	0	24. 3
1990	4	26. 9	8. 6	0	0	263. 8	0	18. 4
1991	4. 2	24. 9	8. 2	0	0	308. 2	0	11
1992	5. 3	24. 9	8. 2	0	0	329. 9	0	19. 9
1993	5. 6	23. 4	5. 8	0	0	362. 1	0	23. 9
1994	6. 2	21. 3	7. 1	0. 1	0	423. 4	0	24. 8
1995	6. 7	20. 4	9	0. 1	0	517. 1	0	27. 2
1996	6. 9	21	12	0. 1	0	557. 6	0	31. 5
1997	7. 2	22. 2	13. 1	0. 1	0	516. 3	0	30. 4
1998	7. 9	22. 1	14. 1	0. 1	0	345. 4	0	25. 9
1999	8. 2	16. 9	12. 9	0. 1	0	445. 4	0	30. 1
2000	8. 5	18. 3	12. 7	0. 1	0	533. 4	1. 8	37. 7
2001	9	22. 2	13	0. 1	0	504. 6	2. 5	34. 9
2002	9. 6	24. 6	13. 1	0. 1	0	575. 9	2. 7	38. 1
2003	10. 2	30. 8	14. 9	0. 1	0	643. 8	3. 4	47. 9
2004	11. 4	43. 2	16. 1	0. 1	0	722	3. 6	59. 4
2005	12. 6	57. 1	18. 7	0. 1	0	844. 9	3. 7	80. 8
2006	15. 1	81	22. 5	0. 1	0	951. 8	3. 9	101. 6
2007	17. 1	104. 8	27. 2	0. 1	0	1049. 2	4. 7	114. 7
2008	22	133. 4	30. 5	0. 1	0	931. 4	5. 6	147. 4
2009	23. 8	115. 3	30. 6	0. 1	0	834. 1	5. 4	105. 9
2010	26. 4	148. 1	32. 2	0. 1	0	1014. 9	5. 6	124. 3
2011	28. 8	188	33. 6	0. 2	0	1116. 2	6. 5	176. 6

表 8-3

续表 11

年 份	吉尔吉斯	老挝	拉脱维亚	黎巴嫩	莱索托	利比里亚	利比亚	列支敦士登
1980	0	0	0	0	0.4	0.9	0	0.5
1981	0	0	0	0	0.4	0.8	0	0.5
1982	0	0	0	0	0.3	0.9	0	0.5
1983	0	0	0	0	0.4	0.8	0	0.5
1984	0	1.8	0	0	0.3	0.8	0	0.5
1985	0	2.4	0	0	0.2	0.9	0	0.5
1986	0	1.8	0	0	0.3	0.8	0	0.8
1987	0	1.1	5.7	0	0.4	1	0	1.1
1988	0	0.6	6.8	3.3	0.4	1	0	1.2
1989	0	0.7	7.7	2.7	0.5	0.8	0	1.1
1990	2.7	0.9	7.4	2.8	0.5	0.4	28.9	1.4
1991	2.6	1	6.8	4.5	0.6	0.3	32	1.5
1992	2.3	1.1	4.8	5.5	0.7	0.2	33.9	1.6
1993	2	1.3	4.5	7.5	0.7	0.2	30.7	1.7
1994	1.7	1.5	5.1	9.6	0.8	0.1	28.6	1.9
1995	1.7	1.8	5.2	11.7	0.9	0.1	25.5	2.4
1996	1.8	1.9	5.6	13.7	0.8	0.2	27.9	2.5
1997	1.8	1.7	6.1	15.8	0.9	0.3	30.7	2.3
1998	1.6	1.3	6.6	17.2	0.8	0.4	27.3	2.5
1999	1.2	1.5	7.3	17.4	0.8	0.4	30.5	2.7
2000	1.4	1.7	7.8	17.3	0.8	0.5	33.9	2.5
2001	1.5	1.8	8.3	17.6	0.7	0.5	28.4	2.5
2002	1.6	1.8	9.3	19.2	0.7	0.5	19.8	2.7
2003	1.9	2	11.2	20.1	1	0.4	24.1	3.1
2004	2.2	2.4	13.8	21.8	1.2	0.5	33.4	3.5
2005	2.5	2.7	16	21.9	1.4	0.5	44	3.7
2006	2.8	3.5	19.9	22.4	1.4	0.6	56.5	4
2007	3.8	4.2	28.8	25.1	1.6	0.7	71.8	4.6
2008	5.1	5.4	33.7	30.1	1.6	0.9	93.2	4.9
2009	4.7	5.8	25.9	34.7	1.7	1.2	62.4	4.8
2010	4.8	7.2	24	37.1	2.2	1.3	0	0
2011	6.2	8.3	28.3	40.1	2.4	1.5	0	0

表 8－3　　　　续表 12

年　份	立陶宛	中国澳门特区	马其顿	马达加斯加	马拉维	马来西亚	马尔代夫	马里
1980	0	0	0	4	1.2	24.9	0	1.8
1981	0	0	0	3.6	1.2	25.5	0	1.5
1982	0	1	0	3.5	1.2	27.3	0	1.3
1983	0	1	0	3.5	1.2	30.7	0.1	1.3
1984	0	1.2	0	2.9	1.2	34.6	0.1	1.3
1985	0	1.2	0	2.9	1.1	31.8	0.1	1.3
1986	0	1.4	0	3.3	1.2	28.2	0.1	1.7
1987	0	1.8	0	2.6	1.2	32.2	0.1	1.9
1988	0	2.1	0	2.4	1.4	35.3	0.2	1.9
1989	0	2.5	0	2.5	1.6	38.8	0.2	2
1990	10.5	3	4.5	3.1	1.9	44	0.2	2.4
1991	10.3	3.5	4.7	2.7	2.2	49.1	0.2	2.4
1992	8.6	4.6	2.3	3	1.8	59.2	0.3	2.9
1993	7.4	5.3	2.6	3.4	2.1	66.9	0.3	2.7
1994	7	5.9	3.4	3	1.2	74.5	0.4	1.8
1995	7.9	6.6	4.4	3.2	1.4	88.8	0.4	2.5
1996	8.4	6.6	4.4	4	2.3	100.9	0.5	2.6
1997	10.1	6.7	3.7	3.5	2.7	100.2	0.5	2.5
1998	11.3	6.2	3.6	3.7	1.8	72.2	0.5	2.6
1999	11	5.9	3.7	3.7	1.8	79.1	0.6	2.6
2000	11.4	6.1	3.6	3.9	1.7	93.8	0.6	2.4
2001	12.2	6.5	3.4	4.5	1.7	92.8	0.8	2.6
2002	14.2	7	3.8	4.4	2.7	100.8	0.8	3.3
2003	18.6	7.9	4.8	5.5	2.4	110.2	0.9	4.4
2004	22.6	10.3	5.5	4.4	2.6	124.7	1.1	4.9
2005	26	11.8	6	5	2.8	143.5	1	5.3
2006	30.1	14.6	6.6	5.5	3.1	162.7	1.3	5.9
2007	39.1	18.1	8.2	7.3	3.6	193.6	1.5	7.1
2008	47.3	20.7	9.8	9.4	4.3	231	1.9	8.7
2009	36.8	21.3	9.3	8.5	5	202.3	1.9	9
2010	36.3	28.3	9.3	8.8	5.4	246.8	2.1	9.4
2011	42.7	36.4	10.4	9.9	5.6	287.9	2.1	10.8

表 8－3　　　　续表 13

年　份	马耳他	马绍尔群岛	毛里塔尼亚	毛里求斯	墨西哥	摩尔多瓦	摩纳哥	蒙古
1980	1.3	0	0.7	1.1	194.4	0	1.4	0
1981	1.2	0	0.7	1.1	250.1	0	1.2	2.3
1982	1.2	0	0.8	1.1	173.7	0	1.1	2.6
1983	1.2	0	0.8	1.1	148.9	0	1.1	2.7
1984	1.1	0	0.7	1	175.6	0	1	2.1
1985	1.1	0	0.7	1.1	184.5	0	1.1	2.2
1986	1.4	0.1	0.8	1.5	129.4	0	1.5	2.9
1987	1.8	0.1	0.9	1.9	140.3	0	1.8	3
1988	2	0.1	1	2.1	183.1	0	2	3.2
1989	2.1	0.1	1	2.2	223	0	2	3.6
1990	2.5	0.1	1	2.7	262.7	3.6	2.5	2.6
1991	2.8	0.1	1.4	2.9	314.5	3.1	2.5	2.4
1992	3	0.1	1.5	3.2	363.6	2.3	2.7	1.3
1993	2.7	0.1	1.2	3.3	403.2	2.4	2.6	0.8
1994	3	0.1	1.3	3.6	421.7	1.7	2.7	0.9
1995	3.6	0.1	1.4	4	286.7	1.8	3.1	1.5
1996	3.7	0.1	1.4	4.4	332.9	1.7	3.1	1.3
1997	3.6	0.1	1.4	4.2	401.5	1.9	2.8	1.2
1998	3.8	0.1	1.4	4.2	421.2	1.6	2.9	1.1
1999	3.9	0.1	1.4	4.3	481.2	1.2	2.9	1.1
2000	4	0.1	1.3	4.6	581.4	1.3	2.6	1.1
2001	3.9	0.1	1.3	4.5	622.1	1.5	2.7	1.3
2002	4.3	0.1	1.3	4.8	649.1	1.7	2.9	1.4
2003	5.1	0.1	1.6	5.6	700.3	2	3.6	1.6
2004	5.6	0.1	1.8	6.4	759.8	2.6	4.1	2
2005	6	0.1	2.2	6.3	848.9	3	4.3	2.5
2006	6.4	0.1	3	6.5	952.3	3.4	4.7	3.4
2007	7.5	0.1	3.4	7.8	1035.9	4.4	6	4.2
2008	8.6	0.2	3.6	9.6	1094.5	6.1	6.6	5.6
2009	8.1	0.2	3	8.8	879.7	5.4	6.1	4.6
2010	8.2	0.2	3.7	9.7	1035.3	5.8	5.4	6.2
2011	8.9	0.2	4.2	11.3	1153.3	7	6.1	8.8

表 8－3　　　　　　　　　　　续表 14

	黑山	摩洛哥	莫桑比克	缅甸	纳米比亚	尼泊尔	荷兰	新喀里多尼亚
1980	0	18.8	3.5	0	2.2	1.9	180.8	1.2
1981	0	15.3	3.5	0	2	2.3	152	1
1982	0	15.4	3.6	0	1.8	2.4	146.8	0.9
1983	0	13.9	3.2	0	1.9	2.4	142.1	0.8
1984	0	12.8	3.4	0	1.6	2.6	133.3	0.8
1985	0	12.9	4.5	0	1.4	2.6	133.2	0.9
1986	0	17	5.2	0	1.5	2.9	186.1	1.2
1987	0	18.7	2.4	0	1.9	3	227	1.5
1988	0	22.2	2.1	0	2.1	3.5	242.6	2.1
1989	0	22.8	2.3	0	2.2	3.5	239.3	2.2
1990	0	25.8	2.5	0	2.4	3.6	294.9	2.5
1991	0	27.8	2.7	0	2.5	3.9	303.4	2.7
1992	0	28.5	2	0	2.8	3.4	336.2	2.9
1993	0	26.8	2	0	2.8	3.7	327.5	3.1
1994	0	30.4	2.2	0	3.3	4.1	351.2	3
1995	0	33	2.2	0	3.5	4.4	419	3.6
1996	0	36.6	3.2	0	3.5	4.5	418	3.6
1997	0	33.4	3.8	0	3.6	4.9	386.5	3.3
1998	0	40	4.3	0	3.4	4.9	402.6	3.2
1999	0	39.7	4.5	0	3.4	5	411.5	3.1
2000	1	37	4.3	0	3.9	5.5	385.1	2.7
2001	1.2	37.7	4.1	0	3.5	6	400.7	0
2002	1.3	40.4	4.2	0	3.4	6.1	437.8	0
2003	1.7	49.8	4.7	0	4.9	6.3	538.3	0
2004	2.1	56.9	5.7	0	6.6	7.3	609.9	0
2005	2.3	59.5	6.6	0	7.3	8.1	638.5	0
2006	2.7	65.6	7.1	0	8	9.1	677.7	0
2007	3.7	75.2	8	0	8.8	10.3	782.6	0
2008	4.5	88.9	9.9	0	8.8	12.6	870.8	0
2009	4.1	90.9	9.7	0	8.9	12.9	796.3	0
2010	4.1	90.8	9.2	0	11.1	16	774.7	0
2011	4.5	100.2	12.8	0	12.5	18.9	836.1	0

表 8 – 3　　　　　　　　　　　　　续表 15

年　份	新西兰	尼加拉瓜	尼日尔	尼日利亚	挪威	阿曼	巴基斯坦	帕劳
1980	22.9	2.1	2.5	64.2	63.7	6	23.7	0
1981	24	2.5	2.2	59.9	62.9	7.3	28.1	0
1982	23.7	2.5	2	49.8	61.9	7.6	30.7	0
1983	23.8	2.8	1.8	35	60.8	7.9	28.7	0
1984	21.3	3.1	1.5	28.2	61.1	8.8	31.2	0
1985	24.2	2.7	1.4	28.4	64.3	10	31.1	0
1986	30	2.9	1.9	20.2	77.2	7.3	31.9	0
1987	39.5	3.9	2.2	23.4	92.4	7.8	33.4	0
1988	44.2	2.6	2.3	22.8	100.1	8.4	38.5	0
1989	43	1	2.2	23.8	100.8	9.4	40.2	0
1990	44.5	1	2.5	28.5	117.6	11.7	40	0.1
1991	41.8	1.5	2.3	27.3	119.7	11.3	45.5	0.1
1992	40.7	1.8	2.3	32.7	128.3	12.5	48.6	0.1
1993	45.8	1.8	1.6	21.4	118.2	12.5	51.5	0.1
1994	54.3	3.9	1.6	23.7	124.5	12.9	51.9	0.1
1995	62.8	4.1	1.9	28.1	148.9	13.8	60.6	0.1
1996	68.9	4.3	2	35.3	160.2	15.3	63.3	0.1
1997	64.9	4.4	1.8	36.2	158.2	15.8	62.4	0.1
1998	55.2	4.6	2.1	32.1	151.1	14.1	62.2	0.1
1999	57.7	4.9	2	34.8	159	15.7	63	0.1
2000	51.6	5.1	1.8	46	168.3	19.9	74	0.1
2001	52.9	5.3	1.9	48	170.9	19.9	72.3	0.1
2002	65.5	5.2	2.2	59.1	191.9	20	72.3	0.1
2003	86.7	5.3	2.7	67.7	224.9	21.5	83.2	0.1
2004	102.2	5.8	3.1	87.8	260	24.7	98	0.1
2005	113.1	6.3	3.4	112.2	304.1	30.9	109.6	0.1
2006	109.5	6.8	3.6	145.4	340	36.8	127.5	0.2
2007	134	7.4	4.3	165.9	393.5	41.9	143.2	0.2
2008	130.7	8.2	5.4	207.1	453.9	60.6	163.9	0.2
2009	117.4	8.1	5.3	168.6	374.8	46.9	161.8	0.2
2010	141.5	8.4	5.4	228.6	417.8	57.8	176.5	0.2
2011	159.7	9.3	6	244	485.8	71.8	210.2	0.2

表 8－3　　　　续表 16

年　份	巴拿马	巴布亚新几内亚	巴拉圭	秘鲁	菲律宾	波兰	葡萄牙	波多黎各
1980	3.8	2.5	4.6	20.7	32.5	0	32.5	14.4
1981	4.3	2.5	5.8	25	35.6	0	31.6	16
1982	4.8	2.4	5.4	24.8	37.1	0	30.1	16.8
1983	4.9	2.6	5.6	19.1	33.2	0	26.9	17.3
1984	5.1	2.6	4.4	19.8	31.4	0	24.9	19.2
1985	5.4	2.4	3.2	18.8	30.7	71	26.8	20.3
1986	5.6	2.6	3.5	18	29.9	73.9	38.2	22
1987	5.6	3.1	3.7	23.9	33.2	63.9	47.5	23.9
1988	4.9	3.7	4	12.4	37.9	68.8	55.6	26.2
1989	4.9	3.5	4.4	20.6	42.6	82.2	59.8	28.3
1990	5.3	3.2	5.3	26.3	44.3	64.5	77.7	30.6
1991	5.8	3.8	6.2	34.5	45.4	83.7	88	32.3
1992	6.6	4.4	6.4	36.1	53	92.3	106.2	34.6
1993	7.3	5	6.9	34.8	54.4	94	93.7	36.9
1994	7.7	5.5	6.9	44.9	64.1	108.4	98.4	39.7
1995	7.9	4.6	8.1	53.7	74.1	139.1	116.5	42.6
1996	9.3	5.2	8.7	55.9	82.8	156.7	121.2	45.3
1997	10.1	4.9	8.9	59.2	82.3	157.2	115.7	48.2
1998	10.9	3.8	7.9	56.8	72.2	172.9	122.9	54.1
1999	11.5	3.5	7.3	51.5	83	167.8	126.4	57.8
2000	11.6	3.5	7.1	53.3	81	171.3	117.3	61.7
2001	11.8	3.1	6.4	53.9	76.3	190.4	120.3	69.2
2002	12.3	3	5.1	56.8	81.4	198.2	132.3	71.6
2003	12.9	3.5	5.6	61.3	83.9	216.8	161.9	74.8
2004	14.2	3.9	6.9	69.7	91.4	252.8	185.4	79.2
2005	15.5	4.9	7.5	79.4	103.1	303.9	191.8	82.8
2006	17.1	5.6	9.3	92.3	122.2	341.7	201.8	86.2
2007	19.8	6.3	12.2	107.5	149.4	425.3	231.7	88.4
2008	23	8	16.9	126.9	173.6	529.4	251.9	92.6
2009	24.1	7.9	14.3	126.9	168.3	430.9	234.1	95.2
2010	26.8	9.5	18.3	153.6	199.6	469.8	227.2	96.3
2011	26.8	12.9	23.8	176.9	224.8	514.5	237.4	0

表 8-3

续表 17

年 份	卡塔尔	罗马尼亚	俄罗斯	卢旺达	萨摩亚	沙特阿拉伯	塞内加尔	塞尔维亚
1980	7.8	0	0	1.3	0	164.3	3.5	0
1981	8.7	0	0	1.4	0	183.9	3.2	0
1982	7.6	0	0	1.4	0.1	152.9	3.1	0
1983	6.5	0	0	1.5	0.1	128.9	2.8	0
1984	6.7	0	0	1.6	0.1	119.3	2.7	0
1985	6.2	0	0	1.7	0.1	103.9	3	0
1986	5.1	0	0	1.9	0.1	87	4.2	0
1987	5.4	38.1	0	2.2	0.1	85.7	5	0
1988	6	40.4	0	2.4	0.1	88.3	5	0
1989	6.5	41.5	506.5	2.4	0.1	95.3	4.9	0
1990	7.4	38.3	516.8	2.6	0.1	116.8	5.7	0
1991	6.9	28.8	509.4	1.9	0.1	131.3	5.6	0
1992	7.6	25.1	460.2	2	0.1	136.3	6	0
1993	7.2	26.4	435.1	2	0.1	132.2	5.7	0
1994	7.4	30.1	395.1	0.8	0.2	134.3	3.9	0
1995	8.1	35.5	395.5	1.3	0.2	142.5	4.9	0
1996	9.1	35.3	391.7	1.4	0.2	157.7	5.1	0
1997	11.3	35.3	404.9	1.9	0.3	165	4.7	21.4
1998	10.3	42.1	271	2	0.2	145.8	5	16.2
1999	12.4	35.6	195.9	1.8	0.2	161	5.1	17.6
2000	17.8	37.1	259.7	1.7	0.2	188.4	4.7	6.1
2001	17.5	40.2	306.6	1.7	0.2	183	4.9	11.4
2002	19.4	45.8	345.1	1.7	0.3	188.6	5.3	15.1
2003	23.5	59.5	430.3	1.8	0.3	214.6	6.9	19.6
2004	31.7	75.5	591	2.1	0.4	250.3	8	23.6
2005	43	98.9	764	2.6	0.4	315.6	8.7	25.2
2006	60.5	122.6	989.9	3.1	0.5	356.6	9.4	29.2
2007	79.5	169.3	1299.7	3.7	0.5	384.9	11.3	39
2008	115	204.3	1660.8	4.7	0.6	476.3	13.4	47.8
2009	97.6	164.3	1222.6	5.3	0.5	376.7	12.8	40.1
2010	127.3	164.4	1487.5	5.6	0.6	450.8	12.9	38.4
2011	173	189.8	1857.8	6.4	0.6	576.8	14.3	45.8

表 8－3 续表 18

年 份	塞舌尔	塞拉利昂	新加坡	斯洛伐克	斯洛文尼亚	所罗门群岛	索马里	南非
1980	0.1	1.1	11.9	0	0	0.2	0.6	80.5
1981	0.2	1.1	14.1	0	0	0.2	0.7	86.8
1982	0.1	1.3	16	6.1	0	0.2	0.8	80.1
1983	0.1	1	17.7	6.1	0	0.2	0.7	86
1984	0.2	1.1	19.6	5.8	0	0.3	0.8	85.2
1985	0.2	0.9	19	5.8	0	0.2	0.9	67.1
1986	0.2	0.5	18.5	7.9	0	0.2	0.9	79.5
1987	0.2	0.7	20.8	9.5	0	0.2	1	104
1988	0.3	1.1	25.3	10.1	0	0.3	1	114.6
1989	0.3	0.9	30.4	9.8	0	0.3	1.1	124.9
1990	0.4	0.6	36.1	11.7	17.4	0.3	0.9	112
1991	0.4	0.8	43.1	13.1	12.7	0.3	0	120.2
1992	0.4	0.7	49	14.3	12.5	0.4	0	130.5
1993	0.5	0.8	60	16.1	12.7	0.4	0	130.4
1994	0.5	0.9	69.2	19.7	14.4	0.5	0	135.8
1995	0.5	0.9	80.8	25.3	20.9	0.5	0	151.1
1996	0.5	0.9	94.7	27.3	21.1	0.6	0	143.7
1997	0.6	0.9	104.6	27	20.4	0.6	0	148.8
1998	0.6	0.7	95.8	29.3	21.7	0.5	0	134.3
1999	0.6	0.7	86	29.9	22.3	0.5	0	133.2
2000	0.6	0.6	95.9	28.7	20	0.4	0	132.9
2001	0.6	1.1	91.1	30.3	20.5	0.4	0	118.5
2002	0.7	1.2	90.6	34.6	23.1	0.3	0	111.1
2003	0.7	1.4	93.4	45.8	29.2	0.3	0	168.2
2004	0.8	1.4	109.3	56.1	33.8	0.4	0	219.1
2005	0.9	1.6	123.5	61.3	35.7	0.4	0	247.1
2006	1	1.9	139.1	69	38.9	0.5	0	261
2007	1	2.1	168.4	84.1	47.3	0.6	0	286.2
2008	1	2.5	166.8	97.9	54.6	0.6	0	273.9
2009	0.8	2.4	175.9	87.2	49.1	0.6	0	283
2010	1	2.5	213.2	87.1	46.9	0.7	0	363.5
2011	1.1	3	239.7	96	49.5	0.8	0	408.2

表 8－3　　　　续表 19

年　份	南亚	南苏丹	西班牙	斯里兰卡	圣基茨和尼维斯	圣卢西亚	圣文森特和格林纳丁斯	苏丹
1980	239.5	0	226	4	0	0.1	0.1	7.6
1981	253.3	0	196.9	4.4	0.1	0.2	0.1	9.5
1982	262.2	0	190.3	4.8	0.1	0.1	0.1	9.3
1983	277.6	0	166	5.2	0.1	0.2	0.1	8.5
1984	277.5	0	167.1	6	0.1	0.2	0.1	10
1985	300.3	0	175.5	6	0.1	0.2	0.1	12.5
1986	318.1	0	244	6.4	0.1	0.2	0.1	16
1987	353.5	0	309.5	6.7	0.1	0.2	0.1	20.6
1988	379.4	0	365.2	7	0.1	0.3	0.2	15.5
1989	381.8	0	402.7	7	0.1	0.3	0.2	15.3
1990	411.7	0	521	8	0.2	0.4	0.2	12.4
1991	367.1	0	560.4	9	0.2	0.4	0.2	11.4
1992	389.9	0	612.6	9.7	0.2	0.5	0.2	7
1993	386	0	509.8	10.3	0.2	0.5	0.2	8.9
1994	438	0	515.1	11.7	0.2	0.5	0.2	12.8
1995	486.6	0	596.8	13	0.2	0.6	0.3	13.8
1996	526.5	0	622.4	13.9	0.2	0.6	0.3	9
1997	552.5	0	572.6	15.1	0.3	0.6	0.3	11.7
1998	560.3	0	600.8	15.8	0.3	0.7	0.3	11.3
1999	598.7	0	617.9	15.7	0.3	0.7	0.3	10.7
2000	622.8	0	580.3	16.3	0.4	0.8	0.4	12.3
2001	637.2	0	608.9	15.7	0.5	0.7	0.4	13.2
2002	671.3	0	686.3	17.1	0.5	0.7	0.5	14.8
2003	784.1	0	883.8	18.9	0.5	0.8	0.5	17.6
2004	911.1	0	1044.6	20.7	0.5	0.9	0.5	21.5
2005	1044.7	0	1130.8	24.4	0.5	0.9	0.6	26.5
2006	1185.1	0	1236.4	28.3	0.6	1	0.6	35.2
2007	1504.4	0	1441.4	32.4	0.7	1.1	0.7	45.5
2008	1534.6	15.3	1593.4	40.7	0.7	1.2	0.7	53.6
2009	1687	11.9	1456	42.1	0.7	1.2	0.7	52.6
2010	2072.7	15	1380.1	49.6	0.7	1.2	0.7	64.8
2011	2296	19.2	1476.9	59.2	0.7	1.3	0.7	64.1

表 8－3 续表 20

年 份	苏里南	斯威士兰	瑞典	瑞士	叙利亚	塔吉克斯坦	坦桑尼亚	泰国
1980	0. 8	0. 5	132. 1	112. 5	13. 1	0	0	32. 4
1981	0. 9	0. 6	120. 5	103. 1	15. 5	0	0	34. 8
1982	0. 9	0. 5	106. 3	105. 6	16. 3	0	0	36. 6
1983	0. 9	0. 6	97. 7	105. 3	17. 6	0	0	40
1984	0. 9	0. 5	101. 6	100. 5	17. 5	0	0	41. 8
1985	0. 9	0. 4	106. 3	101. 9	16. 4	0	0	38. 9
1986	0. 9	0. 4	140. 7	146. 1	13. 3	0	0	43. 1
1987	1	0. 6	171. 5	182. 9	11. 4	0	0	50. 5
1988	1. 2	0. 7	193. 8	197. 9	10. 6	0	5. 1	61. 7
1989	0. 5	0. 7	204. 3	191. 1	9. 9	0	4. 4	72. 3
1990	0. 4	1. 1	244. 4	244	12. 3	2. 6	4. 3	85. 3
1991	0. 4	1. 2	257. 8	246. 9	13	2. 5	5	98. 2
1992	0. 4	1. 3	267	257	13. 3	1. 9	4. 6	111. 5
1993	0. 4	1. 4	202	250	13. 7	1. 6	4. 3	125
1994	0. 6	1. 4	217. 5	276. 7	10. 1	1. 3	4. 5	144. 3
1995	0. 7	1. 7	253. 7	324	11. 4	1. 2	5. 3	168
1996	0. 9	1. 6	276. 5	312	13. 8	1	6. 5	181. 9
1997	0. 9	1. 7	253. 2	272. 3	14. 5	0. 9	7. 7	150. 9
1998	0. 9	1. 6	254. 7	278. 9	15. 2	1. 3	9. 3	111. 9
1999	0. 9	1. 5	258. 8	273. 5	15. 9	1. 1	9. 7	122. 6
2000	0. 9	1. 5	247. 3	256	19. 3	0. 9	10. 2	122. 7
2001	0. 8	1. 3	227. 4	262. 6	21. 1	1. 1	10. 4	115. 5
2002	1. 1	1. 2	251	286. 7	21. 6	1. 2	10. 8	126. 9
2003	1. 3	1. 9	314. 7	334. 6	21. 8	1. 6	11. 7	142. 6
2004	1. 5	2. 4	362. 1	374. 2	25. 1	2. 1	12. 8	161. 3
2005	1. 8	2. 6	370. 6	384. 8	28. 9	2. 3	14. 1	176. 4
2006	2. 6	2. 9	399. 1	405. 2	33. 3	2. 8	14. 3	207. 1
2007	2. 9	3. 1	462. 5	450. 5	40. 4	3. 7	16. 8	247
2008	3. 5	3	486. 2	524. 3	52. 6	5. 2	20. 7	272. 6
2009	3. 9	3. 2	405. 8	509. 5	53. 9	5	21. 4	263. 7
2010	4. 4	3. 9	462. 9	552. 2	59. 1	5. 6	22. 9	318. 9
2011	4. 3	4. 1	539. 7	659. 3	0	6. 5	23. 9	345. 7

表 8-3　　续表 21

年　份	东帝汶	多哥	汤加	特里尼达和多巴哥	突尼斯	土耳其	土库曼斯坦	特克斯和凯科斯群岛
1980	0	1.1	0.1	6.2	8.7	68.8	0	0
1981	0	1	0.1	6.8	8.4	71	0	0
1982	0	0.8	0.1	8	8.1	64.5	0	0
1983	0	0.8	0.1	7.8	8.4	61.7	0	0
1984	0	0.7	0.1	7.8	8.3	60	0	0
1985	0	0.8	0.1	7.4	8.4	67.2	0	0
1986	0	1.1	0.1	4.8	9	75.7	0	0
1987	0	1.2	0.1	4.8	9.7	87.2	2.4	0
1988	0	1.4	0.1	4.5	10.1	90.9	3	0
1989	0	1.4	0.1	4.3	10.1	107.1	3	0
1990	0	1.6	0.1	5.1	12.3	150.7	3.2	0
1991	0	1.6	0.1	5.4	13.1	151	3.2	0
1992	0	1.7	0.1	5.5	15.5	159.1	3.2	0
1993	0	1.2	0.1	4.6	14.6	180.4	3.2	0
1994	0	1	0.2	4.9	15.6	130.7	2.6	0
1995	0	1.3	0.2	5.3	18	169.5	2.5	0
1996	0	1.5	0.2	5.8	19.6	181.5	2.4	0
1997	0	1.5	0.2	5.7	20.7	189.8	2.5	0
1998	0	1.6	0.2	6	21.8	269.3	2.6	0
1999	0	1.6	0.2	6.8	22.9	249.8	2.5	0
2000	0.3	1.3	0.2	8.2	21.5	266.6	2.9	0
2001	0.3	1.3	0.2	8.8	22.1	196	3.5	0
2002	0.3	1.5	0.2	9	23.1	232.5	4.5	0
2003	0.3	1.7	0.2	11.2	27.5	303	6	0
2004	0.3	1.9	0.2	12.9	31.2	392.2	6.8	0
2005	0.5	2.1	0.3	16.1	32.3	483	8.1	0
2006	0.4	2.2	0.3	18.5	34.4	530.9	10.3	0
2007	0.5	2.5	0.3	21.7	38.8	647.2	12.7	0
2008	0.7	3.2	0.3	28	44.7	730.3	19.3	0
2009	0.8	3.2	0.3	19.7	43.6	614.6	20.2	0
2010	0.9	3.2	0.4	20.9	44.4	731.1	22.1	0
2011	1.1	3.6	0.4	22.5	46.4	775	28.1	0

表 8－3　　　　　　　　　　　　　　续表 22

	图瓦卢	乌干达	乌克兰	阿联酋	英国	美国	乌拉圭	乌兹别克斯坦
1980	0	1.2	0	43.6	541.9	2767.5	10.2	0
1981	0	1.3	0	49.3	515	3103.8	11	0
1982	0	2.2	0	46.6	491	3227.7	9.2	0
1983	0	2.2	0	42.8	465.7	3506.9	5.1	0
1984	0	3.6	0	41.8	438.8	3900.4	4.9	0
1985	0	3.5	0	40.6	464.3	4184.8	4.7	0
1986	0	3.9	0	33.9	570.4	4425	5.9	0
1987	0	6.3	64.1	36.4	700.5	4698.9	7.4	0
1988	0	6.5	74.7	36.3	851.1	5061.9	8.2	0
1989	0	5.3	82.7	41.5	859.4	5439.7	8.4	0
1990	0	4.3	81.5	50.7	1012.6	5750.8	9.3	13.4
1991	0	3.3	77.5	51.6	1055.8	5930.7	11.2	13.8
1992	0	2.9	73.9	54.2	1091.8	6261.8	12.9	13
1993	0	3.2	65.6	55.6	981.1	6582.9	15	13.1
1994	0	4	52.5	59.3	1060.6	6993.3	17.5	12.9
1995	0	5.8	48.2	65.7	1157.1	7338.4	19.3	13.4
1996	0	6	44.6	73.6	1219.5	7751.1	20.5	13.9
1997	0	6.3	50.2	78.8	1368.1	8256.5	24	14.7
1998	0	6.6	41.9	75.7	1461.9	8741	25.4	15
1999	0	6	31.6	84.4	1503.8	9301	24	17.1
2000	0	6.2	31.3	104.3	1475.7	9898.8	22.8	13.8
2001	0	5.8	38	103.3	1468	10233.9	20.9	11.4
2002	0	6.2	42.4	109.8	1601.6	10590.2	13.6	9.7
2003	0	6.3	50.1	124.3	1855.7	11089.3	12	10.1
2004	0	7.9	64.9	147.8	2196.9	11797.8	13.7	12
2005	0	9.2	86.1	180.6	2295.8	12564.3	17.4	14.3
2006	0	10	107.8	222.1	2453	13314.5	19.6	17
2007	0	11.9	142.7	258.2	2825.5	13961.8	23.4	22.3
2008	0	14.4	180	314.8	2648.9	14219.3	30.4	27.9
2009	0	15.8	117.2	270.3	2183.9	13898.3	30.5	32.8
2010	0	17.2	136.4	297.6	2256.3	14419.4	39.4	39.3
2011	0	16.8	165.2	360.2	2445.4	14991.3	46.7	45.4

表 8－3　　　　　　　　　　　　　续表 23

年　份	瓦努阿图	委内瑞拉	越南	也门	赞比亚	津巴布韦
1980	0.1	67.1	0	0	3.9	6.7
1981	0.1	75.5	0	0	4	8
1982	0.1	76.7	0	0	3.9	8.5
1983	0.1	78.6	0	0	3.3	7.8
1984	0.1	56	0	0	2.7	6.4
1985	0.1	57.9	14.1	0	2.3	5.6
1986	0.1	58.9	26.3	0	1.7	6.2
1987	0.1	45.3	36.7	0	2.3	6.7
1988	0.1	58.4	25.4	0	3.7	7.8
1989	0.1	42.1	6.3	0	4	8.3
1990	0.2	47	6.5	5.6	3.3	8.8
1991	0.2	51.7	9.6	5.9	3.4	8.6
1992	0.2	58.5	9.9	6.5	3.2	6.8
1993	0.2	58.1	13.2	5.4	3.3	6.6
1994	0.2	56.5	16.3	4.2	3.3	6.9
1995	0.2	74.9	20.7	4.3	3.5	7.1
1996	0.2	68.3	24.7	5.8	3.3	8.6
1997	0.3	85.8	26.8	6.8	3.9	8.5
1998	0.3	91.3	27.2	6.3	3.2	6.4
1999	0.3	98	28.7	7.6	3.1	6.9
2000	0.3	117.1	31.2	9.6	3.3	6.7
2001	0.3	122.9	32.7	9.9	3.7	6.8
2002	0.3	92.9	35.1	10.7	3.7	6.3
2003	0.3	83.6	39.6	11.8	4.3	5.7
2004	0.4	112.5	45.4	13.9	5.4	5.8
2005	0.4	145.5	52.9	16.8	7.2	5.8
2006	0.4	183.5	60.9	19.1	10.7	5.4
2007	0.5	230.4	71	21.7	11.5	5.3
2008	0.6	315.6	91.1	26.9	14.6	4.4
2009	0.6	329.4	97.2	25.1	12.8	6.1
2010	0.7	393.8	106.4	31	16.2	7.4
2011	0.8	316.5	123.6	33.8	19.2	9.7

表 8－4　　国内生产总值（购买力平价法，当期价格，十亿国际元）

年份	阿富汗	阿尔巴尼亚	阿尔及利亚	安道尔	安哥拉	阿根廷	亚美尼亚	阿鲁巴
1980	0	5.4	57.1	0	0	135.3	0	0
1981	0	6.3	64.3	0	0	139.6	0	0
1982	0	6.8	72.6	0	0	140.8	0	0
1983	0	7.2	79.6	0	0	152	0	0
1984	0	7.4	87.2	0	0	161.2	0	0
1985	0	7.7	93.2	0	16.8	153.5	0	0
1986	0	8.3	95.6	0	17.6	169.3	0	0
1987	0	8.5	97.7	0	19.6	179.3	0	0
1988	0	8.7	100.1	0	21.4	180.8	0	0
1989	0	9.9	108.5	0	22.3	173.6	0	0
1990	0	9.3	113.5	0	23.1	175.8	7.5	0
1991	0	6.8	115.9	0	23.6	204.8	6.9	0
1992	0	6.4	120.5	0	22.4	234.1	4.1	0
1993	0	7.2	120.6	0	17.3	253.4	3.8	0
1994	0	7.9	121.9	0	18.2	273.6	4.1	0
1995	0	9.2	129.5	0	20.6	272	4.5	0
1996	0	10.2	137.2	0	23.3	292.2	4.8	0
1997	0	9.3	141.4	0	25.6	321.9	5.1	0
1998	0	10.7	150.7	0	27.7	339	5.5	0
1999	0	11.9	157.8	0	29.1	332.4	5.8	0
2000	0	13.1	164.7	0	30.6	336.9	6.3	0
2001	0	14.3	172.8	0	32.3	329.3	7	0
2002	15.6	15	183.9	0	37.5	298.2	8.1	0
2003	17.2	16.2	200.7	0	39.6	331.4	9.4	0
2004	17.9	17.6	217.1	0	45.3	371.5	10.7	0
2005	20.6	19.2	235.8	0	55.3	419	12.6	0
2006	22.4	21.5	248.2	0	68.9	469.2	14.7	0
2007	26.2	22.8	263.1	0	87	0	17.2	0
2008	27.8	26	275.4	0	101.2	0	18.8	0
2009	34.1	27.4	285.7	0	105	0	16.3	0
2010	37.2	27.7	297.2	0	109.3	0	16.8	0
2011	40.2	28.5	311.4	0	116.1	0	17.9	0

表 8-4　　　　续表 1

年份	澳大利亚	奥地利	阿塞拜疆	巴哈马	巴林	孟加拉国	白俄罗斯	比利时
1980	135	78.4	0	2.6	3.6	26.1	0	100.8
1981	151.9	85.6	0	2.6	3.7	29.6	0	109.9
1982	166.1	92.6	0	2.9	3.7	32.1	0	117.3
1983	171.2	99.1	0	3.2	4.1	34.7	0	122.3
1984	189	102.9	0	3.8	4.4	37.9	0	130.1
1985	203.7	108.7	0	4.1	4.3	40.3	0	136.3
1986	217	113.7	0	4.2	4.5	43	0	141.8
1987	228.5	118.6	0	4.5	5.1	45.9	0	149.4
1988	247.3	126.8	0	4.7	5.6	48.5	0	161.8
1989	270.5	136.7	0	5.2	5.9	51.7	0	173.8
1990	294.6	148.1	24.6	5.4	6.4	56.8	47.3	186.2
1991	307.2	158.7	25.2	5.3	7.3	60.7	48.4	196.3
1992	318.1	165.8	19.9	5.2	8	65.1	44.6	204
1993	336.6	170.4	15.7	5.3	9.2	69.6	42.2	206.5
1994	357	178.1	12.8	5.6	9.4	73.9	38	217.6
1995	377.8	186.6	11.6	6	10	79.3	34.8	227.4
1996	402.4	193.9	11.9	6.4	10.6	84.5	36.4	231.7
1997	424.5	199.2	12.9	6.6	11.1	90.7	41.4	242.6
1998	453.4	209.1	14.4	7	11.8	96.8	45.5	248.7
1999	479.2	217.3	15.7	7.7	12.5	103	47.7	259.3
2000	503.2	231.6	17.8	8.1	13.4	111.5	51.6	283.4
2001	531.4	233.5	20	8.5	14.4	120	55.2	293.4
2002	564.9	246.2	22.5	8.9	15.4	127.4	59	310.5
2003	592.7	254.3	25.5	9	16.8	136.9	64.4	314.3
2004	630.5	268.4	28.9	9.3	18.3	149.6	73.8	324.9
2005	663.3	276.7	37.7	10	20.3	163.7	83.5	337.3
2006	706.6	302.1	52.4	10.5	22.4	180.2	94.8	360.7
2007	760.9	315.9	67.4	11	25	197.4	106	378.7
2008	795.1	331.7	76.3	11	27.1	214.2	119.4	396.5
2009	871.5	325.3	84.5	10.6	28.4	229.5	121.2	394.9
2010	863.3	339	89.4	10.7	29.8	245.1	131.5	412.2
2011	937	355.2	92.3	11.1	0	267.4	141.5	426.8

表 8 - 4

续表 2

年份	贝宁	不丹	玻利维亚	博茨瓦纳	巴西	保加利亚	布基纳法索	布隆迪
1980	1.9	0.2	9.7	1.6	439.7	24.5	2.1	1.2
1981	2.3	0.2	10.6	1.9	459.8	28.1	2.4	1.5
1982	2.5	0.2	10.8	2.3	490.6	30.5	2.8	1.5
1983	2.5	0.3	10.8	2.7	492.7	32.8	2.9	1.7
1984	2.8	0.3	11.2	3.1	538.1	35.2	3	1.7
1985	3.1	0.3	11.3	3.4	598.6	37.3	3.3	2
1986	3.2	0.4	11.3	3.7	660.9	39.7	3.7	2.1
1987	3.3	0.5	11.9	4.3	704.7	43.3	3.8	2.3
1988	3.5	0.5	12.6	5.3	728.5	49.8	4.1	2.5
1989	3.5	0.6	13.6	6.3	780.7	49.9	4.4	2.6
1990	4	0.7	14.8	6.9	775.5	47.1	4.5	2.8
1991	4.3	0.7	16.1	7.7	813.9	44.6	5.1	3
1992	4.5	0.8	16.7	8.1	827.2	42.2	5.2	3.1
1993	4.9	0.8	17.8	8.4	884.8	42.5	5.5	3
1994	5.1	0.9	19	8.9	845.4	44.2	5.7	2.9
1995	5.5	0.9	20.4	9.5	1016.1	46.5	6.2	2.8
1996	5.8	1	21.6	10.2	1056.3	38.8	7	2.6
1997	6.3	1.1	23.1	11.5	1113	40.4	7.5	2.6
1998	6.6	1.2	24.6	12.9	1129	45.1	8.2	2.8
1999	7.1	1.3	25.1	13.7	1148.5	46.5	8.9	2.8
2000	7.6	1.4	26.3	14.9	1223.9	50.9	9.3	2.8
2001	8.3	1.5	27.3	15.7	1268.1	54.2	10.1	2.9
2002	8.8	1.7	28.5	17.4	1322.9	59.6	10.8	3.1
2003	9.3	1.9	29.9	18.9	1366.3	64.3	11.9	3.1
2004	9.8	2.1	32	20.6	1484.9	69	12.8	3.4
2005	10.5	2.3	34.5	21.6	1582.6	75.9	14.4	3.5
2006	11.2	2.5	37.3	23.5	1698.3	85.2	15.9	3.8
2007	12.1	3.1	40.2	25.3	1854.1	94.6	16.9	4.1
2008	13	3.3	43.6	26.7	1993	106.1	18.3	4.4
2009	13.5	3.6	45.6	25.7	2012.6	103.3	19.1	4.7
2010	13.9	4	47.8	27.7	2179.6	104.7	20.7	4.9
2011	14.7	4.3	51.4	29.9	2289	110.8	22.1	5.2

表 8-4

续表 3

年份	柬埔寨	喀麦隆	加拿大	佛得角	中非共和国	乍得	智利	中国
1980	0	8.7	271.3	0.1	1.1	1.4	26	245.5
1981	0	11.2	307.1	0.2	1.2	1.6	29.8	282.4
1982	0	12.7	316.5	0.2	1.3	1.7	28.4	326.9
1983	0	14.2	338	0.2	1.3	2.1	28.4	376.9
1984	0	15.8	371	0.2	1.4	2.2	31.8	450.5
1985	0	17.6	400.7	0.3	1.5	2.8	35.1	526.9
1986	0	19.2	419.5	0.3	1.6	2.7	37.9	586.1
1987	0	19.3	450.2	0.3	1.6	2.8	42	673.2
1988	0	18.4	488.9	0.3	1.7	3.3	47.1	775.4
1989	0	18.8	520.7	0.3	1.8	3.6	54.6	837.6
1990	0	18.3	541.9	0.4	1.8	3.6	59.4	902.4
1991	0	18.2	549.4	0.4	1.9	4	67	1018.9
1992	0	18	567.3	0.4	1.8	4.4	77.8	1188.1
1993	6.1	17.8	593.4	0.4	1.8	3.8	86	1384.1
1994	6.8	17.7	634.9	0.5	1.9	4.3	93.7	1597.3
1995	7.4	18.7	666.2	0.5	2.1	4.4	106.9	1812.6
1996	7.9	20	690	0.6	2.1	4.6	117.1	2029.2
1997	8.5	21.5	731.9	0.6	2.2	4.9	127	2260.7
1998	9.1	22.9	770.5	0.7	2.4	5.4	132.5	2471.2
1999	10.3	24.2	825	0.8	2.5	5.4	133.4	2698
2000	11.4	25.8	874.1	0.8	2.5	5.5	150.1	2987.9
2001	12.6	27.6	909.8	0.9	2.6	6.3	158.7	3309.3
2002	13.7	29.1	937.8	1	2.6	6.9	164.7	3669.1
2003	15.2	30.9	989.3	1.1	2.5	8.1	174.8	4121
2004	17.2	33	1048.8	1.1	2.6	11.1	190.6	4664.8
2005	20.1	34.9	1132	1.2	2.7	13.4	208.7	5364.3
2006	23	37.1	1200.9	1.4	2.9	13.9	225.3	6240.5
2007	26.1	39.5	1262.8	1.6	3.1	14.3	242.5	7333.3
2008	28.5	41.4	1299	1.7	3.2	14.6	256.9	8215
2009	28.9	42.8	1274.9	1.8	3.3	14.6	257.6	9088.9
2010	30.8	44.4	1333.5	1.9	3.4	16.6	275.3	10105
2011	33.7	47.2	1393.8	2	3.6	17.3	298.2	11290.9

表 8－4 续表 4

年 份	哥伦比亚	刚果共和国	哥斯达黎加	科特迪瓦	克罗地亚	古巴	库拉索	塞浦路斯
1980	68	2.5	7.1	10.6	0	0	0	2.6
1981	76	3.3	7.6	12	0	0	0	2.9
1982	81.4	4.3	7.5	12.8	0	0	0	3.2
1983	86	4.7	8	12.8	0	0	0	3.6
1984	92.2	5.2	8.8	12.9	0	0	0	4
1985	97.9	5.3	9.2	13.9	0	0	0	4.3
1986	106	5.1	10	14.7	0	0	0	4.6
1987	115	5.2	11	15	0	0	0	5.1
1988	123.8	5.5	11.8	15.8	0	0	0	5.7
1989	132.8	5.9	12.8	16.8	0	0	0	6.4
1990	146.2	6.1	13.8	17.3	0	0	0	7.1
1991	154.6	6.5	14.7	17.9	0	0	0	7.4
1992	165.8	6.8	16.4	18.2	0	0	0	8.3
1993	173.5	6.9	17.9	18.6	0	0	0	8.5
1994	187.3	6.6	19.2	19.1	0	0	0	9.2
1995	201.6	7.1	20.4	20.9	37.2	0	0	10
1996	209.4	7.5	20.9	22.9	40.4	0	0	10.4
1997	220.8	7.6	22.5	24.7	43.8	0	0	10.9
1998	225.2	8	24.8	26.3	45.4	0	0	11.7
1999	218.9	7.9	27.2	27.1	45.4	0	0	12.3
2000	233.5	8.7	28.3	26.6	48.3	0	0	13.5
2001	242.8	9.2	29.2	27.2	51.8	0	0	14.7
2002	252.9	9.8	30.6	27.3	55.8	0	0	15.2
2003	268.4	10.1	33.2	27.4	59.6	0	0	15.8
2004	290.6	10.7	35.6	28.7	64.1	0	0	17.2
2005	314.4	11.9	39	30	68.1	0	0	18.5
2006	346.3	13.1	43.8	31.2	74.6	0	0	20.3
2007	380.9	13.3	48.6	32.7	82.9	0	0	22.3
2008	403.1	14.3	51	34.2	89.6	0	0	25.2
2009	415.2	15.6	51.2	35.9	84.9	0	0	25.2
2010	434.8	17.1	53.9	37	82.7	0	0	25.5
2011	470.8	18	57.5	36.1	85.8	0	0	26

表 8－4

续表 5

年　份	捷克共和国	丹麦	多米尼加	多明尼加	厄瓜多尔	埃及	萨尔瓦多	赤道几内亚
1980	0	51	0.1	10.4	21.7	51.6	9.7	0
1981	0	55.2	0.2	11.9	24.5	58.5	9.5	0
1982	0	60.8	0.2	12.8	25.8	68.3	9.5	0
1983	0	64.9	0.2	13.9	26.2	76.2	10	0
1984	0	70.1	0.2	14.6	28.2	83.9	10.5	0
1985	0	75.1	0.2	14.8	29.9	92.2	10.9	0.4
1986	0	80.6	0.3	15.6	31.8	96.7	11.2	0.4
1987	0	83.2	0.3	17.7	32	102.1	11.8	0.5
1988	0	86	0.3	18.7	35.9	111.2	12.4	0.5
1989	0	89.7	0.3	20.3	37.6	121.1	13	0.5
1990	127.2	94.7	0.4	19.9	40.1	132.9	14.1	0.5
1991	116.5	99.3	0.4	20.8	43.6	138.9	15.1	0.6
1992	118.6	103.7	0.4	23.5	45.2	148.1	16.6	0.6
1993	121.3	105.9	0.4	25.7	46.4	155.8	18.2	0.7
1994	127.4	114.1	0.4	26.8	49.5	165.2	19.7	0.7
1995	138.2	120	0.4	29	51.6	176.9	21.5	0.8
1996	147.2	126.5	0.5	31.6	53.7	189	22.3	1.1
1997	148.1	133.4	0.5	34.8	57	203.3	23.6	1.9
1998	148.4	138.6	0.5	37.7	59	214.4	24.9	2.4
1999	152	143.3	0.5	40.9	56.1	230.9	26.1	3.5
2000	159.7	153.9	0.5	44.1	58.9	248.5	27.3	4
2001	172.2	157.7	0.5	45.9	63.5	263.2	28.3	6.6
2002	179.3	165.3	0.5	49.4	67.8	273.8	29.5	8.1
2003	191.5	164.1	0.6	50.3	71.5	288.5	30.8	9.4
2004	205	174.5	0.6	52.4	80	308.7	32.2	13.3
2005	217.7	179.9	0.6	59.1	87.4	333.2	34.5	15.1
2006	238.6	195.7	0.7	67.5	94.5	367.5	37	15.8
2007	262.6	205.9	0.7	75.4	99.2	405	39.5	19.7
2008	269.8	218.8	0.8	81.1	108.8	443.5	40.9	22.3
2009	268.9	211.4	0.9	85	110.6	470.4	40.2	23.6
2010	266.8	225.2	0.9	92.2	115.4	498.1	41	23.7
2011	276.4	228	0.9	98.5	127.1	518.4	42.5	26.1

表 8－4　　续表 6

年　份	厄立特里亚	爱沙尼亚	埃塞俄比亚	斐济	芬兰	法国	波利尼西亚	加蓬
1980	0	0	0	1	42.8	522.7	0	5.5
1981	0	0	11.4	1.2	47.4	577.3	0	6.4
1982	0	0	12.2	1.2	51.8	627.3	0	6.6
1983	0	0	13.7	1.2	55.5	660.2	0	7.2
1984	0	0	13.8	1.4	59.4	695.2	0	8
1985	0	0	12.6	1.3	63.2	728	0	8.1
1986	0	0	14.2	1.5	66.3	761	0	8.2
1987	0	0	16.6	1.4	70.7	802	0	7
1988	0	0	17.3	1.5	76.9	868.5	0	8.2
1989	0	0	17.9	1.6	83.9	939.1	0	9.2
1990	0	0	19	1.8	87.6	1001	0	10
1991	0	0	18.3	1.8	85.2	1047.2	0	11
1992	1.1	0	17	2	84.2	1088	0	10.9
1993	1.3	0	19.7	2.1	85.4	1104.4	0	11.6
1994	1.6	0	20.7	2.2	90.3	1152.9	0	12.2
1995	1.6	9.1	22.5	2.3	95.9	1200.9	0	13.1
1996	1.8	9.8	25.8	2.5	98.7	1239.5	0	13.9
1997	2	11.2	27.1	2.5	107.6	1297.1	0	14.9
1998	2.1	11.7	26.5	2.5	116.2	1365.6	0	15.7
1999	2.1	12.1	28.3	2.8	122	1424.2	0	14.5
2000	1.9	13.5	30.7	2.8	132.9	1533	0	14.5
2001	2.3	14.6	34	2.9	137.7	1628.2	0	15.2
2002	2.4	16.3	35.1	3.1	143.2	1704.9	0	15.4
2003	2.4	18.1	35	3.2	144	1693.2	0	16.1
2004	2.5	19.9	40.9	3.4	156.1	1761.3	0	16.8
2005	2.7	22.3	47.2	3.6	161.1	1860.7	0	17.8
2006	2.7	25.7	54	3.7	174.3	1989.6	0	18.6
2007	2.9	29	62	3.8	191.2	2112.8	0	20.2
2008	2.6	29.6	70.2	3.9	202.3	2191.2	0	21.2
2009	2.8	26.1	77.4	3.9	189.7	2178.3	0	21.1
2010	2.8	26.9	85.7	4	193.2	2229.6	0	22.7
2011	3.2	29.5	94	4.1	201.8	2306.4	0	24.3

表 8－4

续表 7

年　份	冈比亚	格鲁吉亚	德国	加纳	希腊	格林纳达	关岛	危地马拉
1980	0.5	14.6	771.4	5.2	79.3	0.2	0	13
1981	0.6	16.8	848.2	5.5	85.4	0.2	0	14.3
1982	0.6	18.2	896.3	5.4	89.6	0.2	0	14.7
1983	0.7	19.8	946.4	5.4	92.1	0.2	0	14.8
1984	0.7	21.6	1009.6	6	97.5	0.2	0	15.5
1985	0.7	23.4	1064.7	6.5	103	0.3	0	15.9
1986	0.8	21.9	1113.4	7	105.8	0.3	0	16.2
1987	0.8	22.9	1162.1	7.6	106.5	0.3	0	17.3
1988	0.9	25	1246.8	8.3	114.9	0.4	0	18.6
1989	1	24.1	1344.5	9	123.8	0.4	0	20.1
1990	1.1	21.3	1469.9	9.7	128.5	0.4	0	21.5
1991	1.1	17.4	1599.7	10.6	137.2	0.5	0	23
1992	1.2	9.8	1669	11.2	141.5	0.5	0	24.6
1993	1.3	7.1	1688.6	12	142.3	0.5	0	26.2
1994	1.3	6.5	1766.5	12.6	148.1	0.5	0	27.8
1995	1.3	6.8	1833.4	13.5	154.4	0.5	0	29.8
1996	1.4	7.7	1886.3	14.3	161	0.5	0	31.2
1997	1.5	8.6	1929.7	15.2	171.1	0.6	0	33.2
1998	1.6	9	1982.7	16.2	177.2	0.6	0	35.4
1999	1.7	9.4	2051.7	17.1	183.7	0.7	0	37.3
2000	1.8	9.8	2117.5	18.1	199.2	0.7	0	39.5
2001	2	10.5	2199.9	19.3	216.3	0.7	0	41.3
2002	1.9	11.3	2263.8	20.5	235.2	0.8	0	43.6
2003	2.1	12.8	2340.6	22	248.1	0.9	0	45.7
2004	2.3	13.9	2449	23.9	263.9	0.9	0	48.4
2005	2.4	15.7	2566	26.1	270.4	1	0	51.7
2006	2.5	17.8	2759.9	28.7	298	1	0	56.2
2007	2.6	20.6	2923.6	31.5	310.5	1.1	0	61.5
2008	2.8	21.5	3047.9	34.9	332.7	1.2	0	64.9
2009	3.1	21	2918.2	36.7	329.5	1.1	0	66.1
2010	3.3	22.4	3079	39.9	311.4	1.1	0	68.5
2011	3.2	24.5	3227.4	46.7	292.2	1.1	0	72.7

表 8-4 续表 8

年　份	几内亚	圭亚那	海地	洪都拉斯	中国香港特区	匈牙利	冰岛	印度
1980	0	0.8	0	4.9	34.1	54.7	2.7	293.9
1981	0	0.8	0	5.5	40.8	61.5	3.1	340.8
1982	0	0.8	0	5.7	44.5	67.1	3.4	374.1
1983	0	0.8	0	5.9	49.1	70.3	3.4	417.3
1984	0	0.7	0	6.4	56	74.9	3.7	449.5
1985	0	0.8	0	6.9	58.1	77	3.9	487.5
1986	2.7	0.8	0	7.1	66	79.9	4.3	522.3
1987	2.9	0.8	0	7.7	77.1	85.6	4.8	558.9
1988	3.2	0.8	0	8.3	86.5	88.5	5	634
1989	3.4	0.8	0	9	91.8	92.5	5.2	697
1990	3.7	0.8	0	9.4	99	92.7	5.4	763.5
1991	3.9	0.9	7.5	10	108.2	84.4	5.6	797.8
1992	4.2	1	7.2	10.8	117.3	83.8	5.5	859.2
1993	4.5	1.1	7	11.7	127.3	85.1	5.7	919.8
1994	4.7	1.2	6.3	11.8	137.8	89.5	6.1	1001
1995	5.1	1.3	7.1	12.6	144.3	92.7	6.2	1101.9
1996	5.4	1.4	7.5	13.3	153.1	95.8	6.5	1206.1
1997	5.8	1.5	7.8	14.2	164	102.1	7.1	1279.1
1998	6.1	1.5	8.1	14.8	156.6	109.1	7.6	1377.3
1999	6.4	1.6	8.5	14.7	162.8	113.2	7.9	1515.7
2000	6.7	1.6	8.7	15.9	179.1	121.3	8.1	1610.1
2001	7.1	1.7	8.8	16.7	184.2	136.5	8.7	1728
2002	7.6	1.7	8.9	17.6	190.3	149	8.9	1824.7
2003	7.8	1.8	9.2	18.8	200.2	155.5	8.9	2011.1
2004	8.2	1.9	9.1	20.6	223.8	163.6	9.9	2229.9
2005	8.8	1.9	9.6	22.5	248.3	171.2	10.4	2517.9
2006	9.3	2.1	10.1	24.8	274.3	184.1	10.9	2839.9
2007	9.7	2.3	10.7	27.1	300.5	190.3	11.6	3208.6
2008	10.4	2.4	11.1	28.9	313.7	205.1	12.6	3407.2
2009	10.5	2.5	11.5	28.6	310	202.9	11.9	3744.8
2010	10.8	2.6	11	29.6	333.4	207.3	11.3	4169
2011	11.5	0	11.9	31.4	357.5	216	11.6	4531.7

表 8－4

续表 9

年 份	印尼	伊朗	伊拉克	爱尔兰	以色列	意大利	牙买加	日本
1980	95.3	132.4	0	21	29	520.9	0	995.6
1981	112.7	137.3	0	23.8	33.5	574.5	0	1134.4
1982	120.9	164.5	0	25.8	35.2	612.1	0	1244.1
1983	136.3	192.6	0	26.7	37.8	643.7	0	1332.9
1984	151.5	196.7	0	29	40.1	689.4	0	1444.7
1985	161.6	206.8	0	30.8	42.2	730.4	0	1583.1
1986	175	192.1	0	31.3	44.7	768.1	0	1664.3
1987	189.7	194.9	0	33.7	49	815.8	0	1783.5
1988	208.8	189	0	36.7	52.8	879.4	0	1977
1989	236.3	208.2	0	40.3	56.2	943.6	0	2162
1990	267.4	245.7	0	45.4	62.3	999.6	0	2370.8
1991	301.2	286.1	0	48	68.4	1050.9	0	2536.4
1992	329.7	304.5	0	50.7	75	1084.9	0	2617.9
1993	361.4	306.3	0	53.3	79.6	1099.2	0	2680
1994	396.5	311.4	0	57.5	87	1146.4	0	2759.6
1995	439.8	327.1	0	64.3	104.7	1203.9	0	2871.6
1996	481.8	356.6	0	70.9	112.6	1245.8	0	3002.9
1997	514.2	375.7	58.8	79.6	118.4	1290.2	0	3104.9
1998	453	391.5	80.4	89.1	124.7	1358	0	3077.1
1999	463.3	404.9	101.8	97.3	130.9	1385.6	0	3116
2000	496.6	434.9	99.5	110	147.9	1466.5	0	3287
2001	526.3	461.1	95.1	119	150.9	1554.7	0	3373.5
2002	558.9	503.8	89.1	130.8	154.6	1539.9	0	3471.7
2003	598	551	53.4	139	148.9	1571.6	0	3567.7
2004	645.7	595.3	80.4	149.7	160.5	1601.4	0	3754.6
2005	705.2	643.5	82.5	161.8	161.7	1657.4	18.8	3889.6
2006	767.9	703.4	90.5	181	169	1789.4	0	4057.9
2007	840.4	780.4	94.5	198.2	184.6	1902.3	0	4267.1
2008	910.6	816	105.7	189.2	187.1	1996.7	0	4289.5
2009	965.3	841.7	111.6	179	194.1	1939.2	0	4049.4
2010	1032.3	0	113.4	182.9	206.2	1942.1	0	4285.6
2011	1123.5	0	127.4	187	223.7	1984	0	4303.4

表 8-4 续表 10

年 份	约旦	哈萨克斯坦	肯尼亚	基里巴斯	朝鲜	韩国	科索沃	科威特
1980	4.1	0	10.7	0.1	0	90.6	0	26.3
1981	4.7	0	12.1	0.1	0	106	0	23.3
1982	5.3	0	13.1	0.1	0	121.3	0	21.7
1983	5.7	0	13.7	0.1	0	141.4	0	24.9
1984	6.4	0	14.5	0.1	0	160.9	0	27.1
1985	6.8	0	15.6	0.1	0	178.1	0	26.8
1986	7.4	0	17.1	0.1	0	203.9	0	29.7
1987	7.9	0	18.6	0.1	0	235.1	0	33.1
1988	8	0	20.5	0.1	0	271.4	0	30.8
1989	7.2	0	22.3	0.1	0	300.6	0	40.2
1990	7.5	83.7	24.1	0.1	0	341.2	0	0
1991	7.9	77	25.2	0.1	0	388.1	0	0
1992	9.6	74.5	25.6	0.1	0	419.8	0	33.9
1993	10.3	69.1	26.2	0.1	0	454.9	0	46.4
1994	11	61.6	27.5	0.1	0	504.7	0	51.4
1995	12	57.9	29.3	0.1	0	562.1	0	55.1
1996	12.4	59.2	31.1	0.1	0	613.7	0	56.4
1997	13.1	61.4	31.8	0.1	0	658.5	0	58.9
1998	13.7	61.1	33.4	0.2	0	625.4	0	62
1999	14.3	63.6	34.6	0.2	0	701.4	0	61.7
2000	15.3	71.4	35.6	0.2	0	808.4	0	66
2001	16.5	82.8	37.8	0.2	0	859.6	0	68
2002	17.7	92.4	38.6	0.2	0	936	0	71.2
2003	18.8	103.2	40.6	0.2	0	965.8	0	85.3
2004	21	116.3	43.8	0.2	0	1038.8	0	96.7
2005	23.5	131.8	48	0.2	0	1096.7	0	110.4
2006	26.2	150.6	52.6	0.2	0	1172.9	0	119.9
2007	29.1	168.7	57.9	0.2	0	1268.5	0	128.8
2008	31.9	178.1	60.1	0.2	0	1306.4	0	138.2
2009	34.1	182.7	62.6	0.2	0	1312.2	0	132.8
2010	35.2	197.4	66.7	0.2	0	1413.8	0	138.3
2011	36.9	216.9	71.1	0.2	0	1485.1	0	153

表 8－4　　　　　　　　　　　　　　续表 11

年　份	吉尔吉斯	老挝	拉脱维亚	黎巴嫩	莱索托	利比里亚	利比亚	列支敦士登
1980	0	0	10.6	0	0.5	1.2	0	0
1981	0	0	12.1	0	0.5	1.2	0	0
1982	0	0	13.1	0	0.6	1.3	0	0
1983	0	0	14.4	0	0.6	1.3	0	0
1984	0	1.8	15.8	0	0.7	1.3	0	0
1985	0	2	16.2	0	0.7	1.4	0	0
1986	0	2.1	17.3	0	0.8	1.4	0	0
1987	5.8	2.1	18.3	0	0.8	1.4	0	0
1988	6.8	2.2	19.9	15.6	0.9	1.4	0	0
1989	7.3	2.6	21.8	9.3	1	1.1	0	0
1990	8	2.9	20.8	12.2	1.1	0.5	0	0
1991	7.6	3.1	18.8	17.5	1.2	0.5	0	0
1992	6.7	3.3	13	18.6	1.3	0.3	0	0
1993	5.8	3.6	12.7	20.4	1.3	0.2	0	0
1994	4.7	4	13.2	22.4	1.4	0.2	0	0
1995	4.6	4.3	13.4	24.5	1.5	0.2	0	0
1996	5	4.7	14.2	26.2	1.6	0.2	0	0
1997	5.6	5.2	15.6	26.1	1.7	0.4	0	0
1998	5.8	5.4	16.7	27.4	1.8	0.5	0	0
1999	6.1	5.9	17.7	27.7	1.8	0.7	55.3	0
2000	6.5	6.4	19.1	28.6	1.9	0.9	58.6	0
2001	7.1	6.9	21	30.5	2	1.1	57.3	0
2002	7.2	7.4	23.1	32	2.1	1.5	57.5	0
2003	7.8	8.1	24.7	33.7	2.2	1	66.3	0
2004	8.6	8.8	27.1	37.3	2.3	1	71.2	0
2005	8.9	9.8	30	38.9	2.5	1.1	80.9	0
2006	9.5	10.9	34.3	40.4	2.7	1.2	88.4	0
2007	10.6	12.1	39	44.7	2.9	1.5	96.4	0
2008	11.7	13.3	41	49.9	3.1	1.7	102.3	0
2009	12.2	14.5	35.9	54.8	3.3	1.9	105.8	0
2010	12.2	15.9	35.7	59.1	3.5	2.2	0	0
2011	13.2	17.5	39	62.2	3.7	2.4	0	0

表 8－4　　续表 12

年　份	立陶宛	中国澳门特区	马其顿	马达加斯加	马拉维	马来西亚	马尔代夫	马里
1980	0	0	0	5.3	2.1	33.4	0	2.6
1981	0	0	0	5.2	2.1	39.1	0	2.7
1982	0	2.5	0	5.5	2.3	44	0	2.7
1983	0	2.8	0	5.7	2.5	48.6	0	3
1984	0	3.2	0	6	2.7	54.3	0	3.2
1985	0	3.3	0	6.3	2.9	55.3	0	3
1986	0	3.6	0	6.6	3	57.2	0	3.3
1987	0	4.2	0	6.8	3.1	62.1	0	3.4
1988	0	4.7	0	7.3	3.4	70.6	0	3.5
1989	0	5.1	0	7.9	3.5	79.9	0	4.1
1990	34.4	5.7	10.6	8.4	3.9	90.4	0	4.2
1991	33.6	6.1	10.3	8.2	4.4	102.4	0	4.4
1992	27	7.1	9.8	8.5	4.1	113.8	0	4.8
1993	23.1	7.6	9.3	8.8	4.6	127.9	0	4.8
1994	21.3	8.1	9.3	9	4.2	142.5	0	5
1995	22.5	8.6	9.4	9.4	5.1	160.1	0.7	5.4
1996	24	8.7	9.7	9.7	5.5	179.3	0.7	5.7
1997	26.1	8.8	10	10.3	5.8	196.1	0.8	6.2
1998	28.4	8.6	10.6	10.8	6.1	184.2	0.9	6.7
1999	28.2	8.5	11.1	11.5	6.4	198.4	1	7.2
2000	30.1	9.2	11.9	12.3	6.7	220.6	1.1	7.6
2001	33.3	9.6	11.8	13.4	6.5	226.8	1.1	8.7
2002	36.7	10.7	12.2	11.9	6.7	242.9	1.2	9.2
2003	41.6	12.3	13.1	13.3	7.2	262.4	1.4	10.1
2004	44.6	16	14.3	14.4	7.8	288.1	1.7	10.6
2005	48.5	17.9	16	15.5	8.3	313.5	1.6	11.7
2006	54.4	21.2	17.9	16.8	8.7	341.7	1.9	12.7
2007	61.3	24.9	19.4	18.4	9.8	373.7	2.2	13.6
2008	65.7	26.3	22	20.2	10.9	400.5	2.5	14.6
2009	56.6	27.1	22.9	19.5	12	399.6	2.4	15.4
2010	59.6	34.7	23.3	19.9	12.9	431.2	2.6	16.5
2011	65.1	42.8	23.9	20.6	13.7	463.2	2.8	17.3

表 8－4

续表 13

年 份	马耳他	马绍尔群岛	毛里塔尼亚	毛里求斯	墨西哥	摩尔多瓦	摩纳哥	蒙古
1980	1.7	0	1.4	1.7	266.4	0	0	0
1981	2	0	1.6	2	317	0	0	1.8
1982	2.1	0	1.7	2.2	333.9	0	0	2.1
1983	2.2	0	1.8	2.3	332.2	0	0	2.3
1984	2.3	0	1.8	2.5	357.1	0	0	2.5
1985	2.4	0	1.9	2.8	378.2	0	0	2.7
1986	2.6	0	2.1	3.1	372.2	0	0	3.1
1987	2.8	0	2.2	3.5	390.2	0	0	3.3
1988	3.1	0	2.3	3.9	435.7	0	0	3.5
1989	3.5	0	2.5	4.2	471.2	12.1	0	3.8
1990	3.9	0	2.5	4.7	514.3	12.2	0	3.9
1991	4.3	0	2.7	5	555	10.6	0	3.6
1992	4.5	0	2.8	5.5	588.8	7.7	0	3.4
1993	4.9	0	3	5.9	613.4	7.8	0	3.3
1994	5.2	0	3	6.3	655.4	5.5	0	3.5
1995	5.7	0	3.3	6.7	627.5	5.5	0	3.8
1996	5.5	0	3.6	7.2	672.3	5.3	0	3.9
1997	5.8	0	3.5	7.7	730.5	5.5	0	4.2
1998	6.1	0	3.7	8.3	775.1	5.2	0	4.4
1999	6.5	0	4.1	8.7	816.6	5.1	0	4.6
2000	7.3	0	4.2	9.6	901.4	5.4	0	4.7
2001	7.2	0	4.3	10.1	920.8	5.8	0	5
2002	7.7	0	4.4	10.5	956.3	6.4	0	5.3
2003	7.8	0	4.8	11.1	1108.7	6.9	0	5.8
2004	8	0	5.2	12.1	1188.1	7.6	0	6.6
2005	8.5	0	5.9	12.6	1298.2	8.5	0	7.3
2006	9	0	7.2	13.6	1445.3	9.2	0	8.2
2007	9.6	0	7.5	14.8	1536.1	9.7	0	9.3
2008	10.4	0	8	15.9	1630.8	10.7	0	10.3
2009	10.6	0	8	16.6	1604.5	10.2	0	10.3
2010	11.1	0	8.4	17.4	1719.6	11	0	11.1
2011	11.4	0	9	18.5	1904.2	12	0	13.3

表 8－4　　　　续表 14

	黑山	摩洛哥	莫桑比克	缅甸	纳米比亚	尼泊尔	荷兰	新喀里多尼亚
1980	0	22	2.5	0	2.4	4.1	139.4	0
1981	0	23.4	2.9	0	2.6	4.8	151.2	0
1982	0	27.2	2.9	0	2.8	5.3	158.5	0
1983	0	28.1	2.5	0	2.8	5.4	168.2	0
1984	0	30.4	2.4	0	2.9	6.1	179.8	0
1985	0	33.3	2.5	0	3	6.7	190.1	0
1986	0	36.9	2.5	0	3.3	7.2	199.7	0
1987	0	37	3	0	3.5	7.5	209.6	0
1988	0	42.3	3.3	0	3.6	8.3	224.3	0
1989	0	44.9	3.7	0	3.8	9	243.1	0
1990	0	48.5	3.9	0	4.1	9.8	263	0
1991	0	53.6	4.2	0	4.6	10.8	279	0
1992	0	52.5	4.1	0	5	11.5	290.5	0
1993	0	53.2	4.5	0	5	12.2	300.6	0
1994	0	59.9	4.9	0	5.5	13.4	316	0
1995	0	57.2	5.2	0	5.8	14.2	332.6	0
1996	0	65.3	5.7	0	6.1	15.3	351.4	0
1997	0	65.1	6.4	0	6.5	16.3	375.7	0
1998	0	71.1	7.1	0	6.8	17.1	399.9	0
1999	0	72.5	7.8	0	7.1	18.1	425.8	0
2000	4	75.3	8.1	0	7.6	19.6	468.3	0
2001	4.1	82.8	9.3	0	7.8	21	494	0
2002	4.3	86.9	10.2	0	8.3	21.4	515.8	0
2003	4.5	94.4	11.1	0	8.9	22.7	514.5	0
2004	4.8	101.7	12.4	0	10.2	24.4	540.3	0
2005	5.2	108.2	13.9	0	10.8	26	572.9	0
2006	6.5	120.3	15.3	0	12	27.9	621.6	0
2007	7.7	127.2	16.8	0	13	29.6	666.8	0
2008	8.6	137.2	18.4	0	13.7	32.2	705.8	0
2009	8.1	145.7	19.8	0	13.7	34.1	677.5	0
2010	8.2	152.1	21.3	0	14.7	35.9	692.4	0
2011	8.5	162.5	23.3	0	15.8	38.2	714.1	0

表 8-4　　　　　　　　　　续表 15

年　份	新西兰	尼加拉瓜	尼日尔	尼日利亚	挪威	阿曼	巴基斯坦	帕劳
1980	26.5	5.5	2.6	59.3	39	5.5	47	0
1981	30	6.4	2.9	56.4	43.3	7.1	55.5	0
1982	33.2	6.7	3.1	59.7	46	8.4	62.8	0
1983	35.4	7.3	3.1	58.8	49.7	10.2	69.7	0
1984	38.6	7.4	2.7	58	54.6	12.3	75.9	0
1985	40.1	7.3	3	65.6	59.3	14.5	84.2	0
1986	41.8	7.4	3.2	68.8	63.1	15.1	90.8	0
1987	43.2	7.6	3.3	70.3	66.1	15	99.5	0
1988	45.2	6.9	3.7	79.9	68.2	16.5	110.8	0
1989	47.2	7	3.9	88.9	71.5	19.1	120.7	0
1990	48.8	7.3	3.9	99.8	75.7	19.8	130.9	0
1991	50.3	7.5	4.2	108.1	80.8	21.7	142.2	0.2
1992	52.3	7.7	4	113.6	85.7	24	156.3	0.2
1993	56.4	7.8	4.1	118.7	90	26	162.6	0.1
1994	60.9	8.3	4.4	121.2	96.5	27.6	172.1	0.2
1995	64.7	9	4.6	127.1	102.6	29.6	184.8	0.2
1996	67.6	9.7	4.9	135	114	31.1	197.2	0.2
1997	70.9	10.3	5.1	141.3	123	33.6	203.1	0.2
1998	72.3	10.8	5.7	146	121.5	35	211.2	0.2
1999	77.5	11.7	5.7	149.7	133	35.4	222.1	0.2
2000	81.5	12.5	5.8	161.2	162.3	38.2	236.6	0.2
2001	85.8	13.1	6.3	170	167.4	41.9	246.7	0.2
2002	90.4	13.5	6.6	175.4	168.2	43.7	258.8	0.2
2003	94.8	14.1	7.1	197.6	174.7	44.8	277.1	0.2
2004	100.7	15.3	7.3	224.7	195	47.6	305.9	0.2
2005	104.6	16.4	7.9	244.6	220.2	51.1	340.3	0.3
2006	113.5	17.7	8.7	268.2	250.6	55.7	372.9	0.3
2007	121	19.1	9.2	293.8	262.8	61.2	405.6	0.3
2008	124.5	20.1	10.2	318.2	292.5	70.6	421.1	0.3
2009	129.2	20.1	10.3	344.9	261.7	72.3	442	0.3
2010	131.9	20.8	11.2	375	278.6	75.7	460.9	0.3
2011	136.9	22.4	11.7	411.5	299.1	81.6	485.1	0.3

表 8－4 续表 16

年 份	巴拿马	巴布亚新几内亚	巴拉圭	秘鲁	菲律宾	波兰	葡萄牙	波多黎各
1980	6.1	3	6.3	50.2	63.5	0	52.7	0
1981	7.3	3.2	7.5	58.9	71.9	0	58.6	0
1982	8.2	3.4	7.7	62.1	79	0	63.5	0
1983	8.1	3.7	7.7	56.9	83.7	0	65.9	0
1984	8.6	3.8	8.2	62.1	80.4	0	67.1	0
1985	9.3	4.1	8.8	65.8	76.8	0	71.1	0
1986	9.9	4.4	9	74	81.2	0	75.7	0
1987	10	4.6	9.7	82.3	87.2	0	82.9	0
1988	9	4.9	10.7	77.7	96.4	0	92.1	0
1989	9.4	5	11.7	71.2	106.2	0	101.8	0
1990	10.6	5.1	12.5	70.1	113.6	227.4	109.9	0
1991	12	5.7	13.3	74.1	116.8	218.9	118.8	0
1992	13.2	6.7	14	75.3	119.6	229.8	122.9	0
1993	14.3	8.1	14.9	80.6	124.8	243.6	123.1	0
1994	15	8.7	15.8	92.8	133	261.9	126.8	0
1995	15.6	8.6	17	103.1	142.4	285.9	135	0
1996	16.3	9.5	17.4	107.6	153.4	310.8	141	0
1997	17.7	9.3	18.3	117.2	164.5	339.3	150.4	0
1998	19.3	9	18.6	118.1	165.8	362.3	159.2	0
1999	20.3	9.3	18.6	120.9	173.4	382.6	170.3	0
2000	21.3	9.3	18.4	127.2	185	404.3	182	0
2001	21.9	9.5	19.2	130.3	194.7	418.9	190.6	0
2002	22.8	9.6	18.7	139.1	205	442.1	198.5	0
2003	24.2	10.1	19.5	147.8	219.8	458	203.2	0
2004	26.8	10.6	20.7	159.5	241.1	496.7	208.5	0
2005	29.7	11.4	23	176	261	526.1	225.4	0
2006	33.3	12	24.6	195.8	283.5	574.2	242.8	0
2007	38.4	13.3	27.6	219.4	311.1	638.4	256.6	0
2008	43.2	14.5	29.4	246.2	331.1	687	264.9	0
2009	45.4	15.5	28.7	251.5	339.3	717.1	264.6	0
2010	49.2	16.8	33.1	275.6	367.8	764.9	271.5	0
2011	55.7	18.8	36.1	300.9	390.7	812.5	269.9	0

表 8－4 续表 17

年 份	卡塔尔	罗马尼亚	俄罗斯联邦	卢旺达	萨摩亚	沙特阿拉伯	塞内加尔	塞尔维亚
1980	0	0	0	2	0	158.7	4	0
1981	0	81.6	0	2.3	0	181.7	4.6	0
1982	0	90	0	2.5	0.2	171.3	5.2	0
1983	0	99.3	0	2.7	0.2	163.5	5.1	0
1984	0	109.1	0	2.7	0.2	164.4	5.5	0
1985	0	112.3	0	2.9	0.3	162.1	5.9	0
1986	0	117.6	0	3.2	0.3	174.1	6.2	0
1987	0	122	0	3.2	0.3	172.1	6.8	0
1988	0	125.6	0	3.5	0.3	192.7	7	0
1989	0	122.8	1180.4	3.6	0.3	200.1	7.5	0
1990	0	120.3	1188.4	3.7	0.3	225	7.7	0
1991	0	108.4	1166.8	3.7	0.3	253.8	8.2	0
1992	0	100.9	1018.2	4	0.3	271.2	8.5	0
1993	0	104.6	950.3	3.8	0.3	277.2	8.8	0
1994	0	111	847.8	1.9	0.3	284.7	9	0
1995	0	121.7	831.6	2.6	0.4	291.9	9.7	0
1996	0	129.5	816.9	3	0.4	307.2	10	0
1997	0	124	842.9	3.5	0.4	321.2	10.5	43.8
1998	0	120.1	806.8	3.9	0.4	334.9	11.3	44.7
1999	0	120	870.7	4.2	0.4	337.3	12.2	40.3
2000	34	127.1	999.7	4.7	0.5	361.4	12.9	43.4
2001	35.9	142.1	1074.4	5.2	0.5	371.6	13.8	46.7
2002	39.1	152.9	1166.7	6	0.6	378.1	14.1	49.4
2003	41.3	167	1338.2	6.2	0.6	415.6	15.3	51.8
2004	51.3	189.3	1474.5	6.9	0.6	449.8	16.7	58.2
2005	57.1	202.5	1696.7	7.7	0.7	490.6	18.2	63.4
2006	69.9	240	2130.3	8.7	0.7	522.4	19.3	69.9
2007	84.8	272.9	2379.1	9.6	0.8	548.4	20.8	74.6
2008	102.1	322.3	2878.2	10.9	0.8	584.2	22.1	84.8
2009	115.8	314.5	2728.4	11.7	0.8	592.5	22.8	81
2010	136	316.8	2884.9	12.7	0.8	624.4	23.9	83.3
2011	165.2	341.8	3133.8	14	0.8	681.5	25.1	86.3

表 8－4　　续表 18

年　份	塞舌尔	塞拉利昂	新加坡	斯洛伐克	斯洛文尼亚	所罗门群岛	索马里	南非
1980	0.3	1.7	17.4	0	0	0	0	115.4
1981	0.3	2	21.1	0	0	0	0	132.9
1982	0.4	2.2	24	0	0	0	0	140.5
1983	0.4	2.2	27.1	0	0	0	0	143.4
1984	0.4	2.4	30.6	30.4	0	0	0	156.3
1985	0.5	2.3	31.3	32.4	0	0	0	159.2
1986	0.5	2.4	32.4	34.6	0	0	0	162.7
1987	0.5	2.7	37	36.4	0	0	0	171
1988	0.6	2.6	42.5	38.4	0	0	0	184.4
1989	0.6	2.7	48.6	40.4	0	0	0	196
1990	0.7	2.9	55.5	40.8	23	0.5	0	202.7
1991	0.7	3	61.1	36	21.7	0.6	0	207.5
1992	0.8	2.5	66.8	34.3	21	0.7	0	207.3
1993	0.9	2.6	76.1	38	22.1	0.7	0	214.5
1994	0.9	2.6	85.9	41.2	23.7	0.8	0	225.9
1995	0.9	2.5	94.3	44.5	25.9	0.9	0	238.4
1996	1	2.5	103.3	48.5	27.5	0.9	0	253.1
1997	1.1	2.4	114.2	52.4	29.5	0.9	0	264.8
1998	1.2	2.5	113.3	55.6	31.1	0.9	0	269.9
1999	1.3	2.5	122.1	56.2	33.1	0.9	0	280.3
2000	1.3	2.7	136	59.3	34.9	0.8	0	298.3
2001	1.3	2.6	137.5	64.9	36.7	0.8	0	313.4
2002	1.4	3.3	145.6	69.7	39.4	0.8	0	330.1
2003	1.3	3.7	155.5	73.2	41	0.8	0	347
2004	1.3	4.1	174.5	78.9	44.5	0.9	0	373
2005	1.5	4.4	193.6	87.1	47	1	0	405.8
2006	1.7	4.7	217.3	99	51	1.1	0	442.3
2007	1.9	5.2	243.4	112.6	54.9	1.2	0	480.4
2008	1.9	5.6	253	125.5	58.8	1.3	0	508.8
2009	1.9	5.9	253.9	122.2	54.5	1.3	0	507.6
2010	2.1	6.3	293.4	125.7	54.3	1.4	0	525.9
2011	2.2	6.8	314.6	130.1	55.3	1.6	0	554.4

表 8-4

续表 19

年 份	南亚	南苏丹	西班牙	斯里兰卡	圣基茨和尼维斯	圣卢西亚	圣文森特和格林纳丁斯	苏丹
1980	385	0	255.6	10.9	0.1	0.3	0.2	9.6
1981	446.8	0	279.2	12.6	0.1	0.3	0.2	11.2
1982	492.1	0	299.9	14	0.1	0.3	0.2	12.6
1983	546.5	0	317.3	15.2	0.1	0.3	0.2	13.4
1984	590.6	0	335.1	16.6	0.2	0.4	0.2	13.2
1985	641.6	0	353.3	18	0.2	0.4	0.3	12.7
1986	687.7	0	373	19.2	0.2	0.4	0.3	13.7
1987	737.6	0	405.2	20.1	0.2	0.4	0.3	16.2
1988	829.5	0	440.6	21.3	0.3	0.5	0.4	16.7
1989	908.1	0	479.3	22.6	0.3	0.6	0.4	18.8
1990	993.7	0	516.7	24.9	0.3	0.8	0.4	18.5
1991	1046.6	0	548.6	27	0.3	0.8	0.4	20.5
1992	1129.7	0	566.9	28.7	0.3	0.9	0.5	22.4
1993	1204.9	0	573.3	31.4	0.4	0.9	0.5	23.9
1994	1304.4	0	599.3	33.8	0.4	0.9	0.5	24.6
1995	1427.9	0	628.6	36.5	0.4	1	0.5	26.7
1996	1553.7	0	659.2	38.6	0.5	1.1	0.5	28.8
1997	1644	0	699.7	41.9	0.5	1.1	0.6	32.4
1998	1760.6	0	750.1	44.4	0.5	1.2	0.6	34.3
1999	1921.1	0	791.5	47	0.5	1.2	0.7	35.9
2000	2044.8	0	858.1	50.9	0.6	1.3	0.7	39.7
2001	2184.4	0	919.7	51.3	0.6	1.2	0.7	43.1
2002	2304.8	0	994.4	54.2	0.6	1.3	0.8	46.2
2003	2526.8	0	1040.2	58.6	0.6	1.3	0.8	50.5
2004	2794.8	0	1108.1	63.5	0.7	1.5	0.9	54.6
2005	3141.9	0	1188.8	69.7	0.8	1.5	1	60
2006	3525	0	1338.2	77.5	0.8	1.7	1.1	68.9
2007	3957.6	0	1445.7	85.2	0.9	1.8	1.1	78.1
2008	4200.2	0	1510.5	92.2	0.9	1.9	1.2	85.3
2009	4586.9	0	1469.1	96.8	0.9	1.9	1.2	91.6
2010	5059.7	0	1454.7	105.3	0.9	2	1.1	97
2011	5485.9	0	1481.6	116.5	0.9	2	1.2	103.8

表 8－4 续表 20

年 份	苏里南	斯威士兰	瑞典	瑞士	叙利亚	塔吉克斯坦	坦桑尼亚	泰国
1980	1.2	0.7	87.7	90.1	14.1	0	0	50.3
1981	1.3	0.8	95.7	100.1	16.8	0	0	58.3
1982	1.3	0.9	102.8	104.8	18.3	0	0	65.2
1983	1.3	0.9	108.8	109.6	19.2	0	0	71.5
1984	1.3	1	117.7	117.2	19.2	0	0	78.5
1985	1.3	1.1	123.9	125.2	20.9	8.9	0	84.7
1986	1.3	1.3	130.3	130.3	20.4	9.5	0	91.3
1987	1.2	1.5	138.8	136.3	21.4	9.6	0	103
1988	1.3	1.6	147.4	145.6	25	11.3	12.8	120.7
1989	1.5	1.9	157.2	157.7	23.6	11	13.8	140.5
1990	1.6	2.4	165	169.8	26.4	11.3	15.4	162.1
1991	1.7	2.6	168.9	174.2	29.5	10.9	16.2	182
1992	1.7	2.7	170.8	178.3	34.1	7.9	16.7	200.8
1993	1.6	2.8	171	181.9	36.7	6.7	17.2	222.2
1994	1.7	3	181.6	188.1	40.3	5.4	17.8	247.1
1995	1.8	3.2	192.6	192.9	43.6	4.9	18.9	276.2
1996	1.8	3.4	200.2	198.7	46.3	4.1	20.1	297.7
1997	1.9	3.5	207.6	208.3	48.1	4.3	21.2	299.2
1998	2	3.7	216	215.2	51.9	4.6	22.3	271.5
1999	2	3.8	230.1	219.5	50.8	4.8	23.8	287.8
2000	2.1	4	248	233.6	53.3	5.3	25.5	308
2001	2.2	4.1	251.2	240.9	57.3	6	27.6	321.8
2002	2.3	4.3	261.3	252.3	61.7	6.6	30.1	344.4
2003	2.5	4.5	272.6	253.7	63.4	7.5	32.8	376.8
2004	2.8	4.7	292.2	265.3	69.6	8.5	36.4	411.9
2005	3.1	5	295.3	274.9	76.4	9.7	40.4	445.2
2006	3.3	5.3	323.8	306	82.8	8.4	44.5	483
2007	3.5	5.7	351.8	337.8	90.1	10.6	49	522
2008	3.8	5.9	365.2	366.7	96.2	13.1	53.8	546.8
2009	3.9	6.1	346.4	363	103.3	13.8	57.8	541.1
2010	4.1	6.2	368.1	381.2	107.4	14.8	62.3	587.5
2011	4.4	6.5	392	405.3	0	16.2	67.8	601.1

表 8－4

续表 21

年 份	东帝汶	多哥	汤加	特里尼达和多巴哥	突尼斯	土耳其	土库曼斯坦	特克斯和凯科斯群岛
1980	0	1.5	0	7.9	12.3	95.1	0	0
1981	0	1.6	0.1	9	14.1	109	0	0
1982	0	1.6	0.1	9.9	14.9	119.8	0	0
1983	0	1.6	0.1	9.4	16.2	130.7	0	0
1984	0	1.8	0.2	9.2	17.8	144.7	0	0
1985	0	1.9	0.2	9.1	19.4	155.5	0	0
1986	0	2	0.2	9	19.6	170.1	0	0
1987	0	2.1	0.2	8.8	21.5	191.7	10.1	0
1988	0	2.3	0.2	8.8	22.2	202.5	11.6	0
1989	0	2.5	0.2	9	23.5	210.7	11.5	0
1990	0	2.6	0.2	9.5	26.3	239.1	16.2	0
1991	0	2.6	0.2	10.1	28.3	249.9	16	0
1992	0	2.6	0.2	10.1	31.1	271.2	13.9	0
1993	0	2.2	0.2	10.2	32.5	299.4	14.4	0
1994	0	2.6	0.3	10.8	34.2	289	12.1	0
1995	0	2.9	0.3	11.5	35.8	316.2	11.5	0
1996	0	3.2	0.3	12.1	39.1	346.3	12.5	0
1997	0	3.7	0.3	12.7	42	379.7	11.3	0
1998	0	3.7	0.3	13.9	44.6	535.2	12.3	0
1999	0.7	3.8	0.3	14.7	48	517.7	14.5	0
2000	0.9	3.9	0.3	15.9	51.4	589.3	15.6	0
2001	0.8	3.9	0.4	17	55.1	561.1	16.7	0
2002	0.8	3.9	0.4	18.6	57	572.1	17	0
2003	0.8	4.2	0.4	21.8	61.4	588.1	17.9	0
2004	0.9	4.4	0.4	24.1	67	688.3	19.4	0
2005	1	4.6	0.4	26.4	72	781.2	22.6	0
2006	1	5	0.4	30.8	78.3	894	25.9	0
2007	1.1	5.2	0.4	33.2	85.7	975.6	29.6	0
2008	1.3	5.5	0.4	34.9	91.7	1067.9	34.7	0
2009	1.5	5.7	0.5	34.2	95.7	1038.6	37.3	0
2010	1.6	6	0.5	34.4	99.3	1151.7	41	0
2011	1.9	6.5	0.5	33.8	99.4	1260	48.1	0

表 8－4 续表 22

	图瓦卢	乌干达	乌克兰	阿联酋	英国	美国	乌拉圭	乌兹别克斯坦
1980	0	0	0	59.8	471.2	2767.5	10.9	0
1981	0	0	0	68.5	508.5	3103.8	12.1	0
1982	0	4.2	0	67.8	550.8	3227.7	11.6	0
1983	0	4.7	0	67.1	593.3	3506.9	10.8	0
1984	0	4.8	0	72.4	632	3900.4	11.1	0
1985	0	4.8	0	71.9	674.8	4184.8	11.6	0
1986	0	4.9	0	62.5	717.6	4425	12.9	0
1987	0	5.3	271.7	66.6	772.3	4698.9	14.3	23.3
1988	0	5.9	288.4	67.1	839.2	5061.9	15	26.3
1989	0	6.5	310.9	78.2	890.8	5439.7	15.7	28.1
1990	0	7.2	302.2	96	932.5	5750.8	16.4	29.7
1991	0	7.9	286.2	100.1	952.1	5930.7	17.6	30.5
1992	0	8.3	263.8	105.7	976.1	6261.8	19.3	27.7
1993	0	9.2	231.3	109.3	1019.7	6582.9	20.3	27.6
1994	0	10	181.9	119.3	1085.6	6993.3	22.2	26.7
1995	0	11.4	163.4	130.2	1141.9	7338.4	22.4	27.1
1996	0	12.6	149.7	140.2	1217.4	7751.1	24.1	28
1997	0	13.5	148	154.6	1314.9	8256.5	26.6	30.1
1998	0	14.4	147.2	157.2	1367.8	8741	28.2	31.8
1999	0	15.8	149.1	164.1	1424.2	9301	28.1	33.7
2000	0	16.6	161.3	185.9	1533.5	9898.8	28.1	35.7
2001	0	17.9	180.1	192.8	1627.4	10233.9	27.7	38
2002	0	19.8	192.5	200.7	1702.6	10590.2	25.9	40.2
2003	0	21.5	215.1	222.9	1773.6	11089.3	26.7	42.8
2004	0	23.6	247.9	251.1	1897	11797.8	28.8	47.4
2005	0	25.9	263	272.1	1984.9	12564.3	32	52.4
2006	0	29.6	291.3	308.7	2124.8	13314.5	34.4	58
2007	0	33	323.4	327.8	2188	13961.8	37.7	65.3
2008	0	36.7	338.2	346.1	2213.9	14219.3	41.3	72.8
2009	0	39.9	291.9	345	2125.4	13898.3	42.9	79.7
2010	0	42.5	306.3	352.4	2197.8	14419.4	47	87.1
2011	0	46.4	329.5	377.9	2233.6	14991.3	50.8	96.5

表 8－4

续表 23

年 份	瓦努阿图	委内瑞拉	越南	也门	赞比亚	津巴布韦
1980	0.2	83.2	0	0	4.2	0
1981	0.2	90.7	0	0	4.9	0
1982	0.2	94.2	0	0	5.1	0
1983	0.2	94.3	0	0	5.2	0
1984	0.3	99.2	0	0	5.3	0
1985	0.3	102.5	29.1	0	5.6	0
1986	0.3	111.6	30.6	0	5.7	0
1987	0.3	119	32.6	0	6.1	0
1988	0.3	130.3	35.5	0	6.7	0
1989	0.3	123.6	39.5	0	6.9	0
1990	0.4	136.6	43.1	15.6	7.1	0
1991	0.4	154.9	47.3	17.2	7.3	0
1992	0.4	167.8	52.4	19	7.4	0
1993	0.4	171.9	57.9	20.2	8	0
1994	0.5	171.3	64.3	22	7.5	0
1995	0.5	182.2	72.1	23.8	7.4	0
1996	0.5	185.1	80.2	25.3	8.1	0
1997	0.5	200.7	88.4	27.1	8.5	0
1998	0.6	204.1	94.8	29.2	8.5	0
1999	0.6	194.7	100.8	30.7	8.8	0
2000	0.6	206.3	110	33.3	9.3	0
2001	0.6	218.1	120.2	35.4	10	0
2002	0.6	202	130.9	37.4	10.5	0
2003	0.6	190.3	143.4	39.6	11.3	0
2004	0.7	231.4	158.9	42.3	12.2	0
2005	0.7	263.8	178.1	46.2	13.3	0
2006	0.8	299.2	198.9	49.2	14.5	0
2007	0.9	334.8	222	52.3	15.9	0
2008	1	360.2	241.3	55.4	17.2	0
2009	1	353.3	257.4	58.3	18.5	0
2010	1	350.5	276.8	63.2	20.1	0
2011	1.1	373.3	299.7	57.9	21.8	0

表 8－5 **汇率法估算的对外依存度**

年　份	中国香港特区	新加坡	马尔代夫	帕劳	马耳他	爱尔兰	爱沙尼亚	越南
1980	178.4	412.2	358.7	n.a	167.3	105.9	n.a	n.a
1981	183.6	401	375.4	n.a	153.1	104.5	n.a	n.a
1982	171.2	374.1	355.3	n.a	138.2	97.3	n.a	n.a
1983	190	334.6	299.5	n.a	133.5	101.2	n.a	n.a
1984	205.1	315	164.1	n.a	138.9	112.1	n.a	n.a
1985	204.3	305.9	138.5	n.a	143.7	111.6	n.a	0
1986	209.5	295.6	128.8	n.a	138.2	100.6	n.a	23.2
1987	229.1	326.2	145.9	n.a	148	104.3	n.a	20.8
1988	250.6	360.9	144.5	n.a	150.3	108.9	n.a	19
1989	248.8	347.9	153.2	n.a	154.6	116.4	n.a	57.9
1990	252.8	344.8	168.1	n.a	164.5	108.7	n.a	81.3
1991	261.6	325.9	159.8	58.9	165.2	110.2	n.a	66.9
1992	270.3	312	161.3	78.8	170.5	113.4	n.a	73.6
1993	263.4	314.1	146.9	78.9	178.9	120.7	n.a	66.2
1994	266.7	318.2	156.9	68	181.7	131	n.a	77.5
1995	290.4	349.3	169.9	78	179.3	140.9	143.7	74.7
1996	274.2	340.3	164.8	79.8	167.9	143	134.7	92.7
1997	262	328.4	169.7	74.8	160.5	146.1	154.4	94.3
1998	248	316.4	168.2	63.3	163.2	162.2	159.1	97
1999	248.9	343.1	170.4	85.8	171.1	164.6	145.8	102.8
2000	279.1	371.8	161.1	115.7	189	181.4	172.8	112.5
2001	269.6	360.1	114.7	150.5	163.1	182.9	162.1	111.5
2002	286.6	360.1	114.8	157.2	162.3	169.6	149.2	118.8
2003	327.2	387	117.8	148.5	157.4	150.3	145.9	126.9
2004	364.6	412.9	131.2	166.8	159	151.5	153.2	139
2005	377.1	429.9	136.3	158	156.7	150.5	161.9	142.9
2006	392.4	437.4	139.9	152	177.5	148.2	155.6	151.8
2007	396.8	404.7	211.6	136.5	180.8	151.5	143.4	169.6
2008	407.4	460.5	205.2	187.9	177.1	157.8	146.1	171.1
2009	374.3	421.6	159	171.6	157.8	166.1	124.4	147
2010	432.3	385.9	178.3	184.2	172.9	183.4	152.1	165.3
2011	447	391.2	224	197.1	191	190.9	179.1	178.2

表 8－5 续表 1

年 份	白俄罗斯	匈牙利	斯洛伐克共和国	比利时	马来西亚	中国澳门特区	巴拿马	莱索托
1980	n. a	80. 3	n. a	112. 3	111	n. a	186. 9	131. 1
1981	n. a	80. 1	n. a	120. 1	109. 3	n. a	181. 5	136. 3
1982	n. a	75. 1	n. a	128. 5	108. 9	238. 3	159. 2	170. 4
1983	n. a	78. 6	n. a	131. 2	106. 5	241. 9	127. 5	166. 5
1984	n. a	79	n. a	139. 7	105. 1	236. 3	125. 2	175. 3
1985	n. a	82. 3	n. a	135	103. 2	223. 7	128. 2	161. 6
1986	n. a	80. 7	n. a	122. 4	105	231	132. 6	148. 4
1987	n. a	76. 2	68. 4	119. 8	111. 9	224. 1	134. 2	145. 5
1988	n. a	71	66. 2	126. 8	122. 6	217. 4	133. 8	161. 7
1989	n. a	68. 7	61	136. 1	136. 7	211. 5	149. 1	161
1990	89. 6	59. 7	62. 1	132. 3	147	193. 9	165. 4	140. 3
1991	70. 3	67. 1	95. 6	129. 2	159. 3	186. 5	189. 7	164
1992	117. 1	63. 7	144. 6	125. 4	150. 6	161	196. 2	154. 5
1993	151	61. 6	116. 9	118. 8	157. 9	147. 6	189. 7	149. 8
1994	155. 4	64. 9	113. 2	123. 4	179. 9	143. 4	194. 8	146. 3
1995	103. 7	90. 1	113. 3	126. 8	192. 1	137. 9	198. 8	143. 7
1996	96. 8	97. 3	117. 4	128. 1	181. 8	135. 8	165. 6	159
1997	125. 5	109. 5	122. 3	135. 8	185. 7	137. 5	175. 8	154. 1
1998	123	124. 8	129. 2	135. 6	209. 5	140. 4	160. 3	182. 7
1999	120. 8	131. 8	126. 8	135. 8	217. 6	148. 7	134. 3	166. 8
2000	141. 6	152. 7	143. 5	153. 4	220. 4	165. 1	142. 4	169. 6
2001	137	145	153. 5	152. 1	203. 4	168. 3	138. 6	190. 4
2002	131	128. 4	149. 5	147. 6	199. 4	174. 4	129. 7	209. 9
2003	134. 1	126. 7	153. 6	142. 5	194. 2	176. 2	122. 1	199. 4
2004	142. 1	130. 3	151. 9	147	210. 4	173. 7	131. 5	186. 2
2005	118. 9	134	157. 2	153. 4	203. 9	156. 9	144. 5	169. 7
2006	124. 3	156. 4	173	157. 7	202. 6	151. 3	146. 2	172. 6
2007	128. 2	161. 7	174. 8	161. 2	192. 5	159. 3	155. 1	170. 1
2008	129. 6	162. 9	169. 3	169	176. 7	160. 4	161. 2	177. 3
2009	112. 3	150. 3	142. 6	142. 8	162. 6	143. 7	145. 4	161. 4
2010	122. 2	166. 6	163. 8	157. 5	170. 3	156. 7	146. 4	157. 7
2011	177. 9	177. 2	175. 5	167. 5	167. 2	166	164. 9	159

表 8－5　　　　续表 2

年　份	荷兰	立陶宛	泰国	蒙古	塞舌尔	斯洛文尼亚	捷克共和国	津巴布韦
1980	104.7	n. a	54.5	n. a	81.4	n. a	n. a	49.9
1981	110	n. a	54	94.9	71.3	n. a	n. a	45.3
1982	109.6	n. a	47.5	90.7	76.5	n. a	n. a	39.1
1983	109.9	n. a	47.4	89	73.7	n. a	n. a	35.9
1984	115.9	n. a	48.1	94.3	74.9	n. a	n. a	41.4
1985	120.1	n. a	49.2	94.9	75.1	n. a	n. a	44.2
1986	101.9	n. a	49.2	111.6	59.6	n. a	n. a	45.6
1987	100.3	n. a	57.2	103.1	54.3	n. a	n. a	45.3
1988	104.9	n. a	67.4	94.5	67.3	n. a	n. a	44.1
1989	111.2	n. a	72.4	76.4	65.3	n. a	n. a	45.1
1990	109.1	112.8	75.8	58.6	65.8	169.3	75.9	45.7
1991	110.2	50.7	78.5	136.6	59	157.8	85.2	51.1
1992	107	43.3	78	65.3	55.2	119.3	93.8	63.7
1993	103.7	172.9	80.2	129.7	61.7	116.4	94.1	63.2
1994	107.9	116.8	82.6	99.2	53.2	115.2	90	71.1
1995	113	105.4	90.4	82.1	56.3	101.1	99.8	79.2
1996	114	109.1	84.8	78	103.8	100.8	98.2	72.1
1997	121	113.2	94.6	100	80.6	103.5	104.1	82.2
1998	120.4	101.5	101.9	107.4	83.1	103.6	105	88.5
1999	121.9	87.3	104	112.2	92.9	98.6	107.2	70.9
2000	134.6	95.8	124.9	121.9	87	110.9	124	74.1
2001	128.8	105.1	125.2	115.8	111.5	111.2	126.7	67.9
2002	121.8	111.1	121.7	118.5	92.6	109	116.4	66.8
2003	119.7	108.1	124.6	120.3	97.8	107.8	119.4	70.5
2004	125.4	111.2	136.5	131.3	93.8	116.9	125.1	76
2005	130.7	122.2	148.3	122.4	110.4	124.8	126.1	76
2006	137.9	128.3	143.8	112.9	111.4	133.6	130.9	82.8
2007	140.2	121.5	138.5	117.9	117.9	140.8	133.8	84.2
2008	144.2	131.6	150.3	121.2	136.4	137.5	126.5	109.5
2009	130.1	110.7	126.2	107.8	139.9	115.3	113.9	89
2010	148.3	138.2	135.1	117.1	141.6	130.3	129.8	126.1
2011	157.1	157	149.4	149.2	144.7	143.5	141.1	137.3

年　份	斯威士兰	吉尔吉斯共和国	保加利亚	摩尔多瓦	马其顿，前南斯拉夫	毛里塔尼亚	土库曼斯坦	拉脱维亚
1980	188.6	n. a	66.4	n. a	n. a	103.5	n. a	n. a
1981	181	n. a	70.2	n. a	n. a	120	n. a	n. a
1982	168	n. a	67.5	n. a	n. a	124.8	n. a	n. a
1983	162.6	n. a	74.1	n. a	n. a	122	n. a	n. a
1984	148.3	n. a	78.4	n. a	n. a	118.7	n. a	n. a
1985	149.5	n. a	86	n. a	n. a	140.7	n. a	n. a
1986	148.5	n. a	83.5	n. a	n. a	135.5	n. a	n. a
1987	164	n. a	83.4	n. a	n. a	115.7	n. a	0
1988	157.1	n. a	91.5	n. a	n. a	113.3	n. a	0
1989	171	n. a	94.6	n. a	n. a	106.6	n. a	0
1990	127.9	78.8	69.8	98.8	61.7	106.4	n. a	96.7
1991	129.9	72	82.7	66.4	48.8	75.7	65.5	60.7
1992	133.4	83.2	100	79.6	107.7	73.7	105.3	153
1993	133.7	74.7	84	50.8	101.4	79.7	146.1	130.2
1994	136.5	73.8	90.7	82.4	86.6	104.3	170.3	90.8
1995	133.8	71.8	101.8	107.3	75.8	122.5	168.2	87.5
1996	140	87.3	116.2	129.2	66.7	124.2	150	101.1
1997	137.5	84.5	112.1	129.1	88.2	105	111.2	101.5
1998	152	94.5	117.2	123.6	97.3	69.9	103.5	106.8
1999	146.3	99.2	116.6	119.5	94.3	63.9	139.6	90
2000	162.3	89.4	106.3	125.2	112.2	75.3	176.4	90.3
2001	183.9	73.7	106.9	123.4	99.3	76	158.3	92.7
2002	196.7	82.9	103	130.7	96.2	70.6	122.5	91.5
2003	202.8	83.9	107.4	140.7	92.6	68.3	118.9	96.7
2004	172.4	93.8	115.3	132.7	100	92.3	121.2	103.5
2005	178.3	96.4	96.2	142.8	105.3	113.2	112.8	110.1
2006	155.6	120.8	140	137.2	111.1	99.8	108	111.2
2007	152.6	137.1	138.6	144.6	123.2	104.4	114.1	104.7
2008	128	146.1	136.9	134.4	127.1	140.9	104.4	99.3
2009	134.2	133.4	103.8	110.4	100.2	90.9	119.8	89.3
2010	120.7	133.2	116.7	117.8	111.8	108.3	123.2	109
2011	137.1	136.2	132.3	131.2	128.6	124.8	123.2	122.5

表 8－5　　续表 4

年　份	刚果共和国	利比里亚	毛里求斯	约旦	赤道几内亚	洪都拉斯	佛得角	柬埔寨
1980	120. 1	143. 6	112. 1	124. 1	n. a	81. 3	84. 1	n. a
1981	134. 1	135. 7	99. 5	140. 2	n. a	69. 3	92. 2	n. a
1982	123. 8	127. 1	96. 7	130. 9	n. a	54. 7	102. 1	n. a
1983	109. 7	120. 6	93. 3	114. 4	n. a	55. 4	102. 4	n. a
1984	107. 3	105. 7	100. 3	114. 3	n. a	57. 7	100. 5	n. a
1985	112. 8	102. 4	108. 5	113. 1	69. 7	55	101. 8	n. a
1986	93. 5	99. 1	113. 9	84. 7	92. 9	54. 9	93. 1	n. a
1987	80. 4	n. a	126. 5	94	112. 1	48. 8	83. 8	n. a
1988	81	n. a	133. 8	112. 2	122	55. 2	76. 2	n. a
1989	83. 4	n. a	135. 2	133. 4	105. 5	65. 3	81. 4	n. a
1990	36. 5	n. a	137. 1	154. 6	101. 7	77. 1	86	n. a
1991	76. 5	n. a	128. 4	142. 2	126. 1	72. 1	81	n. a
1992	61. 5	n. a	121. 9	131. 6	38. 1	68. 4	83. 9	n. a
1993	76. 9	n. a	122. 5	130. 5	39. 7	78. 4	60. 3	48. 7
1994	141. 7	n. a	122. 2	118. 3	161	89. 7	71. 6	64. 5
1995	128. 3	n. a	119. 7	124. 6	159. 4	91. 8	77. 5	77. 8
1996	128. 4	n. a	127. 9	131	238	98. 8	75. 5	69. 2
1997	135. 8	80. 8	127. 8	120. 7	224. 2	98	86	78. 9
1998	148. 9	50. 1	132. 2	109	275. 2	100. 5	81. 9	75. 6
1999	131. 4	56. 2	131. 4	104. 4	0	97	81	94. 2
2000	123. 9	53	123. 3	110. 3	185. 6	120. 4	87. 5	111. 6
2001	130. 7	58	131	109. 2	193. 4	115. 9	92. 2	113. 9
2002	135. 5	65. 5	120. 6	114	152	118	101. 1	119. 7
2003	156. 9	130. 2	112. 1	115. 7	173. 3	122. 2	98. 8	123. 1
2004	131. 4	93. 9	110. 4	134. 6	145. 1	135. 5	101. 6	134. 5
2005	138. 7	100. 1	125. 7	146. 9	131	136. 5	104. 3	136. 8
2006	149. 8	173. 6	134. 5	141. 7	119. 9	133. 1	117. 8	144. 6
2007	132. 1	153. 8	125	146	112. 2	135. 1	120. 6	138. 3
2008	122. 2	179	119	144	116. 5	135. 7	123. 7	133. 3
2009	120. 6	91. 7	107. 3	115	130. 5	100. 5	103. 5	105. 1
2010	139. 8	101. 3	116. 4	116. 8	123	108. 5	105. 7	113. 6
2011	122. 1	120. 8	120. 5	119. 4	118. 8	116. 3	114. 8	113. 6

表 8－5

续表 5

年 份	乌克兰	奥地利	韩国	冰岛	圣卢西亚	安哥拉	黑山	斐济
1980	n. a	69. 1	72	71	161. 2	n. a	n. a	100. 5
1981	n. a	70. 8	73. 9	70. 7	137. 2	n. a	n. a	100. 5
1982	n. a	66. 3	69	69. 1	141. 6	n. a	n. a	92. 9
1983	n. a	64. 6	67	77. 2	134. 6	n. a	n. a	92. 6
1984	n. a	68. 9	67	76. 1	115. 9	n. a	n. a	86. 7
1985	n. a	72. 5	63. 4	80. 3	132. 4	61. 1	n. a	89. 1
1986	n. a	66. 2	66. 2	73. 3	155. 9	70. 7	n. a	81. 1
1987	n. a	65	69. 5	69. 6	160. 6	61. 9	n. a	87. 4
1988	n. a	68. 9	65. 7	64. 4	182. 5	55. 2	n. a	105. 4
1989	64. 2	73	59. 5	64. 8	182. 3	53. 1	n. a	123
1990	56. 4	74	57	66	156. 7	59. 8	n. a	129. 5
1991	50. 1	72. 5	55. 3	63. 8	153. 3	57. 3	n. a	117. 8
1992	46	70	54. 3	60. 7	144. 3	139. 5	n. a	106. 8
1993	52. 1	65. 5	52. 7	62. 4	141. 3	109. 1	n. a	111. 8
1994	73. 9	68. 3	54	66. 4	137. 1	161. 2	n. a	115. 9
1995	97. 2	70. 6	58. 7	67. 4	136. 9	n. a	n. a	118. 1
1996	93. 9	72. 5	59. 2	72	130. 9	152. 1	n. a	121. 7
1997	84. 2	79	65. 4	71. 9	127. 9	137. 7	n. a	119. 5
1998	86	81. 2	79. 5	73. 9	123	129. 9	n. a	119. 1
1999	102	82. 9	71. 4	71. 9	119. 4	179	n. a	122. 4
2000	119. 9	90. 7	74. 3	74. 4	107. 6	152. 5	87. 9	135. 4
2001	109. 3	94	69. 2	78. 7	103. 1	150. 3	100. 4	129. 4
2002	105. 8	92. 6	64. 8	73. 3	99. 6	137. 2	95. 2	125. 4
2003	112. 9	93	68. 5	71. 6	113. 9	132. 6	77. 6	128. 1
2004	114. 9	99. 2	77. 6	73. 8	112. 4	123. 4	100. 1	124. 2
2005	102. 1	103. 7	75. 8	75. 7	123. 2	139. 7	111. 1	118
2006	96. 1	107. 7	78	82. 7	112. 7	118. 8	126. 6	119. 4
2007	95. 2	112. 1	82. 3	80	106. 4	119. 9	129. 7	111. 9
2008	101. 8	112. 8	107. 2	91. 6	115. 4	129. 3	132. 2	123. 4
2009	94. 4	95. 6	95. 8	97. 1	101. 5	110. 5	97. 5	104. 7
2010	104. 3	104	102	102. 6	117	105. 4	97. 8	117. 1
2011	112. 9	111. 3	110. 3	110. 1	109. 8	108. 3	106. 4	105. 6

表 8－5

续表 6

年 份	巴拉圭	突尼斯	丹麦	尼加拉瓜	加蓬	巴哈马	多哥	巴布亚新几内亚
1980	44	85.8	68	67.5	96.4	133.3	107.4	96.5
1981	34.7	91.2	73.7	64.1	104.1	129.8	99.2	97
1982	31.9	84.3	73.8	42	101.3	125.3	108.8	97.3
1983	26.6	77.1	72.4	49.4	104.9	124.6	92.2	89.6
1984	38	77.3	74	45.9	99.3	121.9	104.6	92.6
1985	48.4	70.2	75.1	36.6	119.9	124.1	105.5	94.6
1986	58.5	67.5	67.4	33.6	89.9	121.7	99.7	94.9
1987	61.3	70.6	63.8	25.5	87.9	117.1	92.1	92.8
1988	71.3	83.7	66.3	76.3	78.5	0	96.3	95.2
1989	67.7	92	69.7	97.7	87	111	88.5	93.4
1990	72.7	94.2	69.7	71.3	76.9	110.1	78.8	89.6
1991	68.4	85.7	71.7	74.3	80.5	106.1	75	94.4
1992	66.7	86	69.5	70.5	79.9	101.5	63.1	93.6
1993	84.8	88.4	68	68.3	83.3	103.4	56.5	89.6
1994	121.4	92.8	70.1	39.1	99.9	104.4	64.8	93.3
1995	130.7	93.7	71	44	95.1	104.5	69.8	104.7
1996	112.6	85.7	70.8	48.5	95.7	105.9	77.4	107.8
1997	102.9	80.5	73.8	58	98.5	91.3	73.8	99.2
1998	110	80	74.2	57	96	88.9	73	102.9
1999	83.4	77.9	76.3	62.5	97.7	86.7	67.9	116
2000	84.2	82.5	87	61.3	101.7	105.9	82	115.4
2001	79.2	89.6	87.7	58	92.1	107.3	82.3	117.6
2002	91.8	85.3	88.5	58.1	87.9	80.6	85.6	118.9
2003	95.5	82.4	84.4	62.2	86.4	81.4	102.5	123.4
2004	95.7	86.9	85.8	67.2	94.2	87.1	96.4	131.1
2005	105.7	90.3	93.1	71.6	92.4	93.2	98.7	137.7
2006	110.8	93.9	101	76.8	93.7	100.1	94.3	147.9
2007	105.5	104.3	102.2	82.8	95.1	100.7	92.4	149.1
2008	106.8	115.7	106.3	88.8	98.6	100	87.4	136.4
2009	100.3	94	91.4	78.9	94.8	88.7	89.1	114.7
2010	109.7	105	95.2	90.9	96.5	91.6	96.9	108.9
2011	105.4	104.7	101.6	101.6	100.3	100	99.4	99.1

表 8－5

续表 7

年份	纳米比亚	德国	瑞典	不丹	沙特阿拉伯	南苏丹	瑞士	格鲁吉亚
1980	150	45.3	60.6	51.3	90.9	n. a	73.3	n. a
1981	153.7	47.8	60.4	63.5	93.1	n. a	72.7	n. a
1982	142.7	48.1	65.7	61.4	90	n. a	68.4	n. a
1983	124.8	47.2	69.7	57.8	86.4	n. a	69	n. a
1984	124.7	50.1	69.7	58.1	80	n. a	72.6	n. a
1985	115.4	51.9	69.3	66.1	66.7	n. a	74.8	n. a
1986	129.1	46.5	62.8	70.1	62.5	n. a	70.4	n. a
1987	124.6	45.1	63.2	61.6	68	n. a	69.1	n. a
1988	113.8	46.1	62.7	77.2	66.5	n. a	70.9	n. a
1989	120	49	63.4	66	71.8	n. a	74.6	n. a
1990	119.3	49.7	60.2	57.5	72.2	n. a	70.6	85.6
1991	121	51.8	54.7	72.3	75.2	n. a	67.8	58.9
1992	119.1	48.4	54.4	87.9	75.5	n. a	67.4	101.9
1993	108.6	43.8	61.8	75.7	68.2	n. a	66.7	118.6
1994	99.8	45.3	67.7	69	60.5	n. a	66.6	166.9
1995	105.2	46.9	72.6	80.4	65.4	n. a	66.3	67.8
1996	109.2	48.6	70.5	81.2	67	n. a	67.6	45.7
1997	105.1	53.5	76.7	82	65.6	n. a	73.7	57.8
1998	104	55.8	79.4	82.5	56.5	n. a	75.3	53.6
1999	103.1	57.9	79.7	81.8	58.1	n. a	77.7	57.2
2000	85.4	66.5	86.7	82.5	68.6	n. a	85.8	62.7
2001	88.8	67.6	85.9	76.2	64	n. a	84.7	63.3
2002	94.1	66.8	82	69.6	65	n. a	80.3	71.6
2003	95.9	67.5	80.2	70.4	70.2	n. a	79.4	78.3
2004	81.9	72.1	83.7	89.1	78.6	n. a	83.3	79.7
2005	80.8	77.4	89	101.2	88.7	n. a	88.5	85.3
2006	81.4	85.4	94.1	113.6	95.1	n. a	93.6	89.9
2007	102.8	87.3	96.3	112.3	102.5	n. a	98.8	89.2
2008	107.8	90	100.3	104.3	104.9	97.7	97.4	87
2009	103.4	79.9	89.4	107.9	96.7	95.6	89.7	78.7
2010	102.2	88.4	92.8	98.3	96.7	94.2	92.2	87.7
2011	97.2	95.3	93.7	92.4	92.2	92.1	91.6	91.6

表 8－5

续表 8

年 份	阿尔巴尼亚	萨摩亚	加纳	多米尼加	塞尔维亚	科威特	阿塞拜疆	牙买加
1980	n. a	n. a	17. 6	114. 6	n. a	112. 6	n. a	102. 1
1981	n. a	n. a	10. 1	113. 3	n. a	108	n. a	103
1982	n. a	n. a	6. 3	110. 8	n. a	106. 9	n. a	86. 7
1983	n. a	n. a	11. 5	101. 7	n. a	108. 5	n. a	78. 7
1984	36. 8	n. a	18. 8	104	n. a	104. 8	n. a	117. 2
1985	34. 7	n. a	24. 2	96. 5	n. a	96. 4	n. a	121. 6
1986	30. 5	n. a	36. 7	112. 5	n. a	94. 2	n. a	94. 7
1987	31	n. a	45. 8	114. 6	n. a	89. 7	n. a	92. 9
1988	35. 6	n. a	42. 2	123. 4	n. a	90. 5	n. a	91. 4
1989	38. 7	n. a	41. 1	125. 6	n. a	93. 8	n. a	96
1990	38. 1	n. a	42. 7	135. 1	n. a	103	83. 1	99. 9
1991	34. 8	n. a	42. 5	121. 2	n. a	142. 6	86. 9	101. 6
1992	100	n. a	46	117. 3	n. a	94. 7	140. 8	125. 5
1993	77. 7	n. a	56. 7	109. 6	n. a	92. 1	133. 4	103
1994	50. 3	72. 8	62	111. 9	n. a	93. 2	55. 4	108. 8
1995	47	94. 5	57. 4	114. 2	n. a	94. 3	69. 4	111. 3
1996	47. 5	91. 9	72. 2	112. 7	n. a	91. 5	85. 1	99. 1
1997	47. 2	86. 1	85. 4	126. 1	40. 9	92. 4	82	91
1998	45. 1	92. 6	80. 6	125. 3	54. 5	95	77. 2	n. a
1999	49. 3	98. 1	81. 7	126	45. 4	85. 4	69. 9	n. a
2000	56. 6	91	116	101	64. 3	86. 6	77. 4	n. a
2001	59. 2	113. 7	110	86. 7	60. 7	86. 8	78. 2	n. a
2002	67. 1	108. 4	97. 5	85. 4	59. 8	81. 2	92. 8	81. 8
2003	66. 5	85. 3	97. 3	80. 9	64. 1	86. 6	107. 6	88. 2
2004	64. 8	81. 8	99. 7	83	73. 6	89. 3	121. 5	89. 3
2005	68. 6	87. 3	98. 2	90	73. 3	92. 2	115. 8	90. 5
2006	74. 2	91. 4	65. 9	88. 5	81. 3	89. 7	105. 3	100. 8
2007	83. 7	94. 5	65. 4	91. 7	85. 2	91. 7	96. 6	101. 3
2008	85. 6	85. 8	69. 5	97. 3	88. 7	92. 7	89. 2	113. 6
2009	81. 9	86. 6	71. 6	87. 5	76. 4	88. 9	73. 9	86. 7
2010	86. 3	90. 7	70. 6	91. 6	86. 3	86. 4	73. 9	80. 9
2011	89. 8	89. 6	89. 2	88. 2	87. 3	87	87	84. 7

表 8－5　　　　　　　　　　　　　　　续表 9

年　份	科特迪瓦	克罗地亚	博茨瓦纳	圣文森特和格林纳丁斯	赞比亚	摩洛哥	玻利维亚	芬兰
1980	76.2	n. a	119.5	160.1	86.8	44.1	46.8	63.7
1981	77.5	n. a	121.2	145.9	69.8	53.5	46.2	62.4
1982	75.8	n. a	123.8	147.6	64.2	51.2	58.5	58.3
1983	72.7	n. a	124.6	147	64.4	50.4	52.4	58.2
1984	77.1	n. a	118.8	151.9	68.3	57.4	49.5	57.4
1985	79.2	n. a	117.5	151.7	73.6	58.7	41.9	56.2
1986	69.7	n. a	117.5	153	86	49.8	47.1	50.6
1987	63.1	n. a	123.6	144.2	75.2	50.6	44.4	50.1
1988	58.4	n. a	114.5	158.8	59.5	52.1	41.9	48.6
1989	61.1	n. a	105.4	148	60.6	51	45.7	48.6
1990	58.8	n. a	104.8	142.6	72.5	58.3	46.7	46.6
1991	57	163.8	99.6	132.7	71.9	52.7	48.4	44.3
1992	60	113.8	89.8	127.7	84.4	56.6	49.1	51.1
1993	55.3	106	86.2	117.9	74	57.9	47.5	59.1
1994	69.8	91.8	88	116.6	72.8	55.6	48.9	63.9
1995	76.2	74.7	89	116.6	75.8	61.4	49.7	65.5
1996	73.5	78.4	92	119.1	70.2	56.5	49.9	67.5
1997	74.5	84.4	97.6	128.7	64.1	60.7	50.5	70.1
1998	72.5	77.5	91.8	127.9	61.5	52.5	52.3	69.1
1999	72.5	79.2	92.5	125.7	65	56	44.2	68.5
2000	73.8	86.5	94.5	95.6	66.8	61.3	45.6	78
2001	75.3	90.6	79.6	89.4	72.5	61.4	45.2	73.6
2002	83.4	90	82	85	70.2	62.4	49.4	71.8
2003	80.7	92.8	79.7	85.9	69.7	60.2	52	70.6
2004	87.9	92.1	81.1	87.4	77.8	63.7	57.5	73.2
2005	94.6	90.9	85.7	89.2	71.2	70.2	67.6	79.4
2006	95	92.4	77.7	88	68.6	73.9	74.5	86.3
2007	89.8	91.8	84	89.7	80.1	80.6	76.1	86.5
2008	85.3	91.9	80.5	91.7	72.6	88.3	82.9	89.9
2009	76.3	76.7	75.2	86.3	67.2	68.4	68.6	73.1
2010	76.7	79.2	72.9	84.9	81.7	75.9	75.5	79.3
2011	84.3	83.7	83.5	83.2	83.1	82.6	82.5	82.1

表 8-5　　续表 10

年 份	罗马尼亚	老挝人民民主共和国	阿富汗	坦桑尼亚	科索沃	哥斯达黎加	汤加	几内亚
1980	n. a	n. a	n. a	n. a	n. a	63.3	97.8	n. a
1981	n. a	n. a	n. a	n. a	n. a	91.4	92.6	n. a
1982	n. a	n. a	n. a	n. a	n. a	87.2	92.2	n. a
1983	n. a	n. a	n. a	n. a	n. a	60.8	87.8	n. a
1984	n. a	9.1	n. a	n. a	n. a	58	89.6	n. a
1985	n. a	13.8	n. a	n. a	n. a	55.8	102.4	n. a
1986	n. a	11.3	n. a	n. a	n. a	54	95.6	59.2
1987	n. a	20.1	n. a	n. a	n. a	57.4	95.5	62.3
1988	n. a	45.5	n. a	n. a	n. a	60.9	89.5	57.9
1989	n. a	44.1	n. a	n. a	n. a	64.4	87.9	60.9
1990	42.9	35.8	n. a	50.1	n. a	66.5	99	64.5
1991	39.1	38.2	n. a	43.9	n. a	70.7	83.5	60.9
1992	64	44.1	n. a	51.8	n. a	75.1	72.6	50.9
1993	51	52.6	n. a	65.7	n. a	78	67.4	54.6
1994	51.9	64.8	n. a	64.2	n. a	76.7	63.7	48.6
1995	60.8	60.6	n. a	65.6	n. a	77.9	73.3	45.6
1996	64.7	63.8	n. a	51.9	n. a	82.1	78.7	43.5
1997	65.4	65.2	n. a	41.9	n. a	85.3	75.4	42.4
1998	53.3	84.3	n. a	37.4	n. a	97.6	79.3	48.2
1999	60.9	80.1	n. a	35.4	n. a	97.7	61.6	47.7
2000	70.6	74.3	n. a	33.5	n. a	94.4	62.3	53.5
2001	74.5	66.3	n. a	38.3	n. a	86	62.4	58.6
2002	76.5	66.3	97.8	37.4	n. a	90	73.7	55.4
2003	76.9	66.7	146.7	41.4	n. a	95.2	72.9	51.1
2004	81	77.5	135.1	45.7	n. a	95.7	73.5	50.4
2005	76.2	80.7	133.1	50.6	n. a	102.5	75.3	69.9
2006	68.2	86.3	127.8	58.3	64.8	104.4	65.5	83.2
2007	73.6	82.5	114.4	65.3	68.4	102.2	67.7	65.2
2008	73.9	76.2	118.2	63.9	70.8	100.6	71.7	75
2009	67.2	71	104.5	58.4	69.1	84	77.9	57.3
2010	76.2	73.5	87.2	66.4	78.7	78.4	71.2	64.9
2011	81.8	81.6	81.5	81.3	81.1	79	78.5	78.5

表 8－5

续表 11

年　份	圣基茨和尼维斯	哈萨克斯坦	冈比亚	萨尔瓦多	所罗门群岛	尼日利亚	肯尼亚	葡萄牙
1980	164	n. a	106.3	67.4	0	48.6	65.4	55.3
1981	149.8	n. a	110.7	60.3	116.1	49.1	64.3	56.7
1982	130.4	n. a	104	51.2	98.9	38.7	58.2	56.9
1983	142.3	n. a	113	54.4	110.7	31.1	54.2	60.1
1984	138.1	n. a	115.9	50.3	94.2	27.8	58.8	65.6
1985	133.2	n. a	97.8	52.2	95.6	28.5	55.4	62.7
1986	138.5	n. a	102.7	53.7	111.5	37.6	55.7	55
1987	148.3	n. a	108.7	45.1	89.9	53.3	47.7	60.7
1988	143.7	n. a	108.8	38.1	91.5	45.1	50	64.4
1989	138.6	n. a	120.3	36.9	96.2	57.9	53.2	66.1
1990	134.9	n. a	131.5	49.8	94.7	72.2	57	66.3
1991	139.4	0	64.1	47.7	109.9	68.6	55.6	61.5
1992	130.6	149.3	67.4	48.5	96.2	82.7	52.9	57.4
1993	129.4	84.6	64.6	53.5	107.5	97.3	72.9	55.2
1994	119.2	84.2	49.9	55.2	105.5	82.5	71.3	58.3
1995	125.7	82.5	59.3	59.4	94.8	86.5	71.7	61.1
1996	128.3	71.3	51	55	90.2	75.6	57.3	61.6
1997	124.1	72.4	48.3	63.4	104.3	82.7	54.1	63.7
1998	123.7	65.2	53.9	61.9	88.9	71.6	48.9	65.1
1999	113.9	82.6	52.4	62.2	77.8	78	48.2	64.5
2000	95.8	105.7	56.4	69.8	62.7	86	53.3	68.9
2001	86.7	92.8	46.9	67.5	52.4	75.3	55.9	66.4
2002	85.8	94	59.6	67.4	50.5	64.4	55.2	63.5
2003	91.3	91.5	68.9	70	58.1	83.1	54.1	62
2004	87.5	96.4	83	72.9	73.3	75	59.5	64.4
2005	94.5	98.3	82.3	69.8	88.7	77.6	64.5	64.7
2006	88.4	91.6	81.1	71.8	93.4	70.6	64.9	70.5
2007	82.9	92.2	71	74.2	93.1	67	64.5	72.4
2008	85.9	94.4	63.3	76.6	95.1	74	69.4	75
2009	75	75.9	67.1	61.9	87.9	64.7	61.6	63.5
2010	79.4	73.2	65.6	69.1	92.6	65.1	67.9	69.2
2011	77.9	77.2	76	75.4	75.4	75.2	75.1	74.8

表 8－5

续表 12

年　份	以色列	莫桑比克	黎巴嫩	塔吉克斯坦	智利	厄瓜多尔	亚美尼亚	塞拉利昂
1980	103. 1	38. 2	n. a	n. a	49. 8	52	n. a	61. 1
1981	102. 5	35. 7	n. a	n. a	43. 2	45. 9	n. a	62. 8
1982	95. 8	34. 5	n. a	n. a	40. 6	48. 6	n. a	41. 7
1983	88. 8	28. 9	n. a	n. a	45. 3	47. 3	n. a	33. 1
1984	95. 7	22. 5	n. a	n. a	49. 6	49. 1	n. a	23
1985	102. 9	14. 3	n. a	n. a	53. 9	51. 7	n. a	31. 4
1986	91. 8	14. 6	n. a	n. a	55. 1	48. 4	n. a	26. 9
1987	96. 3	38	n. a	n. a	57. 3	57. 7	n. a	55. 2
1988	83. 3	45. 4	0	n. a	61. 5	59. 3	n. a	43. 1
1989	82. 5	46. 9	109. 9	n. a	66	65	n. a	41. 6
1990	80. 1	44. 2	117. 9	63	64. 5	65	81. 3	68. 7
1991	75. 3	45. 1	97. 4	65. 4	60. 2	67. 4	100. 9	60. 2
1992	75	57	87. 2	22. 2	58	67. 2	101. 1	64. 5
1993	81	60. 2	80. 5	70. 2	55. 2	51. 8	108	52. 9
1994	80. 6	62. 1	70. 3	97. 7	54. 8	51	112. 4	55. 2
1995	65. 4	56. 6	73. 1	137. 5	56. 4	54	86. 1	45
1996	63. 9	44. 2	68. 1	156. 6	56. 2	50. 5	79. 2	49. 6
1997	63. 6	38	62. 1	181. 1	56. 3	51. 3	78. 5	28. 3
1998	62. 6	36. 8	54. 7	106. 9	55. 9	49. 8	71. 8	35. 3
1999	71	46. 9	50. 8	133. 6	56. 9	56. 5	70. 6	33. 7
2000	74. 8	53. 5	50. 1	199. 7	57. 9	68. 1	73. 9	57. 5
2001	68. 4	61. 9	55. 6	146. 4	61. 4	57. 9	71. 6	35. 8
2002	72. 7	76. 2	51	141. 6	61. 9	56. 9	75. 9	38. 8
2003	74	76. 5	54. 1	136. 9	65. 1	53. 8	82. 2	46. 4
2004	82. 7	72. 7	61. 7	128. 2	68. 3	56. 7	75	46. 1
2005	85. 8	75. 7	64	78. 8	70	62. 9	72	47. 5
2006	85. 2	85. 6	63. 4	80. 3	72. 1	66. 8	62. 6	42. 4
2007	86. 4	80. 5	71. 2	89. 3	75. 9	69. 5	58. 3	40. 9
2008	81. 8	78. 6	77. 9	88. 7	81	75. 7	55. 7	39. 8
2009	67	68. 1	69	69. 8	66. 5	61. 5	58. 5	42
2010	71. 8	71. 3	72. 4	76. 3	70	71. 6	65. 4	52. 2
2011	74. 7	74. 5	74. 2	73. 6	72. 8	71. 6	71. 6	71

表 8-5

续表 13

年份	格林纳达	挪威	马拉维	海地	塞内加尔	菲律宾	英国	乍得
1980	126.7	80.4	63.6	n.a	62.3	52	51.8	45.8
1981	134.3	79.3	57.2	n.a	83.2	51	50.2	37.8
1982	123.2	77.8	51.3	n.a	72.6	46.5	50.4	20.1
1983	109.5	75.8	49.1	n.a	87	49.4	51.8	40
1984	102.6	77	54.8	n.a	83.2	49.1	56.4	42.1
1985	111.8	78.1	54.1	n.a	67.1	45.9	56.1	43.2
1986	126.5	71.9	48	n.a	57.2	48.7	51.6	48.8
1987	116.8	67	53.3	n.a	50.2	52.9	51.4	51.9
1988	112	66.7	55.9	n.a	51.9	55.3	49.1	45.1
1989	100.6	72.5	53.3	n.a	55.4	58.4	50.9	45.2
1990	105.2	73.9	57.2	n.a	57.6	60.8	50	41.4
1991	102.4	72	52.6	39.8	54	62.2	47	36.3
1992	94.7	69	65.7	32.5	53.1	63.2	47.8	35.9
1993	117.1	69.4	48.4	48.8	49.6	71.2	51.4	42.6
1994	110.2	70.2	91.4	31.1	70.8	74	53.3	51
1995	100.1	69.8	78.5	37.8	68.2	80.5	56.6	55.7
1996	110.2	72.6	54.7	40.2	59.7	89.8	58.5	46.6
1997	113.7	74.5	54.9	36.9	60.9	108.3	56.6	49.3
1998	120.5	73.5	70.9	36.5	62	98.7	53.8	48.1
1999	127.6	71.4	71.3	41.9	63.1	94.9	53.7	50.5
2000	104.3	76	60.9	46.1	65.1	104.7	57.3	51.6
2001	91.2	74.6	67.1	48.5	66.5	98.9	56.8	64.3
2002	81.7	68.9	55	48.1	67.5	102.4	55.2	126.4
2003	82.3	67.7	67.3	63.7	65.4	101.8	54	83.4
2004	86.1	70.2	68.2	59.4	65.8	102.6	53.8	101.8
2005	77.8	71.9	76.2	57	69.4	97.9	56.7	104.8
2006	80.1	73.5	69.7	59.5	68.6	94.9	60.9	104.3
2007	81.9	74.6	68.6	52.2	73.1	86.6	56.5	107.1
2008	77.1	76.3	77.1	56.9	78.6	76.3	61.9	103
2009	69	67.4	63.6	57	67.5	65.6	59.1	67.8
2010	69.7	69.9	74.3	74.5	67.8	71.4	63.2	69.4
2011	70.6	70.4	69.1	68.8	68.7	67	66.6	66.2

表 8－5 续表 14

年　份	喀麦隆	危地马拉	墨西哥	加拿大	马达加斯加	世界	西班牙	马里
1980	55	47.1	23.7	54.3	43.1	42.4	31.5	43.8
1981	50.3	40.7	23.3	53.1	34.3	41.5	35.3	42.7
1982	62.1	33.5	25.6	47.5	31.9	39.6	36.5	44.1
1983	59.7	27.5	28.4	47.7	28.1	38.1	39.7	47.6
1984	64.5	28.2	26.9	53.8	31.2	38.7	41.6	50.6
1985	65	24.9	25.7	54.2	32.7	37.4	40.9	60.7
1986	46	30.6	30.8	54.7	27.7	35.2	35.4	52.6
1987	37.3	38.1	32.9	52.5	39.1	36.6	36.3	49.6
1988	32	38	38.5	52.7	39.4	37.6	36.7	50.9
1989	38.5	39.8	38.1	51.3	40.7	38.9	37.3	49.4
1990	37.5	45.9	38.3	51.5	44.6	39.8	35.5	50.9
1991	34.6	39.5	35.6	50.8	44.8	39.1	35.4	52.8
1992	38.9	45.4	35.5	54.6	41.1	40.9	35.9	48.3
1993	31.7	43.8	34.4	60.4	39.9	39.2	36.9	47.1
1994	38	42.4	38.4	66.8	51.6	40.1	41.6	65.9
1995	41.4	44.7	58.1	71.5	55.8	42.9	44.8	57.3
1996	41.8	40.4	62.1	72.7	46.5	44.2	46.7	55.8
1997	39.8	41.6	60.6	77	51.8	45.9	51.7	62.9
1998	39.1	44.4	63.5	80.9	50.8	45.7	53.6	60
1999	38.7	46.4	63.1	82.7	56.7	45.8	55.2	64.6
2000	54	49.1	63.9	85.4	68.7	49.4	61.2	66.2
2001	56.8	69.5	57.3	81.3	61.4	48.4	59.6	83.6
2002	51.2	66	55.5	78.7	38.6	48.6	56.8	71.1
2003	47.4	66	52.2	72.5	55.2	50.1	55	63.8
2004	47.2	69.1	55	72.5	80.1	53.9	55.9	63.1
2005	50.9	66	55.7	71.9	73.8	56.6	56.6	62.9
2006	57	66.8	57.2	69.8	75.5	59.9	58.9	72.3
2007	60.5	67.9	57.4	68	82.4	61.6	60.5	61.8
2008	64.2	64.1	58.3	68.7	83.6	64	58.8	72.2
2009	51.8	57.1	56.9	59.2	81.6	54.4	49.7	55.1
2010	54.5	62.1	61.9	60.7	60.8	59.2	56.6	65.9
2011	65.6	65	64.7	63.6	63.2	63.1	61.3	60.8

表 8－5

续表 15

年 份	斯里兰卡	多明尼加共和国	意大利	乌兹别克斯坦	新西兰	中国	南非	希腊
1980	87	48. 1	44. 8	n. a	59. 5	21. 7	62. 7	54. 2
1981	77	45. 8	47. 2	n. a	59. 7	24. 6	58. 7	57. 4
1982	73. 6	33. 6	45. 3	n. a	59. 3	21	53. 3	50. 9
1983	67. 8	32. 7	41. 9	n. a	58. 7	19. 3	45. 7	50
1984	63. 5	61. 1	44. 2	n. a	66. 8	20. 8	49. 1	49. 7
1985	64	65. 3	44. 4	n. a	61. 1	22. 5	54	49. 1
1986	59	57. 8	37. 7	n. a	52. 9	22. 5	52. 3	51. 9
1987	60. 9	63	37	n. a	50	28. 9	50. 6	51. 5
1988	62. 9	74. 8	36. 6	n. a	48. 5	31	51. 7	48. 2
1989	64	78	38. 6	n. a	52. 1	29. 2	48. 1	49. 6
1990	68. 2	77. 5	37. 8	76. 6	52. 8	29. 2	43	48. 7
1991	67. 6	83. 2	35. 3	74. 4	54. 8	31. 7	39. 2	46. 9
1992	72. 8	81. 1	36. 4	70. 2	59. 5	36. 1	38. 6	47. 2
1993	77. 1	78. 8	39. 3	64. 3	57. 7	42	40. 3	45
1994	79. 4	78. 3	42. 1	37. 3	58. 8	41. 2	42	44
1995	81. 6	75. 1	47. 6	56	56. 6	38. 8	44. 9	45. 1
1996	78. 9	73. 4	44. 6	61. 9	54. 9	38. 1	47. 9	45. 6
1997	80. 1	76. 4	46. 5	57	55	39	48	49. 5
1998	78. 5	79. 4	47. 1	45. 3	57. 7	36. 4	50. 2	50. 9
1999	78. 8	79. 9	46. 6	36. 6	61. 1	37. 7	48. 1	56. 6
2000	88. 6	82. 9	52. 6	46. 1	68. 4	44. 2	52. 8	65. 3
2001	80. 9	74. 7	52. 3	55. 7	66. 9	43. 1	56. 2	63. 3
2002	76. 3	72. 8	50	60. 2	62. 2	47. 7	62	57. 5
2003	75. 3	86. 5	48. 3	67. 8	57	56. 9	53. 4	54
2004	79. 5	83. 9	49. 7	72. 9	57. 9	65. 4	53. 1	56. 6
2005	73. 6	65. 5	51. 8	66. 5	56. 9	68. 6	55. 2	55. 7
2006	71. 3	68	56. 1	68. 6	58. 7	70. 6	62. 5	57. 7
2007	68. 6	66. 7	58	76. 2	57. 5	68	65. 5	61. 7
2008	63. 4	64. 7	57. 7	84. 3	62. 9	62. 2	74. 6	62. 7
2009	49. 1	52. 5	48	72. 8	54. 4	49	55. 7	50
2010	53. 1	57. 2	55. 1	61. 8	55. 4	57. 3	54. 9	53. 8
2011	60. 7	60. 2	59. 2	59. 1	58. 7	58. 7	58. 3	58. 2

表 8－5

续表 16

年 份	乌干达	法国	土耳其	孟加拉国	乌拉圭	印度	阿拉伯埃及共和国	秘鲁
1980	45.5	44.4	17.1	23.4	35.7	15.1	73.4	41.8
1981	38.1	46.4	21.1	19.8	34.2	14.3	82.2	35.8
1982	25.9	46.3	26.9	21.1	31.6	13.9	69	36.1
1983	22.3	46.1	29	20.8	49.3	13.5	61.9	39.2
1984	27	48.6	35.3	16.2	48	13.8	58.2	34.8
1985	28.7	48.1	34.8	18.8	47.9	12.7	52	39.4
1986	28	41.8	29.4	17.6	46.5	12	41.3	29.3
1987	26.3	41.2	33.3	17.3	40.9	12.4	35.3	23.7
1988	25.4	42.4	36.2	18.3	39.8	13.3	52.5	41.4
1989	26	45.1	34	19	41.2	14.9	50.2	24.6
1990	26.6	43.9	30.9	19.7	41.6	15.2	52.8	29.6
1991	29.4	44	30.5	18.9	38.6	16.7	63.6	27.1
1992	33.1	43	31.7	19.9	40.1	18.1	59.3	28.4
1993	28.2	40.8	33	23.1	38.7	19.3	55.9	28.2
1994	27.8	42.7	41.7	22.9	40.1	19.7	50.6	27.9
1995	32.6	44.4	44.2	28.2	38.1	22.5	50.2	30.8
1996	35.4	45.2	49.4	29.8	39.5	21.6	46.9	31.5
1997	34.2	49	55	30	37.7	22.2	43.7	32.9
1998	30	50.4	41.5	31.6	35.6	23.3	41.9	31.7
1999	36	50.6	38.7	31.9	33.4	24.5	38.4	32.5
2000	32.7	56.6	43.2	33.2	36.7	26.5	39	34.2
2001	35.3	55.6	50.8	36.9	36.3	25.6	39.8	33.5
2002	36.3	53.5	48.8	33.3	40	29.1	41	33.4
2003	36.6	50.9	47	34.2	51.8	30.1	46.2	35.5
2004	35.5	51.9	49.7	36.3	61.5	36.9	57.8	39.3
2005	39	53.4	47.2	39.6	58.9	41.3	63	44.3
2006	43.6	55.1	50.3	44.2	62	45.3	61.5	48.4
2007	46.8	55.3	49.8	46.5	59.2	44.9	65.1	51.4
2008	56.3	56	52.2	49.1	65.2	52.3	71.7	54.3
2009	58.9	48.6	47.7	46	55.2	45.5	56.6	44.4
2010	57.7	53.3	48	43.4	52.9	48.2	47.5	48.3
2011	58.2	56.7	56.4	54.5	54.4	54.2	53.5	53.4

表 8-5 续表 17

年 份	俄罗斯联邦	瓦努阿图	南亚	印尼	布基纳法索	委内瑞拉	埃塞俄比亚	卢旺达
1980	n. a	74.9	19.3	54.4	40.2	50.6	n. a	40.8
1981	n. a	79.1	18.4	53.1	40.7	48.8	19.6	31.6
1982	n. a	88.1	17.8	49.4	39.8	46.9	19.2	35.7
1983	n. a	121.2	17.4	54.2	37.5	30.7	17.8	32.3
1984	n. a	119.9	17.5	47.7	39.7	45.6	21.5	32.3
1985	n. a	117.8	16.5	42.7	40.9	42.2	17.3	30.7
1986	n. a	99.6	15.9	40	38	40.1	19.1	32.7
1987	n. a	100	15.9	46.3	39.4	44.8	17.6	26.6
1988	n. a	95.6	17	44.9	38.1	47.8	17.4	24.2
1989	42.9	100.3	18.5	45.7	32.4	55.2	17.1	23.4
1990	36.1	120	19.2	49.1	35.4	59.6	14.4	19.7
1991	26.3	100.4	20.8	49.9	33.8	57.6	13.2	25.4
1992	110.6	100.9	22.4	52.8	28.4	55.3	10.8	23.8
1993	68.7	101.2	24.2	50.5	29.6	54.1	20.2	25.7
1994	51	99	23.8	51.9	39.2	53.2	21.2	71.1
1995	55.2	98	26.7	54	40.7	48.9	25.4	31
1996	47.9	99.1	26.2	52.3	38.2	57.8	25.5	32.2
1997	47.3	102.5	26.6	56	37.4	51.2	29.2	33.5
1998	55.8	94.7	27.1	96.2	40.9	43.6	33.4	28.8
1999	69.4	91.2	27.7	62.9	33.5	42.1	35.8	30.7
2000	68.1	87.2	29.3	71.4	34.3	47.9	36	31.2
2001	61.1	87.8	28.8	69.8	32.4	42.1	35.7	32.8
2002	59.7	93	31	59.1	30.9	48.6	39.2	30.7
2003	59.1	92.1	32.2	53.6	30.7	50.6	40.7	32
2004	56.6	93.1	37.3	59.8	37.1	55.4	46.5	35.9
2005	56.7	97.2	41.4	64	35.5	60.1	50.6	36.6
2006	54.7	90.3	45.1	56.7	36.6	58.7	50.5	36.3
2007	51.7	86.8	44.5	54.8	35.5	56.2	44.8	36.7
2008	53.4	100.8	50.6	58.6	36.3	51.8	42.2	44.6
2009	48.4	91	44.4	45.5	40.4	38.5	39.5	39.7
2010	51.6	103.9	46.6	47.6	41.9	46.1	46.6	40.6
2011	53.3	52.1	52	51.2	49.7	49.6	48.7	45.9

表 8－5　　续表 18

年　份	贝宁	尼泊尔	阿根廷	澳大利亚	布隆迪	哥伦比亚	中非共和国	苏丹
1980	53.1	30.3	11.5	32.4	32.1	31.8	66.3	33.7
1981	59.9	32.5	14.3	31.6	31.2	27.3	58.4	33.3
1982	57.9	30.4	15.6	30.4	37.1	26.1	56.4	34.4
1983	45.3	31.5	15	29.2	33.8	23.7	60.8	31.8
1984	50.5	30.1	12.3	28.6	35.1	24.3	58.9	24.9
1985	60.3	31.5	18	32.5	31.8	26.3	53	17.6
1986	49.3	32	14.5	33.1	34	30.8	47.1	13
1987	46.2	32.7	15.4	32.6	35.5	29.9	45.3	16.7
1988	45.9	33.8	15.7	32.6	38.5	30.1	40.9	11.5
1989	38.3	33.4	19.6	32.1	32.7	31.8	42.9	14.7
1990	45.7	32.2	15	32.2	35.6	35.4	42.4	11.1
1991	51.3	34.7	13.8	32.2	38.4	35.3	34.9	15.1
1992	56.7	41.7	14.7	33.1	38.2	33.5	35.6	19.7
1993	55.4	47.2	16.2	35.4	36.5	35.2	36.3	11.5
1994	64.4	50.4	18.1	36.4	38.8	35.9	53.7	14.6
1995	63.8	59.5	19.7	37.7	40.2	35.5	48.1	14.8
1996	56.5	58.5	21.5	38.2	21.6	36	38.4	23.2
1997	58.7	64	23.3	37.9	24.3	35.6	44.4	17.9
1998	59.6	56.7	23.3	39.9	27.4	35.9	42.3	21.9
1999	64.2	52.6	21.3	38.9	23.5	36.1	25.7	24.7
2000	55.2	55.7	22.4	40.8	23.5	32.7	46	29.4
2001	53.2	50	21.7	43.9	22.4	33.9	39	24.2
2002	53.2	46.2	40.5	41.2	22.9	33	37.5	31.4
2003	52	44.2	39.2	39.9	28.3	36.5	31.5	32
2004	48.7	46.1	43.4	36.7	32.2	35.9	34	37.8
2005	50.1	44.1	44.3	38.8	37.1	35.6	33.5	47.6
2006	46.2	44.8	44	40.9	43.7	38.2	36.1	46.6
2007	47.9	44.4	45	41.1	50.2	36.3	37.6	45
2008	47.3	44.9	45.1	41.8	48.3	38.1	34.5	44.4
2009	40.9	51.6	37.4	44.9	38.9	34.3	31.1	36.3
2010	39.8	46	40.1	39.6	42.6	33.9	35.2	37.5
2011	41.9	41.7	41.4	41.1	39.3	39.1	35.1	34.8

表 8－5

续表 19

年　份	巴基斯坦	美国	日本	巴西	阿尔及利亚	塞浦路斯	厄立特里亚	阿曼
1980	36.6	20.8	27.8	20.4	64.7	108.3	n. a	100.3
1981	35.3	20.1	28.1	19.2	65.5	113.6	n. a	102.8
1982	31.7	18.2	27.8	15.9	59.9	115.2	n. a	101.7
1983	34.9	17.3	25.6	20.4	53.7	114.4	n. a	91.7
1984	33.7	18.1	26.8	21.5	53.2	121.8	n. a	87.9
1985	33.2	17.2	24.9	19.3	50.3	107.6	n. a	87
1986	34.6	17.5	18.3	15.2	36	93.5	n. a	80.2
1987	34.2	18.6	17.4	15.7	32.7	97.6	n. a	77.9
1988	35.3	19.7	17.4	16.6	38.1	101.6	n. a	71.4
1989	35.6	20.1	19	14.4	47.2	111.3	n. a	0
1990	38.9	20.6	19.7	15.2	48.4	108.6	n. a	74.8
1991	35.6	20.6	18.2	16.6	52.7	104.2	n. a	77.8
1992	37.9	20.8	17.4	19.3	49.2	110.1	56.4	80.3
1993	38.7	20.9	15.9	19.6	44.9	95.4	102.1	81.1
1994	35.3	21.9	16	16.6	48.6	95.8	110.9	77.8
1995	36.1	23.4	16.7	16	55.2	100.1	105.3	79.6
1996	38.3	23.6	18.9	14.9	53.7	104.4	116.6	85.6
1997	36.9	24.3	20.4	15.8	52.2	105.4	115.4	88.6
1998	34	23.7	19.7	15.9	45.1	100.5	94.9	91.7
1999	32.3	24.1	18.8	20.2	50.5	101.8	96.3	86.3
2000	28.1	25.9	20.3	21.7	62.5	109.9	96.9	90.5
2001	30.4	23.7	20.3	25.7	57.8	109.9	78.9	93.4
2002	30.5	23	21.2	26.7	60.5	103.1	82.7	77.4
2003	32.8	23.3	22.1	27.1	62.1	95.2	74	82.9
2004	30.3	25.3	24.5	29	65.7	98	65.6	90.6
2005	35.3	26.5	27.2	26.6	71.9	99.2	61.1	89.9
2006	38.4	27.9	31.1	25.8	70.1	99.8	45.3	88.8
2007	35.5	28.9	33.8	25.2	69.9	102.1	42.5	96.9
2008	36.7	31	35.2	27.1	69.2	101.6	30.6	96.2
2009	33.3	25.6	25	22.1	54.1	85.8	25	94.1
2010	33	29.1	29.2	22.8	52.3	86.7	0	0
2011	33.4	31.7	31.4	24.5	n. a	n. a	n. a	n. a

表 8 – 5

续表 20

年份	波兰	卡塔尔	苏里南	东帝汶	特里尼达和多巴哥	阿联酋	也门	安道尔
1980	n. a	n. a	143	n. a	89.4	n. a	n. a	n. a
1981	n. a	n. a	131.4	n. a	82.1	n. a	n. a	n. a
1982	n. a	n. a	119.1	n. a	77	n. a	n. a	n. a
1983	n. a	n. a	102.5	n. a	71.4	n. a	n. a	n. a
1984	n. a	n. a	92.1	n. a	65.9	n. a	n. a	n. a
1985	n. a	n. a	76.6	n. a	61	n. a	n. a	n. a
1986	n. a	n. a	65.3	n. a	70.8	n. a	n. a	n. a
1987	n. a	n. a	56.7	n. a	66.4	n. a	n. a	n. a
1988	n. a	n. a	53.7	n. a	73.2	n. a	n. a	n. a
1989	n. a	n. a	65.5	n. a	77.6	n. a	n. a	n. a
1990	45.9	n. a	86.5	n. a	74	n. a	29.4	n. a
1991	44.8	n. a	80	n. a	73.5	n. a	41.3	n. a
1992	41.9	n. a	62.4	n. a	75	n. a	40.4	n. a
1993	41.1	n. a	42.7	n. a	83	n. a	50.8	n. a
1994	41.3	78.6	49.3	n. a	78.7	n. a	41.7	n. a
1995	44.2	87.7	50.1	n. a	93	n. a	64.3	n. a
1996	46	83.5	54.1	n. a	92.8	n. a	85.9	n. a
1997	50.7	84.4	60	n. a	111.2	n. a	81.4	n. a
1998	56.8	91.1	83.6	n. a	102.3	n. a	73.7	n. a
1999	54.3	85.7	60.9	n. a	94.2	n. a	72	n. a
2000	60.7	89.6	52.9	0	104.6	n. a	75.4	n. a
2001	57.8	95	78	n. a	99.9	89.9	70.9	n. a
2002	60.7	88.5	58.4	n. a	95	93.1	74.7	n. a
2003	69.3	90.2	65.3	n. a	90	102.3	74.4	n. a
2004	77.3	92.4	74.2	n. a	96.7	116.6	71.8	n. a
2005	74.9	100.3	75.6	n. a	104.8	119.6	76.8	n. a
2006	82.5	99.2	n. a	n. a	118.7	119.5	82.1	n. a
2007	84.4	91.5	n. a	n. a	102.9	136.7	79.1	n. a
2008	83.8	78.9	n. a	n. a	101.1	148.8	81.2	n. a
2009	78.8	78.5	n. a	n. a	87.9	143.9	68	n. a
2010	85.7	n. a	n. a	n. a	90.7	146.7	65.1	n. a
2011	n. a	n. a	n. a	n. a	n. a	n. a	n. a	n. a

表 8－5

续表 21

年份	阿鲁巴	巴林	古巴	库拉索	法属波利尼西亚	关岛	圭亚那	伊朗
1980	n. a	239. 3	77	n. a	n. a	n. a	174. 9	41. 5
1981	n. a	251. 1	76. 8	n. a	n. a	n. a	161. 2	38. 8
1982	n. a	225. 8	76. 8	n. a	n. a	n. a	122. 9	37. 3
1983	n. a	189. 6	76. 5	n. a	n. a	n. a	110. 5	38. 5
1984	n. a	190. 3	76. 4	n. a	n. a	n. a	95. 5	27. 8
1985	n. a	191. 6	78. 7	n. a	n. a	n. a	110	22. 9
1986	n. a	183. 5	75. 5	n. a	n. a	n. a	99. 5	13. 8
1987	n. a	189. 8	76. 8	n. a	n. a	n. a	170. 3	17. 8
1988	n. a	172. 8	75. 1	n. a	n. a	n. a	131. 6	21. 3
1989	n. a	186. 3	75. 9	n. a	n. a	n. a	139. 9	27. 5
1990	n. a	210. 2	71. 1	n. a	n. a	n. a	142. 6	37. 7
1991	261. 6	180. 6	51	n. a	29. 3	n. a	233. 9	n. a
1992	251. 8	181. 1	35. 1	n. a	26. 5	n. a	280. 4	n. a
1993	240. 5	164. 6	28. 9	n. a	27. 1	n. a	254. 6	47. 2
1994	224. 4	155. 2	27. 8	n. a	28. 4	n. a	222. 9	43. 4
1995	222. 9	152. 5	29. 3	n. a	28. 2	n. a	213. 3	34. 8
1996	273	164. 1	32. 6	n. a	29. 9	n. a	211. 3	35. 8
1997	250. 7	148. 6	32. 8	n. a	30. 6	n. a	209. 1	32. 7
1998	161. 1	128. 5	32. 5	n. a	32. 8	n. a	203. 8	29. 3
1999	n. a	141. 8	31. 9	n. a	29. 2	n. a	201. 1	36. 3
2000	n. a	153. 8	31. 1	n. a	29. 1	n. a	206. 8	40. 1
2001	n. a	142. 8	29. 4	n. a	n. a	n. a	206. 4	39. 3
2002	0	148. 2	24. 7	n. a	n. a	n. a	198. 2	49. 3
2003	n. a	145. 5	26. 6	n. a	n. a	n. a	189. 6	52. 9
2004	n. a	164. 7	31. 3	n. a	n. a	n. a	201. 5	55
2005	n. a	176	39. 4	n. a	n. a	n. a	203. 8	57. 7
2006	n. a	171. 7	37. 2	n. a	n. a	n. a	n. a	56. 9
2007	n. a	162. 1	38	n. a	n. a	n. a	n. a	53. 7
2008	n. a	171. 2	44. 9	n. a	n. a	n. a	n. a	n. a
2009	n. a	140. 1	n. a	n. a	n. a	n. a	n. a	n. a
2010	n. a	0	n. a	n. a	n. a	n. a	n. a	n. a
2011	n. a	n. a	n. a	n. a	n. a	n. a	n. a	n. a

年　份	伊拉克	基里巴斯	朝鲜	利比亚	列支敦士登	马绍尔群岛	摩纳哥	缅甸
1980	n. a	133. 6	n. a	n. a	n. a	n. a	n. a	n. a
1981	n. a	152. 4	n. a	n. a	n. a	n. a	n. a	n. a
1982	n. a	125. 5	n. a	n. a	n. a	n. a	n. a	n. a
1983	n. a	113. 8	n. a	n. a	n. a	n. a	n. a	n. a
1984	n. a	145	n. a	n. a	n. a	n. a	n. a	n. a
1985	n. a	147	n. a	n. a	n. a	n. a	n. a	n. a
1986	n. a	144. 2	n. a	n. a	n. a	n. a	n. a	n. a
1987	n. a	129	n. a	n. a	n. a	n. a	n. a	n. a
1988	n. a	132. 2	n. a	n. a	n. a	n. a	n. a	n. a
1989	n. a	143. 2	n. a	n. a	n. a	n. a	n. a	n. a
1990	n. a	158. 9	n. a	70. 8	n. a	n. a	n. a	n. a
1991	n. a	93. 4	n. a	64. 6	n. a	n. a	n. a	n. a
1992	n. a	86. 3	n. a	56. 1	n. a	n. a	n. a	n. a
1993	n. a	75. 5	n. a	59. 8	n. a	n. a	n. a	n. a
1994	n. a	86. 1	n. a	53. 2	n. a	n. a	n. a	n. a
1995	n. a	83. 5	n. a	51. 6	n. a	n. a	n. a	n. a
1996	n. a	84. 3	n. a	52. 5	n. a	n. a	n. a	n. a
1997	n. a	82. 1	n. a	48. 6	n. a	n. a	n. a	n. a
1998	n. a	76. 2	n. a	40. 3	n. a	n. a	n. a	n. a
1999	n. a	64. 9	n. a	41. 1	n. a	n. a	n. a	n. a
2000	n. a	53. 7	n. a	51. 1	n. a	n. a	n. a	n. a
2001	n. a	57	n. a	51. 8	n. a	n. a	n. a	n. a
2002	n. a	58. 7	n. a	81. 4	n. a	n. a	n. a	n. a
2003	n. a	84. 1	n. a	99. 1	n. a	n. a	n. a	n. a
2004	n. a	85. 9	n. a	95. 4	n. a	n. a	n. a	n. a
2005	n. a	n. a	n. a	94. 7	n. a	n. a	n. a	n. a
2006	n. a	n. a	n. a	96. 8	n. a	n. a	n. a	n. a
2007	n. a	n. a	n. a	96. 9	n. a	n. a	n. a	n. a
2008	n. a	n. a	n. a	94. 8	n. a	n. a	n. a	n. a
2009	n. a	n. a	n. a	0	n. a	n. a	n. a	n. a
2010	n. a	n. a	n. a	n. a	n. a	n. a	n. a	n. a
2011	n. a	n. a	n. a	n. a	n. a	n. a	n. a	n. a

表 8－5　　　　　　　　　　续表 23

年份	新喀里多尼亚	尼日尔	波多黎各	索马里	叙利亚	特克斯和凯科斯群岛	图瓦卢
1980	n. a	62. 7	137. 7	121. 7	54. 8	n. a	n. a
1981	n. a	60. 4	141. 3	93. 2	49. 6	n. a	n. a
1982	n. a	57. 1	139. 1	94	39. 6	n. a	n. a
1983	n. a	47. 7	134	96. 3	40. 7	n. a	n. a
1984	n. a	49. 9	137	75. 7	37. 2	n. a	n. a
1985	n. a	53. 5	136. 7	25. 6	38	n. a	n. a
1986	n. a	40. 7	129. 9	36. 4	34. 2	n. a	n. a
1987	n. a	46	131. 1	37. 9	45. 5	n. a	n. a
1988	n. a	41. 9	132. 8	27	43. 7	n. a	n. a
1989	n. a	39. 9	141. 9	52. 6	54. 4	n. a	n. a
1990	53. 2	37	n. a	47. 5	56. 3	n. a	n. a
1991	49. 5	32. 8	n. a	n. a	56. 5	n. a	n. a
1992	45. 4	34. 6	178	n. a	63. 9	n. a	n. a
1993	43. 4	33. 7	167. 2	n. a	68. 8	n. a	n. a
1994	42. 1	43. 4	167. 2	n. a	78. 5	n. a	n. a
1995	42	41. 5	168. 9	n. a	69	n. a	n. a
1996	43. 1	40. 4	161. 6	n. a	69. 9	n. a	n. a
1997	44. 7	40. 4	161	n. a	66. 2	n. a	n. a
1998	41. 4	44. 1	164. 3	n. a	61. 4	n. a	n. a
1999	46. 1	38. 3	170. 6	n. a	64. 3	n. a	n. a
2000	n. a	43. 5	172. 4	n. a	64	n. a	n. a
2001	n. a	41. 5	180. 5	n. a	64. 6	n. a	n. a
2002	n. a	39. 3	175. 8	n. a	68. 6	n. a	n. a
2003	n. a	41. 2	186. 8	n. a	62	n. a	n. a
2004	n. a	42. 1	186. 2	n. a	79. 9	n. a	n. a
2005	n. a	39. 3	183. 8	n. a	82	n. a	n. a
2006	n. a	n. a	186. 5	n. a	78. 2	n. a	n. a
2007	n. a	n. a	181. 8	n. a	76. 5	n. a	n. a
2008	n. a	n. a	181. 4	n. a	73. 6	n. a	n. a
2009	n. a	n. a	170. 3	n. a	60. 2	n. a	n. a
2010	n. a	n. a	170. 2	n. a	71. 1	n. a	n. a
2011	n. a	n. a	n. a	n. a	n. a	n. a	n. a

表 8-6 购买力平价法估算的对外依存度

年 份	中国香港特区	新加坡	爱尔兰	比利时	荷兰	马尔代夫	瑞士	丹麦
1980	150.9	280.6	106.1	139.6	135.8	n.a	91.6	93.1
1981	139.8	268.6	88.1	113	110.6	n.a	74.9	80.6
1982	124.1	249.7	78.5	99.6	101.5	n.a	69	71.6
1983	115.8	218.8	76.2	92.3	92.9	n.a	66.2	66.1
1984	122.8	202.2	75.5	88.4	85.9	n.a	62.2	60.9
1985	125.4	186.1	74.8	84.4	84.2	n.a	60.9	61.2
1986	130.4	169.1	89.4	102.3	94.9	n.a	78.9	72.2
1987	150.5	184	101.7	118.3	108.7	n.a	92.7	82.4
1988	172.9	214.9	108.6	125.7	113.4	n.a	96.3	87.4
1989	186.4	217.9	109.8	127.1	109.5	n.a	90.4	85.5
1990	196.5	224.1	114.4	144.2	122.3	n.a	101.5	100
1991	215.1	229.6	110.9	136.9	119.9	n.a	96.1	98.6
1992	240.3	229	121.2	142.5	123.8	n.a	97.2	100.6
1993	248.9	247.5	115.2	127.7	113	n.a	91.7	90.3
1994	263	256.5	126.1	137.1	120	n.a	97.9	94.4
1995	291	299.3	146.8	158.6	142.4	102	111.3	107.6
1996	286	312.1	149.3	152.5	135.6	100.6	106.2	103.1
1997	283.3	300.7	149	139.8	124.5	103.9	96.4	94.3
1998	267.5	267.5	160.5	139.4	121.3	98.3	97.6	93
1999	253.4	241.6	163.1	133.2	117.8	99.9	96.8	92.6
2000	267.5	262.2	160.7	125.9	110.7	93.4	94.1	90.5
2001	247.9	238.7	162.5	120.5	104.4	80.8	92.3	89.3
2002	250.5	224	160.3	120.2	103.4	77.4	91.3	93.1
2003	263.7	232.4	172	141.3	125.3	78.1	104.7	109.3
2004	275.5	258.7	189.2	163.6	141.6	85.2	117.5	120.3
2005	275.8	274.3	189.1	171.6	145.7	86.6	123.9	133.3
2006	276.9	280	183.2	174.9	150.4	94.6	124	141.5
2007	279.4	280	198.7	195.7	164.5	148.7	131.8	154.5
2008	284.8	303.5	220	216.3	178	154.3	139.3	167.1
2009	258.5	292.2	207	171.3	153	127.2	125.9	134.3
2010	296.7	280.4	205.8	179.1	165.9	143.2	133.6	132.4
2011	310.9	298.1	221.8	201.5	183.9	161.7	149.1	148.6

表 8－6　　　　续表 1

年　份	马耳他	中国澳门特区	爱沙尼亚	冰岛	奥地利	斯洛伐克	瑞典	斯洛文尼亚
1980	119.9	n. a	n. a	86.6	71.7	n. a	91.2	n. a
1981	96.6	n. a	n. a	78.1	58.1	n. a	76	n. a
1982	79.7	99.3	n. a	64.6	50.5	n. a	68	n. a
1983	70.4	87.7	n. a	61.3	46.5	n. a	62.6	n. a
1984	66.1	88.6	n. a	57.9	45	n. a	60.1	n. a
1985	65.6	83.5	n. a	59.8	45.8	n. a	59.5	n. a
1986	76.3	89	n. a	67.2	57.1	n. a	67.8	n. a
1987	93.1	95.3	n. a	79	67.4	17.8	78.1	n. a
1988	97.2	96.8	n. a	78.2	71.7	17.3	82.5	n. a
1989	93.4	102.6	n. a	70.2	70.3	14.8	82.4	n. a
1990	108.3	101.3	n. a	77.6	82.3	17.8	89.3	128
1991	106.9	105.3	n. a	77.6	78.6	34.8	83.5	92.2
1992	113.4	103.9	n. a	76.4	81.5	60.1	85.1	71.2
1993	99.9	102.1	n. a	66.7	72.4	49.7	73	66.9
1994	104.2	103.6	n. a	68.9	77.2	54.2	81.1	69.8
1995	113.4	105.4	59.8	76.4	90.3	64.3	95.6	81.9
1996	112.9	103.4	64.9	81.2	87.8	66.1	97.4	77.6
1997	99.9	103.8	69.8	75.6	82.4	63.1	93.5	71.7
1998	101.2	101.5	75.9	80.4	82.9	68	93.6	72.5
1999	103.5	103.8	69	79.2	81	67.6	89.6	66.4
2000	103	110	72.5	79.8	75.2	69.5	86.4	63.4
2001	89.1	113.8	69.2	71.8	77.1	71.7	77.7	62
2002	91.1	114.7	67	73.1	78.1	74.3	78.7	64
2003	102.6	114	79.1	88.2	92.8	96.2	92.6	76.7
2004	112.2	111.5	92.4	99	107.7	108	103.7	88.9
2005	110.4	103.2	101.1	119.1	114.3	110.6	111.7	94.9
2006	125.8	104.1	101.7	126.4	115.8	120.6	116	102
2007	141.4	115.5	108.9	141.2	133.1	130.6	126.6	121.3
2008	145.3	126.3	117.5	122.3	140.8	132.1	133.5	127.8
2009	120.6	112.9	91.1	98.7	112.8	101.8	104.8	103.8
2010	127.3	127.6	106.5	114.2	115.6	113.5	116.7	112.5
2011	148.5	141.1	134.6	132.7	130.8	129.5	128.9	128.6

表 8－6　　续表 2

年份	帕劳	匈牙利	挪威	捷克	芬兰	佛得角	德国	莱索托
1980	n. a	32. 6	131. 3	n. a	78. 9	84	54	115. 7
1981	n. a	29. 6	115	n. a	68. 2	76. 2	43. 7	109. 9
1982	n. a	25. 9	104. 6	n. a	58. 7	78	40. 3	95. 1
1983	n. a	23. 5	92. 7	n. a	52. 7	67. 7	37. 2	94. 9
1984	n. a	21. 5	86. 1	n. a	50. 4	58. 8	34. 8	78. 2
1985	n. a	22. 1	84. 7	n. a	48. 9	55. 5	34. 5	55. 8
1986	n. a	24	88	n. a	55. 1	66. 8	42. 3	55. 7
1987	n. a	23. 3	93. 8	n. a	63. 8	69. 1	48. 8	67. 5
1988	n. a	22. 9	97. 8	n. a	67. 7	64. 4	50. 1	77. 7
1989	n. a	21. 7	102. 1	n. a	67. 7	63. 5	49. 3	74. 2
1990	n. a	21. 3	114. 8	23. 3	73. 9	73. 5	57. 9	71. 2
1991	29. 3	27. 1	106. 6	21	65. 1	68. 8	58. 5	86. 5
1992	40. 4	28. 9	103. 3	26. 5	66. 9	75. 8	59. 9	88. 1
1993	41. 5	28. 5	91. 2	30. 5	60. 5	68. 2	52. 1	81
1994	36	30. 7	90. 5	32. 5	71. 2	61. 5	55. 1	77. 1
1995	41. 5	44. 3	101. 2	41. 7	89. 3	72. 5	64. 5	82. 5
1996	42. 9	46. 7	102	43. 3	87. 7	67	62. 8	81
1997	40. 4	49. 9	95. 8	41. 8	80. 2	68	59. 8	77. 9
1998	34. 2	54. 8	91. 4	45. 2	77. 1	62. 7	61. 3	85. 3
1999	46. 8	56. 2	85. 4	43. 9	73. 2	62	60. 2	74. 8
2000	64. 9	58. 4	78. 8	45. 7	71. 5	55. 6	59. 2	68. 1
2001	84. 8	56	76. 1	47. 4	66. 7	56. 4	57. 8	65. 7
2002	86. 5	57. 2	78. 6	50. 9	67. 8	63. 7	59. 2	66
2003	83. 4	68. 1	87. 2	59. 4	80. 5	76. 3	69. 9	86. 5
2004	94. 5	81. 2	93. 6	69. 6	88. 6	83. 2	80. 2	97. 8
2005	89. 4	86. 3	99. 3	75. 4	96. 5	81. 6	83. 5	93. 2
2006	87. 1	95. 6	99. 8	81. 4	102. 9	92. 4	89. 8	91. 9
2007	77. 4	115. 7	111. 7	91. 9	111. 4	101. 6	99. 3	93. 9
2008	112. 2	122. 5	118. 4	105. 7	120. 9	112. 7	107	92. 5
2009	101. 3	93. 8	96. 6	83. 5	92. 2	92	90. 3	84. 4
2010	109. 7	103. 4	104. 8	96. 8	96. 5	91. 8	94. 3	98. 7
2011	115	114. 9	114. 3	110. 8	107	106. 5	106. 3	104

表 8－6

续表 3

年　份	马来西亚	立陶宛	科威特	蒙古	斐济	刚果共和国	安哥拉	约旦
1980	82.7	n. a	122.7	n. a	116	80.9	n. a	120.1
1981	71.1	n. a	116.2	121.1	102.5	82	n. a	133
1982	67.6	n. a	106.5	111.3	91.8	62.5	n. a	118.2
1983	67.3	n. a	91.1	106	86.2	48.9	n. a	101.8
1984	66.9	n. a	83.8	78.6	75.3	45.1	n. a	92.3
1985	59.2	n. a	77.2	75.7	76.2	45.8	24.7	85.1
1986	51.8	n. a	56.7	105.4	71.2	34.1	25.5	70.4
1987	58	n. a	60.6	95.4	72.9	35.4	23.3	77.8
1988	61.3	n. a	60.8	85.3	79.3	32.6	20.5	84.7
1989	66.5	n. a	56.7	71.2	88.5	34	22.1	76.6
1990	71.6	34.4	n. a	38.9	95.9	16.7	26.6	82.5
1991	76.4	15.5	n. a	89.3	89.7	32.1	29.6	75.1
1992	78.3	13.7	55.5	25.5	83.1	26.5	36	72.7
1993	82.6	55.5	47.5	29.9	89	21.4	33.4	71.1
1994	94	38.2	45.1	26.4	96	37.7	35.9	67
1995	106.6	37	46.5	31.5	100.7	38.4	0	70
1996	102.3	38.3	51	26.6	105.1	43.5	49.1	73
1997	94.8	43.8	47.6	28.3	101.8	41.5	24	66.8
1998	82.1	40.2	39.8	27.6	78.2	36.3	4.2	63.1
1999	86.8	33.9	41.6	26	85.3	39.1	10.5	59.3
2000	93.7	36.3	49.5	29.3	81.5	45.9	20.7	61.1
2001	83.2	38.4	44.5	29.5	73.6	39.6	21.1	59.6
2002	82.8	42.9	43.5	31.3	75.5	41.7	24.4	61.8
2003	81.6	48.4	48.6	33.2	94	54.4	41.7	62.7
2004	91.1	56.3	54.9	39.8	99.1	56.9	51.7	73.2
2005	93.3	65.4	67.5	42.4	99.8	70.7	77.3	78.8
2006	96.5	71	76	47.2	99.1	88.4	75.5	81.5
2007	99.7	77.5	81.7	53.9	99.2	83.6	85.2	85.7
2008	101.9	94.7	98.9	66.1	112.5	101.2	101.8	99.1
2009	82.3	72.1	70.9	47.9	76.5	74.2	68.6	80.2
2010	97.5	84.2	77.6	65.7	93.8	98.3	77.9	87.8
2011	103.9	103.1	100.4	98.4	97.6	97.6	97.3	93.4

表 8-6　　续表 4

年　份	赤道几内亚	拉脱维亚	斯威士兰	泰国	韩国	以色列	巴拿马	加拿大
1980	n. a	n. a	154. 4	35	50. 8	77. 5	116. 5	53. 8
1981	n. a	n. a	124. 6	32. 2	49. 9	70. 9	107. 2	52
1982	n. a	n. a	101. 4	26. 7	43. 4	66. 9	92. 9	46. 2
1983	n. a	n. a	96. 3	26. 5	40. 1	64. 4	76. 9	47. 1
1984	n. a	n. a	71	25. 6	38. 8	62. 2	74	50. 3
1985	12. 9	n. a	48. 9	22. 6	34. 4	58. 8	74. 1	48. 2
1986	21. 3	n. a	52. 6	23. 2	36. 2	61	75. 3	48. 1
1987	29	n. a	64	28. 1	41. 4	69. 7	75. 7	49. 1
1988	31. 6	n. a	65. 9	34. 4	45. 4	69. 3	72. 8	53. 7
1989	23. 5	n. a	61. 7	37. 2	45. 6	65. 5	77. 2	54. 8
1990	24. 9	34. 6	58. 7	39. 9	44	67. 4	82. 9	55. 4
1991	29. 8	21. 8	58. 8	42. 4	43. 9	65. 1	92. 5	55. 3
1992	9. 4	56. 9	63. 7	43. 3	42. 7	65. 7	98. 4	55. 7
1993	8. 9	45. 9	64	45. 1	41. 9	67. 1	96. 4	57. 4
1994	27. 9	34. 8	65. 4	48. 2	45. 3	69. 2	100. 6	59. 4
1995	30. 8	34. 2	71. 5	55	54	60	100. 8	63. 3
1996	55. 2	39. 8	66. 8	51. 8	53. 8	59. 6	94. 6	64. 7
1997	57. 3	39. 8	66. 9	47. 7	51. 3	58. 2	100. 1	67. 1
1998	52. 1	42. 3	65. 2	42	43. 9	55. 1	90. 9	64. 7
1999	0	37	59	44. 3	45. 4	60. 1	75. 7	66. 3
2000	58. 1	37. 1	62	49. 8	49	63. 1	77. 6	70. 8
2001	50. 6	36. 7	60. 1	45	40. 6	55. 7	74. 6	64
2002	40. 5	36. 9	56. 4	44. 8	39. 9	53. 2	69. 9	61. 7
2003	54. 6	43. 8	84. 4	47. 2	45. 6	58. 9	65. 2	63. 4
2004	57. 2	52. 5	88. 5	53. 5	53. 9	65. 2	69. 6	68. 6
2005	71. 4	58. 9	92. 3	58. 7	58. 4	71. 1	75. 3	72
2006	73	64. 7	86. 2	61. 7	63. 3	73. 4	75. 3	74. 3
2007	71. 6	77. 2	82. 2	65. 5	68. 1	78. 2	80	76. 7
2008	96. 3	81. 5	65. 2	74. 9	76. 4	88. 2	85. 9	79. 5
2009	67. 5	64. 3	69. 8	61. 5	60. 9	67. 2	77	62. 1
2010	75. 4	73. 3	75. 2	73. 4	73. 2	75. 7	79. 6	71. 8
2011	90. 2	88. 7	86. 8	85. 9	82. 9	81. 1	79. 3	79. 2

表 8－6

续表 5

年　份	沙特阿拉伯	利比里亚	纳米比亚	摩尔多瓦	加纳	越南	毛里求斯	赞比亚
1980	94.1	105.9	136.5	n. a	15.1	n. a	74.1	79.8
1981	94.3	92.6	114	n. a	7.8	n. a	57.3	57
1982	80.4	85.5	92.6	n. a	4.7	n. a	47	49.1
1983	68.1	75.8	84.8	n. a	8.8	n. a	43.9	41.5
1984	58	67.4	69	n. a	13.8	n. a	41.5	34.8
1985	42.8	64.1	51.4	n. a	16.7	n. a	42.1	29.7
1986	31.2	60.9	60.5	n. a	29.9	20	53.5	24.9
1987	33.9	n. a	69.4	n. a	30.7	23.4	68.2	28
1988	30.5	n. a	66.8	n. a	26.5	13.6	74.1	33.2
1989	34.2	n. a	68	0	23.9	9.2	70.6	35.3
1990	37.5	n. a	68.8	29	26	12.2	77.9	33.6
1991	38.9	n. a	66.2	19.3	26.6	13.6	72.7	33.1
1992	38	n. a	67.8	24	26.4	13.8	71.7	36.5
1993	32.5	n. a	61.9	15.5	28.2	15.1	67.9	30.2
1994	28.5	n. a	59.3	25.6	26.7	19.6	69.5	32.6
1995	31.9	n. a	63.2	34	27.6	21.5	72.5	35.4
1996	34.4	n. a	62.3	41.1	34.9	28.5	78.8	28.4
1997	33.7	57.9	58.8	45.1	38.7	28.6	69.3	29.4
1998	24.6	33.2	51.9	38.7	37.3	27.8	66.3	23.5
1999	27.7	36.7	48.9	27.3	36.8	29.2	65.1	23.1
2000	35.7	32.3	44.2	30.1	31.9	31.9	58.6	23.4
2001	31.5	27.6	40.3	31.5	30.3	30.3	58.8	26.5
2002	32.4	24.2	38	34.1	29.3	31.8	54.8	24.8
2003	36.3	53.4	53.4	40.3	33.7	35	56.6	26.9
2004	43.7	45.1	52.9	45.1	37.1	39.7	58.4	34.7
2005	57	49.3	54.2	50.3	40.3	42.5	62.6	38.5
2006	64.9	84.1	54.3	50.9	46.9	46.5	64.6	50.5
2007	71.9	76.6	69.8	65.3	51.4	54.3	66	58.2
2008	85.5	90.8	69.4	75.9	56.9	64.6	72.1	61.9
2009	61.5	54.8	66.7	58.7	50.6	55.5	57	46.5
2010	69.8	60.6	76.8	62.1	56.9	63.6	64.8	65.9
2011	78.1	77.3	76.9	76.6	74.8	73.5	73.2	73.1

表8－6　　　　　　　　　　　　续表6

年份	英国	土库曼斯坦	加蓬	巴哈马	萨摩亚	巴拉圭	白俄罗斯	塞舌尔
1980	59.6	n. a	74.4	67.9	n. a	31.9	n. a	36.5
1981	50.9	n. a	63.1	71.2	n. a	26.8	n. a	32
1982	44.9	n. a	55.9	67.2	n. a	22.6	n. a	31.6
1983	40.6	n. a	49.5	68.1	n. a	19.4	n. a	29.2
1984	39.2	n. a	44.1	66.3	n. a	20.2	n. a	28.3
1985	38.6	n. a	49.6	71	n. a	17.3	n. a	27.8
1986	41	n. a	37.4	71.3	n. a	22.9	n. a	26.4
1987	46.6	n. a	41.3	71	n. a	23.6	n. a	26.7
1988	49.8	n. a	36.9	0	n. a	26.4	n. a	34.6
1989	49.1	n. a	39.7	64.8	n. a	25.2	n. a	31.5
1990	54.3	n. a	45.6	65.1	n. a	30.5	32.9	34.5
1991	52.1	13.1	39.6	62.2	n. a	32.1	25.9	29.5
1992	53.5	24.3	41	60.5	n. a	30.6	44.7	29.2
1993	49.5	32.3	31.6	59.8	n. a	39.1	58.3	32.6
1994	52.1	35.9	34.2	60.5	43.1	53.4	61.1	28.5
1995	57.4	36.2	35.9	59.6	52.2	61.9	41.6	31.3
1996	58.6	28.5	39.3	60	51.7	56.6	39.2	53.2
1997	58.9	24.1	35.1	68.3	53.8	50	42.9	40.8
1998	57.5	22	27.4	67.6	52.7	46.7	41.2	41.3
1999	56.7	23.6	31.5	68.2	51.6	32.7	30.7	45.8
2000	55.1	32.8	35.5	82.3	46.7	32.4	35	39.8
2001	51.3	33.5	28.6	81.8	52.7	26.6	30.7	51.3
2002	52	32.1	28.2	62.9	50	25	32.4	46.7
2003	56.4	39.6	32.5	62.9	43.2	27.2	37.1	51.9
2004	62.3	42.8	40.4	66.3	47.7	32.1	44.5	59.3
2005	65.6	40.4	44.9	72.1	52.1	34.3	43	67.8
2006	70.3	42.9	48	75.6	57	41.8	48.5	67
2007	73	48.8	54.4	76.1	60.9	46.7	54.7	63.7
2008	74.1	58	67.7	75.1	61.2	61.3	65.9	68.7
2009	60.8	64.9	49.1	64.6	58.5	49.9	45.6	61
2010	64.9	66.5	56.1	66.6	71.3	60.8	51.3	66.7
2011	72.9	71.9	70.4	70.1	69.8	69.6	69.3	69.1

表 8－6　　续表 7

年　份	新西兰	巴布亚新几内亚	法国	圣卢西亚	哈萨克斯坦	汤加	葡萄牙	意大利
1980	51.2	83.1	58.6	85.4	n. a	n. a	34	39.5
1981	47.8	75.1	48.6	73.3	n. a	45.7	30.5	34.1
1982	42.4	67.1	42.4	75.4	n. a	40.9	27	30.5
1983	39.5	62.3	38.4	71.1	n. a	36	24.5	27.8
1984	36.8	62	36.5	61	n. a	36.7	24.3	27
1985	36.9	56.1	35.9	68.9	n. a	35.7	23.6	26.5
1986	37.9	57.5	41.7	82.4	n. a	36.3	27.8	30.3
1987	45.7	63.1	47.2	86.9	n. a	41	34.8	35.2
1988	47.4	70.6	48.9	96.1	n. a	49.3	38.9	35.7
1989	47.4	65.7	48.3	96.5	n. a	46.4	38.8	36.6
1990	48.2	56.9	54.5	82.5	n. a	54.9	46.9	43.1
1991	45.5	62.3	52.4	82.6	0	48.9	45.6	40.3
1992	46.3	61.3	54.3	78.8	49.9	43.1	49.6	42.6
1993	46.9	55.3	47.9	75.7	28.7	38.2	42.1	36.7
1994	52.4	58.9	50.6	74.7	29	47.1	45.2	38.9
1995	54.9	56.3	58.2	76.5	29	53.4	52.7	44.7
1996	55.9	58.8	57.3	68.8	25.3	61.1	52.9	45.4
1997	50.4	52.9	53.7	70.1	26.1	55.5	49	43.2
1998	44	43.1	54.2	68	23.6	49.9	50.2	42.5
1999	45.5	43.2	51.7	67	21.9	37.9	47.9	40.7
2000	43.3	43.7	49	64.8	27.1	35.2	44.4	39.6
2001	41.2	38.1	45.7	59.1	24.8	29.4	41.9	37.8
2002	45	37	45.5	57.3	25.1	36	42.3	39.8
2003	52.1	43.4	53.9	66.3	27.3	39.1	49.4	46.5
2004	58.8	48.4	60.6	64.5	35.8	44	57.3	53.8
2005	61.5	59.3	61.3	73.9	42.6	46.8	55.1	55.8
2006	56.6	68.7	62.5	67.1	49.3	44.8	58.6	58.7
2007	63.7	71	67.5	67.5	57.3	47.7	65.4	64.8
2008	66.1	75.4	72.4	70.6	70.7	56.4	71.3	66.7
2009	49.4	58.6	58.4	61.1	47.9	53.9	56.1	52.3
2010	59.5	61.3	60.9	71.8	54.9	55.2	57.9	57.9
2011	68.5	68.3	68.2	67.7	67	66.7	65.8	65.4

年　份	洪都拉斯	保加利亚	吉尔吉斯共和国	西班牙	克罗地亚	智利	澳大利亚	阿塞拜疆
1980	42.7	54.3	n. a	27.8	n. a	52.7	35.9	n. a
1981	35.7	50	n. a	24.9	n. a	47.2	36.8	n. a
1982	27.7	43.8	n. a	23.1	n. a	34.8	35.5	n. a
1983	28.9	38.3	n. a	20.8	n. a	31.6	30.2	n. a
1984	30	38.8	n. a	20.7	n. a	30	29.3	n. a
1985	29.2	40.5	n. a	20.3	n. a	25.3	28.8	n. a
1986	29.6	42.6	n. a	23.2	n. a	25.8	27.8	n. a
1987	26.3	54.7	n. a	27.7	n. a	28.5	27	n. a
1988	26.3	42.3	n. a	30.4	n. a	32.2	31.1	n. a
1989	25.8	41.2	n. a	31.3	n. a	34.3	35.6	n. a
1990	25.1	30.7	26.3	35.8	n. a	34.3	34.1	29.9
1991	22.1	20.3	24.3	36.2	n. a	32.7	34.2	30.3
1992	21.7	24.6	28.7	38.8	n. a	33.1	33.9	35.2
1993	23.3	21.4	26.2	32.8	n. a	30.7	32.9	33.8
1994	26.1	19.9	26.3	35.8	n. a	32.3	33	14.3
1995	28.5	28.6	26.1	42.5	44.2	37.7	36.7	18.3
1996	30.1	26.6	32	44.1	45.3	36.4	38.1	22.6
1997	32.2	27.9	26.8	42.3	45.3	36.7	38.9	25.2
1998	35.3	33.9	26.9	42.9	42.9	33.5	35.2	23.9
1999	35.3	33.2	20.4	43.1	40.3	31.2	31.6	20.4
2000	53.7	27	18.7	41.4	38.5	30.6	33.7	23
2001	52.4	27.3	15.9	39.5	40.3	28	31.4	22.3
2002	52	27.6	18.6	39.2	42.8	26.7	28.8	25.8
2003	53.4	34.5	20.6	46.7	53.2	29	31.4	30.7
2004	58.4	42.2	24.1	52.7	58.9	36	35.6	36.5
2005	58.8	36.6	26.7	53.8	59.8	41.7	40.5	40.7
2006	58.4	54.6	36.2	54.5	61.8	49.4	43.1	42.2
2007	61.4	61.8	49.3	60.4	65.7	54.1	46	47.4
2008	65.1	66.9	64.2	62	71.3	56.7	55.4	57.1
2009	49.6	48.8	51.3	49.3	56.3	44.6	47.5	38.7
2010	56.2	53.2	52.2	53.7	56.9	55	52.3	43.7
2011	64.6	63.9	63.7	61.1	60.9	60.7	60.4	59.7

表 8－6

续表 9

年 份	圣基茨和尼维斯	毛里塔尼亚	希腊	乌克兰	黑山	马其顿，前南斯拉夫	科特迪瓦	哥斯达黎加
1980	64. 1	51. 5	37. 1	n. a	n. a	n. a	72. 9	42. 9
1981	62. 4	55. 6	33. 5	n. a	n. a	n. a	54. 3	31. 5
1982	55. 1	56	29. 6	n. a	n. a	n. a	44. 8	30. 3
1983	58. 1	53. 4	25. 6	n. a	n. a	n. a	38. 9	30. 1
1984	57. 9	47. 7	23. 4	n. a	n. a	n. a	40. 9	30. 2
1985	56. 7	50	21. 7	n. a	n. a	n. a	39. 7	29. 1
1986	62. 3	52. 4	26. 3	n. a	n. a	n. a	43. 5	29. 7
1987	68. 5	48. 3	30. 3	n. a	n. a	n. a	42. 3	30. 6
1988	68. 8	47. 3	30. 5	n. a	n. a	n. a	38	31. 4
1989	67. 3	42	30. 2	17. 1	n. a	n. a	35. 4	34. 5
1990	68. 5	42. 7	35. 4	15. 2	n. a	26	36. 8	35. 6
1991	70. 5	40. 9	34. 3	13. 6	n. a	22. 2	33. 5	34. 5
1992	69. 2	38. 8	37	12. 9	n. a	25. 4	36. 8	39. 4
1993	68. 6	33. 1	32. 8	14. 8	n. a	27. 8	32. 9	41. 9
1994	65. 9	46. 1	33	21. 4	n. a	31. 4	30. 4	42. 2
1995	68. 2	51. 9	38. 1	28. 7	n. a	35. 8	40. 1	44. 8
1996	68. 3	49. 7	39. 1	27. 9	n. a	30. 4	38. 9	46. 4
1997	68	41. 8	38. 9	28. 6	n. a	32. 8	35. 3	48. 6
1998	69	25. 7	38. 9	24. 5	n. a	32. 9	35. 3	55. 5
1999	63. 2	22	41	21. 6	n. a	31. 2	33. 6	56. 7
2000	70. 6	23. 5	40. 8	23. 2	21. 7	33. 7	28. 8	53. 2
2001	64. 9	22. 7	38	23. 1	28. 2	29	29. 2	48. 2
2002	65. 1	21. 1	35. 7	23. 3	28. 7	29. 9	35. 1	49. 6
2003	66. 5	22. 3	42	26. 3	29. 7	33. 7	40. 5	50. 2
2004	64	32. 5	48. 9	30. 1	43. 3	38. 6	47. 4	50
2005	65. 6	42. 1	49. 5	33. 4	48. 6	39. 3	51. 6	52. 5
2006	66. 7	42. 1	50. 7	35. 5	52. 8	40. 7	52. 9	53. 8
2007	64. 8	46. 5	60. 7	42	61. 9	51. 7	54. 4	55. 4
2008	67. 4	63. 4	64. 4	54. 2	69. 6	56. 8	58. 5	58. 8
2009	58	34. 5	48. 7	37. 9	50	40. 7	49	48. 2
2010	61. 1	47. 3	50. 5	46. 5	49. 1	44. 7	47. 5	52. 6
2011	59. 4	58. 6	57. 7	56. 6	56. 3	56. 3	56. 3	56. 2

表 8－6　　　　续表 10

年　份	多哥	格鲁吉亚	摩洛哥	格林纳达	乌拉圭	突尼斯	圣文森特和格林纳丁斯	博茨瓦纳
1980	80.3	0	37.8	62.8	33.4	61.2	62.2	77.7
1981	59.4	0	35	63.4	31.3	54.4	60.6	66.8
1982	54.3	0	29.1	56.6	25.1	46	63	54.2
1983	43.7	0	25	50	23.3	39.6	63.6	53.6
1984	42.4	0	24.1	46.9	21	35.8	65.9	48
1985	41.7	0	22.7	53.4	19.6	30.4	65.6	38.7
1986	52.8	0	22.9	61.3	21.3	31.1	68.8	43.6
1987	55.6	0	25.6	57.5	21.1	31.9	67	56.3
1988	58.1	0	27.4	56.8	21.8	38	71.9	56.7
1989	48.5	0	25.9	53.6	22.1	39.6	67.9	51.9
1990	50.2	31.1	31	53.2	23.6	44	67.1	57.3
1991	45.8	21.5	27.3	53.5	24.6	39.6	64.3	50.9
1992	41.5	38.5	30.6	50.5	26.7	42.8	61.9	45.9
1993	31.2	45.4	29.2	62.6	28.6	39.7	57.1	42.5
1994	24.3	65	28.2	58.8	31.6	42.4	58.2	42.8
1995	31.7	27	35.4	53.7	32.8	47.2	61.7	44.6
1996	35.5	18.4	31.7	59.6	33.7	43	64.5	43.1
1997	29.6	23.5	31.1	59.6	33.9	39.8	62.9	44
1998	31.3	21.4	29.6	65.4	32.1	39.1	63.5	37
1999	27.8	17	30.7	69	28.5	37.2	61.5	39.5
2000	27.2	19.5	30.2	74.3	29.8	34.5	55.2	35.8
2001	28	19.4	28	64.9	27.4	35.9	53.8	30.5
2002	32	21.6	29	57.4	21	34.6	50.9	28.6
2003	40.6	24.4	31.8	56.6	23.3	36.8	48.8	34.1
2004	42.1	29.4	35.7	58.6	29.2	40.5	50.2	39.5
2005	45	34.7	38.6	52.7	31.9	40.4	51.1	40.6
2006	41.7	39.2	40.3	55	35.3	41.2	50.3	37.2
2007	44.4	44.1	47.7	55.9	36.8	47.3	54	41.1
2008	50.4	51.8	57.2	55.5	47.9	56.5	54.3	40.6
2009	49	40.4	42.7	48.9	39.3	42.9	49.6	33.8
2010	51.3	45.5	45.3	49.6	44.3	46.9	50	39.2
2011	55.7	53.7	50.9	50.7	50.1	48.9	48.9	48.3

表 8－6　　　　　　　　　　　　　　续表 11

年　份	黎巴嫩	多米尼加	塞尔维亚	罗马尼亚	尼日利亚	柬埔寨	南非	日本
1980	n. a	48	n. a	n. a	52. 5	n. a	43. 8	30. 3
1981	n. a	43. 4	n. a	n. a	52. 2	n. a	38. 4	29. 8
1982	n. a	41. 8	n. a	n. a	32. 2	n. a	30. 4	24. 9
1983	n. a	39. 9	n. a	n. a	18. 5	n. a	27. 4	23. 4
1984	n. a	41. 9	n. a	n. a	13. 5	n. a	26. 8	24. 1
1985	n. a	40. 9	n. a	n. a	12. 4	n. a	22. 7	21. 7
1986	n. a	49. 5	n. a	n. a	11. 1	n. a	25. 6	22. 6
1987	n. a	51. 3	n. a	n. a	17. 8	n. a	30. 8	24. 2
1988	n. a	56	n. a	n. a	12. 9	n. a	32. 1	26. 5
1989	32. 1	58. 7	n. a	n. a	15. 5	n. a	30. 6	26. 5
1990	27. 4	62. 7	n. a	13. 7	20. 6	n. a	23. 8	25. 7
1991	24. 8	58. 7	n. a	10. 4	17. 3	n. a	22. 7	25. 3
1992	26	57. 9	n. a	15. 9	23. 8	n. a	24. 3	25. 6
1993	29. 8	54. 4	n. a	12. 8	17. 5	20. 3	24. 5	26. 2
1994	30. 1	57. 7	n. a	14. 1	16. 1	26. 6	25. 2	28. 1
1995	35	58. 7	n. a	17. 7	19. 1	36. 3	28. 4	31. 1
1996	35. 6	58. 6	n. a	17. 7	19. 8	30. 7	27. 2	29. 7
1997	37. 5	65. 8	20	18. 6	21. 2	31. 9	27	28. 4
1998	34. 5	64. 6	19. 7	18. 7	15. 8	26	25	25
1999	31. 9	65. 9	19. 9	18. 1	18. 1	32. 2	22. 8	26. 7
2000	30. 2	63. 2	9	20. 6	24. 5	35. 7	23. 5	29. 2
2001	32. 2	54. 2	14. 8	21. 1	21. 3	35. 9	21. 3	25
2002	30. 6	53. 1	18. 3	22. 9	21. 7	37. 4	20. 9	24. 3
2003	32. 2	47. 7	24. 2	27. 4	28. 5	37. 8	25. 9	26. 6
2004	36. 1	49. 8	29. 9	32. 3	29. 3	41. 7	31. 2	30. 3
2005	36	51. 9	29. 2	37. 2	35. 6	42. 7	33. 6	32
2006	35. 2	50. 8	34	34. 8	38. 3	45. 7	36. 9	33. 4
2007	39. 9	52. 5	44. 5	45. 6	37. 8	45. 7	39	34. 5
2008	47	55. 6	50	46. 8	48. 1	48. 5	40. 2	39. 8
2009	43. 6	48. 5	37. 9	35. 1	31. 6	37. 9	31	31. 1
2010	45. 5	49	39. 8	39. 5	39. 7	41. 4	37. 9	37. 4
2011	47. 8	47. 5	46. 4	45. 4	44. 6	43. 2	42. 9	42. 8

表 8-6　　续表 12

年　份	海地	尼加拉瓜	委内瑞拉	危地马拉	萨尔瓦多	亚美尼亚	阿尔巴尼亚	莫桑比克
1980	n. a	26. 2	40. 8	28. 5	24. 8	n. a	n. a	53. 5
1981	n. a	24. 9	40. 6	24. 5	21. 8	n. a	n. a	43. 6
1982	n. a	15. 4	38. 2	19. 9	18. 4	n. a	n. a	43. 6
1983	n. a	18. 7	25. 6	16. 8	19. 1	n. a	n. a	37. 3
1984	n. a	19. 2	25. 7	17. 2	17. 5	n. a	9. 6	31. 2
1985	n. a	13. 4	23. 9	15. 3	18. 2	n. a	8. 8	25. 2
1986	n. a	13	21. 2	13. 7	18. 2	n. a	8	30. 2
1987	n. a	12. 9	17. 1	15. 6	15. 2	n. a	7. 9	30
1988	n. a	29. 1	21. 4	16	12. 9	n. a	8. 7	28. 4
1989	n. a	14. 1	18. 8	16. 7	12. 4	n. a	9. 1	29. 4
1990	n. a	9. 9	20. 5	16. 3	16. 9	24. 4	8. 6	28. 7
1991	18. 5	14. 7	19. 2	16. 2	16. 7	30. 4	5. 9	29. 5
1992	9. 5	16. 4	19. 3	19. 2	17. 4	31. 5	11. 1	27. 6
1993	12. 6	15. 3	18. 3	19. 1	20. 3	34. 1	13. 3	27
1994	10. 5	18. 3	17. 5	19. 8	22. 6	36. 2	12. 6	27. 3
1995	14. 4	20. 3	20. 1	22	26. 2	28. 3	12. 4	24. 6
1996	16	21. 5	21. 3	20. 4	25. 5	26. 2	14	25. 4
1997	15. 3	24. 8	21. 9	22. 2	29. 9	25. 4	11. 1	22. 8
1998	16. 9	24. 4	19. 5	24. 3	29. 9	24. 6	11. 5	22. 3
1999	20. 3	25. 9	21. 2	22. 8	29. 7	22. 5	14. 2	27. 2
2000	19. 4	25. 1	27. 2	24	33. 7	22. 6	16	28. 5
2001	19. 3	23. 5	23. 7	31. 5	32. 9	21. 6	16. 9	27. 3
2002	17. 3	22. 5	22. 3	31. 5	32. 7	22. 4	20	31. 3
2003	19. 6	23. 5	22. 2	31. 7	34. 2	24. 5	23. 3	32. 2
2004	23. 9	25. 5	26. 9	34. 2	35. 7	25. 1	27. 5	33. 4
2005	24. 7	27. 6	33. 2	34. 8	34. 6	28. 1	30	35. 8
2006	28. 8	29. 5	36	36	36	27. 2	31. 6	39. 8
2007	29	32. 3	38. 7	37. 7	37. 7	31. 3	39. 4	38. 4
2008	33	36. 4	45. 4	38. 7	40. 1	34. 6	42. 7	42. 3
2009	32	31. 7	35. 9	32. 6	31. 8	31	36. 3	33. 2
2010	45	36. 7	51. 8	37. 5	36. 1	36. 5	37	30. 8
2011	42. 6	42. 3	42. 1	41. 9	40. 9	40. 9	40. 8	40. 7

表 8－6

续表 13

年　份	乍得	墨西哥	所罗门群岛	塞内加尔	阿富汗	印尼	老挝	菲律宾
1980	33.5	17.3	n. a	55	n. a	44.5	n. a	26.6
1981	21.2	18.4	n. a	58.1	n. a	43.5	n. a	25.3
1982	9.6	13.3	n. a	43.3	n. a	38.7	n. a	21.8
1983	15.8	12.7	n. a	47	n. a	34	n. a	19.6
1984	17.4	13.2	n. a	40.8	n. a	27.6	8.8	19.2
1985	16	12.6	n. a	33.8	n. a	23.1	16.5	18.4
1986	19	10.7	n. a	38.7	n. a	18.3	9.5	17.9
1987	21.9	11.8	n. a	37.4	n. a	18.5	10.2	20.1
1988	20.4	16.2	n. a	37.2	n. a	19.1	12.5	21.8
1989	18.1	18	n. a	36.2	n. a	19.6	12.2	23.4
1990	20.2	19.6	54.8	42.5	n. a	21	10.9	23.7
1991	17.1	20.2	61.4	37	n. a	21.2	12.7	24.2
1992	15.3	21.9	55.2	37.6	n. a	22.3	15	28
1993	16.5	22.6	63	32.1	n. a	22.1	19.4	31
1994	14.1	24.7	62.8	30.6	n. a	23.1	25.2	35.6
1995	18.2	26.5	56.9	34.4	n. a	24.8	24.6	41.9
1996	16.3	30.7	57	30.2	n. a	24.7	25.3	48.5
1997	15.4	33.3	65.9	27	n. a	23.5	22.1	54.2
1998	15.6	34.5	45.2	27.5	n. a	20.3	19.9	43
1999	14.3	37.2	40.1	26.6	n. a	19	19.7	45.4
2000	13	41.2	33.3	23.7	n. a	23.7	20.1	45.9
2001	17.6	38.7	27.2	23.5	n. a	21.3	17	38.7
2002	36.4	37.6	22.7	25.6	25.7	20.7	15.7	40.6
2003	28.3	33	23.3	29.2	39	21	16.8	38.9
2004	40.5	35.2	30.8	31.6	39.8	23.8	20.8	38.9
2005	41.3	36.4	37.7	33.1	40.5	25.9	22.6	38.7
2006	45.7	37.7	39.7	33.3	40.2	26.9	27.3	40.9
2007	52.3	38.7	44.5	39.7	38	28.2	28.8	41.6
2008	59	39.1	45.7	47.7	45.2	32.8	31.1	40
2009	32.8	31.2	39.3	37.7	37.5	25.4	28.5	32.5
2010	35.6	37.2	43.4	36.4	36.8	32.6	33.2	38.8
2011	40.5	39.2	39.1	39.1	38.8	38.6	38.6	38.6

表 8-6 续表 14

年 份	玻利维亚	马里	中国	厄瓜多尔	不丹	瓦努阿图	肯尼亚	喀麦隆
1980	22	30.2	16.7	28.6	38.8	55.7	44.5	42.5
1981	25.7	23.5	16.9	26.2	41.5	44.9	36.4	34.4
1982	30.3	21.3	13.0	24.8	37.3	42.3	28.7	35.7
1983	26.4	20.6	11.7	20.2	33.7	55.2	23.6	31.1
1984	27.4	20.5	11.9	19.8	31.9	59.1	25.1	31.8
1985	19.9	27	13.1	20.5	34.5	50.9	21.8	30.1
1986	16.6	26.9	11.4	15.7	37.4	40.4	23.6	25.5
1987	16.2	28.6	11.6	16.4	31.2	44.8	20.4	23.7
1988	15.2	28.1	12.4	15	40.3	47.8	20.4	21.7
1989	15.8	24.2	12.0	16.5	30.1	46.3	19.8	22.8
1990	15.4	29.6	11.5	16.8	24.7	52.4	20.3	22.8
1991	16.1	29.2	11.8	17.5	25.2	49	18	23.6
1992	16.6	28.4	12.8	17.8	28.7	48.8	17	24.6
1993	15.3	26	13.4	16.8	22.3	45.6	16	24.1
1994	15.4	23.3	14.4	19.1	21.8	46.7	18.6	19.8
1995	16.4	26.1	15.6	21.2	26	47.8	22.1	19.3
1996	17.1	25.7	16.1	20	25.5	48.6	22.2	20.3
1997	17.3	25.1	16.4	21.3	27.7	49.1	22.3	18.2
1998	18	23.4	15.0	19.7	26.8	43.9	20.7	16.5
1999	14.6	23	15.1	16.8	26.9	42.5	18	16.7
2000	14.6	21.1	17.7	18.4	26	38.1	19	19.5
2001	13.5	25.2	17.2	19.4	23.6	36.8	19.2	19.9
2002	13.7	25.8	18.9	20.7	21.6	40.7	18.8	19.1
2003	14.1	27.5	22.7	21.4	23	45.6	19.9	20.9
2004	15.8	28.9	27.1	23.1	30.2	49.8	21.8	22.6
2005	18.7	28.6	28.9	26.6	36.1	51.7	25.2	24.2
2006	22.9	33.5	30.7	29.5	40.3	48	27.8	27.6
2007	24.9	32.5	32.4	31.9	43.7	51	30.3	31.3
2008	31.7	43.2	34.3	37.7	39.9	61.4	35.1	36.8
2009	26.1	32	26.9	28.9	38.4	52.7	30.1	26.9
2010	31	37.7	33.6	36	38.9	68	32.8	27.6
2011	38.4	38.1	38.0	37.1	37.1	36.8	35.5	35.1

表 8－6

续表 15

年　份	几内亚	土耳其	多明尼加共和国	美国	俄罗斯联邦	秘鲁	塞拉利昂	斯里兰卡
1980	n. a	12. 4	30. 6	20. 8	n. a	17. 2	38. 6	32
1981	n. a	13. 8	28	20. 1	n. a	15. 2	35. 7	26. 9
1982	n. a	14. 5	20. 9	18. 2	n. a	14. 4	24. 8	25. 1
1983	n. a	13. 7	20. 2	17. 3	n. a	13. 2	14. 9	23
1984	n. a	14. 6	43. 1	18. 1	n. a	11. 1	10. 5	23. 1
1985	n. a	15. 1	22. 3	17. 2	n. a	11. 3	11. 5	21. 3
1986	41. 9	13. 1	22. 6	17. 5	n. a	7. 1	5. 5	19. 7
1987	44	15. 2	20. 7	18. 6	n. a	6. 9	14. 5	20. 3
1988	43. 5	16. 2	21. 4	19. 7	n. a	6. 6	17. 7	20. 6
1989	43. 2	17. 3	25. 7	20. 1	18. 4	7. 1	14. 5	19. 8
1990	46. 3	19. 5	27. 5	20. 6	15. 7	11. 1	15. 5	22
1991	46. 6	18. 4	38. 9	20. 6	11. 5	12. 7	15. 4	22. 6
1992	40. 3	18. 6	39	20. 8	50	13. 6	17. 4	24. 6
1993	40. 1	19. 9	39. 8	20. 9	31. 4	12. 2	15. 6	25. 4
1994	34. 8	18. 9	42. 3	21. 9	23. 7	13. 5	19. 3	27. 5
1995	33. 3	23. 7	42. 4	23. 4	26. 2	16. 1	16	29. 1
1996	31. 3	25. 9	42. 1	23. 6	23	16. 3	18. 4	28. 4
1997	27. 8	27. 5	43. 1	24. 3	22. 7	16. 6	9. 9	28. 9
1998	28. 5	20. 9	44. 5	23. 7	18. 7	15. 2	9. 4	27. 9
1999	25. 8	18. 7	42. 5	24. 1	15. 6	13. 8	9	26. 2
2000	23. 9	19. 5	45. 1	25. 9	17. 7	14. 3	13. 4	28. 4
2001	23. 4	17. 7	40. 5	23. 7	17. 4	13. 8	14. 9	24. 8
2002	21. 6	19. 8	39. 2	23	17. 7	13. 6	14. 5	24. 1
2003	22. 5	24. 2	36. 6	23. 3	19	14. 7	17. 1	24. 3
2004	22. 4	28. 3	35. 3	25. 3	22. 7	17. 2	16. 3	25. 8
2005	23. 4	29. 2	37. 7	26. 5	25. 5	20	17. 7	25. 8
2006	25. 3	29. 8	36. 2	27. 9	25. 4	22. 8	16. 8	26
2007	28. 2	33	36. 5	28. 9	28. 2	25. 2	16. 6	26. 1
2008	27. 2	35. 7	36. 6	31	30. 8	28	17. 4	28
2009	22. 7	28. 2	28. 9	25. 6	21. 7	22. 4	17. 1	21. 4
2010	28. 4	30. 5	32	29. 1	26. 6	26. 9	21. 1	25
2011	34. 8	34. 7	34	31. 7	31. 6	31. 4	31. 2	30. 8

表 8－6

续表 16

年份	马达加斯加	塔吉克斯坦	坦桑尼亚	马拉维	乌兹别克斯坦	哥伦比亚	巴西	埃及
1980	32.9	n. a	n. a	38.3	n. a	15.6	10.9	32.6
1981	23.6	n. a	n. a	33.2	n. a	13.1	11	32.9
1982	20.6	n. a	n. a	26.1	n. a	12.5	9.1	25.9
1983	17.3	n. a	n. a	24	n. a	10.7	8.4	22.9
1984	15.2	n. a	n. a	24.2	n. a	10.1	8.3	21.2
1985	14.9	n. a	n. a	20.8	n. a	9.4	7.2	19.6
1986	13.8	n. a	n. a	18.9	n. a	10.2	6.2	15.3
1987	14.7	n. a	n. a	20	n. a	9.5	6.5	14
1988	13.2	n. a	n. a	23	n. a	9.6	7.5	16.5
1989	12.9	n. a	n. a	24	n. a	9.5	7.8	16.4
1990	16.3	14.6	13.9	27.8	34.5	9.7	9	17.1
1991	14.5	15.2	13.4	26.6	33.7	9.4	8.3	16.9
1992	14.7	5.4	14.3	28.7	32.9	9.9	9.1	16.8
1993	15.3	17.1	16.2	21.7	30.5	11.3	9.7	16.7
1994	17.1	24.3	16.2	25.5	18	15.7	12.1	15.9
1995	18.9	34.9	18.2	21.7	27.6	16.3	12.1	17.1
1996	19.1	39.7	16.7	22.6	30.8	16.7	11.9	16.8
1997	17.9	39.1	15.2	25.1	28	17.2	12.4	16.9
1998	17.5	31	15.7	20.2	21.3	15.7	11.9	16.6
1999	18.3	30.3	14.4	19.7	18.5	14.2	10.3	15.1
2000	21.6	32.4	13.4	15.9	17.8	14	11.4	15.7
2001	20.8	26.5	14.4	17.8	16.7	13.7	11.2	14.8
2002	14.3	26.1	13.4	21.9	14.5	12.8	10.2	13.2
2003	22.7	28.5	14.7	22.6	16.1	12.9	10.9	13.3
2004	24.3	31.4	16.1	23	18.5	14.4	13	14.8
2005	23.9	18.8	17.7	25.4	18.2	16.6	14.9	16.9
2006	24.7	27	18.8	24.9	20.2	17.9	16.6	18
2007	32.9	31.5	22.4	25.5	26	19.8	18.6	21
2008	39	35	24.6	30.3	32.3	23	22.5	26.3
2009	35.6	25.2	21.6	26.7	30	19.4	17.8	22.7
2010	26.9	29.1	24.4	31.1	27.9	22.3	22.4	20.9
2011	30.4	29.6	28.6	28.3	27.8	27.7	26.5	23.7

表 8－6

续表 17

年　份	布基纳法索	孟加拉国	印度	南亚	苏丹	冈比亚	中非共和国	乌干达
1980	36.7	16.3	9.8	12	26.9	52.1	49	n. a
1981	30	13.2	8.2	10.4	28.3	43.5	35	n. a
1982	25	11.9	7.6	9.5	25.2	38.3	31.8	13.3
1983	20.5	10.3	7.2	8.8	20.1	35.7	31.6	10.7
1984	19.5	8.4	6.6	8.2	19	28.3	26.1	20.3
1985	19.1	10.1	6.2	7.7	17.2	29.8	29.7	21.1
1986	21	8.7	5.8	7.3	15.1	24.2	32.3	22.4
1987	24.8	9	6.3	7.6	21.3	28.8	34.4	31.3
1988	24.2	9.7	6.3	7.8	10.7	32.3	31.2	28
1989	19.4	9.9	6.4	7.8	11.9	34.6	30.6	21.1
1990	24.3	10.4	6.5	7.9	7.4	39.2	34.9	15.9
1991	20.8	9.6	5.8	7.3	8.3	39.1	26.4	12.4
1992	12.2	9.7	6.2	7.7	6.2	40.3	28.8	11.4
1993	12.5	11	6	7.7	4.3	38.8	25.9	9.9
1994	13.1	10.5	6.6	8	7.6	29	23.5	11.2
1995	15.7	13.5	7.5	9.1	7.7	35.1	25.2	16.5
1996	14.2	14.3	7.1	8.9	7.3	31.3	19.6	16.9
1997	12.1	14	7.4	8.9	6.4	26.3	19.8	15.8
1998	14	14.4	7.3	8.6	7.2	29.2	18.6	13.8
1999	11.3	14.1	7.5	8.6	7.4	25.5	10.8	13.7
2000	9.6	14	7.8	8.9	9.1	24.5	16.9	12.2
2001	9	14.4	7.3	8.4	7.4	16.5	14.2	11.5
2002	9.1	12.4	8.3	9	10.1	18	14.3	11.3
2003	10.8	13	9.2	10	11.2	16	14.6	10.8
2004	14	13.7	11.9	12.2	14.8	20.8	16.9	11.9
2005	13.5	14.6	13.7	13.8	21	21.8	16.8	13.9
2006	13.5	15.2	15.1	15.2	23.8	21.6	18.4	14.7
2007	14.2	16.1	17.3	16.9	26.2	21.6	20.7	16.9
2008	16.6	18.2	18.8	18.5	27.9	21.6	21.2	22.1
2009	17.7	17.9	16.6	16.3	20.9	19.7	18.6	23.3
2010	18.6	17.8	19.8	19.1	25	19	20.3	23.3
2011	23.4	22.8	22.4	21.8	21.5	21.3	21.2	21.1

表 8－6　　　　续表 18

年份	卢旺达	贝宁	尼泊尔	布隆迪	埃塞俄比亚	巴基斯坦	阿尔及利亚	塞浦路斯
1980	25.7	39.1	14.4	24.8	n. a	18.4	48	90.6
1981	19.3	33.7	15.3	20.7	12.5	17.9	45.1	82.1
1982	20.2	29.4	13.7	24.5	12.1	15.5	37.3	76.5
1983	17.5	20	14.4	22.1	11.1	14.4	33	69.3
1984	18.9	19.1	12.7	20.1	12.5	13.8	32.8	68.9
1985	18	20.5	12.3	18.5	12.9	12.3	31.3	60.1
1986	20.2	20.5	12.7	19.6	13.2	12.1	24	62.6
1987	17.7	22.2	12.9	17.7	11.1	11.5	22.3	71.1
1988	16.5	21.3	14.1	16.9	10.9	12.2	22.5	76.1
1989	15.5	16.4	13	14	10.9	11.9	24.2	79.4
1990	13.6	22.6	11.9	14.5	9.1	11.9	26.4	85.1
1991	13.1	23.8	12.6	14.8	9.7	11.4	20.8	80.9
1992	12	21.4	12.4	13.3	6.6	11.8	19.6	91.7
1993	13.4	25.9	14.2	11.5	7.7	12.3	18.6	73.6
1994	28	20.3	15.3	12.2	7.4	10.7	17	77
1995	15.1	25.2	18.4	14.5	8.7	11.9	17.8	92.4
1996	14.7	22.9	17.3	7.2	8.4	12.3	18.4	93.5
1997	17.6	21.2	19.3	9.1	9.3	11.3	17.8	86.1
1998	14.7	22.1	16.1	8.9	9.8	10	14.4	82.4
1999	13.2	22.5	14.6	6.9	9.4	9.2	15.6	80.6
2000	11.5	17.1	15.6	7	9.5	8.8	20.8	75.9
2001	10.5	16.1	14.3	6.3	8.5	8.9	18.5	72.4
2002	8.6	17	13.1	5.8	8.7	8.5	18.8	71.7
2003	9.5	19.9	12.3	6.9	9.9	9.9	21.1	80.4
2004	10.9	20	13.7	8.6	11.4	9.7	25.7	90.3
2005	12.2	20.9	13.8	11.8	13.2	11.4	31.2	91.2
2006	13	19.4	14.6	14.1	14.1	13.1	33.1	90.5
2007	14.3	21.9	15.4	16	13.9	12.5	36.1	99.9
2008	19.3	24.2	17.6	17.6	15.6	14.3	43	102
2009	17.7	20	19.5	15.2	14.5	12.2	26.2	80.2
2010	18	18.7	20.5	17.8	14.5	12.6	28.5	78.5
2011	20.9	20.8	20.6	17.6	15.7	14.5	n. a	n. a

表 8-6

续表 19

年份	尼日尔	波兰	苏里南	阿联酋	安道尔	阿根廷	阿鲁巴	巴林
1980	59.6	n. a	98.8	n. a	n. a	6.6	n. a	203.6
1981	45.2	n. a	92.7	n. a	n. a	8.1	n. a	232.8
1982	36.8	n. a	83.1	n. a	n. a	9.4	n. a	224.3
1983	27.8	n. a	68.4	n. a	n. a	10.3	n. a	174.6
1984	27.3	n. a	60.3	n. a	n. a	6.1	n. a	168.1
1985	26	n. a	50	n. a	n. a	10.4	n. a	161.3
1986	24	n. a	44	n. a	n. a	9.5	n. a	124.8
1987	30.9	n. a	47.2	n. a	n. a	9.6	n. a	126.2
1988	26	n. a	47.2	n. a	n. a	11	n. a	113.3
1989	22.6	n. a	23.5	n. a	n. a	8.7	n. a	122.4
1990	23.2	13	21.5	n. a	n. a	12.1	n. a	139.4
1991	18.2	17.1	21.6	n. a	n. a	12.7	n. a	113.7
1992	20.3	16.8	14.9	n. a	n. a	14.4	n. a	107.7
1993	13.1	15.8	11.4	n. a	n. a	15.2	n. a	92.9
1994	15.4	17.1	17.7	n. a	n. a	17	n. a	92.1
1995	16.9	21.5	19.8	n. a	n. a	18.7	n. a	89.4
1996	16.5	23.2	25.8	n. a	n. a	20	n. a	94.8
1997	14.7	23.5	28.7	n. a	n. a	21.2	n. a	85
1998	16.1	27.1	39.5	n. a	n. a	20.6	n. a	67.3
1999	13.5	23.8	26.8	n. a	n. a	18.2	n. a	75.2
2000	13.5	25.7	23	n. a	n. a	18.9	n. a	91.3
2001	12.8	26.3	27.1	48.2	n. a	17.7	n. a	78.8
2002	12.9	27.2	26.9	50.9	n. a	13.9	n. a	81.8
2003	15.8	32.8	32.8	57.1	n. a	15.3	n. a	84.3
2004	17.5	39.4	38.9	68.7	n. a	17.9	n. a	101.3
2005	16.9	43.3	44.3	79.4	n. a	19.3	n. a	116.4
2006	0	49.1	0	86	n. a	20.1	n. a	121.5
2007	0	56.2	0	107.6	n. a	n. a	n. a	119.9
2008	0	64.6	0	135.4	n. a	n. a	n. a	138.1
2009	0	47.4	0	112.8	n. a	n. a	n. a	95.4
2010	0	52.6	0	123.9	n. a	n. a	n. a	0
2011	n. a	n. a	n. a	n. a	n. a	n. a	n. a	n. a

表 8－6 续表 20

年 份	古巴	库拉索	厄立特里亚	法属波利尼西亚	关岛	圭亚那	伊朗	伊拉克
1980	n. a	n. a	n. a	n. a	n. a	138. 2	28. 2	n. a
1981	n. a	n. a	n. a	n. a	n. a	108. 5	27. 4	n. a
1982	n. a	n. a	n. a	n. a	n. a	75. 9	27. 5	n. a
1983	n. a	n. a	n. a	n. a	n. a	71. 5	29. 5	n. a
1984	n. a	n. a	n. a	n. a	n. a	56. 1	21. 7	n. a
1985	n. a	n. a	n. a	n. a	n. a	63. 4	18. 9	n. a
1986	n. a	n. a	n. a	n. a	n. a	63	14. 3	n. a
1987	n. a	n. a	n. a	n. a	n. a	73	11. 7	n. a
1988	n. a	n. a	n. a	n. a	n. a	66	13. 1	n. a
1989	n. a	n. a	n. a	n. a	n. a	65. 3	15. 1	n. a
1990	n. a	n. a	n. a	n. a	n. a	69. 1	17. 8	n. a
1991	n. a	n. a	n. a	n. a	n. a	87. 8	n. a	n. a
1992	n. a	n. a	24. 6	n. a	n. a	104. 5	n. a	n. a
1993	n. a	n. a	37. 7	n. a	n. a	103. 1	9. 3	n. a
1994	n. a	n. a	37. 6	n. a	n. a	99. 7	9. 4	n. a
1995	n. a	n. a	36. 9	n. a	n. a	102	9. 7	n. a
1996	n. a	n. a	44. 1	n. a	n. a	104. 5	11. 1	n. a
1997	n. a	n. a	39. 3	n. a	n. a	101. 4	9. 2	n. a
1998	n. a	n. a	34	n. a	n. a	95	7. 7	n. a
1999	n. a	n. a	31. 4	n. a	n. a	86. 8	9. 4	n. a
2000	n. a	n. a	32. 7	n. a	n. a	90. 9	9. 3	n. a
2001	n. a	n. a	23. 3	n. a	n. a	84. 8	9. 8	n. a
2002	n. a	n. a	22. 9	n. a	n. a	82. 3	11. 4	n. a
2003	n. a	n. a	26. 6	n. a	n. a	80	13	n. a
2004	n. a	n. a	28. 8	n. a	n. a	84. 7	15. 1	n. a
2005	n. a	n. a	25. 1	n. a	n. a	88. 8	17. 2	n. a
2006	n. a	n. a	20. 1	n. a	n. a	n. a	18	n. a
2007	n. a	n. a	19. 6	n. a	n. a	n. a	19. 7	n. a
2008	n. a	n. a	16	n. a	n. a	n. a	n. a	n. a
2009	n. a	n. a	16. 7	n. a	n. a	n. a	n. a	n. a
2010	n. a	n. a	n. a	n. a	n. a	n. a	n. a	n. a
2011	n. a	n. a	n. a	n. a	n. a	n. a	n. a	n. a

表 8-6　　续表 21

年　份	牙买加	基里巴斯	朝鲜	科索沃	利比亚	列支敦士登	马绍尔群岛	摩纳哥
1980	n. a	64. 8	n. a	n. a	n. a	n. a	n. a	n. a
1981	n. a	73. 4	n. a	n. a	n. a	n. a	n. a	n. a
1982	n. a	54	n. a	n. a	n. a	n. a	n. a	n. a
1983	n. a	42. 9	n. a	n. a	n. a	n. a	n. a	n. a
1984	n. a	51. 9	n. a	n. a	n. a	n. a	n. a	n. a
1985	n. a	39. 8	n. a	n. a	n. a	n. a	n. a	n. a
1986	n. a	36. 3	n. a	n. a	n. a	n. a	n. a	n. a
1987	n. a	37. 9	n. a	n. a	n. a	n. a	n. a	n. a
1988	n. a	40. 9	n. a	n. a	n. a	n. a	n. a	n. a
1989	n. a	44. 7	n. a	n. a	n. a	n. a	n. a	n. a
1990	n. a	45	n. a	n. a	n. a	n. a	n. a	n. a
1991	n. a	45	n. a	n. a	n. a	n. a	n. a	n. a
1992	n. a	41	n. a	n. a	n. a	n. a	n. a	n. a
1993	n. a	33. 2	n. a	n. a	n. a	n. a	n. a	n. a
1994	n. a	40. 9	n. a	n. a	n. a	n. a	n. a	n. a
1995	n. a	40. 1	n. a	n. a	n. a	n. a	n. a	n. a
1996	n. a	44. 2	n. a	n. a	n. a	n. a	n. a	n. a
1997	n. a	40. 7	n. a	n. a	n. a	n. a	n. a	n. a
1998	n. a	32. 6	n. a	n. a	n. a	n. a	n. a	n. a
1999	n. a	28. 7	n. a	n. a	22. 6	n. a	n. a	n. a
2000	n. a	21	n. a	n. a	29. 6	n. a	n. a	n. a
2001	n. a	21	n. a	n. a	25. 7	n. a	n. a	n. a
2002	n. a	23. 3	n. a	n. a	28. 1	n. a	n. a	n. a
2003	n. a	39. 4	n. a	n. a	35. 9	n. a	n. a	n. a
2004	n. a	42. 5	n. a	n. a	44. 7	n. a	n. a	n. a
2005	53. 4	n. a	n. a	n. a	51. 5	n. a	n. a	n. a
2006	n. a	n. a	n. a	n. a	61. 8	n. a	n. a	n. a
2007	n. a	n. a	n. a	n. a	72. 2	n. a	n. a	n. a
2008	n. a	n. a	n. a	n. a	86. 4	n. a	n. a	n. a
2009	n. a	n. a	n. a	n. a	n. a	n. a	n. a	n. a
2010	n. a	n. a	n. a	n. a	n. a	n. a	n. a	n. a
2011	n. a	n. a	n. a	n. a	n. a	n. a	n. a	n. a

年　份	缅甸	新喀里多尼亚	阿曼	波多黎各	卡塔尔	索马里	南苏丹	叙利亚
1980	n. a	n. a	108. 4	n. a	n. a	n. a	n. a	50. 9
1981	n. a	n. a	105. 2	n. a	n. a	n. a	n. a	45. 7
1982	n. a	n. a	91. 6	n. a	n. a	n. a	n. a	35. 4
1983	n. a	n. a	71. 5	n. a	n. a	n. a	n. a	37. 2
1984	n. a	n. a	62. 9	n. a	n. a	n. a	n. a	34
1985	n. a	n. a	60. 1	n. a	n. a	n. a	n. a	29. 8
1986	n. a	n. a	38. 9	n. a	n. a	n. a	n. a	22. 3
1987	n. a	n. a	40. 6	n. a	n. a	n. a	n. a	24. 2
1988	n. a	n. a	36. 4	n. a	n. a	n. a	n. a	18. 4
1989	n. a	n. a	0	n. a	n. a	n. a	n. a	22. 7
1990	n. a	n. a	44. 2	n. a	n. a	n. a	n. a	26. 2
1991	n. a	n. a	40. 7	n. a	n. a	n. a	n. a	24. 9
1992	n. a	n. a	41. 6	n. a	n. a	n. a	n. a	24. 8
1993	n. a	n. a	38. 9	n. a	n. a	n. a	n. a	25. 7
1994	n. a	n. a	36. 4	n. a	n. a	n. a	n. a	19. 7
1995	n. a	n. a	37. 1	n. a	n. a	n. a	n. a	18
1996	n. a	n. a	42. 1	n. a	n. a	n. a	n. a	20. 8
1997	n. a	n. a	41. 8	n. a	n. a	n. a	n. a	20
1998	n. a	n. a	36. 9	n. a	n. a	n. a	n. a	18
1999	n. a	n. a	38. 2	n. a	n. a	n. a	n. a	20. 1
2000	n. a	n. a	47. 1	n. a	46. 8	n. a	n. a	23. 2
2001	n. a	n. a	44. 4	n. a	46. 4	n. a	n. a	23. 8
2002	n. a	n. a	35. 5	n. a	43. 8	n. a	n. a	24
2003	n. a	n. a	39. 9	n. a	51. 4	n. a	n. a	21. 4
2004	n. a	n. a	47	n. a	57	n. a	n. a	28. 8
2005	n. a	n. a	54. 3	n. a	75. 7	n. a	n. a	31
2006	n. a	n. a	58. 7	n. a	85. 9	n. a	n. a	31. 5
2007	n. a	n. a	66. 3	n. a	85. 8	n. a	n. a	34. 3
2008	n. a	n. a	82. 6	n. a	88. 9	n. a	n. a	40. 2
2009	n. a	n. a	61	n. a	66. 2	n. a	n. a	31. 4
2010	n. a	n. a	n. a	n. a	n. a	n. a	n. a	39. 2
2011	n. a	n. a	n. a	n. a	n. a	n. a	n. a	n. a

表 8－6　　　　　　　　　　　　续表 23

年　份	东帝汶	特里尼达和多巴哥	特克斯和凯科斯群岛	图瓦卢	也门	津巴布韦
1980	n. a	70. 8	n. a	n. a	n. a	n. a
1981	n. a	62. 4	n. a	n. a	n. a	n. a
1982	n. a	61. 8	n. a	n. a	n. a	n. a
1983	n. a	59. 3	n. a	n. a	n. a	n. a
1984	n. a	55. 6	n. a	n. a	n. a	n. a
1985	n. a	49. 6	n. a	n. a	n. a	n. a
1986	n. a	37. 8	n. a	n. a	n. a	n. a
1987	n. a	36. 1	n. a	n. a	n. a	n. a
1988	n. a	37. 5	n. a	n. a	n. a	n. a
1989	n. a	37. 2	n. a	n. a	n. a	n. a
1990	n. a	39. 4	n. a	n. a	10. 6	n. a
1991	n. a	39	n. a	n. a	14. 2	n. a
1992	n. a	41	n. a	n. a	13. 7	n. a
1993	n. a	37. 3	n. a	n. a	13. 5	n. a
1994	n. a	36. 1	n. a	n. a	7. 9	n. a
1995	n. a	43. 2	n. a	n. a	11. 5	n. a
1996	n. a	44. 1	n. a	n. a	19. 6	n. a
1997	n. a	50. 2	n. a	n. a	20. 5	n. a
1998	n. a	44. 5	n. a	n. a	16	n. a
1999	n. a	43. 6	n. a	n. a	17. 9	n. a
2000	n. a	53. 5	n. a	n. a	21. 8	n. a
2001	n. a	52	n. a	n. a	19. 7	n. a
2002	n. a	45. 9	n. a	n. a	21. 4	n. a
2003	n. a	46. 5	n. a	n. a	22. 1	n. a
2004	n. a	51. 6	n. a	n. a	23. 6	n. a
2005	n. a	63. 9	n. a	n. a	27. 9	n. a
2006	n. a	71. 1	n. a	n. a	31. 9	n. a
2007	n. a	67. 3	n. a	n. a	32. 8	n. a
2008	n. a	81. 2	n. a	n. a	39. 5	n. a
2009	n. a	50. 7	n. a	n. a	29. 3	n. a
2010	n. a	55. 2	n. a	n. a	31. 9	n. a
2011	n. a	n. a	n. a	n. a	n. a	n. a

表 8－7　　　　　　　不同组别国家对外依存度比较（汇率法）

年 份	中国	最不发达国家	低收入国家	中低收入国家	中等收入国家	中高收入国家	高收入国家	世界平均水平
1980	21.7	n. a.	41.5	48.7	41.5	39.2	42.7	42.4
1981	24.6	25.1	38.2	49.6	41.1	38.3	41.8	41.5
1982	21.0	24.1	35.5	44.5	38.6	36.8	39.9	39.6
1983	19.3	23.1	34.5	42.9	38.4	37	38.1	38.1
1984	20.8	22.3	35.7	41.4	38.5	37.6	38.8	38.7
1985	22.5	34.1	34.7	38.1	36.6	36.2	37.6	37.4
1986	22.5	32.8	34.3	35.7	33.5	32.8	35.5	35.2
1987	28.9	33.8	35.3	36.6	36.9	37.3	36.4	36.6
1988	31.0	34	35.4	38.1	39.7	40.4	37.2	37.6
1989	29.2	34.7	35.8	41.2	40.8	40.7	38.5	38.9
1990	29.2	36.8	37.3	42.3	40	39.3	39.7	39.8
1991	31.7	36.4	35.5	44.1	38.9	37.3	39.1	39.1
1992	36.1	40.6	35.4	46	52	53.8	38.9	40.9
1993	42.0	39.8	38.4	47.4	47.1	47.1	37.7	39.2
1994	41.2	44.7	43.8	48.3	44.9	44.1	39.2	40.1
1995	38.8	48.7	47.6	51.9	47.3	46.1	42.1	42.9
1996	38.1	49.6	45.7	51.8	46.6	45.3	43.7	44.2
1997	39.0	45.2	44.6	53.5	47.3	45.7	45.6	45.9
1998	36.4	43.8	44.3	54.1	46.1	44.2	45.7	45.7
1999	37.7	45.1	43.7	51.3	48.8	48.1	45.2	45.8
2000	44.2	48.5	46.1	55.9	53.3	52.6	48.6	49.4
2001	43.1	50.7	48.3	54.7	52.5	52	47.5	48.4
2002	47.7	51	47.4	55.4	55.8	55.9	47.1	48.6
2003	56.9	55.5	50.2	56.3	58.2	58.8	48.4	50.1
2004	65.4	59.4	53.8	61.5	62.7	63.1	51.9	53.9
2005	68.6	66.3	56.7	64.8	63.9	63.7	54.7	56.6
2006	70.6	67.5	60.3	65	64.5	64.4	58.5	59.9
2007	68.0	70	62.6	64	63.2	63	61.1	61.6
2008	62.2	73.3	65.2	69.6	63.7	62.2	64.3	64
2009	49	62.3	57	58.5	53.2	51.9	55	54.4
2010	57.3	63.9	60.6	60.7	57.3	56.4	60.2	59.2
2011	58.7	68.8	66.1	66.1	60.5	59.1	64.5	63.1

表 8-8　　不同组别国家对外依存度比较（购买力平价法）

年 份	中国	最不发达国家	低收入国家	中低收入国家	中等收入国家	中高收入国家	高收入国家	世界平均水平
1980	16.7	n. a.	31.6	30.6	26.1	24.4	44.3	38.1
1981	16.9	16.9	25.9	28.1	25.0	23.7	39.5	34.3
1982	13.0	15.0	22.6	23.3	21.3	20.5	35.3	30.3
1983	11.7	12.7	19.3	20.3	19.4	19.1	32.5	27.9
1984	11.9	11.7	18.5	18.3	18.2	18.1	31.8	27.1
1985	13.1	18.7	17.9	16.4	16.9	17	30.3	25.7
1986	11.4	18.3	18	15	15.2	15.2	32.9	27.1
1987	11.6	19.3	18.4	15.8	16	16	36.7	30
1988	12.4	18.6	18.4	15.6	17.1	17.7	38.9	31.8
1989	12.0	18.1	17.7	15.7	17.5	18.3	39.1	32.1
1990	11.5	18.9	18.5	16.1	17.8	18.5	42.2	34.3
1991	11.8	18.3	17.3	15.5	16.6	17.1	41.8	33.7
1992	12.8	17.5	15.8	16.2	22.4	24.9	42.9	36.2
1993	13.4	16.8	16.1	16.1	20.2	21.8	40.4	33.8
1994	14.4	17.1	16.9	17	20.5	21.9	42.7	35.5
1995	15.6	19.6	19.6	19	22.3	23.6	48.2	39.7
1996	16.1	19.8	19.7	19.3	22.4	23.7	47.9	39.4
1997	16.4	17.5	18.8	19.4	22.4	23.7	46.7	38.6
1998	15.0	15.9	18.2	17.1	20.1	21.4	45.1	36.7
1999	15.1	15.7	16.8	16.5	19.7	21	44.7	36.3
2000	17.7	16.5	16.7	18	21.7	23.2	45.9	37.7
2001	17.2	16.2	16.4	16.7	20.4	21.8	42.7	35
2002	18.9	16.5	16	17.2	20.7	22.1	42.5	34.9
2003	22.7	19.3	17.4	18.6	22.7	24.2	47.1	38.3
2004	27.1	22	19.1	21.1	26.2	28.2	53	43
2005	28.9	26	20.2	23.3	28.5	30.5	55.7	45.2
2006	30.7	27.7	21.5	25	30.2	32.1	58.7	47.3
2007	32.4	31.2	23.7	27.3	32.7	34.6	63.3	50.7
2008	34.3	36.5	27	31.2	35.9	37.5	68.7	54.7
2009	26.9	28.6	23.3	25	27.9	29	56.3	43.7
2010	33.6	31.4	25.2	29.2	33.5	35	62	49
2011	38.0	36.1	28.7	33.3	37.9	39.5	69.2	54.6

核 算 点 评

（1）对外依存度指的是进出口总额对 GDP 的占比。中国的对外依存度到底高不高？众所周知，统计 GDP 有汇率法和购买力平价法两种方法。如果采用购买力平价法，就对所有国家都采用购买力平价法；如果采用汇率法就全部采用汇率法。只有在同一个标准下计算出来的数据才具有可比性。

（2）如果采用汇率法计算，2011 年，中国的对外依存度为 58.7%，低于中等收入国家的平均值 60.5%，也低于世界平均值 63.1%。

（3）如果采用购买力平价法，中国的对外依存度为 38%，和中等收入国家的平均值 37.5% 持平，低于世界平均值 54.6%。如果按照收入水平来分组，中国的对外依存度低于世界平均值。和大多数中等收入国家的对外依存度相近。没有理由说中国已经过度依赖对外贸易。

表 8－9　　大国对外依存度（汇率法）

年 份	中国	德国	英国	加拿大	意大利	法国	美国	日本
1980	21.7	45.3	51.8	54.3	44.8	44.4	20.8	27.8
1981	24.6	47.8	50.2	53.1	47.2	46.4	20.1	28.1
1982	21.0	48.1	50.4	47.5	45.3	46.3	18.2	27.8
1983	19.3	47.2	51.8	47.7	41.9	46.1	17.3	25.6
1984	20.8	50.1	56.4	53.8	44.2	48.6	18.1	26.8
1985	22.5	51.9	56.1	54.2	44.4	48.1	17.2	24.9
1986	22.5	46.5	51.6	54.7	37.7	41.8	17.5	18.3
1987	28.9	45.1	51.4	52.5	37.0	41.2	18.6	17.4
1988	31.0	46.1	49.1	52.7	36.6	42.4	19.7	17.4
1989	29.2	49.0	50.9	51.3	38.6	45.1	20.1	19.0
1990	29.2	49.7	50.0	51.5	37.8	43.9	20.6	19.7
1991	31.7	51.8	47.0	50.8	35.3	44.0	20.6	18.2
1992	36.1	48.4	47.8	54.6	36.4	43.0	20.8	17.4
1993	42.0	43.8	51.4	60.4	39.3	40.8	20.9	15.9
1994	41.2	45.3	53.3	66.8	42.1	42.7	21.9	16.0
1995	38.8	46.9	56.6	71.5	47.6	44.4	23.4	16.7
1996	38.1	48.6	58.5	72.7	44.6	45.2	23.6	18.9
1997	39.0	53.5	56.6	77.0	46.5	49.0	24.3	20.4
1998	36.4	55.8	53.8	80.9	47.1	50.4	23.7	19.7
1999	37.7	57.9	53.7	82.7	46.6	50.6	24.1	18.8
2000	44.2	66.5	57.3	85.4	52.6	56.6	25.9	20.3
2001	43.1	67.6	56.8	81.3	52.3	55.6	23.7	20.3
2002	47.7	66.8	55.2	78.7	50.0	53.5	23.0	21.2
2003	56.9	67.5	54.0	72.5	48.3	50.9	23.3	22.1
2004	65.4	72.1	53.8	72.5	49.7	51.9	25.3	24.5
2005	68.6	77.4	56.7	71.9	51.8	53.4	26.5	27.2
2006	70.6	85.4	60.9	69.8	56.1	55.1	27.9	31.1
2007	68.0	87.3	56.5	68.0	58.0	55.3	28.9	33.8
2008	62.2	90.0	61.9	68.7	57.7	56.0	31.0	35.2
2009	49.0	79.9	59.1	59.2	48.0	48.6	25.6	25.0
2010	57.3	88.4	63.2	60.7	55.1	53.3	29.1	29.2
2011	58.7	95.3	66.6	63.6	59.2	56.7	31.7	31.4

表 8-10　　大国对外依存度（购买力平价法）

年 份	中国	德国	英国	加拿大	意大利	法国	美国	日本
1980	16.7	54.0	59.6	53.8	39.5	58.6	20.8	30.3
1981	16.9	43.7	50.9	52.0	34.1	48.6	20.1	29.8
1982	13.0	40.3	44.9	46.2	30.5	42.4	18.2	24.9
1983	11.7	37.2	40.6	47.1	27.8	38.4	17.3	23.4
1984	11.9	34.8	39.2	50.3	27.0	36.5	18.1	24.1
1985	13.1	34.5	38.6	48.2	26.5	35.9	17.2	21.7
1986	11.4	42.3	41.0	48.1	30.3	41.7	17.5	22.6
1987	11.6	48.8	46.6	49.1	35.2	47.2	18.6	24.2
1988	12.4	50.1	49.8	53.7	35.7	48.9	19.7	26.5
1989	12.0	49.3	49.1	54.8	36.6	48.3	20.1	26.5
1990	11.5	57.9	54.3	55.4	43.1	54.5	20.6	25.7
1991	11.8	58.5	52.1	55.3	40.3	52.4	20.6	25.3
1992	12.8	59.9	53.5	55.7	42.6	54.3	20.8	25.6
1993	13.4	52.1	49.5	57.4	36.7	47.9	20.9	26.2
1994	14.4	55.1	52.1	59.4	38.9	50.6	21.9	28.1
1995	15.6	64.5	57.4	63.3	44.7	58.2	23.4	31.1
1996	16.1	62.8	58.6	64.7	45.4	57.3	23.6	29.7
1997	16.4	59.8	58.9	67.1	43.2	53.7	24.3	28.4
1998	15.0	61.3	57.5	64.7	42.5	54.2	23.7	25.0
1999	15.1	60.2	56.7	66.3	40.7	51.7	24.1	26.7
2000	17.7	59.2	55.1	70.8	39.6	49.0	25.9	29.2
2001	17.2	57.8	51.3	64.0	37.8	45.7	23.7	25.0
2002	18.9	59.2	52.0	61.7	39.8	45.5	23.0	24.3
2003	22.7	69.9	56.4	63.4	46.5	53.9	23.3	26.6
2004	27.1	80.2	62.3	68.6	53.8	60.6	25.3	30.3
2005	28.9	83.5	65.6	72.0	55.8	61.3	26.5	32.0
2006	30.7	89.8	70.3	74.3	58.7	62.5	27.9	33.4
2007	32.4	99.3	73.0	76.7	64.8	67.5	28.9	34.5
2008	34.3	107.0	74.1	79.5	66.7	72.4	31.0	39.8
2009	26.9	90.3	60.8	62.1	52.3	58.4	25.6	31.1
2010	33.6	94.3	64.9	71.8	57.9	60.9	29.1	37.4
2011	38.0	106.3	72.9	79.2	65.4	68.2	31.7	42.8

核　算　点　评

一般来说，大国的对外贸易依存度低于那些依靠外贸的小国，例如新加坡、马尔代夫等。因此，在讨论一个国家的对外贸易依存度是否合理的时候通常在大国之间比较。

如果采用汇率法，中国的对外依存度（58.4%）高于美国（31.7%）和日本（31.4%），可是，低于德国、英国、加拿大，和法国、意大利基本持平。

如果采用购买力平价法，中国的对外贸易依存度显著地低于德国、加拿大和英国；也低于意大利和法国；低于日本，仅仅高于美国。

和世界工业大国相比，中国的对外贸易依存度并不高，基本上处于合理的范围内。

表 8－11　转型国家对外依存度（汇率法）

年　份	中国	白俄罗斯	匈牙利	斯洛伐克	捷克	吉尔吉斯	保加利亚	土库曼斯坦
1980	21.7	n. a	80.3	n. a	n. a	n. a	66.4	n. a
1981	24.6	n. a	80.1	n. a	n. a	n. a	70.2	n. a
1982	21.0	n. a	75.1	n. a	n. a	n. a	67.5	n. a
1983	19.3	n. a	78.6	n. a	n. a	n. a	74.1	n. a
1984	20.8	n. a	79.0	n. a	n. a	n. a	78.4	n. a
1985	22.5	n. a	82.3	n. a	n. a	n. a	86.0	n. a
1986	22.5	n. a	80.7	n. a	n. a	n. a	83.5	n. a
1987	28.9	n. a	76.2	68.4	n. a	n. a	83.4	n. a
1988	31.0	n. a	71.0	66.2	n. a	n. a	91.5	n. a
1989	29.2	n. a	68.7	61.0	n. a	n. a	94.6	n. a
1990	29.2	89.6	59.7	62.1	75.9	78.8	69.8	n. a
1991	31.7	70.3	67.1	95.6	85.2	72.0	82.7	65.5
1992	36.1	117.1	63.7	144.6	93.8	83.2	100.0	105.3
1993	42.0	151.0	61.6	116.9	94.1	74.7	84.0	146.1
1994	41.2	155.4	64.9	113.2	90.0	73.8	90.7	170.3
1995	38.8	103.7	90.1	113.3	99.8	71.8	101.8	168.2
1996	38.1	96.8	97.3	117.4	98.2	87.3	116.2	150.0
1997	39.0	125.5	109.5	122.3	104.1	84.5	112.1	111.2
1998	36.4	123.0	124.8	129.2	105.0	94.5	117.2	103.5
1999	37.7	120.8	131.8	126.8	107.2	99.2	116.6	139.6
2000	44.2	141.6	152.7	143.5	124.0	89.4	106.3	176.4
2001	43.1	137.0	145.0	153.5	126.7	73.7	106.9	158.3
2002	47.7	131.0	128.4	149.5	116.4	82.9	103.0	122.5
2003	56.9	134.1	126.7	153.6	119.4	83.9	107.4	118.9
2004	65.4	142.1	130.3	151.9	125.1	93.8	115.3	121.2
2005	68.6	118.9	134.0	157.2	126.1	96.4	96.2	112.8
2006	70.6	124.3	156.4	173.0	130.9	120.8	140.0	108.0
2007	68.0	128.2	161.7	174.8	133.8	137.1	138.6	114.1
2008	62.2	129.6	162.9	169.3	126.5	146.1	136.9	104.4
2009	49.0	112.3	150.3	142.6	113.9	133.4	103.8	119.8
2010	57.3	122.2	166.6	163.8	129.8	133.2	116.7	123.2
2011	58.7	177.9	177.2	175.5	141.1	136.2	132.3	123.2

表 8－11　　续表 1

年　份	拉脱维亚	乌克兰	格鲁吉亚	阿尔巴尼亚	塞尔维亚	阿塞拜疆	克罗地亚	罗马尼亚
1980	n. a	n. a	n. a	n. a	n. a	n. a	n. a	n. a
1981	n. a	n. a	n. a	n. a	n. a	n. a	n. a	n. a
1982	n. a	n. a	n. a	n. a	n. a	n. a	n. a	n. a
1983	n. a	n. a	n. a	n. a	n. a	n. a	n. a	n. a
1984	n. a	n. a	n. a	36.8	n. a	n. a	n. a	n. a
1985	n. a	n. a	n. a	34.7	n. a	n. a	n. a	n. a
1986	n. a	n. a	n. a	30.5	n. a	n. a	n. a	n. a
1987	0	n. a	n. a	31	n. a	n. a	n. a	n. a
1988	0	n. a	n. a	35.6	n. a	n. a	n. a	n. a
1989	0	64.2	n. a	38.7	n. a	n. a	n. a	n. a
1990	96.7	56.4	85.6	38.1	n. a	83.1	n. a	42.9
1991	60.7	50.1	58.9	34.8	n. a	86.9	163.8	39.1
1992	153.0	46.0	101.9	100.0	n. a	140.8	113.8	64.0
1993	130.2	52.1	118.6	77.7	n. a	133.4	106.0	51.0
1994	90.8	73.9	166.9	50.3	n. a	55.4	91.8	51.9
1995	87.5	97.2	67.8	47.0	n. a	69.4	74.7	60.8
1996	101.1	93.9	45.7	47.5	n. a	85.1	78.4	64.7
1997	101.5	84.2	57.8	47.2	40.9	82.0	84.4	65.4
1998	106.8	86.0	53.6	45.1	54.5	77.2	77.5	53.3
1999	90.0	102.0	57.2	49.3	45.4	69.9	79.2	60.9
2000	90.3	119.9	62.7	56.6	64.3	77.4	86.5	70.6
2001	92.7	109.3	63.3	59.2	60.7	78.2	90.6	74.5
2002	91.5	105.8	71.6	67.1	59.8	92.8	90.0	76.5
2003	96.7	112.9	78.3	66.5	64.1	107.6	92.8	76.9
2004	103.5	114.9	79.7	64.8	73.6	121.5	92.1	81.0
2005	110.1	102.1	85.3	68.6	73.3	115.8	90.9	76.2
2006	111.2	96.1	89.9	74.2	81.3	105.3	92.4	68.2
2007	104.7	95.2	89.2	83.7	85.2	96.6	91.8	73.6
2008	99.3	101.8	87.0	85.6	88.7	89.2	91.9	73.9
2009	89.3	94.4	78.7	81.9	76.4	73.9	76.7	67.2
2010	109.0	104.3	87.7	86.3	86.3	73.9	79.2	76.2
2011	122.5	112.9	91.6	89.8	87.3	87.0	83.7	81.8

表 8－11　　　　　续表 2

年　份	哈萨克斯坦	塔吉克斯坦	乌兹别克斯坦	俄罗斯联邦	波兰
1980	n. a	n. a	n. a	n. a	n. a
1981	n. a	n. a	n. a	n. a	n. a
1982	n. a	n. a	n. a	n. a	n. a
1983	n. a	n. a	n. a	n. a	n. a
1984	n. a	n. a	n. a	n. a	n. a
1985	n. a	n. a	n. a	n. a	n. a
1986	n. a	n. a	n. a	n. a	n. a
1987	n. a	n. a	n. a	n. a	n. a
1988	n. a	n. a	n. a	n. a	n. a
1989	n. a	n. a	n. a	42.9	n. a
1990	n. a	63	76.6	36.1	45.9
1991	0.0	65.4	74.4	26.3	44.8
1992	149.3	22.2	70.2	110.6	41.9
1993	84.6	70.2	64.3	68.7	41.1
1994	84.2	97.7	37.3	51.0	41.3
1995	82.5	137.5	56.0	55.2	44.2
1996	71.3	156.6	61.9	47.9	46.0
1997	72.4	181.1	57.0	47.3	50.7
1998	65.2	106.9	45.3	55.8	56.8
1999	82.6	133.6	36.6	69.4	54.3
2000	105.7	199.7	46.1	68.1	60.7
2001	92.8	146.4	55.7	61.1	57.8
2002	94.0	141.6	60.2	59.7	60.7
2003	91.5	136.9	67.8	59.1	69.3
2004	96.4	128.2	72.9	56.6	77.3
2005	98.3	78.8	66.5	56.7	74.9
2006	91.6	80.3	68.6	54.7	82.5
2007	92.2	89.3	76.2	51.7	84.4
2008	94.4	88.7	84.3	53.4	83.8
2009	75.9	69.8	72.8	48.4	78.8
2010	73.2	76.3	61.8	51.6	85.7
2011	77.2	73.6	59.1	53.3	n. a

表 8－12 转型国家对外依存度（购买力平价法）

年 份	中国	白俄罗斯	匈牙利	斯洛伐克	捷克	吉尔吉斯	保加利亚	土库曼斯坦
1980	16.7	n. a	32.6	n. a	n. a	n. a	54.3	n. a
1981	16.9	n. a	29.6	n. a	n. a	n. a	50	n. a
1982	13.0	n. a	25.9	n. a	n. a	n. a	43.8	n. a
1983	11.7	n. a	23.5	n. a	n. a	n. a	38.3	n. a
1984	11.9	n. a	21.5	n. a	n. a	n. a	38.8	n. a
1985	13.1	n. a	22.1	n. a	n. a	n. a	40.5	n. a
1986	11.4	n. a	24.0	n. a	n. a	n. a	42.6	n. a
1987	11.6	n. a	23.3	17.8	n. a	n. a	54.7	n. a
1988	12.4	n. a	22.9	17.3	n. a	n. a	42.3	n. a
1989	12.0	n. a	21.7	14.8	n. a	n. a	41.2	n. a
1990	11.5	32.9	21.3	17.8	23.3	26.3	30.7	n. a
1991	11.8	25.9	27.1	34.8	21.0	24.3	20.3	13.1
1992	12.8	44.7	28.9	60.1	26.5	28.7	24.6	24.3
1993	13.4	58.3	28.5	49.7	30.5	26.2	21.4	32.3
1994	14.4	61.1	30.7	54.2	32.5	26.3	19.9	35.9
1995	15.6	41.6	44.3	64.3	41.7	26.1	28.6	36.2
1996	16.1	39.2	46.7	66.1	43.3	32.0	26.6	28.5
1997	16.4	42.9	49.9	63.1	41.8	26.8	27.9	24.1
1998	15.0	41.2	54.8	68.0	45.2	26.9	33.9	22.0
1999	15.1	30.7	56.2	67.6	43.9	20.4	33.2	23.6
2000	17.7	35.0	58.4	69.5	45.7	18.7	27.0	32.8
2001	17.2	30.7	56.0	71.7	47.4	15.9	27.3	33.5
2002	18.9	32.4	57.2	74.3	50.9	18.6	27.6	32.1
2003	22.7	37.1	68.1	96.2	59.4	20.6	34.5	39.6
2004	27.1	44.5	81.2	108.0	69.6	24.1	42.2	42.8
2005	28.9	43.0	86.3	110.6	75.4	26.7	36.6	40.4
2006	30.7	48.5	95.6	120.6	81.4	36.2	54.6	42.9
2007	32.4	54.7	115.7	130.6	91.9	49.3	61.8	48.8
2008	34.3	65.9	122.5	132.1	105.7	64.2	66.9	58.0
2009	26.9	45.6	93.8	101.8	83.5	51.3	48.8	64.9
2010	33.6	51.3	103.4	113.5	96.8	52.2	53.2	66.5
2011	38.0	69.3	114.9	129.5	110.8	63.7	63.9	71.9

表 8-12

续表 1

年 份	拉脱维亚	乌克兰	格鲁吉亚	阿尔巴尼亚	塞尔维亚	阿塞拜疆	克罗地亚	罗马尼亚
1980	n. a	n. a	0	n. a	n. a	n. a	n. a	n. a
1981	n. a	n. a	0	n. a	n. a	n. a	n. a	n. a
1982	n. a	n. a	0	n. a	n. a	n. a	n. a	n. a
1983	n. a	n. a	0	n. a	n. a	n. a	n. a	n. a
1984	n. a	n. a	0	9.6	n. a	n. a	n. a	n. a
1985	n. a	n. a	0	8.8	n. a	n. a	n. a	n. a
1986	n. a	n. a	0	8.0	n. a	n. a	n. a	n. a
1987	n. a	n. a	0	7.9	n. a	n. a	n. a	n. a
1988	n. a	n. a	0	8.7	n. a	n. a	n. a	n. a
1989	n. a	17.1	0	9.1	n. a	n. a	n. a	n. a
1990	34.6	15.2	31.1	8.6	n. a	29.9	n. a	13.7
1991	21.8	13.6	21.5	5.9	n. a	30.3	n. a	10.4
1992	56.9	12.9	38.5	11.1	n. a	35.2	n. a	15.9
1993	45.9	14.8	45.4	13.3	n. a	33.8	n. a	12.8
1994	34.8	21.4	65.0	12.6	n. a	14.3	n. a	14.1
1995	34.2	28.7	27.0	12.4	n. a	18.3	44.2	17.7
1996	39.8	27.9	18.4	14.0	n. a	22.6	45.3	17.7
1997	39.8	28.6	23.5	11.1	20.0	25.2	45.3	18.6
1998	42.3	24.5	21.4	11.5	19.7	23.9	42.9	18.7
1999	37.0	21.6	17.0	14.2	19.9	20.4	40.3	18.1
2000	37.1	23.2	19.5	16.0	9.0	23.0	38.5	20.6
2001	36.7	23.1	19.4	16.9	14.8	22.3	40.3	21.1
2002	36.9	23.3	21.6	20.0	18.3	25.8	42.8	22.9
2003	43.8	26.3	24.4	23.3	24.2	30.7	53.2	27.4
2004	52.5	30.1	29.4	27.5	29.9	36.5	58.9	32.3
2005	58.9	33.4	34.7	30.0	29.2	40.7	59.8	37.2
2006	64.7	35.5	39.2	31.6	34.0	42.2	61.8	34.8
2007	77.2	42.0	44.1	39.4	44.5	47.4	65.7	45.6
2008	81.5	54.2	51.8	42.7	50.0	57.1	71.3	46.8
2009	64.3	37.9	40.4	36.3	37.9	38.7	56.3	35.1
2010	73.3	46.5	45.5	37.0	39.8	43.7	56.9	39.5
2011	88.7	56.6	53.7	40.8	46.4	59.7	60.9	45.4

表 8－12　　续表 2

年　份	哈萨克斯坦	塔吉克斯坦	乌兹别克斯坦	俄罗斯联邦	波兰
1980	n. a	n. a	n. a	n. a	n. a
1981	n. a	n. a	n. a	n. a	n. a
1982	n. a	n. a	n. a	n. a	n. a
1983	n. a	n. a	n. a	n. a	n. a
1984	n. a	n. a	n. a	n. a	n. a
1985	n. a	n. a	n. a	n. a	n. a
1986	n. a	n. a	n. a	n. a	n. a
1987	n. a	n. a	n. a	n. a	n. a
1988	n. a	n. a	n. a	n. a	n. a
1989	n. a	n. a	n. a	18. 4	n. a
1990	n. a	14. 6	34. 5	15. 7	13. 0
1991	0. 0	15. 2	33. 7	11. 5	17. 1
1992	49. 9	5. 4	32. 9	50. 0	16. 8
1993	28. 7	17. 1	30. 5	31. 4	15. 8
1994	29. 0	24. 3	18. 0	23. 7	17. 1
1995	29. 0	34. 9	27. 6	26. 2	21. 5
1996	25. 3	39. 7	30. 8	23. 0	23. 2
1997	26. 1	39. 1	28. 0	22. 7	23. 5
1998	23. 6	31. 0	21. 3	18. 7	27. 1
1999	21. 9	30. 3	18. 5	15. 6	23. 8
2000	27. 1	32. 4	17. 8	17. 7	25. 7
2001	24. 8	26. 5	16. 7	17. 4	26. 3
2002	25. 1	26. 1	14. 5	17. 7	27. 2
2003	27. 3	28. 5	16. 1	19. 0	32. 8
2004	35. 8	31. 4	18. 5	22. 7	39. 4
2005	42. 6	18. 8	18. 2	25. 5	43. 3
2006	49. 3	27. 0	20. 2	25. 4	49. 1
2007	57. 3	31. 5	26. 0	28. 2	56. 2
2008	70. 7	35. 0	32. 3	30. 8	64. 6
2009	47. 9	25. 2	30. 0	21. 7	47. 4
2010	54. 9	29. 1	27. 9	26. 6	52. 6
2011	67. 0	29. 6	27. 8	31. 6	n. a

核　算　点　评

中国和俄罗斯、东欧各国都处于由计划经济向市场经济的转型阶段，具有一些相近的特征。在研究中国对外依存度是否偏高的时候不妨和其他转型经济做个比较。

如果采用汇率法，中国的对外依存度（58.7%）和俄罗斯（53.3%），乌兹别克斯坦（59.1%）相近，显著低于东欧各国，许多东欧国家的对外依存度都高于100%。

如果采用购买力平价法，中国的对外依存度（38%）仅仅高于俄罗斯、乌兹别克和塔吉克斯坦。和其他转型经济国家相比，无论如何也不能得出中国对外依存度偏高的结论。

表 8-13　　中国、日本、"四小龙"对外依存度（汇率法）

年份	中国	中国香港特区	新加坡	日本	韩国	中国台湾省
1980	21.7	178.4	412.2	27.8	72.0	115.1
1981	24.6	183.6	401.0	28.1	73.9	110.4
1982	21.0	171.2	374.1	27.8	69.0	104.6
1983	19.3	190.0	334.6	25.6	67.0	100.3
1984	20.8	205.1	315.0	26.8	67.0	111
1985	22.5	204.3	305.9	24.9	63.4	105
1986	22.5	209.5	295.6	18.3	66.2	106.3
1987	28.9	229.1	326.2	17.4	69.5	108.8
1988	31.0	250.6	360.9	17.4	65.7	117
1989	29.2	248.8	347.9	19.0	59.5	105.1
1990	29.2	252.8	344.8	19.7	57.0	99.7
1991	31.7	261.6	325.9	18.2	55.3	102.4
1992	36.1	270.3	312.0	17.4	54.3	96.6
1993	42.0	263.4	314.1	15.9	52.7	99.8
1994	41.2	266.7	318.2	16.0	54.0	97.9
1995	38.8	290.4	349.3	16.7	58.7	106.8
1996	38.1	274.2	340.3	18.9	59.2	104.5
1997	39.0	262.0	328.4	20.4	65.4	107.4
1998	36.4	248.0	316.4	19.7	79.5	108.6
1999	37.7	248.9	343.1	18.8	71.4	106
2000	44.2	279.1	371.8	20.3	74.3	117.7
2001	43.1	269.6	360.1	20.3	69.2	109.4
2002	47.7	286.6	360.1	21.2	64.8	113
2003	56.9	327.2	387.0	22.1	68.5	120.7
2004	65.4	364.6	412.9	24.5	77.6	136.3
2005	68.6	377.1	429.9	27.2	75.8	136
2006	70.6	392.4	437.4	31.1	78.0	146
2007	68.0	396.8	404.7	33.8	82.3	152.9
2008	62.2	407.4	460.5	35.2	107.2	159.6
2009	49.0	374.3	421.6	25.0	95.8	132.5
2010	57.3	432.3	385.9	29.2	102.0	159.1
2011	58.7	447.0	391.2	31.4	110.3	164.8

表 8－14　　　　中国、日本、“四小龙”对外依存度（购买力平价法）

年份	中国	中国香港特区	新加坡	日本	韩国	中国台湾省
1980	16.7	150.9	280.6	30.3	50.8	76.2
1981	16.9	139.8	268.6	29.8	49.9	73
1982	13.0	124.1	249.7	24.9	43.4	63.3
1983	11.7	115.8	218.8	23.4	40.1	58.8
1984	11.9	122.8	202.2	24.1	38.8	64.7
1985	13.1	125.4	186.1	21.7	34.4	59.1
1986	11.4	130.4	169.1	22.6	36.2	64.8
1987	11.6	150.5	184.0	24.2	41.4	77.6
1988	12.4	172.9	214.9	26.5	45.4	90.2
1989	12.0	186.4	217.9	26.5	45.6	87.9
1990	11.5	196.5	224.1	25.7	44.0	81.8
1991	11.8	215.1	229.6	25.3	43.9	84.3
1992	12.8	240.3	229.0	25.6	42.7	85.9
1993	13.4	248.9	247.5	26.2	41.9	85.6
1994	14.4	263.0	256.5	28.1	45.3	83.5
1995	15.6	291.0	299.3	31.1	54.0	91.2
1996	16.1	286.0	312.1	29.7	53.8	86.9
1997	16.4	283.3	300.7	28.4	51.3	86.3
1998	15.0	267.5	267.5	25.0	43.9	76.8
1999	15.1	253.4	241.6	26.7	45.4	75.8
2000	17.7	267.5	262.2	29.2	49.0	85
2001	17.2	247.9	238.7	25.0	40.6	70.7
2002	18.9	250.5	224.0	24.3	39.9	69.9
2003	22.7	263.7	232.4	26.6	45.6	72.9
2004	27.1	275.5	258.7	30.3	53.9	81.9
2005	28.9	275.8	274.3	32.0	58.4	81.8
2006	30.7	276.9	280.0	33.4	63.3	83.2
2007	32.4	279.4	280.0	34.5	68.1	83.4
2008	34.3	284.8	303.5	39.8	76.4	86.1
2009	26.9	258.5	292.2	31.1	60.9	68.1
2010	33.6	296.7	280.4	37.4	73.2	82.6
2011	38.0	310.9	298.1	42.8	82.9	87.2

核 算 点 评

和经济高速增长的经济体相比，由于我国香港特区和新加坡属于典型的港口经济，和中国大陆地区缺乏可比性。如果采用汇率法计算，中国在2011年的对外依存度为58.7%。高于日本（31.4%），但是显著地低于韩国（110.3%）和中国台湾省（164.8%）。如果采用购买力平价法，2011年中国对外依存度为38%，明显低于日本（42.8%），韩国（82.9%），也低于中国台湾省（87.2%）。

核算结果表明，中国的对外依存度并不高。有人说，中国经济过度依赖外贸，这种说法欠缺依据。

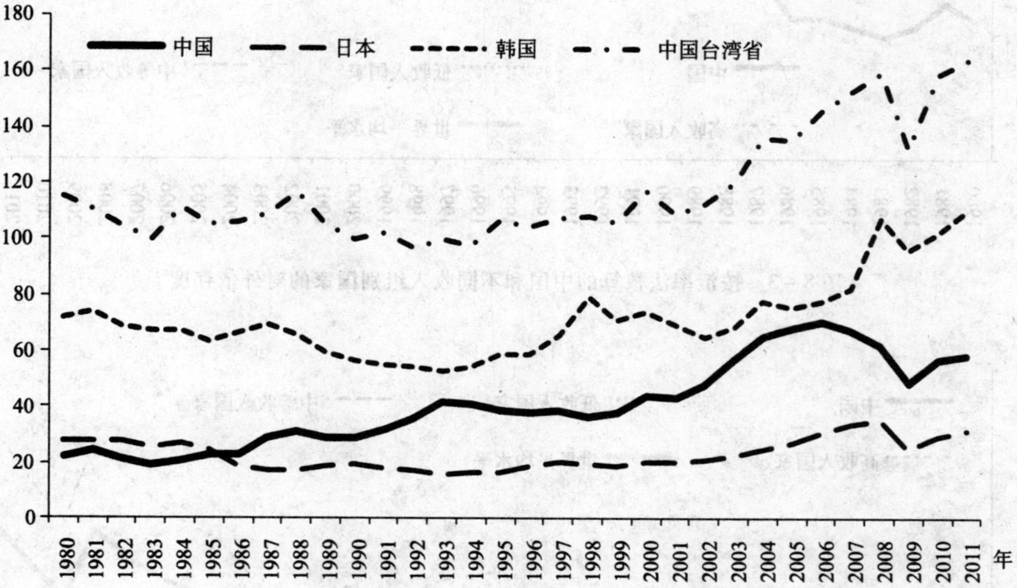

图8-1 汇率法核算的中国、日本、韩国和中国台湾省的对外依存度

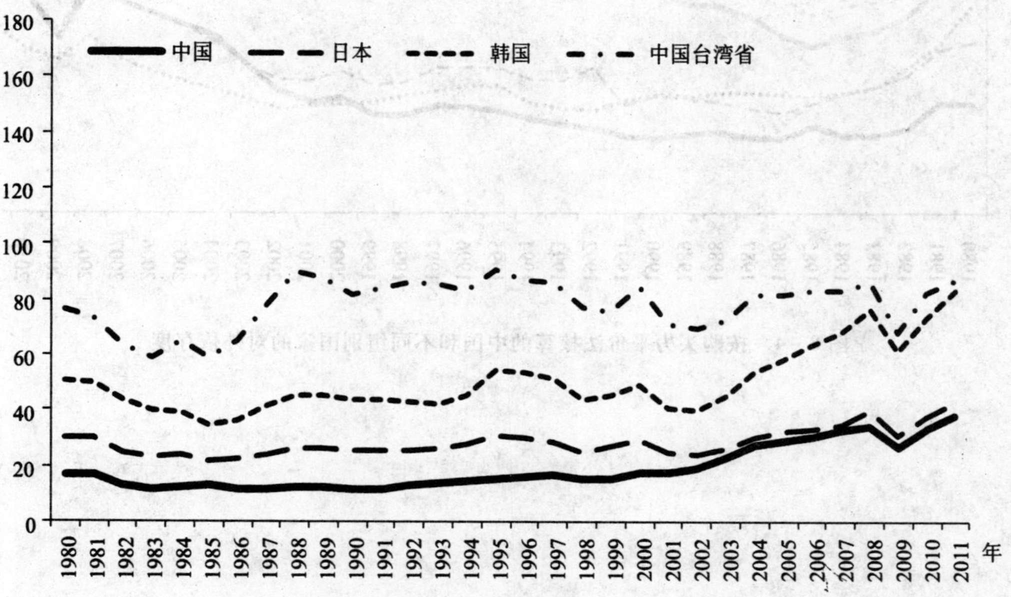

图8-2 购买力平价法核算的中国、日本、韩国和中国台湾省的对外依存度

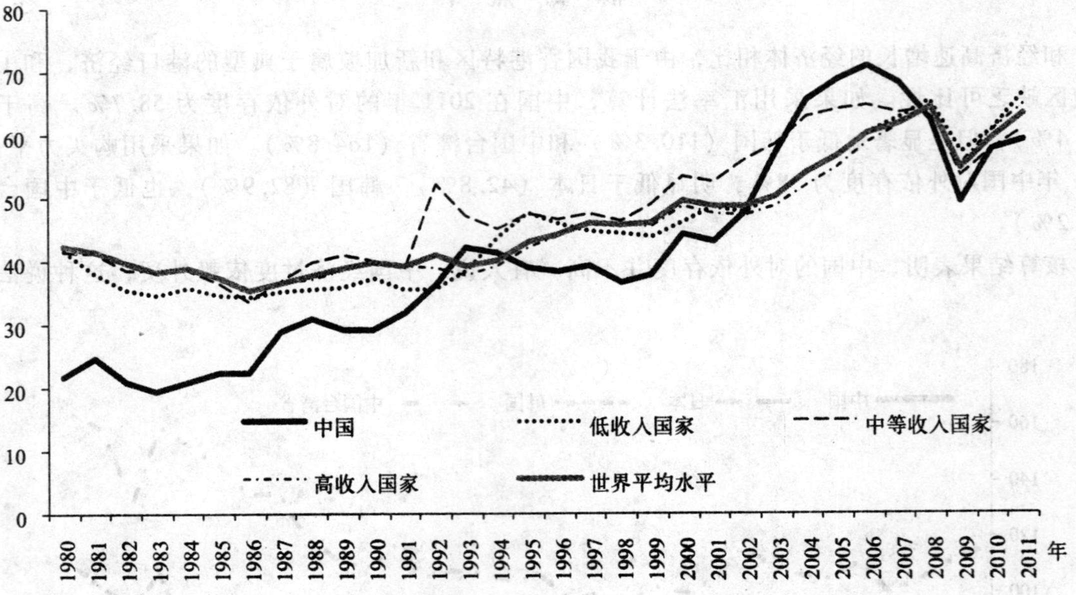

图 8-3 按汇率法核算的中国和不同收入组别国家的对外依存度

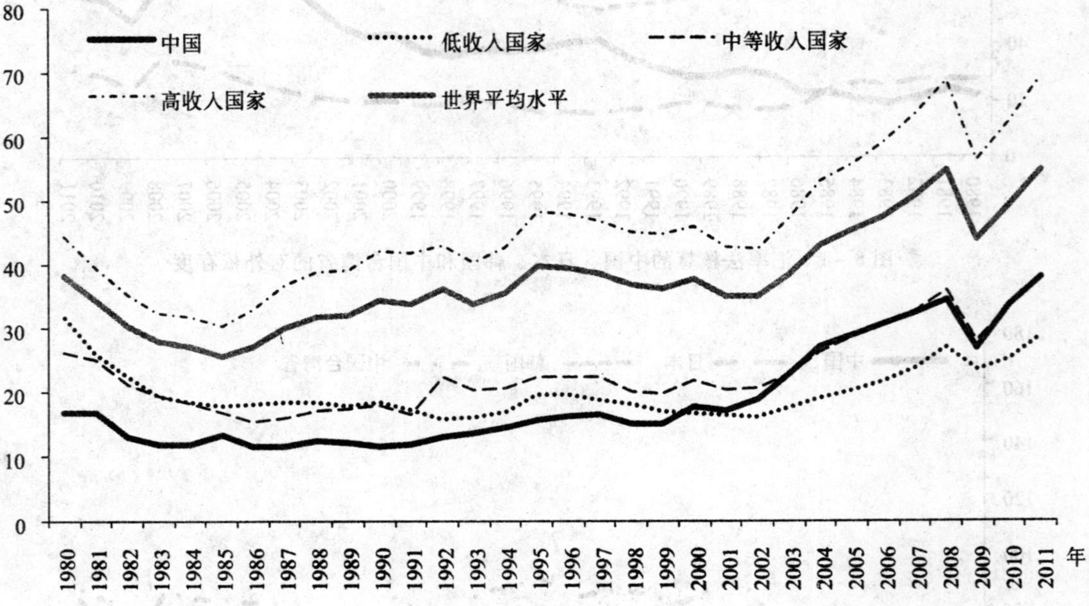

图 8-4 按购买力平价法核算的中国和不同组别国家的对外依存度

专题九　粮食储备和安全[①]

目　录

① 本专题由石刚核算，宋旭光审核。

主要核算指标解释

广义粮食自给率 = 总产量（含大豆）/总消费量。

狭义的粮食自给率 = 粮食产量（不含大豆）/口粮消费量。

广义安全系数 = 粮食储备量/总消费量

狭义安全系数 = 粮食储备量/口粮消费量

广义对外依存度 = 净出口（含大豆）/总消费量。

狭义对外依存度 = 净出口（不含大豆）/口粮消费量

广义安全综合评价指数（广义 CEI）=（广义自给率 + 广义安全系数 + 广义对外依存度）× 安全调整系数

安全调整系数是根据是粮食自给率、安全系数和对外依存度的合理范围的下限对 100 进行折算得到。

狭义综合评价指数 =（广义自给率 + 广义安全系数 + 广义对外依存度）× 安全调整系数。

核算过程

表 9－1　　中国原粮储备总量与结构（万吨）

品种	原粮				
	小麦	稻谷	玉米	大豆	总量
占比（%）	51%	30%	17%	2%	100%
原粮储备量	11750	6911	3916	461	23038

说明：本表根据《凤凰财经》（2008）的相关报道资料整理而得。表中稻谷包括早籼稻、中晚籼稻、粳稻；大米包括早籼米、中晚籼米、粳米。这里粮食的定义范围仍小于联合国粮农组织（FAO）的定义范围。FAO 出版的年鉴中所列粮食产品目录包含 8 大类 106 种，8 大类分别是：谷物类，块根和块茎作物类，豆类，油籽、油果和油仁作物类，蔬菜和瓜类，糖料作物，水果、浆果，家畜、家禽、畜产品。具体粮食品种的目录可以参考 FAO 发布的《粮农组织统计年鉴》。原粮储备总量是以 2009 年国家粮食储备清仓查库（针对国有粮食企业）的结果为基础，经过质量合格率（97.1%）、社会粮食储备量（设定为 5%）的调整之后的结构。

表 9－2　　中国粮食消费量（万吨）

年份	口粮	饲料用粮	工业用粮	种子用粮	净出口	总消费量
2000	27015	16846	3662	1142	－394	49059
2001	25873	16335	4112	976	3	47293
2002	25449	17013	4566	955	－359	48342
2003	24442	17903	4809	901	－524	48579
2004	23974	18695	4597	912	－2478	50656
2005	23115	19918	5404	940	－2473	51850
2006	22779	20614	6839	947	－2115	53294
2007	22713	20852	7030	934	－3402	54931
2008	22790	21010	7350	954	－4010	56114
2009	22870	21130	7300	976	－5115	57391
2010	22699	21343	8011	993	－5370	58416
2011	22741	22586	8605	1037	－6015	60983

说明：本表数据中 2000—2006 年的数据主要参考肖国安等（2009）的研究，2007—2011 年数据根据中华粮网、《中国统计年鉴 2012》、中储粮总公司信息部《2009 年粮油市场供需平衡分析》，经过调整得到。净出口的数据主要根据稻谷、小麦、玉米和大豆四种粮食的进出口数据计算得到。

表 9－3　　粮食消费结构

年　份	口粮	饲料用粮	工业用粮	种子用粮	净出口	总消费量
2000	55.1%	34.3%	7.5%	2.3%	－0.8%	100%
2001	54.7%	34.5%	8.7%	2.1%	0.0%	100%
2002	52.6%	35.2%	9.4%	2.0%	－0.7%	100%
2003	50.3%	36.9%	9.9%	1.9%	－1.1%	100%
2004	47.3%	36.9%	9.1%	1.8%	－4.9%	100%
2005	44.6%	38.4%	10.4%	1.8%	－4.8%	100%
2006	42.7%	38.7%	12.8%	1.8%	－4.0%	100%
2007	41.3%	38.0%	12.8%	1.7%	－6.2%	100%
2008	40.6%	37.4%	13.1%	1.7%	－7.1%	100%
2009	39.8%	36.8%	12.7%	1.7%	－8.9%	100%
2010	38.9%	36.5%	13.7%	1.7%	－9.2%	100%
2011	37.3%	37.1%	14.1%	1.7%	－9.9%	100%

核　算　点　评

在 2000 年到 2011 年期间，粮食消费中用于口粮的部分逐年下降，从 2000 年的 55.1% 下降为 2011 年的 37.3%。饲料用量从 2000 年的 34.3% 上升为 2011 年的 37.1%。工业用量大幅度上升，从 2000 年的 7.5% 上升为 2011 年的 14.1%。种子用量的比例基本不变。

在 2000 年粮食基本处于自给自足的状态。在 2011 年进口的粮食（主要是 5250 万吨大豆）占总消费量的 10% 左右。

表 9－4　　中国粮食的生产量（万吨）

年份	稻谷产量	小麦产量	玉米产量	大豆产量	总产量
2000	18790.8	9963.6	10600.0	1541	44452
2001	17758.0	9387.3	11408.8	1541	43582
2002	17453.9	9029.0	12130.8	1651	43766
2003	16065.6	8648.8	11583.0	1539	41127
2004	17908.8	9195.2	13028.7	1740	45514
2005	18058.8	9744.5	13936.5	1635	47147
2006	18171.8	10846.6	15160.3	1508	49659
2007	18603.4	10929.8	15230.0	1273	50039
2008	19189.6	11246.4	16591.4	1554	52806
2009	19510.3	11511.5	16397.4	1498	53171
2010	19576.1	11518.1	17724.5	1508	54703
2011	20100.1	11740.1	19278.1	1449	57138

说明：本表中稻谷、小麦、玉米和大豆的产量数据根据《中国统计年鉴 2012》以及中华粮网数据整理所得。总产量的数据根据上述四大作物的产量占总的粮食产量的 92% 估算得到。

表 9－5　　中国粮食主要品种的进出口量（万吨）

年份	稻谷			小麦			玉米			大豆		
	净出口	进口量	出口量	净出口	进口量	出口量	净出口	进口量	出口量	净出口	进口量	出口量
2000	272	24	296	－84.6	88	3.4	723	3.0	726	－1304.7	1324.5	19.8
2001	150	27	177	1.3	69	70.3	860	1.0	861	－1008.1	1038.9	30.8
2002	170.8	24	194.8	62.4	60	122.4	1524.2	0.8	1525	－2115.9	2141.6	25.7
2003	222.9	37.1	260	165	43	208	755.2	0.1	755.3	－1666.7	1698.6	31.9
2004	8.0	77.0	85	－693.9	726	32.1	758	1.0	759	－2550	2580	30
2005	15.78	51.42	67.2	－60	107.4	47.4	367	6.0	373	－2795.3	2831	35.7
2006	51.8	71.9	123.7	137.7	33.8	171.5	525	2.0	527	－2829.4	2872.6	43.2
2007	67.6	65	132.6	215	15	230	51	4.0	55	－3736	3781	45
2008	93	47	140	－45	45	0	12	5.0	17	－4070	4110	40
2009	65	45	110	－50	140	90	－115	130	15	－5015	5035	20
2010	25	50	75	－90	95	5	－90	100	10	－5215	5235	20
2011	－15	90	75	－265	290	25	－495.5	525	29.5	－5239	5264	25

说明：进口量和出口量数据根据《中国统计年鉴 2012》以及中华粮网数据整理所得，各主要粮食品种的净出口数据是计算所得。四种主要粮食品种总的净出口数据如表 2－3 所示。

表 9-6　　　　中国粮食自给率（广义）

年份	总消费量（万吨）	总产量（含大豆）（万吨）	广义自给率
1960-1969	——	——	97.35%
1970-1979	——	——	101.80%
1980-1989	——	——	95.32%
1990-1996	——	——	99.29%
2000	49059	44452	90.61%
2001	47293	43582	92.15%
2002	48342	43766	90.53%
2003	48579	41127	84.66%
2004	50656	45514	89.85%
2005	51850	47147	90.93%
2006	53294	49659	93.18%
2007	54931	50039	91.09%
2008	56114	52806	94.10%
2009	57391	53171	92.65%
2010	58416	54703	93.64%
2011	60983	57138	93.69%

说明：(1) 2000年至2011年自给率数据为计算得到（即用产量除以消费量）。(2) 1960-1996年自给率数据根据美国农业部经济研究局资料计算得到（引自肖国安等（2009））。(3) 粮食自给率的一般标准为95%，黑色字体表示的自给率表示低于该标准。(4) 广义粮食自给率 = 总产量（含大豆）/总消费量。

表 9-7　　　　中国粮食自给率（狭义）

年份	口粮消费量（万吨）	粮食产量（不含大豆）（万吨）	狭义自给率
2000	27015	39354.4	145.68%
2001	25873	38554.1	149.01%
2002	25449	38613.7	151.73%
2003	24442	36297.4	148.50%
2004	23974	40132.7	167.40%
2005	23115	41739.8	180.57%
2006	22779	44178.7	193.94%
2007	22713	44763.2	197.08%
2008	22790	47027.4	206.35%
2009	22870	47419.2	207.34%
2010	22699	48818.7	215.07%
2011	22741	51118.3	224.79%

表 9-8 中国粮食安全系数估算结果（广义）

年份	总消费量（万吨）	储备量（万吨）	广义安全系数
2000	49059	19685.6	40.13%
2001	47293	19822.9	41.92%
2002	48342	19951.2	41.27%
2003	48579	20071.4	41.32%
2004	50656	20189.6	39.86%
2005	51850	20308.9	39.17%
2006	53294	20416.3	38.31%
2007	54931	20522.1	37.36%
2008	56114	20626.6	36.76%
2009	57391	20727.3	36.12%
2010	58416	20826.8	35.65%
2011	60983	20926.9	34.32%

说明：(1) 由于表9-4中计算的储备总量主要依据2009国家粮食储备清仓查库的结果计算得到，因此将其视为2009年的储备量。其他各年的储备量依据人口增长率进行调整得到。(2) 广义安全系数=粮食储备量/总消费量。标准：安全系数（即储备量占中消费量的比例）15%至19%为安全。

表 9-9 中国粮食安全系数估算结果（狭义）

年份	口粮消费量（万吨）	储备量（万吨）	狭义安全系数
2000	27015	19685.6	72.87%
2001	25873	19822.9	76.62%
2002	25449	19951.2	78.40%
2003	24442	20071.4	82.12%
2004	23974	20189.6	84.21%
2005	23115	20308.9	87.86%
2006	22779	20416.3	89.63%
2007	22713	20522.1	90.35%
2008	22790	20626.6	90.51%
2009	22870	20727.3	90.63%
2010	22699	20826.8	91.75%
2011	22741	20926.9	92.02%

说明：狭义安全系数=粮食储备量/口粮消费量。

表 9－10　　中国粮食的对外依存度（广义）

年份	总消费量（万吨）	净出口（含大豆）（万吨）	广义对外依存度
2000	49059	－394	－0.80%
2001	47293	3	0.01%
2002	48342	－359	－0.74%
2003	48579	－524	－1.08%
2004	50656	－2478	－4.89%
2005	51850	－2473	－4.77%
2006	53294	－2115	－3.97%
2007	54931	－3402	－6.19%
2008	56114	－4010	－7.15%
2009	57391	－5115	－8.91%
2010	58416	－5370	－9.19%
2011	60983	－6015	－9.86%

说明：根据马九杰等（2001）的标准，粮食对外依存度在区间［－5%，5%］之间，表示没有粮食安全警情，在［－10%，－5%］之间，表示存在轻度短缺的警情。

表 9－11　　中国粮食的对外依存度（狭义）

年份	口粮消费量（万吨）	净出口（不含大豆）（万吨）	狭义对外依存度
2000	27015	910.4	3.37%
2001	25873	1011.3	3.91%
2002	25449	1757.4	6.91%
2003	24442	1143.1	4.68%
2004	23974	72.1	0.30%
2005	23115	322.8	1.40%
2006	22779	714.5	3.14%
2007	22713	333.6	1.47%
2008	22790	60.0	0.26%
2009	22870	－100.0	－0.44%
2010	22699	－155.0	－0.68%
2011	22741	－775.5	－3.41%

表 9-12　　中国粮食安全综合评价指数（广义，%）

年份	中国粮食自给率	安全系数	对外依存度	综合评价指数（CEI）	CEI 增长率
2000	90.61	40.13	-0.80	123.75	
2001	92.15	41.92	0.01	127.70	3.19
2002	90.53	41.27	-0.74	124.82	-2.25
2003	84.66	41.32	-1.08	118.95	-4.70
2004	89.85	39.86	-4.89	118.88	-0.06
2005	90.93	39.17	-4.77	119.36	0.41
2006	93.18	38.31	-3.97	121.45	1.75
2007	91.09	37.36	-6.19	116.44	-4.12
2008	94.10	36.76	-7.15	117.82	1.19
2009	92.65	36.12	-8.91	114.15	-3.11
2010	93.64	35.65	-9.19	114.38	0.20
2011	93.69	34.32	-9.86	112.52	-1.62

说明：(1) 广义安全综合评价指数（广义 CEI）=（广义自给率 + 广义安全系数 + 广义对外依存度）× 安全调整系数。(2) 安全调整系数是根据是粮食自给率、安全系数和对外依存度的合理范围的下限对 100 进行折算得到。(3) 广义综合评价指数在区间 [100，123] 之间，则粮食安全没有警情，小于 100 则表示存在粮食短缺的警情，大于 123 则表示存在粮食过剩的警情。评价 [100，123] 是根据粮食自给率、安全系数和对外依存度的合理范围折算得到。

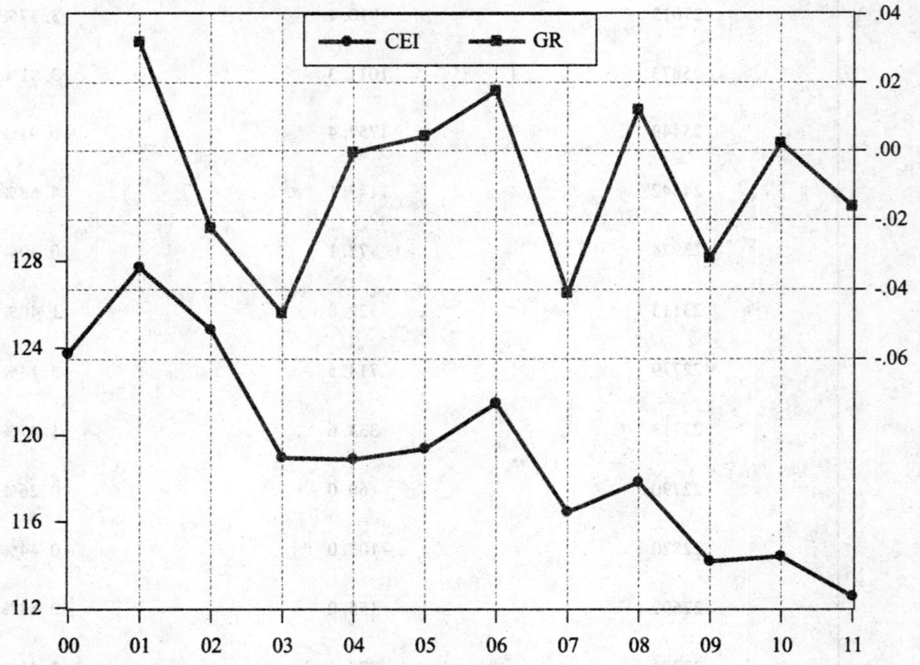

图 9-1　中国粮食安全综合评价指数（广义）及其增长率

表 9－13　　　　　　　　中国粮食安全综合评价指数（狭义，%）

年份	中国粮食自给率	安全系数	对外依存度	综合评价指数（CEI）	CEI 增长率
2000	145.68	72.87	3.37	211.35	
2001	149.01	76.62	3.91	218.61	3.43
2002	151.73	78.40	6.91	225.75	3.27
2003	148.50	82.12	4.68	224.10	-0.73
2004	167.40	84.21	0.30	239.91	7.06
2005	180.57	87.86	1.40	256.98	7.11
2006	193.94	89.63	3.14	273.06	6.26
2007	197.08	90.35	1.47	275.14	0.76
2008	206.35	90.51	0.26	282.97	2.85
2009	207.34	90.63	-0.44	283.36	0.14
2010	215.07	91.75	-0.68	291.56	2.89
2011	224.79	92.02	-3.41	298.48	2.37

说明：（1）狭义综合评价指数 =（广义自给率 + 广义安全系数 + 广义对外依存度）×安全调整系数。（2）安全调整系数的计算方法与表 2－12 中相同。（3）广义安全综合评价指数在区间［100，123］之间，则粮食安全没有警情，小于 100 则表示存在粮食短缺的警情，大于 123 则表示存在粮食过剩的警情。

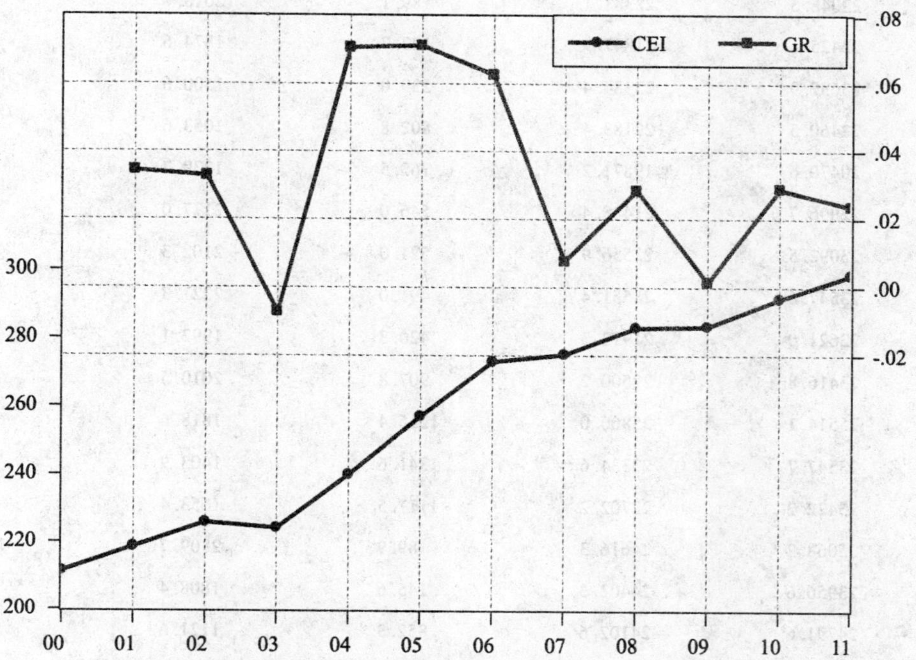

图 9－2　中国粮食安全综合评价指数（狭义）及其增长率

表 9－14　　世界粮食进出口及中国的进出口（百万吨）

年　份	世界粮食总出口量	世界粮食总进口量	中国粮食出口量	中国粮食进口量	中国进口粮食占世界出口粮食的比值
1961	7946.7	7964.1	22.2	670.1	8.4%
1962	8600.7	8234.1	87.5	554.7	6.5%
1963	9152.4	8994.6	143.5	661.2	7.2%
1964	10416.7	9958.4	165.1	703.1	6.7%
1965	10581.2	10390.2	150.4	689.1	6.5%
1966	11451.5	11333.0	184.6	679.0	5.9%
1967	10574.5	10593.4	194.7	517.0	4.9%
1968	10320.7	10095.9	166.6	547.0	5.3%
1969	9762.3	9697.3	157.6	497.9	5.1%
1970	11442.4	11221.2	172.1	680.5	5.9%
1971	11845.7	11720.6	163.1	459.5	3.9%
1972	13437.4	13024.2	165.4	725.2	5.4%
1973	16408.8	15611.5	270.2	911.1	5.6%
1974	14887.1	15040.8	264.4	841.0	5.6%
1975	15828.5	15732.6	214.8	601.0	3.8%
1976	16775.8	17013.6	162.7	540.7	3.2%
1977	17034.8	16222.3	128.0	1039.6	6.1%
1978	19118.3	18777.1	173.9	1228.9	6.4%
1979	19714.1	20110.5	156.5	1614.9	8.2%
1980	22316.2	22013.1	151.4	1706.1	7.6%
1981	23420.5	23224.1	85.3	1844.0	7.9%
1982	22048.5	22381.1	89.1	2018.7	9.2%
1983	22425.1	21847.9	122.7	1874.6	8.4%
1984	23632.9	23384.4	239.0	1500.6	6.3%
1985	22460.5	22183.4	802.8	1053.6	4.7%
1986	20470.6	19871.2	763.5	1239.7	6.1%
1987	22096.7	21488.4	546.0	2177.0	9.9%
1988	23092.5	22556.9	521.0	2102.3	9.1%
1989	23547.6	23551.4	491.0	2221.3	9.4%
1990	22621.0	21912.3	420.3	1992.1	8.8%
1991	23416.8	22500.2	907.8	2010.5	8.6%
1992	25514.1	25866.0	1215.4	1818.6	7.1%
1993	23547.7	23334.6	1341.6	1403.9	6.0%
1994	23422.2	22702.2	1117.5	1653.4	7.1%
1995	25068.2	24616.3	89.9	2809.7	11.2%
1996	23956.6	24402.3	145.6	1808.4	7.5%
1997	24791.6	24102.6	852.3	1121.6	4.5%
1998	25597.6	24356.4	902.3	1001.0	3.9%
1999	26545.4	26449.5	751.6	951.7	3.6%

表 9-14　　续表 1

年　份	世界粮食总出口量	世界粮食总进口量	中国粮食出口量	中国粮食进口量	中国进口粮食占世界出口粮食的比值
2000	27308. 8	27100. 5	1395. 3	947. 7	3. 5%
2001	26790. 9	26293. 9	899. 7	993. 3	3. 7%
2002	28166. 4	27954. 8	1501. 4	943. 1	3. 3%
2003	27448. 0	27137. 8	2203. 5	868. 4	3. 2%
2004	27544. 6	27014. 1	483. 5	1611. 0	5. 8%
2005	29138. 5	28570. 7	1022. 8	1287. 1	4. 4%
2006	30080. 1	30215. 9	616. 2	997. 3	3. 3%
2007	31966. 1	31424. 7	1013. 9	769. 1	2. 4%
2008	31833. 2	31948. 4	186. 7	694. 7	2. 2%
2009	33020. 1	32787. 6	141. 9	922. 3	2. 8%
2010	33984. 6	33535. 8	131. 4	1178. 8	3. 5%

核算点评

（1）从 2000 年到 2010 年，中国一直是稻谷的净出口国。直到 2011 年才进口稻谷 15 万吨。在 2011 年稻谷总产量 20100 万吨，进口稻谷的数量尚不及总产量的 0. 75%。在很大程度上进口稻谷属于大米品种调剂（表 9-1）。

（2）小麦的进口量在 2011 年为 265 万吨，相当总产量 11740 万吨的 2. 26%（表 9-4）。

（3）近年来，由于国内市场对饲料的需求持续上升，进口的玉米数量在逐步增加。在 2011 年净进口玉米 495. 5 万吨，相当国内玉米总产量 19278 万吨的 2. 57%（表 9-4）。

（4）大豆的情况和谷物（稻谷、小麦、玉米）不同。在 2011 年进口大豆 5264 万吨，国内生产总量才 1449 万吨。大豆的自给度只有 21. 7%。并不是中国没有生产大豆的能力，而是从比较优势来看，中国农业没有生产大豆的比较优势，因此，进口大豆符合中国的国情和农民的利益（请参阅专题十）。

（5）从总体来讲，中国一直保持着相当高的粮食自给率。特别是在口粮（稻谷、小麦和玉米）上的自给程度相当高。库存储备相当充足。有些人质疑中国人能不能养活自己，这种看法缺乏事实根据。

专题十　大豆故事的背后[①]

目　录

① 本专题由谢清华核算，徐滇庆审核。

指标解释及核算过程

主要核算指标解释：

1. 总消费量 = 产量 - 出口量 + 进口量
2. 自给率 = 产量/总消费量

表 10－1　　　　中国大豆产量和进口量（主指标）（万吨）

年　份	产量	进口量	出口量	总消费量	自给率
1980	796. 6	151. 5	14. 0	934. 1	0. 853
1981	934. 1	168. 2	13. 8	1088. 5	0. 858
1982	904. 2	151. 3	14. 9	1040. 6	0. 869
1983	976. 9	141. 6	35. 0	1083. 4	0. 902
1984	970. 5	134. 5	83. 6	1021. 3	0. 950
1985	1051. 2	147. 0	113. 6	1084. 6	0. 969
1986	1162. 9	203. 0	136. 8	1229. 1	0. 946
1987	1220. 2	223. 1	171. 0	1272. 3	0. 959
1988	1166. 0	225. 0	147. 7	1243. 2	0. 938
1989	1023. 9	181. 0	124. 8	1080. 2	0. 948
1990	1100. 8	199. 2	94. 0	1206. 0	0. 913
1991	972. 1	195. 9	110. 9	1057. 2	0. 920
1992	1031. 3	235. 5	65. 8	1200. 9	0. 859
1993	1532. 3	253. 4	37. 3	1748. 4	0. 876
1994	1601. 1	244. 4	83. 2	1762. 3	0. 909
1995	1351. 1	287. 6	37. 5	1601. 2	0. 844
1996	1323. 4	379. 7	19. 2	1683. 9	0. 786
1997	1473. 7	563. 3	18. 6	2018. 4	0. 730
1998	1515. 3	519. 5	17. 0	2017. 8	0. 751
1999	1424. 5	667. 3	20. 4	2071. 4	0. 688
2000	1541. 1	1272. 1	21. 1	2792. 1	0. 552
2001	1540. 7	1638. 2	24. 8	3154. 1	0. 488
2002	1650. 5	1384. 8	27. 6	3007. 8	0. 549
2003	1539. 3	2319. 5	26. 8	3832. 0	0. 402
2004	1740. 4	2225. 5	33. 5	3932. 5	0. 443
2005	1635. 0	2903. 6	39. 7	4499. 0	0. 363
2006	1550. 0	3065. 5	37. 9	4577. 6	0. 339
2007	1272. 5	3315. 0	45. 7	4541. 9	0. 280
2008	1554. 2	3953. 1	46. 6	5460. 8	0. 285
2009	1498. 1	4491. 8	34. 7	5955. 2	0. 252
2010	1508. 3	5700. 6	16. 4	7192. 5	0. 210
2011	1448. 5	5245. 3	20. 8	6673. 0	0. 217

数据来源：FAO database（Item Code：236），2011 贸易数据来自 UN COMTRADE。

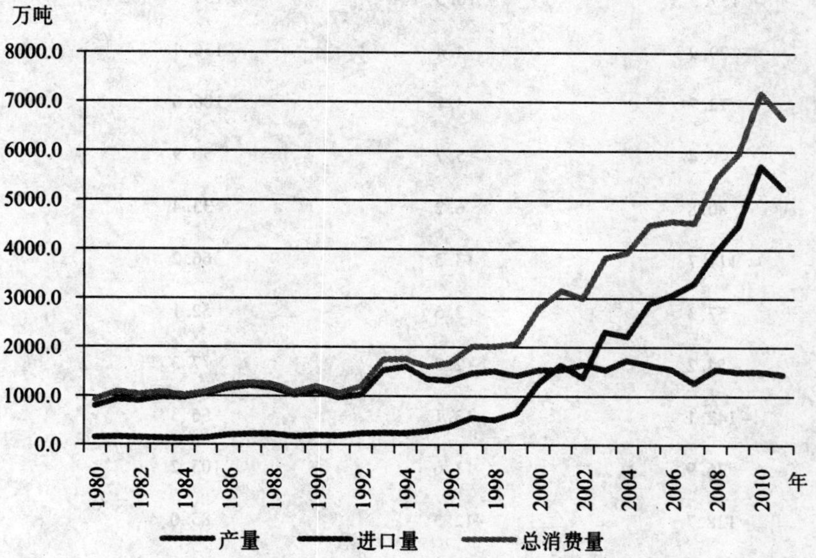

图 10－1　中国大豆的产量和进出口

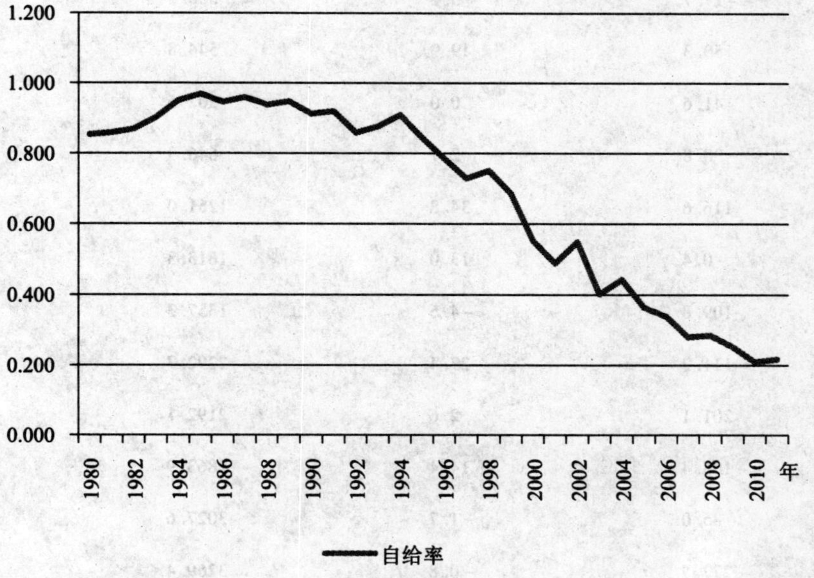

图 10－2　中国大豆自给率

表 10－2　中国大豆产销变化率

年　份	产出增量（万吨）	总消费增速（%）	净进口（万吨）	进口增量（万吨）
1981	137.5	16.5	154.4	16.7
1982	-29.9	-4.4	136.4	-16.9
1983	72.7	4.1	106.6	-9.7
1984	-6.4	-5.7	50.9	-7.1
1985	80.8	6.2	33.4	12.5
1986	111.7	13.3	66.2	56.0
1987	57.3	3.5	52.1	20.1
1988	-54.2	-2.3	77.3	1.9
1989	-142.1	-13.1	56.3	-44.0
1990	76.9	11.6	105.2	18.2
1991	-128.7	-12.3	85.0	-3.3
1992	59.1	13.6	169.7	39.6
1993	501.0	45.6	216.1	17.9
1994	68.8	0.8	161.2	-9.1
1995	-250.0	-9.1	250.1	43.2
1996	-27.7	5.2	360.5	92.1
1997	150.3	19.9	544.8	183.6
1998	41.6	0.0	502.5	-43.9
1999	-90.8	2.7	646.9	147.9
2000	116.6	34.8	1251.0	604.8
2001	-0.4	13.0	1613.3	366.1
2002	109.8	-4.6	1357.3	-253.3
2003	-111.2	27.4	2292.7	934.6
2004	201.1	2.6	2192.1	-93.9
2005	-105.4	14.4	2863.9	678.1
2006	-85.0	1.7	3027.6	161.9
2007	-277.5	-0.8	3269.4	249.5
2008	281.7	20.2	3906.5	638.1
2009	-56.1	9.1	4457.1	538.7
2010	10.2	20.8	5684.2	1208.8
2011	-59.8	-7.2	5224.5	-455.3

数据来源：根据表 10－1 计算。

核算点评

（1）中国大豆的消费量从1980年的934万吨上升为2011年的6673万吨，增加到7.1倍（表10－1）。稻谷的消费量从1980年的13991万吨上升为2011年的20100万吨，为1.43倍。小麦的消费量从5521万吨上升为11740万吨，增至2.13倍。玉米的消费量从6260万吨上升为19278万吨，增至3.08倍。大豆的消费量增速远远超过各类主要谷物的消费量。反映出对中国农业对饲料的需求迅速上升。

（2）中国大豆产量从1980年的796.6万吨逐年上升，到2005年达到顶峰1635万吨，随后产量逐年下降，在2011年维持在1448万吨上下（表10－1）。

（3）大豆净进口量从1980年的137.5万吨上升到2011年的5224.5万吨。大豆的自给率从1985年的96.9%下降为2011年的21.7%（表10－2）。

（4）长期以来中国一直出口大豆。东北大豆价廉物美，名扬天下。可是，从1990年以后，大豆进出口形势突然逆转，进口数量越来越多。1998年进口大豆432万吨，1999年翻了一番，达到1042万吨。从此以后，大豆进口量就像断线的风筝，逐年上升。三年以后再翻了一番，2003年达到2074万吨。再三年后又上了一个千万吨台阶，在2007年达到3082万吨。在2011年大豆进口量高达5245.3万吨。有人在媒体上惊呼，中国大豆已经全军覆灭，让外国企业控制了中国大豆市场。这是真的吗？

（5）有人说："这种沧桑巨变是国际资本操纵大豆供销链条的结果。""资本对大豆的控制不仅损害了出口国豆农、进口国豆农、消费者的利益，而且损害了人类环境与人类健康。"① 这种说法须得斟酌。事实上，中国进口大豆恰恰是反映了比较优势的最佳选择。在中国大量进口大豆的同时实现了中国农民、大豆出口国农民和国际消费者利益的优化，达到了"三赢"格局。

① 参阅王绍光，"大豆的故事——资本如何危及人类安全"，《开放时代》，2013年第3期，第87页。

表 10-3　　　　主要大豆生产国产量（百万吨）

年　份	美国	巴西	阿根廷	中国	其他	全球总产出
1980	48.9	15.2	3.5	8.0	5.5	81.0
1981	54.4	15.0	3.8	9.3	6.0	88.5
1982	59.6	12.8	4.2	9.0	6.5	92.1
1983	44.5	14.6	4.0	9.8	6.6	79.5
1984	50.6	15.5	7.0	9.7	7.9	90.8
1985	57.1	18.3	6.5	10.5	8.7	101.2
1986	52.9	13.3	7.1	11.6	9.5	94.4
1987	52.7	17.0	6.7	12.2	11.5	100.1
1988	42.2	18.0	9.9	11.7	11.8	93.5
1989	52.4	24.1	6.5	10.2	14.1	107.3
1990	52.4	19.9	10.7	11.0	14.4	108.5
1991	54.1	14.9	10.9	9.7	13.7	103.3
1992	59.6	19.2	11.3	10.3	14.0	114.5
1993	50.9	22.6	11.0	15.3	15.3	115.2
1994	68.4	24.9	11.7	16.0	15.3	136.5
1995	59.2	25.7	12.1	13.5	16.5	127.0
1996	64.8	23.2	12.4	13.2	16.6	130.2
1997	73.2	26.4	11.0	14.7	19.0	144.4
1998	74.6	31.3	18.7	15.2	20.3	160.1
1999	72.2	31.0	20.0	14.2	20.3	157.8
2000	75.1	32.7	20.1	15.4	18.0	161.3
2001	78.7	39.1	26.9	15.4	18.2	178.3
2002	75.0	42.8	30.0	16.5	17.4	181.7
2003	66.8	51.9	34.8	15.4	21.8	190.7
2004	85.0	49.6	31.6	17.4	22.0	205.5
2005	83.4	51.2	38.3	16.4	25.1	214.3
2006	83.5	52.5	40.5	15.5	26.3	218.4
2007	72.9	57.9	47.5	12.7	28.6	219.6
2008	80.5	59.9	46.2	15.5	28.7	231.0
2009	91.4	57.3	31.0	15.0	28.4	223.2
2010	90.6	68.8	52.7	15.1	37.9	265.0
2011	83.2	74.8	48.9	14.5	39.6	260.9

数据来源：FAO database（Item Code：236）。

表 10-4　　各国大豆产量占比（%）

年　份	美国	巴西	阿根廷	中国	其他	全球总产出
1980	60.4	18.8	4.3	9.9	6.8	100.0
1981	61.5	16.9	4.3	10.5	6.8	100.0
1982	64.7	13.9	4.6	9.8	7.1	100.0
1983	56.0	18.4	5.0	12.3	8.3	100.0
1984	55.7	17.1	7.7	10.7	8.7	100.0
1985	56.4	18.1	6.4	10.4	8.6	100.0
1986	56.0	14.1	7.5	12.3	10.1	100.0
1987	52.6	17.0	6.7	12.2	11.5	100.0
1988	45.1	19.3	10.6	12.5	12.6	100.0
1989	48.8	22.5	6.1	9.5	13.1	100.0
1990	48.3	18.3	9.9	10.1	13.3	100.0
1991	52.4	14.4	10.6	9.4	13.3	100.0
1992	52.1	16.8	9.9	9.0	12.2	100.0
1993	44.2	19.6	9.5	13.3	13.3	100.0
1994	50.1	18.2	8.6	11.7	11.2	100.0
1995	46.6	20.2	9.5	10.6	13.0	100.0
1996	49.8	17.8	9.5	10.1	12.7	100.0
1997	50.7	18.3	7.6	10.2	13.2	100.0
1998	46.6	19.6	11.7	9.5	12.7	100.0
1999	45.8	19.6	12.7	9.0	12.9	100.0
2000	46.6	20.3	12.5	9.5	11.2	100.0
2001	44.1	21.9	15.1	8.6	10.2	100.0
2002	41.3	23.6	16.5	9.1	9.6	100.0
2003	35.0	27.2	18.2	8.1	11.4	100.0
2004	41.4	24.1	15.4	8.5	10.7	100.0
2005	38.9	23.9	17.9	7.7	11.7	100.0
2006	38.2	24.0	18.5	7.1	12.0	100.0
2007	33.2	26.4	21.6	5.8	13.0	100.0
2008	34.8	25.9	20.0	6.7	12.4	100.0
2009	40.9	25.7	13.9	6.7	12.7	100.0
2010	34.2	26.0	19.9	5.7	14.3	100.0
2011	31.9	28.7	18.7	5.6	15.2	100.0

数据来源：根据表 10-3 计算。

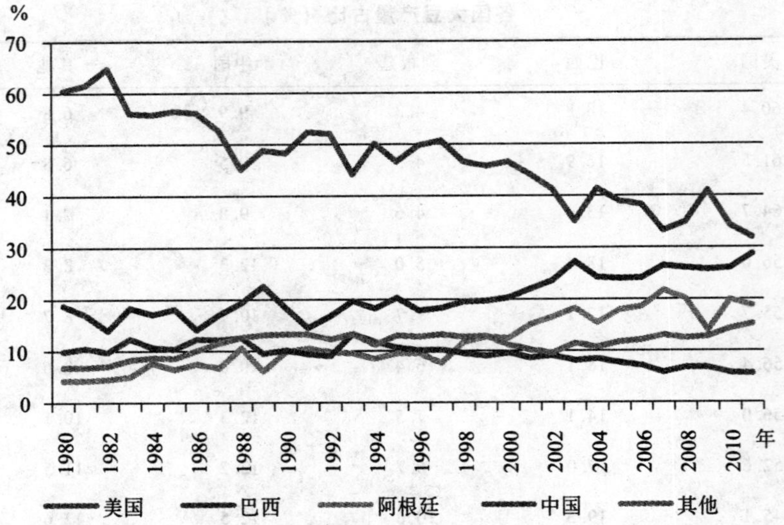

图 10－3 各国大豆产量占比

核 算 点 评

（1）在1980年世界上主要的大豆生产国依次为美国、巴西、中国和阿根廷。在相当长的时间内中国的大豆产量占全球总产量的10%左右。从1997年以后，中国生产的大豆在世界总量中所占比例逐年下降，到2011年只有5.6%，而且中国大豆占比的下降趋势仍然在继续。2011年中国大豆产量还不及阿根廷的三分之一（表10－3）。

（2）美国在1980年生产大豆4890万吨，占全球总产量的60.4%。此后，美国的大豆产量继续增加，在2011年生产了8320万吨，可是美国大豆占世界总产量的份额下降为31.9%。而巴西大豆的比重从18.8%上升为28.7%。阿根廷的比重从4.3%上升为18.7%（表10－3）。

（3）世界大豆生产的结构转移说明了什么？第一，全球大豆的需求在不断上升。第二，大豆需求的增量主要来自于中国。第三，大豆产出的增量主要来自于拉美的巴西和阿根廷。美国的大豆产量在继续增加，但是在世界市场上的占比却在下降。第四，中国自身生产的大豆逐年减少。

表 10－5　　大豆进口量（百万吨）

年 份	中国	欧盟	日本	墨西哥	其他	全球总进口
1980	1.5	16.2	4.4	0.5	4.4	27.0
1981	1.7	14.0	4.2	1.1	5.3	26.3
1982	1.5	16.3	4.3	0.7	5.9	28.7
1983	1.4	14.9	5.0	1.0	4.6	26.8
1984	1.3	13.4	4.5	2.4	4.0	25.6
1985	1.5	13.5	4.9	1.5	4.5	25.8
1986	2.0	13.7	4.8	0.8	5.7	27.1
1987	2.2	15.5	4.8	1.1	5.8	29.4
1988	2.3	13.1	4.7	1.1	5.4	26.6
1989	1.8	11.6	4.3	1.1	4.9	23.7
1990	2.0	14.2	4.7	0.9	4.5	26.3
1991	2.0	13.4	4.3	1.5	5.2	26.5
1992	2.4	15.2	4.7	2.1	5.6	29.9
1993	2.5	5.0	5.0	2.2	4.7	28.1
1994	2.4	4.7	4.7	2.5	6.2	29.6
1995	2.9	4.8	4.8	2.2	6.6	33.3
1996	3.8	4.9	4.9	3.0	6.7	32.9
1997	5.6	5.1	5.1	3.4	9.3	39.0
1998	5.2	4.8	4.8	3.5	7.7	38.5
1999	6.7	4.9	4.9	4.1	9.6	41.8
2000	12.7	16.2	4.8	4.0	10.8	48.5
2001	16.4	20.2	4.8	4.5	11.5	57.4
2002	13.8	20.4	5.0	4.4	13.1	56.8
2003	23.2	19.5	5.2	4.2	13.8	65.8
2004	22.3	16.0	4.4	3.5	12.2	58.4
2005	29.0	16.6	4.2	3.7	13.2	66.8
2006	30.7	16.1	4.0	3.8	12.0	66.5
2007	33.2	17.2	4.2	3.6	16.3	74.4
2008	37.4	14.4	3.7	3.5	20.1	79.1
2009	44.9	14.2	3.4	3.4	13.9	79.8
2010	57.0	15.4	3.5	3.8	16.0	95.7
2011	52.5	12.2	2.8	3.3	—	—

数据来源：1980—2010 数据来自 FAO 数据库（大豆编码：236），2011 贸易数据来自 UN COMTRADE。

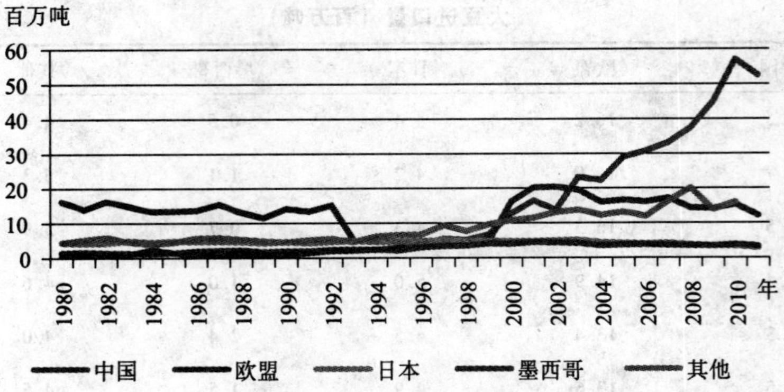

图 10－4　主要大豆进口国的进口量

表 10－6　　　　　　　　　　　　各国大豆进口占比（%）

年　份	中国	欧盟	日本	墨西哥	其他	全球总进口
1980	5.6	60.0	16.3	1.9	16.3	100.0
1981	6.5	53.2	16.0	4.2	20.2	100.0
1982	5.2	56.8	15.0	2.4	20.6	100.0
1983	5.2	55.6	18.7	3.7	17.2	100.0
1984	5.1	52.3	17.6	9.4	15.6	100.0
1985	5.8	52.3	19.0	5.8	17.4	100.0
1986	7.4	50.6	17.7	3.0	21.0	100.0
1987	7.5	52.7	16.3	3.7	19.7	100.0
1988	8.6	49.2	17.7	4.1	20.3	100.0
1989	7.6	48.9	18.1	4.6	20.7	100.0
1990	7.6	54.0	17.9	3.4	17.1	100.0
1991	7.5	50.6	16.2	5.7	19.6	100.0
1992	8.0	50.8	15.7	7.0	18.7	100.0
1993	8.9	17.8	17.8	7.8	16.7	100.0
1994	8.1	15.9	15.9	8.4	20.9	100.0
1995	8.7	14.4	14.4	6.6	19.8	100.0
1996	11.6	14.9	14.9	9.1	20.4	100.0
1997	14.4	13.1	13.1	8.7	23.8	100.0
1998	13.5	12.5	12.5	9.1	20.0	100.0
1999	16.0	11.7	11.7	9.8	23.0	100.0
2000	26.2	33.4	9.9	8.2	22.3	100.0
2001	28.6	35.2	8.4	7.8	20.0	100.0
2002	24.3	35.9	8.8	7.7	23.1	100.0
2003	35.3	29.6	7.9	6.4	21.0	100.0
2004	38.2	27.4	7.5	6.0	20.9	100.0
2005	43.4	24.9	6.3	5.5	19.8	100.0
2006	46.2	24.2	6.0	5.7	18.0	100.0
2007	44.6	23.1	5.6	4.8	21.9	100.0
2008	47.3	18.2	4.7	4.4	25.4	100.0
2009	56.3	17.8	4.3	4.3	17.4	100.0
2010	59.6	16.1	3.6	4.0	16.8	100.0

数据来源：根据表 10－5 核算。

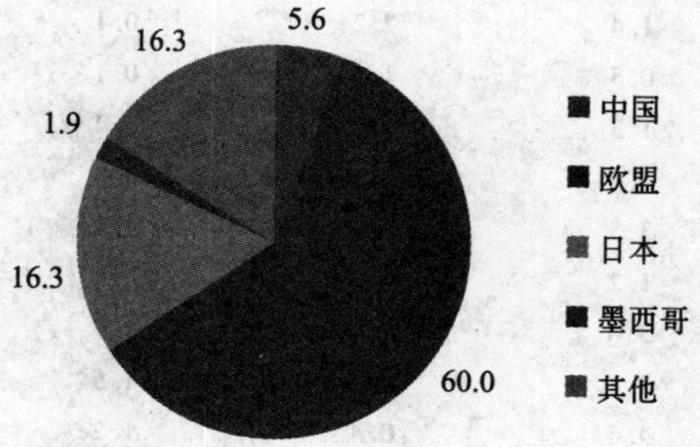

图 10－5　1980 年各国大豆进口占比（%）

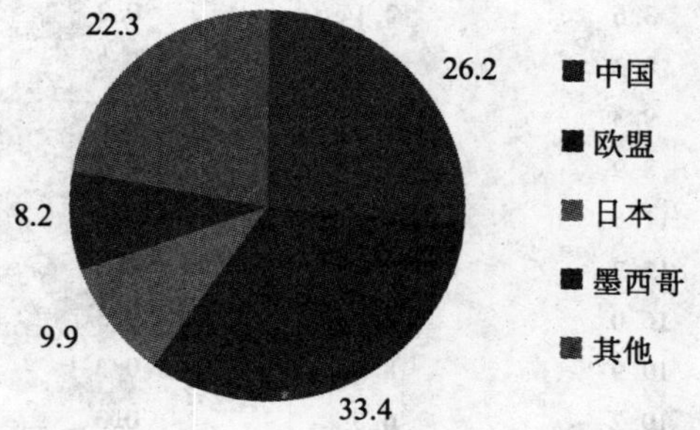

图 10－6　2000 年各国大豆进口占比（%）

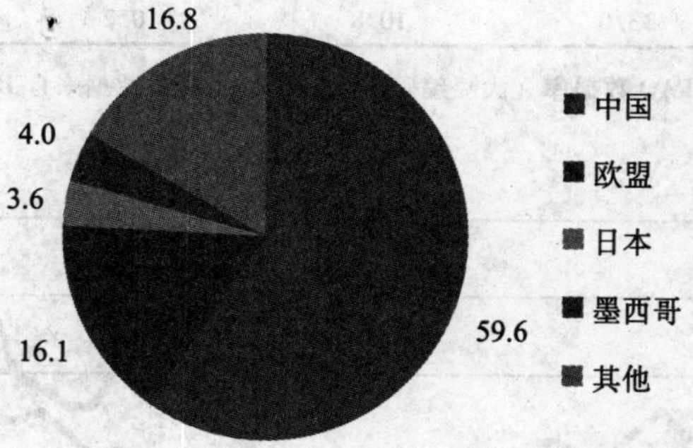

图 10－7　2011 年各国大豆进口占比（%）

表 10－7 **大豆出口量（百万吨）**

年 份	美国	巴西	阿根廷	中国	其他	全球总出口
1980	21.8	1.5	2.7	0.1	0.8	26.9
1981	21.9	1.4	2.2	0.1	0.7	26.2
1982	25.5	0.5	1.9	0.1	1.0	28.9
1983	22.7	1.3	1.4	0.4	1.1	26.6
1984	19.5	1.6	3.1	0.8	1.6	25.8
1985	17.6	3.5	3.0	1.1	2.1	26.2
1986	21.4	1.2	2.6	1.4	2.5	27.7
1987	21.3	3.0	1.4	1.7	3.5	29.2
1988	17.9	2.6	2.1	1.5	3.5	26.1
1989	15.2	4.6	0.4	1.2	3.4	23.6
1990	15.5	4.1	3.2	0.9	3.1	25.9
1991	17.6	2.0	4.4	1.1	3.1	27.2
1992	19.9	3.7	3.1	0.7	2.4	29.1
1993	19.5	4.2	2.4	0.4	2.7	28.8
1994	18.1	5.4	2.9	0.8	3.7	30.1
1995	22.8	3.5	2.5	0.4	3.0	31.9
1996	26.0	3.6	2.1	0.2	3.3	34.9
1997	26.4	8.3	0.5	0.2	4.3	39.5
1998	20.4	9.3	2.8	0.2	5.5	38.0
1999	23.2	8.9	3.1	0.2	5.2	40.3
2000	27.2	11.5	4.1	0.2	4.5	47.4
2001	28.9	15.7	7.4	0.2	5.0	57.0
2002	27.4	16.0	6.2	0.3	5.1	54.6
2003	31.0	19.9	8.7	0.3	5.4	65.0
2004	25.6	19.2	6.5	0.3	6.3	57.7
2005	25.7	22.4	10.0	0.4	7.3	65.4
2006	28.1	25.0	7.9	0.4	6.9	67.9
2007	29.8	23.7	11.8	0.5	9.0	74.4
2008	40.0	24.5	11.7	0.5	2.8	79.0
2009	40.5	28.6	4.2	0.3	8.2	81.5
2010	42.4	29.1	13.6	0.2	8.3	93.4
2011	34.3	33.0	10.8	0.2	—	—

数据来源：1980—2010 数据来自 FAO 数据库（大豆编码：236），2011 贸易数据来自 UN COMTRADE。

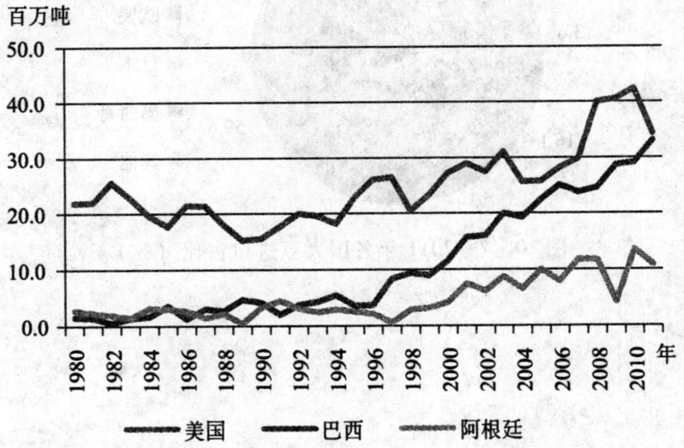

图 10－8 世界各国大豆出口量

表 10 - 8　各国大豆出口占比（%）

年份	美国	巴西	阿根廷	中国	其他	全球总出口
1980	81.0	5.6	10.0	0.5	3.0	100.0
1981	83.6	5.3	8.4	0.5	2.7	100.0
1982	88.2	1.7	6.6	0.5	3.5	100.0
1983	85.3	4.9	5.3	1.3	4.1	100.0
1984	75.6	6.2	12.0	3.2	6.2	100.0
1985	67.2	13.4	11.5	4.3	8.0	100.0
1986	77.3	4.3	9.4	4.9	9.0	100.0
1987	72.9	10.3	4.8	5.9	12.0	100.0
1988	68.6	10.0	8.0	5.7	13.4	100.0
1989	64.4	19.5	1.7	5.3	14.4	100.0
1990	59.8	15.8	12.4	3.6	12.0	100.0
1991	64.7	7.4	16.2	4.1	11.4	100.0
1992	68.4	12.7	10.7	2.3	8.2	100.0
1993	67.7	14.6	8.3	1.3	9.4	100.0
1994	60.1	17.9	9.6	2.8	12.3	100.0
1995	71.5	11.0	7.8	1.2	9.4	100.0
1996	74.5	10.3	6.0	0.5	9.5	100.0
1997	66.8	21.0	1.3	0.5	10.9	100.0
1998	53.7	24.5	7.4	0.4	14.5	100.0
1999	57.6	22.1	7.7	0.5	12.9	100.0
2000	57.4	24.3	8.6	0.4	9.5	100.0
2001	50.7	27.5	13.0	0.4	8.8	100.0
2002	50.2	29.3	11.4	0.5	9.3	100.0
2003	47.7	30.6	13.4	0.4	8.3	100.0
2004	44.4	33.3	11.3	0.6	10.9	100.0
2005	39.3	34.3	15.3	0.6	11.2	100.0
2006	41.4	36.8	11.6	0.6	10.2	100.0
2007	40.1	31.9	15.9	0.6	12.1	100.0
2008	50.6	31.0	14.8	0.6	3.5	100.0
2009	49.7	35.1	5.2	0.4	10.1	100.0
2010	45.4	31.1	14.6	0.2	8.9	100.0

数据来源：根据表 10 - 7 核算。

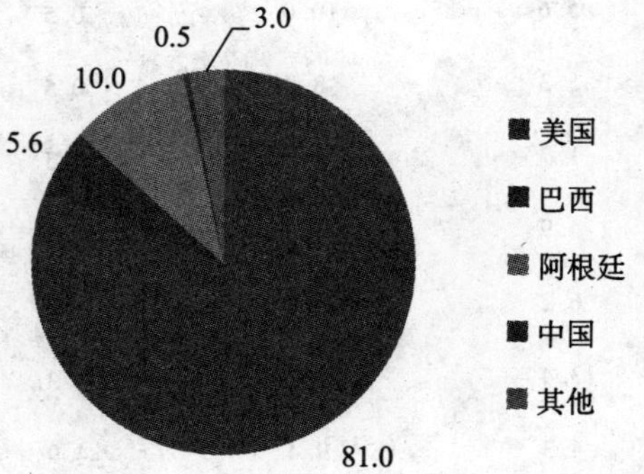

图 10－9　大豆出口占比（1980 年，%）

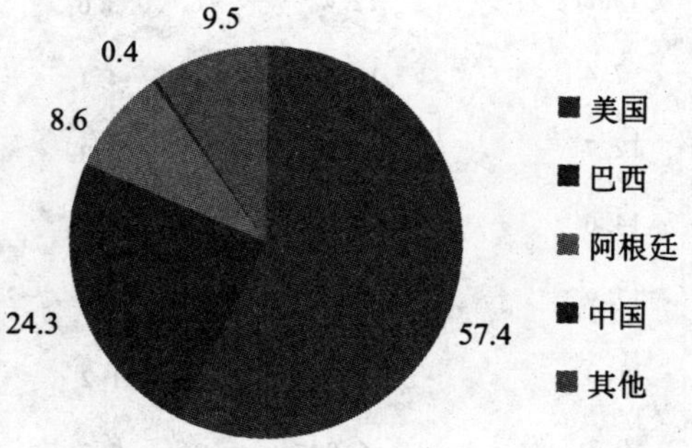

图 10－10　大豆出口占比（2000 年，%）

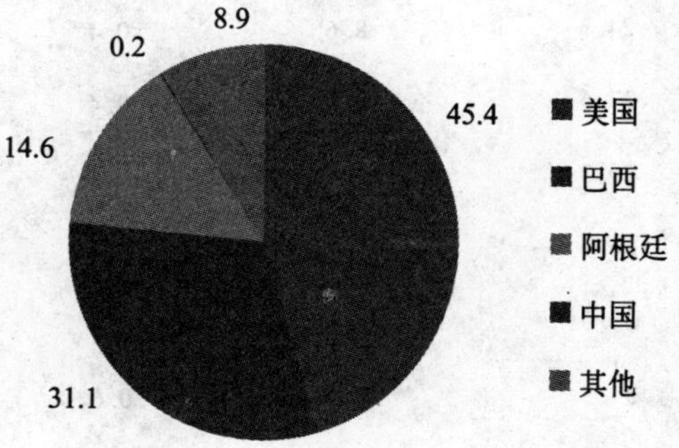

图 10－11　大豆出口占比（2011 年，%）

表 10－9　　大豆出口国对中国和世界的大豆出口量（百万吨）

年　份	美国－世界	美国－中国	比重（%）	巴西－世界	巴西－中国	比重（%）	阿根廷－世界	阿根廷－中国	比重（%）
1995	22.84	0.20	0.87	3.49	—	—	2.55	0.11	4.13
1996	25.96	1.49	5.76	3.65	0.01	0.41	2.06	0.21	10.37
1997	26.37	1.52	5.78	8.34	0.30	3.63	0.49	—	—
1998	20.39	1.24	6.07	9.27	0.94	10.19	2.84	0.41	14.36
1999	23.15	1.82	7.86	8.92	0.62	6.96	3.07	0.98	31.94
2000	27.19	5.23	19.24	11.52	1.78	15.49	4.12	2.82	68.52
2001	28.93	5.44	18.79	15.68	3.19	20.36	7.36	4.96	67.41
2002	27.43	4.38	15.97	15.97	4.14	25.94	6.16	2.79	45.30
2003	31.02	10.86	35.02	19.89	6.10	30.68	8.71	5.84	67.07
2004	25.60	9.40	36.72	19.25	5.68	29.50	6.52	4.34	66.59
2005	25.66	9.40	36.62	22.44	7.16	31.90	9.96	7.55	75.81
2006	28.12	10.33	36.73	24.96	10.77	43.15	7.87	6.32	80.23
2007	29.84	11.77	39.45	23.73	10.07	42.44	11.84	9.16	77.33
2008	34.00	16.58	48.76	24.50	11.82	48.26	11.73	9.25	78.87
2009	40.50	22.89	56.52	28.56	15.94	55.81	4.29	3.14	73.19
2010	42.40	24.34	57.41	29.07	19.06	65.57	13.62	11.29	82.89
2011	34.30	20.60	60.06	32.99	22.10	66.99	10.82	8.75	80.87

数据来源：1980－2010 数据来自 FAO 数据库，2011 贸易数据来自 UN COMTRADE。

注：此处“美国－世界”代表美国向世界出口大豆的总量，“美国－中国”代表美国向中国出口大豆的总量，“比重”表示美国向中国的出口量占其向世界出口总量的比例。

核　算　点　评

（1）中国是世界上最大的大豆进口国，也是美国、巴西和阿根廷大豆出口最大的客户。中国进口大豆占美国总出口量的60%，占巴西出口量的66.99%，占阿根廷出口量的80.7%。如果美国、巴西、阿根廷的大豆不买给中国，在地球上找不到任何其他市场可以替代中国。美国对中国的大豆出口占其总出口量的比重，从1995年的不足0.2%，上升到2008年的47%，美国约一半的大豆贸易合同来自中国。阿根廷约80%的大豆贸易合同是与中国签订的，这一比重远远高于美国和巴西。与中国的贸易额决定着阿根廷国内的大豆产量。例如，2003年，阿根廷国内大豆产量增产481.9万吨，当期对中国的出口增加了304.96万吨，占国内大豆增产的63%，2004年这一比例为46.25%，2005年为47.83%，2006年为54.99%，2007年为40.91%。这意味着，阿根廷国内大豆增产主要是受中国进口需求拉动。

（2）中国农民在近十年内逐步减少大豆的种植面积，大量进口大豆，这是农民的理性选择还是在“帝国主义”侵略或压力的结果？当年“八国联军”的洋枪大炮都没有能够强迫中国农民不种大豆，当今是什么样的压力能让中国农民改变种植结构？在分析这些问题的时候绝对不能忽视经济内在规律，更不能简单地用政治阴谋论来解释农业种植结构的变化。

（3）为了解释中国大豆生产和需求的变化必须研究主要粮食作物（稻谷、小麦、玉米和大豆）的单位土地产量、利润、用工量。显而易见，中国地少人多，中国农民希望在每单位土地上能够得到较高的产量，较大的利润。由于在中国农村尚且存在着大量剩余劳动力，农民并不十分在乎是否需要投入较多的劳动力。能够让更多的劳动力有活可干恰恰符合中国农业的比较优势。

表 10－10　　稻谷每亩成本收益

项目	主产品产量（公斤）	产值合计（元）	总成本（元）	净利润（元）	每亩用工数量（日）
1978	278.4	69.0	66.0	3.1	38.1
1985	376.9	145.4	88.3	57.0	21.9
1988	373.1	214.7	130.8	84.0	21.1
1990	414.1	264.4	169.3	95.2	20.6
1991	399.8	250.8	188.4	62.4	19.9
1992	403.8	260.0	192.3	67.7	19.3
1993	410.1	356.4	211.2	145.1	19.2
1994	412.1	614.7	298.1	316.7	18.6
1995	408.2	702.5	391.4	311.1	19.0
1996	415.8	705.7	458.3	247.5	19.0
1997	423.1	621.9	450.2	171.8	17.8
1998	421.9	593.4	437.4	155.9	16.4
1999	420.6	500.9	425.2	75.8	15.1
2000	415.1	451.7	401.7	50.1	14.6
2001	427.2	481.9	400.5	81.4	14.1
2002	420.4	453.4	415.8	37.6	13.3
2003	408.8	514.0	416.7	97.3	13.1
2004	450.9	739.7	454.6	285.1	11.9
2005	431.0	686.0	493.3	192.7	11.4
2006	436.3	720.6	518.2	202.4	10.4
2007	450.2	784.3	555.2	229.1	9.7
2008	464.2	900.7	665.1	235.6	9.1
2009	462.5	934.3	683.1	251.2	8.4
2010	447.8	1076.5	766.6	309.8	7.8
2011	464.5	1268.3	897.0	371.3	7.6

数据来源：《全国农产品成本收益资料汇编》。

表 10－11　　小麦每亩成本收益

年　份	产量（公斤）	产值（元）	总成本（元）	净利润（元）	每亩用工数量（日）
1978	156.8	49.2	55.5	－6.3	30.7
1985	198.5	94.6	68.0	26.6	14.5
1988	197.1	116.5	92.7	23.8	13.5
1990	230.3	155.4	128.4	26.9	14.0
1991	217.3	144.8	138.4	6.3	13.0
1992	233.5	170.5	149.3	21.2	12.2
1993	255.8	205.4	169.8	35.6	13.0
1994	244.0	295.5	213.2	82.3	12.0
1995	257.3	412.2	281.7	130.5	12.7
1996	260.9	452.4	359.5	92.9	12.4
1997	277.4	424.3	349.5	74.8	12.2
1998	245.9	351.3	357.5	－6.2	10.8
1999	261.3	339.5	351.5	－12.1	10.5
2000	289.8	323.7	352.5	－28.8	7.9
2001	261.4	296.1	323.6	－27.5	9.5
2002	261.9	290.0	342.7	－52.7	9.3
2003	255.2	309.4	339.6	－30.3	9.0
2004	339.8	525.5	355.9	169.6	8.1
2005	325.8	469.0	389.6	79.4	7.9
2006	351.8	522.5	404.8	117.7	7.0
2007	359.9	563.9	438.6	125.3	6.6
2008	388.3	663.1	498.6	164.5	6.1
2009	378.1	717.5	567.0	150.5	5.8
2010	370.0	750.8	618.6	132.2	5.6
2011	389.2	830.2	712.3	117.9	5.6

数据来源：《全国农产品成本收益资料汇编》。

表 10－12　　玉米每亩成本收益

年份	产量（公斤）	产值（元）	总成本（元）	净利润（元）	每亩用工数量（日）
1978	229.0	49.9	53.2	－3.3	31.1
1985	296.9	103.4	64.6	38.8	16.3
1988	313.2	145.9	94.4	51.5	16.5
1990	358.3	177.6	131.0	46.6	17.3
1991	354.5	169.3	135.3	34.0	14.6
1992	351.5	192.9	150.6	42.3	16.4
1993	369.3	251.0	155.2	95.8	15.3
1994	366.8	380.1	206.7	173.3	14.7
1995	361.6	522.3	292.2	230.1	16.0
1996	381.1	475.0	351.2	123.8	16.0
1997	348.0	428.2	358.4	69.8	15.9
1998	383.9	444.8	356.6	88.2	14.2
1999	363.2	348.4	337.2	11.2	12.8
2000	350.5	323.7	330.6	－6.9	12.4
2001	379.4	392.1	327.9	64.3	12.4
2002	392.6	382.4	351.6	30.8	11.7
2003	368.5	410.4	347.6	62.8	11.3
2004	423.6	510.6	375.7	134.9	10.0
2005	422.6	487.8	392.3	95.5	9.5
2006	423.5	556.5	411.8	144.8	8.7
2007	422.4	650.5	449.7	200.8	8.3
2008	457.2	682.7	523.5	159.2	7.9
2009	429.9	726.5	551.1	175.4	7.5
2010	452.7	872.3	632.6	239.7	7.3
2011	472.2	1027.3	764.2	263.1	7.2

数据来源：《全国农产品成本收益资料汇编》。

表 10－13 **大豆每亩成本收益**

年　份	产量（公斤）	产值（元）	总成本（元）	净利润（元）	每亩用工数量（日）
1978	87.2	38.3	35.7	2.6	22.2
1985	97.6	74.4	44.9	29.5	11.6
1988	95.4	113.6	64.2	49.4	11.6
1990	100.4	125.4	83.9	41.6	12.0
1991	94.0	118.6	87.6	31.0	10.4
1992	95.6	157.5	100.6	56.8	10.7
1993	110.9	201.1	112.3	88.8	11.1
1994	108.6	233.8	135.8	98.0	11.0
1995	116.1	316.4	186.0	130.4	10.7
1996	120.8	379.5	248.9	130.6	11.4
1997	108.6	345.4	258.3	87.1	11.2
1998	129.0	308.7	245.8	62.9	9.3
1999	121.7	255.6	220.6	35.0	7.9
2000	121.2	261.6	215.2	46.4	7.4
2001	118.6	244.1	217.6	26.5	7.4
2002	133.6	309.1	237.3	71.8	7.2
2003	119.9	366.4	254.7	111.7	7.5
2004	130.2	380.1	253.1	127.1	5.2
2005	132.2	352.0	270.5	81.5	5.1
2006	128.4	335.4	267.5	67.8	4.7
2007	110.1	467.0	291.8	175.2	4.5
2008	139.7	526.4	348.0	178.5	3.9
2009	128.8	485.7	378.2	107.5	3.9
2010	148.0	586.4	431.2	155.2	3.4
2011	146.3	610.7	488.8	122.0	3.1

数据来源：《全国农产品成本收益资料汇编》。

表 10－14　　粮食作物单位面积产量（公斤/亩）

年份	稻谷	小麦	玉米	大豆
1978	278.4	156.8	229.0	87.2
1985	376.9	198.5	296.9	97.6
1988	373.1	197.1	313.2	95.4
1990	414.1	230.3	358.3	100.4
1991	399.8	217.3	354.5	94.0
1992	403.8	233.5	351.5	95.6
1993	410.1	255.8	369.3	110.9
1994	412.1	244.0	366.8	108.6
1995	408.2	257.3	361.6	116.1
1996	415.8	260.9	381.1	120.8
1997	423.1	277.4	348.0	108.6
1998	421.9	245.9	383.9	129.0
1999	420.6	261.3	363.2	121.7
2000	415.1	289.8	350.5	121.2
2001	427.2	261.4	379.4	118.6
2002	420.4	261.9	392.6	133.6
2003	408.8	255.2	368.5	119.9
2004	450.9	339.8	423.6	130.2
2005	431.0	325.8	422.6	132.2
2006	436.3	351.8	423.5	128.4
2007	450.2	359.9	422.4	110.1
2008	464.2	388.3	457.2	139.7
2009	462.5	378.1	429.9	128.8
2010	447.8	370.0	452.7	148.0
2011	464.5	389.2	472.2	146.3

数据来源：《全国农产品成本收益资料汇编》。

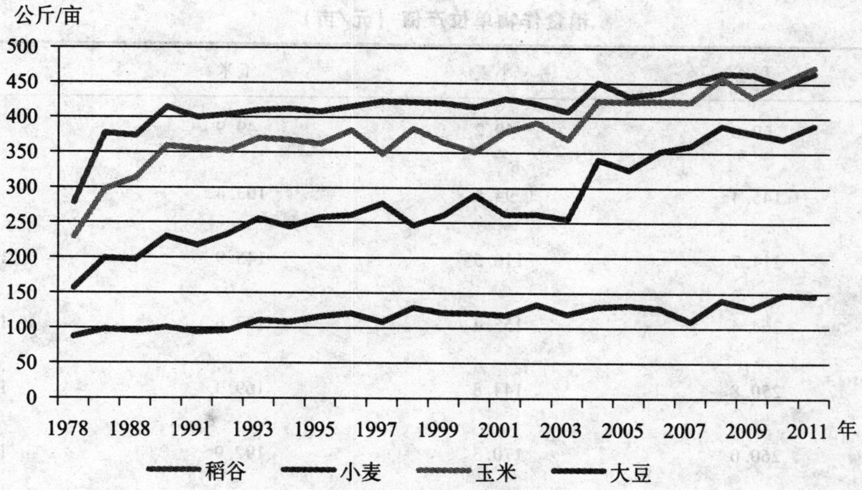

图 10－12　主要粮食作物单位面积产量

核　算　点　评

（1）必须通盘考虑国内和国际市场的供给和需求，扩大进口和出口。调整农业生产结构的基本准则是：第一，让农民手里有更多的粮食；第二，让农民获得更高的利润；第三，给农民提供更多的就业机会。

（2）减少大豆播种面积转而种植小麦或玉米，在相同条件下增加了农民收获的粮食总量。从单位面积土地产出的粮食数量来看，稻谷每亩产量平均 464 公斤，玉米 472 公斤，小麦 389 公斤，大豆只有 146 公斤。如果考虑单位耕地的产量，玉米居首，稻谷次之。不过，玉米当中还有相当一部分被用作饲料。对于口粮而言，只要有足够的水资源，农民肯定种植稻谷。和稻谷、玉米和小麦相比，大豆是低产作物。当然不会得到农民的青睐。中国土地资源特别紧张，只要有条件，农民都倾向于改旱地为水田，减少大豆、小麦或玉米的播种面积，扩大水稻种植面积。

（3）阳光照射到地球表面，通过植物的光合作用转化为粮食（或其他农产品）和秫秸。近来，人们提倡低碳经济，开发、利用太阳能是其中很重要的组成部分。种植庄稼是最古老的利用太阳能的方法。庄稼的秫秸也能派上很多用处。不仅可以当燃料，还可以用来生产酒精。因此，对于粮食作物而言，又增加了一个新的评价指标：光合作用产生的植物总量（包括粮食和秫秸）。显然，在各种粮食作物当中，玉米最高，大豆最低。减少大豆播种面积转而种植小麦或玉米，在相同条件下可以获得更多的植物总量。

表 10－15　　粮食作物单位产值（元/亩）

年　份	稻谷	小麦	玉米	大豆
1978	69.0	49.2	49.9	38.3
1985	145.4	94.6	103.4	74.4
1988	214.7	116.5	145.9	113.6
1990	264.4	155.4	177.6	125.4
1991	250.8	144.8	169.3	118.6
1992	260.0	170.5	192.9	157.5
1993	356.4	205.4	251.0	201.1
1994	614.7	295.5	380.1	233.8
1995	702.5	412.2	522.3	316.4
1996	705.7	452.4	475.0	379.5
1997	621.9	424.3	428.2	345.4
1998	593.4	351.3	444.8	308.7
1999	500.9	339.5	348.4	255.6
2000	451.7	323.7	323.7	261.6
2001	481.9	296.1	392.1	244.1
2002	453.4	290.0	382.4	309.1
2003	514.0	309.4	410.4	366.4
2004	739.7	525.5	510.6	380.1
2005	686.0	469.0	487.8	352.0
2006	720.6	522.5	556.5	335.4
2007	784.3	563.9	650.5	467.0
2008	900.7	663.1	682.7	526.4
2009	934.3	717.5	726.5	485.7
2010	1076.5	750.8	872.3	586.4
2011	1268.3	830.2	1027.3	610.7

数据来源：《全国农产品成本收益资料汇编》。

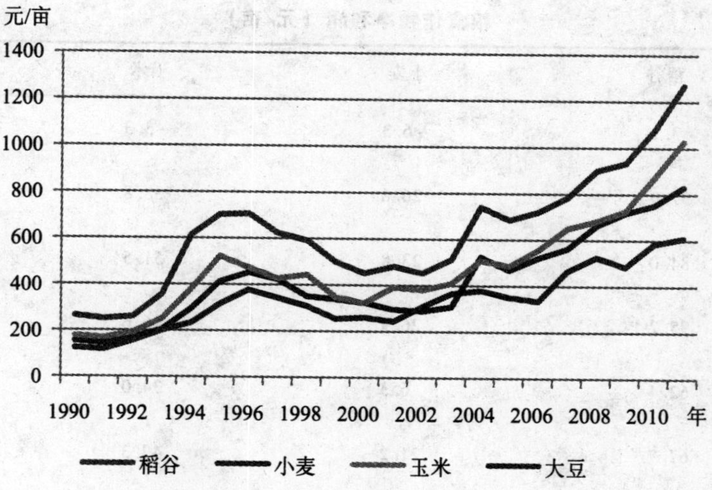

图 10－13　主要粮食作物单位面积产值

核 算 点 评

从产值来看，2011 年稻谷每亩产值 1268.3 元，小麦 830.2 元，玉米 1027.3 元，大豆只有 610.7 元。减少大豆播种面积转而种植小麦或玉米，在相同条件下增加了农民收入。显然，如果考虑单位面积的产值，农民将首选稻谷而将大豆置于最后。

表 10－16　　粮食作物净利润（元/亩）

年　份	稻谷	小麦	玉米	大豆
1978	3.1	－6.3	－3.3	2.6
1985	57.0	26.6	38.8	29.5
1988	84.0	23.8	51.5	49.4
1990	95.2	26.9	46.6	41.6
1991	62.4	6.3	34.0	31.0
1992	67.7	21.2	42.3	56.8
1993	145.1	35.6	95.8	88.8
1994	316.7	82.3	173.3	98.0
1995	311.1	130.5	230.1	130.4
1996	247.5	92.9	123.8	130.6
1997	171.8	74.8	69.8	87.1
1998	155.9	－6.2	88.2	62.9
1999	75.8	－12.1	11.2	35.0
2000	50.1	－28.8	－6.9	46.4
2001	81.4	－27.5	64.3	26.5
2002	37.6	－52.7	30.8	71.8
2003	97.3	－30.3	62.8	111.7
2004	285.1	169.6	134.9	127.1
2005	192.7	79.4	95.5	81.5
2006	202.4	117.7	144.8	67.8
2007	229.1	125.3	200.8	175.2
2008	235.6	164.5	159.2	178.5
2009	251.2	150.5	175.4	107.5
2010	309.8	132.2	239.7	155.2
2011	371.3	117.9	263.1	122.0

数据来源：《全国农产品成本收益资料汇编》。

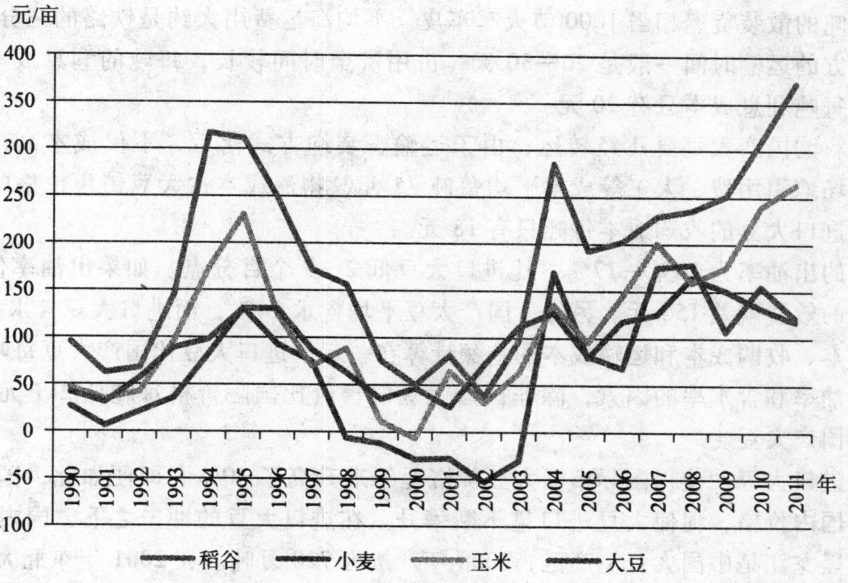

图 10－14　主要粮食作物的净利润

核　算　点　评

（1）对于农民来说，最重要的是每亩土地给他们带来的利润。2011 年稻谷每亩的净利润为 371.3 元，小麦 117.9 元，玉米 263.1 元。尽管大豆的售价比较高，单位面积的成本比较低，可是由于产量低，每亩地的利润只有 122 元。从单位面积土地来讲，小麦的利润最低，大豆次之。种植稻谷的单位面积利润比大豆高 3 倍，种植玉米比大豆高 2.16 倍。

（2）在 2004 年，国内市场上大豆价格比较高，种植大豆的净利润每亩 127.1 元，虽然略低于稻米、小麦和玉米，但是差距并不大。许多粮油公司很快就发现，国际市场上的大豆价格比国内低，既然能够从海外买到便宜的大豆，为什么非用国内的不可？尤其是南方各省，与其从东北通过公路、铁路运送大豆，还不如直接从海外进口，可以节省不少运费。于是，海外大豆滚滚而来。进口廉价大豆压低了国内大豆价格，种植大豆的净利润节节下滑。到 2006 年种植一亩大豆的净利润只有 67.8 元，是种植水稻的 33.5%，小麦的 57.6%，玉米的 46.8%。经济规律不可抗拒。无需任何行政命令，农民自然会根据市场的变化而决定种植计划。在黑龙江、吉林等大豆传统产地，许多农民主动降低大豆播种面积，改种玉米或小麦。还有一些农民将原来种植大豆的土地改种经济作物，例如人参、药材等。土地并没有被放弃，无论种什么，农民的经济效益都比种植大豆强。有些人看到国内大豆种植面积下降，总产量下滑就大声疾呼，说什么大豆生产遭遇危机，要挽救中国的大豆产业。也许他们出于一片好心，请问，明知农民穷，农村苦，还希望黑龙江的农民种利润率很低的大豆，不矛盾吗？

（3）在 1991 年国产大豆 1247 万吨，供销平衡。到 2007 年，大豆产量增加到 1720 万吨，增产 37%。大豆消费量急剧上升为 4802 万吨，增加了 285%。有人惊呼，政府应当管管，否则中国大豆行业要跨了。显然，这些人忘记了计划经济时代的教训。政府官员和农民谁更聪明？农民，只有农民才最关心自己的切身利益。中国农民不愿意增产大豆是理性的选择。

第一，大豆的亩产低于稻谷、小麦和玉米。每亩的利润也远远低于其他粮食作物。

第二，大豆生产的用水量大于其他粮食作物。

第三，使用国产大豆榨油的成本超过进口大豆。

大豆产区集中在东北，将黑龙江大豆运到南方，平均运费每吨 70 元。可是，从海外进口大豆，一艘6万吨的散装货船相当1000节火车车皮。平均海运费用大约是铁路的三分之一。从东北大豆产区到南方的运输时间一般是20—30天，占用资金时间较长，每吨的利息成本为70元，而购买进口大豆每吨利息成本只有20元。

从黑龙江收购国产大豆要几经转运，由于运输、装卸方式落后，不仅成本高，损耗也较大。装卸、验收、场地租用费、人工等成本平均每吨75元，物流成本占大豆销售价格的20%—30%。沿海各地购买进口大豆的收购成本每吨只有18元。

国产大豆的出油率为16%—17%，比进口大豆低2—3个百分点。如果出油率低一个百分点，加工每吨大豆的效益就差150元。另外，国产大豆平均含水14%，而进口大豆含水只有12%。

将利息成本、收购成本和运输成本的差额计算在一起，进口大豆比国产大豆每吨成本要低177元。再加上含油率和含水率的因素，除非国产大豆的售价比国际价格每吨低217元，沿海榨油厂才会考虑使用国产大豆。

中国大量进口大豆，使得国际市场大豆价格近年来升高了40%。即便如此，国际市场上大豆价格依然低于国内价格，促使大豆进口量不断攀升。在进口大豆的冲击之下，国内市场上大豆价格不断下跌。黑龙江是中国大豆主产区，2008年产量为720万吨。在2001年东北大豆的价格只有1995年的一半。尽管产地的大豆价格猛跌，任然滞销，卖不出去。难怪农民对种植大豆越来越没有兴趣。和2005年相比，黑龙江大豆种植面积在2006年减少了25%，2007年减少了40%[①]。

表10－17　　国内市场谷物对大豆的相对价格（以大豆价格为基准）

年　份	稻谷	小麦	玉米
1995	0.64	0.58	0.52
1996	0.54	0.55	0.39
1997	0.46	0.47	0.37
1998	0.59	0.59	0.48
1999	0.57	0.61	0.44
2000	0.50	0.51	0.42
2001	0.55	0.54	0.50
2002	0.47	0.46	0.41
2003	0.41	0.38	0.36
2004	0.57	0.53	0.41
2005	0.60	0.54	0.43
2006	0.64	0.57	0.5
2007	0.41	0.37	0.36
2008	0.52	0.45	0.39
2009	0.54	0.5	0.45
2010	0.61	0.51	0.48
2011	0.66	0.51	0.52
均值	0.55	0.51	0.44

数据来源：由《中国农业统计年鉴》2012年版数据核算。

① 参见《国情研究第八号报告》，“两种资源，两个市场”，第74页。

表 10－18　　粮食作物国际市场价格和单位面积耕地产值

2006 年				
	大豆	玉米	小麦	水稻
单产（吨/公顷）	1.721	5.394	4.55	6.232
国际价格（美元/吨）	234.8	122.1	199.7	311.2
产值（美元/吨）	404.1	658.6	908.6	1939.4
2011 年				
单产（吨/公顷）	1.8	5.7	4.8	6.7
国际价格（美元/吨）	507.3	292.3	330.1	566.2
产值（美元/吨）	931.5	1680.2	1596.7	3786.6

数据来源：《中国农村统计年鉴》，2012 年。

核 算 点 评

在国际市场上，种植大豆的单产低于稻谷、小麦和玉米。产值也显著低于稻谷、小麦和玉米（表 10－17）。可是，对于那些耕地大量闲置的经济体来说，只要能够拿到订单，种植大豆总比闲置土地更好。

在国际市场上水稻比大豆贵 1.33 倍（表 10－17），但在国内市场，水稻的年均价格仅为大豆的 86%（表 10－16）。2006 年，水稻的单产为 6232 千克/公顷，大豆单产为 1721 千克/公顷，如果将一公顷大豆改种水稻，再进行国际贸易，出口水稻，进口大豆，那么种植一公顷水稻能换回 8259.8 千克大豆，比每公顷生产的大豆 1721 千克多了 6538.8 千克，折合约 2.2 万元人民币。也就是说，如果没有其他条件制约，农民应当改大豆为水稻，并通过国际贸易获得更高的收入。

同理，如果将种大豆的土地改种玉米和小麦，每公顷能分别增收 7060.6 元及 3561.7 元。在国际市场上，虽然玉米、小麦的价格要低于大豆（国内两者之间的价差更大），可是用玉米与小麦替代大豆仍然有利可图（表 10－17）。

2008 年，国际市场小麦价格 2616 元/吨；国内 1656 元/吨，国际价格高过国内 57.9%。国际市场上大米每吨 4622 元，国内 2950 元/吨，国际价格高出 80%。显然，如果从海外进口大米和小麦都要亏损，而适当出口可以帮助农民提高收入。国际市场大豆价格 3409 元/吨，国内价格为 4808 元/吨。每吨相差 1399 元。为什么不进口？国际市场上玉米价格为每吨 1654 元，国内市场为 1608 元，国际价格仅比国内高 3%，基本相同。是否进口，要看情况而定。

表 10－19　　粮食作物每亩用工量（日）

年　份	稻谷	小麦	玉米	大豆
1978	38.1	30.7	31.1	22.2
1985	21.9	14.5	16.3	11.6
1988	21.1	13.5	16.5	11.6
1990	20.6	14.0	17.3	12.0
1991	19.9	13.0	14.6	10.4
1992	19.3	12.2	16.4	10.7
1993	19.2	13.0	15.3	11.1
1994	18.6	12.0	14.7	11.0
1995	19.0	12.7	16.0	10.7
1996	19.0	12.4	16.0	11.4
1997	17.8	12.2	15.9	11.2
1998	16.4	10.8	14.2	9.3
1999	15.1	10.5	12.8	7.9
2000	14.6	7.9	12.4	7.4
2001	14.1	9.5	12.4	7.4
2002	13.3	9.3	11.7	7.2
2003	13.1	9.0	11.3	7.5
2004	11.9	8.1	10.0	5.2
2005	11.4	7.9	9.5	5.1
2006	10.4	7.0	8.7	4.7
2007	9.7	6.6	8.3	4.5
2008	9.1	6.1	7.9	3.9
2009	8.4	5.8	7.5	3.9
2010	7.8	5.6	7.3	3.4
2011	7.6	5.6	7.2	3.1

数据来源：《全国农产品成本收益资料汇编》。

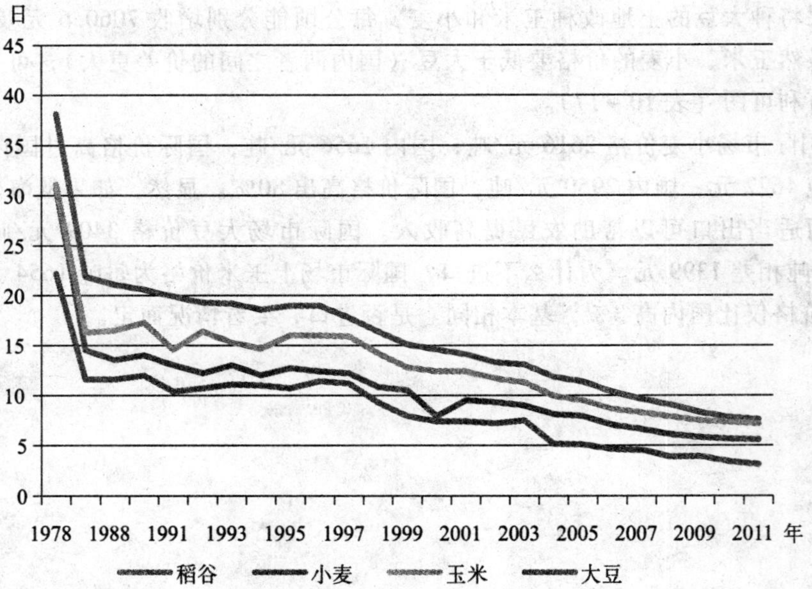

图 10－15　各种农作物的用工量

表 10－20　　农作物用工量

作物	每亩用工（工日/亩）	作物	每亩用工（工日/亩）
1. 粮食			
稻谷	19.29	谷子	11.47
红薯干	19.16	大豆	10.73
玉米	16.36	高粱	10.7
小麦	12.19		
2. 油料			
花生	20.24	芝麻	10.89
油菜籽	15.73	葵花籽	8.16
3. 经济作物			
晒烟	53.12	甘蔗	38.84
苎麻	50.86	熟黄红麻	26.15
烤烟	49.8	甜菜	18.68
棉花	41		
4. 蔬菜			
大棚黄瓜	162.27	菜花	52.34
大棚西红柿	146.09	萝卜	44.22
黄瓜	124.24	大白菜	38.11
豆角	58.04	菠菜	34.23
茄子	57.46	马铃薯	25.66
元白菜	54.53		
5. 水果			
苹果	63.34	柑	79.54
柑橘	76.86	桔	79.54
6. 药材			
人参	1193.81	当归	181.97
黄连	276.79	茯苓	128.22
7. 土特产品			
茶叶	54.93		

数据来源：中国科学院国情分析研究小组，《农业与发展》，国情研究第五号报告（1992）。

核 算 点 评

（1）减少大豆播种面积转而种植小麦、玉米或其他经济作物，在相同条件下增加了农民就业机会。

（2）在2011年，中国农村还存在着8000万以上的剩余劳动力。由于剩余劳动力的边际劳动力产出等于零，对于大部分农民来说，在选择种植品种的时候，他们更关注单位面积的农作物带来的利润。只要能获利，农民并不吝惜投入劳动力。从每亩用工量来看，2011年稻谷每亩用工7.6日，小麦5.6日，玉米7.2日，大豆3.1日（表10－18）。大豆用工最少。在粮食作物当中，稻谷属于劳动力密集型作物，而大豆属于土地密集型作物。在人多地少的情况下，虽然水稻用工量比大豆多，但是水稻单位面积的产量和利润都比大豆高，只要能够解决灌溉问题，农民普遍愿意多种水稻。种植水稻比小麦和大豆能够提供更多的就业机会。蔬菜、水果和经济作物用工数量都比较多。一般来说，用工越多的农产品价格越高，种植利润也比较高。中国农村早已出现种粮收益低、增产不增收的现象。其实，除了粮食之外还有许多经济作物可供选择，从农民收入来看，种什么也比种粮合算。针对中国农村有大量剩余劳动力的特点，理应大力发展劳动力密集型产品，根据各地不同的自然条件发展特色农业。例如，在山区因地制宜地种植各种果林，发展各种林产品，如核桃、松子、栗子和茶叶等。针对中国有广阔的内陆水域和海洋水域、滩涂的特点，发展水产养殖业，大量出口各种鱼、虾、贝、藻等。根据市场需求发展花卉、药材和其他经济作物等。除了供应国内市场，不断改善人民生活水平之外，还可以大量出口，在换回谷物同时，大幅度地增加农民收入。药材种植用工最多（表10－19）。因此，只要药材有市场，价格合理，农民都愿意多种药材。

（3）土地稀缺是不可改变的现状，毫无争议，只要有可能，农民就应当减少土地密集型作物的播种面积，而将宝贵的土地资源转向劳动力密集型作物。扩大粮食进口还有利于环境保护和农业的可持续发展。由于人口继续增长，对粮食需求量持续上升，如果把部分牧地和林地开垦为耕地，或者过度利用土地，过度施肥，有可能破坏生态系统，造成严重的水土流失和地力下降等。

（4）和那些粮食出口国相比，中国的土地密集型农产品（例如：大豆、大麦等）没有比较优势，而劳动力密集型农产品和有些技术密集型农产品具有明显的比较优势。必须认清经济发展规律，加速农业生产结构调整。减少饲料播种面积，多种一些产量和利润都比较高的粮食作物和经济作物。同时，扩大开放程度，尽量利用海外自然资源，进口一些饲料，调剂余缺，减轻农业对环境的压力，提高中国农民的福祉。

表 10 - 21　　美国大豆成本与收益（亿美元）

年　份	总收益	生产成本	净收益
1975	139.8	187.5	-47.7
1980	199.6	279.8	-80.1
1985	166.1	266.8	-100.7
1990	193.6	287.4	-103.8
1995	218.5	340.9	-122.4
2006	254.9	278.1	-23.3
2007	357.9	301.2	56.8
2008	450.6	336.1	114.5
2009	437.1	359.8	77.4
2010	449.3	379.8	69.5
2011	525.4	401.6	123.7

数据来源：美国农业部 USDA。

核 算 点 评

（1）在2006年以前，美国农民种植大豆的生产成本高于收益，如果没有美国政府补贴，种植大豆必定亏本。历年来，美国政府逐步加大对大豆生产的补贴，尤其是《2002年农业法》生效以来，美国实施大量补贴政策，例如市场营销贷款补贴、贷款差价补贴、直接补贴和反周期补贴等。WTO规定，各国农业补贴必须限制在1992年的水平。根据巴西农业部的估计，美国1992年的大豆补贴为1.2亿美元，而2001年美国大豆补贴为25亿美元。

（2）由于中国大量进口大豆，美国农民从中获利匪浅。自从中国大量进口大豆之后，大豆的价格大幅度上升，美国农民种植大豆的净收益才由负变正，扭亏为盈，大大提高了美国农民种植大豆的积极性。中国进口大豆帮助美国农场主摆脱困境，促进了美国大豆生产。美国农场主非常欢迎中国的大豆订单，不仅给他们带来利润，还提供了许多就业机会，提高了土地资源利用效率。

（3）在大豆生产上，美国、巴西和阿根廷具有明显的比较优势。美国的人均耕地面积0.578公顷，中国只有0.109公顷，美国的人均耕地面积是中国的5.3倍。在土地资源上美国具有明显的优势，特别适合种植大豆这样土地密集型作物。

（4）农业机械在大豆种植中能够充分发挥用武之地。2007年美国100公顷耕地拥有的拖拉机的数量为273台，而中国仅为65台。在美国大豆生产成本中，机械成本占21.7%，而劳动力成本比重仅为0.64%。机械化生产使美国大豆单位面积产量从1992年每英亩39.2蒲式耳上升至2006年的44.6蒲式耳，提高了14%。美国大豆2006年的总产量较1992年增长了46%。高度机械化使美国每公顷大豆的产量比中国多了0.63吨，两者相差1.4倍[①]。中国大豆产量在2002年为1893千克/公顷，2003年下降到每公顷1653千克，2004、2005、2006年分别为1815、1705和1721千克，长期徘徊在这个水平上，并没有显著提高[②]。显而易见，美国在大豆生产上具有明显的比较优势。

① 数据来自于美国农业部。

② 数据来源：《中国农村统计年鉴》，2008年，第138页。

表 10-22　　中国畜产品产量及饲料粮消费量（万吨）

年份	肉	蛋	奶	饲料粮消费量
1978	856.3	—	97.1	4575.0
1980	1205.4	256.6	136.7	6251.0
1981	1260.9	—	154.9	7003.5
1982	1350.8	280.9	195.9	7609.0
1983	1402.1	332.3	221.9	7799.4
1984	1540.6	431.6	259.6	9894.5
1985	1926.5	534.7	289.4	10775.8
1986	2112.4	555.0	332.9	10823.4
1987	2213.5	590.2	378.8	10763.9
1988	2479.5	695.5	418.9	10442.6
1989	2628.5	719.8	435.8	10246.5
1990	2857.0	794.6	475.1	10894.0
1991	3144.4	922.0	524.3	11655.5
1992	3430.7	1019.9	563.9	13019.7
1993	3841.5	1179.8	563.7	13409.8
1994	4499.3	1479.0	608.9	13649.3
1995	4076.4	1676.7	672.8	14536.5
1996	4584.0	1965.2	735.8	14783.9
1997	5268.8	1897.1	681.1	14924.0
1998	5732.8	2021.3	745.4	15983.6
1999	5820.7	2134.7	806.9	16268.3
2000	6125.4	2243.3	919.1	16100.0
2001	6333.9	2336.7	1122.9	16294.0
2002	6586.5	2462.7	1400.4	16454.0
2003	6932.9	2606.7	1848.6	16480.0
2004	7244.8	2723.7	2368.4	16500.0
2005	7743.1	2879.5	2864.8	16858.0
2006	7089.0	2408.8	3302.5	17000.0
2007	68653.7	2513.4	3633.4	17150.0
年均增长率	7.7%	8.8%	13.8%	4.7%

数据来源：尹成杰，《粮安天下》，机械工业出版社 2009 年版，第 293 页。

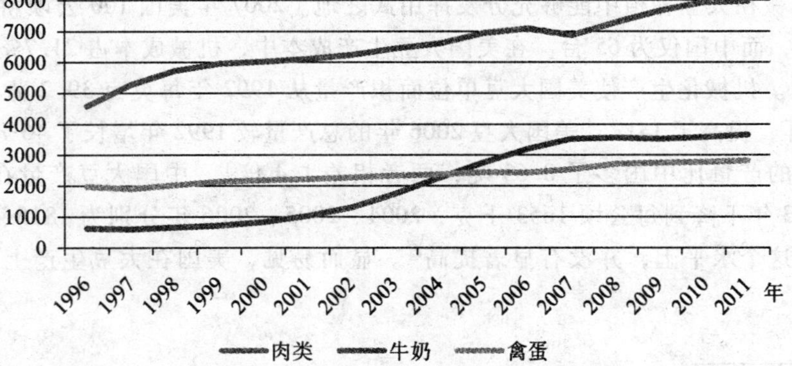

图 10-16　中国肉类、牛奶和禽蛋的产量

数据来源：《中国统计年鉴》2013 年，第 484 页。

核 算 点 评

（1）改革开放以来，中国人的生活水平大大提高，对肉禽奶蛋和水产品的要求与日俱增。肉类总产量从1999年的5821万吨上升为2007年的6866万吨，增加18%。禽蛋产量从2134万吨上升为2529万吨，上升19%。水产品从3570万吨上升为4747万吨，上升幅度高达33%。奶类产量从807万吨上升为3633万吨，总产量增加了3.5倍（表10－22）。

（2）与此对应，饲料用量也逐年增加。1978年为4575万吨，2007年达17150万吨，年均增长率为4.7%。1978年饲料占粮食总产量的比重仅为15%，1990年为24.4%，1995年为31.2%，2007年为34.2%。根据《中国食物与营养发展纲要》预计，2010年饲料粮需求量将为24510万吨，比2007年增长42.9%，占当年粮食消费量的46.7%。这个现象与当年日本、韩国、台湾极其相似。自改革开放以来，肉类的年均增长率为7.7%。蛋类增长率为8.8%，奶类增长率为13.8%。中国粮食总产量以每年1.7%的速度增长，而饲料粮消费量的增长速度4.7%（表10－22）。显然，饲料消费量的增长速度超过粮食的增速。随着动物性食品消费增加，口粮消耗将呈现下降趋势，而饲料需求将持续上升。

（3）中国的豆油和豆制品市场的消费量并没有发生重大变化。随着人民生活水平的提高，对豆油、豆制品的需求量也会逐渐增加。可是，大豆不能当饭吃，人们对豆油和豆制品的需求只能缓慢地增加。尽管中国人喜欢吃豆腐，可也没有见过哪一个在最近几年内拼命吃豆腐。

（4）大豆的主要用途是饲料，占总量的60.4%，榨油用去14.6%，用作口粮的部分只有15.9%，工业用途7.5%，种子1.7%①。中国大豆进口突然暴涨的原因只有一个：大豆榨油之后的豆粕是家禽、家畜和水产鱼虾的优良饲料，大豆进口量上升反映了对饲料需求的增长。

（5）从1980年到2007年，全国粮食播种面积减少9.9%。其中稻谷播种面积减少14.6%，小麦减少17.8%，玉米增加46%，大豆也增加了21%。在粮食播种总面积减少的情况下，饲料播种面积有增无减。在2007年生产的15230万吨玉米当中用于饲料的有9800万吨，占玉米总产量的64.3%。从2000年到2007年中国谷物增产5110万吨。其中稻谷减产187万吨，小麦增产965万吨，玉米增产4630万吨。谷物增产量中有90%是玉米，而这些玉米几乎都被用于饲料。

（6）为了适应市场对饲料的需求，玉米的播种面积和产量都大幅度上升，尽管如此，还是难以满足市场对饲料的需求。中国面临着一个选择，是扩大国内饲料耕种面积，增加饲料生产，还是转向国际市场，从海外进口饲料。通过对玉米和大豆的生产成本、利润、进口成本、对土地和水资源的利用率等多种要素比较，可以清楚地得出结论：种大豆不如种玉米，种玉米不如进口玉米，进口玉米不如进口大豆。于是，中国人做出了理性的选择：在国内减少大豆播种面积，增加玉米播种面积，从海外市场大量进口大豆。

① 大豆消费结构数字来源于2005年《中国粮食发展报告》，第100页。

表 10－23　　中国出口水产品和进口大豆

年份	进口大豆（万吨）	出口生猪（亿美元）	出口水产品（亿美元）	出口蔬菜（亿美元）	出口水果（亿美元）
1995	29	2.77	20.87	15.7	1.8
2000	1042	2.31	22.67	15.8	3.4
2006	2824	2.25	47.41	39.8	10.9
2007	3082	2.61	47.48	42.2	13.7
2008	3744	3.83	51.77	41.67	18.22
2009	4255	3.3	68.09	49.96	21.62
2010	5480	3.39	88.02	79.81	24.11
2011	5264	4.52	109.84	93.5	28.39

资料来源：《中国农村统计年鉴》，2012 年。

表 10－24　　中国水产品产量（万吨）

年份	总产量	海水产品			淡水产品		
			天然产品	人工养殖		天然产品	人工养殖
1978	465.4	359.5	314.5	45.0	105.9	29.6	76.2
1980	449.7	325.7	281.3	44.4	124.0	33.9	90.2
1985	705.2	419.7	348.5	71.2	285.4	47.6	237.8
1990	1237.0	713.3	550.9	162.4	523.7	78.3	445.4
1991	1350.8	800.1	609.6	190.5	550.7	91.5	459.2
1992	1557.1	933.7	691.2	242.4	623.5	90.1	533.4
1993	1823.0	1076.0	767.3	308.7	747.0	102.9	644.1
1994	2143.2	1241.5	895.8	345.7	901.7	116.7	785.0
1995	2517.2	1439.1	1026.8	412.3	1078.1	137.3	940.8
1996	3288.1	2012.9	1249.0	763.9	1275.2	176.3	1099.0
1997	3118.6	1888.1	1196.4	691.7	1230.5	163.5	1067.0
1998	3382.7	2044.5	1292.6	752.0	1338.1	197.5	1140.6
1999	3570.1	2145.3	1293.4	851.9	1424.9	198.0	1226.9
2000	3706.2	2203.9	1275.9	928.0	1502.3	193.4	1308.9
2001	3795.9	2233.5	1244.1	989.4	1562.4	186.2	1376.2
2002	3954.9	2298.5	1238.0	1060.5	1656.4	194.7	1461.7
2003	4077.0	2332.8	1237.0	1095.9	1744.2	213.3	1530.9
2004	4246.6	2404.5	1253.2	1151.3	1842.1	209.6	1632.5
2005	4419.9	2465.9	1255.1	1210.8	1954.0	221.0	1733.0
2006	4583.6	2509.6	1245.4	1264.2	2074.0	220.4	1853.6
2007	4747.5	2550.9	1243.6	1307.3	2196.6	225.6	1971.0
2008	4895.6	2598.3	1258.0	1340.3	2297.3	224.8	2072.5
2009	5116.4	2681.6	1276.3	1405.2	2434.8	218.4	2216.5
2010	5373.0	2797.5	1315.2	1482.3	2575.5	228.9	2346.5
2011	5603.2	2908.0	1356.7	1551.3	2695.2	223.2	2471.9

数据来源：《中国统计年鉴》2012 年，第 486 页。

核 算 点 评

（1）水产品的产量从改革开放初期，1980 年的 449.7 万吨上升为 2011 年的 5603.2 万吨，增加了 12.46 倍。其中，海水养殖从 44.4 万吨上升为 1551.3 万吨，增加 35 倍。淡水养殖从 90.2 万吨上升为 2471.9 万吨，增加 27.4 倍（表 10－24）。毫无疑问，水产养殖业的高速发展需要越来越多的饲料。在水产养殖的饲料中，豆粕是主要成分。水产养殖极大地推动了大豆的需求。

（2）在中国大量进口大豆同时，水产品出口急剧增加，中国出口的大虾和海鲜鱼类登上了美国、日本和韩国的餐桌。我们可以清楚地观察到这样一条生产－消费链：从美国、阿根廷和巴西运来大豆，榨油之后，中国渔民用豆粕饲养各种水产，随后向美国、日本等国出口。和制造业中的来料加工有几分相似，中国进口的大豆当中有相当一部分被转化为水产，送了出去。大豆是土地密集型作物，美国、阿根廷、巴西有大量闲置的土地，正好扩大大豆种植。水产养殖业需要大量劳动力，中国在劳动力密集型产业上具有比较优势。进口大豆，出口大虾，恰恰构成了一个充分利用资源的国际循环。

（3）近年来，中国水产养殖快速增长，不仅中国人餐桌上的鱼虾大大增加，同时还大量出口世界各国。从出口的农产品来看，肉类出口量变化不大，唯独水产品出口数量剧增。出口水产品总额从 1995 年的 20.87 亿美元上升为 2007 年的 47.48 亿美元，翻了 2 番还多。1992 年中国大虾的出口量仅为 790 吨，到了 2006 年上升到 2 亿多吨，增长 253 倍。特别是 2005～2006 年，一年之内大虾的出口量增加了 1.96 倍。

表 10－25　　中国出口大虾的地域分布（万吨）

年 份	世界	日本	美国	韩国	日美韩进口量占中国出口大虾的比重
2004	10.2	1.22	1.51	1.11	37.6%
2005	12.9	1.47	2.08	0.95	34.9%
2006	20.1	2.63	4.97	1.64	46.0%
2007	19.7	3.04	3.38	3.00	47.7%
2008	18.2	2.43	3.93	2.20	47.0%
2009	9.3	1.10	3.46	0.87	58.4%
2010	10.6	1.22	2.90	0.86	47.0%
2011	12.1	1.29	3.11	1.15	45.9%

数据来源：联合国商品贸易统计数据。

核 算 点 评

（1）中国大虾出口集中于美、日、韩三国。在2007年美、日、韩三国进口大虾的数量占中国总出口大虾47%。2005年出口到美国的大虾为2.08万吨，在2006年上升为4.97万吨，增长了2.39倍，占中国当年大虾出口总量的四分之一左右。日本、韩国从中国进口的大虾也增加了1.78和1.72倍（表10－25）。

（2）2008年，在国际市场上大豆每吨平均售价300美元左右，进口大豆花费大约92亿美元。仅出口水产品就收回47.48亿美元。大豆价格上涨之后，中国进口大豆的数量并没有下降，这说明中国农民进口大豆，出口大虾仍然赚钱。美国、巴西和阿根廷的农民看好大豆市场，纷纷增加大豆生产，在几个种植季节之后显著地提高了大豆产量，供给量增加之后使得大豆价格趋于稳定。

（3）全球经济一体化使得各经济体之间的相互依存度越来越高。你中有我，我中有你。一方面，中国大量进口大豆确实推动了国际大豆价格上涨。另一方面，中国用进口的大豆饲养水产品，然后向美国和其他国家出口，大大压低了水产品价格，让一般收入的家庭也能享用价廉物美的大虾，提高了民众的生活质量。大豆的价格上升了，可是大虾（和其他水产品）的价格却下降了。通过国际贸易，生产大豆的美国、巴西和阿根廷的农民得到订单，获益匪浅。中国农民也很高兴，毕竟大虾的价格远远高于大豆，饲养大虾赚了不少。产销三方皆大欢喜，这是一个三赢局面。

（4）根据比较优势理论，理应让美国和其他土地资源比较富裕的国家生产更多的大豆，而土地资源紧张的国家，如中国，多生产一些劳动密集型作物，通过贸易调剂余缺。美国出口大豆，进口大虾，中国进口大豆，出口大虾完全符合市场规律，符合经济学中资源配置最优化原则，是合理的经济行为。这样的贸易有利于改善全球福利，既然已经开始，就一定会继续下去。

（5）有人说："如果国内大豆生产消亡，大豆将完全依赖进口，各相关产业的发展将受制于人。同时，我国食品营养所需的植物蛋白和动物蛋白来源将受制于人。由于大豆加工和贸易已被外资掌握，如果大豆生产全面崩溃，我国大豆供应及饲料工业、家畜、水产品养殖业的发展将全面受制于外国，传统豆制品、肉、单、奶及水产品等的供应将面临挑战，严重危及我国食品安全。"他们声称："大豆危机已使我国粮食安全岌岌可危。"[①] 这种说法毫无根据。

（6）根据联合国的定义，粮食安全有三层含义：是否能够生产足够的粮食，粮食价格是否稳定，粮食的质量是否合格。首先，中国大量进口大豆并不表示没有生产足够粮食的能力。即使在外国发动对华粮食制裁的情况下，起码有270天的预警期，完全可以从容不迫的调整粮食生产结构，在自力更生的基础上保障国内的口粮供应。大豆并不属于口粮。贸易战主要针对口粮，而不是饲料。禁运饲料对社会稳定度的冲击要远远低于口粮。

（7）其次，如果禁止向中国出口大豆，势必造成国际市场上大豆泛滥，大豆价格暴跌。无论如何，大豆的价格绝对不可能暴涨。既然在生产能力和大豆价格两个关键方面都不存在问题，进口大豆不可能威胁中国的粮食安全。

（8）至于说大豆进口多了，是否就受制于人？回答这个问题之前要弄清楚，受制于谁？中国进口大豆主要来自于美国、巴西和阿根廷三个国家。美国位于北半球，巴西和阿根廷位于南半球，美国和巴西、阿根廷的收获季节恰好相反。在2008年和2009年，中国每月进口大豆350万吨左右，从每年6月到11月主要从南美进口，从11月到第二年5月主要从美国进口。在美国和巴西、阿根廷之间并不是简单的竞争关系，而是很明显的互补关系。大豆主要出口国（美国、阿根廷、巴西等）之间几乎不可能达成联合禁运的协议。他们之间的商业利益竞争和冲突要远远大于和中国之间的矛盾。如果美国单方面撕毁订购合同，那么订单的一部分将转移到南美。他们在下个生

① 参见《粮食战争》，第160－161页。

产周期将增加大豆生产，同时，还有一部分订单将转移到其他北半球国家，像加拿大、俄国都很希望获得更多的合同。更何况，按照美国法律，粮食制裁只能在270天后生效。当年生产的大豆照卖不误。如果第二年不签合同，毫无关系，排队等着和中国签合同的国家还多着呢！顾客就是上帝。兜里揣着钱还怕找不到商家吗？发动大豆禁运的人遇到的麻烦要远远大过中国。从切身利益考虑，即使美国发起对中国的粮食制裁，他们也不会禁止大豆出口。

（9）退一万步说，就算突然中断大豆贸易，是谁倒霉？如果第二年不能续签购货合同，中国农民无非将种植经济作物的农田还原，再种大豆就是了。真正损失惨重的不是中国农民，而是毁约的外国农场主。之所以美国、巴西、阿根廷在近年来大幅度增加大豆产量，全靠中国的订单。世界上没有任何一个国家能够消化掉这么多大豆。生产了大豆，不卖给中国，卖给谁？在任何情况下，只要中国下了大豆订单，就一定能够如期获得预订的大豆。倘若这些国家毁约，要按照贸易惯例支付赔偿金，更为严重的是，撕毁和中国的合同之后，大豆必然供过于求，价格急剧下跌，粮农遭受严重损失。只要卖不出去的大豆压在仓库中，这些国家的农民就会不停地施加压力，要求政府赔偿损失。各国粮商必然会利用这个机会廉价收购，千方百计转运来中国。其实美国人也很清楚，无论采取什么措施，只要大豆生产出来，就无法阻止其流向中国。

（10）极而言之，假定真的中国不能进口大豆，渔民将减少大虾饲养量，减少大虾出口。其结果是国际市场上大虾价格猛涨。大虾从许多美国家庭的餐桌上消失了。姑且不论美国消费者的抱怨，美国农场主的日子更难过。非常清楚，大豆市场是买方市场，作为最大的顾客，中国掌握着很大的主动权，进退空间很大。如果出现大豆制裁，谁怕谁？完全用不着杯弓蛇影，过度忧虑。